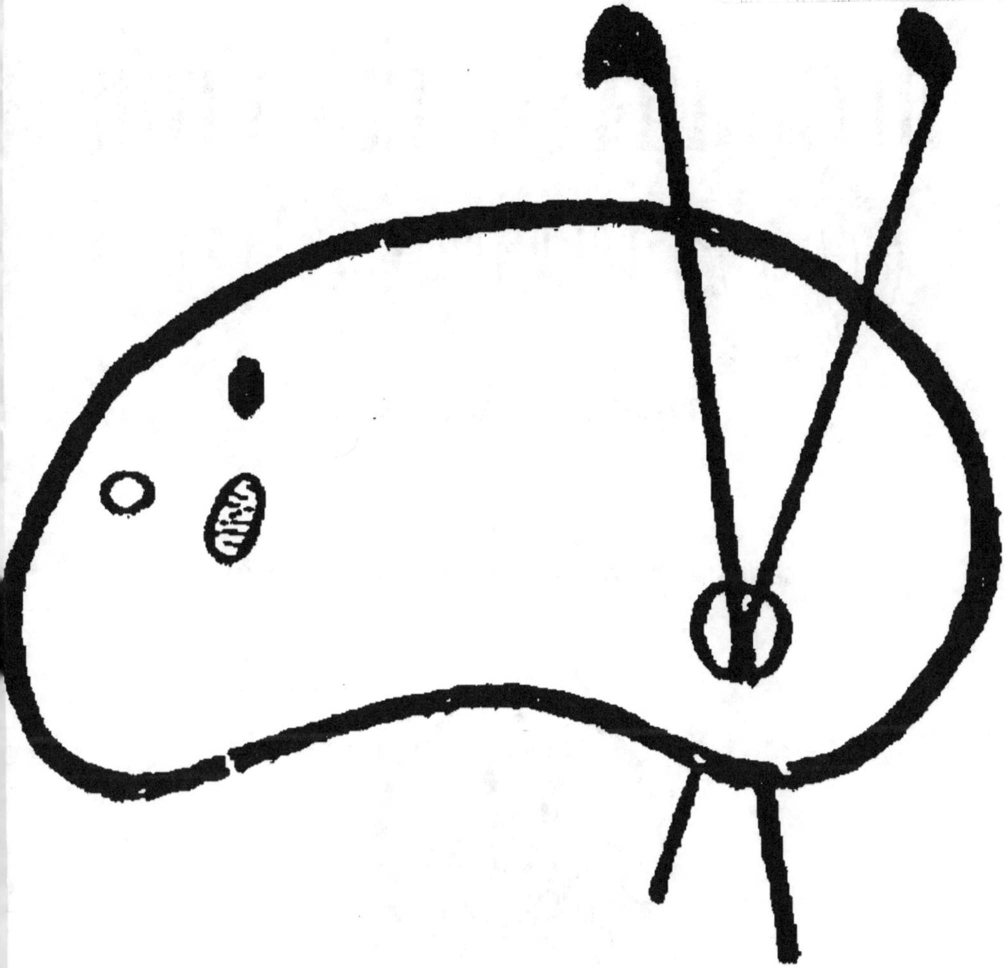

COUVERTURE SUPERIEURE ET INFERIEURE
EN COULEUR

BIBLIOTHÈQUE D'ARCHÉOLOGIE, D'ART ET D'HISTOIRE ANCIENNE

MITHRIDATE EUPATOR

ROI DE PONT

PAR

THÉODORE REINACH

OUVRAGE ILLUSTRÉ DE 4 HÉLIOGRAVURES, 8 ZINCOGRAVURES ET 3 CARTES

PARIS
LIBRAIRIE DE FIRMIN-DIDOT ET Cⁱᵉ
IMPRIMEURS DE L'INSTITUT, 56, RUE JACOB
1890

Reproduction et traduction réservées

TYPOGRAPHIE FIRMIN-DIDOT. — MESNIL (EURE)

L'exemplaire de Dépôt légal,
[Eure, 1890. 367]
hors d'usage, a été
envoyé aux doubles.

MITHRIDATE EUPATOR

ROI DE PONT 4321.

Exemplaire de remplacement.
— Obl. Yfré
Ɵ O² a
266.

OUVRAGES DU MÊME AUTEUR :

Hamlet, tragédie de Shakespeare, traduite en vers avec le texte en regard, une introduction et un commentaire. Hachette, 1880.

Histoire des Israélites depuis leur dispersion jusqu'à nos jours. *Ouvrage adopté par le Comité des écoles consistoriales israélites de la Ville de Paris.* Hachette, 1884.

De l'état de siège, étude historique et juridique. *Ouvrage récompensé par la Faculté de droit de Paris.* Pichon, 1885.

Les monnaies juives. Leroux, 1887 (Petite bibliothèque d'art et d'archéologie).

Trois royaumes de l'Asie Mineure (Cappadoce, Bithynie, Pont), étude de numismatique ancienne. *Ouvrage qui a obtenu de l'Académie des inscriptions et belles-lettres le prix de numismatique ancienne.* Rollin et Feuardent, 1888.

MITHRIDATE EUPATOR
d'après une Médaille de la Collection Waddington

BIBLIOTHÈQUE D'ARCHÉOLOGIE, D'ART ET D'HISTOIRE ANCIENNE

MITHRIDATE EUPATOR

ROI DE PONT

PAR

THÉODORE REINACH

OUVRAGE ILLUSTRÉ DE 4 HÉLIOGRAVURES, 3 ZINCOGRAVURES ET 3 CARTES.

PARIS
LIBRAIRIE DE FIRMIN-DIDOT ET Cie
IMPRIMEURS DE L'INSTITUT, 56, RUE JACOB
1890
Reproduction et traduction réservées

MEMORIAE
VXORIS · DILECTAE
SACRVM

PRÉFACE

S'il suffisait, pour justifier mon sujet, d'établir que Mithridate Eupator a laissé dans l'esprit de ses contemporains et de la postérité l'impression d'un homme extraordinaire, je n'aurais que l'embarras de choisir entre de trop nombreux témoignages. Seul de tous les monarques de l'Orient, ce roitelet d'un pays presque inconnu avant lui, sans avoir jamais pris lui-même le surnom de *Grand*, l'a reçu de la haine clairvoyante et de l'admiration involontaire de ses ennemis (1). Sa mort leur parut la délivrance d'un cauchemar de quarante années : l'armée romaine se livra à des transports de joie, le peuple revêtit des habits de fête, « comme si dix mille ennemis étaient morts en sa personne (2) ». Les hommes d'État ne rendirent pas au grand vaincu un moindre hommage que la foule : Pompée lui accorda une sépulture dans la tombe de ses pères « comme au prince le plus vaillant de son temps », et, quelques mois après, Cicéron appelait publiquement Mithridate « le plus grand des rois auxquels Rome eût jamais fait la guerre (3) ». Même langage, un

---

(1) Suétone, *César*, 35; Eutrope VI, 22.
(2) Plutarque, *Pompée*, 41-42; Appien, *Mith.* 113; Cicéron, *De prov. consul.* 11.
(3) Appien, *Mith.* 113; Cicéron, *Pro Murena*, XV, 32 : *Si diligenter quid Mithridates potuerit et qui effecerit et qui vir fuerit consideraris, omnibus regibus quibuscum populus Ro-*

siècle plus tard, chez Velleius Paterculus (1), même langage encore chez Pline (2). Que si des anciens nous passons aux modernes, qui n'a présentes à la mémoire les paroles de Racine sur celui « dont les seules défaites ont fait presque toute la gloire de trois des plus grands capitaines de la république (3) », et de Montesquieu sur « ce roi magnanime qui dans les adversités, tel qu'un lion qui regarde ses blessures, n'en était que plus indigné (4) » ?

Je pourrais ajouter qu'autant l'homme fut grand et singulier, autant sa destinée fut tragique, autant elle offre à l'historien, comme au poète, une ample matière de narrations pathétiques et de tableaux brillants. Mais de pareilles considérations ont peu de poids auprès du lecteur de nos jours, qui demande à l'histoire moins des émotions que des enseignements. Aussi bien ne sont-ce pas les seules raisons que je puisse alléguer. Si la personne et le règne de Mithridate m'ont paru mériter une étude approfondie, c'est encore et surtout parce que, en dépit des apparences, ce roi demi-barbare n'a point traversé l'histoire comme un de ces météores inutiles, qui ne laissent d'autre trace de leur passage qu'un sillon de feu et l'écho lointain du bruit de leur chute.

En Mithridate se rejoignaient, par le sang et par l'éducation, les deux grandes civilisations, également, quoique

---

maxus bellum gesserit, hunc regem sinirum anteponas. Cf. *Acad.* II, 1, 3 : *Mithridates, rex post Alexandrum maximus.*

(1) Velleius II, 18 : *Mithridates, vir neque silendus neque dicendus sine cura, bello acerrimus, virtute eximius, aliquando fortuna, semper animo maximus, consiliis dux, miles manu, odio in Romanos Hannibal.* Texte d'autant plus remarquable qu'il paraît dériver de Salluste (Sénèque, *De beneficiis*, IV, 1, 1 : *nihil..... magis, ut ait Sallustius, cum cura dicendum*).

(2) *Hist. Nat.*, XXV, 2,5 : *Mithridates, maximus sua aetate regum.*

(3) *Préface de Mithridate* (1673). Avant Racine, La Calprenède avait déjà mis ce sujet sur la scène française (*La Mort de Mithridate*, 1635), avec plus de fidélité historique que de génie poétique.

(4) *Considération sur la grandeur des Romains et leur décadence*, ch. 7.

diversement, admirables, qui s'étaient longtemps disputé l'empire de la Méditerranée orientale : le persisme et l'hellénisme. Alexandre le Grand, étranger par sa naissance à leur querelle séculaire, tenta pour la première fois de réconcilier les deux adversaires et de les fondre dans une unité supérieure. C'était une idée de génie, et nul ne peut dire quel en eût été le succès si le grand Macédonien avait vécu ; sa mort prématurée la fit descendre dans la tombe avec lui. Deux siècles après, Mithridate Eupator recueillit et reprit pour son compte la pensée d'Alexandre, qu'il fit sienne en quelque sorte par droit de naissance. Le rêve de sa jeunesse et de son âge mûr, que l'on saisit à travers les fluctuations d'une politique dominée par les circonstances, fut de reconstituer à son profit, sinon l'empire d'Alexandre, du moins une vaste monarchie, comprenant toutes les contrées d'Europe et d'Asie où le grec était devenu l'idiome exclusif des classes dirigeantes, le véhicule du progrès. Cette monarchie aurait compris les pays les plus florissants de l'ancien monde : l'Asie Mineure, les rivages du Pont-Euxin, la Macédoine, la Grèce, et, dans un avenir peu éloigné, la Syrie, l'Égypte et ses dépendances; perse par la dynastie, par la religion officielle, par les traditions administratives et militaires, si bien appropriées aux mœurs et aux besoins des populations orientales, elle eût été tout hellénique par la langue, les arts, le développement du régime urbain, bref, par la civilisation.

Que tel ait été véritablement, du moins pendant une partie de son règne, l'objet suprême de l'ambition de Mithridate, c'est ce que démontrent non seulement ses conquêtes effectives, mais encore les combinaisons à longue portée de sa diplomatie. C'est ainsi qu'on le voit se présenter à l'imagination des peuples à la fois comme l'héritier de Darius et d'Alexandre, flatter l'amour-propre des Grecs sans désavouer ses origines iraniennes; tantôt il élève à sa cour un prince égyptien, otage ou vassal futur, tantôt il noue des relations secrètes en Syrie, où un parti songe à lui offrir la couronne des Séleucides, tombée en déshérence. Il met au service de ce grand dessein toutes les ressources d'une intelligence peu commune, d'une ténacité infatigable et dépourvue de scrupules; il y déploie successivement la ruse, la dissimulation, la perfidie, de rares talents d'organisateur, de politique et de soldat. Mais il rencontre sur son chemin un obstacle que n'avait pas connu le conquérant macédonien, son précurseur et son modèle : la puissance formidable et jalouse de Rome, déjà maîtresse de la moitié du monde grec et poussée par sa destinée à s'asservir l'autre. C'est à ce titre, et non sous l'impulsion d'une haine instinctive et héréditaire, comme celle d'Annibal, que Mithridate devint cet adversaire implacable de Rome tel qu'il apparaît surtout dans la tradition; en réalité, il ne combattit Rome à outrance que contraint et forcé, et il rêvait si peu de la détruire qu'il se serait estimé heureux de partager le monde avec elle. Que demandait-il, après tout, sinon ce qui devait s'accomplir pacifiquement, par la force des choses, cinq siècles plus tard, lorsque, après la mort de Théodose, l'empire romain, s'effondrant sous son propre poids, se divisa en deux moitiés destinées à se tourner le dos de plus en plus : l'empire latin, à Rome, et l'empire grec, à Constantinople?

A deux reprises différentes, à la faveur des dissensions intestines de ses adversaires, le roi de Pont parut toucher au but. S'il échoua, ce fut, comme bientôt Pompée et Marc-

Antoine, à cause de l'infériorité de l'Orient sur l'Occident en troupes, en officiers et en généraux. Il ne faut pas chercher de raisons plus profondes au triomphe chèrement acheté de Rome; ni la liberté, ni le progrès n'étaient en jeu dans ce duel entre deux despotismes, l'un oligarchique, l'autre démocratique. Mais si les vastes projets et les efforts prolongés de Mithridate n'aboutirent qu'à un tragique avortement et au suicide du Titan vaincu, il est vrai de dire que sa défaite eut pour le monde ancien d'aussi grandes conséquences, — que dis-je? presque les mêmes conséquences qu'aurait produites sa victoire.

En premier lieu, son apparition, ses premiers succès, l'accueil enthousiaste qu'il reçut en pays hellène, les longs souvenirs et les espérances persistantes qu'il y laissa après lui, révélèrent d'une façon éclatante l'étroite solidarité morale qui reliait entre elles les diverses contrées de langue et de civilisation grecques. Il devint clair pour tout le monde que Rome, sous peine de voir se renouveler incessamment la lutte dont elle sortait épuisée et meurtrie, devait ou bien renoncer d'elle-même à toute parcelle de son empire oriental, ou étendre sa domination politique jusqu'aux limites extrêmes qu'avait atteintes le domaine moral de l'hellénisme. Ce fut naturellement pour ce dernier parti qu'elle opta. Ainsi l'annexion définitive de toute l'Asie Mineure, la réduction en provinces de la Thrace, de la Crète, de la Syrie, la transformation du Bosphore cimmérien, de la Colchide, de l'Arménie et de la Commagène en royautés étroitement vassales, furent autant de conséquences plus ou moins directes, mais également inévitables, de la formidable levée de boucliers provoquée et présidée par Mithridate. « C'est par la guerre mithridatique, dit très justement un historien ancien, que l'empire des Romains s'avança jusqu'au Pont-Euxin, à l'Euphrate et au désert qui sépare l'Asie de l'Égypte; il ne leur manquait plus dès lors que l'Égypte pour compléter le périmètre de la Méditerranée (1) ». L'Égypte elle-même, d'ailleurs, déjà ébranlée par le contre-coup de cette grande lutte, n'était plus qu'un fruit mûr, destiné à tomber de l'arbre à la première secousse. Une fois ce dernier fruit tombé, l'hellénisme entier — si l'on excepte les colonies isolées de la Mésopotamie et de la Babylonie — aura retrouvé son unité politique, précisément sous la forme que lui avait offerte Mithridate : la sujétion commune sous un seul maître étranger, mais philhellène. Et qu'importait, après tout, au progrès humain que ce maître s'appelât Mithridate ou César, que l'encens et les tributs du monde allassent à Ormuzd ou à Jupiter Capitolin ?

En second lieu, par le fait même de cette absorption de tout l'Orient hellénisé dans l'empire romain, celui-ci se trouva en contact sur toute sa frontière asiatique avec des peuples d'une race et d'une culture profondément différentes des siennes, unis entre eux par les traditions et les influences de l'Iran, et où l'hellénisme, péniblement introduit par la conquête d'Alexandre, n'avait jamais su prendre racine. Ces peuples, Ibères, Arméniens, Mèdes, Assyriens, Arabes du désert, groupés désormais autour de la dynastie parthe des Arsacides, firent connaître pour la première fois à Rome l'Orient véritable, avec ses grands fleuves, ses steppes et ses montagnes, avec ses courts étés dévorants et le long sommeil de ses hivers, avec sa conception

---

(1) Appien, *Mith.* 121.

particulière et immobile de l'homme, de l'État et de Dieu, surtout avec sa répulsion invincible pour la civilisation matérielle et morale de l'Occident. Le vieil antagonisme de l'Asie et de l'Europe, chanté par les aèdes homériques et par Hérodote, à demi assoupi depuis Alexandre et l'éclectisme de ses successeurs, se réveilla brusquement au choc des deux races conquérantes venues, l'une des rivages de l'Italie, l'autre du fond des déserts du Khorassan, pour se rencontrer aux bords de l'Euphrate. Ce fut la guerre Mithridatique qui mit en contact l'Iran et Rome, et, comme la coexistence pacifique de deux grands États voisins répugnait à l'esprit antique, du contact ne tarda pas à naître un conflit acharné, incessant, irréconciliable, à peine interrompu de loin en loin, sous les Arsacides ou sous les Sassanides, par quelques moments de trêve. Mithridate lui-même inaugure cette nouvelle période d'une lutte séculaire, ce retour offensif de l'Orient. Lui qui, au début de son règne, s'était présenté comme le dernier champion couronné des revendications helléniques, se métamorphose, vers son déclin, en un vrai monarque oriental, entouré d'eunuques, de femmes et de têtes coupées, menant à la guerre, au lieu de phalanges compactes, des nuées d'archers aux flèches empoisonnées et de hardis cavaliers aux évolutions déconcertantes, faisant appel, enfin, au fanatisme religieux pour tirer de leur léthargie et soulever sous les pas de l'envahisseur italien toutes les vieilles nations de l'Asie, échelonnées depuis le pied du Caucase jusqu'aux rives du golfe persique. Ainsi, d'un côté, Mithridate est le dernier successeur légitime d'Alexandre, de Pyrrhus et de Persée; de l'autre, il annonce Orode et Chosroës, et prépare de loin Mahomet.

Une troisième conséquence de la longue crise mithridatique fut d'accélérer le changement des institutions de Rome. L'expérience de ces quarante années de guerre montra à nu l'insuffisance de ces institutions, politiques aussi bien que militaires. Le remplacement annuel des généraux et des gouverneurs, la limitation de leurs commandements à une province déterminée, l'absence d'armées permanentes, la direction des troupes confiée à des avocats de la veille, celle de la politique étrangère abandonnée à la majorité flottante d'une assemblée vénale, tout ce legs d'un passé mal compris s'écroula sous la pression des nécessités urgentes, en présence d'un péril sans cesse renaissant qui enveloppait et menaçait à la fois tant de provinces. Trois fois Rome dut armer ses généraux, chargés de défendre ou de reconquérir son empire oriental, de pouvoirs exceptionnels, qui contrastaient par leur étendue territoriale, leur plénitude et leur durée, avec tout ce qu'on avait vu jusqu'alors; deux de ces chefs, au retour de leurs campagnes victorieuses, n'eurent qu'à tendre la main pour cueillir l'empire de leur patrie. Ainsi les trois grands adversaires de Mithridate, Sylla, Lucullus, Pompée, représentent autant d'étapes vers la monarchie militaire, devenue la forme nécessaire du gouvernement du monde, et qui triomphera définitivement avec César et Auguste. L'empire fut le résultat aussi bien de l'extension démesurée de la domination romaine que de l'anarchie intérieure et des luttes impitoyables des partis.

Telles furent les trois conséquences capitales de la défaite de Mithridate : absorption complète de l'hellénisme dans l'empire romain, réveil de l'antagonisme national et du vieux duel de l'Orient et de l'Occident, transformation des institutions politiques de Rome. Il ne reste plus à signaler, dans cette brève esquisse, qu'une conséquence lointaine, peu aperçue, mais non moins importante, des victoires qui marquèrent les débuts du roi de Pont.

A la fin du second siècle avant notre ère, les précieux germes de civilisation que les colons helléniques avaient semés sur la rive septentrionale de la mer Noire paraissaient sur le point d'être étouffés sous l'avalanche des peuples du Nord. Ce sera l'éternel honneur de Mithridate Eupator d'avoir, à l'aurore de son règne, prêté l'oreille à l'appel désespéré des Grecs de Crimée, d'être venu à leur aide et d'avoir opposé une digue au flot montant de la barbarie. Cette expédition n'eut pas seulement pour résultat de procurer aux connaissances géographiques des Grecs une extension dont se félicite Strabon : grâce à elle, Chersonèse et Panticapée, ces sentinelles perdues de la civilisation au seuil de la Scythie, furent enfin relevées; grâce à elle, deux foyers de lumière continuèrent à brûler, dans les ténèbres cimmériennes, d'un éclat modeste, mais utile, pendant toute la durée de l'empire romain et même au delà. Panticapée devait succomber sous l'assaut des Huns, mais Chersonèse, devenue Cherson, survécut jusqu'à la fin du dixième siècle, « vedette avancée de l'empire vers le Nord, pied à terre des Byzantins dans le monde scythique, œil toujours ouvert sur les mouvements de la Sarmatie,... perpétuant dans le monde du moyen âge les traditions du vieux génie hellénique (1) ». Ce fut dans les murs de cette ville, sauvée jadis par Mithridate, que le Clovis russe, Vladimir, conquis par sa conquête, reçut le baptême, et ce jour-là, si l'on peut dire, naquit l'âme de la Sainte

---

(1) Rambaud, *Constantin Porphyrogénète*, p. 487-491.

Russie. C'est ainsi que par delà les siècles et les races Mithridate donne la main à Pierre le Grand, le souverain moderne dont le caractère présente le plus d'analogies avec le sien.

J'en ai dit assez, je pense, pour faire comprendre, sans les surfaire, l'intérêt et l'importance de mon sujet, pour montrer que le règne de Mithridate fut, à bien des égards, une des époques décisives, un des points tournants de l'histoire ancienne. Cet épisode si curieux, placé comme à cheval sur deux grandes périodes historiques, ce royaume composite, dernière incarnation politique de l'hellénisme, où se mêlent, se combattent et se réconcilient tant d'éléments hétérogènes, n'ont jamais fait l'objet d'une monographie sérieuse : Mithridate n'avait pas trouvé de biographe dans l'antiquité, il n'en a pas trouvé davantage de nos jours (1). Sans doute, les historiens de Rome n'ont pu passer sans s'arrêter devant cette imposante figure; mais, en définitive, même les plus sagaces (2) ne l'ont étudiée que dans ses rapports avec l'histoire romaine, point de vue nécessairement étroit, qui risque de fausser les perspectives et de vicier les jugements.

---

(1) On ne peut donner le nom de biographie aux essais informes ou inachevés de J. E. WOLTERSDORF, *Commentatio vitam Mithridatis M. per annos digestam sistens* (diss. Gœttingue. 1813); de P. S. FRANDSEN, *Mithridates VI Eupator, Kœnig von Pontus*, 4 Bücher (1er livre, seul paru, Altona, prog. 1847); enfin de SOURIAS, *Histoire abrégée de Mithridate* (en grec) dans le *Parnassos*, juil. sept. 1878. L'article détaillé de SAINT-MARTIN (*Biographie universelle*) est défiguré par l'emploi indiscret des prétendues sources arméniennes. L'excellent ouvrage de Ed. MEYER, *Geschichte des Kœnigreichs Pontos* (Leipzig, 1879) s'arrête malheureusement au début des guerres mithridatiques. Ce livre a rendu inutile la compilation de J. FOY VAILLANT, *Achaemenidarum imperium, sive regum Ponti, Bospori et Bithyniae historia ad fidem numismatum accommodata* (Paris, 1725, in-4°: 1728 in-8°) et la thèse de F. J. VOLPERT, *De regno pontico ejusque principibus ad regem usque Mithridatem VI* (Münster, 1853). Cf. sur l'ouvrage de Meyer, A. von GUTSCHMID, *Literarisches Centralblatt*, 1880, n° 27.

(2) DRUMANN, NIEBUHR, IHNE, NEUMANN, DURUY et surtout MOMMSEN, que je me reprocherais de ne pas citer tout particulièrement en tête d'un ouvrage qui lui doit tant d'aperçus.

J'ai tenté de replacer Mithridate au centre du tableau, de faire revivre, avec l'homme lui-même, tout le milieu qu'il a rempli pendant un demi-siècle de sa prodigieuse activité. L'entreprise était d'autant plus difficile que les documents dont je disposais étaient insuffisants, sujets à caution, éloignés, en général, de plus d'un siècle de l'époque de Mithridate et par suite rédigés dans un esprit hostile au plus grand ennemi de Rome triomphante. L'œuvre de reconstruction devait être précédée d'un long et pénible travail d'assemblage et de critique. Ai-je réussi dans cette triple tâche? C'est à d'autres d'en décider; tout ce que je puis affirmer, c'est que je n'ai négligé sciemment aucune source d'information, aucun indice qui pût me conduire à la découverte de la vérité. J'ai lu et relu tous les textes littéraires, récits suivis ou fragments épars disséminés dans la vaste collection des auteurs anciens; j'ai dépouillé les recueils d'inscriptions et les publications périodiques qui les complètent; j'ai manié, étudié, classé toutes les médailles royales frappées dans le Pont et dans les pays voisins (1). Ces derniers monuments, si souvent négligés par les historiens, et qui fournissent cependant la base la plus solide à la chronologie, sans laquelle il n'y a pas d'histoire, m'ont paru si importants que j'ai consacré à leur discussion un ouvrage spécial; j'ai pu, dans le présent volume, enregistrer comme acquis à la science les résultats de ce

---

(1) On trouvera l'énumération et la discussion des sources de tout genre dans les trois sections de l'*Appendice*, à la fin du volume. Dans le courant de cet ouvrage, les auteurs grecs sont ordinairement cités d'après la collection Didot, les auteurs latins et Dion Cassius d'après les derniers textes de la petite collection Teubner. Pour Appien, j'ai eu constamment sous les yeux l'édition Mendelssohn (Teubner, 1879), pour Licinianus l'édition dite de Bonn (Teubner, 1858), pour Obsequens et les *Periochae* de Tite-Live l'édition O. Jahn (Leipzig, 1853), pour Orose l'éd. Zangemeister (Vienne, 1882), pour les fragments de Salluste l'éd. Kritz (Leipzig, 1856), enfin pour Cicéron la 2ᵉ édition d'Orelli.

travail (1). A la connaissance des documents j'aurais voulu joindre celle des lieux pour donner plus de couleur et de vérité à mes tableaux; des circonstances indépendantes de ma volonté ne m'ont pas permis de réaliser ce désir : de là une lacune dans mon information que je sens plus vivement que personne et que j'espère pouvoir combler un jour. En attendant, la lecture de récits de voyages a dû suppléer tant bien que mal à mon inexpérience personnelle.

Enfin, il va sans dire que j'ai tâché de voir tous les travaux modernes, publiés en France ou à l'étranger, qui touchaient directement à mon sujet. Si je n'ai pas encombré le bas de mes pages d'un plus grand nombre de renvois à des dissertations érudites, c'est que, ou bien elles confirmaient le résultat de mes propres investigations, ou bien elles le contredisaient : dans le premier cas, j'ai préféré laisser la parole aux documents; dans le second, j'ai trouvé superflu de faire l'avantageux et de triompher bruyamment des erreurs, grandes ou petites, commises par mes devanciers.

Paris, mai 1890.

---

(1) *Trois royaumes de l'Asie Mineure (Cappadoce, Bithynie, Pont)*, Rollin et Feuardent, 1883 (in-8° de VII-203 p. avec 12 planches). Les principes et les résultats de ce travail ont été entièrement adoptés (en ce qui concerne la Bithynie et le Pont) dans le récent volume du Catalogue des monnaies grecques du Musée Britannique : *Pontus, Paphlagonia, Bithynia and the Kingdom of Bosporus*, par WARWICK WROTH (Londres, 1889).

MITHRIDATE EUPATOR

LIVRE PREMIER.

LES ORIGINES.

CHAPITRE PREMIER.

ORIGINE DES MITHRIDATE (1).

Vers le milieu de la Propontide, au fond d'une échancrure profonde du littoral asiatique, s'étage l'antique ville de Cios, aujourd'hui Ghio ou Ghemlik (2). Le golfe se prolonge, en quelque sorte, par une rivière navigable, le Cios, qui a donné son nom à la ville; la rivière elle-même, longue de 12 kilomètres à

---

(1) Principales sources pour ce chapitre : Diodore XV, 90; XVI, 90; XX, 111. Ces renseignements fragmentaires sur les premiers Mithridate, placés à leur date, dérivent probablement d'une liste dressée à l'époque où leurs descendants régnaient sur le Pont. (Cp. le fragment sur la Cappadoce, XXXI, 19.) Diodore lui-même n'a pas bien compris ce dont il s'agit. Il prend Mithridate Ier et Ariobarzane pour des rois, sans indiquer où ils règnent, mais en sous-entendant probablement que c'est sur le Pont. Ce n'est qu'au troisième passage, XX, 111, emprunté à Hiéronyme de Cardie, qu'il marque la nature et l'emplacement de leur principauté. Dès l'époque de Polybe, on croyait à la légende répandue par les rois de Pont, que leur « royaume » avait subsisté de tout temps, sous la suzeraineté des Perses; les historiens postérieurs ont vainement tâché de concilier ce mensonge dynastique avec le fait certain de l'Ἀρχηγία de Mithridate Ctistès (voir l'aveu d'ignorance d'Appien, Mith. 9). Cette contradiction insoluble a subsisté chez les modernes (VAILLANT, VOLPERT, CLISTON) jusqu'à ce que E. MEYER, Geschichte Pontos, ch. 4, ait soumis les documents à une critique sévère, dont les résultats s'imposent.

(2) Pour la géographie ancienne de Cios, cf. Ps. Scylax, c. 53 (Geog. minores, Didot, I, 68); Scoliaste sur Apollonius de Rhodes I, 1177; Strabon XII, 4, 3; Pomponius Méla I, 19, 4; Pline V, 144; Eustathe sur Denys, Geog. minores, II, 359.

peine, sert d'émissaire au grand lac Ascania (Isnik-Gheul). A l'extrémité orientale du lac s'élevait Ancore, vieille métropole de la Phrygie, plus tard remplacée par Nicée; là, on n'est plus séparé que par un seuil assez bas du fleuve Sangarios, l'une des grandes artères de l'Asie Mineure (1). Il fut un temps peut-être où le Sangarios, venu de l'intérieur de la Phrygie, au lieu de faire un coude brusque vers le nord à la hauteur d'Ancore, continuait sa course vers l'ouest et se jetait dans la Propontide au fond du golfe de Cios. L'affluent et l'émissaire du lac Ascania, le lac lui-même sont autant de témoins de cet ancien état de choses auquel mit fin quelque soulèvement géologique. Une révolution du même genre chassa, un peu plus tard, le fleuve d'une seconde embouchure qu'il s'était creusée plus au nord, là où le lac Sophon et le golfe d'Astacos (Nicomédie) répètent exactement la disposition de l'Isnik-Gheul et du golfe de Cios. Ces changements de lit du Sangarios, qui appartiennent à la dernière période géologique, pesèrent lourdement sur l'avenir des deux meilleurs ports de la Propontide, Astacos et Cios : débouchés naturels de la Bithynie et de la Phrygie hellespontienne, ils ne prirent cependant leur essor que le jour où les progrès de la civilisation eurent créé, à la place du fleuve évanoui, des routes d'art qui pussent servir de traits d'union entre la côte et les populations de l'intérieur.

Le port de Cios, sûr et profond, parfaitement abrité contre les vents du nord par la presqu'île montagneuse d'Arganthonios, où se localisa le mythe gracieux d'Hylas (2), était un entrepôt commode et une échelle toute désignée pour les navires qui transitaient entre l'Hellespont et le Bosphore. Dès les temps les plus reculés, les Mysiens, habitants de la contrée environnante, y créèrent un établissement; ils en furent chassés par les Cariens, puis ceux-ci, à leur tour, par les Grecs d'Ionie. La légende attribuait la fondation de la colonie à l'un des Argonautes, compagnon d'Héraclès, ou à Héraclès lui-même (3); en réalité, Cios,

---

(1) Élisée Reclus, *Nouvelle Géographie*, tome IX, p. 503, carte 82.
(2) L'Hylas serait, d'après Pline, *loc. cit.*, le nom d'un affluent du Cios (ou du lac?). Cp. Memnon, c. 11, où Κίσσος est un lapsus pour Κίος.
(3) L'Argonaute Cios, d'après Strabon, *loc. cit.*, Polyphème, d'après Apollonius de Rhodes, I, 1321, Symphodore fr. 18 et Autocharis (F. H. G. II, 380), Héraclès, d'après les monnaies impériales de Cios (légende HPAKΛEOYΣ KTIΣTOY KIANΩN).

comme la plupart des villes de la Propontide, reçut ses colons de Milet (1). Elle se soumit aux Perses du temps de Cyrus; sous Darius, elle prit part à la grande insurrection ionienne, et le gendre du roi, Hyméas, dut la réduire par la force en 499 av. J.-C. (2). Après les guerres médiques, elle secoua de nouveau le joug avec l'aide d'Athènes, qui la compta désormais parmi ses tributaires; mais le chiffre modique de son tribut annuel, — mille drachmes (3), — prouve que son commerce n'avait pas encore pris de développement : Cios était éclipsée par sa puissante voisine, Cyzique. Quand l'empire maritime d'Athènes s'écroula, les Perses reparurent à Cios : à quel moment précis, nous ne saurions le dire, mais ce fut sans doute pendant l'époque troublée qui suivit le traité d'Antalcidas qu'un de ces nobles Perses en quête d'aventures, tels qu'on en rencontrait alors sur les côtes de l'Asie Mineure (4), profita de l'anarchie générale pour s'emparer de Cios et y fonder une dynastie de tyrans (5).

La famille des Mithridate, — car tel fut le nom le plus ordinaire parmi les dynastes (6) de Cios, — était de très bonne noblesse perse. Elle rattachait son origine à l'un des six seigneurs perses qui se conjurèrent contre le mage avec Darius, fils d'Hystaspe (7); plus tard, les prétentions ancestrales des Mithridate

(1) Aristote dans les *Fragmenta hist. graec.* de Müller, II, 161. Cios aurait été le chef de la colonie milésienne.

(2) Hérodote V, 122. Hyméas, gendre de Darius : V, 116.

(3) Voir les listes de tributaires à partir de l'Ol. 83, 4 (C. I. A. I, 235 suiv.). La quote-part de Pallas (1/60e du tribut) est de 16 drachmes 4 oboles. — Le tribut de Cios est égal à celui d'Élée et l'on remarquera qu'Alexandre offrit à Phocion le choix entre ces deux ports.

(4) Par exemple l'Asidatès de Xénophon, *Anab.* VII, 8, 9.

(5) La date exacte ne saurait être déterminée. En 406 Ariobarzane (fils de Mithridate Ier?) reconduit à Cios des ambassadeurs athéniens (Xénophon, *Hell.* I, 4, 7), mais il n'en résulte pas nécessairement que Cios fût déjà redevenue perse. C'est à tort qu'on a allégué l'inscription C. I. A. II, n° 22 (cf. Le Bas-Reinach, pl. 85, II) de l'an 377/6 pour soutenir que Cios était entrée dans la seconde confédération athénienne; il faut lire Ἰκίος et non Κίος (Koehler, C. I. A. II, n° 17, ligne 81; Curtius, *Griechische Geschichte*, 6e éd., III, p. 700, note 17).

(6) Δυνάστεια, Diodore XX, 111; ailleurs, par anticipation ou inadvertance, βασιλεία (XV, 90; XVI, 90).

(7) Polybe V, 43, 2; Diodore XIX, 40; Florus I, 40 Halm; *De vir. ill.* c. 76. Cp. les prétentions de Rhosacès et Spithridate (Diodore XVI, 47) et celles des futurs rois de Cappadoce (Diodore XXXI, fr. 19). Comme le premier Mithridate connu est fils d'Orontobate (Favorinus chez Diogène Laërce III, 20), la famille se rattachait sans doute à l'Orontobate (mss. Ναραβάτης) que Ctésias (fr. 29, 13 Müller) nomme parmi les sept conjurés. Ce nom ne se trouve d'ailleurs ni dans la liste d'Hérodote, ni dans celle des inscriptions

grandiront avec leur fortune, et leurs descendants, les rois de Pont, feront figurer Darius et Cyrus lui-même à la racine de leur arbre généalogique (1).

Les grandes familles perses, à qui Darius devait son élévation, avaient obtenu dans l'empire des Achéménides une situation privilégiée à plusieurs égards : préséance à la cour, juges spéciaux, droit exclusif de donner au grand Roi des épouses légitimes (2). Nul doute qu'à ces privilèges honorifiques ne s'ajoutassent, pour les membres de ces puissantes maisons, de hautes charges administratives, parfois même des dotations territoriales, de véritables apanages héréditaires (3). Toutefois nous ne pouvons pas désigner avec certitude, dans la liste des satrapes connus avant le IVe siècle, des ancêtres des futurs rois de Pont (4) : c'est avec la fin de la monarchie perse que les Mithridate entrent réellement dans l'histoire.

C'était une race fortement trempée, à la fois souple et énergique, et qui se montra dès le début, comme plus tard sur un plus grand théâtre, avide de conquêtes et passionnément éprise de la civilisation hellénique, malgré son orgueil de race iranien. Le premier dynaste connu, Mithridate, fils d'Orontobate, offre à l'Académie d'Athènes une statue de Platon, œuvre de Silanion (5);

---

de Behistun, n   on sait que Ctésias a nommé les fils à la place des pères (HAMMER, *Wiener Jahrbücher*, IX, 16); on peut donc admettre que les Mithridate descendaient de X... (Aspathinès?), père d'Orontobate.

(1) Salluste fr. II, 53 Kritz (chez Ampélius c. 30); Trogue Pompée chez Justin XXXVIII, 7; Appien, *Mith.* 9; 112; Tacite, *Ann.* XII, 18. Salluste dérive les Mithridate d'Artabaze (Artabazane?), fils de Darius. Florus combine maladroitement les deux généalogies : rex... *Artabaxes, a septem Persis oriundus*. Cette prétention ne date probablement que de Mithridate Eupator, puisqu'on n'en trouve encore aucune trace chez Polybe.

(2) *Livre d'Esther* I, 14; Eschyle, *Perses*, 956-60; Hérodote III, 84-4; Platon, *Lois*, p. 695 c (exagéré).

(3) Telle aurait été, par exemple, l'origine de la fortune des Ariarathides (Polybe, fr. inc. 10 Dilot). Cp. pour d'autres dotations de ce genre (en faveur de réfugiés hellènes) Ctésias, fr. 29, 52; Thucydide I, 134; Xénophon, *Anab.* VII, 8, 8-9; *Hell.* III, 1, 6.

(4) C'est ainsi qu'on a rattaché à notre famille, sans preuves suffisantes, le Μιτραδάτης, fils d'Oudiastès, satrape d'une province qui n'est pas désignée, au début du règne d'Artaxerxès Mnémon (Ctésias fr. 29, 57); le Mithridatès, ami de Cyrus le jeune (Xénophon, *Anab.* II, 5, 35, etc.); le Mithridatès, gouverneur de Cappadoce-Lycaonie au moment du passage des Dix Mille (Ps. Xénophon, *Anab.* VII, 8, 25), etc. Le nom est trop commun pour qu'on puisse s'arrêter à ces identifications.

(5) Favorinus, chez Diogène Laërce, III, 20, où il faut corriger ὁ Περδίκκας en Ὀροντοβάτης. Cf. MICHAELIS, *Zur Zeitbestimmung des Silanion*, dans les *Mélanges Curtius*, Berlin, 1884, p. 165.

il se lie d'amitié avec le platonicien Cléarque, banni de sa ville
natale Héraclée, et cherche de concert avec lui à s'emparer
de cette florissante cité (1). Son successeur, Ariobarzane (363-
337 av. J.-C.) (2), témoigne les mêmes goûts et les mêmes appétits : il se fait élever une statue à Ilion (3), il est l'ami des
Lacédémoniens Antalcidas et Agésilas, de l'Athénien Timothée;
un jour même, comme son collègue Oronte, il se fait recevoir
citoyen d'Athènes ainsi que ses trois fils. Sa carrière politique
fut longue et aventureuse. Entré de bonne heure au service du
grand Roi, il succéda à Pharnabaze comme satrape de la Phrygie
hellespontienne. En cette qualité, il prit bientôt des allures indépendantes, et vers la fin du règne d'Artaxerxès Mnémon, quand
l'empire perse craquait de toutes parts, il entra dans la grande
rébellion des satrapes des provinces maritimes. La lutte dura
de longues années, mais Ariobarzane, mollement soutenu par
ses alliés athéniens, qui reculaient devant la lutte ouverte avec
le grand Roi, finit par succomber, comme tous ses complices.
Son propre fils, Mithridate II, le livra pour une forte somme, et
le vieux satrape périt sur la croix (4).

Le second Mithridate n'en était pas à son coup d'essai. Jeune
encore, il s'était rendu célèbre par le meurtre d'un plus grand
rebelle, le satrape de Cappadoce, Datame (5). Sa deuxième

(1) Justin XVI, 4-5; Élien fr. 280, Didot; Suidas s. v. Κλέαρχος. Le Grec joua au plus
fin avec le Barbare; une fois maître d'Héraclée, il attira Mithridate dans un guet-apens et
ne le relâcha que moyennant rançon.

(2) Les dates sont données par Diodore XVI, 90. Celle de la mort paraît en contradiction avec les indications d'Harpocration s. v. Ἀριοβαρζάνης et de Trogue Pompée, prol. 10,
qui placent la défaite d'Ariobarzane sous Artaxerxès Mnémon (mort au plus tard en 359
av. J.-C.). Mais Ochus s'appelait aussi Artaxerxès et il a pu y avoir une confusion; d'ailleurs la date de la défaite n'est pas nécessairement celle de la mort. L'allusion de la Cyro-
pédie (VIII, 8, 4) à la mort d'Ariobarzane ne peut pas servir pour la fixation de la date,
car ce paragraphe est certainement interpolé.

(3) Diodore XVII, 17, 6. Alexandre la vit tombée de son piédestal.

(4) Pour le rôle politique d'Ariobarzane, cf. Xénophon, Hell. I, 4, 7 (en 406; s'agit-il
bien de lui?); V, 1, 28; VII, 1, 27; Agésilas, II, 26; Démosthène, Pro Rhod. 9; In Aristo-
crat. 141 et 202; Diodore XV, 70 et 90; Nepos, Timothée, 1; Datame, 2, 5; Trogue Pompée
prol. 10; Polyen VII, 26. Pour sa fin : Ps. Xénophon, Cyrop. VIII, 8, 4; Aristote,
Polit. V, 8, 15; Harpocration s. v. Ἀριοβαρζάνης (lire Ἀρταβάζου au lieu de Ζήνου); Valère Maxime IX, 11, ext. 2. Il était bien praefectus Hellesponti, comme l'appelle Trogue
Pompée, et non pas satrape de Phrygie (Diodore), ni à plus forte raison praefectus Lydiae
et Ioniae totiusque Phrygiae (Nepos). Cf. Krumbholz, De Asiae minoris satrapis persicis,
(Leipzig, 1883), p. 71-73, qui distingue d'ailleurs à tort deux Ariobarzane.

(5) Nepos, Datame, 10; Polyen VII, 29.

trahison acheva de le mettre bien en cour et lui valut les domaines de son père; mais Athènes rougit d'un pareil citoyen, Aristote le flétrit, et quelques années après, quand Alexandre conquit l'Asie, il dépouilla le parricide et rendit à Cios la liberté. La multiplication des rapports entre les deux continents, conséquence de la conquête macédonienne, profita singulièrement à la vieille cité milésienne. Le commerce porte alors jusqu'en Phénicie ses beaux statères d'or (1), et si Phocion refuse les revenus de ses douanes (2), Aristote ne dédaigne pas de commenter sa constitution (3).

Cependant Mithridate n'avait pas renoncé à l'espoir de recouvrer l'héritage de son père, et la mort d'Alexandre lui en rouvrit le chemin. Pour réussir, il ne lui fallut que deux apostasies de plus. Les successeurs d'Alexandre n'avaient pas tardé à apprécier son expérience militaire et ses talents politiques; il en profita pour battre monnaie avec son épée. Il se rallia d'abord à la cause de la famille royale et combattit pour elle aux côtés d'Eumène (4). Puis, son patron vaincu, il suivit la fortune et se tourna vers Antigone. Non seulement le premier roi d'Asie lui rendit Cios, à titre de fief, ainsi que la ville mysienne de Cariné (5), mais encore il fit de lui son confident le plus intime; le fils du vassal fut élevé avec le fils du suzerain. Tout semblait promettre à ce vieillard, chargé de gloire et de crimes, une fin tranquille, mais il était dit que cette vie, inaugurée par la trahison, s'achèverait de même. En 302 av. J.-C., l'ambition d'Antigone, croissant avec ses succès, réunit contre lui, dans une coalition suprême, ses anciens compagnons d'armes, Cassandre, Lysimaque, Séleucus et Ptolémée. Mithridate flaira la défaite et chercha à s'entendre secrètement avec Cassandre; mais Antigone fut informé de ses intrigues. Plus tard on raconta que le vieux roi d'Asie avait été

(1) WADDINGTON, *Mélanges de numismatique*, 2ᵉ série, p. 40. Il existe aussi des drachmes de cette époque. Les bronzes à la tête mitrée sont probablement un peu plus anciens et attestent la domination perse.

(2) Plutarque, *Phocion*, 18 ; Élien, *Hist. var.* I, 25.

(3) Κιάνων πολιτεία : Scoliaste sur Apollonius I, 1177; Photius, cod. 161. (Müller, F. H. G. II, 161.)

(4) Diodore XIX, 40.

(5) Diodore XX, 111, avec la correction de L. Dindorf (καὶ Καρίνην au lieu de καὶ Ἀρρίνης des mss.). Il y a deux villes du nom de Cariné, l'une à l'intérieur de la Phrygie (Pline V, 145) dont le site exact n'est pas connu, l'autre sur la côte de Mysie, en face de Lesbos (Hérodote VII, 42; Pline V, 122). C'est probablement de la seconde qu'il s'agit.

averti par un songe prophétique : il se vit ensemençant un champ, d'où germait une moisson d'or que Mithridate emportait vers le Pont-Euxin. Dénonciation ou pressentiment, les antécédents du vieil aventurier autorisaient tous les soupçons, excusaient toutes les sévérités. La mort de Mithridate fut décidée : les sicaires d'Antigone l'égorgèrent aux portes de sa capitale. Cios redevint pour un siècle une florissante république (1).

Antigone aurait voulu se défaire du fils en même temps que du père; mais l'amitié de Démétrius Poliorcète sauva son jeune camarade. Lié au secret par un serment solennel, Démétrius eut une inspiration touchante, et sut concilier sa parole et son affection. Il prit à part son frère d'armes et traça sur le sable, avec la pointe de sa lance, ces simples mots : « Fuis, Mithridate! » Le jeune Perse ne se fit pas répéter l'avis. La nuit même, il montait à cheval avec six compagnons et gagnait d'une traite les montagnes de la Paphlagonie. Là il était en sûreté; mais bientôt la nature du pays et des habitants, l'éloignement des armées macédoniennes occupées à s'entr'égorger, la bataille d'Ipsus où succomba la fortune d'Antigone, réveillèrent son ambition héréditaire. A la place de la principauté qu'il avait perdue, pourquoi, lui aussi, ne se taillerait-il pas un royaume comme ses voisins Zipoetès le Bithynien et Ariarathe de Cappadoce? Dès lors il fortifia la bourgade de Cimiata, blottie dans les gorges de l'Olgassys (2). De cette place d'armes il rayonna des deux côtés du Halys, appelant à lui les Paphlagoniens, qui frémissaient sous un joug nouveau, et les Cappadociens, chez qui la domination

---

(1) Diodore XX, 111; Plutarque, *Démétrius*, 4 (= *Apophtegm. Reg. Antigon.* 18); Strabon, chez Tertullien, *De anima*, 46; Appien, *Mith.* 9; Lucien, *Macrob.* 13. Tous ces récits, qui dérivent d'Hiéronyme de Cardie (nommé par Lucien), sont embarrassés par la confusion, plus ou moins complète, qu'ils font entre Mithridate le père et son fils. Plutarque dit que le jeune Mithridate et Démétrius Poliorcète avaient à peu près le même âge : cette assertion est incompatible avec celle de Lucien (Hiéronyme) qui fait mourir Mithridate à l'âge de 84 ans. En effet, comme sa mort se place en 266 (Diodore XX, 111), sa naissance remonte à 350; or Démétrius naquit en 333 (Plut. *Demet.* 52). Il faut donc ou que Plutarque se soit trompé, ou, ce qui est plus probable, que Pseudo-Lucien, comprenant mal Hiéronyme, ait confondu l'âge du père avec celui du fils. L'âge de 84 ans concorde très bien avec ce que nous savons de la vie du père. — Eustathe, sur Denys V, 805 (Müller, *Geog. min.* II, 359), dit que Cios fut détruite par Démétrius; mais ce témoignage isolé est suspect : le commentateur aura probablement écrit Démétrius pour Philippe, fils de Démétrius II, qui, en effet, détruisit Cios en 201. En 250, Cios était florissante (Memnon, 22).

(2) Strabon XII, 3, 41.

perse avait laissé de vivaces souvenirs. En peu d'années le proscrit passa chef de bandes, le bandit, roi. A l'est, il conquit le bassin de l'Iris, au nord les fertiles plaines qu'arrose l'Amnias. En 281, Héraclée, Chalcédoine et Byzance, menacées par Séleucus Nicator (1), recherchèrent l'alliance de Mithridate; l'année suivante, lorsque le dernier des grands *diadoques* fut tombé sous le poignard d'un assassin, le banni de Cios ceignit à son tour le bandeau royal (2).

Quand les généraux macédoniens, épuisés par leurs luttes stériles pour la toute-puissance, se résignèrent au partage et regardèrent vers les pays de l'Euxin, ils durent s'incliner, non sans regret, devant les faits accomplis : dans la Cappadoce de l'Euxin, comme dans la Cappadoce du Taurus, comme dans la Bithynie, un nouvel État souverain venait de naître avec lequel il fallait désormais compter (280 av. J.-C.).

(1) Memnon, 11.
(2) Mithridate est appelé roi par Diodore, Memnon et Lucien, et nous avons de lui un statère d'or, aux types d'Alexandre, où il prend ce titre (voir mes *Trois royaumes de l'Asie Mineure*, pl. X, 1). La date est fournie par Syncelle (523, 5 et 593, 7) qui assigne au royaume de Pont une durée de 218 ans : le *terminus ad quem* est sans doute l'année 63 av. J.-C. (mort de Mithridate Eupator). L'ère des monnaies pontiques et bosporanes n'a rien à voir ici ; elle est empruntée à la Bithynie, comme je l'ai démontré ailleurs (*Trois royaumes*, p. 122-133).

CHAPITRE II.

LE PONT AVANT LES MITHRIDATE (1).

Les contrées où Mithridate *Ctistès*, « le Fondateur », venait d'improviser, comme par hasard, un royaume destiné à un brillant avenir, constituent, dans leur ensemble, le rebord septentrional du plateau anatolien. Elles se composent essentiellement de deux parties : un éventail fluvial, — le bassin de l'Iris et les vallées adjacentes, Lycos, Amnias, — qui occupe le centre de la région, et une bande littorale qui s'allonge, comme une paire d'ailes effilées, de part et d'autre de ce noyau central, entre la crête des Alpes pontiques et la mer Noire : à l'ouest de l'Halys, la côte paphlagonienne; à l'est du Thermodon, la côte du Paryadrès. Éventail fluvial et zone maritime forment ensemble comme le glacis d'une forteresse dont le terre-plein est le plateau cappadocien et galate; mais entre le glacis et le terre-plein, quel contraste saisissant à tous égards : relief du sol, régime des eaux, climat et productions!

Le plateau central de l'Asie Mineure, qu'on a si justement appelé un Iran en miniature (2), est une haute plate-forme, presque entièrement unie, où se dresse seulement, vers le sud-

---

(1) Pour la géographie physique et économique du Pont dans l'antiquité, voir surtout Strabon XII, 3, complété, en ce qui concerne la côte, par les périples (Pseudo Scylax = *Geographi graeci minores*, éd. Müller, I, 15 suiv.; Pseudo Scymnus = ib. 196 suiv.; Arrien, ib. 370 suiv.; Périple anonyme, ib. 402; Marcien d'Héraclée, ib. 563). Il faut aussi consulter les voyageurs modernes (notamment AINSWORTH, HAMILTON, G. PERROT, TCHIHATCHEFF) et les ouvrages systématiques (MANNERT, CRAMER, KIEPERT, etc.), tout particulièrement RITTER, *Allgemeine Erdkunde*, tome XVIII, et É. RECLUS, *Géographie universelle*, tome IX. Les cartes les plus commodes sont celles de Kiepert (*Atlas antiquus*; *Asia minor in usum scholarum*, carte murale; carte de l'empire ottoman en Asie). Pour l'ethnographie : GELZER, *Kappadokien und seine Einwohner* dans *Zeitschrift für ägyptische Sprache*, 1875, p. 14; E. MEYER, *Geschichte Pontos*, et art. *Kappadokien* dans l'Encyclopédie d'Ersch et Gruber. Pour l'histoire du Pont jusqu'à la conquête d'Alexandre, les textes, très disséminés, ont été réunis en partie dans les histoires de l'antiquité de DUNCKER, LENORMANT, MASPERO, MEYER, et dans les histoires grecques de CURTIUS, GROTE et BUSOLT. Les monographies seront citées chemin faisant.

(2) CURTIUS, *Hist. gr.* I, p. 6.

est, le cône isolé de l'Argée. La région pontique, au contraire, est un des pays les plus montagneux du globe; les véritables accidents de terrain y sont les plaines : vallées élargies, bassins lacustres desséchés, conquêtes alluviales des fleuves. A l'ouest, les chaînes de la Paphlagonie, parallèles entre elles et à la côte, enferment les petits bassins des affluents de gauche du Halys. A l'est, deux hauts remparts, Paryadrès et Scydisès, courent, l'un le long du littoral, vis-à-vis du Caucase, l'autre à l'intérieur, où il prolonge l'Anti-Taurus (1); ces deux chaînes, dont quelques pics dépassent 3,000 mètres, dressent entre l'Arménie et l'Anatolie une véritable barrière, et couvrent de leurs ramifications tout le bastion nord-est de la péninsule. Au centre, enfin, la contrée si improprement désignée sous le nom de « plaine de l'Iris » offre en réalité l'aspect d'une pièce d'étoffe capricieusement froissée; c'est une succession de plateaux mamelonnés, de croupes irrégulières et de chaînons isolés (Lithros, Ophlimos, Scotios) entre lesquels des rivières sinueuses tracent leurs filets verts, azurés ou rougeâtres.

Peu mouvementé, le plateau central est encore plus mal arrosé, sauf vers ses extrémités. Plusieurs de ses rivières, trop faibles pour atteindre la mer, se perdent dans des lacs ou des marécages; les autres viennent grossir le Halys, le fleuve le plus long de la péninsule, mais aussi le plus triste et le plus inutile : point de pêcheries, point de batellerie pour animer ses eaux saumâtres et ses bords escarpés; c'est un long fossé, ce ne fut jamais un trait d'union. Bien différente la région pontique. Grâce à son enceinte de hautes montagnes, elle est littéralement sillonnée de rivières. La plupart, qui naissent du revers septentrional de la chaîne côtière ou la contournent vers ses extrémités (Billéos, Acampsis), ne sont, il est vrai, que de courts et violents torrents; mais ces torrents fécondent leurs vallées discrètes, et roulent parfois un

(1) L'usage des noms *Paryadrès* et *Scydisès* a été fixé par les géographes modernes; chez les anciens ils sont employés avec peu de précision. Pour Strabon (XII, 3, 18), le Paryadrès est seulement la partie de la chaîne côtière qui borde au nord la vallée du Lycos et forme « le flanc oriental » (plus exactement N.-E.) du Pont. Les massifs orientaux, tant ceux qui courent entre l'Euphrate et les rivières pontiques, que ceux qu'on rencontre entre la côte, le Karchout et le Tchorouk (Kolat dagh, Parkhal), sont réunis sous l'appellation de Scydisès. Au delà de l'Acampsis (Tchorouk) commencent les monts Moschiques. Les modernes ont à peu près interverti le sens de ces termes; ainsi pour Kiepert, c'est le Parkhal qui est le Paryadrès par excellence.

volume d'eau singulièrement disproportionné à leur taille : tel le Thermodon, le fleuve légendaire des Amazones. L'importance stratégique des rivières du Pont égale leur importance économique ; trois fossés concentriques, Halys, Iris, Thermodon, arrêtent successivement la marche de l'envahisseur venu de l'Occident (1). L'Iris est la rivière pontique par excellence, l'artère maîtresse de la contrée. Sœur cadette du Halys, elle copie en raccourci les sinuosités de son cours, recueille le tortueux Scylax et l'abondant Lycos puis perce la chaîne côtière par d'âpres défilés, et se termine par un delta travailleur qui s'avance, de siècle en siècle, à la rencontre de celui du Halys, comme si les deux rivières, nées dans les mêmes montagnes, cherchaient à se rejoindre au fond du gouffre commun.

Si l'on poursuit le parallèle entre les deux régions voisines au point de vue du climat et des productions naturelles, la supériorité du Pont apparaît encore plus éclatante. La Cappadoce et la Galatie ont une atmosphère sèche, un climat continental, c'est-à-dire extrême ; aux courts étés torrides succèdent de longs hivers rigoureux, où rien n'arrête les bises glaciales. Aussi le sol maigre ne se prête-t-il guère à la silviculture, ni à la production des céréales ; le pâturage, l'élève des chevaux et des moutons, telles furent de tout temps les ressources presque exclusives des habitants. Le Pont, au contraire, comme tout le « fer à cheval anatolien », jouit d'un climat méditerranéen. Sur la côte paphlagonienne, la plus exposée, le régime atmosphérique est encore celui de Byzance avec ses brusques écarts ; mais à partir du promontoire de Sinope, le rivage, en s'infléchissant vers le sud-est, est protégé par le lointain paravent du Caucase. Les vents du nord et de l'ouest arrivent adoucis, saturés de vapeurs par leur passage à travers l'Euxin, et les pluies sont aussi abondantes que sont rares les gelées meurtrières : à Trébizonde, les oscillations extrêmes du thermomètre ne dépassent pas 30 degrés. Le bassin de l'Iris n'est guère moins protégé par le Paryadrès. Déjà Strabon a noté que ce pays, situé au nord de la Cappadoce, jouit cependant d'une température sensiblement plus douce (2) : l'olivier réussissait à Phanarée, au confluent des deux branches de l'Iris ; il réussit encore à Amisos et à Sinope.

---

(1) L'image est de Spiegel, *Eranische Alterthumskunde* (cité par Reclus, p. 197).
(2) Strabon II, 1, 15 ; XII, 2, 10.

Ce climat tempéré, humide, favorise l'éclosion d'une végétation luxuriante. Encore aujourd'hui la Cappadoce pontique, partout où le déboisement n'a pas accompli son œuvre fatale, est une des terres les plus verdoyantes de l'Asie. Encore aujourd'hui Amasia, Niksar, Tokat surgissent blanches au milieu de véritables corbeilles de fleurs, de fruits et de verdure. Dans tout le bassin de l'Iris, suivant les altitudes et les zones agricoles, on voit se succéder les gras pâturages, les emblavures dorées, les vignobles, les vergers, la forêt opulente. Le long de la côte paphlagonienne règne une magnifique fourrure de conifères, qui fournissait, dans l'antiquité, les bois les plus estimés pour les constructions navales. En parcourant les plaines de Saramène et de Thémiscyre, Hamilton se croyait en Angleterre (1). Plus loin s'ouvre le Lazistan, vestibule étroit mais embaumé de l'Asie Mineure : la patrie des fleurs et aussi, suivant le mot des indigènes, la patrie des fruits. « De la base au sommet, les collines, revêtues d'une couche régulière de terre végétale ou bien divisées en terrasses par des murs de soutènement, sont vertes de jardins, de prairies et d'arbres à feuillage persistant ou caduc. Les citronniers, les oliviers entourent les villes et les villages de la rive, et plus haut viennent les noyers au large branchage, les chênes; de loin, les azalées et les rhododendrons éclatent en nappes rouges sur les pentes des montagnes (2). »

Si l'on ajoute à ce brillant tableau agricole les pêcheries maritimes, d'une richesse incomparable, les chasses giboyeuses, les carrières et les mines du Paryadrès, on sera tenté de reconnaître dans le Pont le type du pays complet, se suffisant à lui-même. Sa situation commerciale n'est pas moins heureuse. Ses vallées fluviales, ses ports sont les débouchés naturels non seulement de la Cappadoce, de la Galatie et de la Paphlagonie, mais encore de l'Arménie; là aussi vient aboutir une des voies les plus courtes par où les produits de la haute Asie et de l'extrême Orient se sont acheminés de tout temps vers le bassin de la Méditerranée.

Néanmoins, à ce pays si richement doué, il manquait, pour qu'une haute civilisation pût y naître de bonne heure, une qualité essentielle : des fenêtres largement ouvertes sur le dehors. Le

---

(1) Hamilton, I, 286.
(2) Reclus, IX, 336.

Pont étouffé dans sa ceinture de montagnes, qui ne s'abaissent que vers la frontière méridionale, précisément celle d'où il pouvait le moins attendre. Dans le pays même, la zone fluviale et la zone maritime, séparées par la barrière des Alpes pontiques, se tournent en quelque sorte le dos. Les rivières, qui devraient établir le passage, ne sont navigables que vers leurs embouchures; les cols grimpent par des rampes difficiles et restent impraticables pendant une grande partie de l'année. Le rivage lui-même n'est rien moins qu'accueillant. Point de ces indentations profondes, point de ces golfes ou de ces estuaires qui, dans l'Anatolie antérieure par exemple, abrègent si heureusement les distances, amènent les navires jusqu'au cœur des pays de production. La côte, peu découpée, est ordinairement âpre et rocheuse, bordée de près par la chaîne pontique; vers les extrémités, les contreforts arrivent à ras du flot : la montagne, devenue falaise, supprime l'ourlet cultivable, parfois même le sentier littoral, et projette entre les ondulations rythmiques de la côte de hardis promontoires, redoutés des marins. Les bons ports font défaut : la plupart sont ensablés par les alluvions des torrents; les vents prédominants du nord-ouest infléchissent leurs goulets vers l'orient, les détournant en quelque sorte de l'Europe (1). Quant à la mer, elle mérite bien le nom d'« inhospitalière » que lui donnèrent les premiers navigateurs grecs : partout les bancs de sable, les bas-fonds, les écueils perfides, les brusques tempêtes du nord guettent leur proie flottante; il ne suffit pas ici que l'homme, marin ou colon, collabore avec la nature : il faut qu'il la dompte.

Voilà pour la terre; voyons les hommes.

Au moment de l'hégire de Mithridate Ctistès, les populations de la région pontique se divisaient en trois groupes, ayant chacun son habitat déterminé, sans compter les colons grecs, établis dans les villes de la côte, et les Perses, nobles ou prêtres, répandus un peu partout. A l'ouest, entre le Parthénios (2) et le Halys (3), demeuraient les Paphlagoniens. Au centre, depuis le

---

(1) HAMILTON, I, 248.

(2) Le Parthénios, limite occidentale des Hénètes (Paphlagoniens) : Strabon XII, 3, 8. Scylax c. 90 la place un peu à l'O., au fleuve Callichoros. Les Syriens du Parthénios (Hérodote II, 104) sont ou en lapsus, ou désignent les Mariandynes.

(3) Le Halys limite orientale : Hérodote I, 72, Strabon XII, 1, 1; 3, 9, etc. Mais cette

Halys jusqu'au Thermodon (1), les Cappadociens, fraction de la grande nationalité qui peuplait, outre le bassin de l'Iris (Cappadoce pontique), le haut pays au delà du Halys jusqu'au pied du Taurus (Cappadoce taurique ou Grande-Cappadoce) : tout l'« isthme » de la péninsule (2) était le domaine de la langue cappadocienne. Enfin, à l'est du Thermodon, jusqu'à l'Acampsis (*Tchorouk*), fossé de la Colchide (3), venait le groupe des tribus barbares du Paryadrès et du Scydisès. Le *Périple* du faux Scylax, le document le plus rapproché par l'âge de la fondation du royaume de Pont, énumère le long de cette côte, d'occident en orient, les peuplades suivantes : Chalybes ou Chaldéens, Tibarènes, Mossynèces, Macrons ou Macrocéphales, c'est-à-dire « hommes à grosse tête » (de leur nom indigène : Sannes ou Tzanes); plus loin les Béchires, les Ecéchires, sans doute identiques aux *Choi* d'Hécatée, enfin les Byzères. Les Mosques habitaient aussi à l'extrémité de la chaîne, à cheval sur les bassins de l'Acampsis et du Phase, mais ils ne touchaient pas à la mer. Quant aux Mares d'Hérodote et d'Hécatée (entre les Mossynèces et les Macrons), quant aux Colques et aux Driles de Xénophon (aux environs de Trébizonde), le Périple de Scylax ne les connaît plus : le tassement des tribus, l'absorption des peuplades les plus faibles dans des confédérations nouvelles avait sans doute déjà commencé (4).

Tous les peuples qu'on vient d'énumérer, qui étaient-ils? d'où venaient-ils? quelle était leur langue, leur race, leur place dans la grande famille humaine? autant de questions auxquelles il est toujours difficile, souvent impossible de répondre. Tâchons ce-

limite n'était qu'approximative : sur la rive droite du Halys, des éléments paphlagoniens étaient mêlés à la population cappadocienne (Strabon XII, 3, 25). Même le long de la côte, la limite est flottante : Scylax la place à l'ouest du promontoire de Sinope, entre Tétracis et Stéphané; Marcien et l'Anonyme, à 60 stades à l'est du promontoire, à la rivière Evarchos. Le nom même du promontoire Syrias semble donner raison à Scylax. Au reste, la limite des nationalités ne doit pas être confondue avec celle des dominations politiques, puisqu'à l'époque de Xénophon les Paphlagoniens s'étendent jusqu'au Thermodon; c'est en ce sens que la source de Pline VI, 2 plaçait Amisos en Paphlagonie.

(1) La limite était un peu à l'est du Thermodon : Scylax c. 89.
(2) La Cappadoce, isthme de l'Asie Mineure : Strabon XII, 1, 3; Hérodote I, 72.
(3) L'Acampsis, souvent confondu avec l'Apsaros, limite de la Colchide : Scylax c. 81.
(4) Sur ces peuples du Paryadrès voir, outre les Périples, Strabon et les scolies d'Apollonius de Rhodes (livre II) : Hérodote III, 94; VII, 72; Xénophon, *Anabase*, IV-V; fragments d'Hécatée, d'Eudoxe et d'Éphore dans les *Fragmenta hist. graec.* de Didot. Ces textes ont été réunis par R. Hansen, *De gentibus in Ponto orientali habitantibus*, diss. Kiel, 1876.

pendant d'indiquer brièvement les résultats les plus vraisemblables qui se dégagent de nos maigres documents.

Des Paphlagoniens, race robuste et grossière de cavaliers hardis et de pâtres amoureux de l'indépendance, nous ne savons rien, pas même leur nom national (1). Les noms propres, assez nombreux, qui nous sont parvenus, ont un caractère à part (2). En tout cas l'immigration des Paphlagoniens en Asie précéda celle des Bithyniens, car déjà le *Catalogue des vaisseaux*, qui ignore les Thraces d'Asie, connaît les Paphlagoniens sur les rives fleuries du Parthénios (3).

Les Cappadociens, au contraire, qui ont reçu leur nom des Perses (4), sont une race mixte, d'origine relativement récente. Dans sa composition sont entrés les éléments les plus divers : Énètes et Paphlagoniens le long de la côte et sur toute la rive droite du Halys inférieur (5), Matiènes dans le grand bastion naturel que dessine la courbe moyenne du fleuve (6); plus haut, au pied du mont Argée, des colonies ciliciennes (7), puis, au sud, deux grandes tribus jadis autonomes : Bagadaons dans la plaine (8), Cataons ou Cataoniens dans les vallées de l'Anti-Taurus (9); enfin, au sud-est, entre la montagne et l'Euphrate, l'ancien peuple de Milid (Mélitène). A cette liste, il faut encore ajouter sans doute quelques fractions des plus anciens occupants de

(1) Παφλαγόνες paraît bien une onomatopée (de παφλάζω, bouillonner, bredouiller) dans le genre de βάρβαρα, Αδυγες. Le seul mot connu de la langue est γάγγρα, chèvre (Nicostrate et Alexandre Polyhistor, chez Étienne de Byzance s. v.).

(2) Noms propres paphlagoniens (Strabon XII, 3, 25) : Βάγας, Βιάσας, Αἰνιάτης, Ἀοίατης (cod. Ῥατώτης), Ζαρδόκης, Τίβιος, Γάσυς, Ὀλίγασος, Μάνης (cod. Μάνης). A cette liste il faut ajouter les noms de rois : Corylas, Otys ou Cotys, Thuys ou Thus, Pylémène, Morzios.

(3) Iliade II, 851, suiv. Les Paphlagoniens paraissent avoir remplacé les tribus plus anciennes des Caucons (Strabon XII, 3, 5) et des Mariandynes : ces derniers possédaient autrefois Stéphané (Hécatée fr. 201).

(4) Hérodote VII, 72 : οἱ δὲ Σύριοι οὗτοι ὑπὸ Περσέων Καππαδόκαι καλέονται. Cf. Polybe, fr. inc. 10 Didot.

(5) Les Énètes n'étaient nommés que dans l'Iliade II, 851, qui fait venir ἐξ Ἐνετῶν le chef des Paphlagoniens, Pylémène. Les uns y voyaient une bourgade voisine d'Aegialos (près d'Amastris), d'autres une tribu paphlagonienne qui après la guerre de Troie aurait émigré sur l'Adriatique (?). Mais Hécatée de Milet (fr. 200 Müll.) et d'après lui plusieurs Alexandrins voyaient dans Énéta l'ancien nom d'Amisos. Cf. Strabon V, 1, 4; XII, 3, 8 et 25. Paphlagoniens sur la rive droite du Halys : *supra*, page 13, note 3.

(6) Hérodote I, 72. Cf. VII, 72.

(7) La préfecture de Mazaca conserva le nom de Cilicie : Strabon XII, 1, 4; 2, 7.

(8) Strabon II, 1, 15; XII, 3, 10. Étienne de Byzance s. v.

(9) Strabon XII, 1, 2.

l'isthme cappadocien (Mosques et Tibarènes) (1), et surtout de nombreux débris des bandes cimmériennes qui, chassées de l'Anatolie antérieure par les Lydiens, trouvèrent un refuge au delà du Halys : dans la tradition juive et arménienne la Cappadoce tout entière est même désignée sous le nom de Cimmérie (*Gomir, Gomer*) (2).

Les Cimmériens, barbares descendus de la Crimée, probablement de souche aryenne, sont-ils, comme on l'a parfois prétendu, l'élément dominant dans cet étrange amalgame qui constitua la nationalité cappadocienne? est-ce bien eux qui ont donné le ton à l'ensemble, je veux dire la langue, les mœurs et les croyances? Je ne le pense pas. Ce rôle de centre de cristallisation paraît appartenir à un élément tout différent, au peuple que les plus anciens auteurs grecs appelaient Syriens, c'est-à-dire Assyriens, ou, pour les distinguer des Assyriens bronzés du midi, Leucosyriens, « Assyriens blancs (3) ». Leur domaine propre était la Cappadoce pontique (bassin de l'Iris) et la presqu'île de Sinope, le « promontoire assyrien (4) ». D'après une tradition recueillie par Diodore, et que rien n'autorise à rejeter *à priori*, ces Assyriens blancs étaient en effet de véritables Assyriens, transplantés en masse par des conquérants scythes (5) : il s'agit peut-être de ces

---

(1) GELZER (art. cit.) va jusqu'à faire des Tibarènes la souche principale des Cappadociens; mais comment expliquer alors l'existence isolée de deux débris authentiques de ce vieux peuple? D'ailleurs les Tibarènes sont incirconcis (Ézéchiel c. 32, v. 26) à la différence des Leucosyriens (Hérodote II, 104).

(2) Cimmériens à Sinope : Hérodote IV, 12; Ps. Scymnus, v. 911 (avec des Thraces : Hécatée fr. 352; Etym. Magnum s. v.); à Héraclée : Arrien fr. 47; en Cilicie : Strabon I, 3. 21. Leur roi Teuspa est vaincu (en Cappadoce) par Asarhaddon : I Rawlinson, 45, 2, 6. Gomer = Kapoudakai : *Targum* d'Ézéchiel c. 27. Pour les textes arméniens cf. P. de LAGARDE, *Mittheilungen*, p. 211; KIEPERT, dans les *Abhandlungen* de l'Académie de Berlin, 1859, p. 203. Pour les traces de la religion cimmérienne (taurienne) dans les cultes des sanctuaires cappadociens, *infra*, IV, 1. L'opinion de M. HALÉVY (*Revue des études juives*, 1888), que les Cimmériens auraient été établis en Cappadoce depuis un temps immémorial, est réfutée par les textes mêmes qu'elle invoque.

(3) Les plus anciens auteurs, en particulier Hérodote, se servent des noms Σύροι, Σύριοι; cependant Hécatée, fr. 194, avait peut-être déjà Ἀσσύριοι. Sur ce nom, cf. Strabon XVI, 1, 2 et pour la statistique NOELDEKE, Ἀσσύριοι, Σύριοι, Σύροι, dans l'*Hermes*, V, 1871, p. 413. Mais la conclusion de l'article, — le nom, comme celui de la Syrie elle-même, viendrait de ce que les Grecs trouvèrent les Cappadociens sous la domination assyrienne, — n'est pas admissible.

(4) Périple anonyme c. 20; Marcien c. 9. Arrien appelle ce promontoire Lepté (Perip. 21).

(5) Diodore II, 43, 6. — Arrien fr. 18. Müll. se contente de faire de Cappadox le fils de Ninyas.

Scythes, qui, au dire des auteurs grecs, inondèrent, sous leur roi Madyès, l'Asie Mineure vers la fin du vii⁰ siècle et y dominèrent pendant vingt-huit ans (1). A l'appui de cette origine sémitique, que la disparition de la langue cappadocienne empêche de vérifier directement (2), on peut alléguer la physionomie des rares noms propres cappadociens qui nous sont parvenus (3) et les traces assez nombreuses de sémitisme dans la religion cappadocienne (4). Au reste, à l'époque de Mithridate Ctistès, la fusion des divers éléments de cette nationalité composite n'était pas encore achevée : les Cataons notamment, race probablement aryenne (5), conservaient encore leur individualité distincte et étaient comptés par les géographes comme un peuple particulier (6).

Quant aux tribus du Paryadrès, ce ne sont pas, comme il semble au premier abord, des montagnards autochtones, voués par la nature de leur territoire à une éternelle sauvagerie. La plupart, au contraire, représentent les débris d'anciennes races, jadis puissantes et établies dans la plaine, que le flot des invasions successives a refoulées peu à peu vers l'Acropole du Pont. Là, dans les petites

---

(1) Hérodote I, 103-106. Cf. Strabon I, 21.

(2) Un seul mot cappadocien a subsisté : νιαξυ (cod. νηεξυ, mais cf. l'ordre alphabétique) ἐν Καππαδοκίαις γε ἑόμενος μῦς, ὃν σιλούροι τινὲς λέγουσιν (Hésychius). Sur la langue cappadocienne : P. de LAGARDE, *Gesammelte Abhandlungen*, p. 265 suiv., qui attache trop d'importance aux suffixes de noms de lieux en ασσος, ισσος, ηνη et au calendrier iranien, emprunt tardif. Il conclut (comme KIEPERT et E. MEYER) à une origine indo-européenne. Tablettes cunéiformes en cappadocien (?) : PINCHES, *Proceedings of the society of biblical archaeology*, 1881, p. 11 et 23.

(3) Les noms propres cappadociens actuellement connus (abstraction faite des noms empruntés, phrygiens, grecs, arméniens et surtout perses, qui sont en majorité dans l'aristocratie cappadocienne, et du douteux Ἀρβάκης de Xénophon, *Cyrop*. II, 1, 5) sont 1⁰ Ἀρυΐς, nom de femme, iv⁰ siècle (Strabon XIV, 2, 17); 2⁰-5⁰ Zabdès, Phoebias, Maiphatos, Pomrous dans les deux inscriptions récemment publiées par HIRSCHFELD, *Sitzungsberichte* de l'Académie de Berlin, 1888, p. 892 : n° 72 (Ebimi près d'Amasia) Διὶ Στρατίῳ Ἀρχίας Ἡορρίνιος γ; n° 73 (C. I. G. 4181, Comana pontique) Θεοῦδη Ζαβδήνος Φοιβίαντος γυνὴ δὲ Φλογίφρων Μαιφάτου Χαῖρε. Zabdès rappelle Zabdas, général de Zénobie, et le nom Zabdos, qui s'est rencontré en Trachonitide (C. I. G. 4533).

(4) Cf. *infra*, IV, 1.

(5) A cause du seul nom propre connu, *Aspis* (Nepos, *Datam*. 4. Zend : *aspa*, cheval?) et du culte d'Apollon (Strabon XII, 2, 6).

(6) Les Cataons forment un corps distinct des Cappadociens dans les dernières armées perses : Quinte-Curce IV, 12, 11-12. Plus tard, assimilation complète : Strabon XII, 1, 2. C'est à tort que MEYER, *Geschichte Pontos*, p. 14-15, conteste toute différence ethnique entre les Cataons et les Cappadociens.

vallées bien délimitées que séparent, comme autant de cloisons, les rameaux de la chaîne côtière, ces tribus, ne communiquant guère entre elles ni avec le dehors, se sont enfoncées de plus en plus dans la barbarie et ont conservé, pendant des siècles, avec leurs noms orginaires, leurs caractères distinctifs. La montagne est un musée de nationalités fossiles; ses tribus alignées racontent à l'historien les révolutions ethnographiques de la plaine, comme les strates de ses roches en racontent au savant les cataclysmes géologiques. C'est ainsi qu'on a pu reconnaître dans les faibles peuplades des Mosques et des Tibarènes, aux deux extrémités de la chaîne pontique, les restes de deux grandes nations sœurs (1) qui jadis, sous les noms de *Mouski* et de *Tabali* (*Mescheq* et *Tubal* de la Bible), avaient occupé une grande partie de l'isthme anatolien, jusqu'à la Cilicie (2) : comme pour mieux attester leur ancienne expansion, une fraction des *Tabali*, les Tibaranes, resta blottie dans le Taurus cilicien où Cicéron la rencontra au 1er siècle avant notre ère (3). De même, les Colques de Trébizonde (4) rappellent l'époque lointaine où l'antique nation civilisée qui a donné son nom au bassin du Phase couvrait tout l'angle oriental de l'Euxin. Enfin Strabon savait encore qu'en pleine période historique les Arméniens avaient chassé les Mossynèces et les Chalybes des provinces du haut Euphrate, Derxène et Carénitide (5). Xénophon rencontra des Chaldéens, c'est-à-dire des Chalybes (6), dans toute cette région; et le nom d'*Arménochalybes*, qui désigna plus tard la population du nord-ouest de l'Arménie (7), trahit le mélange de nationalités qui dut s'y accomplir.

(1) Les deux peuples sont ordinairement associés dans la Bible (Ézéchiel, 27, 32, 38 : Isaïe II, 66; Genèse X, 2; le nom de Mescheq dans Ps. 120 est suspect) et d'après Hérodote VII, 78, ils avaient, en effet, même armement.
(2) Tibarènes = Tubal, Mosques = Mescheq, identité reconnue d'abord par Bochart, *Phaleg*, III, 12. Josèphe, *Ant. jud.* I, 6, 1, l'avait déjà pressentie pour les Mosques, mais il rapprochait à tort leur nom de celui de Mazaca.
(3) Cicéron, *Ad fam.* XV, 4.
(4) Xénophon, *Anab.* IV, 8, 9; 18, 20; V, 7, 2. Arrien (Périp. 15) ne les connaît peut-être qu'à travers Xénophon.
(5) Strabon XI, 14, 5.
(6) L'identité des deux noms est reconnue par Strabon. Les anciens auteurs emploient de préférence Χάλυβες, mais Χαλδαῖοι (arm. *Khalti*) se trouve déjà chez Sophocle (ap. Étienne de Byzance s. v.). Origine scythique des Chalybes : Eschyle, *Prométhée*, 714; *les Sept*, 727. Faut-il reconnaître dans les *Scythines* de Xénophon (*Anab.* IV, 7, 18; 8, 1) un autre reste des invasions scythiques?
(7) Pline VI, 10.

Toute la haute antiquité de la région pontique tient pour nous dans son ethnographie; l'histoire proprement dite est enveloppée d'un voile à peu près impénétrable. Si l'on laisse de côté la légende inexpliquée des Amazones, localisée aux bords du Thermodon, voici le peu que nous apprennent à ce sujet les monuments, les inscriptions assyriennes et, plus tard, les sources helléniques.

Jusqu'à la fin du viiie siècle avant notre ère, les Mosques et les Tibarènes étaient les peuples dominants au sud et à l'est de la Cappadoce, les Colques (*Kaski?*), les Chalybes, les Caucons et les Mariandynes au bord de l'Euxin. Dans le bassin du Halys et de l'Iris existait un État civilisé, probablement à constitution sacerdotale, qui a laissé dans les merveilleuses ruines de *Boghaz Keui* et d'*Eyouk*, situés vers le foyer de l'ellipse décrite par le Halys, des preuves frappantes de ses relations avec l'Égypte, Babylone et les Hittites de la haute Syrie (1). Quel est le peuple à qui l'on doit ces monuments, espacés sur une durée de plusieurs siècles, depuis les sphinx gigantesques qui gardent l'entrée du palais d'Eyouk, jusqu'au sanctuaire mystérieux de *Iasili Kaia*, avec ses Panathénées barbares peuplant un labyrinthe de rochers? J'y verrais volontiers l'œuvre de la nation des Matiènes. Hérodote les connaît encore dans ces parages (2), et l'existence d'une autre branche de cette vieille race entre les lacs de Van et d'Ourmiah (3) atteste simplement son ancienne extension ou une migration forcée.

Les monarques assyriens, particulièrement les Sargonides, eurent fréquemment à combattre les Mosques et les Tibarènes; ils finirent même par les réduire à une sorte de sujétion, mais rien ne permet d'affirmer que leurs armées aient pénétré au delà du

---

(1) Sur ces monuments, découverts dans notre siècle par Texier et Hamilton, voir surtout Perrot et Chipiez, *Histoire de l'art dans l'antiquité*, IV, 483-801. Mais la ressemblance avec l'art hittite a été quelque peu exagérée, ainsi que l'affinité de tous les monuments du même style répandus sur l'Asie Mineure (cf. G. Hirschfeld, *Paphlagonische Felsengraber*, 1885; *Die Felsenreliefs in Kleinasien und das Volk der Hittiter*, 1887).

(2) Hérodote I, 72; cf. VII, 72. — La Ptérie (Hérodote I, 76; Étienne de Byzance s. v.) paraît être plus voisine de l'Euxin.

(3) Hérodote I, 202; III, 94; V, 49; 52; Hécatée fr. 188, 189 (où il signale l'identité du costume matiène et paphlagonien); Polybe V, 44; Ératosthène, chez Strabon XI, 8, 8. Le lac salé des Matiènes (Xanthus fr. 3, chez Strabon I, 3, 4) ne peut être que le lac de Van ou d'Ourmiah. La Gazacène, district voisin d'Amasia (Strabon XII, 3, 25) a conservé probablement le nom d'une ancienne ville des Matiènes, homonyme de la future capitale de l'Atropatène (Strabon XI, 13, 3) qui était située sur le territoire des anciens Matiènes orientaux.

Halys, ni à plus forte raison jusqu'aux bords de la mer Noire (1). Les longues incursions des Cimmériens et des Scythes, l'écroulement de l'empire assyrien, les progrès rapides des Lydiens et des Mèdes amenèrent un bouleversement complet des rapports politiques dans cette partie de l'Asie. A la fin de cette période agitée, les anciennes races ont disparu ou ont été refoulées dans la montagne; à leur place ont surgi des peuples nouveaux, volontairement émigrés ou transplantés par force. Les Paphlagoniens ont remplacé à l'ouest du Halys les Hénètes et les Caucons (2); les Leucosyriens occupent le bassin de l'Iris; les Tibarènes et les Mosques ont trouvé un asile aux deux extrémités du Paryadr** (3); les Arméniens, colons phrygiens fuyant devant l'invasion thraco-cimmérienne (4), se sont installés dans la Petite-Arménie et commencent à disputer la haute vallée de l'Euphrate aux Chalybes et aux Mossynèces; enfin, au sud du Halys se sont établis les Bagadaons et les Cataons, ces derniers débordant jusqu'en Acilisène (5). Mais tous ces peuples, dès leur première apparition dans l'histoire, ne jouissent déjà que d'une demi-indépendance; ils sont les vassaux et les tributaires des nouveaux royaumes qui se sont élevés sur les ruines de l'empire de Ninive. Les Ciliciens ont franchi le Taurus et dominent jusqu'au Halys (6); à l'ouest de ce fleuve, tous les peuples reconnaissent la suzeraineté des Lydiens; à l'est, celle des Mèdes. Ces deux dernières nations, qui avaient rendu aux Asiatiques l'immense service de les débarrasser l'une des ravages des Cimmériens, l'autre du joug des Scythes, acceptèrent le Halys pour commune frontière de leur influence (7); mais quand les Perses eurent renversé et absorbé l'empire mède, la Lydie, mena-

(1. Textes assyriens sur Mescheq et Tubal : SCHRADER, *Keilinschriften und Geschichtsforschung*, p. 155 suiv. A la fin du XIIᵉ siècle, Teglath Phalasar Iᵉʳ a peut-être atteint la mer Noire (mer Supérieure ou mer de Naïri; III Rawl. 4, 6; cp. LOTZE, *Die Inschriften Tiglatpilesers I*, 1880; encore SCHRADER, *Die Name*   *er Meere in den assyrischen Inschriften*, *Abhandlungen* de l'Acad. de Berlin, 1877, y voit-il le lac Van); mais c'est là un fait isolé. L'assimilation de *Mat-qui* avec Sinope (GELZER, *Sinope in den Keiltexten*, dans la *Zeitschrift für egyptische Sprache*, 1874, p. 114) ne soutient pas l'examen.

(2) Cp. *suprà*, p. 15, note *i*.

(3) La destruction de Tubal et de Mescheq est annoncée par Ézéchiel. XXXIII, 26-27.

(4) Les Arméniens colons phrygiens : Hérodote VII, 73; Eudoxe, chez Eustathe sur Denys v. 694 (= *Geog. min.* II, 311).

(5) Les Cataons chassés de l'Acilisène par les Arméniens : Strabon XI, 14, 5.

(6) Le Halys coule d'abord en Cilicie : Hérodote I, 72, ou sépare la Cilicie de la Cappadoce : V, 52. Mazaca est le chef-lieu de la préfecture de Cilicie : Strabon XII, 1, 4; 2, 7.

(7) Hérodote I, 72-74.

cée, reprit l'offensive : Crésus franchit le Halys et conquit le royaume leucosyrien (1). On sait quelle fut l'issue finale de cette campagne, destinée, suivant le mot de l'oracle, à détruire un grand empire : en quelques mois Crésus était vaincu, la Lydie rayée du nombre des nations, et toute l'Asie unifiée sous le sceptre de Cyrus (546 av. J.-C.).

Dans l'organisation définitive de la monarchie perse, qui eut pour auteur Darius, presque toute l'Asie Mineure fut assujettie au régime provincial. Seuls les royaumes de Paphlagonie et de Cilicie, qui s'étaient soumis de plein gré, gardèrent, à la condition de payer tribut, leurs dynasties nationales et leurs anciennes limites (2). Quant aux prétendus royaumes de Cappadoce et de Pont, qui auraient, d'après quelques auteurs, subsisté ou pris naissance sous la suzeraineté des Perses, il ne faut voir là qu'une fable inventée à plaisir; les listes de rois, qui fourmillent de contradictions et d'impossibilités, ont été fabriquées à une époque tardive, dans un intérêt dynastique, par les historiographes officiels des Ariarathe et des Mithridate (3). En réalité, dans l'empire de Darius, Leucosyriens, Matiènes, Phrygiens, Mariandynes et Bithyniens furent réunis dans une satrapie unique, la troisième d'Hérodote (4), dont le chef-lieu était Dascylion, sur la Propontide (5) : c'est à cet ensemble que les inscriptions de Darius donnent le nom, d'ailleurs inexpliqué, de *Katpatouka*, d'où les Grecs ont fait *Cappadoce* (6). Cette satrapie, l'une des plus vastes

(1) Hérodote I, 75-76.
(2) Xénophon, *Cyrop.* VIII, 6, 8. Pour le tribut, la Cilicie forme une division à part ; la Paphlagonie est rattachée à la Cappadoce (Hérodote III, 90).
3) Rois de Pont descendant d'Artabaze, frère de Darius : Salluste fr. II, 53, Kritz; Florus I, 40, Halm. Rois de Cappadoce : Diodore fr. XXXI, 19. D'après le fr. inc. 10 de Polybe, mutilé d'ailleurs, il semble que, dans une version de la légende, le fondateur de la dynastie aurait été le Perse Cappadox (?), qui avait sauvé la vie à un Artaxerxès dans un accident de chasse. Le roi lui donne tout le pays qu'on peut apercevoir du sommet d'une montagne très élevée (l'Argée ?).
(4) Hérodote III, 90. Cf. Ctésias fr. XXIX, 16, Müller (Ariaramne, satrape de Cappadoce, chargé d'une reconnaissance en Scythie). En général, P. KRUMBHOLZ, *De Asiae minoris satrapis persicis*, diss. Leipzig, 1883.
(5) Hérodote III, 120; 126, etc.
(6) Étymologies anciennes du nom de Cappadoce : le Perse Cappadox (?), Polybe fr. inc. 10, Didot; le héros Cappadox, fils de Ninyas, Arrien fr. 48; le Cappadox, affluent du Halys (Delidje Irmak?), Pline VI, 9. Étymologies modernes : *kacapa dakhm*, « pays des beaux chevaux » en zend (BENFEY); *Katpa-toukha*, « côté des Toukha » (Douha des textes cunéiformes), d'après LAGARDE et KIEPERT. Le nom *Katpatouka* se lit dans les inscriptions de Darius (Behistoun, col. I, § 6, etc.)

de l'empire, payait un tribut annuel de 360 talents (1), sans compter les prestations en bétail, qui équivalaient à la moitié de celles de la Médie (2). Quant aux peuplades du Paryadrès, elles furent groupées dans une satrapie spéciale, la dix-neuvième d'Hérodote, qui payait un impôt de 300 talents (3).

Cet état de choses paraît avoir subsisté environ un siècle. Entre le temps d'Hérodote et celui de Xénophon, la satrapie cappadocienne, trop vaste et trop disparate, fut démembrée en trois gouvernements : Phrygie hellespontienne, Grande-Phrygie et Cappadoce propre (4); celle-ci comprit désormais, outre le bassin de l'Iris, tout le pays jusqu'au Taurus, enlevé à la Cilicie. Les Lycaons et les Cataons, peuples pillards, demi-indépendants, relevaient également du satrape de Cappadoce (5). En revanche, les montagnards du Paryadrès et les Paphlagoniens s'étaient complètement émancipés (6); ces derniers avaient même franchi le Halys et poussé jusqu'au Thermodon (7) : au moment du passage des Dix Mille, la satrapie cappadocienne ne touchait donc plus à la mer. Toutefois, vers la fin du règne d'Artaxerxès Mnémon, l'autorité du grand Roi fut rétablie dans ces régions par un satrape énergique et habile, Datame. Il soumit définitivement les Cataons (8), rejeta les Paphlagoniens derrière le Halys (9), et prépara ou acheva la réduction des villes grecques de la

---

(1) Hérodote III, 90.
(2) Strabon XI, 13, 8.
(3) Hérodote III, 94. Il est remarquable que les Chalybes ne sont mentionnés ni ici, ni dans le dénombrement de l'armée de Xerxès.
(4) Cette division est indiquée prématurément par Xénophon dès le temps de Cyrus Ier (*Cyrop.* VIII, 6, 7).
(5) Ps. Xénophon (Sophénète?), *Anab.* VII, 8, 25 : (ἄρχων) Λυκαονίας καὶ Καππαδοκίας Μιθριδάτης. Il était subordonné à Cyrus, lieutenant général du roi en Asie Mineure. Par le récit de Xénophon (*Anab.* I, 2, 19 suiv.) on voit que la Lycaonie était très imparfaitement soumise; on n'y comprenait pas encore Iconion, qui comptait en Phrygie; mais Tyana (Thoana) est bien en Cappadoce. La traversée de la Lycaonie dura cinq journées (30 parasanges), celle de la Cappadoce quatre journées (25 parasanges), au total environ 250 kilomètres. Pour la Cataonie, qui formait une hyparchie à part, subordonnée au satrape de Cappadoce, cf. Nepos, *Dat.* 4.
(6) Ps. Xénophon, *Anab.* VII, 8, 25 : Καρδοῦχοι δὲ καὶ Χάλυβες καὶ (ἢ?) Χαλδαῖοι καὶ Μάκρωνες καὶ Κόλχοι καὶ Μοσσύνοικοι [καὶ Κοῖται] καὶ Τιβαρηνοὶ αὐτόνομοι.
(7) Xénophon, *Anab.* V, 6, 3-10; VI, 1, 3; *Hellen.* IV, 1.
(8) C. Nepos, *Dat.* 4. La définition de la province de Datame et de son père Camisarès (*partem Ciliciae juxta Cappadociam quam incolunt Leucosyri*) est corrompue; peut-être faut-il lire *Cappadociae juxta Ciliciam*. Datame, satrape de Cappadoce : Diodore XV, 91.
(9) Nepos, *Dat.* 2-3.

côte (1). A la vérité, Datame avait surtout travaillé pour lui-même et rêvé de fonder à son profit un nouveau royaume de Cappadoce; mais Mithridate de Cios débarrassa le grand Roi de ce dangereux rebelle, et Ochus recueillit le bénéfice de ses victoires. A la veille de l'invasion d'Alexandre, la Cappadoce, si précieuse au grand Roi comme trait d'union entre la haute Asie et les magnifiques provinces égéennes, était toujours une des parties les plus soumises et même les plus dévouées de la monarchie des Achéménides. Il n'y a aucune trace, d'ailleurs, dans les documents d'une division en deux satrapies, correspondant à peu près aux futurs royaumes de haute et basse Cappadoce; il ne faut voir dans cette prétendue division qu'une hypothèse érudite de Strabon, destinée à expliquer la genèse spontanée de nos deux royaumes (2).

Les deux grands faits de l'histoire du Pont sous la domination perse sont la conquête morale des Cappadociens par l'iranisme et l'établissement solide des Hellènes le long de la côte. Ces deux faits sont à peu près contemporains : la colonisation grecque n'a commencé sérieusement que dans le dernier tiers du VIIe siècle, après les orages des invasions cimmérienne et scythique; c'est aussi vers cette époque que les Mèdes, précurseurs et instituteurs des Perses, ont établi leur domination, et partant leur influence morale, sur la Cappadoce intérieure.

Les Perses ne songèrent ni à transplanter violemment les populations, ni à persécuter les coutumes nationales; la destruction des vieilles dynasties, l'obligation générale à l'impôt et au service militaire, telles furent les seules marques de la conquête matérielle. Pour la conquête morale, le maître perse employa d'autres moyens, aussi efficaces et moins brutaux que ceux de ses prédécesseurs. Il trouvait en Cappadoce les rudiments d'un système féodal, un esclavage très développé (3); il poussa à l'extrême les principes de ce régime. Presque tout le sol paraît avoir été confisqué, puis distribué entre de grands propriétaires,

---

(1) Siège de Sinope par Datame, levé sur l'ordre du roi : Polyen VII, 21, 2 et 5. Datame à Amisos : Polyen VII, 21, 1; Ps. Aristote, Œconom. II, 25 (où Datame est appelé Didalès, ce qui peut avoir été son vrai nom, dont Datame est la traduction perse).

(2) Strabon XII, 1, 11.

(3) Inscription assyrienne mentionnant vingt-quatre rois (chefs) des Tabali : Meyer, Geschichte des Alterthums, I, § 337. Esclaves tibarènes exportés par les Tyriens : Ézéchiel XXVII, 13.

nobles ou prêtres, Iraniens immigrés pour la plupart; le pays se couvrit de châteaux forts, qui servaient à la fois de citadelles royales et de manoirs seigneuriaux (1); le petit tenancier libre disparut et devint un serf attaché à la glèbe (2). A côté du château, s'éleva l'église. Le Perse respecta scrupuleusement la religion cappadocienne; il laissa même aux pontifes des grands sanctuaires indigènes l'hérédité, un prestige royal et un peuple d'hiérodules; mais il dressa autel contre autel. Des collèges de mages, des enceintes sacrées, vouées au culte d'Ormuzd, parsemèrent le pays; l'antique bourgade de Zéla fut accaparée par les dieux de l'Iran et leur culte s'y organisa sur le modèle du culte indigène; le grand prêtre de Zéla devint l'égal et le rival des pontifes de Comana, et tous les habitants des alentours, à quelque race qu'ils appartinssent, prirent l'habitude de venir prononcer leurs serments à Zéla, de même qu'ils adoptaient, dans l'usage courant, le calendrier sacré des mages (3). Enfin, les Perses achevèrent de s'attacher les populations en facilitant les communications d'une province à l'autre : deux des grandes routes de l'empire, la fameuse route royale parcourue par les courriers du roi, et la route militaire du sud, que suivit le jeune Cyrus, empruntaient le territoire de la Cappadoce. Des ponts, défendus par des forts, s'élevèrent sur le Halys, et dès cette époque, sans doute, les deux grandes artères furent reliées par des voies secondaires dont Mazaca, chef-lieu de la satrapie, était le point de croisement (4).

Grâce à cet ensemble de sages mesures, la Cappadoce, en deux ou trois siècles, s'*iranisa* presque aussi complètement que l'Arménie voisine; mais sur le liséré maritime, le persisme, réfractaire au commerce, fut supplanté par la civilisation supérieure des colons hellènes.

(1) Châteaux forts : Nepos, *Dat.* 1. Beaucoup de ceux que mentionne Strabon doivent dater de cette époque. Nobles (ἡγεμόνες) : Polybe fr. XXXI, 15, 1; Diodore fr. XXXI, 21 Dind.; Strabon XII, 2, 7. Grands domaines ecclésiastiques : Strabon XII, 3, 31, etc.
(2) Isidore de Péluse, ep. I, 487 : ὅσοι οὐκ ἄλλοθεν ἢ ἐκ δούλων καὶ γεωργῶν συνέστασαι.
(3) Strabon XI, 8, 4; XII, 3,37; XV, 3, 15. Calendrier : Ideler, *Lehrbuch der Chronologie*, I, 111.
(4) Route royale : Hérodote V, 52. Route militaire : Xénophon, *Anab.* I, 2, 20. Route transversale : Artémidore chez Strabon XIV, 2, 29. Hérodote prétend que les ponts du Halys existaient dès le temps de Crésus, mais les Grecs, ὅ πολλοὶ λέγει Ἑλλήνων, n'étaient pas de cet avis (I, 75).

Dès le VIIIe siècle, peut-être à l'instar des Phéniciens, les marins grecs avaient franchi le Bosphore de Thrace et s'étaient risqués dans les eaux de la « mer inhospitalière », attirés par la renommée des métaux de la Colchide et du Paryadrès (1). Ces voyages, immortalisés par le mythe des Argonautes, furent bientôt suivis de tentatives de colonisation : Trébizonde faisait remonter sa fondation à l'an 756 avant Jésus-Christ (2), ce qui placerait la naissance de sa métropole, Sinope, à une date encore plus reculée (3). Toutefois, ces premiers établissements ne furent sans doute que des factoreries, grossièrement fortifiées, comme celles des nations modernes sur les côtes africaines, et destinées à servir de point de relâche aux navires, de marché avec les tribus barbares de la côte. Ces comptoirs, détruits en partie pendant l'invasion cimmérienne (4), ne se relevèrent que le jour où la conquête médique eut clos l'ère des migrations. Dans le Pont, comme dans la Propontide, les Ioniens, en particulier les Milésiens, furent à l'avant-garde de la colonisation. Sur la côte méridionale de l'Euxin, depuis le Parthénios jusqu'au Phase, ils égrenèrent tout un chapelet de colonies florissantes, dont plusieurs devinrent, avec le temps, des cités considérables (5). La plus importante fut Sinope, fondée définitivement en 630 avant Jésus-Christ (6), et qui ne tarda pas à essaimer à son tour : à l'ouest Cytoros, à l'est Cérasonte, Cotyora, Trébizonde et sa colonie Hermonassa reconnaissaient Sinope pour métropole (7). Bientôt d'autres peuples grecs suivirent le mouvement : en 562 av. J.-C. les Phocéens fondèrent Amisos, à l'embouchure du Lycastos (8); quatre ans après, à la veille de la conquête perse, les Mégariens et les Béotiens bâtissaient Héraclée sur la côte des Mariandynes (9).

---

(1) Commerce de Tyr avec Mesche_q et Tubal : Ezéchiel XXVII, 13. Mines d'argent du Pont : *Iliade* II, 857 τηλόθεν ἐξ Ἀλύβης ὅθεν ἀργύρου ἐστὶ γενέθλη. Cf. Strabon VI, 3, 20.
(2) Eusèbe OL 6, 1 (II, 80 e Schœne).
(3) Sinope colonisée par les Argonautes : Ps. Scymnus v. 941. Mais Hérodote IV, 12 paraît ignorer cette première colonie.
(4) Par exemple à Sinope, où les Cimmériens tuèrent le Milésien Abrondas : Scymnus, 948.
(5) L. BURCHNER, *Die Besiedlung der Küsten des Pontos Euxeinos durch die Milesier*. Ier Teil. Diss. Kempten, 1885.
(6) Scymnus, 919. Eusèbe OL 37, 3 (II, 89 a Schœne).
(7) Strabon XII, 3, 10; Hécatée fr. 197; Xénophon, *Anab.* V, 5, 7.
(8) Scymnus, 917. Théopompe (Strabon XII, 3, 16) fait à tort d'Amisos une colonie milésienne.
(9) Scymnus, 972; Justin XVI, 3. Strabon se trompe en faisant d'Héraclée, comme d'Amisos, une colonie milésienne.

La race active et patiente des colons helléniques, à la fois laboureurs, industriels et marchands, fit vraiment merveille sur ce rivage peu hospitalier. Les mauvaises rades envasées par les torrents, ouvertes aux tempêtes du nord, furent converties en ports spacieux et profonds, abrités par des jetées massives. On acheta ou on loua aux chefs barbares le mince ruban de plaine et de coteau qui s'étendait jusqu'au pied des montagnes (1); pas un pouce de terre arable ne fut dédaigné par la charrue. On suppléait à l'insuffisance des récoltes par la pêche du thon; la graisse des dauphins tenait, au besoin, lieu d'huile; on allait chercher, contre les produits du pays, le froment du Bosphore cimmérien, colonisé, lui aussi, par des Ioniens. L'hostilité des naturels croissait avec les richesses des colons; il fallut ceindre de murailles les moindres bourgades (2), escorter militairement les caravanes. Trébizonde était en lutte continuelle avec les Driles du voisinage (3), Sinope guerroyait et négociait tour à tour avec les Paphlagoniens (4). Sous l'aiguillon d'un qui-vive incessant, la race hellénique, dans ces avant-postes éloignés de son domaine, déploya ses plus belles qualités d'énergie et de persévérance, et sut, chose plus rare, réprimer ses tendances innées au particularisme jaloux et à l'émiettement politique. Encore à la fin du v° siècle, les colonies de Sinope reconnaissaient l'autorité de la métropole et lui payaient tribut; groupées en un solide faisceau, elles se défendaient d'autant mieux contre l'ennemi commun, le barbare.

Les Hellènes du Pont se montrèrent capables de résister, du haut de leurs bonnes murailles, aux attaques mal combinées des dynastes indigènes, Paphlagoniens ou autres; parfois même, comme à Héraclée, ils imposaient un tribut ou le servage aux populations voisines; mais ils ne pouvaient, sans un secours étranger, maintenir à la longue leur indépendance contre la puissance formidable des Perses. Comme leurs frères de la côte égéenne, ils firent une première fois leur soumission à Cyrus; ils restèrent à l'écart de la grande insurrection ionienne, où succombèrent leurs principales métropoles, Milet et Phocée, et reçurent, sans doute sous

---

(1) Xénophon, *Anab.* V, 5, 9 (Cotyora).
(2) Les fortifications d'Harméné étaient passées en proverbe (Strabon XII, 3, 10).
(3) Xénophon, *Anab.* V, 2, 1.
(4) Xénophon, *Anab.* V, 5, 12; Énée Poliorcète c. 10.

Darius, des tyrans intronisés par les satrapes : c'est ainsi qu'Amisos reconnaissait pour second fondateur « un satrape de Cappadoce (1) », que Sinope, au temps de Périclès, avait encore un tyran, Timésilaos (2). Les Grecs de l'Euxin participèrent de gré ou de force à l'expédition de Xerxès; leur contingent, de cent navires (3), atteste l'importance qu'avait dès lors leur marine. Mais au lendemain de la retraite des Mèdes, ils s'empressèrent de secouer le joug, à l'invitation et avec l'aide d'Athènes, devenue brusquement la première puissance navale de la Grèce et la patronne, vigilante et intéressée, des colonies de sang ionien.

Au v° siècle, à l'époque de l'empire colonial d'Athènes, Aristide, Périclès, Lamachos montrèrent successivement dans ces parages lointains le pavillon de la glorieuse république, intimidèrent les dynastes barbares et substituèrent partout l'influence d'Athènes et le gouvernement démocratique aux tyrans et à la suzeraineté du Mède : Sinope, délivrée de Timésilaos, reçut une clérouquie athénienne; sa colonie Cérasonte paya tribut; Amisos se retrempa également par une infusion de sang attique et échangea son nom contre celui de Pirée. Seule la dorienne Héraclée préféra l'alliance du Perse au protectorat de l'Ionien détesté (4).

La démocratie athénienne avait ici reconnu admirablement son intérêt et son devoir, et les conséquences de son intervention se faisaient encore sentir au moment du passage des Dix Mille. Xénophon, digne héritier de la pensée de Périclès, put songer un instant à fonder sur cette côte, d'où les satrapes avaient disparu, un puissant État hellénique; mais cette grande idée ne fut pas comprise (5). Malheureusement pour les Grecs de l'Euxin, Athènes avait succombé dans la guerre du Péloponèse et personne ne se présenta pour recueillir la part la plus difficile et la plus glorieuse de son héritage, la tutelle des intérêts helléniques au

---

(1) Théopompe (fr. 202 Müller), chez Strabon, XII, 3, 16.
(2) Plutarque, *Périclès*, 20.
(3) Hérodote VII, 95.
(4) Expédition d'Aristide : Plutarque, *Aristide*, 26. De Périclès : Plut. *Périclès*, 20. (cp. Deucker, *Des Perikles Fahrt in den Pontus* dans les *Abhandlungen aus der griechischen Geschichte*, p. 153 suiv.). De Lamachos : Thucydide IV, 75. Pour Amisos : Théopompe fr. 202; Appien, *Mith.* 8, 83; Arrien, *Périp.* 23; Plut. *Lucull.* 19 et les monnaies au type de la chouette avec la légende ΠΕΙΡΑΙΩΝ. Cérasonte (Κερ...) figure dans une liste mutilée de tributaires (C. I. A. I, 37). Attitude d'Héraclée : Justin XVI, 3.
(5) Xénophon, *Anab.* V, 7, 15.

delà des mers. Un instant, pourtant, Lacédémone fit mine de prendre pied en Paphlagonie ; mais l'égoïsme à courte vue reprit bientôt le dessus, et par le traité d'Antalcidas (387 av. J.-C.) les Spartiates abandonnèrent définitivement tous les Grecs d'Asie. Le milieu du IV° siècle vit alors un retour offensif des Perses sur toute la ligne. Amisos, Sinope retombèrent au pouvoir de Datame ou de ses successeurs, et pendant quarante ans les monnaies locales, où les anciens types grecs s'accompagnent désormais de légendes araméennes, annoncent clairement au monde la banqueroute de l'hellénisme en Asie (1).

En définitive, à la veille de la ruine des Perses, si les Paphlagoniens et les peuples du Paryadrès avaient conservé, ou peu s'en faut, leur vieille indépendance et leur vieille barbarie, la domination et le génie de l'Iran s'étaient fortement implantés dans le bassin de l'Iris, comme dans le reste de l'isthme cappadocien. Sur la côte, l'hellénisme vivait et prospérait matériellement ; mais sa puissance de rayonnement était médiocre, et il avait perdu son autonomie politique. Le Perse récoltait ce que le Grec avait semé. Chose curieuse, l'hellénisme du Pont paraissait réconcilié avec cette situation inférieure : Sinope resta fidèle à la cause de Darius après le Granique, après Issus, jusqu'à la bataille d'Arbèles (2). Dans ces pays, la chute de la monarchie achéménide fit l'effet d'une catastrophe inattendue, et la conquête macédonienne n'excita qu'un enthousiasme modéré. De sentiment national proprement dit, il ne pouvait être question chez ces populations, ou trop barbares, ou déjà façonnées à la servitude ; à sa place, on trouvait chez les unes un amour farouche de l'isolement et des vieilles coutumes, chez les autres une sorte de respect superstitieux envers le maître iranien, sans lequel la vie leur paraissait toute désorientée. Ce qu'il fallait désormais aux Cappadociens de l'Iris, comme à ceux du Halys, c'était, à défaut de la monarchie achéménide, une royauté spéciale, mais de sang perse. L'arbre était mort, mais il avait poussé de profondes racines ; nous en verrons, avant peu, germer et fleurir des rejetons vivaces.

(1) Arrien, *Anab.* III, 24, 4 ; Appien, *Mith.* 8. Pour Datame, *suprà*, p. 23, note 1. Drachmes à légende araméenne de Sinope : SIX, *Numismatic Chronicle*, 1885, p. 26 suiv. Didrachme d'Amisos : TAYLOR COMBE, *Mus. brit.*, pl. XIII, 11.

(2) Arrien III, 24, 1.

CHAPITRE III.

LES PREMIERS ROIS DE PONT (1).

A la fin du IVe siècle avant l'ère chrétienne, non seulement il n'y avait pas de royaume de Pont, mais la notion même du Pont, considéré comme unité territoriale, n'existait pas encore. Le futur royaume des Mithridate était compris presque tout entier dans la satrapie, d'abord perse, ensuite macédonienne, de Cappadoce, qui s'étendait depuis les bords de l'Euxin jusqu'au pied du Taurus. Cependant, à deux reprises différentes, des tentatives s'étaient déjà produites pour créer ou restaurer en Cappadoce une souveraineté indépendante, et dans l'un et l'autre cas elles avaient eu pour théâtre principal la partie septentrionale de la province, la Cappadoce pontique.

La première tentative de ce genre, celle de Datame, nous est déjà connue (2). La seconde eut lieu trente ans plus tard, au moment de l'expédition d'Alexandre. Le conquérant, dans sa marche rapide vers la Cilicie, n'avait fait qu'effleurer la Cappadoce (3);

---

(1) Sources anciennes : Syncelle p. 523, 5 : οἱ βασιλεῖς Ποντικοὶ ἄχρι κατὰ τούτους ἔχειν τοὺς χρόνους διαμείναντες ἔτη σπέ. Περὶ ὧν Ἀπολλόδωρος καὶ Διονύσιος ἱστοροῦσι. Les Ποντικαὶ d'Apollodore sont également mentionnées par le scoliaste d'Apollonius de Rhodes, II, 159 (= F. H. G. IV, 304). Denys est d'ailleurs inconnu, à moins qu'il ne s'agisse de la Chronique de Denys d'Halicarnasse (C. Müller, F. H. G. IV, 396). Il existait aussi des Ποντικαὶ ἱστορίαι de Diophante (F. H. G. IV, 396-7), peut-être le général de Mithridate Eupator. Toutes ces histoires, ainsi que le résumé de Trogue Pompée (Prol. 37 : *repetitis regum Ponticorum originibus*), sont perdues ; il ne reste que des notices éparses dans les fragments de Polybe, Memnon, etc., et les médailles. Travaux modernes : Foy Vaillant, *Imperium Achaemenidarum et Arsacidarum*, 1725 ; Volpert, *De regno pontico ejusque principibus ad regem usque Mithridatem VI*, Münster, 1853, diss. (recension par Gutschmid, *Neue Jahrbücher für Philologie*, LXIX, 1854, 81-90) ; E. Meyer, *Geschichte des Königreichs Pontos*, Leipzig, 1879 ; Th. Reinach, *Essai sur la numismatique des rois du Pont (dynastie des Mithridate)*, dans *Trois royaumes de l'Asie Mineure*, Paris, 1888.

(2) Nepos, *Datame* ; Diodore XV, 91 ; Polyen VII, 21 et 29.

(3) D'après Hiéronyme fr. 1 a (Appien, *Mith.* 8), Alexandre n'aurait même pas touché la Cappadoce.

il chargea un de ses lieutenants, Sabictas (1), de la réduire. Mais, bien que le satrape perse, Mithrobouzanès (2), eût été tué au Granique, les populations refusèrent de recevoir le satrape macédonien : la preuve en est que le contingent cappadocien et cataon figure encore à la bataille d'Arbèles, en 331 av. J.-C. (3). Après cette journée décisive, les villes grecques du Pont firent leur soumission au vainqueur : Sinope obtint sa grâce (4), Amisos la liberté (5); mais les Cappadociens ne se montrèrent pas d'aussi bonne composition, et pendant que la phalange s'enfonçait dans les profondeurs de l'Asie, ils se soulevèrent sur ses derrières. A leur tête se plaça un vieux seigneur perse, Ariarathe, dont le frère, Oropherne, s'était jadis distingué dans la campagne d'Ochus en Égypte. Ariarathe faisait, à tort ou à raison, remonter son arbre généalogique à Otanès ou Anaphas, le plus célèbre, après Darius, des meurtriers du mage. C'était un homme entreprenant et habile; en peu de temps il fut maître de toute la satrapie cappadocienne, sauf peut-être la lisière sud-ouest, où passait la route militaire indispensable aux Macédoniens. Le noyau du royaume d'Ariarathe était le bassin de l'Iris, sa résidence l'antique forteresse de Gaziura, près de Zéla (6). Toute la côte lui obéissait, depuis Sinope jusqu'à Trébizonde, et son pouvoir usurpé s'appuyait sur une armée de 15,000 cavaliers et de 30,000 fantassins, tant indigènes que mercenaires.

Cette royauté improvisée subsista pendant une dizaine d'années, jusqu'après la mort d'Alexandre. Alors seulement les Macédoniens eurent le temps de se retourner vers ces pays oubliés, et une vigoureuse campagne du régent Perdiccas eut raison de l'insurrection. Ariarathe, vieillard plus qu'octogénaire, fut pris et mis en croix avec toute sa famille; seul, son neveu Ariarathe le jeune, qu'il avait adopté pour fils, réussit à se cacher dans

---

(1) Arrien II, 4, 2. *Abistames* chez Q. Curce III, 4, 1.

(2) Mithrobouzanès chez Arrien I, 16, 3 (cp. une inscription de Comana du Saros dans *Bull. corr. hell.* VII, 130); Mithrobarzanès, chez Diodore XVII, 21.

(3) Q. Curce IV, 1, 34; 12, 12; Arrien III, 8, 5; 11, 7. Il appelle leur chef Ariakès (*Aryaka*, « homme vénérable »), nom qu'on a identifié sans raison avec Ariarathe.

(4) Arrien III, 24, 4.

(5) Appien, *Mith.* 8; Plut. *Lucull.* 19.

(6) Drachme d'Ariarathe avec *Baal Gazour* : WADDINGTON, *Revue numismatique*, 1861, p. 5. Sur Gaziura, Strabon XII, 3, 15.

les montagnes (322 av. J.-C.) (1). La Cappadoce devint une satrapie macédonienne, dont les limites coïncidèrent à peu près avec celles de l'ancienne satrapie perse : elle perdit, il est vrai, la Lycaonie, qui fut rattachée à la Phrygie (2), mais elle s'accrut, en échange, de la Paphlagonie, soumise pour la première fois par Calas, satrape de la Phrygie hellespontienne (3). Les villes grecques de la côte, sous leurs tyrans ou leurs constitutions démocratiques, payaient tribut et reconnaissaient la suzeraineté macédonienne (4).

Les Cappadociens et les Paphlagoniens subirent pendant vingt ans la domination des Macédoniens, sans se réconcilier avec elle. Les fréquents changements de satrapes, — Eumène, Nicanor, puis les lieutenants d'Antigone, — les sanglantes querelles des successeurs d'Alexandre dont la Cappadoce fut plusieurs fois le champ de bataille (5), un pareil régime n'était pas fait pour gagner les cœurs de populations habituées, sous le gouvernement perse, à la paix et à la stabilité. Elles n'attendaient qu'une occasion pour secouer le joug ou plutôt pour retourner à leurs anciens maîtres : elle se présenta en 302 av. J.-C., lors de la grande coalition formée contre Antigone.

Le fils adoptif du vieux satrape crucifié par Perdiccas, Ariarathe le jeune, sortit alors de sa retraite et, assisté par un dynaste arménien, Ardoatès (6), vint réclamer l'héritage de son père. Presque au même moment Mithridate Ctistès appelait aux armes les Paphlagoniens et les Cappadociens du nord. Le lieutenant d'Antigone, Amyntas, n'avait pas assez de troupes pour résister à cette double agression; il périt dans la bataille contre Aria-

---

(1) Diodore XVIII, 16 et 22; XXXI, 19; Plutarque, *Eumène*, 3; Arrien, *Succ. Alex.* 5; Appien, *Mith.* 8; Quinte Curce X, 10, 3; Justin XIII, 6, 1 (= Trogue Pompée, prol. 13). D'après Hiéronyme fr. 2 (= Lucien, *Macrob.* 13), Ariarathe avait à sa mort 82 ans.
(2) Arrien, *Succ. Alex.* 37.
(3) Arrien II, 4, 1; *Succ. Alex.* 5; Memnon, 20; Q. Curce III, 1, 22; IV, 5, 13.
(4) Il y avait des tyrans à Héraclée (Denys le Bon et ses fils : Memnon, 4), jusqu'en 281, à Sinope (Tacite, *Hist.* IV, 84 : *Scydrothemis rex*) au moins jusqu'en 290. Amisos avait une constitution démocratique (Appien, *Mith.* 8) et les monnaies de cette époque portent des noms de magistrats.
(5) Diodore XVIII, 39; XIX, 57-60; Arrien, *Succ. Alex.* 37. Les principaux événements militaires sont le célèbre siège de Nora, défendu par Eumène, et la délivrance d'Amisos par Ptolémée, lieutenant d'Antigone.
(6) Diodore XXXI, 19. Le nom est peut-être corrompu (Artavasde?). Il s'agit sans doute d'un dynaste de la Petite-Arménie, Perse d'origine, comme tous les rois arméniens.

rathe, qui devint maître de la vallée du Halys, pendant que son compatriote Mithridate s'établissait sur l'Amnias et sur l'Iris.

Les deux aventuriers perses, qui avaient agi sans doute avec la connivence secrète des ennemis d'Antigone, ne cherchèrent pas à s'évincer mutuellement; ils se résignèrent de bonne grâce au partage de la Cappadoce. Les populations étaient de cœur avec eux; elles saluaient avec joie le retour de la domination perse, symbole d'ordre et de prospérité. On le vit bien quand Séleucus, vainqueur d'Antigone et héritier de ses vastes prétentions, voulut écarter ces suppôts provisoires de sa politique et joindre la Cappadoce à la longue liste de ses satrapies. Il perdit une armée dans la Cappadoce du sud (1), et, dans le nord, Mithridate, ligué avec les républiques de la Propontide et de l'Euxin, sut également le tenir en respect. En 280 av. J.-C. Séleucus mourut; au milieu des longs déchirements causés par l'invasion galate et la rivalité acharnée des Ptolémées et des Séleucides, il ne fut plus question de ramener les Cappadociens sous le joug macédonien. On leur laissa l'indépendance, si chèrement achetée, et les maîtres qui leur tenaient tant au cœur; seulement l'intérêt jaloux de leurs voisins, grands et petits, sut perpétuer la division, purement artificielle, de la Cappadoce en deux principautés, bientôt érigées en royaumes. Le royaume des Mithridate, qui comprenait également au début un bon morceau de la Paphlagonie, s'appela Cappadoce de l'Euxin ou Cappadoce pontique (2), désignations traînantes qu'il devait échanger, à la fin, contre le nom plus expressif et plus vrai de royaume de Pont. Le royaume des Ariarathe, limité d'abord au bassin du Halys, absorba peu à peu les districts situés entre Halys et Taurus, puis la Cataonie proprement dite, enfin la Mélitène (3); mais il cher-

---

(1) Trogue Pompée, prol. 17 : *Seleucus amissis in Cappadocia cum Diodoro copiis.* En revanche il possédait encore au moins nominalement la Cataonie (Plut. *Demet.* 48) et la partie de la Cappadoce appelée *Seleucide* (Appien, *Syr.* 55), c'est-à-dire probablement Tyana et la Bagadaonie. Quant aux Ariènes et Capréates, tribus « entre la Cappadoce, la Cilicie et l'Arménie », qu'il battit et chez lesquelles il fonda Apamée Daméa (Isidore, chez Pline V, 127), leur site exact est inconnu.

(2) Καππαδοκία ἡ περὶ Εὔξεινον, Polybe V, 43, 1. Καππαδοκία ἡ πρὸς τῷ Πόντῳ, Strabon XII, 1, 4.

(3) La Cataonie fut annexée par « Ariarathe, qui le premier s'intitula roi des Cappadociens » (Strabon XII, 1, 2). Il s'agit probablement d'Ariarathe III (petit-fils d'Ariarathe II), le premier prince qui prenne le titre royal sur ses monnaies. Il dut recevoir la Cataonie en dot d'Antiochus Théos ou de Séleucus Callinicos. A Tyana, il y avait, du temps d'Ariaramne,

cha vainement à franchir le Taurus et à se frayer une issue vers la mer. Cet État purement continental, où l'hellénisme devait avoir beaucoup de peine à pénétrer, s'appela ordinairement Cappadoce tout court; pour le distinguer de son voisin du nord, on le nommait aussi quelquefois Grande-Cappadoce ou Cappadoce taurique (1).

Le royaume des Mithridate a grandi presque silencieusement. Pendant deux siècles, il fut éclipsé, non seulement par les deux grandes dynasties macédoniennes de l'Asie, — Séleucides et Ptolémées, — mais encore par les deux petits royaumes de Pergame et de Bithynie; nés à peu près en même temps que lui, ces deux États avaient l'avantage d'être plus riches en éléments helléniques et surtout plus rapprochés de la Méditerranée, le grand axe de la civilisation antique. C'est seulement sous son dernier roi que le Pont se révéla tout d'un coup à l'Occident comme une grande puissance dans toute la force du terme, armée de pied en cap, pourvue de ressources immenses, appuyée sur l'attachement raisonné des populations. Cette brillante entrée en scène surprit les contemporains, ignorants du travail obscur, de la lente et patiente préparation qui l'avait précédée. Notre ignorance est pareille à la leur, encore que notre curiosité soit plus exigeante; après le naufrage des histoires particulières, après les avaries des histoires générales, c'est à peine s'il nous est parvenu assez de documents, ou plutôt d'épaves flottantes, pour reconstituer la liste des premiers rois du Pont, esquisser leur physionomie et indiquer brièvement les résultats de leur politique jusqu'à l'avènement de Mithridate Eupator.

Au physique, comme au moral, les Mithridate du Pont sont bien les héritiers des Mithridate de Cios. Comme ceux-ci, taillés dans le roc, ils dépassent presque tous les limites ordinaires de la vie humaine et leur virilité se prolonge jusqu'au tombeau. Les 180 ans qui s'écoulèrent entre l'hégire du jeune Mithridate Ctistès (301 av. J.-C.) et l'avènement de Mithridate Eupator

na dynaste spécial, APIAO... (*Trois royaumes*, p. 32). Quant à la Mélitène, elle ne fut probablement acquise qu'après la retraite des Séleucides, en 169.

(1) Τὴν μὲν ὅλως Καππαδοκίαν ὀνομάζει καὶ πρὸς τῷ Ταύρῳ καὶ τὴν Μεγάλην Καππαδοκίαν, Strabon XII, 1, 1. C'est donc à tort que Constantin Porphyrogénète appelle Grande-Cappadoce l'ensemble des deux royaumes (*De them.* 1, 2) et s'appuie sur l'autorité de Polybe (fr. inc. 10) qu'il n'a pas compris.

(121 av. J.-C.) furent remplis par cinq règnes, correspondant à quatre générations seulement (1) : le Ctistès meurt en 266 av. J.-C.; son fils, Ariobarzane, qu'il avait probablement associé à la couronne (2), lui survit une vingtaine d'années; puis viennent Mithridate II, de 250 à 190 environ (3),.Pharnace (190 à 169) (4) et Mithridate III Philopator Philadelphe (169-121), l'Évergète des Grecs, frère de Pharnace (5). Ainsi, sur cinq rois, trois au moins sont morts septuagénaires, et deux d'entre eux, — Mithridate II et Mithridate III, — laissent à leur mort des enfants en bas âge. On reconnaît bien là cette forte race d'où étaient sortis au IV° siècle le satrape Ariobarzane et son fils.

Aussi solidement bâtis que leurs ancêtres, les rois de Pont sont, comme eux, de bons soldats, qui payent bravement de leur personne sur le champ de bataille. Ils sont aussi des politiques avisés, ambitieux, souvent retors; Polybe appelle son contemporain Pharnace « le roi le plus méprisant du droit qu'on eût encore connu (6) » : l'histoire du personnage, la physionomie canine que lui attribuent ses médailles, ne sont pas faites pour contredire ce jugement sévère. La politique extérieure des Mithridate se résume en cette simple formule : garder ce qu'on a, prendre ce qu'on n'a

---

(1) Appien, *Mith.* 9 : ἀρχὴν παισὶ παρέδωκεν (le Ctistès)· εἶ δ'ἔρχεν, ἕτερος μεθ' ἕτερον, ἕως ἐπὶ τὸν ἔσχεν ἀπὸ τοῦ πρώτου Μιθριδάτην, ὃς Ῥωμαίοις ἐπολέμησεν. Mais ailleurs Appien lui-même (*Mith.* 112) et Plutarque (*Demet.* 4) comptent 8 Mithridate; Syncelle en compte 10, dans deux passages (p. 523, 5 et 593, 7). Sur les essais de conciliation et d'explication de ces textes, cf. mes *Trois régimes*, p. 180 suiv.

(2) Il joue un rôle très en vue du vivant de son père : Memnon, 16; Apollonius d'Aphrodisia fr. 13 (F. H. G. IV, 312). Mort du Ctistès : Diodore XX, 111.

(3) Avènement avant la mort d'Antiochus Théos, 246 av. J.-C. (Memnon, 21); mort avant la prise de Sinope, 183 (Polybe XXIV, 10). Il était mineur à son avènement et maria déjà des filles en 222 (Polybe V, 43, etc.).

(4) Le texte de Polybe XXVII, 25 (année 170/69) semble bien une notice nécrologique.

(5) Les surnoms officiels de Mithridate III sont donnés par son tétradrachme (*Trois règnes*, p. 172) et l'inscription bilingue du Capitole (*Append.* II, n° 2). Il était fils de Mithridate (II) (même inscription), donc frère de Pharnace, ce qui explique ses surnoms, et allié des Romains (ibid.) : de là résulte son identité avec le Mithridate Évergète des historiens (Appien, *Mith.* 10; Strabon X, 4, 10; et C. I. G. 2276, Délos) puisque, d'après Appien, Évergète est le premier roi de Pont qui soit entré dans la clientèle romaine. Trogue Pompée (Justin XXXVIII, 5 et 6) s'est donc trompé en prenant Eupator pour le *petit-fils* de Pharnace; il était son neveu. L'historien romain a confondu l'ordre des règnes avec celui des générations. Sur cette question controversée : SALLET, *Zeitschrift für Numism.* IV, 232; MOMMSEN, ib. XV, 207; TH. REINACH, *Revue numism.* V, 97; VI, 169 et 251.

(6) Polybe fr. XXVII, 15 : Φαρνάκης πάντων τῶν πρὸ αὐτοῦ βασιλέων ἐγένετο παρανομώτατος.

pas. Pour atteindre leur but unique, l'agrandissement territorial, tout moyen est bon : guerre régulière, surprise en pleine paix, achat, captation, mariage. A défaut d'une armée nationale, ils font la guerre avec des mercenaires, gaulois d'abord, plus tard grecs et thraces. Leur stratégie est primitive : elle consiste à ruiner le territoire ennemi, à emmener de longues files de prisonniers, de bétail et de butin (1). Dans l'art des sièges, ils sont novices, et la marine militaire ne fut créée que par Mithridate Évergète.

A l'intérieur, la politique des Mithridate présente un caractère mixte. Perses d'origine, ils tiennent à le rester, ne fût-ce que pour conserver leur prestige aux yeux des populations, tout éblouies encore du souvenir des Achéménides. Ils s'appellent Mithridate, Pharnace, Ariobarzane; ils adorent Ormuzd, la trinité perse de Zéla, invoquent dans leur « serment royal » le dieu lunaire d'Améria (Mên de Pharnace). Encore au temps de Polybe, ils se donnent simplement pour descendants d'un des sept Perses, mais plus tard, à l'exemple sans doute de leurs voisins de Cappadoce, ils insèrent Cyrus et Darius dans leur généalogie, et, grâce à l'ignorance croissante, ils réussissent à accréditer une fable qui leur confère un semblant de légitimité : Artabaze, fils puîné de Darius Ier, avait fondé, disait-on, dans le Pont une dynastie vassale des Achéménides, qui aurait subsisté sans interruption depuis cette époque, et dont les Mithridate se prétendaient les représentants directs (2).

Toutefois, à côté du persisme, l'hellénisme aussi était pour les Mithridate une tradition de famille et réclamait sa part de protection. Les aïeux de Mithridate Ctistès ont courtisé Athènes, cultivé les arts de la Grèce; lui-même, en sa qualité de camarade de Démétrius Poliorcète, l'Alcibiade macédonien, doit être un helléniste accompli, un philhellène raffiné. Aussi ne se présente-t-il pas comme son précurseur, Ariarathe de Gaziura, en champion de la réaction orientale contre l'invasion des idées helléniques; sur ses monnaies il ne ressuscite pas, comme celui-ci, les types asiatiques et les légendes orientales : il adopte l'étalon, le type, la légende hellénique des monnaies d'Alexandre. Ses successeurs se conforment à son exemple; au droit de leurs pièces figurent

---

(1) Polybe fr. XXVI, 6.
(2) Salluste fr. II, 53, Kritz; Justin XXXVIII, 7; Appien, *Mith.* 117.

bientôt leurs portraits, œuvres d'une sincérité rare et d'un relief saisissant; au revers, les types sont empruntés à la mythologie grecque ou combinent, par d'ingénieuses assimilations, les deux Panthéons rivaux de la Perse et de la Grèce (1).

Ce ne sont là que des symboles, mais voici des réalités. De très bonne heure les Mithridate cherchent à se concilier les sympathies des républiques grecques, tout en préparant la conquête de leurs voisines de l'Euxin : le Ctistès fait alliance avec Byzance, Chalcédoine, Héraclée (2); son petit-fils, Mithridate II, figure en 227 au nombre des princes qui secourent Rhodes, dévastée par un tremblement de terre (3). Plus tard, à peine l'annexion de la côte méridionale de l'Euxin terminée, les Mithridate portent leurs vues sur le rivage opposé, et dans le traité de 179, signé par Pharnace, interviennent, à côté de Cyzique et d'Héraclée, Mésembria de Thrace et Chersonèse de Tauride (4). Quant à la cour du Pont, elle dut s'helléniser rapidement sous l'influence de princesses macédoniennes : Mithridate II, Mithridate Évergète épousèrent l'un et l'autre des filles de Séleucides, et désormais, si les fils continuèrent à s'appeler Mithridate ou Pharnace, les filles des rois de Pont reçurent souvent des noms grecs, en particulier celui de Laodice (5). La hiérarchie de la cour est toute macédonienne; le grec est la langue officielle : les monnaies n'en connaissent pas d'autre, et la capitale, Amasia, a fourni déjà une inscription grecque du quatrième roi, Pharnace (6). Ce même roi, malgré son naturel farouche, protège les arts de la Grèce, — sa statue en or figurera au triomphe de Lucullus (7), — et montre, par la fondation de Pharnacie, une juste intelligence de l'influence bienfaisante que peuvent exercer des agglomérations urbaines

(1) Le statère d'or unique de Mithridate Ctistès a les types d'Alexandre (tête de Pallas, Victoire); les tétradrachmes de Mithridate II ont au revers le Zeus aétophore assis (type d'Alexandre), ceux de Pharnace un dieu panthée, portant caducée et corne d'abondance, qui tend un cep à une biche. Mithridate Évergète (Philopator) substitue à ce type Persée tenant la tête de la Gorgone, sa veuve Laodice la Pallas debout. Depuis Mithridate II, toutes les monnaies (sauf celle de Laodice) présentent un symbole adjoint, astre et croissant, l'écusson de la famille.

(2) Memnon c. 11.
(3) Polybe V, 90.
(4) Polybe fr. XXVI, 6.
(5) Polybe V, 43; 74.
(6) G. Perrot, *Mémoires d'archéologie*, p. 113. Voir à l'*Appendice*, II, n° 1.
(7) Pline XXXIII, 12, 151.

sur les populations encore barbares de son royaume. Sous son successeur, le transfert de la résidence royale à Sinope marque le terme d'une évolution séculaire : dans cette ville toute grecque la dynastie pontique achève de dépouiller son écorce barbare, et l'hellénisme, admis jusque-là au partage seulement, acquiert une prépondérance marquée.

Telle la physionomie de la dynastie. Voyons-la maintenant à l'œuvre. Pour un État jeune et sain, vivre c'est grandir. Mais de quel côté le Pont pouvait-il chercher à s'étendre? Dès sa naissance, il se vit comme emprisonné dans une ceinture de petits États, jeunes et ambitieux comme lui : à l'ouest la Bithynie, au sud la Cappadoce, à l'est la Petite-Arménie, le premier-né des royaumes arméniens. Cet entourage protégeait l'indépendance du Pont, mais gênait son développement. Il ne restait d'ouvert à ses convoitises que la Paphlagonie et la Grande-Phrygie au sud-ouest, les républiques de l'Euxin au nord; mais là même la politique conquérante des Mithridate se heurtait à de graves difficultés.

Les Paphlagoniens avaient suivi avec élan le Ctistès quand il les appelait aux armes et à la liberté; dès qu'ils s'aperçurent qu'il s'agissait seulement de changer de maîtres, dès qu'ils purent redouter d'être absorbés dans un État composite où leur nationalité serait étouffée, ils perdirent foi dans leur prétendu libérateur et retournèrent à leurs vieilles habitudes d'anarchie et d'indépendance. Au bout d'un siècle, les Mithridate ne possédaient plus sur la rive gauche du Halys que le ruban littoral et la vallée de l'Amnias; tout le reste de la Paphlagonie intérieure, même Cimiata, berceau de la dynastie, leur avait échappé, et appartenait soit à des aventuriers galates, comme Gaizatorix, qui laissa son nom à une province, soit à un prince indigène, Morzios, résidant à Gangra, qui finit par réunir toute la Paphlagonie sous son sceptre.

En Phrygie, les circonstances étaient différentes. Là les populations s'offraient à qui voulait les prendre, mais les Séleucides n'étaient pas disposés à s'en dessaisir; plus tard la Bithynie devint une concurrente redoutable. Au début, cependant, le Pont fit de ce côté des progrès rapides. A l'exemple des Nicomède, les Mithridate avaient pris de très bonne heure à leurs gages des bandes gauloises, qui leur rendirent des services signalés : déjà le Ctistès et son fils Ariobarzane, aidés par leurs Gaulois, jetèrent à la mer une expédition égyptienne, qui se proposait sans doute d'installer le protectorat des Ptolémées sur les côtes de l'Euxin comme sur celles de la mer Égée (1). Mais les Gaulois étaient presque aussi dangereux comme amis que comme adversaires. Ces braves soldats avaient d'étranges lubies, des colères brutales, des exigences intolérables : plus d'un roi de cette époque paya de sa vie ou de sa couronne une rémunération trop mesquine ou une velléité d'ingratitude. Ariobarzane se brouilla avec ses mercenaires; son fils, mineur à son avènement, se vit assiégé dans Amisos par ces barbares révoltés; presque affamé, à bout de ressources, il ne dut son salut qu'à l'intervention de la république d'Héraclée qui détourna sur elle l'orage (2). Devenu majeur, Mithridate II reprit le rôle de roi condottière qui avait si bien réussi à son grand-père. Il trafiqua adroitement de son alliance pendant les querelles fratricides des fils d'Antiochus Théos; ce furent les Gaulois de Mithridate qui gagnèrent pour Antiochus Hiérax la bataille d'Ancyre en 241 av. J.-C. (3), et à la suite de cette journée, Séleucus Callinicos dut acheter la défection du roi de Pont en lui donnant la main de sa sœur (4) avec la Grande-Phrygie pour dot (5). Mais c'était là un cadeau illusoire et une extension prématurée. La victoire d'Ancyre marqua à la fois l'apogée et le terme de l'insolente domination des Galates. Tous les Asiatiques hellénisés, lassés de leurs déprédations, se rallièrent autour du vaillant dynaste de Pergame, Attale, comme jadis leurs ancêtres s'étaient groupés autour des rois de Lydie pour chasser les Cimmériens. Les victoires répétées d'Attale rendirent Antiochus no-

---

(1) Apollonius d'Aphrodisia fr. 13 (F. H. G. IV, 312).
(2) Memnon c. 24.
(3) Eusèbe I, 251, 23, Schœne.
(4) Eusèbe I, 251, 5, Schœne. Quoique Eusèbe raconte le mariage avant la bataille, il n'en résulte nullement qu'il l'ait précédée, comme on l'a cru généralement; Eusèbe a voulu simplement, à propos de la mort d'Antiochus Théos, indiquer immédiatement le sort de tous ses enfants. (Cp. pour les enfants d'Antiochus Soter I, 250, 26.) L'autre sœur de Callinicos épousa Ariarathe III de Cappadoce (Eusèbe, loc. cit., Diodore fr. XXXI, 19). Il faut noter ici une erreur d'Eusèbe qui donne pour mère à ces princesses Laodice, fille d'Achéos (l'ancien : Polyen IV, 17); la femme de Théos était en réalité sa sœur consanguine (Polyen VIII, 50) et c'est Callinicos, non son père, qui a épousé la fille d'Achéos, Laodice II (Polybe IV, 51; VIII, 22). L'erreur du chroniqueur s'explique par la similitude des noms; mais on ne comprend pas que son témoignage ait été préféré à celui de Polyen et de Polybe par C. Müller (F. H. G. III, 707), Droysen (III, 333 de la trad. fr.) et Percy Gardner (Seleucid Kings of Syria, p. XXXIV).
(5) Trogue Pompée, chez Justin XXVII, 2.

made et les Gaulois sédentaires; après un demi-siècle d'une vie vagabonde, ils se fixèrent à demeure au centre de la péninsule anatolienne, dans un territoire assez ingrat, comprenant des morceaux de Phrygie, de Cappadoce et de Paphlagonie, qui leur fut cédé, moitié de gré, moitié de force, par les puissances voisines.

Désormais, entre la Cappadoce pontique et la Grande-Phrygie, objet des convoitises des Mithridate, la confédération galate se dressait comme une barrière, et les prétentions des rois de Pont sur cette province restaient condamnées à l'inanité tant qu'ils n'auraient pas réussi à convertir leur alliance avec les tétrarques galates en une suzeraineté véritable. Pour le moment il y fallait d'autant moins songer, que le prestige et l'autorité des Séleucides dans l'Asie Mineure furent rétablis pour quarante ans par Achéos, cousin et général d'Antiochus le Grand : en travaillant pour lui-même, Achéos avait, en réalité, travaillé pour Antiochus, comme jadis Datame pour Artaxerxès. Les Mithridate, arrêtés dans leurs projets d'expansion, furent trop heureux d'assurer leur existence et en quelque sorte leur légitimité en s'inféodant étroitement aux Séleucides, à l'exemple de leurs voisins de Cappadoce : le mariage des deux filles de Mithridate II avec Achéos et Antiochus le Grand, en 220, fit entrer définitivement le Pont dans la clientèle du nouveau « Roi des rois (1) ».

En somme, le Pont avait très médiocrement réussi dans ses tentatives de conquête à l'intérieur de l'Asie Mineure : cent ans après l'hégire de Mithridate Ctistès, il en restait, de ce côté, à ses premières acquisitions, la vallée de l'Amnias et le bassin de l'Iris. Mais ses entreprises sur les villes grecques de la côte furent plus heureuses. Là aussi il eut affaire à forte partie : les villes avaient de solides murailles, de grandes ressources, un esprit civique qui garda longtemps toute son ancienne vigueur; en outre, leur indépendance trouva des protecteurs intéressés dans les Ptolémées d'abord (2), ensuite dans les Rhodiens, héritiers de la suprématie commerciale et du génie politique d'Athènes.

(1) Polybe V, 43 et 74; VIII, 22. Le fils d'Antiochus est le Mithridate mentionné par Agatharchidès, fr. 11 (F. H. G. III, 194 b) et Tite-Live XXXIII, 19.
(2) Rapports des Ptolémées avec Scydrothémis, tyran de Sinope, vers 280 : Tacite, Hist. IV, 83-4 (cp. Plutarque, De Isid. et Osir, 28; De solertia animal. 36, etc.). Tios, entre Héraclée et Amastris, porta quelque temps le nom de Bérénice. (Étienne de Byzance, s. v. Βερενίκη.)

Pourtant la force, la ruse et la patience des Mithridate finirent par l'emporter. Dès l'année 279, la cité nouvelle et magnifique d'Amastris, fondée par une nièce de Darius mariée avec Lysimaque, fut livrée au fils du Ctistès par son tyran Eumène, le futur dynaste de Pergame (1). Un peu plus tard Amisos tombait à son tour aux mains des Mithridate (2). Restait Sinope, appuyée sur un faisceau de colonies florissantes. Sa résistance fut prolongée. En 220, quand Mithridate II l'assiégea pour la première fois, la vieille cité fut sauvée par la vaillance de ses bourgeois et le concours financier de Rhodes (3). Cette importante conquête était réservée au fils et successeur de Mithridate II, Pharnace.

Entre les années 220 et 183, il y a, dans l'histoire du Pont, une lacune qui paraît n'avoir été remplie par aucun événement considérable. Au moment où nous retrouvons ce royaume, de grands changements se sont produits en Asie. Un nouveau personnage, Rome, est apparu sur la scène, et d'emblée y a pris le premier rôle. Antiochus le Grand, vaincu, a été rejeté derrière le Taurus; les Galates, à leur tour, ont senti le poids des armes romaines, et la République, sans s'annexer dans l'Asie Mineure un pouce de territoire, y a solidement établi sa prépondérance en s'attachant à titre de clients tous les petits États nés pendant les orages du siècle précédent. Rhodes et Pergame, qui n'ont pas attendu la dernière heure pour se ranger du parti de Rome, ont été magnifiquement récompensés : enrichis des dépouilles du Séleucide, ils sont désormais les gardiens vigilants de l'influence romaine dans la péninsule; les autres royaumes, Bithynie, Paphlagonie, Cappadoce, s'efforcent de rattraper, à force de dévouement, le temps perdu.

Seul de tous les États asiatiques, le Pont était resté complètement neutre pendant les dernières campagnes : il n'est question de lui ni dans la guerre d'Antiochus, ni dans l'expédition de Manlius contre les Galates. Rome avait elle-même fixé le Halys pour limite à son influence politique; on ne voit pas qu'elle ait sommé

---

(1) Memnon c. 16. Identité d'Eumène : inscription délienne n° 9 chez Homolle, *Rapport sur une mission à Délos*, 1887, p. 23.

(2) Amisos appartient déjà aux Mithridate à la mort d'Ariobarzane, vers 245 (Memnon c. 21).

(3) Polybe IV, 56.

le roi de Pont d'entrer dans sa clientèle, ni de renoncer à son amitié héréditaire avec les Séleucides. Pharnace avait les mains libres, et quand le départ des légions laissa l'Asie Mineure sans défense, il crut le moment venu de reprendre les projets ambitieux de ses ancêtres. Les Galates affaiblis, déjà menacés dans leur indépendance par le roi de Pergame, se jetèrent dans ses bras; à l'est, le satrape-roi de la Petite-Arménie, Mithridate, était son allié, peut-être son parent; au sud, la Syrie armait en sa faveur. Ainsi pourvu d'alliances solides, Pharnace se rua sur Sinope, en pleine paix, et s'en empara sans coup férir (183); la chute de la métropole entraîna sans doute celle de ses colonies, et bientôt les habitants de Cotyora et de Cérasonte durent s'expatrier pour peupler la ville nouvelle de Pharnacie, désormais le boulevard de la puissance pontique sur la côte du Paryadrès. A l'ouest, Pharnace s'empare de Tios et menace Héraclée; en même temps il dévaste la Paphlagonie indépendante, pendant que son allié, Mithridate, razzie la Cappadoce.

Ces audacieuses entreprises furent le signal d'une longue guerre, qui fit soupçonner, pour la première fois, la force de résistance du petit royaume pontique. Quoique mal soutenu par des alliés perfides, Pharnace, à force d'énergie et de mauvaise foi, réussit à tenir en échec, pendant quatre ans, tous les clients de Rome, — Pergame, Bithynie, Cappadoce, Paphlagonie, — réconciliés devant le danger commun. Un instant, l'incendie menaça de prendre de plus vastes proportions : le roi de Syrie, Séleucus IV, ne fut arrêté au pied du Taurus que par un avis de Rome; le blocus de la mer Noire lésa profondément les Rhodiens; la Grande-Arménie, les dernières républiques de l'Euxin et de la Propontide, jusqu'à un prince sarmate furent entraînés dans la lutte. Enfin, en 179, Pharnace, à bout de ressources, dut se résigner à la paix : il rendit son butin, paya une indemnité de guerre, évacua toute la Paphlagonie, restitua Tios, et consentit même à déchirer ses traités avec les Galates; mais il garda Sinope et ses colonies, c'est-à-dire l'empire futur de l'Euxin (1).

(1) Pour la guerre de Pharnace, voir surtout les fragments de Polybe : XXIV, 10; XXV, 2-6; XXVI, 6 (texte du traité); XXVII, 6; fr. inc. 6 Didot. En outre : Diodore, fr. XXIX, 22-23; Tite-Live XL, 2; 20; Trogue Pompée chez Justin XXXVIII, 6, 2. Le satrape de la Petite-Arménie est très probablement identique au Mithridate, neveu d'Antiochus le Grand, que Polybe (fr. VIII, 25) mentionne vers 202.

Il y avait, dans cette guerre à demi heureuse, à la fois un avertissement pour Rome et une leçon pour le Pont. Celle-ci du moins ne fut pas perdue. Bien que la diplomatie romaine, avec son va-et-vient perpétuel de commissions, ses négociations dilatoires et ses tentatives de médiation infructueuses, n'eût pas joué dans toute la campagne un rôle précisément glorieux, l'issue prouvait que la solution de toutes les affaires asiatiques devait désormais être cherchée à Rome. Bon gré mal gré, Pharnace lui-même avait dû reconnaître le fait de la suzeraineté romaine en chargeant ses ambassadeurs de plaider sa cause devant le sénat. Puisque la clientèle, avec ses humiliations, mais aussi avec ses garanties, était dorénavant le seul moyen offert aux rois d'Asie, petits ou grands, de garder leurs possessions et, le cas échéant, de les agrandir, mieux valait accepter franchement cette sujétion lucrative que de la subir en maugréant. Le frère et successeur de Pharnace, Mithridate Philopator Philadelphe (169-121 av. J.-C.), comprit les temps nouveaux. Ce prince joignait à l'ambition inquiète de son prédécesseur une intelligence plus large et des goûts plus policés. Comme soldat et comme diplomate, il fut le digne précurseur de son fils Eupator. Il créa la marine militaire du Pont; il renouvela les cadres de son armée en faisant embaucher par son général Dorylaos le Tacticien (un Grec d'Amisos) de nombreux mercenaires grecs, crétois ou thraces (1). En même temps, il ne négligea aucun moyen de se concilier les sympathies de l'hellénisme : il transféra sa résidence d'Amasie à Sinope, il multiplia ses largesses envers les temples de Délos, les gymnases d'Athènes (2) au point de mériter le surnom d'*Évergète*, « le Bienfaiteur ». Il se garda de rompre l'alliance héréditaire avec les Séleucides, — sa femme était une princesse syrienne, — mais dès le début de son règne il se fit inscrire au nombre des amis et alliés de Rome (3), et sa conduite montra qu'il entendait remplir loyalement les charges de la clientèle. En 156, il secourut le roi de Pergame, Attale II, contre une agression brutale de la Bithynie (4); en 149, lors de la dernière guerre punique, il assista

---

(1) Strabon X, 4, 10. Pour l'origine de Dorylaos, cf. l'insc. délienne, *App.* II, n° 9.
(2) Inscr. délienne, *App.* II, n° 3.
(3) Inscr. capitoline, *App.* II, n° 2. Appien, *Mith.* 10.
(4) Polybe fr. XXXIII, 10, 1.

la puissance suzeraine avec des troupes et des navires (1); enfin, en 133, lorsque Rome, à la mort du dernier des Attale, s'annexa les États pergaméniens, le contingent pontique se joignit à ceux des autres royaumes clients pour mettre Rome en possession de sa conquête et triompher de la redoutable insurrection d'Aristonic, le bâtard d'Eumène II (2).

A la fin de la lutte (129 av. J.-C.) les alliés de Rome réclamèrent leur salaire au consul M' Aquilius et aux commissaires, chargés avec lui de l'organisation définitive des pays conquis. Rome garda pour elle la part du lion : la Mysie, la Lydie, la Carie, avec les cités et les îles grecques de la côte, formèrent désormais la province d'Asie, nom, qui comme celui de la province d'Afrique, réservait l'avenir et annonçait des appétits indéfinis. La Lycaonie et la Cilicie Trachée furent destinées à la Cappadoce dont le roi, Ariarathe Philopator, était tombé glorieusement sur le champ de bataille; quant à la Grande-Phrygie, le Pont et la Bithynie y prétendaient également. Mithridate invoquait le contrat de mariage de son père, la promesse de Séleucus Callinicos; Nicomède rappelait que son aïeul Prusias avait déjà cru mériter la province par sa défection opportune, à la veille de la bataille de Magnésie. Aquilius, perplexe, mit la Phrygie aux enchères; l'offre du Pont fut la plus forte, et la province adjugée à Mithridate. Mais Nicomède ne se tint pas pour définitivement évincé et combattit à Rome la ratification du marché. Dès son retour, d'ailleurs, Aquilius s'était vu l'objet d'une accusation de péculat; quoique coupable, il fut acquitté après de longs débats (3) et obtint même, en 126, les honneurs du triomphe (4), mais par une contradiction singulière, le sénat rescinda en bloc ses arrangements territoriaux. Restait à leur en substituer d'autres. La Cilicie Trachée, ou du moins les possessions des Attale sur cette côte, furent très probablement jointes dès lors à quelques villes de Pamphylie pour former le noyau de la future province de Cilicie. Quant à la Grande-Phrygie, on la remit en vente. Pendant plusieurs années, les am-

(1) Appien, *Mith.* 10.
(2) Justin XXXVII, 1; Strabon, XIV, 1, 38 (Καππαδόκων ἐπουλείς). — Eutrope IV, 20 et Orose V, 10 paraissent avoir confondu Évergète et son fils.
(3) Cicéron, *Divin. in Caecil.* XXI, 69; *Pro Flacco*, 39; Appien, *B. Civ.* I, 22.
(4) Fastes Capitolins : [M' Aquilli] *us pro cos. ex* [Asi] *a ann. DCXXVII, III idus Novembr.* (Supplément de Sigonius).

bassadeurs bithyniens et pontiques semèrent l'or à pleines mains dans la curie, dans le forum. En 123 ou 122, Caïus Gracchus, tribun de la plèbe, porta l'affaire devant le peuple et arracha tous les masques. Il s'agissait d'une loi Aufeia, qui attribuait la province litigieuse au roi de Pont : « Ceux qui défendent le projet, dit Gracchus, rappelant un mot fameux de Démade, sont vendus à Mithridate; ceux qui le combattent, sont vendus à Nicomède; ceux qui se taisent, reçoivent de l'argent des deux mains et trompent tout le monde (1). » La conclusion du fougueux tribun se devine sans peine : l'équilibre politique de l'Asie, l'intérêt financier de Rome ne permettaient pas de se dessaisir d'un aussi riche morceau que la Phrygie; il fallait qu'elle vînt grossir le butin des fermiers de l'impôt asiatique, cette classe mercantile des chevaliers dont Gracchus faisait le pivot de sa réforme constitutionnelle. Le manque de foi était si impudent que le peuple romain mit quelque temps à s'y convertir; il ne se décida qu'en 116 (2), quand ni Gracchus ni Mithridate Évergète n'existaient plus : la Phrygie fut alors nominalement déclarée libre, mais en réalité rattachée à la province d'Asie, comme la Grèce « libre » l'était à celle de Macédoine (3).

Pendant que ces négociations peu édifiantes se poursuivaient à Rome, Mithridate Évergète avait continué à déployer en Asie une merveilleuse activité. En Cappadoce, il profita de l'anarchie prolongée qui suivit la mort du grand roi Ariarathe Philopator pour envahir le pays et en tenter la conquête (4); il ne se retira qu'après avoir assuré son influence par le mariage de sa fille aînée Laodice avec le jeune roi, Ariarathe Épiphane, devenu maître effectif du royaume par le meurtre de sa mère (5). En Paphlagonie, la dynastie de Gangra venait de s'éteindre avec un roi qui, par un souvenir érudit de l'*Iliade*, s'était affublé du nom de Pylémène; dans son testament, Pylémène, gagné par les largesses de son voisin Mithridate, le désigna pour son héritier (6). En Galatie, le roi de

(1) Aulu-Gelle XI, 10.
(2) Sur le rapport du consul C. Licinius Geta. Cf. l'inscription, *App.* II, n° 1.
(3) Appien, *Mith.* 11 (avec renvoi aux *Hellènica* perdus); 12; 57; Trogue Pompée chez Justin XXXVIII, 4-7. Ces auteurs sont d'accord pour placer la confiscation de la Phrygie pendant la minorité d'Eupator.
(4) Appien, *Mith.* 10.
(5) Justin XXXVIII, 1.
(6) Justin XXXVII, 4; XXXVIII, 7.

VUE DE SINOPE.

Pont avait dû renouveler les traités militaires de Pharnace et acquérir une sorte de protectorat, sans lequel ses prétentions sur la Phrygie auraient manqué de base. Cette dernière province même, il paraît l'avoir occupée sans attendre la décision finale du sénat romain (1). Le monde gréco-asiatique ne s'entretenait que des vastes projets, des formidables armements de Mithridate, et son général Dorylaos, alors en Crète, se faisait la main en gagnant une bataille pour les gens de Cnosse sur leurs ennemis héréditaires, les gens de Gortyne. Une tragédie de sérail renversa brusquement tout cet échafaudage politique et militaire. Un soir que le vieux roi banquetait dans son palais de Sinope, il fut assassiné par quelques-uns de ces courtisans de haut parage qu'on appelait « les amis du roi ». Aussitôt on exhiba un testament du roi, vrai ou supposé, aux termes duquel la couronne devait être divisée entre sa veuve et ses deux jeunes fils, encore mineurs (2). Les assassins du père devinrent les tuteurs des enfants. Dans cette catastrophe imprévue, qui anéantissait en un jour l'œuvre d'un demi-siècle de patients efforts, il est difficile de ne pas soupçonner la main de la reine, et derrière la reine, celle du sénat romain, qui partagea avec elle les bénéfices du crime (120 av. J.-C.) (3).

(1) C'est ce que prouvent les legs relatifs à la Phrygie dans le testament d'Évergète (insc. citée, *App.* II, n° 4).
(2) Strabon X, 4, 10. Cf. Justin XXXVII, 1; Memnon c. 30.
(3) La date résulte de la durée du règne d'Eupator (57 ans d'après Appien, *Mith.* 112) combinée avec la date de sa mort (63 av. J.-C. d'après Cicéron et Orose, VI, 6).

LIVRE II.

LA JEUNESSE DE MITHRIDATE.

CHAPITRE PREMIER.

ÉDUCATION, MINORITÉ, AVÈNEMENT (1).

Mithridate IV (2), surnommé *Eupator* et *Dionysos*, mais que la postérité connaît sous le nom de Mithridate le Grand (3), était le fils aîné du roi Mithridate Évergète. On lui connaît un frère cadet, Mithridate, distingué par le surnom de *Chrestos*, « le

---

(1) Principaux textes : Justin XXXVII, 2; Memnon c. 30; Appien, *Mith.* 10 et 112.

(2) La forme perse du nom de Mithridate est *Mithradata* « donné par Mithra » (ou : à Mithra). Les médailles et les inscriptions grecques ont toujours Μιθραδάτης (sauf la médaille d'un dynaste inconnu et d'assez basse époque, Μιθριδάτης Φιλ..., publiée dans la *Zeitschrift für Numismatik*, IV, 271 et VII, 37). Chez les plus anciens auteurs grecs on trouve la même forme ou Μιτραδάτης (Hérodote, Ctésias); chez les plus récents, et notamment chez tous les auteurs d'époque romaine, Μιθριδάτης. Le nom, en grec, est toujours de la 1re déclinaison. En latin, la forme la plus ancienne paraît être *Mitradates*, gén. *Mitradati* (inscription capitoline de Mithridate Évergète, *App.* II, n° 2); ensuite viennent *Mitrdates*, gén. *is* (ib. n° 15); ou *Mitridates*, gén. *is* (C. I. L. I, n° 204); puis, sur une inscription d'origine asiatique (*App.* n° 17) *Mithradates*, gén. *is*. Enfin l'usage adopte définitivement la forme *Mithridates*, gén. *is*. Chez les Sassanides et les Arméniens le nom se dégrade en *Mehrdates*, *Mihrdat*.

(3) Le surnom *Eupator*, emprunté à Antiochus V de Syrie, oncle de Mithridate, est le seul que connaissent les médailles et les inscriptions contemporaines. Sur quelques médailles il est même employé seul, à l'exclusion du nom de Mithridate (*Trois royaumes*, p. 189). Celui de *Dionysos* est indiqué par les auteurs (Appien, *Mith.* 10; Plutarque, *Quaest. conviv.* I, 6, 2; Dion Chrysostome II, 291 Dind. Cf. Cicéron, *Pro Flacco*, XXV). Il se trouve aussi sur l'inscription délienne, *App.* n° 7, et sur les inscriptions bosporanes de la reine Dynamis, petite-fille de Mithridate. Plutarque propose plusieurs explications fantaisistes de ce surnom : il les tire soit des qualités de buveur de Mithridate, soit des accidents qui menacèrent son enfance; il est plus probable que Mithridate l'emprunta à son parent Antiochus VI de Syrie (145-2 av. J.-C.). Quant au surnom de *Grand*, il ne figure pas dans la titulature officielle de Mithridate et il est même très rare chez les auteurs (Suétone, *Caesar*, 35; Eutrope VI, 22). Par Mithridate le Grand on entendait le 9e Arsace, Mithridate II, contemporain de son homonyme du Pont (Justin XLII, 2).

Bon (1) »; ses sœurs étaient au nombre de cinq : deux Laodice, Roxane, Statira et Nysa. La plus âgée des Laodice, qui paraît avoir été l'aînée de toute la famille, épousa de bonne heure le roi de Cappadoce, Ariarathe Épiphane, et, plus tard, le roi de Bithynie, Nicomède II. La seconde Laodice devait épouser son propre frère, Mithridate Eupator; les trois autres princesses paraissent ne s'être jamais mariées (2).

La mère de Mithridate Eupator était une princesse syrienne, appelée, comme ses filles, Laodice. Il est extrêmement probable qu'il faut reconnaître en elle la fille d'Antiochus Épiphane, ce roi fanatique d'hellénisme et d'uniformité, dont les contemporains ne surent jamais s'il était un homme de génie ou un fou. Après la mort d'Antiochus Épiphane, son fils, le jeune Antiochus Eupator, fut détrôné et tué par son cousin Démétrius Soter, l'héritier légitime de la couronne des Séleucides (162 avant J.-C.). La petite Laodice fut mise en sûreté à Rhodes, et quelque temps après, son tuteur Héraclidès la conduisit à Rome, accompagnée d'un jeune garçon, qu'on donnait mensongèrement pour un second fils d'Antiochus Épiphane : en réalité cet imposteur s'appelait Alexandre Bala. Malgré l'évidence de la supercherie, le sénat, qui redoutait les talents de Démétrius, prêta l'oreille au roman d'Héraclidès et l'autorisa à ramener ses pupilles en Syrie, au besoin par la force. L'issue de l'aventure fut extraordinaire. Alexandre triompha de son rival et s'assit sur le trône de Syrie (152 av. J.-C.), mais il ne jouit pas longtemps de sa victoire : sa mollesse, sa dissipation, les cruautés de son ministre Ammonios indignèrent ses sujets, et six ans après, le fils de Démétrius, sortant de sa retraite, vainquit l'usurpateur, qui périt dans sa fuite. La jeune Laodice, enveloppée dans la ruine de son prétendu frère, fut, pour la seconde fois, obligée de s'expatrier; c'est alors sans doute que Mithridate Évergète l'épousa, pour faire sa cour au sénat romain. Il introduisait ainsi dans son palais un instrument

---

(1) Le frère est mentionné, sans nom, par Strabon, Memnon, etc. Le nom et le surnom nous ont été révélés par deux dédicaces déliennes, *App.* n°° 5 et 6. Le surnom rare de *Chreston*, porté dès le III° siècle par le tyran d'Héraclée, Denys, est également celui du roi contemporain de Bithynie, Socrate, frère de Nicomède III.

(2) Laodice I : Justin XXXVIII, 1 et 2. (Comme son fils commande une armée en 100, 99 av. J.-C., elle doit être née vers 140.) Laodice II : Justin XXXVII, 3; Valère Maxime I, 8, ext. 13. Roxane et Statira : Plutarque, *Luc.* 18 (elles étaient alors, en 71, περὶ τεσσαράκοντα ἔτη γεγονυῖαι, ce qui place leur naissance vers 126 av. J.-C.). Nysa : Plutarque, *Luc.* 18.

aveugle de la politique romaine; on sait déjà qu'il eut lieu de s'en repentir. Le jour où l'intérêt de Rome se trouva en conflit avec l'ambition d'Évergète, Laodice sacrifia son mari à ses protecteurs (1).

La légende s'est formée de bonne heure autour des premières années de Mithridate Eupator. Des comètes d'une grandeur et d'un éclat inusités saluent sa naissance et son avènement, annoncent la durée de son règne, l'étendue de ses conquêtes (2). Enfant, la foudre tombe sur son berceau, comme sur celui de Dionysos, enflamme ses langes et lui laisse au front une cicatrice qu'il devra dissimuler plus tard sous de longues boucles de cheveux (3). Adolescent, il échappe à des persécutions raffinées par un mélange de force, de courage et d'astuce qui rappelle les héros de l'épopée primitive et des contes de fées. On ne peut ni accepter ces fables, ni les ignorer; contentons-nous de les signaler en passant et de recueillir les faits précis, en bien petit nombre d'ailleurs, que l'histoire nous a transmis sur l'enfance et l'éducation de Mithridate.

(1) On savait déjà par Trogue Pompée (Justin XXXVIII, 7) que la mère de Mithridate Eupator était une princesse séleucide; son nom, Laodice, qu'aurait pu faire deviner celui de ses deux filles aînées, nous a été révélé par le tétradrachme unique de la collection Waddington que j'ai publié (*Trois royaumes*, pl. X). J'en ai conclu qu'elle était identique à la fille d'Antiochus Épiphane (Polybe, fr. XXXIII, 11 et 16), la seule princesse séleucide de cette époque, portant le nom de Laodice, dont on ignorât la destinée. La mère de notre Laodice, femme d'Antiochus Épiphane, s'appelait également Laodice (*Bull. corr. hell.* IV, 520; DITTENBERGER, *Sylloge*, n° 229), et pourrait être la propre sœur de son mari, la veuve de Séleucus IV (Appien, *Syr.* 4); on aurait alors le tableau suivant :

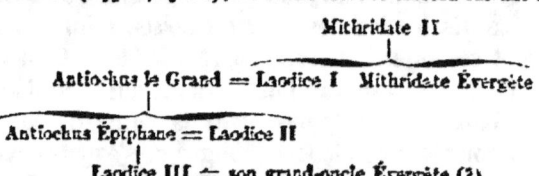

Quant à la *regina Laodice* tuée par Ammonios (Liv. ep. 50), c'est ou bien la veuve de Démétrius Soter (VISCONTI, *Icon. gr.* II, 324), ou la veuve d'Antiochus Épiphane, mais certainement pas la fille de celui-ci, comme l'ont avancé BUNBURY, art. *Laodice*, n° 18, dans Smith, et DE VIT (*Onomasticum*, s. v. *Laodice*, n° 13).

(2) Justin XXXVII, 2. La comète brille pendant 70 jours (les 70 années que vivra Mithridate). occupe la quatrième partie du ciel (il sera le maître du quart du monde), éclipse l'éclat du soleil (de l'empire romain). Quant aux quatre heures qu'elle met à se lever et à se coucher, je n'en comprends pas bien le sens symbolique, à moins qu'il ne s'agisse de la durée des deux principales guerres mithridatiques (88-85. Sylla; 66-63, Pompée).

(3) Plutarque, *Quaest. conv.* I, 6, 2. Un second coup de foudre aurait plus tard traversé son carquois et incendié ses flèches.

Il naquit à Sinope, l'an 132 avant l'ère chrétienne (1). Sa ville natale, où il fut élevé, était toute grecque, et depuis que Mithridate Évergète y avait transporté sa résidence, la cour de Pont elle-même s'était de plus en plus hellénisée. La reine Laodice, femme d'une intelligence ouverte, formée par les voyages et le malheur, présida elle-même à l'éducation de ses fils. Conformément à l'usage des grandes dynasties de cette époque, et particulièrement de celle de Syrie, elle leur donna pour camarades de jeux et d'études les fils des premières familles du royaume : des Perses sans doute, mais aussi des Hellènes, un Gaios, fils d'Hermaios, qui devait survivre à son royal condisciple, un Dorylaos, fils de Philétère, neveu du célèbre général d'Évergète, l'un et l'autre natifs d'Amisos, l'Athènes du Pont (2).

L'éducation des princes fut ainsi, comme tout le milieu où ils grandissaient, un curieux mélange de traditions perses et d'influences helléniques. Le jeune Eupator était beau, robuste, bien doué; on pouvait mener de front la culture de son intelligence et le développement de ses facultés physiques. De bonne heure il excella dans ces exercices du corps que les rois et les nobles perses avaient de tout temps mis au premier rang de leurs devoirs : la chasse, l'équitation, le tir de l'arc et du javelot (3). De bonne heure aussi, il s'initia aux lettres et aux arts de la Grèce. Nul doute, enfin, que l'éloquence persuasive, le don des langues, le goût des sciences naturelles et médicales, par lesquels dans la suite il devint si célèbre, n'aient eu leur germe dans les leçons de ces premières années. Quant à la religion, on lui ensei-

---

(1) Naissance à Sinope : Strabon XII, 3, 11. Date de la naissance : il mourut sous le consulat de Cicéron, 63 av. J.-C. (Orose VI, 6, etc.), à l'âge de 68 ou 69 ans (Appien, *Mith.* 112). On arrive bien ainsi à la fin de l'an 132 av. J.-C. Les indications de Strabon (X, 4, 10) conduisent au même résultat : Mithridate avait, d'après ce texte, 11 ans à son avènement et il régna 57 ans (Appien, *loc. cit.*), ou 56 (Pline, XXV, 7). En contradiction avec ces données, Salluste (fr. V, 4, Kritz) et Dion Cassius, XXXV, 9, font vivre Mithridate plus de 70 ans (il aurait eu 70 ans passés en 67 av. J.-C.!); Eutrope I, 6 et Orose VI, 5 le font mourir à 72 ans après un règne de 60. Mais les premiers textes sont empreints d'une exagération rhétorique, les seconds, dérivés de Tite-Live, s'expliquent par le goût des computs ronds et des multiples de 12. Memnon, c. 30, donne à Mithridate 13 ans à son avènement; ici encore le chiffre de Strabon doit être préféré.

(2) Les inscriptions déliennes (*App.* n° 9) attribuent la qualité de σύντροφος à Gaios (cf. Plutarque, *Pomp.* 42) et à Dorylaos; pour ce dernier, voir aussi Strabon X, 4, 10. Σύντροφοι à la cour de Syrie : *Bull. corr. hell.* I, 285; III, 361; Homolle, *Mission à Délos*, 1887, n° 8; Polybe V, 82, 8.

(3) Xénophon, *Cyrop.* I, 2, 8; VIII, 1, 34; Hérodote I, 136.

gna les croyances mazdéennes de ses ancêtres et on lui apprit à respecter les cultes de ses futurs sujets cappadociens ; mais on l'instruisit aussi dans la religion grecque, qui devait toujours trouver en lui un protecteur libéral.

L'enfance de Mithridate avait grandi gaiement au bruit des guerres et des négociations heureuses de son père ; son entrée dans l'adolescence fut assombrie par la catastrophe de l'an 120 : le meurtre de son père, le testament, vrai ou faux, qui affaiblissait l'autorité royale en la divisant ; tout ce drame, à la fois intime et public, initiait du premier coup le jeune Mithridate, alors dans sa douzième année, à la duplicité de la politique romaine et à la perversion profonde des cours de l'Orient : la leçon ne devait pas être perdue.

Pour le moment, la couronne et la vie même du jeune roi étaient en danger. Sous le nom de régente, Laodice se considérait comme la véritable souveraine et songeait à s'éterniser au pouvoir. Elle n'avait qu'à jeter les yeux autour d'elle pour savoir comment s'y prendre. C'était l'époque où, dans le royaume voisin de Cappadoce, la veuve d'Ariarathe Philopator, Nysa, assassinait successivement ses cinq fils aînés pour prolonger sa régence ; c'était l'époque où, en Syrie, la veuve du second Démétrius, Cléopâtre, tuait d'un coup de flèche l'un de ses fils, en attendant que l'autre la contraignît de boire le poison qu'elle lui avait préparé (1). Laodice appartenait, elle aussi, à la race de ces grandes ambitieuses, en qui la reine tue l'épouse et la mère. Elle laissa entendre que Mithridate grandissait trop vite. Les tuteurs testamentaires du jeune prince, qui n'étaient autres que les meurtriers de son père, comprirent à demi-mot et dressèrent des pièges à leur pupille. Un jour on le faisait galoper sur un cheval indompté, en tirant le javelot ; une autre fois on mêlait du poison à ses aliments. Mais, dit l'histoire ou la légende, l'enfant sortit victorieux de toutes ces épreuves : à cheval, c'était un autre Alexandre ; à table, il savait déjà se prémunir contre le poison par l'usage des antidotes. Toutefois l'épreuve lui parut poussée assez loin ; la ruse ayant échoué, il fallait craindre la violence ouverte. A quatorze ans le

(1) Nysa, appelée à tort Laodice par Justin XXXVII, 1, figure sur une drachme que j'ai publiée (*Trois royaumes*, pl. II, 11). Sur Cléopâtre (l'héroïne de la *Rodogune* de Corneille), cf. Justin XXXIX, 1 ; Appien, *Syr.* 68-69. Le crime de Cléopâtre est de l'an 126, ceux de Nysa s'espacent entre 130 et 125 environ.

jeune prince prétexta une vive passion pour la chasse, quitta la résidence royale et s'enfonça sans compagnon dans les forêts giboyeuses du Paryadrès (1). Perdu dans ces montagnes sauvages, il y mena pendant sept ans la dure vie du chasseur et du proscrit : le jour, fuyant ou poursuivant les bêtes, il les perçait de ses flèches ou les étouffait de ses bras nerveux; la nuit, refusant l'asile suspect des villages ou des chaumières, il dormait inconnu sous le ciel étoilé. Ainsi s'endurcit ce corps de fer, ainsi se trempa cette âme farouche, endurante et méfiante, que les épreuves de son adolescence devaient marquer, en bien comme en mal, d'une empreinte ineffaçable.

À Sinope, cependant, le royaume allait à la dérive. Dès le lendemain de la mort d'Évergète, on avait discontinué ses armements, abandonné ses projets sur la Paphlagonie, la Galatie, la Cappadoce, ses relations avec les villes crétoises : son général, Dorylaos, dégoûté, quitta le service du Pont et se fixa dans l'île de Crète, sa patrie d'adoption (2). Maintenant Laodice laissa les Romains consommer paisiblement l'annexion de la Grande-Phrygie; en l'an 116, dix commissaires romains arrivèrent suivant l'usage pour organiser la nouvelle province. Pour toute satisfaction à la mémoire d'Évergète, on exécuta les quelques legs qui se trouvaient inscrits dans son testament (3). Bientôt Laodice, protégée par la reconnaissance des Romains, ne se contenta plus d'avoir la réalité du pouvoir suprême; elle en voulut aussi l'apparence. Sur la monnaie du royaume, elle fit inscrire son seul nom, graver sa seule effigie; même l'écusson des Mithridate, l'astre et le croissant, en fut banni. À nouveau souverain, nouvelle résidence : Laodice bâtit au bord du lac Stiphané, près d'eaux thermales célèbres, une ville qui a conservé son nom, *Ladik*, jusqu'à ce jour (1).

(1) La date résulte des 7 ans que Mithridate passa dans les montagnes (Justin XXXVII, 2) et des 23 ans qui s'écoulèrent entre son avènement effectif et la rupture avec Rome (Justin XXXVIII, 8). Si Salluste, fr. II, 51 s'exprime ainsi : *extrema pueritia regnum ingressus*, il a probablement confondu l'avènement effectif avec l'avènement nominal.
(2) Strabon X, 4, 10.
(3) Inscription à l'Appendice II, n° 1. La sagacité de M. Mommsen, en restituant le nom du consul qui présenta le sénatus-consulte organique, C. Licinius P. F. Geta, a fixé la date de cet événement et confirmé l'indication de Trogue Pompée (Justin XXXVIII, 5), *ibi pupillo majorem Phrygiam ademerint*.
(4) A cette ville appartiennent les monnaies de bronze avec la légende ΛΑΟΔΙΚΕΩΝ;

Déjà les glorieux souvenirs du règne d'Évergète s'effaçaient, déjà le Pont paraissait mûr pour l'annexion romaine, lorsque le jeune Mithridate, que l'on croyait sans doute mort depuis longtemps sous la dent de quelque fauve, reparut tout à coup à Sinope et réclama sa couronne. Il avait alors vingt ans et toute sa personne rayonnait de vigueur et de beauté. On ignore les détails de la révolution; probablement le peuple et l'armée se soulevèrent avec enthousiasme à l'appel du roi national, et balayèrent la coterie qui avait confisqué la couronne. Laodice méritait mille fois la mort, mais Mithridate se montra plus clément que ses contemporains Antiochus Grypos et Ariarathe Épiphane : il se contenta de jeter sa mère dans une prison étroite, où elle succomba, après quelques années, à la maladie ou aux mauvais traitements (1). L'innocent Mithridate « le Bon » demeura provisoirement associé à la couronne; mais un crime inconnu, quelque complot sans doute, l'envoya bientôt au supplice (2). Eupator resta seul roi et prit pour reine sa sœur Laodice, suivant la coutume perse, depuis longtemps adoptée par les cours d'Antioche et d'Alexandrie (111 av. J.-C.).

Le jeune roi trouvait son royaume singulièrement déchu du rang où l'avait élevé la politique habile et vigoureuse de son père. Ce n'était plus qu'un État de troisième ordre qui étouffait dans ses étroites frontières, depuis Amastris jusqu'au pays des Tibarènes (3). A l'est, la Petite-Arménie, naguère inféodée à Pharnace, faisait de nouveau bande à part; ses dynastes avaient achevé de soumettre les peuplades du Paryadrès occidental, et s'avançaient jusqu'aux portes de Pharnacie et de Trébizonde. A l'ouest, la Galatie était revenue à ses tétrarques, la Paphlagonie, sauf une faible portion restée pontique, à ses dynastes indigènes;

quelques-uns de leurs types, l'égide et la Niké, rappellent le type du tétradrachme de Laodice (Pallas). C'est d'ailleurs par une simple conjecture que j'attribue à Laodice la fondation de Laodicée-Ladik.

(1) Memnon c. 30, plus digne de foi qu'Appien, *Mith.* 112 et Salluste, fr. II, 81, d'après lesquels Mithridate tua sa mère. Cf. aussi Sénèque, *Controv.* VII, 1, 15 (éd. Kiessling) : *Mithridates non dubium parricidam*; *ibid.* VII, 3, 1. On connaît le respect extraordinaire des rois perses pour leurs mères et l'horreur des Perses pour le parricide (Hérodote I, 137).

(2) Memnon, Appien, *loc. cit.* Le nom de Mithridate Chrestos est encore associé à celui de son frère sur les deux dédicaces déliennes, dont l'une à Zeus Ourios, qui paraissent avoir été gravées à la suite de la révolution. Si elles étaient plus anciennes, Laodice y figurerait sans aucun doute.

(3) Limites du Pont à l'avènement d'Eupator : Strabon XII, 3, 1.

Héraclée, toujours libre, était devenue une enclave de la Bithynie, depuis qu'Eumène avait donné Tiéum à Prusias. Enfin Rome s'était annexé la Phrygie, et ce que Rome prenait, elle n'avait pas coutume de le rendre.

Les perspectives du nouveau règne semblaient donc peu encourageantes; mais en Orient, tant vaut le roi, tant vaut le royaume, et les relèvements sont aussi brusques que les décadences. Les premiers actes du jeune Mithridate apprirent à l'Asie que la monarchie pontique n'était plus en quenouille. Il reprit les hommes, le système de son père, s'entoura, à son exemple, d'officiers et de conseillers hellènes. Dorylaos était mort, mais ses jeunes fils, Lagétas et Stratarque, furent rappelés dans le Pont et traités avec la plus grande distinction (1); son neveu, Dorylaos le jeune, fils de Philétère d'Amisos, et camarade d'enfance du roi, devint son confident le plus intime et son ministre de la guerre. D'autres Hellènes furent investis des grandes charges de la cour ou admis dans le cercle privilégié des amis du roi (2). Les relations avec Délos et Athènes furent renouées, l'armée réorganisée sous la direction personnelle du roi, assisté d'instructeurs grecs; une phalange de 6,000 hoplites mercenaires, armés à la macédonienne, en forma le noyau solide. Il ne restait plus qu'à mettre à l'épreuve ce nouvel instrument : l'occasion vint s'offrir d'elle-même.

(1) Strabon X, 4, 10.
(2) Voir à l'*Appendice* II les inscriptions n°° 9.

CHAPITRE II.

GUERRES DE L'EUXIN (1).

La péninsule de Crimée ou, comme l'appelaient les anciens, la Chersonèse Taurique, « ce fin médaillon oriental suspendu au cou de la géante Russie », attira de bonne heure les commerçants, puis les colons helléniques, par l'excellence de ses ports, par sa situation incomparable au seuil de la Scythie dont tous les grands fleuves convergent vers elle, enfin par les produits variés d'un sol fertile et d'une mer poissonneuse. Les visiteurs modernes vantent surtout la côte sud-est, long ruban de 180 kilomètres, qui se déroule entre la mer et la muraille des monts Tauriques (*Yaila-dagh*), prolongement du Caucase. Les courtes et riantes vallées qui s'ouvrent dans la chaîne côtière ont un climat tout méditerranéen, une végétation luxuriante : c'est la Corniche de l'Euxin. Mais ce coin de terre fortuné était peu visité, mal cultivé il y a vingt siècles : chaque crique d'azur cachait un nid de pirates; l'homme farouche gâtait la nature clémente. La plaine du nord, aux environs de l'isthme de Pérékop, n'était guère plus fréquentée; ses landes nues, continuation du steppe scythique, ses marécages broussailleux, où se perdent les contours vaseux du golfe Putride, ne conviennent qu'à la vie nomade du pasteur et du chasseur. L'hiver, long et rude, y soulève des tempêtes de neige; l'été est court, sec et brûlant. Le printemps seul ressuscite la vie : quelques fraîches ondées suffisent pour faire germer un tapis de longues graminées, pour embaumer le sol aride et salin de fleurs et de plantes aromatiques. Mais la vraie région agricole de la Crimée, c'est le centre et le sud, le versant septentrional de la

---

(1) Pour ces campagnes, nous sommes réduits aux indications occasionnelles de Strabon (VII, 3 : Scythie; VII, 4 : Crimée; XI, 2 : Méotide, Colchide; XII, 3, 28 : Petite-Arménie), heureusement complétées, en ce qui concerne la guerre de Crimée, par la belle inscription de Chersonèse en l'honneur de Diophante (*Appendice* II, n° 11). Voir aussi Justin XXXVII, 3; XXXVIII, 7; Memnon, 30 et les dénombrements des armées de Mithridate chez Appien, *Mith.* 15 et 69. J'ai consulté avec fruit B. NIESE, *Die Erwerbung der Küsten des Pontus durch Mithridates VI*, dans *Rheinisches Museum*, XLII (1887), p. 559 suiv.

chaîne Taurique, avec ses terrasses étagées, ses sources d'argent, célébrées par les poètes, ses clairs ruisseaux, ses forêts aujourd'hui trop clairsemées, et surtout son épaisse couche d'humus nourricière, cette « terre noire » qui fit de la Crimée un des greniers d'Athènes et, plus tard, de Rome (1).

La Crimée agricole projette vers ses extrémités deux appendices, deux Crimées en miniature : à l'ouest, la *Petite-Chersonèse*, plateau raviné, aux bords frangés d'anses profondes, devenu célèbre dans l'histoire contemporaine par le long drame de Sébastopol ; à l'est, une presqu'île plus importante, la *Chersonèse trachée*, rugueux champ de blé, que le détroit sinueux de Kertch (Bosphore cimmérien) sépare d'une langue de terre analogue, la presqu'île de Taman, formée par les alluvions du Kouban (Hypanis). Les anciens comptaient la Chersonèse trachée dans l'Europe, la presqu'île de Taman ou Sindique dans l'Asie; mais en réalité ces deux territoires sont plutôt unis que séparés par le Bosphore : les navires transportaient continuellement les colons et les denrées d'une rive à l'autre, et quand l'hiver étendait son pavé de glace sur la mer d'Azov et le détroit cimmérien, les chariots remplaçaient les navires (2).

La Chersonèse trachée, vrai débouché de la Scythie, jadis occupée par les Cimmériens, fut peuplée dès le vi° siècle par des colons ioniens (3), qui achetèrent le sol, moyennant une redevance modique, aux nouveaux maîtres de la Crimée, les Scythes ou Scolotes. Des émigrés de Milet fondèrent Panticapée, sur la rive européenne du Bosphore, des colons de Téos s'établirent à Phanagorie, sur la rive asiatique. A l'ouest, un peu en dehors de l'isthme de la Chersonèse trachée et déjà au seuil des monts Tauriques, s'éleva Théodosie, autre colonie de Milet; tout au

---

(1) Inscription en l'honneur du légat propréteur de Mésie, Ti. Plautius Silvanus Aelianus, chez Orelli n° 750 ou Wilmanns n° 1145 : *primus ex ea provincia magno tritici modo annonam p(opuli) r(omani) adlevavit*. La date de ce gouvernement paraît être 56 ap. J.-C.

(2) Strabon VII, 3, 18 ; Hérodote IV, 28.

(3) Sur les colonies grecques de Crimée en général, voir K. NEUMANN, *Die Hellenen in Skythenlande*, Berlin, 1855 (un seul vol. paru) ; THIRION, *De civitatibus quae a Graecis in Chersoneso taurica conditae fuerunt*, Paris, Thorin, 1885 ; et surtout la remarquable introduction de BOECKH en tête de la Pars XI du *Corpus inscr. graec.* II, 80 suiv. Pour l'archéologie, les *Antiquités du Bosphore Cimmérien* (par Gill et Stephani, 3 vol. in-f°, Pétersbourg, 1854) et les *Comptes rendus de la Commission impériale archéologique*, Pétersbourg, 1859 suiv. Pour les inscriptions : LATYCHEV, *Inscriptiones antiquae orae septentrionalis Pontis Euxini*, I" fascicule, Pétersbourg, 1885.

nord de la mer d'Azov, à l'embouchure du Don, Tanaïs, qui devint le grand marché des nomades de l'intérieur. Ces différentes villes et d'autres moins importantes se groupèrent à partir du v° siècle en un État unique, de forme monarchique, qui imposa souvent sa suzeraineté aux tribus méotiennes, disséminées sur la rive orientale de la mer d'Azov.

Les chefs de cet État, d'abord Grecs (dynastie des Archéanactides), ensuite Thraces d'origine (dynastie des Spartocides), conservèrent longtemps dans leur capitale, Panticapée ou Bosphore, le titre modeste d'*archontes*; dans leurs rapports avec leurs sujets ou vassaux barbares, ils s'intitulaient *rois* ou *tyrans* : tyrans débonnaires d'ailleurs, dont le régime éclairé n'avait rien d'oppressif et favorisa l'essor de la prospérité nationale. Leur fortune atteignit son apogée entre 450 et 350 environ, l'époque des deux empires athéniens. Les Bosporans étaient des commerçants entreprenants, qui allaient chercher à l'embouchure des grands fleuves, chemins naturels de la Scythie, les pelleteries et les esclaves, l'or de l'Oural, les denrées de l'Inde, transportées à dos de chameaux entre la Caspienne et les Palus-Méotides; en échange, ils vendaient aux tribus le vin, les vêtements fabriqués et les autres produits de la civilisation occidentale. Les pêcheries inépuisables des Palus-Méotides fournissaient des salaisons qu'on expédiait en Grèce. Par-dessus tout, les Bosporans partageaient avec les colonies scythiques d'Olbia et de Tyras le privilège de vendre des grains à l'Attique, dont le territoire ingrat et surpeuplé ne suffisait pas à la nourriture de ses habitants (1). Athènes demandait, bon an mal an, au Bosphore 200,000 hectolitres de blé, l'équivalent de sa propre récolte, la moitié de son importation totale. Aussi s'attacha-t-elle par tous les moyens à s'assurer contre tout événement le libre accès du marché bosporan. Tantôt elle montrait son pavillon dans ces mers lointaines, imposait le respect par un déploiement de force; tantôt elle gagnait le cœur des tyrans bosporans et de leurs sujets par de bons procédés, un accueil hospitalier et des distinctions honorifiques. Grâce à cette politique habile, les relations les plus cordiales et les plus profitables aux deux parties s'établirent

---

(1) Georges Perrot, *Le commerce des céréales en Attique au IV° siècle avant notre ère*, *Revue historique*, IV, 1 (mai-août 1877).

entre Athènes et les Ioniens de Crimée. Les Athéniens obtinrent des privilèges de toute sorte pour leurs chargeurs de blé; pendant quelque temps même ils possédèrent en propre sur le territoire bosporan un comptoir fortifié, Nymphéon. Tant que les détroits de la Propontide restèrent ouverts, Athènes, maîtresse de la mer, n'eut pas à redouter la famine. De leur côté les villes bosporanes s'enrichirent rapidement; Athènes payait leur blé en argent, en œuvres d'art et d'industrie, qui provoquèrent la naissance de fabriques locales; les tumulus, éventrés de nos jours, ont livré un trésor prodigieux de vases, d'objets de toilette et de bijoux demi-barbares, tout étincelants d'or, mêlés aux chefs-d'œuvre les plus délicats de la poterie et de la ciselure athéniennes.

Pendant que les Ioniens s'établissaient sur le flanc oriental de la Crimée, la race plus robuste des Doriens s'était emparée de la côte occidentale, en particulier de la Petite-Chersonèse, dont les Milésiens avaient dédaigné le sol ingrat ou redouté les naturels farouches (1). Là vivaient, en effet, les Tauriens, peut-être un débris de l'ancienne population cimmérienne refoulée par les Scythes. Pirates audacieux, barbares inhospitaliers et sanguinaires, ils sacrifiaient à leur Vierge sauvage, trônant sur le cap Parthénion, les navigateurs échoués par la tempête. Ce fut seulement dans la seconde moitié du ve siècle que des colons d'Héraclée pontique, fille de Mégare, réussirent à prendre pied dans cette presqu'île sinistre; ils chassèrent les Tauriens dans leurs montagnes, leur volèrent leur déesse, et fondèrent, après quelques tâtonnements, la ville de *Chersonèse héracléotique* sur une des anses qui s'ouvrent au sud dans la magnifique rade de Sébastopol. A la différence des Ioniens du Bosphore, qui s'accommodèrent facilement du contact des barbares et se mélangèrent même avec eux, les Doriens de Chersonèse, puritains exclusifs, surent conserver à travers les siècles l'intégrité de leur race et de leur dialecte, les institutions républicaines et aristocratiques de leur métropole. Agriculteurs et pêcheurs, ils étaient moins commerçants que les

---

(1) Sur Chersonèse héracléotique consulter surtout : POLSBERW, *De rebus Chersonesitarum publicis*, Berlin, 1834; B. KOEHNE, *Recherches sur l'histoire et les antiquités de Chersonèse*, Pétersbourg, 1848 (cp. BRÉHANT, *Mélanges gréco-romains*, I, 6); P. BECKER, *Die heraklëotische Halbinsel in archäologischer Beziehung*, Leipzig, 1856; S. ARKAS, *La péninsule héracléotique et ses antiquités*, Nicolaïev, 1879 (en russe); LATYCHEV, *Constitution de Chersonèse*, dans le *Bulletin de corr. hell.*, avril 1885.

Bosporans ; néanmoins ils fondèrent des comptoirs sur plusieurs points de la côte occidentale de la Crimée et du golfe Carcinitique.

La prospérité des colonies grecques en Crimée, comme celle des villes pontiques, leurs sœurs, avait coïncidé avec la puissance d'Athènes ; leur déclin coïncida avec sa décadence. Quand Athènes, diminuée dans sa marine, dans ses ressources, dans sa population, perdit les clefs de la Propontide, Byzance et la Chersonèse de Thrace, quand elle dépendit pour ses communications avec l'Euxin de la bonne volonté de rois ambitieux et de républiques envieuses, il lui fallut chercher des marchés plus sûrs et plus accessibles. Précisément, la conquête d'Alexandre rouvrit alors aux Grecs les champs de blé de l'Égypte, et désormais les arrivages du Nil firent en Grèce une concurrence de plus en plus victorieuse aux grains du Bosphore, du Tanaïs et du Borysthène (1). Athènes se détourna des Hellènes de la Scythie, et cela, juste au moment où ils auraient eu besoin d'un soutien efficace pour contenir le flot montant de la barbarie.

De tout temps, les barbares avaient été pour les colons hellènes des voisins incommodes, souvent dangereux. Les tribus turbulentes et belliqueuses des Palus-Méotides tuèrent aux Bosporans plus d'un roi. Les Tauriens, exclus de la Petite-Chersonèse, venaient souvent en razzier le territoire et infestaient la mer de leurs pirateries. Les Scythes, maîtres du cœur de la péninsule et des pays au delà de l'isthme, exigeaient un tribut des Doriens de Chersonèse comme des Ioniens de Panticapée. La situation s'aggrava, les rapports se tendirent, lorsque, dans le courant du III⁰ siècle, cédant à une poussée d'origine inconnue, de nouveaux peuples apparurent au nord de l'Euxin, chassant devant eux les anciens occupants. Comme jadis les Scythes avaient refoulé les Cimmériens et les Thraces, maintenant les Sarmates, arrivés progressivement du nord-est, les Celtes, descendus de la vallée du Danube, les Gètes remontant du sud, pressaient sur les Scythes, les acculaient à la côte. De plus en plus ceux-ci regardèrent d'un œil d'envie les villes grecques ; ce n'était plus seulement le butin, c'était la sécurité qu'ils entrevoyaient derrière ces hautes murailles. Aussi redoublèrent-ils d'exigences à mesure que les

---

(1) Voir *Corpus insc. attic.* II, 113, 130, 171 ; *Ark. Math.* V, 332.

colons devenaient moins capables de les satisfaire : les tributs tombés en désuétude furent impérieusement réclamés, et les malheureux Hellènes, pris entre les nouveaux barbares qui les pillaient et les anciens qui les pressuraient, ne surent bientôt plus à quel dieu se vouer.

Ce que les Hellènes de la Scythie souffrirent pendant les deux siècles qui s'écoulèrent entre la disparition des flottes d'Athènes et le débarquement de la phalange de Mithridate, ce ne sont pas les historiens qui nous l'ont appris. Qui, parmi les beaux esprits qui écrivaient alors l'histoire, songeait à ces sentinelles perdues de la civilisation hellénique? Ce sont les documents contemporains, les inscriptions qui nous peignent ces angoisses dans leur réalité poignante. Les marbres d'Olbia, la vieille cité du Dnieper, jadis le grand marché des blés durs de la Scythie (1), sont les plus tristement éloquents. Le tableau qu'ils tracent est navrant. Olbia, la « fortunée », nom devenu une ironie, est enserrée dans un cercle de tribus barbares de l'origine la plus diverse, mais semblables par leur avidité. A la redevance régulière, représentant le loyer du sol, s'ajoutent vingt contributions extraordinaires, prélevées sous des prétextes futiles. Quand le chef d'une horde nomade vient à passer devant la ville ou à camper sous ses murs, il faut acheter son départ par des présents magnifiques; il faut en faire à ses généraux, à ses leudes, à toute son armée. Cependant le commerce est en décadence, la récolte a manqué, les coffres sont vides, même les ressources précaires fournies par l'hypothèque ou la fonte de la vaisselle sacrée sont épuisées. Où trouver l'argent? il en faut, et tout de suite : quand les ambassadeurs tremblants et suppliants sont allés se jeter aux genoux du barbare, il les a durement repoussés, il a répondu par l'injure et la menace; déjà il ravage les champs, il enlève les bestiaux, les laboureurs. Du haut de leurs remparts, jadis leur orgueil, maintenant à demi écroulés faute des réparations nécessaires, les Grecs, impuissants et consternés, regardent de loin flamber leurs moissons et leurs chaumières. On commence à perdre l'espoir; on parle tout bas d'abandonner la ville, de fuir sur les vaisseaux une terre inhospitalière : trop heureux s'il se trouve encore quel-

---

(1) Décret en l'honneur de Protogène : C. I. G. II, 2058 = Latychev, n° 16. Décret en l'honneur de Nicératos : Latychev, n° 17.

que particulier, riche et patriote, pour sacrifier sa fortune au soulagement du trésor et relever, par ses exhortations viriles, le courage abattu de ses concitoyens.

Telle était la détresse d'Olbia, telle aussi celle des villes criméennes. On l'entrevoit à travers le silence ou le laconisme des textes : partout mêmes causes de déclin, mêmes ennemis, mêmes angoisses. Pendant quelque temps les colons avaient cherché le salut en opposant les barbares les uns aux autres : c'est ainsi que Chersonèse s'était alliée contre les Scythes avec Amagé, reine des Sarmates (1). Mais à la longue, Sarmates, Scythes, Tauriens finirent par s'entendre entre eux; ils se partagèrent la proie commune au lieu de se la disputer : les Grecs devaient faire les frais de cette réconciliation. A l'époque où nous sommes parvenus, les Scythes, concentrés sur la rive gauche du Dniéper inférieur et dans l'intérieur de la Crimée, — la Petite-Scythie, — formaient un royaume unique dont le souverain, le vieux Scilur, paraît avoir été un prince remarquable. La plupart de ses sujets en deçà de l'isthme avaient abandonné la vie nomade pour se consacrer aux occupations agricoles; au delà, quelques hordes continuaient à promener leurs troupeaux de chevaux dans les pâturages qui avoisinaient les cataractes du Borysthène, ou à poursuivre le gibier dans les halliers de l'Hylée et les fourrés du golfe Putride. En Crimée, les Scythes avaient bâti des fortins, — Chabon, Palacion, ainsi nommé en l'honneur de Palac, fils de Scilur (2), — et même une prétendue ville, Néapolis, située près de Simféropol où l'on a trouvé une inscription grecque au nom de Scilur (3). Les monnaies de bronze à légende grecque (4), frappées par ce roi à Olbia, témoignent également d'un commencement de conversion à l'hellénisme. Scilur était vraiment un puissant monarque : couvert au nord par son alliance avec les Sarmates Roxolans, qui dominaient entre le Dniéper et le Don (5), à l'ouest il

---

(1) Polyen VIII, 56. Cf. C. I. G. II, 836.
(2) Strabon VII, 4, 7. L'inscription de Diophante ne nomme pas Palacion; Chabon s'y appelle Xαβαια, « les Chabéens ».
(3) C. I. G. 2103.
(4) La monnaie de Scilur (Æ 6 ΒΑΣΙΛΕ. ΣΚΙΛΟΥΡΟΥ... ΟΛΒΙΟ. Tête d'Hermès, caducée) a été souvent publiée; voir notamment SALLET, Zeitschrift für Num. IX, 155; BOURATCHKOV, Catalogue général des monnaies grecques de la mer Noire, t. I", Pétersbourg, 1884, pl. IX, 203; ORECHNIKOV, Journal de la Société archéologique russe, IV, 11.
(5) Strabon VII, 4, 17.

avait conquis Olbia, au sud il menaçait à la fois Chersonèse et le royaume bosporan.

La marine chersonésitaine était tombée si bas qu'elle ne pouvait plus même faire la chasse aux pirates tauriens, dont l'audace croissait de jour en jour : le « havre des confluents » (*Symbola*), sur la côte sud-est, — aujourd'hui Balaclava, — était le quartier général de ces brigands, l'asile sûr d'où jaillissaient leurs pirogues et où elles revenaient chargées de butin (1). L'armée était aussi désorganisée que la flotte; elle n'osait même plus tenir la campagne. Pour se défendre contre les incursions des barbares scythes ou tauriens, les Chersonésitains avaient fini par tirer, à travers l'isthme de leur presqu'île, une muraille et un fossé longs de deux lieues, qui partaient du fond du havre de Symbola pour aboutir aux salines de Cténus, au fond de la rade de Sébastopol (2). Le plateau de Chersonèse se trouvait ainsi transformé en une vaste forteresse dont la ville elle-même, avec ses murailles de six pieds d'épaisseur, représentait le réduit central (3). Mais ces fortifications intimidaient moins les assaillants que les défenseurs; blottis dans leur taupinière, ces Doriens dégénérés n'osaient plus même franchir la rade qui s'ouvrait en face de leurs murs : à quelques stades de l'enceinte commençait « l'au delà » (4), l'inconnu, le désert! A Panticapée, c'était pis encore : l'ennemi était déjà dans la place. La population scythique, restée très nombreuse sur le territoire de la Chersonèse trachée, sympathisait ouvertement avec ses frères, les sujets de Scilur; le comptoir de Tanaïs, les tribus méotiennes, sauf les Sindes, avaient secoué le joug; l'archonte-roi, Pairisadès, demeuré sans enfants, s'était vu contraint d'élever dans son palais, probablement de désigner pour son héritier, le Scythe Saumac, peut-être un des nombreux fils de Scilur (5).

La mort de Scilur, qui eut lieu, ce semble, vers cette époque, ne changea rien à la situation. Le vieux roi laissait toute une

---

(1) Strabon VII, 4, 2.
(2) Strabon VII, 4, 7. D'autres au contraire (Becker, C. Müller) placent Cténus à Sébastopol même.
(3) Le périmètre de l'enceinte, d'après les ruines, était de 8 kilomètres. Pline IV, 85 donne plus du double, mais il paraît avoir confondu l'enceinte de la ville avec la muraille de l'isthme.
(4) Tò πέραν. Inscr. de Diophante, l. 5.
(5) Inscr. de Diophante, l. 33.

armée de fils : 50 suivant Posidonius, 80 suivant Apollonidès (1). Sur son lit de mort, il les fit venir et, leur montrant un faisceau de javelines, invita les jeunes gens à le briser; comme aucun d'eux n'y parvenait, il délia le faisceau, prit séparément chaque baguette et les cassa sans effort (2). Les fils de Scilur comprirent, et se conformèrent à la volonté de leur père. Ils se soumirent à l'autorité de l'aîné, Palac, qui reprit aussitôt les projets paternels sur les colonies grecques de la Crimée. Les prétentions financières qu'il éleva, pour son don de joyeux avènement, furent si intolérables qu'à Chersonèse, comme à Panticapée, on se révolta. Maintenant la dernière heure de l'indépendance avait sonné; comme les Gaulois au temps de César et d'Arioviste, les Grecs de Crimée n'avaient plus à choisir qu'entre un suzerain civilisé et un conquérant barbare. Leur choix ne pouvait être douteux; ils se jetèrent entre les bras du sauveur le plus voisin et le plus fort, le jeune roi de Pont.

Cette démarche était d'ailleurs la conclusion logique de relations séculaires, nées de la proximité des lieux, de l'affinité des races et de la solidarité des intérêts. La Chersonèse Taurique et la Paphlagonie s'avancent comme à la rencontre l'une de l'autre; les anciens s'exagéraient même le rétrécissement de la mer Noire et prétendaient qu'un navigateur, tenant le milieu du chenal, pouvait apercevoir à la fois le cap Carambis sur la côte d'Asie et la « Tête de Bélier » (le *Brixaba* des Scythes) (3), extrémité méridionale de la Crimée (4), éloignés de 69 lieues. De bonne heure, colons et marchands s'habituèrent à passer d'une rive de l'Euxin à l'autre; ils s'y retrouvaient en famille, car Panticapée était une sœur de Sinope, Chersonèse une fille d'Héraclée. Après la conquête des villes pontiques, les Mithridate épousèrent naturellement les intérêts commerciaux de leurs nouveaux sujets : on sait déjà que dans le traité de 179, conclu par

(1) Strabon VII, 4, 3.
(2) Plutarque, *De garrulitate*, 17; *Regum apophtegmata*, Scilurus (Mor. I, 207 Didot). Cette anecdote empruntée à Apollonidès (comme le prouve le chiffre de 80 fils) a passé dans la fable classique (Pseudo-Ésope, Avianus, La Fontaine, IV, 18). Strabon VII, 4, 3 paraît croire que Mithridate a lutté contre Scilur lui-même, mais l'inscription de Diophante ne nomme que Palac et semble le considérer comme roi.
(3) Pseudo-Plutarque, *De fluviis*, XIV, 4.
(4) Strabon II, 5, 22; VII, 4, 3 (lire 1,500 stades, avec C. MULLER, sur Ptolémée III, 6, p. 436, note 6). Pline IV, 86 évalue la distance à 170 milles (252 kilomètres).

Pharnace, figurent Chersonèse et un prince sarmate, Gatalos (1); il est possible que, dès cette époque, le roi de Pont soit intervenu en Crimée comme champion et protecteur des intérêts grecs. Les envoyés de Chersonèse et de Panticapée ne se contentèrent pas d'invoquer ce précédent auprès du jeune Mithridate. Les premiers, qui n'avaient plus de ménagements à garder, lui offrirent ouvertement le protectorat de leur cité, s'il voulait les secourir contre l'attaque imminente des Scythes; quant à Pairisadès, dont la situation était plus délicate, il promit secrètement à Mithridate, pour prix de sa délivrance, de lui léguer sa couronne (2).

Il y avait, dans l'invitation des Grecs de Crimée, de quoi séduire Mithridate et de quoi le faire réfléchir. Ce qu'on lui apportait, c'était, en cas de succès, une auréole de gloire, un accroissement considérable de puissance, la sympathie universelle de l'hellénisme, peut-être même, dans une perspective plus lointaine, la formation à son profit d'une vaste confédération militaire où seraient entrés tous les peuples du nord pour prendre à revers l'empire romain (3). Mais, d'autre part, avec sa petite armée de mercenaires, sa marine dans l'enfance, son trône mal affermi, comment le jeune roi de Pont n'eût-il pas hésité à se lancer dans une entreprise dont la légende et l'éloignement grandissaient encore la difficulté réelle? Il s'agissait d'une guerre contre les Scythes; or une pareille expédition était considérée comme le type même d'un acte de folie, par les Perses depuis Darius, par les Grecs depuis l'échec lamentable de Zopyrion, lieutenant d'Alexandre (4). Dans ces circonstances ce fut, semble-t-il, l'intervention d'un conseiller autorisé, Diophante, fils d'Asclépiodore, Grec de Sinope, qui triompha des hésitations de Mithridate. Ce personnage réunissait les talents de condottière, de diplomate et d'explorateur; il connaissait à fond les pays au nord de l'Euxin, sur lesquels il écrivit même un livre classique (5). Il s'offrit à organiser et à con-

(1) Polybe. fr. XXVII, 6.
(2) Strabon VII. 1, 3 et 4.
(3) D'après Strabon VII, 4, 3, Chersonèse s'adressa à Mithridate au moment où il méditait de combattre (στρατηγοῦντι) ἐπὶ τοὺς ὑπὲρ τοῦ ἰσθμοῦ μέχρι Βορυσθένους βαρβάρους καὶ τοῦ Ἄδρου (sic) ταῦτα δ᾽ ἦν ἐπὶ Ῥωμαίους παρασκευή. Cet enchaînement paraît bien artificiel.
(4) Justin II, 3; XII, 1-2; XXXVII, 3; XXXVIII, 7. Sur Zopyrion cp. Q. Curce X, 1, 13; Macrobe I, 11, 33.
(5) Les Pontica de Diophantos sont mentionnées plusieurs fois (voir les fragments dans les Frag. hist. gr. de Müller, IV, 396-7); les plus anciennes citations sont d'Agatharchidès

duire l'expédition : Mithridate, que la nouveauté de son pouvoir attachait cette fois au rivage, se laissa convaincre, et Diophante reçut la mission d'établir le protectorat pontique sur la Chersonèse (vers 110 av. J.-C.) (1).

La route de terre, entre le Pont et le Bosphore, était longue et impraticable; le corps expéditionnaire mit donc à la voile dans les villes maritimes du Pont et débarqua à Chersonèse. Diophante trouva la ville étroitement bloquée par les Scythes au nord et à l'est. Son premier soin fut de relever les courages des habitants et de se donner de l'air. En face du port de Chersonèse s'ouvre la rade profonde de Sébastopol, dominée au nord par le cap Constantin, qui s'avance jusqu'à 15 stades de la ville. Diophante occupa ce cap, y fortifia un poste et relia cet ouvrage à la ville par une jetée qui fermait complètement l'entrée de la rade (2). Par là il écartait le danger d'un siège immédiat et s'assurait une excellente base d'opérations vers le nord. Puis il fit passer ses troupes sur la rive septentrionale de la rade. Là, il se vit tout à coup assailli par une nombreuse armée sous les ordres de Palac en personne. Diophante eut à peine le temps de ranger ses troupes : néanmoins les Scythes furent taillés en pièces et, sur le champ de bataille, le vainqueur dressa un trophée, le premier qu'un roi grec eût encore remporté sur ces barbares. Cependant Palac s'obstina; il fit le tour de la rade et des lagunes de la Tchernaïa qui la prolongent, et vint attaquer la muraille qui fermait l'isthme de Cténus. Mais ici encore il trouva Diophante prêt à le recevoir. Vainement les barbares tâchèrent de combler le fossé en y jetant des

---

Périple de la mer Rouge, c. 64 (*Geog. min.* I, 156) et d'Alexandre Polyhistor chez Étienne de Byzance, s. v. Ἄζαρα. Polyhistor est un contemporain de Sylla, Agatharchides a écrit dans la 2ᵉ moitié du IIᵉ siècle av. J.-C. (cp. Müller, *Geog. min.* I, LIV suiv.). L'ouvrage de Diophante a donc dû paraître vers l'an 120, et il n'y a rien d'absurde à identifier l'auteur avec le général de Mithridate. Il se peut aussi que Diophante n'ait écrit son livre qu'après ses campagnes.

(1) Il est hors de doute que l'expédition de Crimée fut la première guerre de Mithridate : voir l'ordre suivi dans Trogue Pompée, *prol.* 37; Justin XXXVII, 3; et aussi XXXVIII, 7 : *multo timidius bella Pontica ingressus cum ipse rudis ac tiro esset*. D'après Strabon également, Mithridate ne s'empara de la Colchide et de la Petite-Arménie que lorsqu'il était déjà κύριος τοῦ Βοσπ., c'est-à-dire maître de la Crimée (XI, 2, 18; XII, 3, 28).

(2) La description de Strabon VII, 4, 7 s'accorde absolument avec l'emplacement du fort Constantin et je ne comprends pas qu'on ait cherché le fort de Diophante au fort Paul, à l'est du port de Sébastopol (Becker), ou au fort Nicolas, à l'ouest (Müller). En 1854, l'entrée de la rade était également fermée par une chaîne et un pont entre les forts Michel et Nicolas.

fascines : l'ouvrage du jour était brûlé pendant la nuit par les hoplites grecs. De guerre lasse, les Scythes finirent par renoncer à leur entreprise et se retirèrent vers leurs châteaux forts, à l'intérieur de la péninsule (1).

Les Tauriens, livrés à leurs seules forces, n'étaient pas de taille à se mesurer avec Diophante : leur tactique traditionnelle, qui consistait à barricader les chemins derrière eux pour s'enlever tout espoir de retraite (2), les vouait d'ailleurs à la destruction en cas de défaite. Ils furent brisés, cette fois pour toujours : désormais il n'est plus question dans l'histoire de leurs déprédations soit sur mer, soit sur terre, et ils se laissent enrégimenter docilement parmi les troupes de Mithridate. Le fort construit par Diophante sur le cap Constantin fut érigé en une ville permanente, qui prit le nom d'Eupatorion, et contribua à la pacification de toute cette région montagneuse (3).

Du pays taurien, Diophante passa sur le territoire bosporan, qui en était séparé par le canal de Théodosie : une campagne courte, mais vigoureuse, fit rentrer dans le devoir les sujets scythes de Pairisadès et assura les droits successoraux de Mithridate. Puis le général grec revint à Chersonèse et profita des derniers beaux jours pour aller chercher les fils de Scilur jusque dans leurs repaires. Incorporant à son armée la fleur de la jeunesse chersonésitaine, il s'avança vers le cœur de la péninsule, prit Chabon, Néapolis, et obtint la soumission de presque tous les princes scythes : le fameux « faisceau de Scilur » était rompu, la suzeraineté de Mithridate établie sur toute la Crimée. Le peuple de Chersonèse célébra avec éclat la victoire de Diophante; l'heureux condottière crut son œuvre accomplie et ramena le corps expéditionnaire en Asie (110 av. J.-C.?).

On s'était un peu trop hâté à Sinope de chanter victoire. Pendant l'hiver, le fils aîné de Scilur, Palac, qui n'avait pas accepté le traité, répara ses forces, fit alliance avec les Roxolans, et provoqua la défection d'une partie de ses frères. Les comptoirs septen-

---

(1) Strabon VII, 4, 7, combiné avec l'inscription de Chersonèse. Elle est assez sommaire sur toute la première campagne de Diophante.

(2) Polyen VII, 16.

(3) Strabon, loc. cit. L'inscription mentionne simplement la fondation d'une ville « chez les Tauriens aux environs de Chersonèse », mais son identité avec l'Eupatorion de Strabon est au moins probable. Ptolémée III, 6, 2 et Ammien Marcellin XXII, 8, 35 écrivent *Eupatoria*, et c'est ce nom que Catherine II attribua à Koslov, situé bien plus au nord.

trionaux de Chersonèse furent emportés, la ville même menacée de nouveau; pour la seconde fois, les bourgeois implorèrent le secours de Mithridate. Une nouvelle armée, forte de 6,000 hoplites, fut embarquée sous les ordres de Diophante et descendit dans la péninsule (109 av. J.-C.?). Quoique la saison fût déjà très avancée, Diophante prit hardiment l'offensive et marcha vers les châteaux forts des Scythes; mais il fut surpris en route par les premières tempêtes de neige et obligé de se rabattre vers le littoral. Là il enleva Carcinitis, les Murailles; il assiégeait le troisième comptoir chersonésitain, Beau-Port, à l'entrée du golfe Mort, quand une nuée de barbares vint tout à coup l'assaillir. Aux archers à cheval de Palac s'étaient joints 50,000 Roxolans, sous leur roi Tasios, cavaliers et fantassins robustes, armés d'arcs, de lances, d'épées et même d'armes défensives : casques, corselets en cuir de bœuf, boucliers d'osier ou *gerrhes*. Mais cette fois encore la fougue indisciplinée des barbares se brisa contre la bravoure calme et savante des hoplites grecs : leur infanterie fut exterminée, une faible partie de leur cavalerie parvint à s'enfuir dans le steppe (1).

Diophante ne s'endormit pas sur ses lauriers. Dès les premiers jours du printemps, il reprit sa marche interrompue l'année précédente vers le centre de la péninsule. Tout plia devant lui. Chabon, Néapolis, probablement aussi Palacion capitulèrent; la plupart des fils de Scilur se soumirent de nouveau, cette fois définitivement; Palac et quelques autres préférèrent l'exil à la servitude et s'enfuirent à Rome pour mendier le secours du sénat (2). Diophante reparut ensuite au Bosphore où des troubles avaient sans doute éclaté; il rétablit l'ordre et proclama ouvertement la suzeraineté de Mithridate. Mais pendant qu'il jouissait de sa victoire à Panticapée, les partisans de l'héritier scythe, Saumac, s'insurgèrent brusquement et massacrèrent le roi Pairisadès. Saumac prit le titre de roi et s'empressa même de frapper monnaie à son nom (3); Diophante, qui avait failli tomber dans un guet-

---

(1) Strabon VII, 3, 17. Inscription de Diophante, l. 15 suiv. Sur Beau-Port (Καλὸς λιμήν) cf. Arrien, *Perip. Eux.* c. 30, et la note de Müller sur ce passage (*Geog. min.* Didot, I, 395).

(2) Memnon c. 30.

(3) C'est la monnaie d'argent avec ΒΑΣΙ ΣΑΥΜ. (Weil, *Zeit. f. Num.* VIII, 329) précédemment attribuée au fabuleux Saulacès de Colchide. Bronze du même roi : Sallet, *ib.* XVI, 3.

apens, s'enfuit avec peine sur un navire envoyé par les gens de Chersonèse. De retour dans cette ville, il convoque les citoyens, leur expose l'état des affaires, et les exhorte à tenter avec lui un suprême effort pour sauver l'hellénisme en Scythie; pendant qu'ils équipent leur milice et arment trois galères, il court chercher des renforts dans le Pont.

Au printemps suivant (107?) commença la campagne décisive. Une armée et une flotte puissantes furent rassemblées sous les murs de Chersonèse et s'acheminèrent de concert vers le Bosphore. Théodosie fut emportée la première, puis Panticapée; l'on prit et l'on châtia les auteurs de la rébellion, Saumac lui-même fut fait prisonnier et envoyé comme otage dans le Pont. Mithridate fut alors définitivement proclamé roi du Bosphore Cimmérien; à Chersonèse il se contenta du titre plus modeste de *prostate* ou protecteur (1). Cette fois la guerre était bien terminée, et quand le vainqueur rentra à Chersonèse, il fut l'objet d'une ovation enthousiaste. Par un décret du 19 Dionysios (janvier 106) (2), sous l'archonte-roi Agélas, le peuple et le sénat déclarèrent qu'il avait bien mérité de la patrie. Le jour de la procession annuelle de la Vierge, déesse tutélaire de Chersonèse, qui, dit-on, avait annoncé par des prodiges manifestes la grande victoire de Beau-Port, une couronne d'or fut solennellement décernée au glorieux général, pendant que les *Symmnamons* ou greffiers publics proclamaient à haute voix : « Le peuple de Chersonèse couronne Diophante, fils d'Asclépiodore, de Sinope, pour son mérite et son dévouement. » Au sommet de l'acropole, près des autels de la Vierge et de la déesse Chersonèse, on dressa, aux frais de la ville, la statue d'airain de Diophante, représenté en armes. Sur la base de la statue fut gravé le décret honorifique qui en justifiait l'érection, et qui, retrouvé de nos jours, a fait sortir de terre le souvenir presque effacé de ces belles campagnes (3).

L'effort avait été grand, mais le succès était en proportion. En quatre campagnes le jeune Mithridate s'était rendu maître d'un royaume presque aussi considérable que celui qu'il avait hérité de ses pères; il avait acquis des villes magnifiques, — Cher-

---

(1) Strabon VII, 4, 3.
(2) Cp. Bischoff, *De fastis graecorum antiquioribus* (Leipzig, 1881), p. 374.
(3) Le nom de Diophante resta populaire à Chersonèse et figure souvent sur les inscriptions de cette ville (C. I. G. 2123, 2131, etc.).

sonèse, Théodosie, Panticapée, Phanagorie, — des ports et des chantiers excellents, un peuple de matelots et de soldats. Le résultat matériel de la victoire était la perspective d'un commerce lucratif avec les barbares du Nord, le monopole des pêcheries méotiennes, un territoire agricole destiné à devenir le grenier du Pont, comme il avait été celui d'Athènes : la Crimée et le district avoisinant de la Sindique, réunis en un gouvernement général qui fut plus tard transformé en vice-royauté, payèrent à Mithridate un tribut annuel de 180,000 médimnes (90,000 hectolitres) de blé et de 200 talents (1 million 200,000 francs) en argent (1).

Les résultats moraux furent plus importants encore. Mithridate prit confiance en lui-même et inspira confiance au monde hellénique; tous les esprits éclairés lui surent gré de l'immense service rendu à la cause de la civilisation, et désormais, partout où il y avait des Hellènes opprimés, on regarda vers le jeune roi de Pont comme vers un sauveur possible. Quant aux nations barbares, les victoires de Mithridate sur les Scythes et les Roxolans, réputés jusque-là invincibles, durent avoir parmi elles un prodigieux retentissement : aussi n'opposèrent-elles dorénavant à ses armes qu'une faible résistance; les peuples ne trouvèrent rien d'humiliant à se mettre à sa solde, les rois à reconnaître sa suzeraineté, ou même à lui vendre leurs couronnes. C'est ainsi que le progrès d'aujourd'hui préparait le progrès de demain; chaque conquête fournissait les moyens d'une conquête ultérieure.

Du Pont et de la Crimée, Mithridate rayonna dans tous les sens, à l'ouest, à l'est, au nord, menant de front les expéditions militaires et les négociations diplomatiques, jusqu'à ce qu'il eût soumis à sa domination, ou tout au moins à son influence, la totalité du bassin de la mer Noire. Le détail et l'ordre exact de ces campagnes nous échappent; on sait pourtant qu'elles se divisent en deux séries : la conquête de la Méotide, de la Colchide, de la Petite-Arménie, se place entre la guerre de Crimée et le commencement des guerres d'Asie Mineure (2), c'est-à-dire entre

---

(1) Strabon VII, 1, 6.
(2) Trogue Pompée racontait la conquête de la Colchide au livre XXXVII (cf. le prologue et Justin XXXVII, 3, 3 où il faut peut-être lire, avec Gutschmid, *Colchida* au lieu de *Cappadociam*). La soumission des tribus méotiennes, naguère vassales des rois de Bosphore, dut suivre de près la conquête de la Crimée (Strabon XI, 2, 11); celle de la Petite-Arménie est contemporaine de l'acquisition de la Colchide (Strabon XII, 3, 28).

106 et 103 av. J.-C.; au contraire, les expéditions chez les Bastarnes et les Sarmates eurent lieu surtout entre la première et la deuxième série des guerres asiatiques, c'est-à-dire entre 96 et 90 av. J.-C. (1). Toutefois, comme il s'agit ici d'un groupe de faits étroitement connexes, du développement d'un plan unique, accommodé aux circonstances, nous ne tenterons pas un récit chronologique, d'ailleurs à peu près impossible dans l'état des documents; nous exposerons dès à présent les résultats généraux de ces quinze années de guerres et de négociations, en suivant le seul ordre qui puisse ici prétendre à la précision : l'ordre géographique.

On sait déjà que la domination de Scilur s'étendait au delà de l'isthme de Pérékop, jusqu'au liman du Borysthène et à Olbia. La conquête de la Crimée entraîna probablement la soumission plus ou moins complète de tout le reste du royaume scythique, désormais morcelé entre plusieurs dynastes. Les Scythes sont mentionnés à diverses reprises parmi les soldats de Mithridate (2); et nous le verrons à la fin de son règne tâcher d'assurer par des unions de famille le dévouement de plusieurs princes de cette race, ses vassaux ou ses alliés (3). Peut-être faut-il compter dans le nombre de ces vassaux une partie des fils et des petits-fils de Scilur, dont quelques-uns paraissent avoir été restaurés vers 103, sur la demande du sénat romain (4). L'un d'eux sans doute était ce Sobadocos qui fut surpris un jour en flagrant délit de trahison (5); un autre « protégeait » Olbia, où les monnaies des rois scythes se succèdent pendant plusieurs générations (6).

Au delà d'Olbia, jusqu'au delta du Danube, la seule grande ville grecque était Tyras, port fluvial du Dniestr. Elle était bâtie au milieu du pays des Gètes, peuple de langue thrace émigré d'au

---

(1) Plutarque, *De fortuna Romanorum*, c. 11 fin. (Moral. L 398 Didot.) : Μιθριδάτης δὲ, τοῦ Μαρσικοῦ πολέμου τὴν Ῥώμην ἐμπλέκοντος, οἱ Σαρματικοὶ καὶ Βασταρνικοὶ πόλεμοι κατεῖχον.
(2) Justin XXXVIII, 8, 7 : a *Scythia... exercitum venire jubet*. XXXVIII, 7, 3 : *Scythiam... unde ipse magnam... partem virium haberet*. Appien, *Mith*. 13, 15, 69.
(3) Appien, *Mith*. 108 : ἐς τοὺς Σκύθας... τοῖς δυνάσταις. § 117 : Σκυθῶν βασίλειοι γυναῖκες.
(4) Memnon c. 30.
(5) Appien, *Mith*. 79 (le nom s'est retrouvé sur les inscriptions bosporanes : *Comptes rendus*, 1871, p. 248, ligne 17 : Σαβόδακος Ψυχαρίωνος). Cp. *Revue des études grecques*, II, 95.
(6) Monnaies de Pharzoios et d'Inigmeus, chez BLAU, *Num. Zeitschrift* de Vienne, VIII, 238; BOURATCHKOV, *op. cit.* pl. IX ; SALLET, Catalogue de Berlin, p. 30, n° 116. Vers 60 av. J.-C. Olbia fut prise par les Gètes (Dion Chrysostome, XXXVI, 2, p. 75 R.).

delà du Danube. Aucun renseignement précis ne nous est parvenu sur les rapports de Mithridate soit avec Tyras, soit avec les Gètes, mais l'analogie permet de supposer que la ville grecque dut accepter son protectorat et le peuple barbare son alliance : la « tour de Néoptolème », qui s'élevait à l'embouchure du Tyras (Dniestr) près du gros bourg d'Hermonax (1), devait sans doute son nom à un célèbre amiral de Mithridate, que nous retrouverons plus d'une fois; un autre général du roi, Dromichétès (2), porte le même nom que le roi gète qui fit prisonnier Lysimaque.

Scythes et Gètes, peuples en décadence, n'occupaient plus guère qu'une étroite bande de territoire au-dessus du littoral; le bassin moyen des grands fleuves russes, les riches plaines de la « terre noire », étaient maintenant le partage de deux grandes nations, les Sarmates et les Bastarnes : les premiers, proches parents des Scythes et probablemment, comme eux, de souche aryenne; les seconds, d'après Strabon, de race germanique plus ou moins mélangée (3). Les Sarmates, encore nomades pour la plupart, habitaient entre le Tanaïs (Don) et le Tyras (Dniestr); ils se divisaient, d'orient en occident, en trois branches principales : les Roxolans ou Reuxinales, de race douteuse, les Sarmates royaux (Basiliens) et les Iazyges. Les Bastarnes peuplaient la Bessarabie, la Moldavie et une partie de la Galicie actuelles; depuis le début du IIe siècle avant J.-C. ils avaient fait aussi de fréquentes incursions en Thrace. Comme les Sarmates, les Bastarnes comprenaient trois tribus : Atmons, Sidons, Peucins, ces derniers vers les bouches du Danube (4).

Les généraux de Mithridate avaient déjà eu à combattre en Crimée les Roxolans, venus au secours de Palac; plus tard, à la veille de la rupture avec Rome, Mithridate dirigea une série de

---

(1) Κώμη Ἑρμωνάκτος, Strabon VII, 3, 16. Cp. aussi I, 2, 1 (Mithridate et ses généraux ont fait connaître toute la côte depuis le Tyras jusqu'aux Palus-Méotides). On a cru retrouver les ruines de la tour de Néoptolème aux bords du lac Kimbet.

(2) Appien, *Mith.* 32; 41.

(3) Strabon VII, 3, 17. Cp. aussi Pline IV, 28; Tacite, *Germanie*, c. 46. Le germanisme des Bastarnes est aujourd'hui contesté; quelques savants font d'eux des Celtes.

(4) Strabon VII, 3, 17. Le langage de Strabon ferait croire qu'il compte les Roxolans parmi les Bastarnes, mais il n'y a là qu'une négligence de rédaction et ailleurs (VII, 2, 4) il distingue nettement les Bastarnes des Roxolans. En revanche il ne range nulle part expressément les Roxolans parmi les Sarmates, et même une fois (II 5, 7) il les qualifie de Scythes. La forme Ῥευξινάλοι est employée par l'inscription de Chersonèse.

campagnes contre les Sarmates et les Bastarnes (1). Le but de ces expéditions n'était pas la conquête, mais la conclusion de traités qui obligeraient les barbares à fournir, moyennant finances, des contingents aux armées pontiques. Ce but fut atteint, et des pays à peu près inexplorés jusqu'alors devinrent pour Mithridate une pépinière de vigoureux soldats. Les Sarmates, en particulier les Royaux et les Iazyges (les Roxolans paraissent avoir persisté dans leur isolement farouche), lui fournirent une excellente cavalerie légère, les précurseurs des Cosaques d'aujourd'hui (2). Quant aux Bastarnes, dont l'inimitié avec Rome datait de loin, — du temps de Philippe et de Persée, — ils étaient incontestablement les meilleurs soldats barbares de l'armée de Mithridate. Également formidable par le courage, la vigueur et la taille, parfois gigantesque, l'infanterie bastarne, bien dressée, se montra capable de soutenir en champ ouvert le choc redouté des légions romaines (3).

Dans la vallée du Danube subsistaient encore plusieurs tribus gauloises, restes de la grande invasion du IIIe siècle (4). Les agents de Mithridate surent nouer avec elles des relations cordiales (5) : plusieurs fois les Celtes sont nommés parmi ses troupes (6); l'officier qui lui donna la mort, Bituit (7), est un Celte et porte un nom qui se retrouve chez les Arvernes.

Au delà du Danube, chez les Thraces du Rhodope et de l'Hémus, Mithridate, comme naguère son père, trouva pareillement des alliés et des mercenaires (8); mais ici l'on avait déjà à lutter contre la concurrence des sergents recruteurs romains, et les Thraces, cavaliers excellents, mais d'une fidélité douteuse, passaient volontiers d'un camp à l'autre, suivant le tarif de la solde et les chances

(1) Plutarque, *De fort. Rom.* c. 11.
(2) Auxiliaires sarmates *in genere* : Justin XXXVIII, 3, 6; Appien, *Mith.* 15. Cavaliers sarmates : ib. 19. Royaux et Iazyges : ib. 69.
(3) Auxiliaires bastarnes : Justin, *loc. cit.*; Appien, 15, 69 (τὸ ἀλκιμώτατον... γένος), 71; Memnon c. 30. Colosse bastarne : Posidonius, fr. 41. Taille et audace des Bastarnes : Polybe, fr. XXVI, 9, 2 Did.
(4) Strabon VII, 3, 2 et 11. Cp. l'inscription de l'an 117 av. J.-C. publiée par Duchesne (*Rev. archéol.* 1875, p. 6 et 176) qui mentionne des incursions de Celtes en Macédoine.
(5) Appien, 109 : Κελτοὺς ἐκ πολλοῦ φίλους... οἱ γεγονότας.
(6) Je soupçonne Trogue Pompée (Justin XXXVIII, 3, 6 et 4, 9) d'avoir mal compris sa source quand, au début de la 1re guerre contre Rome, il compte les Galates parmi les auxiliaires de Mithridate; ils étaient au contraire retournés à l'alliance romaine (Appien, *Mith.* 117) et les Gaulois de l'armée pontique doivent être les Gaulois du Danube.
(7) Appien, *Mith.* 111; Tite-Live ep. 102. Les manuscrits de Tite-Live ont ici *Bitoco.*
(8) Appien, 13, 15, 69

du butin (1). Toutefois, surtout au début du règne de Mithridate, leurs sympathies étaient avec lui, et les incursions répétées des tribus thraces dans la province romaine de Macédoine furent attribuées, non sans fondement, aux intrigues et à l'or du Pont (2). Outre les Thraces proprement dits, Mithridate embaucha dans le Balkan les Coralliens, tribu sarmate ou illyrienne égarée (3); il établit aussi son protectorat sur les villes maritimes grecques, au moins jusqu'à l'Hémus. La preuve indirecte de ces relations nous est fournie par la numismatique : sur les monnaies d'Odessos (Varna), la principale cité grecque de cette côte, le portrait divinisé d'Héraclès ou d'Alexandre affecte pendant quelque temps les traits et la chevelure caractéristiques de Mithridate (4). La résistance désespérée que les villes du littoral thrace, Istros, Tomi, Callatis, Apollonia, opposèrent à la conquête romaine au moment même où s'engageait la lutte décisive avec Mithridate (73 av. J.-C.), prouve également que là encore le *mithridatisme* avait dû pousser de profondes racines (5).

Dans le bassin occidental de l'Euxin, Mithridate cherchait des alliés et des soldats; il ne faisait pas, à proprement parler, de conquêtes. Il en fut autrement dans le bassin oriental : ici plusieurs contrées furent incorporées directement au royaume de Pont, d'autres réduites à un étroit vasselage. Les premières acquisitions eurent lieu sur la rive orientale des Palus-Méotides. Les nombreuses et belliqueuses tribus qui peuplaient cette côte, réunies sous l'appellation commune de Méotiens, avaient reconnu à diverses reprises la suzeraineté soit des tyrans du Bosphore, soit des archontes de Tanaïs, qui, eux-mêmes, obéirent souvent aux Spartocides. Mithridate, désormais roi du Bosphore, pouvait se présenter ici en héritier légitime; il fallut cependant de nouvelles luttes pour faire prévaloir son autorité. A ces campagnes se rapportent sans doute deux prouesses de l'amiral Néoptolème : pendant l'hiver, il battit les barbares dans un combat de cavalerie livré sur les glaces du Bosphore; l'été suivant, au même

---

(1) Dion XXXVI, 11.
(2) Dion, fr. 101, 2 Dindorf.
(3) Appien, 69, paraît les considérer comme des Sarmates. Strabon VII, 5, 12 ne se prononce pas. Sarmates au delà du Danube : Strabon VII, 3, 13.
(4) FRIEDLAENDER, *Zeit. für Num.* IV, 15; TH. REINACH, *Trois royaumes*, p. 196.
(5) Eutrope VI, 10; Strabon VII, 6, 1.

endroit, il détruisit leur flotte dans un combat naval (1). Le résultat fut la conquête définitive de Phanagorie et du district des Sindes, qui occupait le delta du Kouban. Peu à peu les tribus septentrionales se soumirent à leur tour (2). Les Méotiens *in genere* figurent dans le dénombrement des armées de Mithridate; on cite expressément les Agariens, à la fois soldats et médecins (3), les Dandariens, dont le roi Olthac devait jouer plus tard un rôle très équivoque (4). Plus on remonta vers le nord, moins il fut question d'annexion : les dynastes des diverses tribus rendirent simplement hommage et amenèrent eux-mêmes, en temps de guerre, leurs cavaliers braves, mais turbulents. Quant aux puissantes peuplades des Aorses et des Siraques, qui avaient remplacé les Sarmates dans les steppes du nord-est, entre le Don, le Volga, la Caspienne et le Caucase, elles ne sont pas mentionnées au temps de Mithridate; il était réservé à son fils Pharnace d'entrer en lutte avec elles (5).

Gorgippia, sur la mer Noire, était la dernière ville grecque de la Sindique. Au delà se déroule pendant 400 kilomètres une côte âpre, impraticable, surplombée par l'énorme muraille crénelée et neigeuse du Caucase occidental, le mont Corax des anciens. Dans maint endroit une poignée d'hommes peut barrer le passage à une armée, et les rochers ne cessent que pour faire place à des marécages fiévreux croupissant sous des nappes de fougères. Des tribus farouches, adonnées à la piraterie, vivaient blotties le long de cette côte et dans les forêts de la montagne. Elles ne se laissèrent pas entraîner par Mithridate; c'est sans doute à tort que deux d'entre elles, les Achéens et les Hénioques, sont mentionnées une fois parmi ses auxiliaires (6) : nous savons au contraire qu'en 80 av. J.-C. les Achéens détruisirent une

---

(1) Strabon II, 1, 16; VII, 3, 18. Si cet épisode se plaçait pendant la guerre de Crimée, il serait mentionné dans l'inscription de Diophante.

(2) Strabon VII, 4, 6.

(3) Appien, *Mith.* 88. Un roi scythe du nom d'Agaros est mentionné par Diodore XX, 24 (Ol. 117, 3).

(4) Plutarque, *Luc.* 16, l'appelle Ὀλθακὸς Δανδαρίων δυνάστης; Appien, *Mith.* 79, Σκίλης . . . ὁ Ὀλκάβας; mais plus loin, § 117 : ὁ Κόλχων στρατηγός, Ὀλθάκης; qui paraît bien être le même personnage. Chez Frontin II, 5, 30 on trouve la forme visiblement corrompue *Adathas*.

(5) Strabon XI, 6, 8.

(6) Appien, *Mith.* 69.

armée pontique, et en 66, Mithridate, fugitif, dut négocier et batailler à chaque pas pour obtenir le passage à travers ces contrées inhospitalières. Pendant toute la durée de son règne, ce fut par mer que se firent les communications entre le Pont, la Colchide et le royaume bosporan : encore aujourd'hui les populations de ces parages ne connaissent guère d'autre grand chemin que l'Euxin.

A partir du cap Dioscurias (*Iskuriyé*), la montagne et le rivage font divorce, et la Colchide s'ouvre, amphithéâtre en pente douce, qui domine et prolonge la cuvette de la mer Noire. La nappe liquide se continue presque insensiblement par une bande alluviale et marécageuse; au delà se déroule la vallée du Phase, tout humide et diaprée. A l'entour se dressent les gradins étagés des chaînes montagneuses avec leur pelisse de forêts : le Caucase au nord, les monts Moschiques au sud; vers l'est, les deux lignes de faîte se rejoignent en s'abaissant, et le défilé sinueux de Sarapané, aux parois rocheuses rongées par les torrents ou taillées par les hommes, fait communiquer le bassin du Phase avec celui du Cyrus, la Colchide avec l'Ibérie.

Cette belle contrée, la Mingrélie et l'Iméréthie actuelles, avait été autrefois le siège d'un puissant empire, qu'on entrevoit vaguement à travers les légendes grecques et les brèves mentions des inscriptions assyriennes. Les noms, réels ou fictifs, des Éétès, des Saulacès, rappellent une époque lointaine où les Colques, ces Égyptiens du Nord, dominaient sur tout le pourtour oriental de l'Euxin. Leur puissance fut brisée par les grands remous ethniques du VIIe siècle, particulièrement par l'émigration forcée des Mosques, qui s'enfoncèrent comme un coin entre l'Arménie, l'Ibérie et la Colchide; les Colques devinrent ensuite tributaires des Perses et furent refoulés de plus en plus vers la côte par la pression de tribus guerrières descendues du Caucase, Suanes et autres. A l'époque de Mithridate, l'ancien royaume colque n'existait plus; il s'était émietté en un grand nombre de petites principautés, gouvernées par des dynastes que les Grecs appelaient *sceptouques*, « porte-sceptre ». L'état troublé du pays entravait le développement commercial auquel semblait le prédestiner sa situation géographique; les caravanes de l'Inde désertaient la voie de l'isthme caucasique pour passer au nord de la Caspienne, par les steppes du Volga et du Don. Les villes grecques de la côte, Dioscurias, Phasis, vieilles colonies milésiennes, végétaient obscurément : depuis Séleucus Nicator et Antiochus le Grand, personne, ce semble, ne s'était occupé de ces pays perdus.

La conquête de la Colchide fut un jeu d'enfants pour Mithridate, malgré le naturel belliqueux des habitants (1). Les petits dynastes, affaiblis par leur isolement, n'opposèrent qu'une courte résistance; plusieurs même, gagnés par les largesses du roi, abdiquèrent de plein gré en sa faveur (2). La Colchide fut organisée en satrapie, bientôt même en vice-royauté; elle devint le grand chantier des constructions navales de Mithridate : la plaine fournissait le lin et le chanvre pour les cordages; la forêt, le bois et le goudron pour les coques et les mâts.

Maître de la vallée du Phase, Mithridate fit explorer par ses généraux les contreforts du Caucase (3); ils poussèrent même des pointes au delà de la ceinture montagneuse de la Colchide, et leurs reconnaissances n'eurent pas seulement pour résultat d'enrichir et de préciser les notions géographiques des Grecs sur ces régions mal connues. Des traités de commerce et d'amitié furent conclus avec les royaumes limitrophes : l'Ibérie, la Médie Atropatène, vassale des Parthes, la Grande-Arménie (4). On occupa l'âpre côte du Paryadrès oriental, qui répète au sud de la Colchide, avec un peu moins de sauvagerie, la côte du Caucase (5); toutefois l'occupation se borna sans doute aux points du littoral anciennement colonisés par les Grecs : la montagne elle-même avec ses tribus farouches, Byzères, Tzanes, Heptacomètes, conserva son indépendance séculaire et sa vieille barbarie.

La Petite-Arménie, prise comme dans un étau entre la Colchide et le Pont, succomba sans lutte à son heure. On donnait alors ce nom au quadrilatère profondément raviné qui se dresse entre

---

(1) Appien, *Mith.* 15 : ἔθνος ἀγριωφανές.
(2) Strabon XI, 2, 18. Cp. Justin XXXVIII, 7; Memnon c. 30. L'hypothèse de GUTSCHMID (*Jahrbücher für Classische Philologie*, 2ᵉ Supp. 1856, p. 189), que les Colques soumis par Mithridate seraient seulement la tribu de ce nom voisine de Trébizonde, ne soutient pas l'examen et paraît avoir été abandonnée par son propre auteur.
(3) Memnon c. 30 : κατεστρέψατο δὲ πολέμῳ καὶ τοὺς περὶ τὸν Φᾶσιν βασιλεῖς ἕως τῶν ὑπερκειμένων τῶν ὑπὲρ τὸν Καύκασον. Cp. Strabon XI, 2, 11 et I, 2, 1 : τὰ... μέχρι Μαιωτῶν καὶ τῆς εἰς Κόλχους τελευτώσης παραλίας Μιθριδάτης ὁ κληθεὶς Εὐπάτωρ ἐποίησε γνώριμα καὶ οἱ ἐκείνου στρατηγοί.
(4) Memnon, *loc. cit.* : συμμάχους... Μήδους... καὶ τὸν Ἴβηρα προσηταιρίζετο. Il s'agit évidemment de la Médie Atropatène, qui dès le temps d'Antiochus le Grand touchait aux pays riverains de l'Euxin (Polybe V, 55).
(5) Strabon XII, 3, 1 : προσεκτήσατο... μέχρι Κολχίδος καὶ τῆς μικρᾶς Ἀρμενίας.

les vallées du Lycos, du haut Euphrate et du haut Halys, dessinant comme le bastion nord-est de la péninsule anatolienne. Couvert par les ramifications du Scydisès, ce territoire comprend des plateaux herbeux où paissent des races de chevaux vigoureuses, d'épaisses forêts, et, dans les fossés de la citadelle, quelques plaines fertiles. La Petite-Arménie fut la première conquête de la race arménienne; elle fut aussi la première province de langue arménienne qui, après la chute de la monarchie perse, ressaisit son indépendance nationale. Sous les noms de rois, dynastes ou satrapes, elle eut, en fait, pendant tout le III° siècle, des souverains autonomes, rendant de loin en loin hommage aux Séleucides (1). Au siècle suivant, lorsque les autres pays arméniens s'organisèrent à leur tour en États indépendants, les dynastes micro-arméniens entrèrent parfois dans leur alliance (2); mais leurs regards étaient plus souvent tournés vers le nord et l'ouest que vers l'orient. Nous avons vu l'un de ces dynastes s'allier avec Pharnace pour dépouiller la Cappadoce; ses successeurs cherchèrent un débouché vers la mer Noire et assujettirent les tribus affaiblies du Paryadrès occidental, Chalybes et Tibarènes. Néanmoins lorsque Mithridate, précédé d'une renommée de richesses et de puissance qui le mettait déjà hors de pair, fit mine d'attaquer la Petite-Arménie, le dynaste régnant, Antipater, fils de Sisis, n'osa pas affronter une lutte inégale. Les autres Arméniens étaient ou trop éloignés, ou occupés à se défendre contre les envahissements du Parthe : Antipater abdiqua en faveur de son voisin, et la Petite-Arménie, avec ses dépendances, forma désormais une partie intégrante du royaume pontique, dont la frontière se trouva du coup portée jusqu'à l'Euphrate (3).

Cette acquisition, plus importante peut-être que celle de la Colchide ou du Bosphore, complétait à merveille l'unité géographique du royaume de Pont. Les Arméniens devinrent très vite

(1) La Petite-Arménie sous les Perses fait partie de la 13° satrapie (Hérodote III, 93, et VII, 73, 79; Xénophon, *Anab.* III, 5, 17; IV, 3, 4). Le « roi d'Arménie » Ardoatès qui restaure Ariarathe en 301 (Diodore, fr. XXXI, 19, 5), le « roi d'Arménie » chez qui se réfugie Ziaélas en 260 (Memnon, c. 12) doivent probablement être considérés comme des dynastes micro-arméniens; de même le Mithridate, neveu d'Antiochus, Polybe, fr. VIII, 25. Le premier prince qualifié expressément de satrape de Petite-Arménie est l'allié de Pharnace, Mithridate (Polybe, fr. XXVI, 6) probablement identique au précédent.

(2) Strabon XII, 3, 28, qui est aussi la source principale pour tout ce qui suit.

(3) Strabon, *loc. cit.* Eutrope appelle Mithridate *Ponti et Armeniae rex.*

des sujets dévoués, loyaux, qui fournirent à Mithridate une cavalerie excellente, des archers renommés (1); les mines et les carrières du Paryadrès furent mises en exploitation; enfin la Petite-Arménie, prédestinée par la nature au rôle d'acropole, fut hérissée de soixante-quinze châteaux forts ou *gazophylacies* où Mithridate mit en sûreté ses réserves métalliques, ses trésors d'art et ses meubles les plus précieux. Perchées sur des rochers isolés, abondamment pourvues d'eau et de bois, ces forteresses offriront plus d'une fois aux armées du roi, vaincues ou affamées, un refuge et un ravitaillement.

Ainsi se fermait le cycle des conquêtes, les unes sanglantes, les autres pacifiques, par lesquelles Mithridate avait triplé l'étendue de ses États et les ressources de son trésor, assuré le recrutement de ses flottes et de ses armées, procuré à son royaume un grenier à blé : la Chersonèse Taurique, un arsenal : la Colchide, une citadelle : la Petite-Arménie. Le caractère même du royaume pontique sortait profondément modifié de cette série de brillantes campagnes. L'axe politique de la monarchie s'était déplacé : ce n'était plus l'étroite vallée de l'Iris; mais le Pont-Euxin, dont Mithridate tenait, par lui-même ou par ses alliés, le périmètre tout entier, sauf la côte du Caucase et celle de Bithynie. La nouvelle capitale, Sinope, naguère comme en l'air, presque à l'extrémité du royaume, en était maintenant le centre, à égale distance des embouchures, désormais pontiques, du Phase, du Tanaïs et du Danube. Champ de manœuvres, bassin de commerce, place d'armes et port de refuge, la mer Noire est devenue un lac mithridatique; le roi de la Cappadoce pontique fait place au roi de Pont, au « roi de la mer ». Ce résultat aurait pu suffire à la vie d'un homme; l'ambition inquiète de Mithridate n'y vit qu'une étape : pendant que ses généraux travaillaient encore à lui soumettre l'Euxin, il préparait déjà la conquête de l'Asie Mineure.

(1) Cavaliers micro-arméniens : Appien, *Mith.* 17. Archers : *Totius orbis descriptio*, c. 43 (*Geog. min.* II, 522). Les Chalybes sont mentionnés parmi les soldats de Mithridate : Appien, 69.

CHAPITRE III.

GUERRES D'ASIE MINEURE (1).

On raconte que Mithridate, avant de se lancer dans la série de guerres et d'intrigues qui devait aboutir à la conquête éphémère de l'Asie Mineure, entreprit un voyage de reconnaissance à travers la péninsule. Accompagné de quelques amis dévoués, il la parcourut tout entière dans le plus strict incognito, « étudiant les villes et les contrées, notant l'emplacement de ses victoires futures (2). » Suivons le jeune roi dans ce voyage diplomatique et militaire; ce sera une occasion de résumer brièvement le tableau politique de l'Asie Mineure à la veille des événements qui vont le bouleverser de fond en comble.

La carte politique de l'Asie Mineure, à la fin du II° siècle, présentait un aspect singulièrement bigarré. Les deux puissances qui, au siècle précédent, s'y étaient disputé la prépondérance, les Séleucides et les Lagides, en avaient été expulsées l'une et l'autre : les Séleucides ne possédaient plus que la Cilicie plane, les Ptolémées l'île de Chypre, et aucune de ces deux provinces n'était comptée, à proprement parler, dans l'« Asie en deçà du Halys et du Taurus », telle qu'on avait défini l'Asie Mineure dans le traité de 189, entre Antiochus et les Romains. Depuis l'année 133, où Rome avait hérité des États pergaméniens, l'Asie Mineure se divisait en deux parties à peu près égales entre la république et ses clients.

Le territoire directement administré par Rome composait deux provinces : l'une, l'Asie proprement dite, formée dès le lendemai

---

(1) Justin XXXVII, 3-4; XXXVIII, 1-2, est ici la source principale, presque unique. Quelques renseignements épars chez Diodore (fragments du livre 36) et Plutarque (*Marius* et *Sylla*).

(2) Justin XXXVII, 3. Justin ne lui fait parcourir expressément que l'Asie romaine (*Asia*) et la Bithynie. Je ne puis m'empêcher de croire que les dédicaces de Délos (*Append.* II, n° 9) ont quelque rapport avec ce voyage de Mithridate et nous donnent, par conséquent, les noms de ses compagnons : Dorylaos, Gaïos, Papias et X... fils d'Antipater.

du testament d'Attale III (1) avec la Phrygie hellespontienne, la Troade, la Mysie, la Lydie, la Carie, leur ceinture d'îles et les villes grecques de la côte (Éolide, Ionie, Doride) (2). L'autre province, qu'on désignait indifféremment sous les noms de Pamphylie ou de Cilicie (3), avait pour noyau les anciennes possessions des Attale sur la côte pamphylienne. Il est probable que Rome, lorsqu'elle déchira les promesses d'Aquilius et dépouilla le Pont de la Grande-Phrygie, en 116 avant J.-C., annula par la même occasion le présent de la Lycaonie et de la Cilicie trachée, fait à la Cappadoce. Toutefois un « gouverneur » de Cilicie est mentionné pour la première fois en 103 av. J.-C. (4), et sans doute pendant quelque temps encore la « province » pamphylo-cilicienne fut plutôt, suivant le sens étymologique du mot, un commandement militaire intermittent qu'une circonscription administrative permanente. Le représentant de Rome dans ces parages avait essentiellement un rôle de gendarme : il devait tenir en respect les tribus pillardes du Taurus, Pisidiens, Isauriens, Cibyrates et autres, protéger la Cappadoce, par-dessus tout réprimer la piraterie, endémique le long de cette côte rocheuse, mais qui avait pris un développement de plus en plus alarmant, depuis la disparition des flottes syriennes et égyptiennes. Il faut dire d'ailleurs que les Romains s'acquittaient très imparfaitement de cette mission de police. Elle aurait exigé, pour commencer, la création d'une marine sérieuse et l'occupation militaire des deux ver-

---

(1) L'ère de la province d'Asie part, d'après Borghesi, du 24 septembre 134 av. J.-C.

(2) Cicéron, *Pro Flacco*, XXVII, 65 : *namque, ut opinor, Asia restra constat ex Phrygia, Mysia, Caria, Lydia.* (Il a parlé plus haut des villes grecques.) L'attribution à la province de Cilicie des 3 diocèses méridionaux de la Phrygie (Laodicée, Apamée, Synnada) est postérieure aux guerres mithridatiques ; elle eut lieu peu avant le gouvernement de Cicéron : *Ad famil.* XIII, 67 : *ex provincia mea Ciliciensi cui κἀς τρεῖς διοικήσεις Asiaticas attributae fuisse.* Sur ces 3 diocèses cf. encore Cicéron, *Ad Att.* V, 21, 9 ; Pline V, c. 28-29, 105-106 ; on voit que sous l'empire ils avaient fait retour à l'Asie.

(3) Posidonius, fr. 41 (en 88) : Ῥωμαίων στρατηγὸς μὲν Παμφυλίας Κόϊντος Ὄππιος. Appien, *Mith.* 57 : ἐγὼ (Sylla) Κιλικίας ἄρχων. Au temps de Dolabella et de Verrès : *Cn. Dolabellae provincia Cilicia constituta est.* (*Verr. Acc.* I, 16, 44.) Le nom de Cilicie, très impropre au début, ne prévalut définitivement, sans doute, qu'après l'annexion de la Cilicie plane (64 av. J.-C.). Sur cette province, cf. JUNGE, *De Ciliciae Romanorum provinciae origine ac primordiis*, thèse, Halle, 1869.

(4) Tite-Live, ep. 68 : *M. Antonius praetor in Ciliciam maritimos praedones persecutus est.* Cicéron, *De oratore*, I, 18, 82 : *egomet* (Antonius) *pro consule in Ciliciam proficiscens.* Cp. Obsequens, c. 41 ; Trogue Pompée, prol. 89. Il avait pour préfet M. Gratidius : Cic. *Brutus*, 45, 168.

sants du Taurus : des considérations financières, l'apathie de l'aristocratie régnante, l'égoïsme cynique des capitalistes de Rome, qui ménageaient dans les pirates ciliciens leurs meilleurs pourvoyeurs d'esclaves, retardèrent de cinquante ans ces deux mesures indispensables. En attendant, la prétendue province de Cilicie resta un nid de brigands et de corsaires, dont Rome ne possédait guère que le liséré maritime.

Dans la province d'Asie, au contraire, la domination romaine avait été installée aussi solidement que peut l'être un gouvernement qui ne s'appuie ni sur l'intérêt ni sur les sentiments de ses administrés. A l'exception du petit nombre de cités « amies et alliées » ou « fédérées », récompensées de leur attitude loyale en 190 et 130 par la liberté complète ou l'immunité fiscale, — privilèges d'ailleurs assez mal respectés dans la pratique, — l'ensemble du territoire asiatique fut assujetti au régime provincial dans toute sa rigueur. Ce régime comportait notamment la juridiction supérieure du proconsul romain et de ses lieutenants (au criminel et au civil), l'obligation de loger les gens de guerre et de déférer aux réquisitions de l'autorité militaire, enfin et surtout l'impôt, sous les formes les plus variées.

Au moment de l'annexion, Rome, pour se concilier les populations, avait promis l'abolition des anciens tributs, très modérés d'ailleurs, exigés par les rois de Pergame; mais l'insurrection d'Aristonic, à laquelle participèrent bon nombre de communes grecques, fournit le prétexte désiré de retirer cette promesse imprudente. Dès l'année 123, la loi Sempronia, due au cerveau fertile de Caïus Gracchus, organisait définitivement le système fiscal qui devait faire de la province d'Asie la clef de voûte des finances romaines, ou, pour appeler les choses par leur nom, la vache à lait de la république (1). L'impôt comprenait la dîme générale des produits du sol, le droit de pacage (*scriptura*) et les douanes (*portorium*) (2). Déjà onéreux par son tarif, il fut rendu plus écrasant encore par le mode de perception qu'institua Gracchus, dans

---

(1) Cicéron, *Pro lege Manilia*, VI, 14; Salluste, fr. V, 56 Kritz.
(2) Sur l'impôt asiatique voir surtout Cicéron, *Pro lege Manilia*, VI, 14-15; Appien, *B. Civ.* V, 4. Pacage : Lucilius, fr. 26. Le droit de douane paraît avoir été de 2 1/2 0/0 *ad valorem*, comme l'atteste le nom de *quadragesima* qu'il porta plus tard (Suétone, *Vespas.* 1). La *capitation* ne paraît avoir été perçue qu'exceptionnellement (César, *B. Civ.* III, 32) et quant au tribut (*stipendium*), c'est à tort que quelques auteurs l'ont indiqué pour l'Asie.

un intérêt de parti. La perception de l'impôt et le fermage du riche domaine agricole et industriel que la république avait hérité des Attale étaient adjugés, tous les quatre ans, par les censeurs, pour un prix fixe dont il ne pouvait être rien rabattu que dans certains cas préalablement déterminés (1). En fait, les enchères n'étaient accessibles qu'aux puissants syndicats financiers, représentants de la classe mercantile, sur laquelle s'appuyait la réforme démocratique des Gracques. Ces fermiers ou *publicains* avaient leurs principaux bureaux à Éphèse, d'où ils étendaient sur toute la province leur réseau d'araignée; en peu de temps ils devinrent les véritables maîtres du pays, faisant la loi aux représentants officiels de Rome et traitant les populations comme un simple troupeau. Ils avaient sous leurs ordres toute une armée d'agents de perception et d'esclaves, qui travaillaient dans leurs champs, leurs mines, leurs salines, leurs carrières; quand les bras manquaient, on faisait une chasse à l'homme sur le territoire d'un royaume voisin.

Le revenu que le trésor romain retirait de la province était considérable, — assez considérable pour subvenir à toutes les charges de l'administration courante de l'empire; — mais il était peu de chose en comparaison du chiffre réel payé par les Asiatiques : les frais de perception, les bénéfices des intermédiaires à tous les degrés de l'échelle et surtout les exactions abusives de toute espèce doublaient au moins la charge des provinciaux. Pour le contribuable ainsi exploité, il n'y avait aucun recours possible. A Rome, depuis la réforme des Gracques, les tribunaux se recrutaient parmi les chevaliers, c'est-à-dire parmi les frères et amis des traitants; d'ailleurs un Grec, surtout un Grec d'Asie, à plus forte raison un véritable Asiatique, est-ce que cela comptait? Les plus spirituels avocats n'avaient que des lazzis ou des injures pour cette canaille, cette sotte espèce : témoin, l'Asiatique était suspect; plaignant, il n'intéressait personne; accusé, on le condamnait d'avance. Quant au gouverneur de la province, c'était d'ordinaire un grand seigneur dissipateur et endetté, n'ayant d'autre souci que de se remettre à flot pendant la courte durée de ses fonctions. Aussi fermait-il les yeux sur la dureté inexorable, sur les iniquités révoltantes des publicains; ceux-ci, en retour, favori-

---

(1) Cicéron, *Verr.* III, 6, 12; *Ad Att.* I, 17, 9.

saient ses exactions et lui donnaient une part dans leurs profits. Il n'est question que de jugements vendus à deniers comptants, de successions captées, de spoliations déguisées sous forme d'amendes arbitraires ou de cadeaux forcés. Peu importe à cet égard que le pacha soit un Romain de la vieille roche ou un raffiné de la nouvelle école, initié à la civilisation de la Grèce; barbare, son entrée dans une ville amie ressemblait à une prise d'assaut; dilettante et phillhellène, il faisait main basse sur tous les objets d'art qu'il rencontrait : le provincial ne gagnait rien au change. L'entourage du gouverneur, questeur, légats, préfets, assesseurs judiciaires, copiait ses procédés en les outrant. Il arriva quelquefois, pourtant, que le proconsul ou propréteur fût un honnête homme : tel, par exemple, le grand pontife Q. Mucius Scévola, dont l'administration laissa un impérissable souvenir. Mais si les populations rendaient des honneurs presque divins à ces rares bienfaiteurs, les financiers, lésés dans leurs intérêts, savaient assouvir leurs basses rancunes et empêcher, par de terribles exemples, le retour de pareils trouble-fête. C'est ainsi que, n'osant pas s'attaquer au grand pontife, ils firent condamner à l'exil, par une accusation mensongère de péculat, son questeur Rutilius, le plus honnête homme de son temps. Obligés de choisir entre le rôle de complices et celui de victimes, comment les fonctionnaires de Rome eussent-ils désormais hésité?

Au-dessous du monde officiel, administrateurs et financiers, grouillaient les gens d'affaires de toute espèce, qui s'étaient abattus sur l'Asie dans le cortège de ses conquérants. En quarante ans, plus de cent mille Italiens ou Romains se fixèrent dans la malheureuse province. Si, dans le nombre, il y avait incontestablement des commerçants honnêtes, des artisans laborieux, combien plus ne comptaient pour s'enrichir que sur les complaisances intéressées de l'administration romaine, combien cachaient sous le banquier l'usurier véreux, sous le négociant le voleur d'esclaves! combien, enfin, de ces spéculateurs éhontés n'étaient que les prête-noms ou les associés clandestins des plus gros personnages de la capitale!

Sous l'action combinée de tous ces parasites publics et privés, l'Asie, malgré l'admirable fertilité de son sol, malgré le brillant développement qu'avaient pris l'industrie, l'art, le commerce sous l'intelligente impulsion des Attale, l'Asie s'acheminait rapidement vers sa ruine. Les communes grecques, déjà grevées de lourdes charges par des travaux grandioses d'utilité ou d'embellissement, succombaient de plus en plus sous le fardeau des impôts, des réquisitions et des exactions. Emprunter était le seul remède et un remède pire que le mal; car avec le taux légal d'alors (12 pour 100) et le système d'anatocisme en vigueur, l'emprunt c'était la banqueroute à bref délai. Quant aux particuliers, sans cesse lésés et pillés, appauvris par la concurrence inégale des Italiens, un procès perdu ou une dîme en retard les envoyaient en prison, à la mort ou à l'esclavage. Le mot pitié n'avait pas plus cours que le mot justice; tortionnaires, garnisaires exécutaient les hautes œuvres du publicain et de l'usurier, les geôles ne désemplissaient pas, et chaque jour la « question » faisait des victimes. On se figure sans peine l'exaspération profonde, la haine muette et implacable qu'avaient dû faire germer dans les cœurs des Asiatiques quarante ans de cette tyrannie, la plus odieuse de toutes, celle de la force mise au service de la cupidité. « Pour l'Asie, dit un témoin non suspect, Cicéron, nos haches sont un objet d'horreur, notre nom une exécration, nos tributs, nos dîmes, nos douanes des instruments de mort. » On ne se révoltait pas, — à quoi bon appesantir le joug? — mais on attendait l'occasion de la vengeance, on appelait sourdement un libérateur étranger. Qu'une lueur d'espoir brille à l'horizon, que la république invincible subisse un désastre, l'explosion sera d'autant plus terrible qu'elle aura tardé davantage; la fureur populaire ne distinguera pas entre les coupables, les complices et les innocents : Rome creuse de ses propres mains la fosse de cent mille de ses fils.

Si l'on fait abstraction d'une douzaine de cités, « libres » de nom plutôt que de fait, enclavées dans la province d'Asie, d'une demi-douzaine de dynastes laïques ou ecclésiastiques dans la région du Taurus, la liste des États clients de Rome, dans l'Asie Mineure, ne comprenait plus que trois républiques grecques, Rhodes, Cyzique et Héraclée; une confédération républicaine, la Lycie; un État fédéral d'un caractère mixte, la Galatie; et trois royaumes, la Cappadoce, la Bithynie et la Paphlagonie.

Des trois républiques grecques, nous avons peu de chose à dire; malgré le rôle important, parfois décisif, qu'elles vont jouer dans cette histoire, leur puissance territoriale était des plus médiocres. Héraclée avait perdu, au profit de la Bithynie, les deux postes avancés qui la flanquaient à droite et à gauche, Tios et Ciéros : ses colonies, Callatis en Thrace, Chersonèse en Crimée, s'étaient depuis longtemps émancipées; elle ne conservait plus, outre l'enceinte de ses murs, que la fertile vallée du Lycos et un ruban de côte cultivé par ses serfs, les Mariandynes. De même le territoire de Cyzique ne comprenait guère que la presqu'île où la ville était bâtie, et quelques domaines épars sur la côte des Dolions, aux confins de la province romaine et du royaume bithynien. Quant à Rhodes, elle doit désormais se contenter de son île, magnifique « cadeau du soleil », et d'une mince banlieue, la *Pérée,* sur le rivage asiatique. L'empire continental que lui avait assigné le partage de l'an 189, pour prix de ses services dans la guerre d'Antiochus, lui a été arraché après la guerre de Persée, pour la punir d'une médiation outrecuidante : la Carie fait maintenant partie de la province romaine, les villes lyciennes, qui n'avaient accepté qu'à contre-cœur la domination égoïste de Rhodes, ont recouvré leur indépendance. En définitive, Rhodes, Héraclée, Cyzique, ne comptent plus que par leurs richesses, leurs bonnes murailles, leurs flottes de guerre et de commerce. Des trois républiques, Rhodes a la marine la plus puissante; Cyzique, la meilleure constitution; Héraclée, grâce à son éloignement de la province romaine, jouit de l'indépendance la plus réelle : quoique alliée de Rome, elle conservera pendant trente ans, par un véritable miracle d'équilibre, sa neutralité entre les deux adversaires qui vont se disputer son concours effectif; elle ne se décidera finalement pour Mithridate, déjà vaincu, que dans une heure de vertige, comme pour s'envelopper dans sa ruine.

La Galatie, qui occupait le centre de la péninsule, n'était ni une république ni une monarchie. Sa constitution combinait ingénieusement les vices de ces deux régimes. Les trois peuples gaulois qui avaient envahi l'Asie Mineure au iiie siècle s'étaient fixés chacun dans une région déterminée du pays : les Tolistoboïens à l'ouest, sur le haut Sangarios, les Trocmes à l'est, au delà du Halys, les Tectosages au milieu. Chacun de ces peuples s'était morcelé à son tour en un certain nombre de tribus, dont les chefs portaient le nom grec de tétrarques; le tétrarque n'était pas d'ailleurs un souverain absolu : il avait auprès de lui, plutôt que sous lui, un juge et un général. L'ensemble des clans formait une confédération, dont le seul organe, à notre connaissance, était une assemblée de 300 délégués (le « conseil des tétrarques »), convoquée à dates fixes dans un bosquet sacré, le *Drynemeton*. Cette assemblée, qui seule pouvait juger les procès d'homicide, n'avait point d'attributions politiques. Chaque peuplade, ou plutôt chaque tétrarchie, suivait sa ligne de conduite indépendante, contractait des alliances séparées : aussi n'était-il pas rare de voir des mercenaires galates combattre dans deux camps opposés.

Cette faiblesse du lien fédéral, que voulut vainement resserrer, à la veille de la campagne de Manlius, un patriote prévoyant, le tétrarque Ortiagon, était la cause principale de l'impuissance politique où se voyaient réduits les Galates, naguère la terreur de la péninsule. Ils n'avaient dû la préservation de leur demi-indépendance, contre les entreprises des rois de Pergame, qu'à la jalousie de Rome; depuis, ils s'étaient mis, à diverses reprises, à la remorque du Pont, mais la politique romaine était trop intéressée à l'existence de cet « État tampon » pour en permettre l'absorption par un client d'une fidélité équivoque. Rome sut d'ailleurs s'assurer en Galatie un centre d'influence efficace, la grande prêtrise de Pessinonte, dont les titulaires, Grecs, Phrygiens ou Gaulois, avaient été déjà les agents et les protégés des rois de Pergame : on sait que la pierre noire de Pessinonte, image symbolique de la Mère phrygienne, fut même transportée à Rome, avec le culte orgiastique de cette déesse. Les Galates eux-mêmes figuraient désormais au nombre des alliés militaires de Rome; malgré les progrès qu'avaient déjà faits parmi eux la civilisation hellénique et la mollesse phrygienne, c'étaient encore les meilleurs soldats de la péninsule, et leur épée aurait pu peser d'un poids décisif dans la balance si, au lieu de se déchirer entre eux et de se vendre au plus offrant, ils avaient consacré leur intelligence et leur énergie au relèvement de leur nouvelle patrie.

Comme la Galatie, la Paphlagonie périssait par le morcellement politique. La côte et le bassin de l'Amnias appartenaient au Pont. Quelques districts de l'ouest avaient été arrachés par la Bithynie (1). A l'intérieur, on trouve, dans le premier quart du IIe siècle, plusieurs petits dynastes indépendants, dont l'un, Gaiza-

---

(1) Étienne de Byzance, s. v. Κρῶμνα

torix, porte un nom gaulois; l'autre, Morzios, est inféodé aux Galates (1). A la suite de la guerre de Pharnace, Morzios, qui avait embrassé le parti des vainqueurs (2), dut réunir sous sa domination toute la Paphlagonie intérieure. Son successeur fut ce Pylémène qui figure parmi les alliés de Rome dans la guerre d'Aristonic et légua ses États à Mithridate Évergète; mais l'exécution de ce legs fut empêchée par les Romains, et au moment du voyage de Mithridate Eupator, la Paphlagonie intérieure paraît de nouveau avoir été divisée entre un certain nombre de dynastes rivaux, parents plus ou moins authentiques du dernier Pylémène (3). « Quoique petite, dit Strabon, la Paphlagonie avait beaucoup de maîtres. » Une pareille anarchie présage le démembrement, mais la conquête étrangère rencontrera de grands obstacles dans la nature montagneuse du pays et dans l'attachement instinctif des habitants à leur vieille indépendance.

La Cappadoce, — c'est ainsi qu'on appelait vulgairement le royaume des Ariarathe, — avait de tous côtés, sauf au nord, des frontières naturelles : à l'est l'Euphrate, au midi le Taurus, à l'ouest le steppe lycaonien. Ce royaume, né en même temps que le Pont, avait grandi parallèlement à son voisin et par des moyens analogues : l'emploi de mercenaires gaulois d'abord, puis l'alliance étroite avec les Séleucides, cimentée à diverses reprises par des mariages. Jusqu'à la dernière heure, les Ariarathe figurèrent parmi les alliés d'Antiochus et des Galates dans leur lutte contre Rome; après le double écrasement de leurs amis, ils s'inclinèrent devant la force, échangèrent loyalement leurs anciennes alliances contre la clientèle de Rome et l'entente cordiale avec Pergame. Grâce à cette nouvelle politique, poursuivie avec une constance inébranlable, malgré d'amères expériences, malgré les taquineries du Pont, de la Petite-Arménie et des Galates, malgré l'in-

---

(1) Gaizatorix est nommé avec un autre dynaste galate, Carsignatos, parmi les alliés équivoques de Pharnace : Polybe, fr. XXV, 1, 6. Carsignatos, qui est nommé plus tard comme chef des mercenaires gaulois d'Eumène (Liv. XLII, 57), est probablement un tétrarque galate, mais Gaizatorix régnait en Paphlagonie, puisqu'un canton de ce pays conservait son nom au temps de Strabon (XII, 3, 41). Morzios régnait à Gangra (Strabon, ib.) et assista les Gaulois en 189 (Liv. XXXVIII, 26, 4).

(2) Polybe, fr. XXVI, 6, 9.

(3) C'est le prétendu Pylémène que Mithridate aurait détrôné en 88 (Eutrope V, 5; Orose VI, 2, 2; S. Rufus, c. 11), l'Attale et le Pylémène à qui Pompée rend la Paphlagonie en 64 (Eutrope VI, 14; Appien, *Mith.* 114).

gratitude parfois cynique des Romains, la Cappadoce s'éleva un instant au premier rang parmi les petits États de l'Asie Mineure. Son cinquième roi, Ariarathe Eusèbe Philopator, fut vraiment un noble souverain, dont l'attitude vigilante, ferme et désintéressée imposa le respect à tous ses voisins et fit sentir l'influence de la Cappadoce depuis les bords du Tigre jusqu'aux rivages de la Propontide.

La grandeur de la Cappadoce, due aux qualités personnelles d'Ariarathe V, ne survécut pas à ce prince. Sa mort glorieuse (130 av. J.-C.) (1) inaugura une longue période de troubles intérieurs, au milieu desquels le royaume s'affaissa rapidement. On sait déjà comment la veuve du roi, Nysa, tua cinq de ses fils, qui grandissaient trop vite au gré de son ambition. Le sixième, sauvé par ses proches, fut ramené sur le trône par une insurrection populaire, qu'avaient provoquée les cruautés de la régente (vers 125 av. J.-C.) (2). Il régna obscurément sous le nom d'Ariarathe Épiphane, et fut assassiné, vers 111 av. J.-C., par un noble nommé Gordios qui, n'ayant pas réussi à saisir la couronne, fut réduit à s'enfuir dans le Pont : il n'en fallait pas davantage, dans ce siècle de crimes politiques, pour accuser Mithridate, à peine installé alors sur le trône, d'avoir été l'instigateur du meurtre d'Ariarathe, son beau-frère (3). Pour le moment, le fils aîné du défunt roi, un enfant encore, fut proclamé sous le nom d'Ariarathe Philométor; la tutelle et la régence furent exercées par sa mère, Laodice, qui ne tarda pas à se débattre au milieu d'embarras inextricables.

L'affinité de race, de langue, de religion entre la Cappadoce et le Pont avait créé un parti qui rêvait la réunion des deux royaumes sous une même souveraineté. L'affaiblissement d'une monarchie

---

(1) Il meurt pendant la guerre d'Aristonic (Justin XXXVII, 1; XXXVIII, 2), c'est-à-dire entre 131 et 129. Il est probable qu'il périt dans la même bataille que le proconsul Crassus, en 130.

(2) Justin XXXVII, 1. Il appelle, par erreur, la reine *Laodice*; les monnaies nous ont appris son nom véritable (*Trois royaumes*, p. 46).

(3) Justin XXXVIII, 1. Épiphane a régné au moins 15 ans, d'après les dates régnales inscrites sur ses drachmes (l'année 18, que donne Fr. LENORMANT, *Cat. Behr*, n° 718, paraît mal lue); Philométor, 12 ans. On verra plus loin que la mort de ce dernier tombe presque sûrement en 99 av. J.-C. En admettant donc que nous possédions les dates les plus élevées des deux rois, on voit comment se justifient les indications du texte. Il faut d'ailleurs que la mort d'Épiphane se place au plus tôt en 111, puisqu'elle fut attribuée à Eupator, qui ne prit le pouvoir qu'en cette année.

tombée en quenouille servait les intérêts de cette faction ; l'invasion de Mithridate Évergète pendant la régence de Nysa, le mariage d'Épiphane avec une princesse pontique, son meurtre par un personnage qui passait, à tort ou à raison, pour un agent du roi de Pont, sont autant d'épisodes qui marquent les progrès de l'idée unitaire et préparent son triomphe. Elle rencontrait néanmoins un obstacle dans la fierté turbulente de la noblesse cappadocienne et dans l'attachement du peuple à la dynastie des Ariarathides, devenue vraiment nationale, nonobstant son origine étrangère. Ajoutons que la Cappadoce, malgré sa constitution monarchique, son apparente centralisation et sa division en dix préfectures ou stratégies, était restée un pays féodal, où les nobles, d'origine perse pour la plupart, avaient seuls voix au chapitre. Quelques princes ecclésiastiques jouissaient de revenus et de privilèges vraiment royaux; le roi lui-même n'était que le premier, et non pas toujours le plus riche, des grands barons iraniens (1). Enveloppée de steppes et de montagnes, éloignée de la mer, dénuée de villes, hérissée de châteaux forts, la Cappadoce fut le dernier pays de l'Asie Mineure où pénétrèrent la civilisation grecque et le régime citadin. Ils y furent introduits par ce même roi Ariarathe V, dont nous avons signalé la politique sage et brillante. Ce prince avait beaucoup voyagé dans sa jeunesse orageuse, visité l'Italie, la Grèce, où il se fit recevoir citoyen d'Athènes et se lia avec le philosophe Carnéade; il ramena dans sa cour des artistes, des lettrés grecs, transforma les deux principales bourgades du royaume, — Mazaca et Tyana, — en deux cités hellénisantes, dont la première adopta même les lois de Charondas. Mais, en même temps que la civilisation, la Cappadoce s'empressa d'emprunter les vices de la Grèce. L'usurpateur Oropherne, frère supposé d'Ariarathe, apporta de Priène, où il avait été élevé, la mollesse ionienne, le goût des longues orgies et du théâtre licencieux ; son court règne suffit à naturaliser ces produits frelatés de l'hellénisme en décadence, et la noblesse cappadocienne connut la pourriture avant la maturité.

(1) Cicéron, *Ad Att.* VI, 1, 3 : *Alii* (quam Pompeio) *regne solet exiguam* (Ariobarzanes) *nec potest solvere. Nullum enim aerarium, nullum vectigal habet... amici regis duo tresve perdiciles sunt; sed ii suum tam diligenter tenent quam ego aut tu.* Cf. Horace, *Ep.* I, 39 : *Mancipiis locuples eget aeris Cappadocum rex.* Il est vrai que ces textes sont postérieurs aux grands ravages de Mithridate et de Tigrane. Strabon parle de nombreuses gazophylacies royales, et qui dit *gazophylacie* dit trésor.

L'itinéraire de Mithridate le ramena par le territoire de la Bithynie, le plus ancien des petits États de l'Asie Mineure, — si l'on excepte la Paphlagonie, — et le plus fort, depuis la disparition de sa rivale séculaire, la dynastie de Pergame. Au III° siècle, sous des rois entreprenants et peu scrupuleux, Nicomède I°, Ziaélas, Prusias I°, les Bithyniens s'étaient étendus dans toutes les directions, avec l'appui des mercenaires galates, qu'ils avaient les premiers introduits en Asie, et de la Macédoine, qui remplaçait pour eux les Séleucides. A l'intérieur de l'Asie, ils s'arrondirent aux dépens des Paphlagoniens, des Phrygiens, des Mysiens; sur la côte, ils absorbèrent successivement toutes les colonies grecques entre Cyzique et Héraclée. Le règne de Prusias II marqua un temps d'arrêt dans les progrès de la Bithynie : c'était un ignoble personnage qui dégoûta ses sujets par ses vices, les Romains eux-mêmes par l'excès de sa servilité. Mais en 149 av. J.-C. son fils aîné Nicomède, dont il avait voulu se défaire au profit d'enfants d'un second lit, se révolta, obtint l'appui du roi de Pergame, Attale II, et égorgea son père au pied de l'autel de Zeus, à Nicomédie.

Nicomède II Épiphane fut un roi populaire qui releva la Bithynie et acheva de l'helléniser. Élevé à Rome, lié d'amitié avec les Athéniens, il protégea les arts et mérita par ses libéralités le surnom d'*Évergète*. Son ambition était ardente; en apparence dévoué à Rome, il ne lui pardonnait pas la mesquine opposition qu'elle avait faite à son avènement, l'ingratitude dont elle avait payé ses services dans la guerre d'Aristonic, les empiétements incessants des publicains d'Asie qui venaient voler ses sujets sur son propre territoire. Les ressources ne lui manquaient pas : le royaume était fertile et peuplé; les cités grecques, anciennes ou nouvelles, Nicomédie, Nicée, Prusa, Apamée, Prusias (Cios), Chalcédoine, comptaient parmi les villes les plus riches et les plus commerçantes de l'Asie; l'état florissant des finances bithyniennes à cette époque est attesté par l'abondance des émissions monétaires, parmi lesquelles on rencontre même des statères d'or, réservés jusqu'alors aux grandes dynasties. L'armée nationale était nombreuse, et les Bithyniens, Thraces d'origine, n'avaient pas encore entièrement perdu les qualités militaires de leurs sanguinaires ancêtres. Nicomède possédait aussi une flotte de guerre, assez forte pour bloquer effectivement, en cas de besoin, les détroits de la Propontide. A soixante ans passés, le vieux roi n'attendait qu'une occasion propice pour tirer vengeance de Rome et reprendre les projets conquérants de son aïeul Prusias.

Tel était, à grands traits, l'état politique de l'Asie Mineure vers la fin du IIe siècle av. J.-C. L'on comprend que le jeune roi de Pont soit revenu de son voyage d'exploration avec de vastes desseins et de sérieuses espérances. Sur son chemin, il n'avait rencontré que royaumes en dissolution ou minés par les factions, confédérations sans force, républiques en décadence, provinces opprimées, à l'affût d'un libérateur. Presque partout, les prétentions éventuelles de Mithridate pouvaient s'appuyer sur un fondement historique : en Paphlagonie sur le testament de Pylémène, en Phrygie sur la donation de Séleucus Callinicos et la promesse d'Aquilius, en Cappadoce sur l'ancienne union des deux royaumes de même race, en Galatie sur les traités de Pharnace et le protectorat passager de Mithridate Évergète. Même dans les républiques grecques, le sauveur des Hellènes de Crimée comptait de chaleureux partisans : à Héraclée, le parti démocratique méditait de lui donner la ville; à Rhodes, ses largesses lui avaient valu une statue publique. Seul de tous les États asiatiques, le royaume bithynien était à la fois indépendant et robuste; mais avec les ambitieux il est toujours facile de s'entendre.

Le difficile était de s'agrandir dans l'Asie Mineure sans s'exposer à une lutte ouverte avec Rome, que le Pont n'était ni d'humeur ni de taille à provoquer. Mais l'expérience du dernier demi-siècle avait appris que si le problème était délicat, il n'était pas insoluble. L'oligarchie romaine, de plus en plus menacée chez elle, avait soif de paix au dehors. Sa politique étrangère, principalement en Orient, semblait avoir pris désormais pour devise : *Laissez faire, laissez passer*. Les révolutions de l'Égypte et de la Syrie, les progrès des Parthes la laissaient indifférente; pourvu que le territoire actuel de la république demeurât intact, pourvu que les sources des revenus de l'État ne fussent pas compromises, peu importaient au sénat les éclipses répétées de son prestige et même la diminution de son influence; on était déjà bien loin de cette fière aristocratie qui avait détruit Corinthe pour une insulte faite à son écusson et enfermé Antiochus Épiphane dans le cercle de Popilius. Bien des raisons expliquent cette inertie : la décadence physique et morale d'une noblesse énervée par la soif des jouissances, la défiance justifiée envers un instrument militaire suranné dont les dernières campagnes avaient mis à nu l'insuffisance, enfin la crainte vague de donner à la démocratie, déchaînée par les Gracques, un chef dans la personne d'un général trop heureux. A ces causes d'abstention volontaire et d'effacement timoré, venaient s'ajouter depuis quelques années de graves sujets de préoccupation dans les provinces occidentales, qui détournèrent l'attention du sénat des affaires d'Orient. A peine délivré de la guerre longue et difficile contre Jugurtha, il avait fallu affronter le péril cimbrique. Des hordes barbares, descendues du fond de la Germanie, inondèrent l'Illyrie, la Gaule, l'Espagne ; en 105, les désastres successifs de Manlius et de Cépion ouvrirent l'Italie à l'invasion et jetèrent Rome dans la panique. Toutes les forces de la république et son seul général, le parvenu Marius, furent appelés en toute hâte pour défendre la frontière des Alpes. L'Orient, dégarni de troupes romaines, resta livré à l'ambition des petits rois.

L'occasion s'offrait belle à Mithridate de reprendre et de réaliser en quelques années les projets que son père avait caressés vainement pendant un quart de siècle. Il fallait, il est vrai, pour réussir, une armée solide, des finances élastiques, pas mal de tact joint à beaucoup d'audace, enfin un allié sur qui l'on pût compter. Mais tout cela, Mithridate l'avait ou croyait l'avoir. Ses premières conquêtes avaient rempli ses coffres et aguerri ses troupes ; il possédait la force et la confiance communicative que donnent la jeunesse et le succès ; il connaissait aussi les moyens et l'art d'endormir les consciences et les craintes patriotiques des sénateurs : Jugurtha et son père Évergète lui avaient appris à réserver dans son budget un chapitre spécial aux fonds secrets, et les chefs du sénat romain étaient ses pensionnaires. Quant à un allié, le Bithynien, on l'a vu, s'offrait de lui-même. L'entente entre les deux rois fut préparée sans doute lors du passage de Mithridate ; dès son retour à Sinope il conclut avec Nicomède un traité en bonne forme pour le partage des États voisins, à commencer par la Paphlagonie : singulière association où chacun des partenaires jouait au plus fin avec l'autre, et se réservait, au moment opportun, de prendre pour lui seul tout le gâteau !

Les entreprises de Mithridate en Asie Mineure, jusqu'à sa rupture définitive avec les Romains, durèrent quinze ans avec plusieurs interruptions. Nous connaissons les lignes générales de sa politique, l'origine et le résultat final; quant au détail des événements, nous ne pouvons l'indiquer que très sommairement. Le voyage de reconnaissance du roi se place peu après la conquête définitive de la Crimée, aux environs de l'an 106 ou 105 av. J.-C. (1). Il se prolongea assez longtemps pour que le bruit de la mort de Mithridate courût à Sinope; les « amis du roi » en profitèrent pour débaucher la reine Laodice, qui venait de donner à son frère et époux absent un fils, le troisième, à ce qu'il semble. Au milieu de ces désordres, on apprit tout à coup le retour du maître. Les gens de cour cachèrent leur trouble sous l'excès de leurs félicitations, mais Laodice se crut perdue, et, en digne petite-fille des Séleucides, tenta d'empoisonner le roi. Prévenu à temps par les esclaves de la reine, Mithridate fit marcher à la mort l'épouse adultère et ses complices (2).

Immédiatement après cette tragédie de cour, Mithridate conclut son alliance avec Nicomède; peut-être aussi envoya-t-il alors une ambassade secrète aux Cimbres (3). Pendant l'hiver, il poussa vivement ses armements et entraîna ses troupes par des manœuvres incessantes. Au printemps (101 av. J.-C.?) les deux alliés se jetèrent sur la Paphlagonie, la conquirent et se la partagèrent : chacun d'eux s'annexa probablement les districts limitrophes de son territoire. Les dynastes paphlagoniens dépossédés s'empressèrent de porter plainte à Rome; déjà des princes scythes, les fils de Scilur, les y avaient précédés, étaient venus dénoncer au sénat les usurpations de Mithridate. Les Scythes, il est vrai, ne comptaient pas parmi les clients de Rome, mais les conquêtes du roi de Pont violaient le principe fondamental posé après la défaite d'Antiochus : « que les rois d'Asie devaient s'abstenir du territoire

---

(1) La date résulte de celle de l'ambassade à Rome (103) qui se rattache manifestement à la conquête de la Paphlagonie, et des 10 ans de durée que quelques historiens assignaient à la lutte de Mithridate contre les Romains (Eutrope, VI, 12 *fin*. Cf. Orose, V, 19 2; VI, 1, 28; Appien, *Syr.* 49). On pourrait être tenté de placer le voyage en 107-6, sous prétexte que le fils né pendant l'absence du roi serait Ariarathe, âgé de 8 ans lors de son élévation au trône de Cappadoce, en 99 (Justin XXXVIII, 1). Mais rien ne prouve qu'il s'agisse d'Ariarathe; l'enfant en question peut tout aussi bien être Artapherne, qui avait 40 ans révolus en 64 av. J.-C. (Appien, *Mith.* 108). Quant au prince Mithridate, je crois, à cause de son nom, qu'il est l'aîné de tous.

(2) Justin XXXVII, 3. Cf. Salluste, fr. II, 55 Kritz : *et fratrem et sororem occidit*.

(3) Justin XXXVIII, 3, 6 la place à la veille de la guerre de 88, ce qui est impossible.

européen (1). » Par la fatalité de la situation, Rome était amenée à se poser sur l'Euxin en protectrice de la barbarie contre le roi qui représentait la cause de la civilisation ! Le sénat, suivant l'usage de ce temps, envoya tout d'abord une commission sur les lieux, qui invita les rois à rétablir le *statu quo*. Mithridate répondit aux commissaires que la Paphlagonie, — tout au moins la province de Gangra, — lui appartenait par droit d'héritage ; en ce qui concernait la Crimée, il promit satisfaction : on devine comment il tint parole. L'attitude de Nicomède fut encore plus provocante. Il se déclara prêt à restituer la Paphlagonie à la dynastie légitime, et, à cet effet, proclama roi du pays son propre bâtard (2), qu'il affubla, pour la circonstance, du nom de Pylémène. A l'invitation que lui adressait le consul Marius de fournir, conformément aux traités, son contingent militaire contre les Cimbres, il répondit ironiquement qu'il n'avait plus de troupes, les publicains lui ayant volé tous ses sujets (3). Puis, pour combler la mesure, sous les yeux des commissaires romains, sans égard pour leurs menaces, les deux rois occupèrent la Galatie et y établirent leur protectorat (4). La part de Mithridate comprit au moins le pays des Trocmes, où il fonda la forteresse de Mithridation (5).

L'inaction du sénat romain en présence de ces audacieux défis ne s'explique pas seulement par la terreur de l'invasion cimbrique ; les largesses diplomatiques de Mithridate jouaient ici le principal rôle. En 103, une ambassade pontique est signalée à Rome ; elle sème l'or si impudemment parmi les sénateurs que le fougueux tribun L. Appuléius Saturninus, dès lors le démagogue le plus influent de la capitale, flétrit les corrompus et injurie publiquement les ambassadeurs. A l'instigation des aristocrates intéressés dans l'affaire, les agents de Mithridate relevèrent le gant et intentèrent au tribun, sans doute à sa sortie de charge,

---

(1) Memnon, c. 30. Cp. Appien, *Mith.* 13.
(2) *Filium suum mutato nomine Pylaenenen,* dit Justin. Il est peu probable qu'il s'agisse du prince héritier Nicomède III ; c'est sans doute le bâtard Socrate, que nous retrouverons plus tard.
(3) Diodore, fr. XXXVI, 3.
(4) Justin XXXVII, 4. Pour la Galatie il ne nomme que Mithridate, mais il est inadmissible que Nicomède se soit laissé frustrer de sa part du pays, et son invasion de la Cappadoce quelque temps après suppose qu'il était devenu limitrophe de ce royaume.
(5) Strabon XII, 5, 2.

un procès criminel. On sait le respect religieux des Romains pour le droit des ambassades ; Saturninus jouait sa tête, et le tribunal, — une commission extraordinaire, à ce qu'il semble, — composé de sénateurs, ne demandait qu'à condamner. Mais, le jour du jugement, l'accusé prit des habits de deuil, parcourut en suppliant les rangs du peuple, et excita si bien la pitié qu'une foule menaçante entoura le tribunal et arracha un acquittement aux juges terrorisés (1). En réalité, cependant, Mithridate avait obtenu ses fins. Le sénat ferma les yeux sur le vol de la Paphlagonie et de la Galatie ; seulement pour donner un semblant de satisfaction à l'opinion publique, émue par ces éclipses répétées du prestige de Rome en Asie Mineure, le préteur Antonius, en 103, fut chargé d'infliger une correction sévère aux pirates ciliciens et d'organiser définitivement la province romaine de Cilicie.

Si Rome, en renforçant son autorité au pied du Taurus, avait cru mettre un terme aux envahissements des deux rois coalisés, l'événement se chargea bientôt de démontrer l'inanité du calcul. Par le partage de la Galatie, Nicomède, comme Mithridate, était devenu le voisin immédiat de la Cappadoce : les vues des deux princes se portèrent simultanément sur ce royaume. Ses discordes intestines en faisaient une proie facile, mais cette proie ne se prêtait guère à une division et chacun des deux complices prétendait la garder pour lui seul. Ce fut Nicomède qui prit les devants. Entre les années 102 et 100, les Bithyniens franchirent brusquement la frontière de Cappadoce et occupèrent sans résistance la plus grande partie du pays. Dans le premier moment de terreur, la régente Laodice fit appel au seul protecteur qui lui restât en Asie, son frère Mithridate. Le roi de Pont, justement indigné du manque de foi de son allié, promit aide et assistance à sa sœur ; mais avant que l'armée pontique se fût mise en marche, Laodice s'était déjà ravisée : soit contrainte, soit persuadée, elle fit la paix avec Nicomède et lui signa même une promesse de mariage. Un pareil arrangement équivalait à l'annexion de la Cappadoce par la Bithynie ; Mithridate déclara qu'il n'acceptait pas l'exclusion de ses neveux et prit fait et cause pour eux. L'armée pontique eut

---

(1) Diodore, fr. XXXVI, 15 (sur la procédure cf. WILLEMS, Sénat romain, II, 487, note 2). L'ambassade eut lieu à la fin du 1ᵉʳ tribunat de Saturninus (dont la date est fixée par Plutarque, Marius, 14 ; De vir. ill. 73, 1), comme l'indiquent les derniers mots du fragment : καὶ συντρέχων ἔχων τὸν δῆμον, κ.τ.λ.

bon marché des garnisons bithyniennes, nettoya la Cappadoce et rétablit sur le trône de Mazaca le jeune roi Ariarathe VII Philométor. Laodice se retira en Bithynie avec son nouvel époux et sa fille Nysa; son fils cadet, Ariarathe le jeune, fut envoyé dans la province romaine d'Asie pour achever son éducation (100 av. J.-C.?) (1).

Toute l'Asie applaudit à l'action vigoureuse et apparemment désintéressée du roi de Pont, mais celui-ci ne tarda pas à démasquer ses véritables intentions. Quelques mois à peine s'étaient écoulés depuis la restauration d'Ariarathe, quand Mithridate sollicita du jeune roi le rappel de Gordios, le meurtrier de son père, qui s'était, comme on sait, réfugié dans le Pont. Le sort du père servit d'avertissement au fils; il refusa d'obtempérer à l'invitation de son oncle, qui se mit aussitôt en mesure de ramener son protégé par la force. Très effrayé, le jeune roi se retourna vers ses voisins et sollicita leur appui. Il paraît que la formation d'une coalition contre Mithridate fut négociée par Marius, qui voyageait alors en Galatie, en apparence pour acquitter un vœu à la déesse de Pessinonte, en réalité pour faire oublier sa piteuse attitude dans les troubles où Saturninus venait de trouver la mort, peut-être aussi pour brouiller les cartes en Orient et s'y préparer de nouveaux triomphes. Avec l'aide de ses voisins, c'est-à-dire, sans doute, Nicomède, le faux Pylémène et Artanès de Sophène, Ariarathe réussit à mettre sur pied une armée nombreuse, capable de tenir tête aux forces considérables, — 80,000 fantassins, 10,000 chevaux et une nombreuse artillerie de chars à faux, — avec lesquelles Mithridate envahit la Cappadoce. Le roi de Pont jugea l'issue douteuse et revêtit, cette fois encore, la peau du renard. Il invita son neveu à une conférence qui eut lieu entre les deux camps, à la vue des deux armées. Suivant l'usage de ce siècle soupçonneux, les deux Majestés, avant de s'aboucher, se laissèrent consciencieusement fouiller; mais Mithridate détourna l'attention du commissaire cappadocien par une grossière plaisanterie de soldat et réussit à cacher un poignard dans les plis de son large pantalon perse. Puis, éloignant les deux escortes, il tire son neveu à l'écart et l'étend raide mort à ses pieds. Ce crime imprévu fit l'effet d'un coup de foudre. L'armée coalisée, saisie d'une ter-

(1) Justin XXXVIII, 1. L'abréviateur rapproche beaucoup trop ces événements du meurtre d'Ariarathe Épiphane.

reur panique, se débanda. La Cappadoce, dont la capitale même n'était pas fortifiée (1), fut conquise sans coup férir. Mithridate n'osa pas l'annexer ouvertement ; s'inspirant de l'exemple de Nicomède, il y installa comme roi un de ses propres fils, âgé de huit ans, qu'il fit passer pour l'héritier légitime de la couronne, l'enfant d'un quelconque des fils d'Ariarathe V, échappé par miracle au poison de Nysa (2). Le jeune prince reçut le nom et les surnoms de son prétendu aïeul, le roi le plus populaire de la dynastie : il s'intitule, sur ses monnaies, Ariarathe Eusèbe Philopator. On lui adjoignit pour tuteur et pour ministre Gordios, l'âme damnée de Mithridate (3).

Avant de quitter la Cappadoce (99 av. J.-C.), le roi de Pont s'y rencontra avec Marius, qui avait vainement essayé de rallumer la guerre. Mithridate mit en œuvre tous ses moyens de séduction pour gagner le glorieux vétéran, mais le vainqueur de Jugurtha et des Cimbres, quels que fussent ses vices, tenait plus à l'honneur qu'à l'argent, et son cœur de soldat saignait au spectacle des avanies que Rome endurait depuis cinq années en Orient. « Tâche d'être plus fort que les Romains, répondit-il à Mithridate, ou obéis en silence à leurs ordres. » C'était un fier langage, mais tout le monde à Rome ne sentait pas aussi romainement que Marius (4).

Le fils de Mithridate se maintint pendant cinq ou six ans sur le trône de Cappadoce (5). Son gouvernement, ou plutôt celui de Gordios, ne fut rien moins que populaire ; à un moment même, la cruauté et les excès des préfets pontiques provoquèrent un soulèvement général. Les Cappadociens appelèrent de l'Asie pergaménienne le frère puîné de leur dernier souverain légitime et le proclamèrent roi ; mais Mithridate accourut avec une nouvelle armée, défit le prétendant et le chassa de la Cappadoce. Peu après

---

(1) Strabon XI, 2, 7.

(2) Justin dit (XXXVIII, 2, 5) : *Ex eo Ariarathe genitum, qui bello Aristonici auxilia Romanis ferens occidisset*. Mais ceci ne peut être pris au pied de la lettre, car Ariarathe V était mort depuis plus de vingt ans et le fils de Mithridate n'en avait que huit : la fraude eût été par trop grossière.

(3) Justin XXXVIII, 1 ; Memnon, c. 30 (il appelle Ariarathe Philométor : Ἀριέης).

(4) Plutarque, *Marius*, c. 31. Cf. sur le voyage de Marius Pseudo-Cicéron, *Ad Brut.* I, 5. La date est certaine ; elle coïncide avec le rappel de Métellus.

(5) Les drachmes de ce prince vont jusqu'à l'an 5 (ou, d'après Friedlænder, jusqu'à l'an 6) pour reprendre ensuite à l'an 12, c'est-à-dire 88 avant J.-C. (*Trois royaumes de l'Asie Mineure*, p. 51). Sur les drachmes ce prince s'intitule simplement Ariarathe Eusèbe, faute d'espace, mais sur son tétradrachme (de l'an 87 probablement) ses surnoms figurent *in extenso*.

ce jeune prince tomba malade et mourut : avec lui s'éteignait la descendance mâle des Ariarathides.

Le pouvoir de Mithridate en Cappadoce semblait mieux affermi que jamais; mais à ce moment Nicomède vieillissant, qui commençait à se sentir menacé en Bithynie, se décida à se jeter dans les bras des Romains, au risque d'être obligé de sacrifier ses récentes conquêtes. La reine Laodice se rendit en personne à Rome et présenta au sénat un jeune garçon d'une rare beauté, qu'elle affirmait être un troisième fils, issu de son mariage avec Ariarathe Épiphane; c'eût été, par conséquent, le roi légitime de Cappadoce. Averti de cette intrigue, Mithridate ne demeura pas en reste d'impudence; il envoya à Rome Gordios, chargé d'attester aux sénateurs que le prince, actuellement régnant à Mazaca, était bien le petit-fils de leur glorieux allié, Ariarathe Philopator. Dans d'autres occasions le sénat, gagné à prix d'or ou guidé par des raisons d'État, s'était prêté de bonne grâce à des supercheries de ce genre : c'est ainsi qu'il avait reconnu la légitimité de l'imposteur Alexandre Bala en Syrie, du prince supposé Oropherne en Cappadoce; mais cette fois l'opinion publique et probablement l'influence patriotique de Marius furent les plus fortes. D'ailleurs on commençait à s'inquiéter sérieusement des progrès de Mithridate; chaque courrier d'Asie apportait de nouvelles récriminations, annonçait des usurpations nouvelles. Le sénat tailla dans le vif; il enjoignit à Mithridate d'évacuer la Cappadoce et les districts paphlagoniens qu'il avait reçus pour sa part (1), à Nicomède de retirer son bâtard de Paphlagonie. Le langage de Rome n'admettait point de réplique; elle avait, en ce moment, les mains libres, et nul doute qu'elle eût broyé sans peine toutes les résistances. Mithridate et Nicomède se soumirent, chacun d'eux trouvant sa consolation dans la disgrâce de son rival. Ils abandonnèrent toutes leurs conquêtes des dernières huit années : la Paphlagonie, la Cappadoce, certainement aussi la Galatie, dont les tétrarques rentrèrent sous la suzeraineté de Rome.

Le sénat avait décrété que la Paphlagonie et la Cappadoce seraient désormais « libres », c'est-à-dire en république. Les Paphlagoniens, dont l'anarchie était, depuis trente ans, l'état normal, acceptèrent cet arrêt et reprirent sans bruit leurs dynas-

---

(1) *Nos Phrygiam Paphlagoniamque dimisas?* Trogue Pompée chez Justin XXXVIII, 5, 6.

les indigènes; mais la noblesse cappadocienne refusa un présent dangereux : elle ne voulait pas d'une prétendue liberté qui, — l'exemple de la Phrygie en témoignait, — n'était que le prélude de l'annexion romaine. Les Cappadociens députèrent à Rome pour supplier le sénat de leur permettre de choisir un roi, sans lequel, disaient les députés, l'existence nationale était impossible. Le sénat, tout en affectant une grande surprise en présence de cette servilité ingénue, accéda à la prière des magnats cappadociens, mais il eut soin d'écarter la candidature de Gordios, mise en avant par Mithridate, et qui comptait de nombreux partisans. L'élection tomba en conséquence sur un grand seigneur, de bonne noblesse perse, que sa nullité rendait inoffensif; il s'appelait Ariobarzane et prit dès son avènement le surnom significatif de *Philoroméos*, « ami des Romains », qu'aucun roi n'avait encore porté (95 av. J.-C.) (1).

Tel fut le résultat des premières tentatives de Mithridate pour s'agrandir dans l'Asie Mineure : c'était, on le voit, un avortement complet, dû en première ligne à la duplicité, puis à la rancune de son allié Nicomède. Mais le roi de Pont avait l'ambition trop tenace pour renoncer du premier coup à la proie espérée, saisie un instant; la Cappadoce surtout lui tenait à cœur, et il se mit immédiatement en quête d'une nouvelle alliance pour la reconquérir. Il la trouva cette fois sur le flanc oriental de son royaume, en Arménie.

La race arménienne, l'une des plus jeunes et des mieux douées de l'Asie antérieure, avait depuis plusieurs siècles lentement accru son domaine au détriment des vieilles races qui peuplaient à

(1) Justin XXXVIII, 2. Cp. XXXVIII, 5 (Trogue Pompée), et, pour l'ambassade des Cappadociens, Strabon XII, 2, 11 (je ne comprends pas très bien la prétendue alliance que Rome aurait eue non seulement avec le *roi*, mais avec le *peuple* cappadocien). La date résulte : 1° de la lacune dans les drachmes d'Ariarathe Eusèbe Philopator; 2° de celles d'Ariobarzane dont les plus récentes sont de l'an 81; or ce roi abdiqua en présence de Pompée (Valère Maxime V, 7 *ext.* 2), qui quitta l'Asie vers la fin de 62; en admettant même qu'on ait continué à frapper monnaie en son nom, il a dû mourir au plus tard en 61, car son fils Ariobarzane II a des drachmes de la 11ᵉ année et était mort peu avant l'arrivée de Cicéron en Cilicie (51 av. J.-C.); 3° Justin, immédiatement après l'élection d'Ariobarzane, dit : *Erat eo tempore Tigranes rex Armeniae*. Or l'avènement de Tigrane eut lieu, presque sûrement, en 95 av. J.-C.; celui d'Ariobarzane est donc très peu postérieur. Il faut noter ici que nous ignorons si les rois cappadociens faisaient partir leurs années régnales du jour de leur avènement ou du commencement de l'année civile (12 décembre, d'après l'Hémérologe de Florence) en comptant pour une année la fraction initiale : de là une certaine latitude et l'impossibilité de préciser à moins d'une année près.

l'origine les contrées montagneuses entre la Cappadoce et la Médie. Le berceau, ou plutôt la première conquête des Arméniens, depuis leur séparation d'avec les Phrygiens, fut la Petite-Arménie, c'est-à-dire le pays situé entre le haut Halys et l'Euphrate; mais déjà, sous la domination perse, les Arméniens avaient franchi ce dernier fleuve, chassé les Cataons de la province embrassée par les deux branches de l'Euphrate (Acilisène), et occupé tout le quadrilatère dessiné par l'Euphrate, les deux Tigre et l'Anti-Taurus (Sophène, Odomantide, Anzitène, Arzanène). Continuant leur marche progressive vers l'orient, les Arméniens arrachèrent ensuite aux Assyriens les sources de l'Euphrate oriental (Taronitide), aux Chalybes et aux Mossynèces celles de l'Euphrate occidental (Carénitide, Derxène), aux Ibères les contreforts du Paryadrès et la vallée supérieure du Cyrus (Chorzène, Gogarène), aux Phasiens et aux Alarodiens la vallée de l'Araxe, enfin aux Mèdes les districts situés entre l'embouchure de l'Araxe et les lacs de Van et d'Ourmiah (Caspiène, Phaunitide, Basoropède) (1). Par ces conquêtes successives, qui se répartissent sur une longue durée sans qu'on puisse en fixer exactement la chronologie, les Arméniens finirent par imposer leur nom et leur langue à toute la vaste plate-forme, ceinte de larges vallées fluviales, qui sert de borne commune aux plateaux de Médie et de Cappadoce, à la plaine de Mésopotamie et aux terrasses du Caucase.

A mesure que l'unité nationale se dégageait peu à peu du mélange de la race dominante avec le vieux fonds des races vaincues, mais non exterminées, l'unité politique cherchait à s'affirmer à son tour. Dans le partage définitif de l'empire d'Alexandre, la satrapie arménienne avait été comprise dans le lot de Séleucus (2), mais l'autorité des Séleucides ne put jamais s'implanter solidement dans cette province montagneuse, où le persisme avait poussé des racines encore plus profondes qu'en Cappadoce. Dans le courant du III° siècle, on voit, à diverses reprises, surgir en Arménie des dynasties locales, fondées par des magnats indigènes ou des satrapes révoltés. Les Séleucides ménagent et combattent tour à tour ces petits princes, suivant qu'ils sont forts ou

---

(1) Strabon XI, 14, 5, qui mentionne la plupart de ces acquisitions des Arméniens, paraît avoir tort de les placer *toutes* après l'usurpation d'Artaxias et de Zariadrès. Le mouvement d'expansion avait commencé dès le temps de Xénophon.

(2) Appien, *Syr.* 55.

faibles, mais, même vainqueurs, ils se contentent, pour prix de la victoire, d'un hommage de pure forme (1).

La défaite d'Antiochus à Magnésie fut, pour toute l'Arménie, le signal de l'émancipation définitive. Les deux lieutenants du roi dans la province, Artaxias et Zariadrès (2), — deux nobles iraniens, ce semble, — se déclarèrent indépendants dans leurs gouvernements respectifs et prirent le titre royal, avec l'assentiment et la protection du sénat romain. Ainsi furent fondés les deux royaumes arméniens qui subsistèrent pendant toute la durée du IIe siècle : au nord-est, la *Grande-Arménie,* ayant pour centre de gravité la vallée de l'Araxe, où s'éleva, sur un emplacement choisi, dit-on, par Annibal, la capitale, Artaxata; au sud-ouest, la *Sophène,* dont la capitale, Carcathiocerta, était bâtie sur les hauteurs qui dominent la plaine du Tigre (3).

Les deux États arméniens, malgré un retour offensif de la Syrie sous Antiochus Épiphane (4), assurèrent leur indépendance, s'arrondirent dans tous les sens et nouèrent même, pendant quelque temps, un lien fédéral avec la Petite-Arménie. Mais bientôt la Grande-Arménie, le royaume d'Artaxias, prit le pas sur les deux autres, et ses appétits conquérants obligèrent ceux-ci à chercher des protecteurs étrangers. On sait déjà que la Petite-Arménie s'attacha étroitement au Pont sous Pharnace et fut absorbée par ce royaume dans les premières années du règne de Mithridate Eupator. De même la Sophène aurait succombé dès le milieu du IIe siècle si elle n'avait pas trouvé, auprès d'Ariarathe V, un appui aussi efficace que désintéressé (5); pour prix de sa protection, la Cappadoce s'appropria seulement, sur la rive gauche de l'Euphrate, la tête de pont de Tomisa, position stratégique importante et station obligée des caravanes qui transitaient entre le Halys et le Tigre (6). A la fin du siècle, les progrès de la Grande-

---

(1) Ardoatès en 301 (Diodore, fr. XXXI, 19, 5); Arsamès vers 240 (Polyen, IV, 17); Xerxès vers 215 (Polybe, fr. VIII, 25; Jean d'Antioche, fr. 53 = F. H. G. IV, 557). Un autre roi arménien est mentionné vers 260 par Memnon, c. 22. Quant à *Ablissarès* (LANGLOIS, *Numismatique de l'Arménie,* p. 15 suiv.), j'hésite à le placer en Arménie, à cause de son nom sémitique. *Samès* appartient sans doute à la Comagène.

(2) Sur ce nom cf. Charès, fr. 17 (*Script. Alex.* Didot, p. 119; Athénée XIII, p. 575 A).

(3) Strabon XI, 14, 15.

(4) Diodore, *Exc. Escur.* 9 (F. H. G. II, p. x); Appien, *Syr.* 45 66. Artaxias est déjà restauré en 161, (Diodore, *Exc. Esc.* 13 = F. H. G. II, p. xii).

(5) Diodore, fr. XXXI, 22; Polybe, fr. XXXI, 15 a.

(6) Strabon XII, 2, 1; cf. XIV, 2, 29.

Arménie furent interrompus par les Parthes, qui avaient supplanté, en Médie et en Mésopotamie, les Séleucides dégénérés. Le huitième Arsace, Mithridate le Grand, qui porta la puissance parthe à son apogée, entreprit vers la fin de son règne une campagne offensive contre les Arméniens; il vainquit leur roi Artavasde (1) et emmena comme otage le prince royal Tigrane (2). Il ne consentit à lui rendre la liberté et le trône de ses aïeux (en 95 av. J.-C.) (3) que moyennant l'abandon formel de 70 districts ou « vallons » arméniens. L'Arménie, humiliée, mais non brisée, ni assujettie (4), se vit entourée désormais de toute une ceinture de petits États, plus ou moins inféodés aux Parthes, — Osroène, Gordyène, Adiabène, Médie Atropatène, — qui gênaient singulièrement son expansion.

Le prince qui ceignait la tiare d'Arménie sous ces tristes auspices (5) était de quelques années l'aîné de Mithridate Eupator (né vers 140 av. J.-C.) (6). Sans pouvoir se comparer à son voisin par le talent ni par le caractère, il avait, en commun avec lui, une ambition ardente qui devait bientôt rapprocher les deux princes. A peine monté sur le trône, Tigrane commença sa carrière de conquérant en attaquant le roi de Sophène, Artanès (7). La Cappadoce, impuissante à se défendre elle-même, ne pouvait rien pour son ancienne protégée; elle avait dû même, tout récemment, mendier son concours et lui revendre, pour cent talents, la forteresse de Tomisa (8). Le dernier des Zariadrides, livré à ses seules forces,

(1) Justin XLII, 2, 16 : *Ad postremum Artoadi (sic Gutschmid au lieu de Artoadisti) Armeniorum regi bellum intulit*. Cf. ib. 4, 1 et Trogue Pompée, prol. 42.
(2) Justin XXXVIII, 3; Strabon XI, 14, 15. Appien appelle Tigrane « fils de Tigrane » (*Syr.* 48); il n'était donc pas fils d'Artavasde, mais probablement son neveu (un des fils de Tigrane s'appelle Artavasde). Est-il identique au « Tigrane, jadis satrape de Cholobétène (?) » d'Arrien? (Arrien, au livre 6 des *Parthica*; F. H. G. III, 583, fr. 4.) Il n'y a pas lieu de s'arrêter à la prétendue tradition arménienne (Moïse de Khorène II, 3; Jean Catholicos VIII, 9) d'après laquelle les Arsacides auraient installé en Arménie une branche cadette de leur dynastie.
(3) La date de l'avènement de Tigrane résulte de ce qu'en 70, au moment de l'ambassade d'Appius Claudius, il régnait depuis 25 ans. (Plutarque, *Lucull.* 21.)
(4) Strabon XVI, 1, 19 atteste formellement que les Parthes n'ont jamais conquis l'Arménie, et ailleurs (XI, 14, 15) que Tigrane était de la famille d'Artaxias.
(5) Il la ceignit à l'endroit même où il bâtit plus tard Tigranocerte (Appien, *Mith.* 67).
(6) Tigrane est mort entre février 56 (Cicéron, *Pro Sextio*, c. 59) et 54 (Plutarque, *Crassus*, 49), et il avait, à sa mort, 85 ans. (Lucien, *Macrob.* 15.)
(7) Et non *Arsace* (Étienne de Byzance).
(8) Strabon XII, 2, 1. Probablement à l'occasion de la guerre d'Ariarathe Philométor contre Mithridate.

TIGRANE
D'après une Médaille du Musée Britannique

fut écrasé, et la Sophène, avec ses annexes (Acilisène, etc.), incorporée à la Grande-Arménie (1).

Par cette importante acquisition, Tigrane devenait le voisin immédiat de la Cappadoce, au moment même où l'élection d'Ariobarzane ruinait dans ce pays l'influence de Mithridate. Le roi de Pont conçut aussitôt le projet de mettre l'Arménien dans ses intérêts; quelle aubaine s'il pouvait reconquérir la Cappadoce sous le manteau de Tigrane sans dépenser un homme ni un écu, sans fournir à Rome un prétexte pour l'attaquer! Gordios, l'homme à tout faire, fut chargé de négocier l'alliance entre Mithridate et Tigrane; il s'acquitta brillamment de sa mission, et pour affermir la confiance mutuelle des deux rois, l'alliance politique fut scellée par une union de famille : Tigrane épousa une des filles de Mithridate, Cléopâtre, princesse trois fois moins âgée que lui, mais douée d'une intelligence ouverte et d'un courage viril. En exécution du traité secret négocié par Gordios, les Arméniens franchirent l'Euphrate, en 93, conduits par le négociateur, et tombèrent sur la Cappadoce. L'incapable Ariobarzane, pris au dépourvu, n'essaya même pas la lutte; il ramassa ses trésors et ne s'arrêta qu'à Rome. Les troupes de Tigrane mirent garnison en Cappadoce et Gordios, c'est-à-dire Mithridate, fut installé de nouveau comme régent (2).

Le tour était bien joué, mais cette fois encore on avait trop compté sur la longanimité du sénat romain. Les prières et probablement les trésors d'Ariobarzane émurent les pères conscrits; sa restauration fut décidée, et l'on chargea de l'opération un jeune général dont la réputation grandissante donnait déjà de l'ombrage à Marius, L. Cornélius Sylla. Désigné, au sortir de la préture, pour gouverner la Cilicie et ramener Ariobarzane, Sylla, avec un petit noyau de troupes romaines, grossi par les contingents alliés, franchit le Taurus, tailla en pièces l'armée improvisée de Gordios, puis un corps arménien accouru à son aide, et poursuivit les fuyards, l'épée dans les reins, jusqu'à l'Euphrate. C'était la première fois que les aigles romaines atteignaient ce fleuve; mais une surprise encore plus agréable y était réservée à Sylla. Un ambassadeur du roi des Parthes, Orobaze, vint le complimenter de la part de son maître, lui rappeler que l'Euphrate formait dé-

(1) Strabon XI, 14, 15.
(2) Justin XXXVIII, 3.

sormais la frontière des Arsacides et solliciter officiellement pour « Mithridate le Grand » l'amitié et l'alliance du peuple romain. La joie de nouer, le premier, avec les Parthes des rapports diplomatiques, les prédictions des chiromanciens de la suite d'Orobaze qui promettaient à Sylla l'empire de sa patrie (1), grisèrent l'heureux général : quand il donna audience à l'ambassadeur, il le reçut assis sur un trône élevé, ayant à ses côtés deux sièges plus bas, l'un pour le Parthe, l'autre pour le roi de Cappadoce. Rome applaudit à la fière attitude de son représentant et lui pardonna d'avoir mis au pillage le royaume d'Ariobarzane, mais Orobaze, à son retour à Ctésiphon, eut la tête coupée pour n'avoir pas mieux soutenu l'honneur de son maître (92 av. J.-C.) (2).

En somme, le véritable vaincu dans cette campagne c'était encore Mithridate, qui n'y avait pas figuré : l'alliance arménienne s'était montrée aussi trompeuse que l'alliance bithynienne. Désespérant pour le moment de s'emparer de la Cappadoce, le roi de Pont chercha des consolations et des dédommagements au nord de l'Euxin : ce fut alors qu'il entreprit contre les Sarmates et les Bastarnes ces expéditions dont nous connaissons déjà les brillants résultats. Il se forgeait des armes pour la lutte inévitable, sans la soupçonner aussi prochaine.

(1) Velléius Paterculus II, 15 (il se trompe sur la date).
(2) Plutarque, *Sylla*, c. 5 (probablement d'après les mémoires de Sylla) ; Liv. ep. 70 ; Appien, *Mith.* 57. Justin passe sous silence la campagne de Sylla et confond les deux restaurations d'Ariobarzane.

LIVRE III.

PREMIÈRE GUERRE CONTRE ROME (1).

CHAPITRE PREMIER (2).

LA RUPTURE (91-89 av. J.-C.).

Au commencement de l'année 91 avant notre ère, la domination de Rome sur l'Asie Mineure paraissait, de nouveau, solidement établie. Les deux clients indociles, Mithridate et Nicomède, avaient été mis à la raison, rejetés dans leurs anciennes frontières. Paphlagoniens et Galates étaient rentrés dans le désordre accoutumé. Un roi d'un dévouement servile régnait sur la Cappadoce, et si la campagne de 92 avait vidé ses coffres, elle semblait avoir affermi son trône. Même dans les provinces romaines, il y avait un peu d'accalmie, de détente : depuis la leçon que leur avait infligée le préteur Antoine, les pirates ciliciens se tenaient plus tranquilles, et la province d'Asie se ressentait encore de la courte mais féconde administration du proconsul Scévola ; il avait été plus facile aux publicains d'obtenir l'exil de son conseiller Rutilius que d'effacer ses sages ordonnances et le souvenir de ses bienfaits (3).

---

(1) Sur la chronologie de la première guerre de Mithridate contre les Romains il existe une dissertation d'EXPERIUS, *De temporum belli Mithridatici primi ratione*, Gœttingue, 1829 (réimprimée dans ses *Opuscula*, Gœtt. 1847, p. 1-17.) L'auteur s'est créé des difficultés imaginaires en supposant une contradiction entre Appien et Plutarque, qui n'existe pas ; il n'a pas non plus utilisé les médailles.

(2) Source principale pour ce chapitre : Appien, *Mith.* 10-16, surtout les discours (fictifs) des ambassadeurs de Mithridate et de Nicomède, imités des célèbres harangues des Corinthiens et des Corcyréens dans Thucydide. Pour les affaires de Bithynie, les fragments de Licinianus, p. 36, Bonn.

(3) Le procès de Rutilius est placé par l'épitomé de Tite-Live (ep. 70) entre la campagne de Sylla (92) et les rogations de Drusus (91), par conséquent dans l'une de ces deux années. Si le procès eut lieu aussitôt après l'expiration des fonctions de Rutilius, qui était

Jetons les yeux en dehors des limites de l'Asie Mineure : dans tout l'ensemble du monde hellénisé et oriental avec lequel Rome se trouvait alors en contact, nulle part on ne découvrait pour elle un sujet d'inquiétudes sérieuses. Seule la Macédoine était agitée : une mauvaise récolte avait indisposé les populations (1), un nouveau prétendant national, l'imposteur Euphénès avait surgi (2), et toutes les tribus de la « marche thracique », à l'exception des Densélètes (3), venaient de faire défection, après dix ans de tranquillité (4), peut-être à l'instigation des agents de Mithridate (5). L'année 91 vit le territoire romain envahi par une coalition redoutable, sous les ordres du roi Sothimos (6); le préteur de Macédoine, le brave C. Sentius Saturninus (7), fut battu, et pendant trois ans les incursions des Thraces continuèrent à désoler sa province (8). Toutefois ces expéditions coutumières de tribus pillardes sur la frontière macédonienne constituaient une honte plutôt qu'un danger; à la longue, la forte discipline des troupes romaines, soutenues par les populations pacifiques des districts agricoles, finissait toujours par avoir raison des bandes barbares, dépourvues de cohésion.

Deux autres dynasties macédoniennes vivaient encore, ou plutôt achevaient de mourir. La plus florissante, celle des Lagides, se repliait, de plus en plus, sur elle-même dans sa décadence dorée. Depuis la mort de Ptolémée Physcon (117 av. J.-C.), la monarchie ptolémaïque s'était d'ailleurs divisée en trois tronçons : l'Égypte et Chypre, où régnaient alternativement, suivant les caprices de leur mère Cléopâtre et de la populace alexandrine, les

légat de Q. Mucius Scévola, le gouvernement de celui-ci se place en 94, l'année après son consulat (Val. Max. VIII, 15, 6) et non, comme on le dit d'ordinaire, en 99. (Il est appelé *proconsul* par l'ep. de Tite-Live, préteur (στρατηγός) par Diodore et Ps. Asconius.) On allègue à la vérité que Scévola refusa une province au sortir du consulat, mais le texte sur lequel on se fonde (Ps. Asconius, *in Pison.* p. 15 Orelli) dit simplement : *provinciam... deposuerat, et emptui esset aerario*, ce qui n'est pas la même chose que « refuser une province ». Précisément on sait que Scévola ne resta que 9 mois en Asie (Cicéron, *ad Att.* V, 17, 5.)

(1) Cicéron, *Verr. Acc.* III, 93, 217.
(2) Diodore, fr. XXXVII, 5 a Dind. (F. H. G. II, p. xxiii, n° 31.)
(3) Cicéron, *in Pison.* XXXIV, 84.
(4) Sur les nombreuses campagnes de la fin du ii° siècle, dirigées contre les Thraces et les Scordisques, cf. Liv. ep. 63. 65; Florus, III, 39; Eutrope, IV, 24, 25, 27; Obsequens, c. 103.
(5) Dion, fr. 101, 2.
(6) Orose, V, 18, 30.
(7) Liv. ep. 70.
(8) Liv. ep. 74 et 76.

deux fils légitimes de Physcon, Lathyre et Alexandre; et la Cyrénaïque, qui échut à leur frère bâtard, Ptolémée Apion. Quand ce prince mourut, en 96 av. J.-C., léguant ses États au peuple romain, le sénat s'abstint provisoirement de prendre possession de ce nouvel héritage : la Cyrénaïque, déchirée par les factions, fut condamnée pour vingt ans à la liberté, c'est-à-dire à l'anarchie (1).

Les anciens rivaux des Lagides, les Séleucides, étaient encore plus profondément affaissés. Dépouillés graduellement par les Parthes de toutes les satrapies supérieures, chassés de l'Iran, puis de la Mésopotamie, les descendants de Séleucus Nicator, moins de cent ans après la bataille de Magnésie, se voyaient réduits à la Syrie propre et à la Cilicie plane. Même dans ces limites étroites, ils s'efforçaient vainement d'arrêter les progrès d'une décomposition désormais fatale. La Comagène au nord, la Judée au midi, se sont donné depuis cinquante ans des dynasties indépendantes; les riches cités de la côte phénicienne sont devenues de véritables villes libres, qui attachent bien plus de prix à l'amitié des pirates qu'à la protection de leur suzerain nominal, le roi d'Antioche. Il en est de même d'un grand nombre d'émirs, de dynastes plus ou moins arabes, qui pullulent chaque jour, comme l'ivraie dans un champ mal tenu, sur la lisière du désert ou dans la région du Liban. Battue en brèche de tant de côtés, la race, si fortement trempée, de Séleucus s'épuise encore dans des luttes fratricides, renouvelées à chaque génération, qui aboutissent enfin au schisme, prélude de l'agonie. Déjà Antiochus Grypos a dû se résigner au partage avec Antiochus de Cyzique, à la fois son cousin et son frère utérin. Après la mort des deux rois, la lutte se rallume entre leurs fils, puis entre leurs petits-fils. Les annales de la Syrie ne sont plus qu'un tissu sanglant de batailles, d'émeutes et de crimes, où l'historien se perd ou se dégoûte : quatre ou cinq prétendants se disputent parfois les ais de ce trône vermoulu; chacun d'eux détient une demi-douzaine de villes, quelques lambeaux de territoire, et, illusion ou dérision suprême, ces rois minuscules étalent sur leurs médailles, sur leurs inscriptions une titulature plus pompeuse que n'ont jamais fait les

---

(1) Le sénat ne prit possession des États de Cyrène qu'en 74 (Appien, *B. Civ.* I, 111). De là la légende des deux Apion : saint Jérôme sur Eusèbe, ol. 178, 4; S. Rufus, c. 13; Ammien Marcellin XXII, 16, 24; Eutrope, VI, 11. Cf. CLINTON, *Fasti hellenici*, 2ᵉ éd., III, 394.

Séleucus Nicator ou les Antiochus le Grand. Encore quelques années, et la Syrie, si elle n'a pas trouvé un libérateur grec ou romain, sera parthe ou arabe.

Tel le spectacle qu'offrent les dynasties *hellénistiques;* quant aux deux nations demi-barbares qui ont remplacé les Séleucides sur la frontière de l'Euphrate, les Parthes et les Arméniens, elles viennent d'entrer à leur tour dans la sphère de l'influence romaine et ce premier contact n'a pas été à leur avantage. Les Arméniens ont été battus à plate couture, chassés de la Cappadoce; le fier Arsacide a sollicité spontanément l'amitié de Rome et son représentant s'est laissé humilier par Sylla. Un moment, l'intervention des armées parthes en Syrie a pu sembler inquiétante; mais l'heure approche où l'attention des Arsacides va être détournée de leur frontière occidentale par de graves périls domestiques et étrangers. Les querelles intestines vont affaiblir la dynastie pendant une génération, et du fond des déserts transoxiens sort une nouvelle trombe de nations barbares qui s'apprête à inonder l'Iran; les premiers successeurs de « Mithridate le Grand », loin de pouvoir reprendre le fil de ses conquêtes, vont être réduits eux-mêmes à un demi-vasselage.

En résumé, l'impression qui se dégage de ce rapide aperçu n'a rien que de rassurant pour Rome. L'horizon oriental n'est pas exempt de nuages, partout s'annoncent d'inévitables transformations politiques, mais aucune ne menace directement l'hégémonie romaine, fondée au siècle dernier sur les ruines de la Macédoine et de la Syrie. Malgré des fautes et des défaillances nombreuses, malgré les inconséquences d'une politique tour à tour timide et violente, la grande ombre de Rome s'étend de plus en plus sur l'Asie : tant il est vrai qu'en politique, comme en mécanique, les effets peuvent survivre aux causes, et qu'une domination, créée par des victoires éclatantes, peut persister et même s'affermir après que la supériorité morale d'où elle est sortie a depuis longtemps disparu. L'empire de Rome sur l'Orient, au début du IIe siècle avant notre ère, vivait en vertu de la vitesse acquise, en vertu de la décadence physique et morale des vieilles races et des vieilles dynasties.

Mais la médaille a son revers. Toute puissance assise sur la crainte ou la superstition politique est à la merci d'un accident. Déjà, lors de l'invasion des Cimbres, on avait pu constater avec quelle rapidité le moindre désastre de Rome en Occident se propageait dans son empire oriental, grâce à cette solidarité intime des deux moitiés du bassin de la Méditerranée, qui, depuis la seconde guerre punique, est le trait saillant de l'histoire ancienne. Le même phénomène se reproduisit, avec une intensité plus grande encore, à la fin de l'année 91. Soudain, comme un coup de tonnerre déchirant un ciel serein, la nouvelle se répand qu'une guerre fratricide, qui, dès le début, a pris le caractère d'une lutte d'extermination, vient d'éclater en Italie. Les fidèles alliés qui depuis cent cinquante ans ont fourni la moitié des armées de Rome, qui ont versé, pour la ville maîtresse, le plus pur de leur sang sur tous les champs de bataille du monde, depuis l'Océan jusqu'à l'Euphrate, l'Italie, qui semblait au dehors ne faire qu'un avec sa capitale, l'Italie réclame, les armes à la main, une part proportionnée à ses services dans le gouvernement de la commune devenue univers, — *urbs orbis facta*; elle exige ou la rupture du pacte fédéral, ou son admission en bloc au droit de cité romaine. En un seul jour, Rome expia un siècle et demi d'un égoïsme politique sans précédent dans l'histoire. Combien elle dut regretter le parti pris insensé de traiter en sujets ces confédérés italiens qui faisaient le plus clair de sa force, mais dont la naturalisation collective aurait pu gêner quelques intérêts électoraux ou froisser l'orgueil de la canaille souveraine! Tel fut l'aveuglement persistant de l'aristocratie gouvernementale, que même à la dernière heure, lorsque le tribun Drusus se fit l'apôtre enflammé des revendications italiennes, un poignard oligarchique arrêta net sa propagande. Ce fut l'étincelle qui alluma le bûcher : Asculum donna le signal, les Marses et les Samnites prirent la tête du mouvement insurrectionnel, et l'hiver 90 vit plus de la moitié des peuples de la péninsule debout en armes contre « les loups ravisseurs de la liberté italienne ».

Le contre-coup des premiers désastres de la guerre sociale se fit aussitôt sentir dans les provinces orientales de l'empire romain. Rome, menacée au foyer de sa grandeur, dut rappeler en Italie ses légions éparses, faire appel aux contingents maritimes de ses alliés : Héraclée, Clazomène, Milet fournirent des vaisseaux pour la guerre d'Italie (1). La Macédoine, dégarnie de troupes, fut

---

(1) Héraclée : Memnon, c. 20. Milet, Clazomène (et Carystos) : *Corp. inscr. lat.* I, 203 (VIERECK, *Sermo graecus quo S. P. Q. R.* etc., n° 17). C'est un sénatusconsulte (traduit en

livrée sans défense aux ravages des Thraces, la Grèce s'agita, des révolutions éclatèrent en Asie Mineure.

Pour Mithridate, comme pour tout le monde, la brusque explosion de l'insurrection italienne fut une surprise : elle arrivait trop tôt pour le plan de longue haleine qu'il avait conçu. La moitié de sa flotte était encore sur le chantier, la moitié de son armée occupée à guerroyer contre les Sarmates et les Bastarnes (1); son faisceau d'alliances n'était pas encore constitué. Interrompre, en plein succès, ses conquêtes dans le nord, était impossible; d'autre part, pouvait-il négliger l'occasion qui s'offrait de prendre sa revanche des humiliations de 95 et de 92? Provisoirement, il s'arrêta à un moyen terme : il résolut d'agir en Asie Mineure, mais sans se compromettre ouvertement, en se cachant, comme naguère, derrière des prête-noms, en faisant jouer des instruments aveugles de sa politique, qu'il pourrait, le cas échéant, rejeter, désavouer ou supplanter. Cette conduite avait le double avantage de lui laisser le temps d'achever ses conquêtes, ses armements et ses alliances, et de lui permettre, en attendant, de se prévaloir, vis-à-vis de Rome, de sa qualité officielle de roi « ami et allié ». C'était une politique qui manquait peut-être de franchise, mais non d'habileté : elle fut merveilleusement servie par les circonstances, en Cappadoce comme en Bithynie.

La Bithynie, si forte encore quelques années auparavant, était tombée bien bas depuis la mort de Nicomède Épiphane (91 av. J.-C.?) (2). Le vieux roi, dont le règne s'était prolongé pendant plus d'un demi-siècle, ne laissait pas d'enfants de sa dernière femme Laodice; en revanche, il lui était né deux fils d'unions antérieures, qui n'avaient eu, ni l'une ni l'autre, le caractère d'un mariage légal. Le fils aîné, Nicomède, eut pour mère une danseuse, Nysa (3); le puîné, Socrate, une concubine grecque. Nicomède

grec) de l'an 78 av. J.-C., en faveur de 3 capitaines de vaisseaux grecs. Il n'est pas impossible, toutefois, que ces capitaines n'eussent pris part qu'à la dernière partie de la guerre contre les Samnites, c'est-à-dire après la guerre civile de Sylla, à son retour d'Asie. L'expression πόλεμος Ἰταλικός (l. 7) prête à l'équivoque.

(1) Plutarque, *De fort. Rom.* c. 11, *fin.*

(2) La date ne peut pas être fixée avec précision, puisque les monnaies de Nicomède II et de Nicomède III ont même type et même légende. Mais on voit par Justin que Nicomède II vivait encore au moment de l'élection d'Ariobarzane ou peu auparavant (95); d'autre part, il faut laisser un temps suffisant entre l'avénement de Nicomède III et son expulsion (90) pour ses deux mariages et la naissance de ses deux enfants.

(3) Licinianus, p. 36 (éd. Bonn) : *Nicomedes Evergetes* (Épiphane) — *non fuit uno ita*

seul fut déclaré légitime, mais son père semble avoir prévu les
embarras que causeraient un jour à sa succession les droits à
peu près égaux de ses fils. Ce fut sans doute pour indemniser
d'avance le bâtard et écarter ses prétentions au trône de Bithynie qu'il l'investit, sous le nom de Pylémène, d'une partie du
royaume paphlagonien (1); mais on sait qu'en 95 la Bithynie fut
dépouillée de ses conquêtes. Le faux Pylémène dut quitter le
trône éphémère de Gangra, et le vieux roi, sentant sa fin prochaine, le relégua, avec sa mère et sa sœur, dans la ville libre, voisine et amie, de Cyzique : il attribuait à sa famille naturelle, pour toute part dans son héritage, une fortune de 500 talents (3 millions) (2). Peu après, Nicomède Épiphane mourait,
peut-être empoisonné (3), et son fils aîné lui succédait sans
difficulté. Il prit le surnom de *Philopator* (4), mais continua de
frapper monnaie au nom et à l'effigie de son père.

Nicomède III était un despote lâche, cruel et vicieux, qui rappelait à tous égards son aïeul, le second Prusias. Il débuta, parait-
il, en mettant à mort tous ceux de ses parents qui auraient pu
lui faire ombrage, à l'exception de sa tante Lysandra (5) (une

[fili]o *contentus quem... ac legitimum procrearat, tollit ex concubina....... Socraten nomine*. Les
éditeurs de Bonn ont inséré après *quem* les mots *ex Aridonica* et après *concubina : Hanc Si-
betram*; mais ces deux conjectures sont mal autorisées par les débris du palimpseste, et le
nom de la mère de Nicomède III était Nysa d'après Memnon, c. 30 (Νυσομήδην τὸν ἐκ Νυ-
σσης καὶ Νύσης). C'était une danseuse : Trogue Pompée chez Justin XXXVIII, 5, 10 :
Nicomedi... saltatricis filio. Appien, *Mith.* 13, confirme que Nicomède était l'aîné.

(1) Il n'est dit nulle part que le faux Pylémène soit identique à Socrate, mais comme, d'a-
près Licinianus, Épiphane n'eut que deux fils, Pylémène doit être ou Nicomède ou Socrate :
or il est invraisemblable qu'Épiphane ait affublé d'un faux nom son héritier légitime, ce qui
équivalait à l'exclure de sa succession. C'est par une raison analogue qu'on ne saurait considérer le faux Ariarathe comme le fils aîné de Mithridate.

(2) Licinianus, *loc. cit.* : *eamque* (la mère de Socrate) C(yz)i(c)um cum Socrate et quin-
gentis talentis oblegat.

(3) Licinianus, *loc cit.* : *sene mortuo*, [in]*certum an veneno..... succedit* (suivent des lignes
mutilées qui paraissent faire allusion à des massacres ordonnés par Nicomède III, dès son avènement, parmi les membres de sa famille).

(4) Ce surnom lui est donné par les auteurs (Appien, *Mith.* 7, etc.) et par la chronique capitoline C. I. G. IV, 6855 d; mais je ne connais pas d'inscription officielle de Nicomède III
où il le prenne.

(5) Licinianus, *loc. cit.* [so]*rorem patris ducit* [ux]*orem... qu(a)m... huic vivo nocerat*.
Quant au nom, Lysandra, il est attribué par Tzetzès, *Chiliades*, III, 960 (F. H. G. III, 699)
à une fille de Nicomède I*er*, sœur, dit-il, de Prusias *μείζονος*. Mais Prusias *μείζων* était
fils de Prusias II et non de Nicomède I*er* (Liv. ep. 50; Valère Maxime I, 8 ext. 2); Tzetzès
s'est donc probablement aussi trompé pour Lysandra, et si celle-ci est bien la fille de Prusias II, on peut, sans crainte, reconnaître en elle la femme de Nicomède III. Ces enfants du
second lit de Prusias II sont également mentionnés par Justin XXXIV, 4.

fille de second lit de Prusias) qu'il épousa, bien qu'elle eût au moins soixante ans. Cette princesse est bientôt enlevée par une mort suspecte; Nicomède épouse alors, en secondes noces, Nysa, fille et seule héritière de l'avant-dernier roi de Cappadoce, Ariarathe Épiphane, et de la reine Laodice, sœur de Mithridate. La deuxième épouse de Philopator l'avait déjà rendu père de deux enfants, — une fille, Nysa, et un fils, Nicomède, — lorsque le bâtard Socrate la dénonça, à tort ou à raison, pour avoir tenté de l'exciter à la rébellion. Nicomède crut au complot, répudia ou tua sa femme, et traita ses deux enfants comme illégitimes; devenu veuf pour la seconde fois, il renonça pour jamais au mariage et ne gagna au célibat qu'un vice hideux de plus. Quant à Socrate, il fut rappelé à la cour, comblé d'honneurs et reçut le surnom flatteur de *Chrestos*, « le Bon » (1). Il n'y avait plus désormais entre l'ambitieux bâtard et le trône qu'un roi fainéant et méprisé. Socrate, qui avait déjà réussi, ce semble, à mettre Mithridate dans ses intérêts, partit secrètement pour Rome et demanda au sénat la couronne de Bithynie. Ses prétentions, les accusations criminelles qu'il porta contre son frère, et qui fournirent au jeune Hortensius l'occasion de son second début oratoire, ne furent pas accueillies; un sénatusconsulte, rendu en 91 av. J.-C., confirma expressément les droits de Nicomède (2).

Après un pareil éclat, Socrate ne pouvait plus reparaître à la cour de Bithynie; il retourna à Cyzique et assassina sa sœur pour s'emparer de sa part d'héritage. Ce crime mit à sa poursuite les Cyzicéniens indignés et le roi Nicomède; l'assassin dut prendre la fuite. Il s'échappa d'abord en Eubée, où il trouva le temps de corrompre le fils de son hôte, un chevalier romain, appelé Cornélius. De là il se rendit dans le Pont, et demanda aide et as-

---

(1) Licinianus, *loc. cit.* : *Post mortuas (?), morbo an dolo, Nisam Ariarathis Cappadocum regis filiam accepit. Ha(n)c Socrates ad regem... refert bellum contra fratrem incitarisse. Exceptas a rege munifice, Chrestus etiam, quasi meliore nomine, ab eodem recocatur.* Il est possible, d'après cela, que Socrate ait été rappelé en récompense de sa dénonciation. Pour les enfants de Nicomède III, cf. Salluste, fr. IV, 20, 9 Kritz : *cum filius Nysae, quam reginam appellarat, genitus haud dubie enet*; fr. II, 6, 57; Suétone, *Jul.* 49.

(2) Licinianus, *loc. cit.* : *Romam, ad regnum expetendum, frustra profectus*... Memnon, c. 30 : τῆς γὰρ ἐν τῇ Ῥώμῃ συγκλήτου Νικομήδην... βασιλέα Βιθυνίας καθιστάσης, Μιθριδάτης Σωκράτην (lib. Νικομήδην) τὸν Χρηστὸν ἐπικληθέντα Νικομήδει ἀντικαθίστη. Ἐπεκράτει δὲ ὅμως ἡ Ῥωμαίων κρίσις, καὶ ἐκοντὸς Μιθριδάτου. Appien, *Mith.* 7 : Νικομήδης... ἐκδέχατο, Ῥωμαίων ὑπέρ τὴν ἀρχὴν ὡς πατρώαν ψηφισαμένων. Cicéron, *De oratore*, III, 61, 229 : *nuper* (peu avant septembre 91)... *cum pro Bithynia rege dixit* (*Hortensius*). Il avait alors 23 ans.

sistance à Mithridate pour conquérir le trône de Bithynie (1). Le prétendant bithynien arrivait à point nommé pour Mithridate, au moment même où la conflagration italienne lui laissait carte blanche en Asie Mineure. Quelque indigne que fût le personnage, le roi de Pont lui promit son appui et, pour commencer, tâcha de faire assassiner Nicomède par un sicaire à gages, Alexandre (2). Le coup manqua; alors Mithridate permit à son protégé de lever sur ses terres une armée, à la tête de laquelle le prétendant envahit la Bithynie et la conquit sans peine. Une fois installé sur le trône, Socrate prit le nom de Nicomède, et frappa monnaie aux mêmes légendes, à la même effigie que ses prédécesseurs.

En même temps que la Bithynie, la Cappadoce tombait de nouveau sous la dépendance de Mithridate. A peine Sylla parti, celui-ci avait renouvelé son traité avec Tigrane; comme jadis les Romains dans leur alliance avec les Étoliens, les deux rois stipulèrent que, dans toutes les conquêtes faites à frais communs, le territoire appartiendrait à Mithridate, le butin mobilier, — esclaves, bétail et trésors, — à Tigrane (3). Deux généraux, probablement arméniens, Mithraas et Bagoas, envahirent pour la seconde fois la Cappadoce, chassèrent Ariobarzane, qui n'opposa pas plus de résistance que trois ans auparavant, et replacèrent sur le trône de Mazaca le fils de Mithridate, celui qui s'intitulait Ariarathe Eusèbe Philopator. Les deux rois détrônés, Nicomède et Ariobarzane, prirent ensemble le chemin de l'exil et vinrent se jeter aux pieds du sénat romain (90 av. J.-C.) (4).

Mithridate avait compté que Rome, trop occupée chez elle pour regarder ce qui se passait en Asie, laisserait à ses deux créatures

---

(1) Licinianus, *loc. cit.* [Cyzi] *cum redit* (Socrates), *nam redire ad regem pudor prohiberat. Ibi avaritia caedem sua lente, occisa sorore, insequentibus Philopatore simul et Cyzicenis, Eubzam venit* [ubi] *apud Cornelium quemdam, equitem Romanum, devertitur. Satis benigne* [exceptus] *ejus filio adolescenti... scelera discere...*

(2) Appien, *Mith.* 57.

(3) Justin XXXVIII, 3, 5. Il place le traité après la restauration des rois détrônés, mais sa narration est si confuse qu'il est permis de supposer une erreur, d'autant plus que les généraux qui ramènent Ariarathe sont probablement arméniens : en effet, ils ne figurent plus jamais parmi les lieutenants de Mithridate. *Bagoas* est un nom d'eunuque (Pline XIII, 4, 41).

(4) Appien, *Mith.* 9; Justin XXXVIII, 3, 4. Dans l'épitomé de Tite-Live la restauration des deux rois est rapportée ep. 74 (fin 90) et leur expulsion par Mithridate ep. 76 (fin 89). Comme il ne peut pas s'agir de la seconde expulsion (qui est racontée ep. 77 ad fin.) il en résulte qu'il y a eu une interversion dans les manuscrits. De là la date indiquée au texte. Cf. mon article, *les Periochae de la guerre sociale* (*Revue historique*, 1889).

le temps de s'affermir sur les trônes de Bithynie et de Cappadoce; mais les événements marchèrent plus vite qu'il n'avait supposé. Au moment où Nicomède et Ariobarzane débarquaient en Italie, le fort de la crise italienne était déjà passé. Sur les champs de bataille, les chances avaient été à peu près partagées; mais Rome, dès que l'honneur fut sauf, s'empressa de promulguer des mesures législatives qui consacraient en réalité le triomphe des revendications italiennes. Dès la fin de l'année 90, la loi Julia, bientôt complétée par la loi tribunitienne Plautia Papiria, accordait le droit de cité à tous les alliés restés fidèles et à ceux qui mettraient bas les armes dans un délai déterminé. Bien que ces concessions, arrachées par la force, fussent accompagnées de clauses restrictives qui en diminuaient singulièrement la valeur, elles suffirent à désagréger le faisceau de la confédération italique. A partir de ce moment il ne resta sous les armes que les peuples les plus acharnés, ceux pour qui la revendication du droit de cité n'avait été qu'un prétexte d'assouvir des rancunes séculaires: peu à peu, la guerre sociale dégénéra en une sorte de résurrection des guerres samnites, lutte encore redoutable et longue, mais qui ne menaçait plus l'existence même de l'empire.

Cet heureux changement se traduisit aussitôt dans l'attitude de Rome vis-à-vis de ses clients: loin de chercher à gagner du temps, loin de fermer les yeux, comme l'avait espéré Mithridate, le sénat fit un accueil empressé aux deux rois en exil, décréta leur restauration immédiate et chargea une ambassade spéciale d'y présider. Le chef de l'ambassade fut le consulaire Manius Aquilius; son collègue le plus marquant s'appelait Manlius Maltinus (1).

Le choix d'Aquilius était une faute, presque une provocation. Fils de l'organisateur de la province d'Asie, son nom devait rappeler à Mithridate de cruels souvenirs. Lui-même était, comme son père, un brave soldat doublé d'une conscience vénale. Pendant son consulat, il avait eu l'honneur d'étouffer la dangereuse révolte

(1) Appien, *Mith.* 11; Justin XXXVIII, 3, 4. Aquilius est appelé à tort *Caius* par Diodore, fr. XXXVI, 10. Le nom de Manlius Maltinus ne se trouve que dans Justin (XXXVIII, 3, 1 et 4, 4; Trogue Pompée, prol. 38). Appien nomme en revanche un ambassadeur Mancinus (Μαγκῖνος), *Mith.* 19. Il n'est pas impossible que les deux personnages soient identiques et que le nom véritable soit *Manlius Mancinus*, celui d'un tribun violent, ami de Marius (Salluste, *Jug.* 73; Aulu Gelle VI. 11).

des esclaves de Sicile, mais à son retour il faillit succomber à une accusation de péculat; il ne fut sauvé que par un beau mouvement de son avocat, le célèbre Antoine, qui découvrit devant les juges les glorieuses cicatrices de son client (1). Un pareil homme pouvait-il avoir le tact et le désintéressement nécessaires pour mener à bonne fin la mission délicate dont on l'avait chargé? Ne devait-on pas craindre qu'au lieu de tenir compte de la faiblesse momentanée de Rome, qui n'avait certainement pas en Asie une légion disponible, Aquilius, comme naguère Marius, ne cherchât à troubler l'eau pour y pêcher un nouveau triomphe? L'événement devait bientôt montrer toute la gravité de ce choix irréfléchi.

Aquilius reçut pour instructions de ramener par la force Ariobarzane et Nicomède, avec le concours de la petite armée romaine du proconsul d'Asie, Lucius Cassius, et celui des sujets ou alliés asiatiques, rois et républiques. Aussitôt arrivé, il leva des troupes en Phrygie et en Galatie, et réclama, conformément aux traités, le contingent militaire de Mithridate lui-même. C'était une mise en demeure formelle qui allait obliger le roi de Pont de sortir de son attitude équivoque : il fallait se déclarer franchement soumis ou rebelle. A la surprise générale, Mithridate, sommé de défaire de ses propres mains l'ouvrage politique qu'il venait d'édifier, s'inclina aussi complètement, aussi promptement qu'en 95. Sans doute, il n'envoya point les troupes réclamées, mais il fit mieux : il rappela son fils de la Cappadoce et fit tuer son protégé Socrate en Bithynie. Il n'y avait plus d'ennemis, donc plus de prétexte à hostilités, et la restauration des deux rois dépossédés s'accomplit sans rencontrer d'obstacle (printemps 89) (2).

La conduite de Mithridate était aussi habile qu'imprévue; elle lui donnait le temps de rassembler ses forces, et, si Rome voulait la guerre, elle serait désormais dans son tort devant l'opinion. Aquilius, parti avec la ferme intention de rapporter d'Asie ou de l'argent ou de la gloire, ne dissimula pas sa mauvaise humeur devant une solution qui tranchait net ses espéran-

(1) Liv. ep. 70 d'après Cicéron, *De orat.* II, 47.
(2) Appien, *Mith.* 11 ; Liv. ep. 74 (doit être transporté ep. 76); Trogue Pompée chez Justin XXXVIII, 5, 8 : *non regem Bithyniae Chreston, in quem senatus arma decreverat, a se in gratiam illorum occisum?*

ces. Il chercha à rallumer la querelle en soulevant de nouvelles difficultés; c'était sacrifier à son intérêt personnel l'intérêt de son pays, qui, après l'heureux succès de sa mission, eût exigé une attitude conciliante, l'ajournement à des temps plus tranquilles du châtiment définitif de Mithridate. Une fois décidé à provoquer la rupture, Aquilius n'eut pas de peine à trouver un prétexte. Malgré la soumission du roi de Pont, la restauration de ses deux victimes avait exigé un déploiement de force, des armements coûteux. Les frais de l'opération avaient été avancés par les publicains d'Éphèse et leurs associés; on ajoutait sous le manteau qu'Aquilius et ses collègues ne s'étaient décidés à agir que sur la promesse de sommes considérables faite par les deux rois. Comme les trésors de Nicomède et d'Ariobarzane étaient à sec, on imagina de présenter à Mithridate la carte à payer : avec plus de logique que de tact politique, on le rendait responsable des dépenses engagées par sa faute. Pour toute réponse, le roi de Pont exhiba aux ambassadeurs le décompte volumineux des sommes qu'il avait déboursées depuis le commencement de son règne pour entretenir de bonnes relations avec le sénat en général et les sénateurs influents en particulier : loin d'être le débiteur de Rome, il prétendait être son créancier, puisqu'on ne lui laissait pas même les conquêtes que les fonds secrets de sa diplomatie avaient eu pour but de lui assurer (1).

Déboutés de ce côté, Aquilius et ses collègues se retournèrent contre les rois de Bithynie et de Cappadoce, insistèrent pour être payés. Comme leurs protégés alléguaient la détresse de leur trésor, ils les engagèrent à rétablir leurs finances aux dépens de Mithridate, en ravageant son territoire. Il fut impossible de persuader Ariobarzane, chez qui la poltronnerie l'emportait encore sur la rancune; mais Nicomède, un peu moins apathique, talonné par les réclamations incessantes des ambassadeurs, des banquiers, des publicains ses voisins, acculé au dilemme « démission ou soumission », opta pour la guerre. Il fit bloquer le Bosphore par son escadre, à laquelle se joignirent des vaisseaux réquisitionnés dans la province romaine; lui-même, à la tête de son armée, envahit le territoire de Mithridate et razzia le plat pays jusqu'aux murs d'Amastris. Il rentra chez lui chargé de butin : les ambas-

(1) Dion Cassius, fr. 99.

sadeurs et les publicains purent enfin se payer sur les dépouilles des paysans pontiques (été 89) (1).

L'agression injustifiable de Nicomède aurait pu fournir à Mithridate un motif suffisant pour commencer les hostilités; mais il tenait à mettre de son côté, jusqu'au bout, la modération et le semblant du droit. Ses troupes reçurent l'ordre de se retirer devant les Bithyniens; seulement, à peine ceux-ci rentrés chez eux, un des officiers de Mithridate, Pélopidas, se présentait au quartier général des ambassadeurs romains pour porter plainte au nom de son maître. Affectant d'ignorer la connivence des Romains et de Nicomède, il dénonçait l'infraction commise par celui-ci au droit des gens et réclamait pour Mithridate une satisfaction éclatante, ou tout au moins la permission de châtier lui-même les coupables. Aquilius et ses collègues firent une réponse aussi équivoque que leur conduite : « Nous ne permettrons point que Mithridate soit lésé par Nicomède, pas plus que Nicomède par Mithridate. » Cette vague assurance, qui ne visait que l'avenir, sans donner satisfaction pour le passé, équivalait à une fin de non-recevoir. La réplique de Mithridate ne se fit pas attendre : il donna un corps d'armée à son fils Ariarathe, avec lequel ce prince envahit la Cappadoce et en chassa pour la troisième fois Ariobarzane. Au lendemain de cette mesure de représailles, Pélopidas reparut au quartier général romain pour annoncer aux ambassadeurs le gage pris par son maître; il les informait en même temps que Mithridate avait envoyé une ambassade à Rome pour porter plainte contre eux. Enfin il les exhortait une dernière fois au respect des traités : s'ils consentaient à lui prêter main-forte pour châtier la Bithynie, Mithridate s'engageait à venir au secours de Rome avec sa flotte et son armée pour écraser l'insurrection italienne; s'ils ne voulaient pas aller jusque-là, que du moins ils restassent neutres et attendissent la décision du sénat.

Le langage de Mithridate était à la fois ferme et mesuré; il aurait dû donner à réfléchir aux ambassadeurs romains, qui n'ignoraient rien de ses formidables préparatifs. La guerre contre les Bastarnes et les Sarmates s'était terminée à son avantage; des traités avaient été conclus qui mettaient à sa disposition d'énormes contingents de mercenaires barbares; et déjà l'armée

---

(1) Appien, *Mith.* 11; Trogue Pompée chez Justin XXXVIII, 5, 10.

de Scythie, grossie de ces nouvelles recrues, avait repassé l'Euxin (1). La flotte comptait 300 navires de guerre; d'autres étaient sur chantier; on embauchait des pilotes et des capitaines en Égypte, en Phénicie. La diplomatie de Mithridate n'était pas moins active que ses arsenaux : ses derrières étaient couverts par des traités d'amitié avec l'Ibérie, la Médie, les Parthes, son gendre Tigrane était lié à lui par une alliance offensive et défensive; des agents secrets travaillaient les cités grecques d'Europe et d'Asie, les tétrarques galates; d'autres ambassadeurs sollicitaient publiquement les villes crétoises, les rois d'Égypte et de Syrie (2). S'exposer à combattre une coalition de tout l'Orient, quand le tiers de l'Italie était encore en armes, quand la Macédoine et l'Épire regorgeaient encore de pillards thraces, c'était pure démence; mais les ambassadeurs de Rome étaient saisis de cet esprit de vertige qui prélude aux grandes catastrophes. Ils prenaient pour un signe de faiblesse la modération calculée de Mithridate, ses capitulations astucieuses; Aquilius s'imaginait de bonne foi qu'une promenade militaire suffirait pour mettre à la raison ce roitelet assez hardi pour traiter d'égal à égal avec la république. Poussé à bout par l'ultimatum de Pélopidas, il lui déclara que son maître eût, à ses risques et périls, à respecter le territoire bithynien; quant à la Cappadoce, les Romains se chargeaient eux-mêmes d'y ramener Ariobarzane. L'envoyé du roi de Pont reçut l'ordre de quitter le camp le soir même et de n'y plus reparaître, sinon porteur d'une soumission sans réserve de la part de Mithridate. On le fit même reconduire sous bonne escorte pour l'empêcher d'ameuter les populations (hiver 89-88 av. J.-C.) (3).

Cette fois, c'était bien la guerre, et dès les premiers jours du printemps les hostilités commencèrent, en effet, sur toute la ligne.

(1) Justin XXXVIII, 3, 7 : *A Scythia quoque exercitum venire jubet.*
(2) Salluste, fr. IV, 20, Kritz : *testatum... Cretenses... et regem Ptolomaeum* (Ptolémée Alexandre, qui ne fut renversé qu'en 88).
(3) Appien, *Mith.* 13-16; Memnon, c. 30; Justin, *loc. cit.* — Dion, fr. 99 et Eutrope V, 5 (copié par Orose VI, 2, 1) attribuent au sénat romain la réponse faite, d'après Appien, par Aquilius.

CHAPITRE II.

LES SUCCÈS (1).

Aquilius et ses collègues avaient engagé de gaieté de cœur leur pays dans une guerre redoutable, sans mesurer la portée de leur acte, sans attendre l'autorisation du sénat et du peuple romains. A cette première faute ils en ajoutèrent une seconde : celle d'éparpiller sur un front beaucoup trop vaste les forces nombreuses, mais médiocres, qu'ils avaient ramassées à la hâte. Ils en formèrent quatre groupes, trop éloignés les uns des autres pour se porter mutuellement secours au jour de la bataille, mais assez rapprochés pour qu'en cas d'insuccès la contagion de la défaite se propageât rapidement de l'un à l'autre. L'armée bithynienne, forte de 50,000 hommes de pied et de 6,000 chevaux, formait le premier groupe; les trois autres se composaient chacun d'un faible effectif de soldats romains encadrant une masse informe de conscrits asiatiques, Phrygiens, Paphlagoniens, Cappadociens, Galates, qu'on avait levés et équipés pendant l'hiver. Chacun de ces corps avait une force moyenne de 10,000 fantassins et de 4,000 cavaliers (2). L'armée bithynienne était commandée par son roi; les autres corps par l'ambassadeur Manius Aquilius, qui sortait ainsi de son rôle à ses risques et périls, et par les gouverneurs d'Asie et de Cilicie, L. Cassius Longinus et Q. Oppius. Auprès de ce dernier se trouvait l'ambassadeur Manlius Maltinus. Les Bithyniens devaient prendre l'offensive en Paphlagonie, Oppius et Maltinus en Cappadoce; Aquilius et Cassius se placèrent en seconde ligne : Aquilius sur le Billéos, pour couvrir la Bithynie, Cassius vers Gordioucomè, sur le moyen

---

(1) Sources : Appien, *Mith.* 17-29 (source principale); Memnon, c. 31-32; quelques fragments de Diodore (livre 37); l'important fragment de Posidonius, fr. 41 Müller (F. H. G. III, 266 = Athénée, V, p. 211 D) sur la révolte d'Athènes. Ces événements étaient racontés dans les livres 77 et 78 de Tite-Live.

(2) Le chiffre des cavaliers s'est perdu chez Appien, mais au ch. 19 il donne 4,000 chevaux à Aquilius, et il résulte du ch. 17 que la composition des trois corps était identique.

Sangarios, d'où il protégeait la Galatie et la Phrygie. Enfin une escadre bithyno-asiatique, sous deux amiraux romains, Minucius Rufus et C. Popilius, se posta à Byzance pour fermer la Propontide aux flottes pontiques.

Au total, les Romains avaient mis sur pied environ 190,000 hommes ; Mithridate allait leur opposer une flotte de 300 navires pontés et de 100 vaisseaux légers, et une armée de 2 à 300,000 hommes. La composition de cette armée était fort inégale (1). On y trouvait d'abord une phalange de mercenaires grecs, les vétérans de la guerre de Crimée ; puis une cavalerie auxiliaire, levée par le jeune roi de Cappadoce, Ariarathe, dans la Petite-Arménie, et forte de 10,000 chevaux. Le reste, soit environ 250,000 hommes de pied et 10,000 cavaliers, d'après l'estimation la plus élevée, se composait de Cappadociens et de Paphlagoniens, sujets du roi, peut-être de quelques mercenaires galates (2), enfin et surtout des nombreux contingents soudoyés parmi les barbares d'Europe, — Méotiens, Scythes, Sarmates, Bastarnes, Thraces, Celtes. La phalange, corps d'élite, sorte de vieille garde, resta placée sous le commandement direct du ministre de la guerre, Dorylaos, camarade d'enfance et favori du roi ; les 130 chars armés de faux, qui tenaient dans l'armée de Mithridate la place de l'artillerie de campagne dans les armées modernes, avaient aussi un chef particulier, Cratéros. Le reste des troupes était sous les ordres supérieurs de deux frères, Archélaos et Néoptolème, deux condottières qui paraissent avoir été d'origine macédonienne (3). Au-dessus de tous, le roi lui-même, qui était son véritable généralissime ; sa surveillance très active ne s'exerçait pas seulement sur la marche générale des opérations, elle se

---

(1) Memnon compte 40,000 hommes de pied et 10,000 chevaux à la bataille de l'Amnias ; puis Mithridate rejoint Archélaos avec 150,000 hommes : total 200,000. Appien, *Mith.* 17, compte pour l'armée propre de Mithridate (τὸ οἰκεῖον, expression qui comprend certainement les auxiliaires d'Europe) 250,000 fantassins et 40,000 chevaux ; pour les auxiliaires d'Asie (συμμαχικά) 10,000 cavaliers de Petite-Arménie et un nombre de phalangites qui s'est perdu. Comme la phalange grecque ne devait guère s'être augmentée depuis les campagnes de Diophante où elle comptait 6,000 hommes (Strabon VII, 3, 17), on peut suppléer ici ce chiffre. Le contingent de la Petite-Arménie n'étant pas compris dans l'armée nationale, on doit en conclure que cette province était alors rattachée au royaume vassal de Cappadoce.

(2) Trogue Pompée chez Justin XXXVIII, 4, 9-10.

(3) Les deux noms ont un cachet macédonien ; en outre, Archélaos, roi de Cappadoce (arrière-petit-fils du général de Mithridate), prétendait descendre de Téménos, l'Héraclide, ancêtre mythique des rois de Macédoine (Josèphe, *B. Jud.* I, 21, 2).

faisait sentir jusque dans le moindre détail. Il était vraiment l'âme, le lien visible de son armée immense et disparate.

Le rendez-vous assigné aux détachements qui affluaient de toutes les parties de l'empire était la plaine d'Amasia; mais avant même que tous les corps fussent arrivés à destination, il fallut faire face à l'attaque des Bithyniens. Ceux-ci, au lieu de longer la côte comme l'année précédente, avaient pris par la route centrale de la Paphlagonie, qui court entre la chaîne côtière et celle de l'Olgassys. Ils avaient déjà franchi les défilés qui conduisent de la vallée du Billéos (Timonitide) à celle de l'Amnias (Domanitide), lorsqu'en descendant dans la plaine ils se heurtèrent au corps pontique envoyé à leur rencontre (1). Ce corps se composait des 10,000 chevaux d'Ariarathe et de 10,000 hommes d'infanterie légère, commandés par les deux généraux en chef, Archélaos et Néoptolème. Les Bithyniens avaient donc une légère supériorité numérique, compensée par l'infériorité de leur cavalerie. Les généraux de Mithridate engagèrent le combat et l'engagèrent mal. Ils firent occuper par des forces insuffisantes une colline, qui était la clef de la position; les Bithyniens les en délogèrent, culbutèrent la cavalerie d'Ariarathe et l'aile gauche, celle de Néoptolème, qui accouraient à la rescousse par petits paquets: l'armée pontique faillit être enveloppée. Mais l'aile droite, où commandait Archélaos, était encore intacte et réussit à détourner sur elle la poursuite des Bithyniens; quand Archélaos les vit engagés à fond, il fit halte et démasqua brusquement ses chars à faux. La seule vue de ces engins inconnus aux Bithyniens, puis leur charge meurtrière, produisirent un effet foudroyant. Profitant de la panique qui se dessinait dans les rangs ennemis, Néoptolème rallia ses fuyards et les ramena à l'attaque; les Bithyniens, pris en tête et en queue, ne purent alors que vendre chèrement leur vie. L'infanterie de Nicomède fut anéantie; le camp, le trésor tombèrent aux mains du vainqueur; une partie de la cavalerie réussit à s'échapper avec le roi, qui vint porter lui-même à Manius Aquilius la nouvelle de son désastre (printemps 88 av. J.-C.) (2).

(1) Sur le lieu de la bataille, Strabon XII, 3, 40. Le défilé de Bayabad est encore aujourd'hui une position stratégique importante; cf. TCHIHATCHEFF, Asie Mineure, I, 184. Non loin de là, Pompée fonda la ville de Pompéiopolis.

(2) L'année résulte de tout l'enchaînement des faits, la saison des circonstances mêmes de la campagne et des nombreux événements pour lesquels il faut trouver place avant les élec-

Quelques jours après la bataille, Mithridate rejoignait son avant-garde avec la phalange et le reste des corps d'armée. Il reconnut immédiatement la portée de sa victoire et résolut de la pousser vigoureusement : il ne fallait pas que les généraux romains eussent le temps de secouer leur première stupeur et de réunir leurs trois tronçons d'armée. Un corps fut dirigé vers la Cappadoce pour arrêter Oppius; le gros de l'armée, 150 ou 200,000 hommes, traversa à marches forcées la Paphlagonie (1) pour atteindre Aquilius. L'armée pontique couronna, sans rencontrer de résistance, les crêtes du mont Scorobas, frontière de la Bithynie. Déjà la démoralisation était si complète dans les rangs de l'ennemi, que 800 cavaliers bithyniens, chargés de garder les défilés, prirent la fuite devant 100 éclaireurs sarmates. Nicomède acheva de perdre courage et s'en alla rejoindre Cassius en Phrygie; les débris de son armée se débandèrent ainsi que la plupart des auxiliaires asiatiques d'Aquilius. Avec son corps d'armée ainsi mutilé, le consulaire chercha, lui aussi, à rejoindre son collègue; mais il fut atteint à Protopachion (2) par l'avant-garde pontique, sous Néoptolème et l'Arménien Naimanès (3). Le combat, commencé vers une heure de l'après-midi, se termina promptement par la défaite complète des Romains; ils perdirent leur camp, 10,000 morts et 300 prisonniers. Aquilius s'enfuit presque seul, franchit le Sangarios à la faveur des ténèbres, et ne s'arrêta pour respirer qu'à Pergame.

Le corps de Cassius n'avait pas encore combattu. Là se trouvaient le roi Nicomède et les autres ambassadeurs romains. Mais Cassius n'avait pas confiance dans ses milices improvisées; il refusa la bataille et se replia sous les murs de la forteresse phrygienne de Léontocéphalé (4), espérant avoir le temps d'y

tions athéniennes (été) et le siège de Rhodes (automne). La date donnée par Appien « environ la 173ᵉ olympiade » (ἐπὶ τὰς ἑκατὸν καὶ ἑβδομήκοντα τρεῖς ὀλυμπιάδας) n'est exacte qu'à la condition de faire commencer cette olympiade en janvier.

(1) C'est ici qu'Orose et Eutrope parlent de l'expulsion du roi Pylémène de Paphlagonie; mais il n'y a pas trace de ce prétendu roi dans le récit circonstancié d'Appien.

(2) Le site de Protopachion est inconnu; les faits montrent qu'il faut le chercher entre le Billéos et le Sangarios, aux environs de Bithynion; c'est peut-être l'endroit appelé *Protomacrae* par Ptolémée V, 1, 13.

(3) J'ai donné les noms des généraux d'après Appien (en remplaçant la forme Νεμάνης par l'orthographe épigraphique Ναιμάνης; cf. l'insc. capitoline, *Appendice*, II, n° 2). Au lieu de ces deux généraux, Memnon nomme Ménophanès.

(4) Le site de cette ville, qui est mentionnée dans l'histoire de Thémistocle (Plutarque, *Them.* 30), n'est pas connu.

exercer ses troupes et d'en lever de nouvelles. Il ne tarda pas à reconnaître l'inutilité de ses efforts : les paysans et les ouvriers phrygiens avaient perdu depuis des siècles l'habitude des armes, et Mithridate sut bientôt gagner leur cœur, ainsi que celui des autres Asiatiques : il lui suffit, pour cela, de renvoyer dans leurs foyers, sans rançon et avec une indemnité de voyage, tous les prisonniers asiatiques qu'il avait faits dans les premières rencontres (1). En présence de la désertion et de la désaffection, qui croissaient de jour en jour, Cassius finit par abandonner la partie : il licencia tous ses conscrits asiatiques et s'enferma dans Apamée du Méandre avec ses seuls légionnaires romains. Presque en même temps, Oppius, battu en Cappadoce, se jetait avec les débris de son corps d'armée dans la forteresse voisine de Laodicée du Lycos. Toute la Bithynie, la Phrygie du nord, la Mysie, se donnèrent au vainqueur, qui parcourut rapidement ces provinces, organisant à mesure qu'il conquérait. L'escadre du Bosphore, en apprenant la défaite des armées de terre, capitula sans combat et livra tous ses vaisseaux.

C'était une débâcle universelle. A chaque nouveau succès de Mithridate, le mouvement qui entraînait les populations vers lui s'accentuait davantage. Bientôt Aquilius ne se crut plus en sûreté à Pergame et s'enfuit à Mitylène; Maltinus gagna Rhodes; Nicomède, après une halte à Pergame, s'embarqua pour l'Italie avec son confrère d'infortune, Ariobarzane. Cassius lui-même n'osa pas défendre Apamée, récemment éprouvée par un tremblement de terre : à l'approche des Pontiques, il renvoya ses troupes et se retira à Rhodes (2). Seul Oppius tint bon dans Laodicée, mais lorsque la ville eut été battue en brèche pendant quelques jours par Mithridate (3), lorsqu'un héraut pontique vint promettre aux habitants l'impunité s'ils livraient le général romain, les bourgeois grecs n'y tinrent plus : ils firent échapper les mercenaires d'Oppius, s'emparèrent de sa personne et l'amenèrent au roi de Pont, précédé de ses licteurs, par manière de dérision. Mithridate traita Oppius avec une générosité politique; il ne le mit pas aux fers et se contenta de le traîner à sa suite, prisonnier sur parole,

---

(1) Appien est ici confirmé par Diodore, fr. XXXVII, 26.
(2) C'est à tort que dans un autre passage (*Mith.* 117) Appien fait tomber Cassius aux mains de Mithridate.
(3) Strabon XII, 8, 16.

montrant aux populations étonnées le proconsul romain de Cilicie réduit à orner le cortège de son vainqueur (1).

La destruction successive des quatre armées romaines, la capitulation de la flotte et des forteresses phrygiennes, la conquête de la Bithynie et de la Mysie ouvraient à Mithridate le cœur de la province d'Asie. Sa marche à travers l'ancien royaume de Pergame ressembla moins à l'invasion d'un conquérant qu'à la pompe d'un triomphateur. Il paraît être entré dans la province par le sud, en suivant la vallée du Méandre où l'avait conduit le siège d'Apamée et de Laodicée (2). Les villes situées sur son passage, Tralles (3), Magnésie du Méandre (4) lui firent des réceptions enthousiastes. Même empressement dans l'Ionie : Éphèse abattit les statues qu'elle avait élevées aux gouverneurs romains et effaça toutes les inscriptions qui rappelaient leur domination. Des villes les plus lointaines arrivaient des invitations, des adresses où fleurissaient les épithètes hyperboliques en l'honneur du nouveau Dionysos, du Père, du Sauveur de l'Asie (5).

A Éphèse, le roi retrouva sa flotte et s'embarqua pour recevoir la soumission des îles. Chios se rendit à contre-cœur, Lesbos avec élan. Les gens de Mitylène, pour faire leur cour au vainqueur, cernèrent la maison où le consulaire Aquilius était cloué par la maladie, et l'amenèrent, chargé de chaînes, à Mithridate (6). Toute la colère du roi s'abattit sur ce misérable, qu'il

(1) Appien, *Mith.* 20. Au contraire, Posidonius dit qu'Oppius fut mis aux fers, et telle paraît avoir été la version de Tite-Live (ep. 78 : *Mithridates... Q. Oppium proconsulem... in vincula conjecit*).

(2) Le récit d'Appien est ici tellement confus qu'il est impossible de reconstituer avec certitude l'itinéraire de Mithridate. Après la conquête de la Phrygie, il fait conquérir par Mithridate personnellement la Mysie et l' « Asie », par ses lieutenants la Lycie, la Pamphylie et les pays jusqu'à l'Ionie (c'est-à-dire la Carie). Ensuite Mithridate soumet Laodicée du Lycos ; puis on lui livre Manius Aquilius ; il visite Pergame, Magnésie, Éphèse, Mitylène, et, en revenant d'Ionie, prend Stratonicée. On peut s'assurer en regardant la carte que cette énumération de villes et de provinces, prise à la lettre, prête à Mithridate des allées et venues absolument incohérentes.

(3) Les Tralliens s'étaient renseignés auprès des dieux sur l'issue de la guerre : un enfant extatique contempla dans l'eau l'image de Mercure et prédit en 160 vers tout l'avenir. (Varron chez Apulée, *Apologie*, II, p. 439 Bétol.; 228 Didot.)

(4) Appien dit simplement Magnésie, mais on verra plus loin que Magnésie du Sipyle refusa l'obéissance.

(5) Diodore, fr. XXXVII, 26 ; Cicéron, *Pro Flacco*, XXV, 60-61.

(6) Les Mityléniens livrèrent *plusieurs* hôtes (Velléius Paterculus II, 18). Ainsi s'explique sans doute le fragment de Diodore fr. XXXVII, 27 où il est dit qu'Aquilius, cerné dans sa maison, se tua καίπερ νέος ὢν παντελῶς τῇ ἡλικίᾳ ; il s'agit peut-être du fils du consulaire

considérait, non sans raison, comme l'auteur responsable de la guerre. En prenant le commandement d'une armée, Aquilius avait implicitement renoncé à ses privilèges d'ambassadeur; aussi fut-il traité comme un vulgaire prisonnier de guerre, sans égard pour ses infirmités et son glorieux passé de soldat. On le traîna à travers les villes d'Asie, tantôt lié sur le dos d'un âne, tantôt, quand il pouvait marcher, attaché par une chaîne à un énorme Bastarne qui le précédait à cheval; on le forçait, à coups de verges, de proclamer lui-même son nom et sa honte. Pergame vit le terme de la promenade triomphale de Mithridate et apporta au malheureux Aquilius la fin de ses souffrances : suivant une version, il succomba aux coups et aux mauvais traitements; suivant une autre, on lui coula de l'or fondu dans la bouche et il périt par où il avait péché (1).

L'adulation et la crainte entraient bien pour une part dans l'empressement des Grecs d'Asie à saluer la victoire de Mithridate, mais dans son ensemble le mouvement était aussi sincère qu'irrésistible. Le célèbre rhéteur Diodore Zonas, de Sardes, accusé par les Romains d'avoir provoqué la défection des cités helléniques, n'eut pas de peine à se laver d'une accusation puérile (2) : aucun complot n'était nécessaire pour entraîner au-devant du libérateur étranger ces populations durement opprimées, que la conquête pontique venait débarrasser du joug des proconsuls, des publicains et de leur séquelle. Le régime romain ne laissa de regrets que chez une fraction de l'aristocratie financière et dans quelques cités qui, pour des causes diverses, avaient été particulièrement favorisées. Telles furent Adramyttion de Mysie, Magnésie du Sipyle, Stratonicée de Carie. A Adramyttion, le sénat se déclara pour Rome, mais le stratège Diodore, philosophe, avocat et rhéteur célèbre, massacra les sénateurs, sans doute avec l'appui de la plèbe, et livra la ville aux royaux (3). A Magnésie,

ou d'un de ses collègues. Il est certain que Manius Aquilius endura tous les outrages et ne se tua pas (Valère Maxime IX, 13, 1).

(1) Posidonius ne connaît pas le supplice d'Aquilius; Cicéron (*Pro lege Manilia*, V, 11 et *Tusc.* V, 5) le fait mourir sous les verges; la version de l'or fondu paraît pour la première fois chez Pline, XXXIII, 48 et Appien, *Mith.* 21; peut-être provient-elle de Tite-Live. En réalité, on était si mal renseigné sur le sort du consulaire qu'au traité de Dardanos Sylla stipula sa mise en liberté (Licinianus, p. 34, Bonn). Le Schol. Gronov. sur le *Pro lege Manilia* (p. 439 Orelli) a visiblement confondu Aquilius avec M. Atilius (Régulus).

(2) Strabon XIII, 4, 9.

(3) Strabon XIII, 1, 66.

au contraire, les différentes factions se réconcilièrent et firent cause commune devant l'étranger; le chef de l'opposition, Hermias, s'expatria même volontairement pour laisser la place libre à son rival Crétinas, et, sous l'habile direction de ce patriote, la ville, très forte, repoussa tous les assauts d'Archélaos : le général pontique, grièvement blessé, finit par lever le siège (1). Stratonicée fut assiégée par le roi en personne, prise d'assaut et durement traitée : les promoteurs de la résistance furent réduits en esclavage, la ville paya une forte contribution de guerre, perdit son territoire, ses franchises politiques et reçut une garnison pontique; en revanche, elle eut l'honneur de fournir à Mithridate sa nouvelle reine, Monime, fille de Philopémen (2).

La prise de Stratonicée couronnait la conquête de l'Asie romaine. Tandis que Mithridate parcourait la province pergaménienne, ses lieutenants lui avaient soumis la province cilicienne, c'est-à-dire la Cilicie trachée et la Pamphylie. De toute la péninsule, il ne restait sous les armes que les Paphlagoniens et les Lyciens qui, protégés par leurs montagnes, se battaient moins pour Rome que pour leur indépendance séculaire.

L'Asie Mineure était conquise, mais la conquête ouvrait l'ère des difficultés. La première et la plus redoutable était la question des résidents romains. Plus de cent mille de ces étrangers s'étaient fixés depuis un siècle en Asie Mineure, tant dans les provinces romaines que dans les États clients. Groupés dans les villes, puissants par leur crédit et leurs accointances plus encore que par leur nombre, ils détenaient une grande partie de la richesse mobilière du pays; la plupart exerçaient la profession de ban-

---

(1) Appien, *Mith.* 21, Liv. ep. 81; Plutarque, *Praec. ger. reip.* XIV, 3-4 (p. 988, Did.). Ces auteurs nomment simplement Magnésie, mais Pausanias I, 20, 5 désigne expressément Magnésie du Sipyle, et comme il était presque du pays, son témoignage doit être accepté. Pour soutenir qu'il s'agit de Magnésie du Méandre on invoque le texte de Tacite, *Ann.* III, 62 (confirmé par Strabon XIV, 1, 40) qui nous montre cette ville, sous Tibère, faisant valoir sa *fides ac virtus* ancienne, et rappelant que le droit d'asile attaché à son temple (temple d'Artémis Leucophryné) a été respecté par L. Scipion et L. Sylla, *ille Antiocho, hic Mithridate pulsis*. Mais cette phrase prouve tout au plus que, lors du massacre de 88, les Magnètes du Méandre ne violèrent pas le sanctuaire d'Artémis, ce qui put leur mériter l'indulgence de Sylla. C'est Magnésie du Sipyle que Sylla déclare ville libre (Strabon XIII, 3, 35), et ce fait, joint au texte de Pausanias, est décisif; la ville fut aussi relevée d'un tremblement de terre par Tibère (Tacite, *Ann.* II, 47). Concluons que la Magnésie qui se déclara pour Mithridate (Appien, *Mith.* 19) est bien Magnésie du Méandre.

(2) Pour Stratonicée, voir, outre Appien, *Mith.* 21, le sénatus-consulte de Lagina, *Appendice*, II, n° 18.

quiers ou de marchands, et si la conquête mithridatique leur retirait l'appui précieux du gouvernement, auquel ils devaient leur fortune, elle ne leur enlevait ni cette fortune elle-même, ni leur influence personnelle, ni leur ferme volonté d'employer l'une et l'autre au rétablissement de l'autorité romaine. Il y avait donc là, répandue dans toutes les villes d'Asie, une véritable armée d'espions, de traîtres et de conspirateurs au service de l'ennemi; déjà, dans plusieurs localités, leur action s'était fait sentir d'une manière énergique, soit en attisant des révoltes ouvertes, soit en fomentant de sourdes intrigues. Quelle attitude fallait-il prendre en présence de ce danger permanent? Pour qui connaissait l'âpreté du patriotisme romain, tâcher de se réconcilier ces cent mille hommes était chimérique, les expulser impossible; les surveiller ne l'était guère moins. Fatalement, on se trouvait acculé à l'idée d'un massacre général. Cette idée, qui nous paraît à juste titre monstrueuse, ne répugnait pas aussi complètement à l'esprit antique qu'au nôtre; on trouvait facilement à une exécution de ce genre des précédents et des excuses; l'opinion publique, ou, si l'on veut, l'instinct populaire, attendait, réclamait cette solution. Quarante ans d'une exploitation odieuse avaient accumulé des trésors de haine, de vengeance et aussi de convoitise dans l'âme des Asiatiques, des Grecs surtout; ils ne distinguaient pas entre les grands et les petits, les coupables et les innocents, entre la classe gangrenée des fonctionnaires et des usuriers, et la masse des négociants honnêtes et laborieux : tout ce qui portait la toge était rendu solidairement responsable des maux de l'Asie, et l'Asie avait soif d'une liquidation sanglante. En la décrétant, Mithridate ne fit, en somme, que suivre le courant, devenu irrésistible : il réglementa, au profit de son fisc, des tueries locales qui, presque partout, allaient éclater spontanément; peut-être même le massacre, en devenant officiel, y gagna-t-il d'être un peu moins étendu. La démocratie asiatique aurait volontiers enveloppé dans la ruine des Italiens tous les riches dont elle convoitait indistinctement les dépouilles; l'intervention de Mithridate restreignit l'exécution aux seuls nationaux romains. Comparés aux boucheries sociales, dont le mobile est le pillage, les crimes inspirés par le fanatisme de race n'ont-ils pas encore une noblesse relative?

L'exécution, une fois décidée, fut menée savamment. Des instructions secrètes furent adressées par Mithridate à tous les gouverneurs récemment installés dans les provinces conquises, ainsi qu'aux magistrats des villes libres. Ces instructions portaient qu'au trentième jour de la lettre, on eût à faire main basse sur tous les résidants de langue italienne, ingénus, affranchis ou esclaves, sans distinction d'âge ni de sexe ; on s'attachait à la langue, c'est-à-dire à la race, et non à la nationalité, sans doute parce que depuis le vote des lois Julia et Plautia Papiria, il devenait très difficile, à l'étranger, de distinguer entre les citoyens romains et ceux des alliés italiens qui étaient encore dépourvus du droit de cité. Les corps des victimes devaient être laissés sans sépulture, les biens partagés entre le fisc royal et les municipalités. Pour mieux assurer l'exécution du décret, des récompenses étaient promises aux esclaves et aux débiteurs qui tueraient leurs maîtres ou leurs créanciers, ou qui dénonceraient leur retraite : aux esclaves, la liberté ; aux débiteurs, la remise de la moitié de leurs dettes. En revanche, il y avait des amendes sévères pour quiconque offrirait un asile aux vivants ou une sépulture aux morts.

Ces mesures produisirent l'effet attendu. Quand le jour fatal se leva, le massacre s'accomplit presque partout avec une effrayante ponctualité. Vainement les proscrits, au premier signal, se réfugièrent dans les temples, au pied des autels et des saintes images ; la haine fit taire la religion, et les lieux d'asile les plus anciens, les plus vénérés furent profanés et souillés en ce jour : tels furent le temple d'Artémis à Éphèse, celui d'Esculape à Pergame, d'Hestia à Caunes, de la Concorde à Tralles. Ici les suppliants furent arrachés de vive force et égorgés sur le parvis du temple ; là on leur coupa les mains ; ailleurs on les perça de loin à coups de flèches. A Caunes, par un raffinement de cruauté, on tua d'abord les enfants sous les yeux de leurs mères, puis les femmes sous les yeux de leurs maris. A Adramyttion, les fugitifs furent poursuivis jusque dans la mer et noyés sans pitié, adultes et enfants. A Tralles, les bourgeois, par un singulier scrupule, ne voulurent pas se souiller du sang de leurs hôtes, mais ils traitèrent à forfait avec un capitaine paphlagonien, Théophile, qui se chargea de les en débarrasser. Çà et là, quelques Romains désarmèrent la fureur des bourreaux en reniant leur nationalité, en échangeant la toge pour le manteau grec ; de ce nombre fut l'illustre proscrit

Rutilius à Mitylène (1). A Cos, à Calymna, à Magnésie du Méandre, le droit d'asile fut temporairement respecté, mais les proscrits du se hâter de gagner Rhodes, la seule terre voisine qui pût leur rester impunément hospitalière (2). Au total, les « Vêpres éphésiennes » firent 80,000 victimes (3); 15,000 esclaves libérés furent incorporés dans la phalange (4). Le butin fut énorme : joint aux restes des trésors des Attale, recueillis dans la citadelle de Pergame, il permit à Mithridate d'exempter les Asiatiques de tout tribut pour une période de cinq ans (5), et aux villes de rembourser leurs dettes. Il faut dire que, dans certains cas, le fisc royal étendit la main sur des biens qui n'étaient pas compris dans les termes du décret primitif : ainsi, à Cos, il s'attribua 800 talents, déposés par les banquiers juifs dans les temples de l'île (6), et les trésors d'un prince égyptien, le jeune Ptolémée Alexandre II, qui fut lui-même expédié dans le Pont (7).

(1) Cicéron, *Pr. Rabirio postumo*, X, 27. Cp. Posidonius : οἱ δὲ λοιποὶ (Ῥωμαῖοι) ἀπεσφάγησαν τετράκοντα ἐπάνω... Rutilius demeurait alors à Mitylène; plus tard il se fixa à Smyrne (Dion, fr. 97; Cicéron, *Brut.* XXII, 85; *De Rep.* I, 8, 13; Suétone, *De gram.* 6; Orose V, 17), où il obtint le droit de cité (Cic. *Pro Balbo*, XI, 28; Tacite, *Ann.* IV, 43).

(2) Pour Cos, Tacite, *Ann.* IV, 14; pour Calymna (les « îles flottantes » *Calaminae*), Pline II, 209. Pour Magnésie du Méandre, cf. *suprà*, p. 128 note 1. On peut, en outre, arguer du silence d'Appien qui ne nomme pas le temple d'Artémis Leucophryné parmi les sanctuaires profanés.

(3) Chiffre de Memnon, c. 31, et de Valère Maxime IX, 2, *ext.* 3. Plutarque, *Sylla*, 24, compte 150,000 morts.

(4) Plutarque, *Sylla*, 18.

(5) Justin XXXVIII, 3, 9. Mais Justin a tort d'ajouter *debita privata remittit*; ceci n'eut lieu qu'en 86. — En général, pour ce massacre, voir, outre nos sources ordinaires (Appien, Memnon, Posidonius), Florus I, 40; Vell. Paterculus II, 18; Cicéron, *Pro lege Manilia*, III, 7; Eutrope V, 5, d'après lequel le décret fut rendu à Éphèse. Memnon est le seul auteur qui place le massacre après l'expédition de Rhodes; cela est peu probable, et Posidonius, qui, dans le discours d'Aristion, mentionne le massacre, ne paraît pas encore connaître cette expédition. Le tableau d'Orose VI, 2 (reproduit par saint Augustin, *Cir. Dei*, III, 22), qui représente les Asiatiques comme des bourreaux malgré eux, est de pure fantaisie; il a peut-être sa source dans Tite-Live, qui, en sa qualité de philhellène, devait tâcher d'atténuer les torts des Grecs d'Asie.

(6) Strabon chez Josèphe, *Ant.* XIV, 7, 2. (D'après Strabon, Mithridate envoie à Cos; d'après Appien, il y va lui-même.) Il ne s'agit pas du tout, comme le croit Josèphe, d'argent destiné au temple de Jérusalem. Voir, sur ce curieux épisode et les motifs probables de la confiscation, mon article intitulé *Mithridate et les Juifs* dans la *Revue des études juives*, XVI, 204.

(7) Appien, *Mith.* 23; *B. Civ.* I, 102. Alexandre II doit avoir été envoyé à Cos par son aïeule Cléopâtre lorsque celle-ci chassa son fils aîné, Ptolémée Lathyre, du trône d'Égypte, pour y appeler le cadet, Ptolémée Alexandre (père d'Alexandre II). Au moment du massacre, il est probable que la contre-révolution d'Alexandrie (qui se place précisément en 88) avait déjà eu lieu : Cléopâtre et Alexandre Ier étaient morts, Lathyre restauré. Mithridate consi-

Les Vêpres éphésiennes ne simplifiaient qu'en apparence la situation politique de Mithridate. Si ce massacre arrêtait net la propagande romaine en Asie et créait entre le roi de Pont et ses nouveaux sujets le lien énergique du sang versé en commun, d'autre part Mithridate avait par là imprimé à sa lutte contre Rome un caractère féroce et implacable qui ne laissait plus de place à un accommodement définitif. Entre lui et les Romains il y aura désormais un gouffre de sang que rien ne pourra combler, et les traités que signeront les deux adversaires ne seront plus que des armistices. En second lieu, Mithridate, en ne distinguant pas dans cette boucherie entre les Romains et leurs alliés de langue italienne, vouait à un insuccès certain les tentatives d'alliance caressées depuis plusieurs années entre le Pont et les débris de l'insurrection italique. Encore à la veille du massacre, des délégués des Samnites et des Lucaniens, les seuls peuples restés sous les armes, s'étaient présentés à Éphèse et avaient sollicité l'intervention de Mithridate en Italie; il répondit évasivement qu'il s'en occuperait dès qu'il aurait achevé la conquête de l'Asie. Les députés durent se contenter d'un espoir incertain et de quelques secours pécuniaires (1).

Si Mithridate se dérobait au rôle d'un Pyrrhus, en revanche le rôle d'Antiochus le Grand s'imposait à lui comme une fatalité irrésistible. Il avait si bien épousé la haine nationale des Grecs d'Asie contre Rome, si bien identifié sa cause avec celle de l'hellénisme, qu'il ne pouvait plus se soustraire à l'obligation de se présenter comme champion et restaurateur de la liberté grecque sur la côte européenne, aussi bien que sur la côte asiatique de l'Archipel. Le personnage une fois accepté, il fallait le soutenir jusqu'au bout; s'étendre, c'était peut-être s'affaiblir, mais s'arrêter,

dérait Alexandre II comme un atout dans le jeu futur de sa politique; il le fit élever royalement.

(1) Sur l'ambassade des Italiens : Posidonius, *loc. cit.* (p. 268 b Didot); Diodore, fr. XXXVII. 2, 11. A cette démarche se rattachent les deniers anépigraphes italiens dont le revers représente le débarquement espéré de Mithridate et probablement aussi le statère d'or unique (Cabinet de France) aux types dionysiaques avec la légende osque *Mi* (aius) *Iegius Mi* (ai *f.*). Voir, sur ces monnaies, BOMPOIS, *Types monétaires de la guerre sociale* (Paris, 1873), p. 28 et pl. III, 1 (statère); p. 105 et pl. III, 5 (denier); FRIEDLAENDER, *Oskische Münzen*, p. 84; MOMMSEN, *Ræmisches Münzwesen*, p. 406 et 587; FRIEDLAENDER et VON SALLET dans la *Zeitschrift für Numismatik*, IV, 11 et 237; REINACH, *Trois royaumes*, p. 197; BABELON, dans la *Revue des études grecques*, II, 115. M. Babelon pense avec raison que ces monnaies, en particulier les statères d'or, ont été frappées avec des lingots fournis par Mithridate

c'était reculer. D'ailleurs Mithridate n'eut pas à provoquer la défection des Grecs d'Europe; ce furent eux qui vinrent le chercher. Pour comprendre cette démarche, quelques explications sont nécessaires.

Les Grecs d'Europe n'avaient pas les mêmes motifs que leurs frères d'Asie de se révolter contre la domination romaine. Dès le premier jour, cette domination s'était présentée chez eux sous les formes les plus indulgentes, les mieux déguisées, sans son cortège ordinaire de proconsuls, de publicains, de prisons et de tortures. La lutte contre la Macédoine avait fourni à Rome le premier prétexte d'intervenir en Grèce; elle s'y présenta non comme conquérante, mais comme libératrice. Plus tard, lorsque la ruine de la Macédoine et la prise d'armes insensée des Achéens semblèrent délier les Romains de leurs engagements et les dispenser de sauver les apparences, ils continuèrent cependant à user modérément de leur victoire. La Macédoine fut réduite en province, la Grèce propre ne le fut pas : on eût dit que Rome éprouvait une certaine pudeur à s'asservir ces contrées, berceau de sa propre civilisation. Elle ne prit que les mesures indispensables pour y assurer son influence d'une manière incontestée. Corinthe fut détruite, les deux autres forteresses que les Macédoniens appelaient « les entraves de la Grèce », Chalcis en Eubée et Démétriade en Thessalie, reçurent des garnisons romaines. Les confédérations de cités, cette forme rudimentaire de l'association politique que le génie grec n'avait jamais dépassée, furent dissoutes ou réduites au rôle modeste d'associations religieuses. Chaque république, — et l'on en comptait plus de cent, — conserva, en théorie, son autonomie, ses lois, ses magistrats. Seulement ces prétendus États souverains perdirent, en général, le droit de frapper de la monnaie d'argent, et la démocratie céda partout la place à des gouvernements oligarchiques ou censitaires, inféodés aux intérêts de Rome. Pour s'indemniser de ses frais de police, le gouvernement romain s'appropria des terres assez étendues en Eubée, en Béotie et sur l'isthme; en outre, il exigea de la plupart des villes un tribut modique, mais il y eut à cette règle de nombreuses exceptions, garanties par des traités particuliers. Enfin le gouverneur de Macédoine, chargé de la protection militaire de la Grèce, exerça, même sur les cités nominalement indépendantes, une sorte de tutelle administrative.

Tel fut, dans ses grandes lignes, le système, assurément fort supportable, par lequel Rome sut concilier en Grèce l'intérêt de sa domination avec l'amour-propre susceptible de ses protégés hellènes. Au reste, quel besoin y avait-il d'assujettir par des liens plus rigoureux une nation que sa faiblesse rendait désormais inoffensive? L'expansion de l'hellénisme sur l'Orient depuis Alexandre, le déplacement des voies commerciales, les révolutions incessantes, les luttes sociales, les guerres minuscules de cité à cité, les progrès effrayants de l'égoïsme et de l'immoralité chez les particuliers, toutes ces causes avaient, dès le temps de Polybe, prodigieusement appauvri et dépeuplé l'Hellade : elle était morte comme l'arbre qui succombe sous le poids de ses fruits, pendant que des rejetons vivaces bourgeonnent gaiement autour de ses racines sans sève. Le Grec semblait même s'être définitivement résigné à sa destinée; s'il méprisait toujours au fond du cœur le conquérant romain, auquel il se sentait supérieur par l'intelligence et la civilisation, il ne songeait plus guère à secouer le joug, mais à s'insinuer dans les bonnes grâces du maître et à exploiter à son profit les faiblesses de celui-ci (1).

Au milieu de cette terre épuisée, une seule ville témoigne encore une certaine vitalité, sinon politique, du moins économique et littéraire. Cette ville, c'est Athènes. Rome n'avait pas en Grèce d'alliée plus dévouée. Depuis que, dans le dernier quart du troisième siècle, les Athéniens s'étaient fait recevoir au nombre des amis et alliés de Rome, pour échapper à la tutelle humiliante de la Macédoine (2), leur fidélité ne s'était jamais démentie; elle était passée en proverbe (3) et leur avait valu le traitement le plus favorable de la part des Romains. Seule de toutes les républiques de la

---

(1) Pour tout ce tableau, comparer HERTZBERG, *Histoire de la Grèce sous la domination des Romains*, ch. III (tome I, p. 296 et suiv. de la trad. fr.). Est-il bien nécessaire de démontrer encore la non-existence d'une province séparée d'Achaïe à cette époque? Cp. notamment le sénatus-consulte de l'an 78 (C. I. L. I, n° 203) qui recommande des capitaines de vaisseau de Milet, Clazomène et *Caryıtos* (Eubée) aux gouverneurs d'*Asie* et de *Macédoine* (l. 30). Dans le sénatus-consulte de Stratonicée de l'an 81, les mêmes provinces sont désignées sous les noms d'*Asie* et de *Grèce*. Pour le tribut, cp. Pausanias, VII, 16, 6 ; pour la décadence morale, Polybe, fr. XXXVII, 4.

(2) Les premières relations diplomatiques de Rome avec Athènes remontent à l'an 228 (Polybe II, 12, 8). La conclusion d'un traité d'alliance formel, *fœdus æquum* (Tacite, *Ann.* II, 53) dut avoir lieu peu après, probablement sous la menace de Philippe V de Macédoine. Déjà dans le traité de 205 entre Rome et Philippe (Tite-Live XXIX, 12) Athènes figure comme alliée de Rome.

(3) Velléius Paterculus II. 23.

Grèce propre, Athènes conserva le droit de monnayer en argent, et jamais ses beaux tétradrachmes, avec leur poids loyal, leurs types constants et leurs indications précises, ne jouirent d'une circulation plus étendue qu'à cette époque : on les imitait jusqu'en Arabie. Aucune troupe romaine ne remplaça les garnisons macédoniennes au Musée, à Munychie ou à Salamine. Une tribune d'honneur fut bien réservée au gouverneur de Macédoine, devant le portique d'Attale, pour haranguer la population, mais les traités ne lui permettaient d'entrer dans la ville de Pallas qu'accompagné d'un seul licteur.

Si la partie intelligente de l'aristocratie romaine respectait dans la Grèce la patrie de la civilisation, elle honorait dans Athènes la Grèce de la Grèce. La gloire de son passé, la beauté durable de ses monuments, l'éclat de ses écoles de philosophie et d'éloquence exerçaient sur tous les esprits cultivés leur séduction invincible : déjà la jeunesse de Rome avait appris le chemin de l'université d'Athènes. Ajoutons que Rome, non contente de respecter la liberté de son alliée, lui avait reconstitué une manière de petit empire (1). Outre le territoire traditionnel de l'Attique, la république athénienne possédait, sur le continent, Oropos, vis-à-vis de l'Eubée, et la ville ruinée d'Haliarte, au bord du lac Copaïs; parmi les îles, outre Salamine, on lui rendit Paros, Scyros, Imbros et Lemnos. Mais la perle de ce nouvel empire colonial d'Athènes fut Délos, l'îlot sacré d'Apollon, jadis la métropole religieuse des Ioniens et le centre de la première confédération athénienne. Délos, promise aux Athéniens dès l'an 196, après la défaite de Philippe, leur fut définitivement remise une trentaine d'années plus tard (2), après celle de Persée ; à cette occasion, la population indigène de l'île avait été entièrement expulsée et remplacée par une clérouquie athénienne, à côté de laquelle s'établirent des marchands de toutes nations, surtout une nombreuse colonie romaine. Grâce à sa position centrale, à ses temples célèbres où

---

(1) Sur l'étendue de ce « troisième empire athénien », cf. BECKH, *Kleine Schriften*, V, 457 ; KOEHLER, dans les *Ath. Mittheil.* I, 265.

(2) D'après Valérius Antias, fr. 33 Peter (= Tite-Live XXXIII, 30, 1), Lemnos, Imbros, Scyros, Délos auraient été données aux Athéniens en 196, après la défaite de Philippe ; mais on voit par Polybe (fr. XXX, 18 et 18 a) que la remise effective, au moins de Lemnos et de Délos, n'eut lieu qu'en 168, après la défaite de Persée ; les Athéniens eurent même beaucoup de mal à se mettre en possession de Délos. Influence du port franc de Délos sur le rendement des douanes de Rhodes : Polybe XXXI, 7.

affluaient les dons des rois et des peuples, à ses fêtes religieuses qui étaient en même temps des foires de commerce, à son industrie métallurgique, à son port, amélioré par d'importants travaux, Délos était déjà l'un des points les plus visités et les plus riches de l'Archipel; la ruine de Corinthe en fit le grand entrepôt de la mer Égée et peut-être le premier port de commerce du monde, après Alexandrie : même Rhodes vit détourner vers Délos une partie de son trafic. Pour la vente du bronze et de la chair humaine, le marché délien n'avait pas de rival : dix mille esclaves y changeaient parfois de maîtres en un seul jour. Le port était franc, mais les transactions commerciales opérées dans l'île donnaient lieu à des perceptions importantes, et ces droits formaient désormais, avec le produit des mines du Laurion, le principal revenu de l'État athénien. Aussi le gouverneur ou *épimélète* de Délos était-il un des premiers personnages de la république, et le fermier des impôts déliens habitait le plus bel hôtel d'Athènes.

On serait tenté de croire, d'après ce tableau, qu'Athènes n'avait pas seulement dû accepter sa situation nouvelle avec résignation, comme le reste de la Grèce, mais avec reconnaissance. L'attitude de la république pendant les guerres contre Philippe, Persée et les Achéens, les hommages et les flatteries qu'elle prodiguait à Rome, à son sénat, à ses grands hommes, confirmeraient de prime abord cette supposition. En réalité cependant, un observateur perspicace, au commencement du premier siècle avant notre ère, n'aurait pas eu de peine à discerner, sous ce bruyant dévouement officiel, des sentiments d'une nature bien différente. Rome avait cru pouvoir impunément ménager, choyer, grandir Athènes parce qu'Athènes n'était plus que l'ombre d'elle-même; qu'avait-on à redouter d'un peuple qui ne savait plus faire la guerre qu'avec des discours (1), qui pouvait à peine armer assez de troupes pour étouffer les révoltes des esclaves publics, qui, faute d'argent, ne construisait plus de trirèmes, mais seulement de longs vaisseaux non pontés, les *trihémiolies* (2)? Les magnifiques arsenaux du Pirée étaient vides, les Longs Murs gisaient en ruine; c'était par une espèce d'ironie qu'on avait préposé à la marine déchue de la république un fonctionnaire spécial, le navarque (3), et que

---

(1) Tite-Live XXXI, 44.
(2) Hésychius s. v. τριημιολίαι.
(3) *Bull. corr. hell.* VI, 280.

le premier magistrat de cette démocratie si peu militaire s'appelait le « stratège des armes ». Mais plus Athènes se sentait impuissante, plus l'ombre d'empire que Rome lui avait rendu, en évoquant l'image d'un glorieux passé, devait irriter ses regrets. Même cette durable royauté intellectuelle, qui faisait d'elle l'école de ses maîtres et la conquérante de ses vainqueurs, n'était pas sans danger. Plus que jamais, la cité de Pallas servait de rendez-vous à tous les beaux parleurs de la Grèce, aux sophistes à la mode, aux politiciens de carrefour; et sous chaque rhéteur il y avait un amant inconsolé de la liberté et de la gloire nationale, un homme d'État en expectative, qui gémissait de ne pas trouver un emploi digne de ses facultés et aspirait ardemment vers la révolution qui seule pouvait le mettre à sa place. Ces hommes vivaient dans le passé; c'était leur gloire, mais aussi leur malheur. Ils s'étaient faits si bien les contemporains des Périclès et des Démosthène qu'ils étaient devenus des étrangers au milieu d'un monde nouveau; étrangers volontaires, qui ne se rendaient pas un compte exact des grands changements produits autour d'eux, qui n'en apercevaient pas les causes profondes. Déjà Polybe reprochait à ses compatriotes de méconnaître les raisons et la nature du succès de Rome, de n'y voir qu'un coup de la fortune, éphémère comme tous les hasards. Le Péloponnésien Polybe n'avait pas convaincu les beaux esprits d'Athènes; ils s'obstinaient à se nourrir de rêves, et cherchaient à les propager, dans l'espoir d'en faire des réalités. La décadence de la patrie, on ne pouvait la nier, mais c'était Rome, et Rome seule, à les entendre, qui en était cause; c'était la faute des Romains si le Pnyx était désert, les tribunaux sans affaires, le théâtre sans voix, le Pirée sans navires. Il faut ajouter que Rome, dans ces derniers temps, avait fourni un prétexte plausible aux récriminations en intervenant d'une main un peu lourde dans les affaires intérieures de la république. Une surveillance tracassière était exercée sur les écoles, les gymnases, les temples, la procession éleusinienne, foyers ou occasions possibles d'agitation politique; des modifications avaient été apportées au gouvernement dans un sens oligarchique; enfin, probablement à la suite des sanglantes révoltes d'esclaves à Délos et au Laurion (1), le sénat avait décidé de reviser complétement la cons-

(1) Posidonius, fr. 85 Müll.; Diodore XXXIV, 1, 18; Orose V, 9, 5.

titution athénienne : au moment de l'invasion de Mithridate, Athènes n'avait pas de magistrats élus et attendait une charte nouvelle du bon plaisir de Rome (1).

Dans un terrain si bien préparé, on comprend l'impression profonde que dut produire la nouvelle des victoires de Mithridate. Déshabitué de compter sur lui-même, le peuple grec avait attendu longtemps, avec une foi robuste, un libérateur étranger, un *deus ex machina*, comme dans la tragédie antique: beaucoup d'Hellènes avaient même salué dans Persée le messie espéré (2). Si Athènes ne s'était pas associée à ces espérances et aux tentatives d'émancipation qu'elles enfantèrent, c'est d'abord qu'elle avait trouvé son profit immédiat dans les succès de Rome, c'est ensuite parce que la plupart de ces tentatives s'étaient faites sous les auspices de l'ennemi héréditaire, le Macédonien. Le cas actuel était différent. L'étoile de Rome paraissait avoir subi une éclipse définitive, et le vainqueur, loin d'éveiller chez les Athéniens aucune vieille rancune, était l'héritier d'une dynastie qui depuis trois siècles n'avait jamais cessé de courtiser leur république. On montrait encore à l'Académie le buste de Platon offert par le lointain ancêtre d'Eupator, Mithridate, fils d'Orontobate; on lisait dans Démosthène comment le satrape Ariobarzane s'était fait recevoir, avec ses trois fils, citoyen d'Athènes. Un gymnase athénien préservait le souvenir des bienfaits de Mithridate Évergète. Son fils était le patron du collège des Eupatoristes et les sanctuaires déliens regorgeaient de ses offrandes (3). Comment les flâneurs patriotes de l'Agora n'auraient-ils pas salué avec une vive espérance les triomphes d'un roi philhellène, presque athénien, qui avait si glorieusement renoué naguère au nord de l'Euxin les traditions de la politique athénienne, qui comptait parmi ses capitales deux colonies attiques, Sinope et Amisos? Si vraiment l'hellénisme pouvait encore compter sur un sauveur, c'était bien là l'homme prédestiné pour rendre à la race hellénique la primauté dans le monde et aux Athéniens la primauté dans la Grèce.

Les amis de Rome, étourdis du coup, furent réduits au silence.

---

(1) Posidonius, fr. 11 *passim*; surtout ce passage : μὴ ἐπέχεσθαι τῆς ἀναρχίας ἐν ᾗ Ῥωμαίων σύγκλητος ἐπεσχήκεναι κεκρίκειν, ἕως ποτὲ λαμπρῶς περὶ τοῦ πῶς ἡ πόλις πολιτεύσεσθαι εἴη.

(2) Polyb., fr. XXVII, 7.

(3) Voir les inscriptions à l'*Appendice*, II, n°ˢ 5-10.

Il fut décidé qu'on enverrait un ambassadeur secret auprès de Mithridate pour tâter le terrain, reconnaître la situation et engager, s'il y avait lieu, des négociations en vue d'une alliance définitive. L'ambassadeur choisi fut un sophiste du nom d'Aristion (1), le fils naturel du philosophe Athénion, chef de l'école péripatéticienne, et d'une esclave égyptienne. L'enfant avait reçu une éducation soignée et, sur son lit de mort, le père le reconnut. Philosophe lui-même (2), Aristion ne tarda pas à ouvrir boutique de sagesse et d'éloquence. Il professa avec succès à Messène, à Larisse; puis, de retour à Athènes, il épousa une jolie femme et une jolie dot. Sa faconde intarissable lui valut une brillante clientèle et bientôt un commencement d'influence politique; il paraît que Mithridate l'employa, dès avant 88, comme son agent secret auprès de certaines villes de la Grèce (3).

Aristion débarquait à Éphèse au moment où s'achevait la conquête de l'Asie Mineure. Mithridate lui fit le plus gracieux accueil. L'Athénien reçut le titre honorifique d'« ami du roi », on le combla de cadeaux et de promesses. Le vaniteux sophiste fut ébloui, fasciné. Il écrivit lettre sur lettre à ses concitoyens pour leur décrire en termes de flamme les prodigieux événements dont il était témoin; il ne fallait pas hésiter, disait-il, à se tourner vers le soleil levant. Au lendemain du massacre des Italiens, il remit à la voile, chargé d'or, suivi d'un troupeau d'esclaves, et portant au doigt un anneau sur lequel Mithridate avait fait graver son portrait. La tempête le jeta sur la plage de Carystos, en Eubée; mais les Athéniens l'y envoyèrent chercher sur un vaisseau de guerre de la république, et bientôt il fit au Pirée une entrée triomphale,

(1) Tel est le nom que lui donnent tous les auteurs sans exception et les médailles; seul Posidonius l'appelle invariablement Athénion, comme son père. De là de nombreuses controverses. Il n'est pas impossible qu'Aristion eût deux noms, comme beaucoup de Grecs de ce temps, ou bien qu'après l'adoption testamentaire et son inscription sur les registres il ait pris le nom paternel. Mais si Posidonius affecte de l'appeler Athénion, c'est peut-être que ce nom, porté peu auparavant par le « roi » des esclaves révoltés en Sicile (Diod, fr. 93 Dind.; Jules Capitolin, *Maximini duo*, c. 9), était devenu proverbial pour désigner un esclave rebelle et couronné (cp. Appien, *Mith.* 59, où les soldats de Sylla donnent ce nom à Fimbria; Cicéron, *Ad Att.* II, 12, 2, qui l'applique à Clodius). En tout cas, l'hypothèse de NIESE (*Die letzten Tyrannen Athens* dans *Rheinisches Museum*, XLII, 571), qui fait d'Aristion et d'Athénion deux personnages différents, ne soutient pas l'examen. Sur la révolte d'Athènes, voir WIELAND, *Athenion genannt Aristion*, 1781 (dans *Saemmtliche Werke*, Leipzig, 1798, Supp. VI, 3 suiv.) et R. WEIL, *Das Buendniss der Athener mit Mithradates*, dans *Ath. Mitth.* VI, 315.

(2) Appien, *Mith.* 28, fait d'Aristion un épicurien, Posidonius un péripatéticien.

(3) Pausanias I, 20, 5.

couché sur une litière aux pieds d'argent, d'où pendait un tapis de pourpre. Tout Athènes se ruait sur son passage; les plus empressés étaient les artistes dionysiaques, qui accueillirent par de pompeux sacrifices le confident du « nouveau Dionysos ». L'ambassadeur fut logé dans l'hôtel du fermier des impôts déliens; dès le lendemain il se rendit au portique d'Attale, escorté de courtisans qui lui formaient une garde d'honneur, et gravit fièrement les degrés de la tribune réservée aux gouverneurs de Macédoine. De là il fit au peuple un récit de son ambassade, récit haut en couleur, qui acheva de bouleverser les esprits. Beaucoup de mensonges y assaisonnaient un peu de vérité : Aristion avait vu les rois d'Arménie et de Perse servant de gardes du corps à Mithridate; il avait vu faisant antichambre à sa porte une ambassade de cette Carthage qui, d'après les mauvaises langues, était en ruine depuis soixante ans. Les Athéniens crurent l'ambassadeur revenu d'Éphèse comme leurs ancêtres, dans les *Acharniens*, croient l'ambassadeur revenu de Suse, et cette fois il n'y avait pas de Dicéopolis pour contredire. Quand Aristion termina sa harangue par une ardente philippique, qui résumait tous les griefs vrais ou imaginaires d'Athènes contre Rome, l'enthousiasme devint irrésistible. Le peuple se rua au théâtre, élut par acclamation Aristion « stratège des armes », c'est-à-dire président de la république, et lui permit de choisir ses collègues. Immédiatement la démocratie fut rétablie dans toute son étendue, l'alliance avec Rome dénoncée, et le Pégase pontique figura à côté de la chouette de Pallas sur les monnaies de l'année nouvelle (été 88) (1).

La plupart des possessions athéniennes suivirent la capitale dans sa défection; mais à Délos la nombreuse colonie romaine intimida

---

(1) Le nom d'Aristion figure sur deux séries de monnaies athéniennes qui correspondent respectivement aux années 88-7 et 87-6. Sur l'une il est associé à Philon et à un 3ᵉ magistrat variable (symbole : Pégase), sur l'autre au roi Mithridate (symbole : Astre et double croissant). Cette dernière série est la plus rare; on en connaît un statère d'or (*Trois royaumes*, p. 197). Il est certain que la série Aristion-Philon est la première en date, car le 3ᵉ nom de magistrat indique un état de choses relativement normal, et c'est seulement pendant la seconde année qu'Aristion s'attribua une sorte de dictature; en outre, je crois avoir démontré (*Revue des études grecques*, 1888, n° 2) que le premier nom de magistrat sur les monnaies athéniennes est toujours celui du stratège ἐπὶ τὰ ὅπλα; or le nom d'Aristion figure à la première place dans la série Aristion-Philon seulement. (Il n'est pas impossible que Philon, 2ᵉ stratège, soit le chef de l'Académie, plus tard banni.) Enfin, la série Aristion-Philon a des exemplaires datés du 12ᵉ mois (BEULÉ, *Monnaies d'Athènes*, p. 217); or la 2ᵉ année de la tyrannie, 87-86 av. J.-C., ne s'est prolongée que jusqu'au 9ᵉ mois, Athènes ayant été prise

les clérouques athéniens et les retint dans le devoir (1). Le gouvernement révolutionnaire d'Athènes ne voulut pas renoncer sans combat à l'île qui était la clef de voûte de ses finances; une expédition fut organisée pour soumettre les rebelles. On en confia le commandement à Apellicon de Téos, autre philosophe péripatéticien, possesseur des manuscrits d'Aristote et de Théophraste. Ce personnage avait deux fois exercé les plus hautes fonctions de l'État, mais le bibliophile nuisit au stratège : convaincu d'avoir soustrait des documents dans les archives de la république, il avait dû s'exiler pour éviter une condamnation (2). Aristion s'empressa de fournir à son confrère l'occasion de se réhabiliter; il l'embarqua pour Délos avec mille hoplites et un parc de siège. Délos n'avait pas de fortifications (3); elle n'était défendue que par la sainteté de ses temples et le courage de ses habitants : l'incapacité d'Apellicon fit le reste. Il ne fortifia pas son camp, n'assura pas ses derrières, laissa ses troupes se disperser dans les maisons de campagne voisines. Un général romain, Orbius (4), qui croisait dans les eaux de Délos avec une escadre, jeta des troupes à terre par une nuit noire; surpris dans le sommeil ou dans

le 1ᵉʳ mars 86. Quant à la date exacte de la révolution d'Athènes, on ne peut la fixer. Il est probable qu'elle eut lieu avant l'expédition de Rhodes, qui se place elle-même au début de l'automne. M. R. Weil a cherché à fixer la date d'après l'époque ordinaire de l'élection des stratèges, dans la 10ᵉ prytanie, c'est-à-dire vers le mois de mai (C. I. A. II, 416); mais d'abord il n'est pas certain que ce fût là l'époque constante des élections (cf. SCHMIDT, *Handbuch der griechischen Chronologie*, p. 318), ensuite le récit de Posidonius montre qu'on se trouvait alors à Athènes dans des conditions de gouvernement anormales.

(1) Sur cette colonie, cp. HOMOLLE, *les Romains à Délos*, Bull. corr. hell. VIII, 75.

(2) Sur Apellicon, cf., outre Posidonius, Plutarque, *Sylla*, 26; Strabon XIII, 1, 54; Suidas s. v. Il figure comme premier magistrat sur 2 séries de tétradrachmes : 1º série ΑΠΕΛΛΙΚΩΝ ΤΟΡΗΙΑΣ (symbole : Griffon, qui rappelle Abdère, métropole de Téos); 2ᵉ série ΑΠΕΛΛΙΚΩΝ ΑΡΙΣΤΟΤΕΛΗΣ.

(3) Cicéron, *Pro lege Manilia*, XVIII, 55 : *Delos... referta divitiis, parva, sine muris*. Elle ne fut fortifiée que par C. Triarius en 69 av. J.-C. (Phlégon de Tralles, fr. 12 = F. H. G. III, 606.)

(4) Posidonius l'appelle στρατηγός, ce qui signifie ordinairement préteur. Il ne s'agit évidemment ni du gouverneur de Macédoine (alors Sentius Saturninus) ni des gouverneurs d'Asie ou de Cilicie. Orbius est peut-être le père du gouverneur d'Asie mentionné par Cicéron, *Pro Flacco*, XXXI, 76; *Brutus*, XLVIII, 179. Peut-être Posidonius s'est-il trompé et Orbius serait-il simplement un des chefs de la colonie romaine à Délos, par exemple le *magister Orbius* mentionné dans une inscription délienne (*Bull. corr. hell.* VIII, 115). — On a trouvé à Délos des inscriptions en l'honneur de Sylla, sans le mot *imperator* (*Bull. corr. hell.* VIII, 172), et de son collègue au consulat, Q. Pompeius Rufus (ib. 181). Ces inscriptions ont dû être gravées dans les premiers mois de l'an 88.

l'ivresse, les Athéniens furent égorgés comme un troupeau ou brûlés avec leurs machines de guerre dans les villas déliennes. Quatre cents d'entre eux furent faits prisonniers; Apellicon réussit à s'échapper et ramena au Pirée les débris de son expédition.

Ce misérable échec prouvait surabondamment que les Athéniens, réduits à leurs seules forces, ne suffisaient pas à conquérir la Grèce pour Mithridate; mais déjà une flotte pontique, sous les ordres d'Archélaos, abondamment pourvue de vivres, d'armes et de troupes, avait mis à la voile pour leur prêter main-forte. Toutes les Cyclades firent leur soumission à l'amiral pontique; Délos elle-même, où les Romains venaient de dresser leur trophée, fut enlevée de haute lutte. L'île fut cruellement châtiée : toute la colonie italienne, tous les Déliens mâles, au total 20,000 personnes, furent passés au fil de l'épée; on vendit à l'encan les femmes et les enfants; on nivela la ville; les fortunes particulières et le trésor du temple furent confisqués et partagés entre Athènes et Mithridate; mais beaucoup d'objets d'art périrent, jetés à la mer par la soldatesque barbare (1).

En même temps que Délos, les Athéniens obtinrent du vainqueur plusieurs îles voisines. Aristion, qui avait rejoint l'amiral pontique, reçut pour sa part une garde de 2,000 soldats, armés de lances et de cuirasses, qui devaient l'aider à étouffer dans Athènes les dernières résistances du parti romain. Ils les étouffèrent si bien que les principaux chefs de ce parti, Midias, Calliphon, Philon de Larisse, président de l'Académie, s'enfuirent à Rome (2); d'autres citoyens, qui, sans regretter la domination romaine, abhorraient encore plus la dictature militaire d'Aristion, s'embarquèrent pour Amisos, dans le Pont (3). L'exode prit bientôt de telles proportions que le tyran recourut à des mesures de rigueur

---

(1) La conquête de Délos est attribuée par Appien, *Mith.* 28, à Archélaos (cf. aussi Plutarque, *Sylla*, 11, qui parle des Cyclades en général), tandis que Pausanias III, 23, nomme Ménophane. Mais ce nom est d'autant plus suspect que tout le récit de Pausanias paraît reproduire une mauvaise tradition délienne; le châtiment divin qui aurait, immédiatement après le massacre, atteint le profanateur de l'île sacrée est contredit par les faits, puisque nous retrouverons Ménophane auprès de Mithridate en 64 av. J.-C. Ce qui a pu donner lieu à cette légende, c'est l'accident qui arriva un peu plus tard à son quasi-homonyme Métrophane (Appien, *Mith.* 29).

(2) Plutarque, *Sylla*, 14; Pausanias I, 20, 5. Pour Philon : Cicéron, *Brutus*, LXXXIX, 306; Plutarque, *Cicéron*, 3.

(3) Plutarque, *Lucullus*, 19.

pour l'enrayer. On défendit l'émigration sous peine de mort ; trente sentinelles furent placées à chaque porte de la ville, et un cordon d'observation disposé tout à l'entour. Les mécontents tentèrent alors de s'échapper de nuit, en se laissant descendre du haut des remparts par des échelles de corde ; mais, ramassés par des patrouilles de cavalerie, ils étaient ramenés en ville, les fers aux pieds, pour périr dans les supplices. Des mesures de répression on passa aux procès de tendance : les suspects étaient remis en otage aux généraux pontiques, des assemblées dérisoires prodiguaient les sentences de mort et de confiscation. A tous ces maux s'ajoutèrent bientôt les rigueurs de l'état de siège : en prévision d'un prochain investissement, Aristion confisqua tous les approvisionnements de blé, rationna les habitants ; dès le coucher du soleil, on sonnait le couvre-feu, et il était défendu de se promener dans les rues avec une lanterne. Ainsi Athènes n'avait secoué le protectorat tracassier de Rome que pour subir un véritable régime de terreur. L'indépendance de la ville était aussi fictive que sa liberté : une garnison pontique occupait le Pirée, et en 87 Mithridate lui-même paraît s'être fait élire « stratège des armes » avec Aristion pour second. Le respect ironique des vieilles formes cachait mal le fait brutal qu'Athènes n'était plus qu'une sous-préfecture du royaume de Mithridate.

Cependant Archélaos, tranquille sur Athènes, maître du Pirée, où il avait débarqué ses troupes, rayonna de là dans toutes les directions et soumit au roi, de gré ou de force, le reste de la Grèce. Le préteur de Macédoine, Sentius Saturninus, luttait péniblement contre les Thraces, alliés de Mithridate, qui précisément alors poussaient leurs incursions jusqu'en Épire et pillaient le temple de Dodone (1) ; les Grecs, abandonnés à eux-mêmes, n'avaient aucune envie de se battre pour l'hégémonie romaine. Les villes béotiennes, Thèbes en tête, donnèrent le signal de la défection ; seule Thespies ferma ses portes. La soumission des Lacédémoniens (2) et des Achéens entraîna celle de tout le Péloponnèse ; la prise de Chalcis, par Métrophane, celle de l'Eubée. Avant la fin de la campagne, toute la Grèce continentale

---

(1) Dion fr. 101, 2 (entre le massacre d'Éphèse, 88, et le consulat de Cinna, 87).

(2) Les expressions de Memnon (καὶ Λακεδαιμονίων ἡττηθέντων) indiquent que les Lacédémoniens se firent prier. — Pausanias IX, 7, 4 attribue la défection des Thébains à leur amitié pour Athènes.

jusqu'aux Thermopyles, toutes les îles jusqu'au cap Malée, étaient arrachées à la domination romaine. La Crète, travaillée par les émissaires pontiques, observait une neutralité bienveillante; dans tout l'Archipel, la seule île de Rhodes tenait encore pour les Romains.

L'attitude des Rhodiens n'était dictée ni par la sympathie ni par la reconnaissance; s'ils n'avaient écouté que la voix du cœur, leur choix n'eût pas été douteux. Ro, oublieuse de leurs services passés, leur avait enlevé, après la guerre de Persée, la Carie et la Lycie; après la ruine de Corinthe, elle avait suscité à leur commerce une concurrence ruineuse dans le port franc de Délos. Au contraire, Mithridate avait comblé la république de ses bienfaits, que rappelait sa statue érigée sur une des places de leur ville (1). Mais les prudents marchands doriens ne croyaient pas au triomphe durable des armes pontiques; et, instruits par une expérience coûteuse, ils savaient que Rome victorieuse ne leur pardonnerait ni leur défection ni même leur neutralité. Sans doute aussi, à Rhodes comme à Délos, la présence d'un grand nombre de réfugiés romains, le préteur Cassius et l'ambassadeur Maltinus à leur tête, entraîna la bourgeoisie hésitante : Rhodes se déclara contre Mithridate. L'île, située comme une épine dans le flanc de l'Asie Mineure, avec sa marine puissante et ses fortifications célèbres, eût été pour Mithridate une acquisition capitale. Irrité de l'ingratitude de ces marchands, il résolut de les châtier sans délai, malgré l'avancement de la saison. Les vides laissés dans sa flotte par les escadres qu'on avait dû détacher en Grèce furent comblés par des constructions nouvelles ou par des réquisitions chez les alliés d'Ionie. On fabriqua un parc de siège; un corps expéditionnaire s'assembla sur les côtes de Carie. Le roi, dans son impatience, n'attendit même pas l'achèvement de ses préparatifs pour mettre à la voile; il s'embarqua à Éphèse, suivi de sa seule flotte de combat. L'escadre rhodienne, commandée par le navarque (2) Damagoras, cingla bravement à sa rencontre jusque

(1) Cicéron, *Verr. Acc.* II, 65, 159. La statue fut respectée par les Rhodiens pendant toute la durée du siège.

(2) Le navarque paraît avoir été le président du collège des stratèges et le chef militaire de l'État, comme le prytane en était le chef civil; il avait même le droit de conclure des traités provisoires au nom de la république. Cf. Polybe XXX, 5 ; Appien, *B. Civ.* IV, 66. D'une manière générale, consulter Ræhl, *Ath. Mitth.* II, 227, et Cecil Torr, *Rhodes in ancient times*, p. 61.

dans les eaux de Myndos (1). C'est là que le choc eut lieu, dans la passe difficile qui sépare la presqu'île d'Halicarnasse des îles de Cos et de Calymna. Les Rhodiens, inférieurs en nombre, l'emportaient par l'expérience de la mer, la science de la tactique, l'entraînement des équipages (2). Mais les marins improvisés de Mithridate se montrèrent pleins de bonne volonté et d'ardeur; le roi lui-même, parcourant les rangs sur sa quinquérème amirale, stimulait tous les courages. La flotte rhodienne, débordée sur ses deux ailes, faillit être enveloppée et s'enfuit dans son île. Mithridate ne tarda pas à l'y poursuivre, mais il trouva la ville en parfait état de défense.

La capitale de Rhodes était bâtie à la pointe nord-est de l'île, sur une côte rocheuse où la mer creuse deux ports naturels. A l'ouest s'élevait la citadelle, sur un rocher d'accès difficile. Un mur d'enceinte continu enveloppait la ville et les ports; ceux-ci étaient protégés en outre par deux longs môles et par une chaîne derrière lesquels la flotte vaincue trouva un abri. Une puissante artillerie hérissait les remparts, qui avaient défié les efforts du plus grand ingénieur de l'antiquité, Démétrius Poliorcète; la garnison, grossie de quelques contingents de Telmissos et des villes lyciennes, était nombreuse et pleine d'élan; enfin, pour diminuer les ressources de l'assiégeant, on n'avait pas hésité à détruire le faubourg, situé hors des murs.

Tous les efforts de Mithridate se brisèrent contre une forteresse si bien défendue. Tout d'abord, un coup de main qu'il tenta sur les forts fut repoussé; il dut se contenter de jeter à terre les quelques troupes qu'il avait amenées et de croiser avec sa flotte devant le port, en attendant l'arrivée de son parc de siège et du corps d'infanterie. Mais les vents contraires retinrent longtemps ces renforts sur le continent, et pendant ce temps la garnison et l'escadre rhodiennes s'aguerrissaient par des escarmouches quotidiennes. Un jour, c'était l'un des favoris du roi, Léonicos, qui tombait aux mains de l'ennemi (3); dans un autre combat, le roi lui-même faillit être pris par suite de la fausse manœuvre d'une galère de Chios qui brisa son vaisseau amiral. Lorsque enfin le

(1) Sur le lieu de la bataille, Appien, *B. cit.* IV, 71.
(2) Diodore, fr. XXXVII, 28.
(3) Valère Maxime V, 2, *ext.* 2. Il paraît que le roi rendit tous les prisonniers rhodiens pour ravoir Léonicos.

corps expéditionnaire rejoignit, la saison parut trop avancée pour entreprendre les travaux d'un siège régulier : la traversée même avait été troublée par un violent ouragan; l'escadre rhodienne coula, brûla, captura plusieurs transports, et fit 400 prisonniers.

On n'espérait plus que dans un coup de main et dans les intelligences qu'on s'était ménagées dans la place. Des transfuges signalèrent au roi un point faible dans les fortifications, un peu au sud de l'Acropole, au pied d'une colline, battue par les flots, que couronnait le temple de Zeus Atabyrien (1). Il fut décidé qu'on dirigerait une attaque nocturne contre ce point, pendant que la flotte ferait une diversion du côté du port. Au début, tout marcha à souhait; un corps d'infanterie, muni d'échelles, fut transporté en bateau au pied des remparts; là, il attendit le signal concerté avec les amis qu'on avait dans la garnison. Tout à coup, au cœur de la nuit, la flamme brille au sommet de la colline; les troupes royales, reconnaissant le signal convenu, poussent une immense clameur et s'élancent à l'assaut; mais un cri nourri leur répond du haut des remparts : c'est la garnison du fort, qui, informée du complot, a elle-même, bien avant l'heure convenue, allumé cette flamme et attend l'assaut de pied ferme. Les Royaux, se voyant trahis, n'osèrent pas risquer une bataille dans les ténèbres; ils passèrent la nuit l'arme au pied. A l'aurore, on tenta l'escalade de tous les côtés à la fois. La *sambyque*, — énorme pont volant, avec des entretoises en corde, garni de catapultes, et porté par deux navires accouplés (2), — pénétra dans le port et fut dirigée contre le temple d'Isis. Mais l'encombrante machine ne justifia pas les espérances des ingénieurs pontiques : elle s'effondra sous son propre poids et disparut au milieu d'un tourbillon de flammes; les Rhodiens prétendirent avoir vu Isis elle-même, un brandon à la main, défendre son temple contre l'engin sacrilège. Sur la terre ferme, l'assaut fut également repoussé. Mithridate ne renouvela pas sa tentative; l'hiver approchait, et un séjour plus prolongé dans l'île n'aurait pas été sans danger.

(1) L'emplacement de ce temple a été déterminé par une inscription (NEWTON, *Inscriptions of the British Museum*, I, 346). Il ne faut pas le confondre avec la « maison mère » bâtie sur le mont Atabyrios, au centre de l'île et à plus d'une journée de marche de la capitale (cf. ROSS, *Reisen auf den griechischen Inseln*, III, 106, note 23).

(2) La nature de la sambyque, mal définie par Appien, est indiquée par Polybe VIII, 6, l'Anonyme de Rochas (Philon de Byzance, éd. Rochas, p. 232), Athénée Poliorcète (*Mélanges Graux*, p. 793), etc. Cf. aussi WESCHER, *Poliorcétique des Grecs*, p. 57.

Il ramena les troupes sur la côte d'Asie, tout en laissant autour de Rhodes une croisière qui immobilisa la flotte insulaire pendant le reste de la guerre. En Lycie, Mithridate dirigea une tentative contre Patara, qui ne fut pas heureuse; de guerre lasse, il chargea Pélopidas d'achever la réduction de cette province rebelle et retourna passer l'hiver à Pergame, où des fêtes magnifiques célébrèrent son mariage avec Monime (fin 88 av. J.-C.).

Arrêtons-nous ici et récapitulons dans leur ensemble les résultats de cette campagne de 88, premier acte de la grande lutte engagée entre Mithridate et les Romains.

Au commencement de l'année, Mithridate n'était qu'un petit prince asiatique, un client émancipé, dont les roitelets de Cappadoce et de Bithynie se partageaient d'avance les dépouilles. Six mois avaient suffi pour faire de lui un des plus puissants souverains du monde, maître de toute l'Asie Mineure, sauf quelques cantons montagneux de la Lycie et de la Paphlagonie, maître de tout l'Archipel, sauf Rhodes, de toute la Grèce continentale jusqu'à la Thessalie : après la mer Noire, la mer Égée devenait à son tour un lac pontique.

Cet empire était si vaste qu'il avait déjà fallu le diviser. Les anciennes provinces, Pont, Colchide, Bosphore, formaient une vice-royauté gouvernée par le prince royal, Mithridate; la Cappadoce et la Petite-Arménie un royaume vassal régi par son frère Ariarathe; en Grèce, Archélaos exerçait les fonctions de lieutenant général du roi, et frappait monnaie au nom de Mithridate, mais en y ajoutant sa propre signature. Le reste de l'empire, c'est-à-dire l'Asie en deçà du Halys et les îles adjacentes, était administré directement par Mithridate et par les satrapes qu'il avait installés dans les diverses provinces; quelques territoires, comme la Galatie et les républiques helléniques, conservaient une autonomie relative, sous leurs chefs ou leurs magistrats nationaux, mais des précautions avaient été prises pour assurer leur fidélité : les tétrarques galates séjournaient à la cour de Mithridate comme autant d'otages, des gouverneurs militaires tenaient en bride les villes principales.

Le roi lui-même, établi à Pergame, au centre de sa monarchie et de ses affaires, dirigeait en personne tous les fils de ses vastes combinaisons politiques et militaires. Son infatigable activité trouvait du temps pour tout : rendre la justice, fabriquer des armées et des flottes, étouffer des conspirations, réglementer les privilèges des temples, célébrer des fêtes pompeuses où parfois il descendait lui-même dans l'arène pour disputer le prix. D'ailleurs son ambition grandiose ne se contentait pas des résultats acquis, bien propres cependant à frapper l'imagination des peuples. En Asie se rassemblait une grande armée, destinée à entreprendre la conquête de la Thrace et de la Macédoine, le futur apanage du prince Ariarathe; en Syrie, un parti s'agitait pour offrir à Mithridate la couronne des Séleucides, tombée en déshérence. Bientôt, ce semble, tout l'Orient hellénique va être réuni sous un seul sceptre et le roi de Pont achèvera de s'absorber dans le grand Roi. Et vraiment ce prince séduisant et terrible, orateur et soldat, Perse par ses origines et Grec par son éducation, semble appelé à réaliser, plus que tout autre, l'idéal du monarque selon le cœur des Grecs et des Orientaux d'alors. N'est-il pas l'homme providentiel, à la fois héritier de Darius et d'Alexandre, en qui se concilie pour la première fois depuis tant de siècles le vieil antagonisme de l'Iran et de l'Hellade, de l'Orient et de l'Occident? Comme pour mieux affirmer qu'une aurore nouvelle s'est levée sur le monde, les admirables monnaies d'or, frappées par Mithridate à Pergame, sont datées d'après une nouvelle ère, dont l'origine coïncide avec l'expulsion des légions romaines, avec la résurrection du royaume des Attale.

Combien durera cette lune de miel du despotisme et de la liberté? C'est le secret de l'avenir et du dieu des batailles. Mais déjà des symptômes effrayants ont inquiété la superstition populaire (1); déjà le sol de l'Asie tremble sous le pied du vainqueur, et le nuage précurseur des tempêtes monte menaçant du fond de l'Adriatique.

(1) Plutarque, *Sylla*, c. 11, raconte l'histoire d'une Niké en or qui devait couronner Mithridate dans le théâtre de Pergame et se fracassa au moment de descendre du plafond Cf. aussi Obsequens, c. 56, Jahn : *Mithridati adversus socios bellum paranti prodigia apparuerunt... Iridis species visa fulmine petere* (au siège de Rhodes). *Lucum Furiarum cum Mithridates incenderet, risus exauditus ingens sine auctore; cum aruspicum jussu virginem Furiis immolaret, e jugulo puellae risus ortus turbavit sacrificium.* — Appien, *Mith.* 27, raconte une histoire analogue à propos de la levée du siège de Patara.

CHAPITRE III.

LES REVERS (1).

La nouvelle des événements d'Orient jeta Rome dans une panique facile à concevoir. A peine sortie d'une crise où elle avait joué son existence, la république se voyait engagée dans une guerre formidable, aux prises avec l'ennemi le plus audacieux et le plus fort qu'elle eût rencontré depuis Annibal. En 89, Aquilius était parti pour une mission diplomatique, tout au plus, croyait-on, pour une exécution militaire, comme celle à laquelle avait procédé Sylla en 92. Et voici qu'on apprenait coup sur coup l'ouverture des hostilités avant toute déclaration de guerre, les défaites écrasantes du printemps 88, la défection en masse des Grecs d'Asie et d'Europe, enfin l'horrible boucherie qui plongeait dans le deuil cent mille familles romaines.

Il fallait agir et agir sur-le-champ : dès la première nouvelle de l'irruption de Mithridate en Asie, le sénat décréta la guerre contre lui; mais comment agir, avec quelles armées, à l'aide de quelles ressources? Les deux années de la guerre sociale avaient fauché la fleur de la jeunesse italienne, — 300,000 hommes, assure-t-on (2); — l'admission des Italiens au droit de cité nécessitait une refonte complète de l'organisation militaire; d'autre part, on n'osait pas dégarnir complètement de troupes la péninsule frémissante et dont le sud était encore soulevé. Par-dessus tout, l'argent manquait : les réserves du trésor étaient épuisées, on n'avait même plus de quoi nourrir et solder les troupes, et l'on venait de perdre la province dont les revenus soutenaient les finances de l'État! Pour faire face aux premiers besoins, on dut recourir à des mesures exceptionnelles, devant lesquelles la

---

(1) Sources principales : Appien, *Mith.* 29-50; Plutarque, *Sylla*, c. 11-21. Appien insiste surtout sur le siège d'Athènes et du Pirée, entrant même dans des détails un peu minutieux. Plutarque, en sa qualité de Chéronéen, est très complet sur la bataille de Chéronée; il suit, en général, les *Mémoires* de Sylla. Memnon, c. 32, est très abrégé et mal informé, mais il fournit quelques renseignements précieux.

(2) Velléius Paterculus II, 15.

piété des ancêtres avait reculé, même pendant les angoisses de la guerre punique : on vendit les terrains consacrés au culte qui avoisinaient le Capitole. L'État retira de cette vente 9,000 livres d'or, un peu plus de 10 millions. C'est avec ces moyens infimes que Rome entreprit la reconquête de la Grèce et de l'Asie Mineure (1).

La mise en route des armées romaines fut encore différée de plusieurs mois par de misérables querelles de partis. Pendant toute la fin de l'année 88, alors que chaque semaine de retard coûtait une île ou une forteresse dans l'Archipel, on se battit à Rome pour le choix d'un général en chef. Le consul en charge, L. Cornélius Sylla, semblait désigné par ses brillants états de service, par ses succès récents dans la guerre sociale qui avaient achevé de le mettre hors de pair ; enfin, le sort ou l'acquiescement de son collègue lui avait attribué la province d'Asie, et, par conséquent, le commandement contre Mithridate. Mais il fallait compter avec le vétéran Marius qui guettait, depuis douze ans, ce commandement lucratif et glorieux. Vainement la guerre sociale avait trahi sa décrépitude; presque septuagénaire, il cherchait à se tromper lui-même et à faire illusion au public en se mêlant, comme un jeune homme, aux exercices du champ de Mars. Le vieux soldat fit plus : lui, qui n'avait jamais rien compris à la politique, se jeta à corps perdu dans les bras du parti démocratique et des nouveaux citoyens italiens. Le tribun Sulpicius mit sa magnifique éloquence au service de cette ambition sénile : il emporta le vote de plusieurs plébiscites révolutionnaires, dont l'un conférait à Marius, au lieu de Sylla, la conduite de la guerre d'Asie. Chassé de Rome, échappé à grand'peine aux spadassins, Sylla se réfugia au camp devant Nole. Il n'était pas homme à se laisser arracher sans combat le fruit de tant de victoires, la mission de salut qui devait faire du général assez heureux pour l'accomplir le chef de l'État. Quand les envoyés de Marius se présentèrent pour prendre possession des faisceaux, ils furent lapidés par les soldats de Sylla, passionnément attachés à leur général et qui craignaient que Marius ne destinât à d'autres troupes le riche butin de l'Asie. Puis le consul, se-

---

(1) Appien, *Mith.* 22 ; Orose V, 18, 27. Orose place cette vente pendant la guerre sociale. Appien au début de la campagne de 87.

crètement appelé par les vœux de l'aristocratie, marcha sur Rome, occupa militairement la ville, fit casser par le sénat les lois sulpiciennes et proscrivit leurs auteurs. Sulpicius tué, Marius en fuite, Sylla resta maître de la situation. Il lui fallut cependant présider encore aux élections consulaires, qui ne répondirent qu'imparfaitement à son attente. Déjà une nouvelle réaction démocratique se dessinait, déjà le consul sortant allait être traîné devant les tribunaux, lorsqu'il se décida à partir sans regarder derrière lui : il quitta Rome, prit le commandement de ses légions à Capoue, et s'embarqua dans les ports de l'Adriatique, vers le commencement de l'année 87 av. J.-C. (1).

L'homme sur qui reposait l'avenir de la domination romaine en Orient était alors âgé de cinquante ans. Il avait parcouru assez lentement la filière des honneurs, marquant chacune de ses étapes par des succès de plus en plus éclatants : questeur, il avait négocié la capture de Jugurtha; propréteur, vaincu les Arméniens et humilié les Parthes. Pendant la guerre sociale, il avait éclipsé Marius et conquis le consulat à la pointe de son épée. Au physique, un homme du Nord : les cheveux d'un blond doré, les yeux bleus et perçants, le teint blanc, mais parsemé de taches rouges qui lui donnaient, suivant l'expression des plaisants d'Athènes, l'aspect d'une « mûre saupoudrée de farine »; la colère l'allumait, terrible. Au moral, c'est d'abord un viveur, lettré, ami des arts, mais plus dilettante que délicat. Il se complait dans la société des comédiens et des filles, dans les longues orgies, dans la grosse bouffonnerie. Parfois clément avec dédain, plus souvent cruel avec délices, toujours avide de plaisir et de gloire, il n'a au fond ni grandes idées ni passions profondes : aristocrate de naissance, patriote dans la limite de ses intérêts. C'est surtout une intelligence lucide, pratique, une volonté de fer, un talent militaire de premier ordre : il a le génie de l'organisateur, le coup d'œil du stratégiste, une opiniâtreté invincible, un mélange de bravoure et de ruse qui l'a fait surnommer le « lion renard ».

Si Marius a créé l'armée nouvelle, personne ne l'a comprise comme Sylla. Sa recette est simple, mais il faut être un Sylla

---

(1) Sur tous ces événements, que je ne fais que résumer, voir Appien, *B. civ.* I, 55-62; Plutarque, *Sylla*, 7-10; *Marius*, 30-40; Orose V, 14-19, et les abréviateurs.

pour l'appliquer : tout exiger du soldat avant la bataille, tout lui permettre après (1). Ce grand seigneur, si odieux à la foule, fut l'idole de la troupe : nul n'obtint plus de ses soldats, nul ne fit de plus grandes choses avec des moyens plus limités, mais nul aussi ne contribua davantage à la transformation morale de l'armée romaine. Entre ses mains le soldat citoyen acheva de disparaître, fit place à un prétorien brave et discipliné, mais avide de pillage et de bonne chère, faisant la guerre comme un métier, sans autre foi que l'amour du chef qui savait le conduire à la victoire. Sylla lui-même n'a pas d'autre divinité que son étoile, son « Aphrodite ». Cela ne l'empêche pas de se dire le protégé des dieux officiels, de jouer des devins, des amulettes, des présages : au fort de la bataille, il porte sur lui une petite image d'Apollon dérobée à Delphes (2). Mais, au fond, ce grand joueur est, comme tous les joueurs, un fataliste ; après ses plus éclatants triomphes, au risque de diminuer sa gloire devant la postérité, c'est au surnom d'*Heureux* qu'il attache le plus de prix. C'est qu'il connaissait assez intimement les hommes pour savoir que la fortune trouve moins d'incrédules que le génie, parce qu'elle fait moins souffrir l'envie. Rien n'est contagieux, d'ailleurs, comme une foi profonde en soi-même, sincère ou simulée : pour peu que le hasard favorise les premières entreprises d'un « homme providentiel », son triomphe final est presque assuré, car la confiance, née de ses premiers succès, lui amène des milliers de recrues qui deviennent les instruments de ses succès futurs, et la foule, peuple ou armée, s'imagine de bonne foi saluer l'arrêt du destin quand c'est elle-même qui l'a dicté (3).

Au moment où Sylla débarquait en Épire avec cinq légions complètes, — environ 30,000 hommes, — quelques cohortes surnuméraires et un petit nombre d'escadrons de cavalerie indépendante (4), les progrès de Mithridate en Grèce s'étaient déjà

---

(1) Salluste, *Catilina*, c. 11.
(2) Valère Maxime I, 2, 3 ; Frontin I, 11, 11.
(3) Pour le portrait physique et moral de Sylla il faut surtout consulter Salluste, *Jugurtha*, c. 95, et Plutarque, *Sylla*, c. 2, 6, 36.
(4) Appien, *Mith.* 30. (La légion, ne comprenant plus d'alliés italiens, doit être désormais comptée à 6,000 hommes). On peut s'étonner que Sylla, qui avait 6 légions devant Nola (Plutarque, *Sylla*, c. 9), n'en ait amené que 5. Probablement la 6ᵉ n'avait pas complété sa mobilisation ou était encore nécessaire en Italie ; on voit par Appien, *B. civ.* I, 79, que Sylla n'eut jusqu'au bout que cinq légions en Grèce.

arrêtés. Au début de l'année 87, un des lieutenants d'Archélaos, Métrophane, après avoir achevé la conquête de l'Eubée, avait pris la mer, ravagé la côte de la Magnésie, et menacé Démétriade, la grande place d'armes romaine en Thessalie. Un des légats du préteur de Macédoine, le vaillant proquesteur Q. Bruttius Sura (1), vint alors l'assaillir à l'improviste avec l'escadre romaine, lui coula deux vaisseaux et massacra les équipages sous les yeux de l'amiral pontique (2). Celui-ci prit peur et s'échappa par un bon vent, abandonnant le butin qu'il avait déposé dans l'île de Sciathos. Bruttius débarqua dans l'île, mit en croix les esclaves préposés à la garde du butin et fit couper les mains aux hommes libres. Après cet exploit, il passa sur le continent et reçut du gouverneur de Macédoine, enfin débarrassé des Thraces, un renfort de 1,000 hommes. Archélaos et Aristion se trouvaient alors en Béotie, occupés au siège de Thespies, la seule ville du pays qui fût restée fidèle à la cause de Rome. Bruttius entreprit de débloquer la place. Les Pontiques marchèrent à sa rencontre jusqu'à Chéronée, où l'on se battit pendant trois jours sans avantage marqué; l'arrivée des contingents achéens et lacédémoniens obligea le légat à la retraite. Immédiatement après, il rencontra l'avant-garde de Sylla, commandée par le questeur Lucullus, qui lui enjoignit de céder la place à son général et de regagner la Macédoine : toutes les troupes disponibles allaient d'ailleurs y devenir nécessaires pour arrêter une autre invasion pontique, venant du nord (3).

Sylla s'avançait lentement à travers l'Étolie et la Thessalie, complétant ses effectifs, levant des vivres et de l'argent. Mais

---

(1) Cp. sur ce personnage BORGHESI, Œuvres, II, 239. Son prénom nous a été transmis par l'inscription de Larissa, récemment découverte (*Bull. corr. hell.* XIII, 388) : [τὸ κοινὸν Ἀ]θαμάνων Κόιντον [Β]ρ̣αίτιο[ν]... υἱὸν Σύραν πρεσβευτὴν [τὸν ἑαυτοῦ σωτῆρα καὶ ε]ὐεργέτην. (Probablement Bruttius avait protégé l'Athamanie lors de l'incursion des Thraces en Épire.) Il existe des tétradrachmes frappés par Bruttius à Thessalonique au type suivant : MAKEΔONΩN Θ᾽; tête d'Alexandre à dr., les cheveux flottants, avec la corne d'Hammon. Rev. : SVVRA. LEG. PRO. Q. massue entre une caisse et un siège de questeur, le tout dans une couronne de laurier.

(2) C'est à ce combat que se rapporte la notice d'Obsequens, c. 56, Jahn : *classis Mithridatis in Thessalia a Romanis in proelio amissa*. La correction « incensa alia » (Jahn) n'est donc pas justifiée.

(3) Plutarque, *Sylla*, 11 (sur un épisode qui marqua le passage de Lucullus à Chéronée, cf. Plut., *Cimon*, 1-2). Appien, *Mith.* 29, se trompe manifestement en faisant rétrograder Bruttius sur le Pirée; il est impossible que les Pontiques n'eussent pas occupé cette place dès le début de la campagne en Grèce.

Bruttius Sura avait travaillé pour lui, et quand les têtes de colonnes de l'armée proconsulaire parurent en Béotie, un revirement ne tarda pas à se dessiner en faveur de Rome. Thèbes donna le signal de la résipiscence, les autres villes suivirent son exemple; bientôt des ambassades suppliantes arrivèrent de toutes les parties du Péloponnèse. Il ne resta aux Pontiques, au sud des Thermopyles, que l'Attique et l'Eubée. Dès la première rencontre avec les troupes de Sylla (1), Archélaos et Aristion renoncèrent à tenir la campagne. Ils s'enfermèrent, le premier dans le Pirée, le second dans Athènes, résolus de tenir à outrance jusqu'à l'arrivée de la grande armée de secours qui devait s'acheminer par la Thrace et la Macédoine. Sylla, poursuivant son élan, tenta un coup de main sur le Pirée, mais il fut repoussé avec pertes, et se replia sur Éleusis et Mégare; là il commença ses préparatifs en vue d'un siège régulier (été 87) (2).

La capitale de l'Attique n'était plus la forteresse inexpugnable qu'elle avait été au temps de Périclès, alors que les Longs Murs, reliant la ville haute et le port, faisaient de ces deux places réunies un immense camp retranché où tout un peuple pouvait se réfugier, toute une armée évoluer à l'aise, sans crainte de la famine, pourvu que la mer fût libre. Les Longs Murs, détruits par Lysandre, relevés par Conon, n'avaient pu être entretenus sous la domination macédonienne, faute d'argent. Peut-être furent-ils renversés par Antigone Gonatas; en tout cas, dès l'an 200, ils tombaient en ruine et leurs débris servaient à réparer les fortifications d'Athènes et du Pirée (3). Celles-ci, en revanche, présentaient toujours un aspect formidable. La ville haute s'entourait d'une enceinte continue, d'un circuit de onze kilomètres (4); le mur était quelquefois double, flanqué, aux environs des portes principales, de grosses tours quadrangulaires dont on voit encore les puissantes assises; l'Acropole, presque au centre de la ville, servait de citadelle. Quant au Pirée, ses murailles atteignaient la hauteur colossale de 40 coudées (18 mètres), sur une épaisseur de 15 pieds

---

(1) Pausanias I, 20, 5, mentionne seul ce combat.
(2) Appien, *Mith.* 30; Plut., *Syll.* 12.
(3) Tite-Live XXXI, 26. Cf. Pausanias I, 2, 2.
(4) 43 stades d'après Thucydide II, 13, 7, sans compter l'espace compris entre les Longs Murs, que le scoliaste évalue à 17 stades. Cf. O. MULLER, *De munimentis Atheuarum*, Goett. 1836; LOLLING, *Topographie d'Athènes*, dans le *Handbuch* d'I. Müller, III, 298 suiv.

PRÉPARATIFS DU SIÈGE DU PIRÉE.

(près de 5 mètres); à la différence de celles de la ville haute, dont la partie supérieure était en brique, elles étaient entièrement construites en pierres de taille, extraites des carrières de l'Acté, jointes par des crampons de fer. Ces fortifications faisaient le tour complet de la ville, isthme, presqu'îles et forts, sur un périmètre de 60 stades; elles embrassaient à l'ouest l'importante pointe d'Éétionéia, qui ferme le port principal, à l'est la colline de Munychie, avec sa citadelle inabordable, nid d'aigle d'où jadis les Macédoniens tenaient Athènes dans leurs serres (1).

Sylla, obligé d'immobiliser un corps d'armée pour surveiller l'Eubée, n'avait pas assez de troupes pour entreprendre simultanément le siège régulier des deux forteresses attiques; il se décida donc à soumettre la ville haute à un blocus rigoureux, et à concentrer tous ses efforts contre le Pirée. Les réquisitions fournirent le matériel nécessaire : on réunit de toutes les parties de la Grèce jusqu'à 10,000 attelages de mulets, on fit venir de Thèbes le métal, les machines, les ouvriers; on puisa dans les débris des Longs Murs les clayonnages, la terre et les pierres. Lorsque le bois manqua, on n'hésita pas à sacrifier les bosquets célèbres du Lycée, les platanes séculaires de l'Académie (2). Quant à l'argent, les dieux y pourvurent : les temples les plus riches de la Grèce, Olympie, Delphes, Épidaure, durent livrer leurs trésors, dépôts des particuliers, économies des prêtres, offrandes des rois : la spoliation fut déguisée sous le nom d'un emprunt remboursable à la fin de la guerre, et, pour comble de dérision, l'on dressa un inventaire méthodique des objets enlevés. Aux doléances des prêtres et des amphictyons, Sylla répondit par des facéties. Le produit de ces confiscations fut expédié vers l'atelier monétaire, installé sous la direction de Lucullus dans le Péloponnèse, pour être converti en monnaie (3).

Pour les Romains, qui n'avaient point de flotte, le Pirée n'était

---

(1) Appien, *Mith.* 30. Il n'y a aucune raison de corriger avec Ross (*Archaeol. Aufsätze*, I, 239), les 40 coudées d'Appien en 11 : cf. Curtius, *Griech. Geschichte*, II, 805, note 51. L'enceinte primitive (de Thémistocle) avait 30 pieds sur 11 (10 mètres sur 3 1/2), mais elle avait été renforcée sous Périclès, et c'est pourquoi Appien attribue à Périclès l'érection des murs du Pirée.

(2) Pline XII, 1, 9.

(3) Sur ces pillages : Plut., *Syll.* 12; Diodore, fr. XXXVIII, 7; Pausanias IX, 7, 4 Quant au pillage du temple d'Alalcoménes en Béotie, Pausanias IX, 33, 6, il paraît un peu postérieur). Monnaies luculliennes : Plut., *Lucull.* 2. Cette émission se composait, à ce qu'il

abordable que par le nord, entre la chaussée d'Athènes et la plaine d'Halipédon, ancien fond de mer dont la nature marécageuse dut gêner singulièrement les travaux d'approche. La pièce de résistance de ces travaux, autour de laquelle gravitèrent l'attaque et la défense de la place, fut, comme d'ordinaire, une levée de terre, consolidée par des poutres et revêtue de pierres; on la commençait à grande distance pour la mener jusqu'au pied des remparts, dont elle devait atteindre la hauteur. En avançant, on se couvrait par des *tortues*, abris à roulettes garnis de machines de jet; la levée terminée, on y installait, pour écarter les assiégés, des batteries de catapultes, — véritables mitrailleuses, dont quelques-unes lançaient parfois jusqu'à 20 projectiles d'une seule volée, — et les béliers destinés à faire brèche dans la muraille; les tours en bois, fixes ou mobiles, figuraient les ouvrages détachés du parapet de siège. Tous ces moyens classiques de la poliorcétique grecque furent mis en œuvre par Sylla, mais il trouva dans Archélaos un adversaire d'une rare ténacité et d'une merveilleuse fécondité de ressources; le général grec épuisa tous les moyens de défense connus et sut même créer des artifices inédits : c'est ainsi que, pour protéger ses tours en bois contre les brandons et les projectiles incendiaires des Romains, il imagina de les revêtir d'un enduit d'alun incombustible (1). Comme les Turcs d'aujourd'hui, les Cappadociens de Mithridate se battaient beaucoup mieux derrière les murailles qu'en rase campagne; soutenus par l'ardeur entraînante de leur général, ils défièrent pendant plus de six mois tous les efforts de l'armée romaine, certainement supérieure en nombre : pour égaliser les chances, Archélaos avait dû rappeler ses garnisons de l'Eubée et des îles, armer jusqu'aux rameurs de la flotte (2).

L'année 87 fut occupée tout entière par des combats acharnés autour du Pirée. Archélaos mit d'abord tout en œuvre pour retar-

---

semble, des aurei et des deniers aux types suivants : L. SVLLA. *Tête diadémée de Vénus à droite; devant, Cupidon debout tenant une longue palme.* Rev. :IMPER. TERVM. *Praefericulum et lituus entre deux trophées.* (*Iterum*, parce que Sylla avait sans doute été déjà proclamé *Imperator* en 92 lors de sa campagne de Cappadoce.) Voir sur ces monnaies MOMMSEN, *Histoire de la monnaie romaine* (tr. fr.), II, 410, note; BABELON, *Monnaies de la république romaine*, I, 406, n°s 28 et 29.

(1) Quadrigarius, fr. 81 Peter (= Aulu-Gelle, XV, 1, 5).
(2) Appien, *Mith.* 31. Aussi n'est-il pas admissible, comme Appien le dit dans ce même passage, que l'armée d'Archélaos fût plus nombreuse que celle de Sylla.

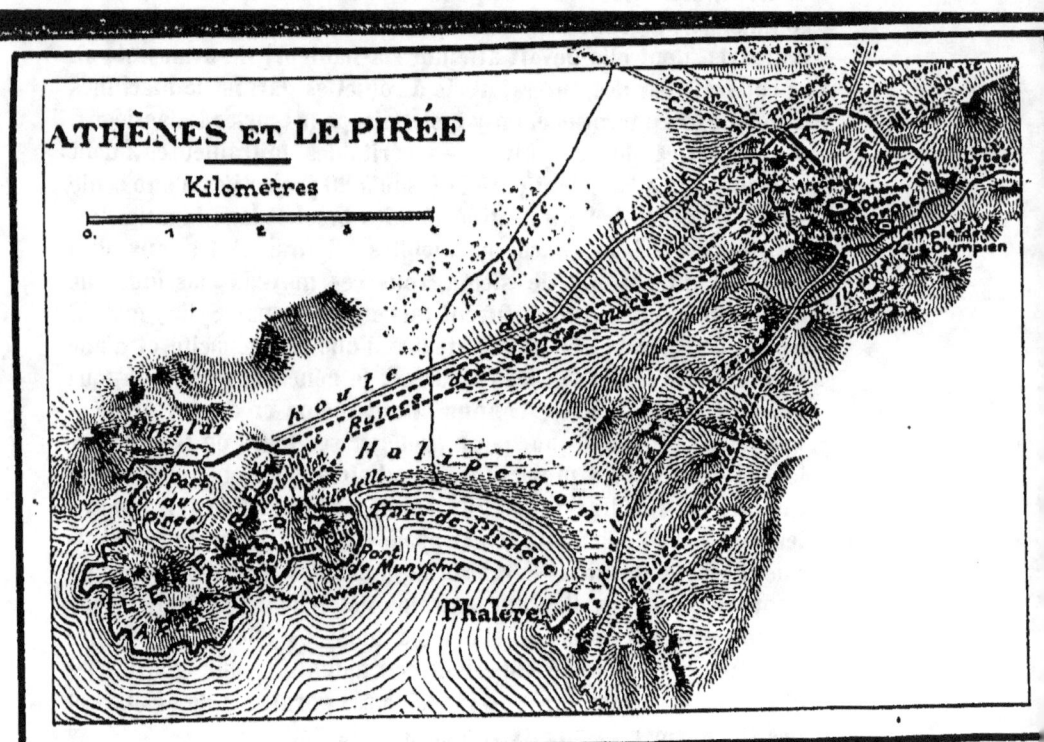

der les progrès de la levée de terre de Sylla : il exécutait de brusques sorties, de jour et de nuit, chargeant de front les travailleurs avec son infanterie, pendant que les cavaliers harcelaient les troupes de soutien et que des escouades, armées de torches, mettaient le feu aux tortues. Sylla réparait le dommage avec une promptitude étonnante et déjouait souvent les plans des assiégés, grâce aux intelligences qu'il avait dans la place : deux esclaves grecs lui lançaient du haut des remparts des avis gravés sur des balles de fronde. Lorsque Archélaos eut été rejoint par un corps de renfort, amené par Dromichétès, il tenta une sortie générale : ce fut une véritable bataille rangée, livrée à portée des murs, dont les gardes mêmes prirent part à la lutte. Les assiégés, d'abord refoulés, revinrent plus vivement à la charge et enfoncèrent les légions ; déjà la panique commençait, quand les efforts du légat Muréna et l'arrivée inopinée d'une légion qui revenait de la corvée du bois (1) relevèrent le courage des Romains et décidèrent la journée en leur faveur : les Royaux laissèrent 2,000 morts sur le terrain, et Archélaos, qui s'était attardé après la fermeture des portes, dut se faire hisser sur le rempart à l'aide d'une corde.

L'été se passa au milieu de ces luttes ; le parapet de siège des Romains était à peu près achevé, mais les pluies survinrent (novembre) avant qu'ils pussent tenter l'assaut. Sylla, ménager de la santé de ses troupes, les ramena dans le camp fortifié qu'il avait établi près d'Éleusis, en se couvrant contre les incursions de la cavalerie asiatique par un fossé tiré des collines jusqu'à la mer. Pendant l'hiver, on escarmoucha sans cesse autour du fossé et des travaux des assiégeants. Le problème du ravitaillement préoccupait de plus en plus les deux adversaires. Les défenseurs du Pirée, maîtres de la mer, s'approvisionnaient sans peine, mais Athènes était désormais coupée du Pirée, et les efforts réitérés d'Archélaos pour jeter des convois de blé dans la ville haute furent rarement couronnés de succès : les mêmes traîtres, qui dénonçaient à Sylla les sorties projetées par Archélaos, l'avisaient du départ de ces convois, et la plupart tombaient dans les embuscades romaines. Une diversion de Néopto-

(1) Cette légion comprenait, d'après Appien, les ἄτιμοι (soldats dégradés), où l'on a reconnu, peut-être à tort, les meurtriers d'Albinus (Liv., ep. 75 ; Orose V, 18 ; Plutarque, *Sylla*, 6).

lème, qui avait sans doute pour objet de ravitailler Athènes par le nord, ne fut pas plus heureuse. Un légat de Sylla, Munatius, battit le frère d'Archélaos devant Chalcis, lui tua 1,500 hommes et le rejeta en Eubée. Malgré les approvisionnements accumulés par Aristion au début du siège, malgré la sévérité inouïe du rationnement, — un quart de chénice (27 centilitres) d'orge par tête, un vrai « déjeuner de poulet », — la famine allait, à bref délai, sévir dans Athènes. L'abondance ne régnait guère plus dans le camp de Sylla. Le pays était maigre pour nourrir une armée aussi nombreuse, et les Romains n'avaient point de flotte pour se ravitailler au dehors. Quand Sylla demanda des vaisseaux aux Rhodiens, ceux-ci essayèrent vainement de franchir le réseau des escadres pontiques. En désespoir de cause, le proconsul chargea son vaillant questeur, Lucullus, d'entreprendre une tournée chez les rois et les républiques alliés, pour réunir les éléments d'une escadre. Lucullus prit bravement la mer, avec une demi-douzaine de bâtiments légers, au cœur de la saison des tempêtes (hiver 87-86); une année entière se passera avant que nous entendions reparler de lui.

La résistance obstinée de la forteresse attique aurait pu rendre à Mithridate un immense service : pendant que l'armée romaine était tenue en échec devant le Pirée, il avait le temps de consolider son pouvoir en Asie et d'achever la conquête de la Thrace et de la Macédoine. Malheureusement cette dernière opération fut menée avec une lenteur extrême par le prince qui en avait été chargé, le jeune roi de Cappadoce, Ariarathe. On lui avait donné une belle armée, — 100,000 fantassins, 10,000 chevaux, 90 chars à faux, — mais composée en majeure partie de recrues toutes fraîches, levées dans les provinces récemment conquises. Le général en chef manquait d'expérience; son mentor, Taxile, d'autorité; le service des vivres fut mal assuré. Le progrès de l'armée se ressentit de ces vices d'organisation : elle souffrit plus de l'impéritie de ses chefs que de l'ennemi. En Thrace elle paraît n'avoir rencontré aucune résistance, si ce n'est de la part de quelques places fortes, comme Abdère, qu'il fallut assiéger; mais en Macédoine les populations restèrent fidèles à la domination de Rome, et la brave petite armée de Sentius et de Bruttius Sura disputa le terrain pied à pied. Écrasée sous le nombre, elle légua aux Pontiques la famine qui faillit dissoudre leur armée. Enfin la prise d'Amphipolis par

Taxile ramena l'abondance et livra la Macédoine au vainqueur (1);
il prit comme otages et expédia en Asie les femmes et les enfants
des principaux citoyens de la province (2). Mais la saison était
maintenant si avancée, l'armée si éprouvée, qu'il fallut absolument lui accorder quelques mois de repos. Ariarathe prit ses
quartiers d'hiver en Macédoine, organisa l'administration du
pays conquis et fit mine de vouloir s'y tailler une souveraineté
indépendante (fin 87) (3).

Malgré le retard fatal d'Ariarathe, la situation de Sylla, au
commencement de l'année 86, était difficile, presque critique.
Six mois de combats incessants avaient décimé son armée; il n'avait point de flotte, peu de vivres, nul renfort à espérer : le légat
propréteur L. Hortensius, qui venait enfin de passer l'Adriatique
avec un corps de 6,000 hommes, fut obligé de se diriger vers
la Thessalie pour rallier les débris des milices macédoniennes et
barrer, si possible, le chemin à l'armée pontique du nord (4).
En outre, la révolution démocratique, qui couvait déjà dans
Rome au moment du départ de Sylla, avait fini par éclater :
Marius, rappelé de l'exil par le consul Cinna, entra en vainqueur
dans la ville et souilla par de sanglantes proscriptions les premiers jours de son septième consulat. Grisé de carnage et d'orgie,
il fut enlevé par la fièvre le 13 janvier 86, hanté encore, dans le
délire de l'agonie, par la vision des victoires rêvées en Orient. Sa
mort mit fin au régime de terreur, mais les démocrates restèrent
les maîtres de l'Italie et prirent bientôt des mesures de rigueur
contre Sylla, en qui désormais l'oligarchie mettait tout son espoir. Il fut déclaré déchu de son commandement, proclamé ennemi public; on rasa sa maison de ville, on dévasta ses maisons
de campagne; sa femme, Métella, dut prendre la fuite avec ses

---

(1) Memnon, c. 32.
(2) Licinianus, p. 32 et 34.
(3) Sur le tétradrachme « pontique » d'Ariarathe frappé à Amphipolis (sans date), voir mes *Trois royaumes de l'Asie Mineure*, p. 54.
(4) Memnon, c. 32, parle des 6,000 hommes qu'Hortensius amenait d'Italie, et Appien, *Mith.* 41, nomme des Macédoniens dans l'armée de Sylla à Chéronée. Plutarque (*Sylla*, 15) appelle Hortensius στρατηγικὸς ἀνὴρ καὶ φιλόνικος. Je crains bien que ces deux derniers mots ne soient une glose et que Plutarque n'ait simplement voulu traduire par στρατηγικὸς ἀνὴρ les mots *vir praetorius*. Notre Hortensius, dont le prénom Lucius est attesté par Memnon, est sans doute identique à L. Hortensius, père du célèbre orateur, qui fut préteur en Sicile (Cicéron, *Verr. Act.* III, 16, 42). Peut-être avait-il été désigné pour recueillir la succession de Sentius Saturninus en Macédoine.

enfants; elle se réfugia dans le camp de son mari, où affluèrent bientôt les sénateurs du parti de la noblesse (1). Sylla ne tenait plus maintenant son titre que de lui-même et du dévouement de ses légions; il était condamné à vaincre ou à périr, et ses chances de vaincre diminuaient chaque jour : si l'armée de secours arrivait en vue d'Athènes avant que Sylla s'en fût emparé, c'en était fait de lui, de son armée, de la cause de Rome en Orient et de l'aristocratie à Rome.

Pénétré de cette situation, qui ne souffrait pas un instant de délai, Sylla reprit brusquement les opérations militaires avant la fin de la mauvaise saison. Cette fois encore ce fut au Pirée qu'il s'attaqua d'abord. Par une nuit noire, les échelles furent appliquées au mur d'enceinte, les sentinelles, surprises dans le sommeil, égorgées; quelques soldats pénétrèrent dans la place. Déjà la panique se répandait, lorsqu'un retour offensif des assiégés rejeta les Romains hors des murs. En même temps Archélaos dirigeait une contre-attaque contre les machines et tentait d'incendier une des tours romaines; elle ne fut sauvée que par un combat acharné de vingt-quatre heures. Peu de jours après, les Romains prirent leur revanche et réussirent à mettre hors de service une des tours de l'assiégé, qu'il fallut retirer du rempart; alors seulement les batteries purent être installées sur le parapet, qui atteignait enfin la hauteur du terre-plein de l'enceinte. Mais pendant que Sylla travaillait sur terre, Archélaos avait travaillé dessous. Le parapet était miné sur une grande partie de son étendue; sous le poids des batteries, il s'effondra, les entraînant dans sa chute. Sylla ne se décourage pas; il oppose mine à mine, les pionniers des deux camps se rencontrent, s'entr'égorgent dans les ténèbres. Les Romains l'emportent, et bientôt le parapet relevé, étayé, se hérisse de nouveau de catapultes. Le bélier bat les murailles, il y pratique une brèche. L'heure est décisive : la seconde tour d'Archélaos s'est abîmée dans les flammes, un fourneau de mine, chargé d'étoupe, de soufre et de poix, fait explosion, élargit la fissure; déjà un détachement s'y est logé, et Sylla lui-même conduit à l'assaut les colonnes, sans cesse renouvelées. Mais la défense est digne de l'attaque : Archélaos paye de sa personne, se

---

(1) Quoique Plutarque raconte (*Sylla*, 22) la fuite de Métella après la bataille d'Orchomène, les bazars d'Aristion (*ib.* 13) prouvent qu'elle avait rejoint son mari avant la prise d'Athènes.

multiplie, ramène dix fois ses troupes à la charge; l'assaillant, cruellement maltraité, fait enfin sonner la retraite. Le lendemain, quand les Romains voulurent recommencer l'assaut, ils s'aperçurent avec stupeur que les Asiatiques, pendant la nuit, avaient réparé la brèche, et derrière ce mur improvisé, encore tout humide, se dressait une seconde ligne de défense, en forme de demi-lune. Les Romains s'engagent dans ce couloir étroit, mais les traits pleuvent de toutes parts, et, après des pertes énormes, il faut reculer de nouveau. Pour le coup, Sylla renonce à prendre le Pirée de vive force : le siège est transformé en blocus.

La défense triomphait, mais au moment même où un succès définitif semblait récompenser la persévérance héroïque d'Archélaos, l'impéritie d'Aristion vint en anéantir tous les fruits. Jusqu'alors les Athéniens avaient vaillamment supporté les souffrances et les privations du siège, ou plutôt du blocus étroit auquel Sylla les avait soumis. Le bourgeois d'Athènes, ce délicat, ce raffiné que deux siècles de paix semblaient avoir rendu impropre aux durs travaux de la guerre, subitement travesti en garde national, surprit le monde par sa bonne contenance et sa bonne humeur. Maigre pitance au logis, rudes factions au rempart, on se consolait de tout par des rires et des chansons. Du haut des murs pleuvaient dru les lazzis mordants sur Sylla, « la mûre enfarinée », et sa femme chérie, Métella (1). On faisait des gorges chaudes sur les propos impies du tyran; on se racontait à l'oreille les trésors inutiles qu'il accumulait dans les citernes de l'Acropole, les festins qu'il célébrait avec ses acolytes pendant que le pauvre peuple mourait de faim. A la longue pourtant, tout l'esprit du monde ne pouvait pas tenir lieu de pain, et vers la fin de l'hiver la situation devint intolérable. Depuis longtemps les convois d'Archélaos ne parvenaient plus à franchir les lignes d'investissement, jalonnées de loin en loin par une chaine de redoutes; maintenant les Romains, pour empêcher les assiégés de s'échapper même un à un, relièrent ces redoutes par un fossé continu. Toutes les bêtes de somme avaient été consommées; le blé atteignait le prix fabuleux de 1,000 drachmes par médimne (2,000 francs l'hectolitre), la lampe sacrée de Pallas s'éteignit faute d'huile (2)! Après la disette, la maladie. Les habitants, exténués par les privations et les veilles,

---

(1) Cf. outre Plutarque, loc. cit., Sénèque, fr. 63.
(2) Plutarque, *Sylla*, 9.

ressemblaient à des ombres pâles et errantes. Ceux-ci faisaient bouillir le cuir des outres, les semelles des vieux souliers; ceux-là rongeaient les herbes sauvages, le *parthénion* (1), qui croissaient sur les rochers de l'Acropole; on en vit se jeter sur la chair des cadavres... Bientôt on commença à parler de capitulation, tout bas d'abord, puis ouvertement. Une députation de prêtres et de sénateurs vint implorer la pitié du tyran, mais il les fit chasser par ses gardes cappadociens. Un peu plus tard pourtant il se décida à envoyer des négociateurs auprès du général romain; c'étaient des orateurs fleuris, qui, pour entrée en matière, invoquèrent les grands souvenirs du passé d'Athènes : Thésée, Eumolpe, les guerres médiques. Sylla leur coupa la parole brutalement : « Je ne suis pas venu pour prendre des leçons d'éloquence, mais pour châtier des rebelles. » Ariston ne voulut pas entendre parler de reddition à merci; mais s'il n'osa pas livrer la ville, il ne sut pas la garder.

Un jour, des espions de Sylla, rôdant au Céramique, entendirent des vieillards, réunis dans une boutique de barbier (2), critiquer l'imprévoyance du tyran qui ne faisait pas garder suffisamment le secteur de l'enceinte avoisinant le sanctuaire dit *Heptachalcon* (3), à l'ouest de la ville. De ce côté, le mur d'enceinte courait sur la crête d'une croupe d'accès facile, qui prolonge au nord la « colline des Nymphes ». Sylla, informé du fait, alla lui-même en vérifier l'exactitude; la nuit venue, il amena des troupes et fit appliquer les échelles. Le soldat Marcus Téius sauta le premier sur le rempart; une sentinelle courut à lui, mais le Romain brisa son épée sur le casque du Grec et, quoique désarmé, tint bon jusqu'à ce qu'il fût rejoint par ses camarades. Bientôt le secteur fut entre les mains de Sylla; il fit immédiatement abattre le mur sur un parcours d'environ 500 mètres compris entre la porte du Pirée, au sud, et la porte Sacrée, au nord (4). C'est par

(1) C'est le *Chrysanthemum coronarium* (*The Academy*, 11 décembre 1886).
(2) Plutarque, *De garrulitate*, c. 7.
(3) Ce sanctuaire est probablement identique à l'hérôon de Chalcodon mentionné ailleurs (Plutarque, *Thésée*, c. 27).
(4) La porte du Pirée était située au N.-N.-O. de la colline des Nymphes (HAUSSOULLIER, *Athènes*, p. 78); la porte Sacrée (ἡ ἱερὰ πύλη), qui semble dater de Thémistocle, se trouvait un peu au S.-E. du Dipylon, à l'extrémité de la voie Sacrée. On l'a déblayée de 1876 à 1878. Cf. B. SCHMIDT, *Die Thorfrage in der Topographie Athens*, Freiburg, 1879; HIRSCHFELD, dans *Arch. Zeitung*, VI, 111; VON ALTEN, *Ath. Mitth.*, III, 28-48; et le plan dressé d'après ALTEN par HAUSSOULLIER, *op. cit.*, p. 85.

cette large brèche que, le 1ᵉʳ mars 86 (1), à minuit, l'armée romaine fit son entrée dans Athènes, au bruit strident des cors et des trompettes que dominait la clameur d'une soldatesque furieuse. Un héraut devançait l'armée, proclamant l'ordre féroce de ne faire aucun quartier. Nulle résistance ne fut opposée : les malheureux Athéniens, épuisés, démoralisés, s'entre-tuaient ou tendaient la gorge aux bourreaux. Les Romains se frayèrent un chemin l'épée à la main à travers les ruelles étroites de la vieille ville, tuant tout, hommes, femmes, enfants. Un fleuve de sang roula par le Boulevard (le *Dromos*) de l'Agora au Dipyle, remplissant le Céramique et débordant dans le faubourg. Après la boucherie, le pillage ; peu s'en fallut que l'incendie ne complétât l'œuvre de destruction et ne fît d'Athènes, comme de Carthage et de Corinthe, un monceau de ruines : par bonheur les bannis athéniens, Midias et Calliphon, accompagnés de quelques sénateurs philhellènes (2), se jetèrent aux genoux de l'homme de fer et de sang et réussirent à le fléchir. Il déclara en maugréant qu'il accordait « aux morts la grâce des vivants (3) » : triste grâce ; la moitié de la population libre avait péri, les prisonniers furent, dit-on, décimés au Céramique (4), les esclaves vendus à l'encan. Comme toujours d'ailleurs, les innocents avaient payé pour les coupables : Aristion, ses complices et ses gardes réussirent à gagner l'Acropole, brûlant l'Odéon sur leur passage pour empêcher le vainqueur d'en utiliser les poutres (5). Sylla fit investir la citadelle et se retourna contre le Pirée.

La chute de la ville haute, en rendant disponibles toutes les

---

(1) Plutarque, *Sylla*, 14, donne la date d'après les Mémoires de Sylla et ajoute qu'elle correspondait à la Néoménie d'*Anthestérion*, jour de la fête commémorative du déluge d'Ogygès (Ὠγύγια ; Suidas, Photius s. v. = Apollonius d'Ascalon, F. H. G. IV, 313). Malheureusement on ne sait pas si cette date attique est donnée d'après le calendrier divin, archontal ou même d'après le calendrier solaire réformé par Jules César, dont on faisait peut-être usage au temps de Plutarque. Cf. Fʀᴇ́ʀᴇᴛ, *Sur la date de la prise d'Athènes par Sylla* dans les *Mémoires de l'Académie des Inscriptions*, XXI, 40 ; A. Mᴏᴍᴍsᴇɴ, *Chronologie der Athener*, p. 227.

(2) Et non pas le sénat romain, comme le prétend Memnon (c. 32). Calliphon paraît avoir été un ancien stratège ; son nom figure, en effet, à la 2ᵉ place sur deux séries de tétradrachmes (Hᴇᴀᴅ, nᵒˢ 92 et 103).

(3) Outre Plutarque, Florus I, 4, et Dion, fr. 103, rapportent ce mot célèbre, qui est aussi attribué à César (Dion XLII, 14).

(4) Pausanias I, 20, 4.

(5) Pausanias, *loc. cit.*, attribue à tort à Sylla l'incendie de l'Odéon. Les Ariobarzane acquittèrent plus tard leur dette envers Athènes en faisant rebâtir l'édifice à leurs frais (C. I. A. III, 1, 511 ; Vitruve V, 9, 1.)

forces de Sylla, entraînait celle du port. Archélaos cependant disputa le terrain pied à pied. Quand le bélier eut enfoncé les pans de mur mal séchés qui fermaient la brèche, quand les colonnes d'assaut, précédées d'une nuée de projectiles, s'y engouffrèrent de nouveau, elles rencontrèrent derrière cette première enceinte six murailles semblables élevées par les défenseurs (1). Il fallut toute l'énergie de Sylla et l'âpre sentiment de la nécessité de vaincre pour soutenir le courage des troupes romaines jusqu'au bout de ce labyrinthe; enfin tous les lacets furent enlevés l'un après l'autre, avec des pertes terribles. « Ces gens-là sont fous, » s'écria le général pontique; il évacua l'enceinte et la ville du Pirée et se retira dans la presqu'île de Munychie; sa flotte vint jeter l'ancre dans le petit port (2). Là il était inexpugnable, et Sylla, dénué de vaisseaux, renonça à le forcer. Le vainqueur se vengea de ses longues épreuves en livrant le Pirée à une dévastation sauvage : les fortifications, les « loges à vaisseaux », le magnifique arsenal de Philon, la ville tout entière, la plus régulière et l'une des plus belles de la Grèce, devinrent la proie des flammes. Guerre vraiment hideuse qui en moins de deux ans avait déjà accumulé tant de ruines, décimé l'Asie Mineure, dépeuplé Athènes, et fait de Délos et du Pirée deux éternelles solitudes (3).

La prise d'Athènes et du Pirée terminait le second acte du drame et permettait de prévoir le dénouement final; les Pontiques avaient perdu désormais leur base d'opération en Grèce, et, condamnés à lutter en rase campagne, ils ne pouvaient se flatter d'y tenir tête à des légions romaines bien commandées. Aristion, par sa négligence, Ariarathe, par sa lenteur, sont les deux auteurs responsables de la catastrophe. L'un et l'autre expieront bientôt leur faute : Aristion sera immolé par Sylla à la juste rancune d'Archélaos, Ariarathe condamné à mort par son père.

Au début du printemps de 86, ce jeune prince quittait la Macédoine avec le gros de ses forces, et s'acheminait le long de la côte thessalienne, pour éviter sans doute le corps d'Hortensius. Il avait déjà atteint le promontoire Tisaeon, à l'extrémité de la Ma-

---

(1) *Sex aut amplius* (Florus); *septemplici muro* (Orose).
(2) Plut., *Sylla*, 15, dit expressément que la flotte d'Archélaos stationnait à Munychie. Quant à Appien, *Mith.* 40, il dit simplement qu'Archélaos se retira ἐς τὸ Πειραιοῦ ὀχυρώτατόν τε καὶ θαλάσσῃ περίκλυστον; ce pourrait être aussi bien la péninsule Ἀκτή que celle de Munychie.
(3) Sur la décadence définitive du Pirée, cf. Strabon IX, 1, 15.

gnésie, lorsqu'il fut pris d'une maladie mystérieuse qui l'emporta au bout de quelques jours; on sut plus tard que Mithridate, informé sans doute de son incapacité, l'avait fait empoisonner (1). Taxile prit à sa place le commandement, occupa les Thermopyles et déboucha en Phocide; mais la forteresse d'Élatée lui barra le passage. Il en avait commencé le siège quand il reçut la nouvelle de la chute d'Athènes (2). La présence du corps d'Archélaos à Munychie était désormais sans objet; Taxile invita son collègue à le joindre et à prendre le commandement en chef de toutes les forces royales. Archélaos hésitait; peu confiant dans la solidité de l'armée de Taxile, il eût préféré traîner la guerre en longueur, couper les vivres à Sylla et tâcher de le réduire par la famine; mais le général romain ne se prêta pas à cette combinaison. Le sol maigre de l'Attique ne parvenait plus à nourrir ses troupes, et il craignait, en s'y immobilisant, de laisser périr Hortensius, auquel l'occupation des Thermopyles par les Pontiques avait coupé la retraite. Cette double considération prévalut sur les objections des légats, qui faisaient valoir la supériorité qu'aurait la cavalerie asiatique dans les plaines découvertes de la Béotie. Sylla, risquant tout pour gagner tout, se mit en marche vers le nord, laissant seulement devant l'Acropole d'Athènes un fort détachement sous les ordres du légat C. Scribonius Curion. A cette nouvelle, Archélaos ne balança plus. Il embarqua ses troupes (3) et rejoignit Taxile au défilé des Thermopyles, où celui-ci s'était posté pour guetter Hortensius.

Sylla, arrivé en Phocide, amusa les généraux pontiques par de feintes négociations (4); pendant ce temps, Hortensius, guidé par le Phocidien Caphys, — qui avait naguère dirigé pour Sylla

(1) Plutarque, *Pompée*, 37 (d'après les archives secrètes du Château Neuf de Cabira).
(2) Pausanias I, 20, 6. Les Romains récompensèrent Élatée en lui accordant l'immunité d'impôts (Pausanias X, 34, 2).
(3) C'est évidemment à tort qu'Appien, *Mith.* 41, fait prendre à Archélaos la route de terre.
(4) Frontin, *Stratag.* I, 5, 18 : *Idem* (L. Sulla), *adversus Archelaum praefectum Mithridatis in Cappadocia, iniquitate locorum et multitudine hostium pressus, fecit pacis mentionem interpositoque tempore etiam indutiarum et per haec avocata intentione adversariorum erasit*. Malgré les mots *in Cappadocia*, cet épisode (qui suit un stratagème de Sylla dans la guerre sociale) ne peut se placer qu'à la veille de Chéronée, car dans sa campagne de 92 en Cappadoce, Sylla eut pour adversaire non pas Archélaos, mais Gordios. Probablement les mots *in Cappadocia* viennent d'une bévue de Frontin qui, entendant parler de *Cappadocicis*, c'est-à-dire de Pontiques aura cru qu'on était en Cappadoce. Il se peut aussi que ces mots

le pillage de Delphes, — trompait la surveillance des Royaux en contournant les massifs de l'Œta. Il se glissa par les cols du Parnasse et atteignit les avant-postes ennemis au fort de Tithorća; il les repoussa, fila de nuit par des sentiers de chèvre et prit le contact avec Sylla à Patronis. Les deux généraux réunis vinrent camper sur la colline de Philobéotos, position célèbre dans l'histoire des anciennes guerres (1). C'est un éperon du Parnasse, qui s'avance à la rencontre des derniers contreforts du mont Hédylion et forme avec ceux-ci un étroit couloir (encore aujourd'hui appelé *la sténa*) par lequel se faufile le Céphise. Ce défilé est le seul trait d'union entre la Phocide et la Béotie; une armée qui en occupe le seuil ou même un des côtés peut facilement y barrer le passage à un adversaire très supérieur en nombre. La colline était d'ailleurs richement pourvue d'eau et de bois; on nageait dans le fourrage.

Cependant la disproportion des forces était énorme. Malgré les pertes subies par Archélaos au Pirée, malgré les détachements et les garnisons que Taxile avait dû laisser derrière lui en Thrace et en Macédoine, les armées royales réunies comptaient encore plus de 60,000 combattants (2). Sylla, après sa jonction avec Hortensius, ne disposait guère que de 15,000 fantassins et 1,500 chevaux (3). Aussi, quand l'armée asiatique redescendit des Thermopyles en Phocide, toute resplendissante, sous ses uniformes bigarrés, ses tuniques chamarrées d'or et d'argent, mêlant leurs fauves lueurs aux étincelles de l'acier et du bronze, quand la plaine du Céphise se remplit des clameurs barbares, du fracas des chars de guerre et du cliquetis des armures, une épouvante envahit le camp romain. Les légionnaires tremblants refusèrent de se laisser mener au combat; ils se tinrent blottis derrière leurs palissades, pendant que cette mer humaine, déchaînée

soient interpolés; c'est ainsi que dans le même livre de Frontin I, 11, 20, un autre stratagème de Sylla, qui eut lieu à Chéronée, est placé au Pirée (*apud Piraea*).

(1) Polyen V, 16, 1; Strabon IX, 3, 16.

(2) Memnon, c. 82. Eutrope V, 6, 3 et Appien, *Mith.* 41 (sans doute d'après Tite-Live), comptent encore 120,000 Asiatiques à la bataille, de même Orose VI, 2, 5. L'épitomé de Tite-Live (ep. 82) compte 100,000 morts, ce qui indique le même chiffre de combattants. Mais tous ces calculs paraissent fondés sur l'effectif de l'armée d'Ariarathe, à son entrée en campagne (Plut., *Sylla*, 15), effectif qui devait être fort réduit au moment de la bataille. Le chiffre de Memnon concorde avec l'indication d'Appien, d'après laquelle Sylla avait un peu moins du tiers des forces de ses adversaires.

(3) Plut., *Sylla*, 16.

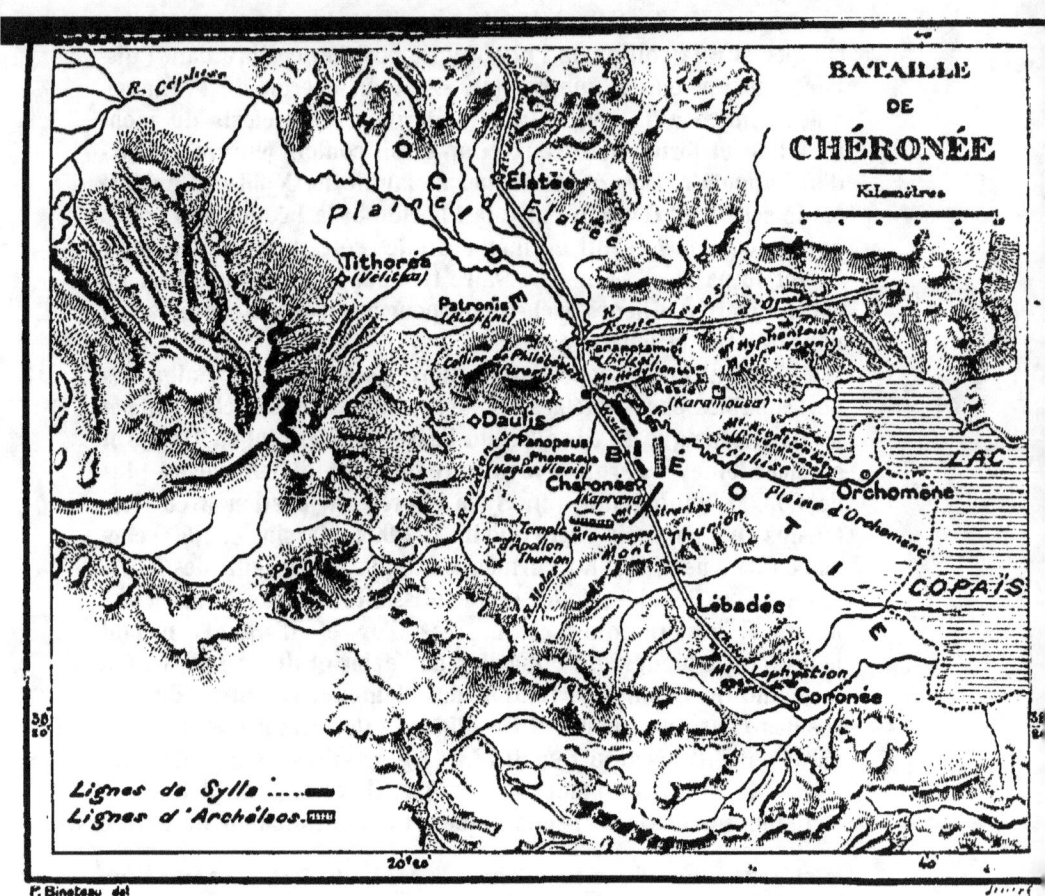

et mugissante, battait les flancs de leur rocher. Ni les railleries ni les provocations ne réussirent à tirer les Romains de leur inaction; de guerre lasse, les Asiatiques, déjà à court de vivres, se répandirent dans les environs pour piller. Panope (Phanoteus) fut détruite, le temple de Lébadée saccagé; des bandes de maraudeurs s'écartaient du camp et n'y rentraient que le soir ou le lendemain avec leur butin. Tout cela se faisait sans ordre, sans discipline. Les commandants inférieurs, de nationalité variée, ne s'entendaient point; Archélaos, nouveau venu dans cette armée déjà gâtée, n'avait pu encore y asseoir son autorité; on s'acheminait clairement vers un désastre, pour peu que les Romains revinssent de leur stupeur. Or Sylla avait trouvé le moyen de les dégourdir : il leur mit la pioche à la main. Il détourna le Céphise de son cours, il creusa sur les flancs de la position deux larges tranchées, dont les crêtes, garnies de redoutes, devaient arrêter les incursions de la cavalerie asiatique (1). Au bout de trois jours de ces travaux rebutants, les légionnaires en eurent assez. Déjà familiarisés avec la vue de l'ennemi, encouragés par les oracles favorables que leur général savait habilement répandre (2), ils demandèrent à grands cris le combat.

Sylla mit aussitôt à profit leurs bonnes dispositions et fit occuper, sur la rive gauche du Céphise, la citadelle en ruine des Parapotamiens; ce fort couronnait une colline escarpée, dont le ruisseau l'Assos contournait le pied avant de se perdre dans le fleuve : c'était une position capitale, et Taxile, qui en avait reconnu trop tard l'importance, se disposait à s'en saisir au moment où Sylla l'y devança. En même temps, Sylla mit garnison dans Chéronée, à 40 stades (7 kilomètres) au sud-est (3) de la colline des Parapotamiens. Maître de ces deux points, il tenait toutes les issues de la plaine du Céphise et barrait aux Royaux la chaussée des Thermopyles, aussi bien que celle de Thèbes et d'Athènes : il ne

(1) Frontin, *Strat.* II, 3, 17.
(2) Ces oracles sont rapportés par Plutarque d'après le livre X des *Commentaires* de Sylla et par saint Augustin (*Cic. Dei*, II, 24) d'après Tite-Live, qui a dû puiser à la même source. Augustin appelle L. Titius celui que Plutarque nomme Q. Titius; il fait du Salvénus de Plutarque un soldat de la *sixième légion*, quoique Sylla n'en eût avec lui que cinq (Appien, *B. civ.* I, 79), ce qui permet de croire que les légions de Sylla étaient numérotées et qu'il avait laissé en Italie une des cinq premières. — L'oracle de Trophonios avait déjà auparavant (en 95 av. J.-C.) fait des prédictions relatives aux affaires de Rome (Obsequens, c. 50, Jahn).
(3) Théopompe chez Strabon XI, 3, 16.

leur laissait de retraite que par la route difficile, hérissée de défilés, qui contournait le lac Copaïs pour aboutir en face de Chalcis. Ce fut dans cette route que s'engagea Archélaos; de plus en plus hostile à l'idée d'une bataille rangée, il ne voulait plus que regagner le canal de l'Eubée, où l'attendait sa flotte et où il retrouverait ses magasins (1). Sa première étape fut la vallée d'Assia, un fond encaissé entre les massifs d'Hédylion et d'Acontion, à peu de distance de la rive gauche de Céphise; Archélaos y assit son camp en laissant une forte arrière-garde au sud du fleuve, sur le sommet du mont Thurion, qui commandait la ville de Chéronée. Dès que le général romain vit l'ennemi engagé dans cette impasse, il le suivit à la piste, franchit à son tour l'Assos, et, filant entre le Céphise et les pentes sud de l'Hédylion, planta son camp vis-à-vis de celui d'Archélaos. Les deux armées restèrent en présence, immobiles, pendant vingt-quatre heures; Sylla guettait les mouvements des Royaux, attendant qu'ils se décidassent soit à continuer leur retraite sur Chalcis, soit à forcer le passage vers Thèbes. Le surlendemain, Archélaos dessina nettement son mouvement rétrograde vers l'Euripe; alors, sans perdre un instant, Sylla engage la bataille; il charge Muréna de harceler l'ennemi, court chercher la légion détachée à Chéronée et ordonne l'attaque sur toute la ligne.

Dès le début, la journée s'annonça mal pour Mithridate. Un petit détachement romain resté à Chéronée, sous les ordres du tribun Gabinius (2), gravit les pentes du mont Thurion, conduit par deux guides chéronéens, Homoloïchos et Anaxidamas. Les Royaux qui occupaient les crêtes se virent tout à coup assaillis par une grêle de traits et de pierres, et détalèrent précipitamment le long des rochers en laissant 3,000 morts sur le terrain : beaucoup s'enferrèrent les uns les autres, le reste donna tête baissée dans l'aile gauche de l'armée romaine et fut taillé en pièces. Quelques fugitifs parvinrent à rallier le gros de l'armée royale, mais l'arrivée de ces hommes effarés ne fit que semer le désordre et retarder la mise en bataille. Obligé de combattre à l'improviste, dans un terrain accidenté, Archélaos prit à la hâte les meilleures dispositions possibles. Presque toute l'infanterie fut placée au centre sur trois lignes : la phalange macédonienne

---

(1) Florus I, 40 se trompe en disant que Sylla avait reconquis l'Eubée.
(2) Juba, au lieu de Gabinius, nommait ce tribun Ericius (Eructus?).

en avant, puis les transfuges italiens et les cohortes armées à la romaine, en dernier lieu les troupes légères, archers, frondeurs et gens de trait. La cavalerie, très nombreuse, fut répartie sur les deux ailes, qu'on tâcha d'étendre autant que possible afin d'envelopper l'ennemi; l'aile droite, où commandait Taxile, fut renforcée par un corps d'élite, les *Chalcaspides*. Quant aux chariots armés de faux, on les massa tout à fait en première ligne, en avant du front de bataille. Les dispositions de Sylla étaient à peu près semblables, mais son ordonnance moins serrée : le gros de l'infanterie légionnaire se forma au centre sur trois lignes, laissant entre les légions de larges intervalles par où pouvaient circuler les troupes légères et les cavaliers, relégués provisoirement à la queue. Muréna se plaça à l'aile gauche avec une légion entière et deux cohortes supplémentaires; Sylla, à l'aile droite avec la légion ramenée de Chéronée et sa garde prétorienne. Sept cohortes, sous les légats Galba et Hortensius, prirent position aux extrémités de la ligne de combat, avec la consigne de s'opposer au mouvement tournant de la cavalerie royale (1).

La bataille s'engagea au centre. Les Romains, peu éloignés de la phalange macédonienne, franchirent rapidement l'intervalle qui les en séparait, culbutant quelques escadrons qui cherchèrent à les arrêter. A ce moment Archélaos n'avait pas encore achevé sa mise en bataille; pour gagner du temps, il fit charger ses soixante chars à faux. Mais, depuis la guerre d'Antiochus, les Romains savaient paralyser l'action de ces engins, plus redoutables en apparence qu'en réalité. Les soldats de la deuxième ligne s'étaient munis de *tribuli*, gros pieux à quatre pointes (2), qu'ils fichèrent en terre à l'approche de la charge; la première ligne se réfugia derrière cette palissade improvisée, et les chars, d'ailleurs gênés par le manque d'espace, vinrent s'y échouer misérablement. En un clin d'œil, les troupes légères de Sylla, poussant une clameur étourdissante, s'élancent à travers les intervalles des légions, accablent chevaux, chars et archers sous une grêle de projectiles : à peine quelques véhicules parviennent à se dépêtrer et refluent vers le corps de bataille, poursuivis par les huées des Romains qui en demandent « d'autres » comme au cirque. Le ter-

---

(1) Pour l'ordre de bataille, Frontin II. 3, 17 ; quelques indications d'après Plutarque Sur le légat Galba, cf. BORGHESI, Œuvres, IV, 57.

(2) Végèce III, 24.

rain est maintenant dégagé, et les légionnaires abordent au pas de course la phalange, encore toute troublée par la déconfiture des chars à faux. Sur un peu plus de 16,000 hommes (1), cette « phalange macédonienne » ne comptait pas moins de 15,000 nouveaux affranchis, esclaves libérés en exécution du décret d'Éphèse. En reconnaissant cette troupe servile, la fureur des Romains s'exaspère; un centurion demande si l'on est aux saturnales; jetant le pilum, les légionnaires tirent l'épée tout de suite et engagent le corps à corps. Mais ces phalangites improvisés firent meilleure contenance qu'on n'eût supposé : ils attendirent le choc avec calme, rangés en bataillons profonds, sarisses basses, boucliers serrés; la première charge romaine fut repoussée; il fallut faire avancer la seconde ligne, puis les gens de trait, dont les projectiles, criblant cette masse solide mais inerte, finirent par la rompre.

Pendant que cette mêlée faisait rage au centre, à droite Taxile engageait ses chalcaspides contre Muréna; en même temps Archélaos, ramassant ses escadrons, tâchait de déborder la gauche romaine. L'un des légats placés en réserve, Hortensius, voulut empêcher cette manœuvre et prit Archélaos en flanc; mais un gros de 2,000 chevaux se détache, fond sur lui, le coupe du reste de l'armée et le refoule vers les hauteurs. Il allait être cerné lorsque Sylla, averti du péril de son lieutenant, accourut à son aide avec toute la cavalerie qu'il put réunir. Au nuage de poussière qui s'élève de loin, Archélaos devine l'approche du général en chef, se dégage d'Hortensius et fond à travers la plaine sur l'aile droite romaine, privée de son général. Sylla eut un moment d'angoisse lorsqu'il se vit seul, échoué au milieu du champ de bataille avec sa cavalerie inutile, à égale distance de ses deux ailes en détresse, assourdi par les hourras des barbares que répercutait l'écho des montagnes. Ce ne fut qu'un instant. Son parti est pris : il envoie Hortensius avec quatre cohortes soutenir Muréna, emmène la cinquième, recueille en chemin les deux cohortes de Galba, et regagne son aile droite qu'il trouve soutenant bravement les charges répétées de la cavalerie pontique. La vue de leur chef aimé enlève les troupes; elles enfoncent les escadrons d'Archélaos, les jettent à gauche dans le ruisseau Molos, à droite dans le Céphise. La victoire décidée de ce côté, Sylla retourne à son aile gauche où Taxile

(1) Le chiffre réglementaire (maximum) d'une phalange était de 16,384 hommes (Arrien, *Tactique*, c. 9).

était déjà battu; un dernier effort achève la déroute de la phalange et toute l'armée royale s'enfuit en débandade vers le camp fortifié d'Assia.

Alors commence une boucherie indescriptible. Une partie des fuyards, arrêtés dans leur course par les rivières qui sillonnent cette plaine, sont hachés par la cavalerie romaine; d'autres régiments s'entassent dans les défilés, se brisent contre les rochers, roulent au fond des ravins. Une poussée énorme se produit vers les portes du camp. Comme naguère au Pirée, Archélaos veut donner à cette cohue affolée le courage du désespoir : il défend d'ouvrir les portes et ramène les fuyards au combat; mais dans l'étroit vallon où ces myriades d'hommes s'accumulent, comment se déployer? comment reformer les unités brouillées, dissoutes? Nul ne retrouve son chef ni son drapeau; c'est un troupeau sans défense où le glaive romain frappe à coup sûr. Pour la seconde fois la vague humaine reflue vers les retranchements; émus par des supplications déchirantes, les gardes ouvrent les portes, mais cette fois vainqueurs et vaincus s'y engouffrent pêle-mêle, et à la lutte succède le massacre. Jusqu'au soir, des détachements qui n'avaient pas pris part au combat, revenant, suivant leur habitude, du fourrage ou de la maraude, se laissèrent tromper par les feux qu'allumaient les Romains ou leurs captifs et donnèrent tête baissée dans le charnier. Presque toute l'armée royale fut tuée ou faite prisonnière : sur 60,000 hommes, à peine 10,000 s'échappèrent avec Archélaos et parvinrent à Chalcis; Sylla les poursuivit avec ses troupes légères jusqu'à l'Euripe, mais, faute de navires, il dut s'arrêter là. Quant aux pertes de l'armée romaine, elles sont inconnues : Sylla, avec sa précision habituelle dans le mensonge, n'accusa que 14 soldats manquant à l'appel; « encore deux revinrent-ils dans la nuit (1). »

Telle fut cette journée célèbre qui démontra une fois de plus la

(1) Plutarque et Eutrope donnent 14 morts (13 dans l'Eutrope grec); Appien, 15. — Pour les détachements pontiques massacrés au retour de la maraude, la seule source est Memnon, c. 32; le reste de son récit, qui réduit la bataille à une simple surprise, est bien suspect. Pour la topographie du champ de bataille: LEAKE, *Travels in Northern Greece*, II, 112 et 192; GOETTLING, *Gesammelte Abhandlungen*, I, 147; ULRICHS, *Reisen in Griechenland*, I, p. 158; MURE, *Tour in Greece*, I, 212; BURSIAN, *Geographie von Griechenland*, I, 164. La position des ruisseaux *Melas* et *Morios* (peut-être identiques) est malheureusement incertaine; ce sont probablement des affluents de droite du Céphise; l'un d'eux formait la limite entre la Phocide et la Béotie.

supériorité de la tactique mobile des légions sur l'ordonnance massive de la phalange, et surtout celle de troupes bien disciplinées, bien commandées, sur les cohues humaines que l'Orient s'obstine à prendre pour des armées. L'effet moral de cette bataille fut considérable, en Asie particulièrement; l'effet matériel fut à peu près nul. Sylla n'avait ni vaisseaux pour relancer Archélaos en Eubée, ni assez de troupes pour entreprendre la reconquête de la Macédoine, où les Thraces recommençaient leurs ravages (1). Il employa donc les premiers mois qui suivirent à reposer son armée, à en combler les vides, à fêter sa victoire et à régler les comptes des Grecs rebelles. Deux trophées, qui subsistaient encore au siècle des Antonins, se dressèrent sur le champ de bataille (2); des jeux magnifiques furent célébrés aux portes de Thèbes, d'où seuls les juges thébains se virent exclus.

L'Acropole d'Athènes avait succombé en même temps que l'armée de Taxile : les messagers de Sylla, qui venaient annoncer sa victoire à Curion, se croisèrent, dit-on, avec ceux de Curion qui apportaient à Sylla la nouvelle de la capitulation d'Aristion (3). Ce fut l'épuisement des provisions d'eau potable qui obligea les défenseurs de l'Acropole à se rendre (4); par une ironie de la destinée, au moment où l'on emmenait les prisonniers, une averse abondante vint à tomber. Il paraît qu'Aristion, réfugié dans le Parthénon, en fut arraché de force (5). Le vainqueur confisqua seulement 40 livres d'or et 600 d'argent : c'est à ce chiffre dérisoire que se réduisaient les fabuleux trésors qu'on disait amassés par Aristion dans les citernes de l'Acropole (6). Du champ de bataille de Chéronée, Sylla se rendit à Athènes et y tint des assises sanglantes. Les principaux auteurs de la rébellion, magistrats, séides, gardes du dictateur, furent passés par les armes et leurs

(1) Les incursions des Thraces sont mentionnées à la fin des ep. 81 et 82 de Tite-Live (années 87 et 86).
(2) Plutarque, *Sylla*, 19 ; *De fort. Rom.* 4 ; Pausanias IX, 40, 7.
(3) Pausanias I, 20, 6 (au lieu de *prise d'Athènes*, il aurait fallu dire *prise de l'Acropole*). Plutarque et Appien se contentent de dire que la capitulation de l'Acropole eut lieu assez longtemps après la prise d'Athènes, mais ils la racontent avant Chéronée. Cependant l'absence du légat Curion à cette bataille paraît bien confirmer le récit de Pausanias, malgré son caractère un peu légendaire.
(4) Sur l'approvisionnement d'eau de l'Acropole (Clepsydre et citernes), cf. *Ath. Mitth.* II, 183.
(5) Pausanias, *loc. cit.*
(6) Le Parthénon ne fut pas spolié ; cet exploit était réservé à Dolabella (Cicéron, *Verr. Acc.* I, 45).

biens confisqués (1); Aristion lui-même fut réservé pour le triomphe. Sylla rendit aux Athéniens leurs lois et leur territoire, même Délos; mais il décida que pendant la durée de cette génération rebelle il n'y aurait ni assemblées ni magistrats élus (2). Les revenus du territoire d'Orope furent attribués au temple d'Amphiaraos, qui avait probablement contribué aux frais de la campagne. D'ailleurs l'affreuse saignée du 1er mars 86 marqua la fin de la vieille Athènes : la ville fut repeuplée par une cohue d'immigrants venus de tous les coins de la Grèce, qui se parèrent du nom d'Athéniens, sans avoir rien des qualités morales qu'évoquait ce nom glorieux. Du moins le bien-être matériel d'Athènes se releva peu à peu, grâce aux libéralités des rois étrangers et des Romains philhellènes; mais Thèbes, que ne protégeait aucune auréole, tomba d'une chute irrémédiable : la ville perdit la moitié de son territoire, qui servit à indemniser les dieux de Delphes, d'Olympie et d'Épidaure; elle déclina rapidement jusqu'à descendre au rang d'un village. D'autres villes béotiennes furent également maltraitées : le temple d'Alalcomènes fut mis au pillage, Orchomène dut céder à la fidèle Thespies le célèbre Dionysos de Myron (3).

Nous avons perdu de vue depuis plus d'une année les affaires d'Asie Mineure; il est temps d'y reporter notre attention et de dire quel fut en ce pays le contre-coup des événements accomplis en Grèce.

La première année du gouvernement de Mithridate avait été un

---

(1) Licinianus, p. 33, Bonn : *Sulla Athenas recepras in principes seditiosis et varios animadvertit violentius, nec diis reliquit.*

(2) Liv. 81; Strabon IX, 1, 20. Pour la restitution de Délos, cp. *Bull. corr. hell.* III, 147. A cette époque appartiennent les tétradrachmes athéniens sans légende, avec deux trophées comme sur les deniers de Sylla (SALLET, *Zeit. f. Num.* XII, 381). Un peu plus tard on trouve la légende AΘE O ΔEMOΣ (KŒHLER, *ib.* XII, 102 et XIII, pl. III, 4). C'est une erreur absolue de croire qu'Athènes ait été dépouillée par Sylla du droit de frapper monnaie en argent.

(3) Thèbes : Pausanias IX, 7, 4; Alalcomènes : ib. IX, 33, 6 (cf. Élien, fr. 33, Hercher); Orchomène : ib. IX, 30, 1. Les domaines attribués par Sylla aux dieux dépouillés furent distraits de la ferme des publicains. Une controverse s'éleva au sujet des terres attribuées au temple d'Amphiaraos, à Orope, les publicains prétendant qu'Amphiaraos n'était pas un dieu, mais un simple héros. Un sénatus-consulte de l'an 73 trancha la discussion en faveur du temple (*Ἐφ. Ἀρχ.* 1884, p. 93; MOMMSEN, *Hermes*, XX, 268 et BRUNS, *Fontes juris rom.* 5e éd., p. 162; VIERECK, *Sermo graecus S. P. Q. R.* no 18). On voit d'après cela que le temple d'Amphiaraos avait dû contribuer aux frais de la guerre, quoique Sylla parle simplement de l'accomplissement d'un vœu (L. 43).

âge d'or pour les populations tant éprouvées de l'Asie romaine. Il semblait vraiment que le temps des Eumène et des Attale fût revenu, tant le conquérant les prenait en tout pour modèles. Il résidait, comme eux, à Pergame; comme eux, il avait épousé une simple bourgeoise grecque; comme eux, il savait flatter le goût des spectacles et de la mise en scène, si vif chez ces Provençaux d'Asie, par des représentations théâtrales qu'il présidait, par des courses de chars où il ne dédaignait pas de disputer le prix. Les privilèges des temples, le droit d'asile auquel ils attachaient tant d'importance, oubliés seulement le jour du massacre des Italiens, furent expressément remis en vigueur et réglementés à nouveau : c'est ainsi que l'étendue du territoire inviolable, autour de l'Artémision d'Éphèse, fut fixée à une portée de flèche à partir du faîte du toit, distance un peu plus grande que celle du règlement d'Alexandre (un stade) (1). On a déjà vu que les dépouilles des Romains servirent à rembourser les dettes des cités grecques; plusieurs furent, en outre, gratifiées libéralement sur la cassette royale, entre autres Tralles (2) et Apamée, où Mithridate effaça les traces d'un récent tremblement de terre (3). Tout en s'appliquant à faire disparaître les souvenirs de la domination romaine, Mithridate respecta la mémoire des rares bienfaiteurs de la province. Rutilius ne fut pas inquiété dans sa retraite studieuse de Smyrne; les fêtes *Muciennes*, instituées en l'honneur de Scévola, continuèrent à être célébrées (4). Si l'on joint à tant de mesures libérales et libératrices l'abolition de tous les impôts et une justice exacte, que le roi rendait souvent en personne, il faut avouer que le parallèle du nouveau gouvernement avec le régime qu'il avait remplacé était tout à l'avantage de Mithridate.

Pourtant dès le début, il y eut des ombres au tableau. Sans parler des populations montagnardes, comme les Paphlagoniens et les Lyciens, qui opposèrent à la conquête une résistance prolongée, même dans la province romaine l'adhésion à la cause du roi était loin d'être unanime. Si Magnésie du Sipyle fut seule à braver ouvertement (5) les armées royales, dans beaucoup d'au-

---

(1) Strabon XIV, 1, 23.
(2) Cicéron, *Pro Flacco*, 25.
(3) Strabon XII, 8, 18. Sur le tremblement de terre, voir Nicolas de Damas. fr. 80.
(4) Cicéron, *Verr. Acc.* II, 21, 51.
(5) Elle résistait encore en 86 (Liv. ep. 81).

tres villés, à Cyzique, à Ilion, à Chios, Rome conservait des sympathies secrètes, qui n'attendaient que l'occasion d'éclater. En général, la victoire de Mithridate n'avait été saluée avec un enthousiasme sincère que par les patriotes hellènes, par les gens de lettres et par la démocratie; les classes dirigeantes, dont les intérêts étaient plus ou moins solidaires de la domination romaine, observaient une réserve méfiante, trop justifiée par quelques-unes des premières mesures du règne, telles que l'affranchissement collectif des esclaves dénonciateurs et la confiscation des biens des juifs à Cos. Dans certains endroits le parti conservateur prit une attitude si hostile, que le roi installa ou laissa installer des tyrans, c'est-à-dire des dictateurs appuyés sur la démagogie : tels furent à Tralles les fils de Cratippe (1), à Adramyttion Diodore, à Colophon Épigone. Ailleurs, comme à Éphèse, les autorités locales furent placées sous la tutelle d'un gouverneur militaire, nommé par le roi. C'étaient déjà autant de prétextes de crier à la tyrannie; bientôt Mithridate en fournit d'autres : la griffe du despote oriental se fit sentir sous le gant du roi philhellène. Un jour, il faisait trancher la tête à un capitaine et à un pilote chiotes pour les punir d'une fausse manœuvre qui avait amené la perte de son vaisseau amiral; une autre fois, un bourgeois de Sardes, Alcée, qui s'était avisé de battre Mithridate à la course des chars, fut trouvé mort dans son lit. Le peuple murmurait contre la longue durée de la guerre, en voyant partir tous les jours des levées de conscrits, qui pour l'Attique, qui pour l'Eubée, qui pour la Macédoine, s'engouffrant les unes après les autres dans la fournaise insatiable. Si Mithridate n'exigeait pas, comme Rome, la dîme des terres, jamais, en revanche, la dîme du sang n'avait pesé aussi lourdement sur l'Asie grecque.

La tension des esprits; la fermentation sourde des populations asiatiques se faisaient déjà sentir à la fin de l'année 87. Les premiers succès de Sylla, la reconquête de la Grèce, les mémorables combats devant le Pirée, précipitèrent le revirement : ils firent renaître chez les uns la crainte, chez les autres l'espérance du triomphe final des armes romaines; ce sentiment fournit un corps aux pensées de défection, encore vagues et flottantes. Dès ce moment beaucoup d'Asiatiques, de Grecs surtout, tâchèrent de

(1) Strabon XIV, 1, 42.

se ménager une retraite, de faire secrètement leur paix avec Rome : on eût dit des écoliers insurgés qui, pressantant le retour vengeur du maître, s'empressent de regagner leurs bancs et de dénoncer leurs camarades. Plusieurs foyers d'intrigues se formèrent ; les allées et venues, les conciliabules, bientôt les complots se multiplièrent. Mithridate s'inquiéta ; tenu au courant de toutes ces menées par une police vigilante, il prit hardiment l'initiative de la répression et tâcha de décourager les tentatives de contre-révolution par quelques exécutions vigoureuses.

Les premiers coupables et aussi les premières victimes furent les tétrarques galates (1). On se souvient que Mithridate, pour s'assurer de la fidélité de la Galatie, avait emmené à Pergame, comme autant d'otages, les tétrarques les plus influents et leurs familles. Cette captivité déguisée finit par exaspérer ces rudes barbares. L'un d'eux, le tétrarque des Tosiopes, une sorte de géant qui répondait au nom d'Éporédorix, complota de précipiter le roi du haut de son tribunal, un jour que, suivant l'usage, il viendrait rendre justice dans le gymnase de Pergame. Par hasard, le roi ne vint pas à l'audience ; le barbare se crut dénoncé et, dans sa terreur, convoqua ses collègues pour se concerter en vue d'une action commune. Mais Mithridate tenait tous les fils du complot. Il invita les tétrarques avec leurs familles à un grand banquet, fit cerner la salle par des hommes armés, et massacra tous les convives, hommes, femmes et enfants, au nombre de soixante. Seul le jeune Bépolitan fut épargné pour sa beauté ; la concubine d'Éporédorix n'obtint que la permission d'ensevelir le corps de son amant. Les tétrarques demeurés en Galatie furent également attirés dans un guet-apens et massacrés, à l'exception de trois qui réussirent à se sauver dans la campagne. Les biens des victimes furent confisqués, des garnisons mises dans les villes et la Galatie placée sous la férule d'un satrape, Eumachos : il ne devait pas jouir longtemps de son gouvernement (87 av. J.-C.).

Contre les Galates, Mithridate avait des preuves ; contre les Chiotes, il n'avait que des présomptions. Depuis l'accident arrivé

---

(1) Sur cet épisode, voir Appien, *Mith.* 46 et Plutarque, *De virtutibus mulierum*, c. 23 (Œuvres morales, éd. Didot, I, 319). J'ai corrigé le nom Ητριηγήξ en Τοσιηγιξ. Appien place cet épisode après la bataille de Chéronée ; mais comme il le raconte avant les affaires de Chios et d'Éphèse, qui, ainsi qu'on le verra, eurent lieu pendant l'hiver 87-86, j'ai cru devoir modifier sa chronologie également sur ce point.

à son vaisseau amiral devant Rhodes, qu'il attribuait à la malveillance d'un capitaine de Chios, le roi se méfiait de ces insulaires; leur conduite ultérieure ne fit que confirmer ses soupçons. Les Chiotes tâchèrent de frauder le trésor royal lors du partage des dépouilles italiennes; plusieurs notables de l'île s'enfuirent auprès des Romains : on confisqua leurs biens, mais on sut qu'ils continuaient à correspondre secrètement avec leurs compatriotes et que l'île n'attendait, pour s'insurger, que la réapparition du pavillon romain dans l'Archipel. Mithridate résolut de la prévenir. L'un de ses généraux, Zénobios, chargé ostensiblement d'amener des renforts en Grèce, se présenta inopinément, une nuit, devant le port de Chios, occupa les remparts de la ville et plaça des sentinelles à toutes les portes. Le lendemain il convoque les bourgeois à l'assemblée, leur ordonne de livrer leurs armes et de remettre comme otages les enfants des premiers citoyens. Les armes saisies et les otages expédiés à Érythrées, Zénobios ajourne les Chiotes à une nouvelle assemblée pour prendre connaissance des volontés du roi. Là, il leur donne lecture d'une longue lettre de Mithridate qui énumérait ses griefs et concluait ainsi : « Tous les habitants de Chios ont, de l'aveu du *Conseil des amis du roi*, mérité la mort; néanmoins le roi consent à leur faire grâce de la vie et à commuer leur peine en une amende de 2,000 talents (environ 12 millions). » Chios n'était pas en mesure de payer une pareille somme : vainement les femmes livrèrent leurs parures, les prêtres les ornements des temples; on ne put atteindre le total exigé. Alors Zénobios réunit les habitants au théâtre pour la troisième fois; toutes les issues en sont occupées par la troupe, et les malheureux Chiotes, extraits de l'enceinte les uns après les autres, sont chargés de chaînes et embarqués sur des vaisseaux tenus prêts à partir. Hommes, femmes et enfants sont parqués dans des navires distincts, sous la surveillance de leurs propres esclaves, devenus leurs garde-chiourme. Toute cette malheureuse population devait être déportée en Colchide; mais en route plusieurs bâtiments furent capturés par les gens d'Héraclée Pontique, qui donnèrent aux exilés une généreuse hospitalité et les rapatrièrent à la fin de la guerre. Le sol de Chios fut provisoirement partagé entre des colons pontiques (1).

(1) J'ai suivi le récit d'Appien, *Mith.* 46-47, et, pour le détail des esclaves, Posidonius

Après cette exécution impitoyable, qui fait songer aux derniers procédés de Rome envers Carthage, Zénobios, poursuivant sa tournée, débarqua à Éphèse. Dans cette grande ville de commerce il existait également un parti romain très actif; la municipalité, secrètement gagnée à cette faction, pria Zénobios de laisser ses régiments dans le faubourg, pour ne pas exciter les esprits, et de n'entrer en ville qu'avec sa seule escorte. Le général pontique accéda à ce désir; il descendit à l'hôtel du gouverneur militaire, Philopémen, beau-père du roi, puis, sans faire connaître ses instructions, il convoqua la bourgeoisie pour le lendemain. Cette convocation énigmatique jette l'alarme dans la ville; pendant la nuit, les chefs du parti romain se réunissent, se concertent et répandent le bruit que Mithridate prépare à Éphèse le sort de Chios. Le peuple s'inquiète, s'ameute; le lendemain matin, quelques meneurs viennent arracher Zénobios de son lit, le traînent à la prison de ville et l'égorgent. Le sang versé déchaîne la révolution : les Éphésiens, sentant qu'ils ont brûlé leurs vaisseaux, se lèvent contre Mithridate avec autant d'élan que naguère contre Rome. On rentre de la campagne tout ce qui est transportable, on organise en toute hâte une garde nationale qui occupe les remparts. Un décret, encore existant, promulgue les mesures les plus libérales afin de réunir tous les citoyens, anciens ou nouveaux, dans une même pensée de concorde et de résistance contre l'ennemi commun. On promet le droit de cité aux métèques, aux étrangers, aux serviteurs des temples, aux affranchis qui s'inscriront sur les rôles de la milice; quant aux esclaves publics, ils obtiendront la liberté et les droits de métèques. Toutes les affaires sont suspendues pour faire place au seul souci de la défense nationale : on ajourne les procès intentés au nom des temples ou de l'État, sauf ceux en partage et en bornage; l'État fait remise à tous ses dé-

---

r. 39 (Nicolas de Damas, fr. 79). Memnon, c. 33, attribue à Dorylaos le rôle prêté par Appien à Zénobios; en outre, il lui fait prendre la ville de force, πολιόρκήσας. Les malheurs de Chios sont également mentionnés par l'inscription chez DITTENBERGER, Sylloge, n° 276. Quant à la date, Appien place l'affaire de Chios après Chéronée, mais à tort, puisque la révolte d'Éphèse, postérieure à l'exécution des Chiotes, est encore de l'hiver 87-86. D'ailleurs l'ouvrage de Posidonius s'arrêtait, d'après Suidas, à la « guerre de Cyrène », c'est-à-dire à la guerre civile qui fut apaisée par Lucullus pendant ce même hiver (Plut., Luc. 2); et effectivement le dernier événement daté qu'on trouve mentionné dans les fragments est la mort de Marius, 13 ou 17 janvier 86 (fr. 40 Müller). Or Posidonius racontait encore l'épisode des Chiotes; cet épisode est donc de l'an 87.

biteurs, sauf les comptables (fermiers d'impôts et de biens sacrés); le temple renonce à toutes ses créances, excepté celles qui sont garanties par une hypothèque. Bon nombre de créanciers particuliers — tous, à en croire les termes un peu hyperboliques du décret, — font de même, déposent leurs titres sur l'autel de la patrie; seules les affaires de banque sont maintenues, mais, même pour ces engagements d'ordre public, le cours des intérêts est provisoirement interrompu. Enfin tous les pouvoirs sont désormais concentrés entre les mains d'un Comité de salut public, « les chefs choisis pour la guerre commune », devant lequel s'effacent les magistrats ordinaires, stratèges, prytanes et autres. Dans le préambule du décret-manifeste qui organise cet état de siège, les Éphésiens paraissent avoir perdu toute mémoire de leur conduite depuis deux ans : l'accueil enthousiaste fait à Mithridate, les statues abattues, les inscriptions effacées, les Romains massacrés au pied des autels, il n'est plus question de tout cela. Les Éphésiens affirment à la face du monde qu'ils sont restés, de tout temps, dévoués de cœur à la cause de Rome : « c'est par force et par ruse que le *roi de Cappadoce* s'est introduit dans leurs murs. Ils n'ont attendu qu'une occasion propice pour se soulever contre lui : cette heure est enfin venue. Le peuple éphésien prend les armes pour l'hégémonie de Rome et pour la liberté de tous; il déclare la guerre à Mithridate et décrète les mesures exigées par le salut de la ville, du pays et du temple d'Artémis... » C'est ainsi qu'on écrivait l'histoire à Éphèse au mois de décembre 87 av. J.-C. (1)!

La défection de cette ville magnifique, la plus riche de l'Asie

---

(1) Décret du peuple éphésien chez WADDINGTON-LE BAS, *Asie Mineure*, n° 136 a (= DITTENBERGER, n° 253). Nous reproduisons ce texte à l'*Appendice*. — Ici encore j'adopte une date en contradiction avec Appien, qui place la révolte d'Éphèse après Chéronée (*Mith.* 18); je ne parle même pas d'Orose (VI, 2, 9) qui la place après Orchomène. Un second décret éphésien, qui régla le sort des débiteurs hypothécaires après le rétablissement de la paix (DITTENBERGER, n° 314), nous apprend (ligne 98) que l'état de siège dura une prytanie entière, celle de Manticratès, plus deux prytanies partielles : la fin de *Démagoras* (depuis le mois Posidéon) et le commencement d'*Apellas* (jusques et y compris Posidéon) : soit, au total, juste deux ans. Le *terminus ad quem* n'est pas le traité de Dardanos (été 85), mais la mort de Fimbria (hiver 85-1), qui seule rendit la paix à la province; dès lors le *terminus a quo*, ou la révolte d'Éphèse contre Mithridate, tombe bien au mois de Posidéon (décembre) 87. — Sur les monnaies frappées à Éphèse pendant cette période, en particulier les statères d'or, voir HEAD, *Coinage of Ephesus*, dans *Num. Chronicle*, 1880-1.

Mineure, était un coup terrible pour Mithridate, d'autant plus terrible que l'exemple d'Éphèse entraîna plusieurs villes voisines : pendant l'hiver 87-86, Tralles, Hypépa, Métropolis, un peu plus tard Smyrne et Sardes, levèrent à leur tour l'étendard de la révolte; Colophon s'insurgea contre son tyran (1). Mithridate mit aussitôt une armée en campagne pour réduire les rebelles : les instructions des généraux défendaient de faire aucun quartier. Dans le courant de l'année 86, plusieurs places furent emportées d'assaut et mises au pillage (2); les prisonniers périrent dans des supplices atroces. Éphèse et d'autres villes bien fortifiées résistèrent cependant avec succès et se cotisèrent pour préparer une réception triomphale au nouveau consul, Valérius Flaccus, qui, disait-on, était en route pour l'Asie (3). Alors, pour empêcher le mouvement de se propager, Mithridate devint ouvertement le roi de la révolution sociale : renchérissant sur le décret des Éphésiens, il fit annoncer, par la voix du héraut, qu'il accordait la liberté à toutes les cités helléniques de l'Asie restées fidèles; toutes les dettes furent abolies, les esclaves affranchis en bloc, les métèques élevés au rang de citoyens.

Cette mesure radicale produisit l'effet attendu : elle arrêta net la contagion de la révolte, lia indissolublement à la cause de Mithridate tous les déshérités de la fortune et de la société, esclaves, débiteurs, prolétaires, qui n'espérèrent plus désormais qu'en lui, certains que le triomphe de Rome les rendrait à leur misère et à leurs chaînes. Mais ce que Mithridate gagnait ainsi d'un côté, il le perdait de l'autre : l'aristocratie d'argent et de naissance acheva de se détacher de lui, des complots incessants mirent sa police sur les dents. Quatre Grecs de distinction, Mynnion et Philotimos de Smyrne, Clisthène et Asclépiodote de Mitylène, tous familiers du roi, l'un d'eux même son hôte, conjurèrent de l'assassiner. Au dernier moment Asclépiodote faiblit et dénonça ses complices. Le roi, étonné de tant de perfidie, ne voulut en croire

---

(1) Appien ne nomme que Tralles, Hypépa, Métropolis (correction de Schweighaeuser pour *Mesopolis*), καί τινας ἄλλας. Orose VI, 2, 8 nomme Smyrne, Sardes, Colophon, Tralles, mais il place, avec peu de vraisemblance, toutes ces insurrections *après* l'exécution des 1,600 conspirateurs. Pour Colophon et son tyran, cf. Plut., *Luc.* 3.

(2) Liv. 82 : *expugnatae in Asia urbes a Mithridate et crudeliter direpta provincia.*

(3) Cicéron, *Pro Flacco*, XXIII, 56. Cet argent, que les Tralliens voulurent s'approprier, fut plus tard confisqué par le fils de Flaccus, le client de Cicéron.

que lui-même : on le fit cacher sous un lit et assister à un conciliabule des conjurés. Désormais Mithridate ne vit partout que des traîtres et frappa impitoyablement, parfois même au hasard, condamnant à mort sur de légers indices, choisissant surtout les personnages les plus haut placés de la province, pour s'enrichir par la confiscation de leurs biens (1). A Pergame seul, 80 personnes furent arrêtées et mises à mort sous l'inculpation de complot contre la vie du roi; dans toute la province, il y eut, en quelques mois, 1,600 exécutions capitales. La chasse aux conspirations, comme toujours, créa elle-même son gibier : chaque affamé, chaque ennemi personnel se fit espion ou délateur. Un véritable régime de terreur sévit sur l'Asie et, glissant de plus en plus sur la pente fatale, Mithridate ne tarda pas à faire regretter ces proconsuls et ces publicains dont il était devenu le plagiaire.

Le meilleur, le seul moyen de réconcilier l'Asie avec la domination de Mithridate, c'eût été une grande victoire remportée en Europe. Le roi le sentait et ne recula devant aucun sacrifice pour prendre, si possible, sa revanche de Chéronée avant la fin de la campagne. Il fallait d'autant plus se hâter qu'une seconde armée romaine était en marche vers l'Orient. Pendant que Sylla jouait au justicier à Thèbes et dans Athènes, le gouvernement démocrate de Rome, après avoir épuisé contre lui toutes les voies légales, avait enfin décidé de recourir à la force. Le nouveau collègue de Cinna, le consul L. Valérius Flaccus, substitué à Marius pour la fin de l'année 86, fut désigné pour aller arracher le commandement des mains de Sylla et continuer, à sa place, la guerre contre Mithridate (2). Le consul était un homme de capacités douteuses, et les deux légions qu'on lui confia ne représentaient guère que 12,000 hommes, un tiers de moins que l'armée qui restait à Sylla. On avait adjoint à Flaccus, en qualité de légat et de préfet de cavalerie (3), C. Flavius Fimbria : démagogue furibond, volontiers criminel, il avait tenté un jour d'assassiner en plein

---

(1) Orose VI, 2, 8 : *Mithridates in Asia nobilissimarum urbium principes occidere bonaque eorum publicare animo intenderat. Cumque iam MDC ita interfecisset*, etc. Ce dernier chiffre concorde avec celui d'Appien, *Mith.* 48.

(2) Ses instructions sont quelque peu défigurées par Memnon, c. 34, qui oublie ou ignore que Sylla avait déjà été déclaré ennemi public.

(3) *Legatus* (Tite-Live, ep. 82) où *praefectus equitum* (Velléius Paterculus II, 23), et non pas questeur comme le prétend Strabon XIII, 1, 27 ; il sera plus tard question du questeur de Flaccus.

forum l'augure Scévola et traduisit la victime en justice pour avoir survécu à ses blessures (1); mais il y avait dans ce scélérat un officier habile, sachant le chemin du cœur des soldats, et un diplomate retors, dont l'intervention avait déterminé naguère l'alliance entre Cinna et les Samnites insurgés, c'est-à-dire le triomphe du parti démocratique (2).

Les légions valériennes, levées au commencement de l'année 86 (3), s'embarquèrent à Brindes un peu après la bataille de Chéronée. A ce moment, Archélaos, en attendant que Mithridate lui envoyât des secours ou l'ordre de son rappel, avait fait de Chalcis son quartier général; de là il se livrait à une guerre de course aussi audacieuse qu'habile. Il ravagea les côtes du Péloponnèse, fit une descente dans l'île de Zacynthe et réussit à enlever ou à brûler bon nombre des bâtiments qui transportaient les légions démocratiques à travers la mer Ionienne; d'autres furent fracassés par la tempête. Pourtant le gros de l'armée aborda en Épire, puis se dirigea à travers la Thessalie vers les Thermopyles. Sylla, payant d'audace, marcha au-devant de son successeur désigné. Il atteignit son avant-garde à Mélitée, au pied du mont Othrys. Flaccus avait déjà réussi à se rendre impopulaire par son avarice et sa cruauté; à l'approche de l'ennemi, la désertion se mit dans les rangs de ses troupes, et il fallut tous les efforts, toutes les ressources d'esprit de Fimbria pour empêcher l'armée de se dissoudre complètement. Renonçant à leur premier dessein, les Valériens tournèrent alors le dos à la Grèce et prirent le chemin de l'Hellespont; Sylla se disposait à les poursuivre, et peut-être la fin de l'année 86 aurait-elle vu deux armées romaines aux prises, sous les yeux étonnés de l'Orient, lorsque le vainqueur de Chéronée fut rappelé à une tâche plus digne de lui par l'annonce d'une brusque invasion qui menaçait ses derrières.

C'était la nouvelle armée dont Mithridate avait décidé l'envoi en Grèce immédiatement après le désastre de Chéronée. Il ne manquait pas, dans l'entourage du roi, de courtisans empressés qui rejetaient sur Archélaos la cause de cette défaite : on l'accusait d'incapacité, le mot même de trahison fut prononcé. Mithri-

---

(1) Cicéron, *Pro S. Roscio*, XII, 33; *Brutus*, LXVI, 233.
(2) Licinianus, p. 27.
(3) En effet, à la fin de 67, elles réclameront leur congé, comme ayant servi 20 ans, durée légale des engagements à cette époque.

date n'ajouta pas foi à ces propos; rien ne lui fait plus d'honneur que la confiance qu'il continua de témoigner au général malheureux, mais jusqu'alors habile et fidèle. Au lieu d'Archélaos, ce fut Taxile qu'il rappela pour lui donner un autre emploi; à la tête de la nouvelle armée, destinée à reconquérir la Grèce, il plaça son ministre de la guerre, son confident, son camarade d'enfance, Dorylaos. L'armée comptait 70,000 hommes triés sur le volet (1), dont plus de 10,000 cavaliers, et 70 chariots armés de faux. Elle prit la voie de mer, toucha en Eubée pour y recueillir les débris du corps d'Archélaos, environ 10,000 hommes, et descendit en Béotie où elle mit tout à feu et à sang. Les villes béotiennes, étonnées par ce retour imprévu des Asiatiques, recommencèrent à croire en Mithridate et se déclarèrent presque toutes en sa faveur.

Quand Sylla, accouru en toute hâte des Thermopyles, parut en Béotie, Dorylaos, grisé par ses premiers succès, ne rêvait que bataille; Archélaos, instruit par l'expérience, conseillait de temporiser. Dès la première rencontre, qui eut lieu à Tilphossion, au sud du lac Copaïs, entre Haliarte et Coronée, Dorylaos fut fixé sur la solidité des légions et se rangea à l'avis de son collègue. Filant entre les montagnes et le lac, il vint asseoir son camp dans la plaine d'Orchomène, à peu de distance du champ de bataille de Chéronée, mais dans un terrain tout à fait uni et découvert, où sa brillante cavalerie pourrait se donner librement carrière. En attendant, elle poussait des pointes en tous sens et coupait les vivres à Sylla.

Comme à Chéronée, le Romain fit prendre la pioche à ses hommes, non plus pour se défendre, mais pour attaquer. Bientôt les généraux de Mithridate virent avec étonnement de profondes tranchées, larges de dix pieds, sillonner la plaine et serpenter lentement vers leurs positions, comme les tentacules d'une pieuvre gigantesque qui menaçait de les étouffer ou de les acculer aux marais du Céphise. Il fallait à tout prix empêcher ce travail d'aboutir. La cavalerie pontique vint charger les travailleurs et les fit d'abord plier; l'infanterie légionnaire, accourant à la rescousse par petits pelotons, fut enfoncée à son tour et commença à se

---

(1) Orose VI, 2, 6 : *Mithridates lectissima septuaginta millia militum Archelao in subsidium misit.* De même Eutrope V, 6, 3. Plutarque, *Sylla*, 20, compte 80,000 hommes; de même Appien, *Mith.* 49. Le chiffre de l'infanterie chez Licinianus, p. 33, paraît être 59,000; c'est à lui aussi que j'emprunte le chiffre des chars à faux. Le manuscrit est ici presque illisible.

débander. Ce jour-là, Sylla fut héroïque : sautant à bas de son cheval, il saisit une enseigne et se jeta tout seul au fort de la mêlée, suivi de ses adjudants et de ses prétoriens : « Soldats, s'écriet-il, si l'on vous demande où vous avez abandonné votre général, n'oubliez pas de répondre : « Devant Orchomène (1) ! » Ces paroles arrêtent la panique ; de toutes parts on s'élance au secours de Sylla, et deux cohortes, arrivant à propos de l'aile droite, contiennent, puis refoulent les escadrons ennemis. L'armée romaine se reforma un peu en arrière de ses premières positions, déjeuna sur le terrain, puis se remit aussitôt au travail des tranchées. Cette fois, toutes les dispositions étaient prises pour recevoir la cavalerie asiatique. Vainement celle-ci multiplia ses charges splendides ; elles se brisèrent contre la muraille d'airain des légions, muraille mouvante qui s'entr'ouvrait pour laisser passer l'ouragan et se refermait pour lui barrer le retour. Les archers, qui soutenaient la cavalerie pontique, ne furent pas moins tenaces : quand ils se virent serrés de si près qu'ils ne pouvaient plus tirer, ils saisirent leurs flèches à pleines mains et s'en servirent comme d'épées ! Lorsque le soir enveloppa cette plaine funèbre, 10,000 cavaliers, 5,000 fantassins asiatiques la jonchaient, parmi eux Diogène, beau-fils d'Archélaos (2), qui avait conduit avec éclat une des ailes de la cavalerie royale.

Les débris de l'armée vaincue s'enfermèrent dans leurs retranchements. La nuit fut pleine d'angoisses. Le camp regorgeait de morts, de mourants, de blessés ; de quelque côté qu'on se tournât, on n'apercevait point de retraite possible. En arrière et à droite, on avait le lac Copaïs, prolongé par les marais, verts de roseaux, où le Céphise et le Mélas, — fleuve court, mais profond, qui naît au-dessous d'Orchomène, — mêlaient leurs embouchures ; en avant, à gauche, partout, l'armée romaine, qui avait déjà poussé son réseau de tranchées jusqu'à un stade du front de bandière ; des détachements ennemis gardaient toutes les issues : on s'était laissé prendre dans la plus belle plaine de la Béotie comme dans une

---

(1) Ce mot célèbre est rapporté (outre Plut., *Sull.* 21 et Appien, *Mith.* 49) par Frontin II, 8, 12 ; Polyen VIII, 9, 2 ; Ammien Marcellin XVI, 12, 42. Tite-Live l'avait sans doute emprunté aux *Mémoires* de Sylla.

(2) *Beau-fils* d'après Plutarque, *fils* d'après Appien, Eutrope, Licinianus. — Eutrope compte 15,000 morts dans ce premier engagement, de même Appien, *Mith.* 49 (15,000 morts, dont 10,000 cavaliers). Le chiffre d'Orose (*quinquaginta milia*) doit être corrigé d'après celui d'Eutrope.

souricière! Dès l'aurore, les Romains, pour achever l'investissement du camp ennemi, se mettent à l'entourer d'un véritable fossé de circonvallation. Les Asiatiques cherchent à s'opposer à ce travail, ils sont repoussés; bientôt le blocus est complet; Sylla donne le signal de l'assaut. Cette fois encore, les Royaux, rangés sur la crête de leurs retranchements, se défendent avec le courage du désespoir, mais enfin une cohorte, formant la tortue, réussit à arracher un bastion d'angle, le tribun Basillus s'élance dans la brèche et toute l'armée romaine y pénètre après lui. Alors, comme à Chéronée, la boucherie succède à la bataille; tous ceux des Asiatiques qui ne sont pas pris ou tués dans le camp, se jettent à l'eau et tentent de s'échapper à la nage; mais les gens de trait, rangés au bord du lac, les accablent de loin sous les flèches et les javelines. Le Copaïs se couvrit de cadavres qui flottaient à la surface; les marais et les routes disparurent sous l'accumulation du sang et des débris. Près de deux siècles après la bataille, les paysans, en fouillant le bourbier, ramassaient encore des arcs, des épées, des tronçons de casques et de cuirasses... De 80,000 hommes que comptait au début l'armée de Dorylaos, plus de 50,000 périrent dans ces deux journées; 25,000 prisonniers furent vendus à l'encan (1). Les deux généraux en chef se sauvèrent, non sans d'extrêmes périls : Archélaos resta caché pendant deux jours, demi-nu, dans les roseaux du Copaïs, avant de trouver une barque qui pût l'amener à Chalcis (automne 86) (2).

(1) Orose compte 20,000 noyés, 20,000 tués de loin, *reliqui miserorum passim trucidati sint*. Licinianus : *milites nostri castra capiunt, hostium multitudinem innumerabilem concidunt, amplius XXV milia capiunt quae postea sub corona venierunt. Archelaus parvulo navigio Chalcidem deportatur* (de même Eutrope, Appien, Plut., *Sull.* 23; mais, tandis qu'Eutrope le fait cacher dans les marais pendant trois jours, Plutarque n'en compte que deux.)

(2) La date de la bataille d'Orchomène résulte avec évidence du récit de Plutarque, particulièrement de l'épisode de Mélitée, qui prouve que la campagne entière se place sous le consulat de L. Flaccus. L'opinion contraire, qui admet la date de 85 (MOMMSEN, II, 299, note), ne repose sur aucune raison solide.

CHAPITRE IV.

PAIX DE DARDANOS (1).

La bataille d'Orchomène confirma, cette fois sans appel, la sentence de Chéronée. C'en était fait de la puissance de Mithridate en Grèce : Archélaos l'avoua implicitement en rappelant à Chalcis toutes les garnisons encore éparses sur différents points du territoire (2). La perte de la Macédoine n'était plus, elle aussi, qu'une question de temps : les faibles détachements qui s'y trouvaient, peut-être sous les ordres de Taxile, n'étaient pas en mesure de résister à l'attaque des deux légions valériennes, soutenues par la complicité des habitants. Restait l'Asie Mineure; mais ici même la partie était déjà fort compromise. La nouvelle du désastre d'Orchomène ranima le courage des villes grecques insurgées; en Galatie, les trois tétrarques échappés au massacre de l'année précédente soulevèrent les populations rurales et chassèrent le satrape pontique, Eumachos, avec ses garnisons (3). Jusqu'aux anciennes provinces menaçaient défection. Lorsque Mithridate rappela auprès de lui, pour l'aider à défendre l'Asie pergaménienne, son fils, le prince royal Mithridate, nommé en 88 vice-roi des provinces de l'Euxin, les populations, que ce jeune prince avait su déjà s'attacher, ne tardèrent pas à s'agiter; le Bosphore s'insurgea même ouvertement, et un gouverneur rebelle, Hygiénon, frappa monnaie à Panticapée en son propre nom, sous le titre d'archonte (4).

---

(1) Sources principales : Appien, *Mith.* 51-63 ; Plutarque, *Sylla*, 22-26 ; *Lucullus*, c. 2-3 ; Memnon, c. 34-35 ; Licinianus, p. 33-35, Bonn ; les fragments de Diodore et de Dion Cassius. Ces événements étaient racontés dans les livres 82 et 83 de Tite-Live. Les opérations des légions valériennes, sur lesquelles Sylla, dans ses *Mémoires*, avait sans doute fait le silence à dessein, sont très mal connues. De même, pour les négociations qui précédèrent le traité de Dardanos, nous ne possédons guère que la version suspecte de Sylla.

(2) Appien, *Mith.* 50.

(3) Appien, *Mith.* 46.

(4) Appien, *Mith.* 64. Hygiénon n'est connu que par des marques de briques recueillies au Bosphore et par une monnaie unique du Cabinet de France, dont voici la description : Tête nue sans diadème, les cheveux balayés par le vent ; *Rev.* ΑΡΧΟΝΤΟΣ ΥΓΙΑΙΝΟΝΤΟΣ. Ca-

Mithridate commençait à désespérer de l'issue de la lutte : à partir de ce moment, il regarda les provinces récemment conquises non plus comme une acquisition durable, mais comme une proie momentanée qu'il devait se hâter de pressurer le plus possible avant qu'elle lui échappât pour toujours. L'Asie fut franchement mise au pillage; on prétend même que le roi favorisa secrètement le développement de la piraterie sur les côtes de l'Archipel : indifférent aux doléances de ses sujets d'un jour, il consentit à partager leurs dépouilles avec les flibustiers déchaînés par lui (1). Cependant, si la situation de Mithridate devenait chaque jour plus difficile, celle de ses ennemis n'était guère brillante. Le manque de flotte, l'antagonisme des généraux, reflet de la haine des partis, paralysaient l'action des armées romaines; toujours victorieuses, elles ne parvenaient pas à tirer parti de leurs victoires pour frapper les coups décisifs qui auraient jeté le roi de Pont à leurs pieds. Dans ces circonstances, le rôle de Mithridate était tout tracé : il fallait opposer l'un à l'autre ses adversaires, en offrant de jeter son épée dans la balance des luttes civiles de Rome, et obtenir, par ce marchandage, des conditions de paix avantageuses. Tel paraît avoir été, en effet, le plan de Mithridate, mais les événements et les hommes ne lui permirent de le réaliser qu'en partie.

Pas plus après Orchomène qu'après Chéronée, Sylla ne fut en mesure de compléter sa victoire. Dénué d'escadre, sans nouvelles de Lucullus, il s'arrêta devant le mince canal de l'Eubée comme devant un fossé infranchissable, et se dédommagea sur les villes béotiennes et locriennes qu'il châtia impitoyablement de leur défection réitérée : les trois ports de l'Euripe, Halées, Larymna et Anthédon, furent détruits de fond en comble (2). Ensuite Sylla prit ses quartiers d'hiver en Thessalie et commença, en désespoir de cause, à se bâtir une flotte.

Pendant que l'armée de l'oligarchie se refaisait de ses fatigues, l'armée du consul démocratique, encore toute fraîche, poursuivait sa route vers l'Hellespont, sans s'effrayer de la perspective d'une campagne d'hiver. Partie de Thessalie, elle envahit la Macédoine,

---

valier au galop à gauche, lançant un javelot. Monogrammes, dont un représente le nom de Panticapée. Drachme, 8ᵉʳ, 75 (cf. MURET, *Bull. corr. hell.* VI. 211).

(1) Appien, *Mith.* 92.
(2) Plutarque, *Sylla*, 26.

à peu près dégarnie de troupes pontiques et livrée aux ravages impunis des Thraces. La province fut reconquise sans peine, mais les populations, malgré leur dévouement pour Rome qui leur avait valu les sévérités de Mithridate, furent odieusement maltraitées; en particulier la division d'avant-garde, où commandait Fimbria, et qui avait plusieurs journées d'avance sur le gros de l'armée, pilla tout sur son passage et emmena beaucoup d'habitants comme esclaves, avec l'approbation secrète du légat. Les populations malmenées portèrent plainte devant le consul Flaccus qui, à force de prières et de menaces, fit rendre gorge aux pillards et délivra les prisonniers; mais si cette conduite fut appréciée des Macédoniens, elle irrita vivement les troupes romaines : Flaccus acheva de gagner la réputation d'un avaricieux; on l'accusait, peut-être avec raison, de voler sur le butin et même sur la solde (1).

Au delà du Strymon le mécontentement ne fit que croître. A la vérité, les Thraces furent défaits dans plusieurs rencontres, et l'armée royale, qui assiégeait encore Abdère, décampa précipitamment à la nouvelle de la prise de Philippes par les Romains (2); mais l'hiver était venu et l'armée victorieuse souffrit cruellement de la disette (3). Flaccus, aussi à court de vaisseaux que Sylla, ne pouvait songer à franchir l'Hellespont; il remonta la *via Egnatia* jusqu'au Bosphore de Thrace, où Byzance restait fidèle à l'alliance romaine. On atteignit cette ville vers la fin de l'année 86 ou au commencement de 85. Le consul, redoutant, non sans raison, les excès auxquels ne manquerait pas de se livrer la soldatesque harassée par cette longue marche, fit camper ses légions hors des murs et entra seul dans Byzance, afin de négocier le transport de l'armée au delà du Bosphore. Pendant son absence, son légat Fimbria, qui visait depuis longtemps à le supplanter, s'apitoya publiquement sur le sort de ses pauvres compagnons d'armes, campés dans la neige et dans la boue, alors qu'une ville opulente et amie se trouvait à portée de leur camp. Excités par ces propos, les soldats forcèrent les portes de Byzance, massacrèrent les bourgeois qu'ils rencontrèrent sur leur chemin, et se logèrent de force dans les maisons particuliè-

---

(1) Diodore, fr. XXXVIII, 8, Didot; Dion, fr. 101, 2. Appien, *Mith.* 51, le juge sévèrement.
(2) Licinianus, p. 32 : *regii qui Abderae praesidebant, captis Philippis, diffabuntur.*
(3) Memnon, c. 31 : λιμόν τε γὰρ καὶ τὰ ἀπὸ τῆς μάχης πταίσματα ἔσχη.

res (1). Pour mettre fin à ces scandales, le consul s'empressa de conclure avec les Byzantins et fit passer en Bithynie la division d'avant-garde, avec son dangereux légat (2); mais à Chalcédoine une querelle futile s'éleva entre Fimbria et le questeur à propos de billets de logement; l'affaire fut portée devant Flaccus, qui saisit avec joie l'occasion de se débarrasser de Fimbria : il le remplaça dans ses fonctions de préfet de la cavalerie et lui signifia son congé. Fimbria affecte de se soumettre et repasse le Bosphore; mais arrivé au camp devant Byzance, où était restée la seconde division de l'armée, sous les ordres du légat Minucius Thermus, il s'arrête, harangue les soldats, les émeut, les soulève et finit par arracher les faisceaux au légat (3). Quand Flaccus, averti de la sédition, accourut en toute hâte de Chalcédoine pour l'apaiser, il n'était plus temps : les mutins lui fermèrent les portes du camp et faillirent lui faire un mauvais parti. L'infortuné consul se cacha dans une maison de campagne du voisinage, sauta le mur pendant la nuit et franchit de nouveau le Bosphore. Mais dans l'intervalle la sédition avait aussi gagné le camp de Chalcédoine : Flaccus, conspué, chassé, traqué comme une bête fauve à travers le Bithynie, finit par s'échouer à Nicomédie, où les limiers de Fimbria le découvrirent, caché au fond d'un puits. Deux soldats, qui lui gardaient rancune d'une punition trop sévère, le tuèrent. La tête fut jetée à la mer; le corps abandonné sur la plage, sans sépulture (janvier 85) (4).

Fimbria, porté à la tête de l'armée par une acclamation unanime, eut l'impudence d'adresser un rapport officiel à Rome et de demander au sénat un brevet de proconsul, qui lui fut accordé. Il occupa rapidement une grande partie de la Bithynie : Nicomédie, qui avait fermé ses portes, fut livrée au pillage, Nicée ouvrit les siennes, d'autres places furent emportées de vive

(1) Dion, fr. 101, 3. — Sur la magnificence de Byzance et sa richesse en statues, cf. Cic. *De prov. cons.* IV, 6.

(2) Dion, Memnon, Appien sont d'accord pour faire passer le Bosphore à l'armée de Flaccus; c'est certainement à tort que Diodore, fr. XXXVIII, 8, 2, nomme l'Hellespont.

(3) Dion, fr. 101, 4-5; Appien, *Mith.* 52.

(4) Appien, *Mith.* 52. Orose nomme également Nicomédie comme lieu du crime; c'est à tort que Memnon semble placer le meurtre de Flaccus à *Nicée*. Quant à la date, il faut remarquer que Cicéron (*Pro Flacco*, XXV, 61), Tite-Live (ep. 82), Appien et Orose VI, 2,9 appellent Flaccus *consul*, au moment de sa mort, tandis que Velleius Paterculus, II, 24, le nomme *vir consularis*. Cette variation indique que le meurtre eut lieu vers la limite des deux années consulaires.

force (1) : partout l'officier félon se montra général habile et vigoureux. L'armée prit ses quartiers d'hiver dans ces villes florissantes, où la restauration de la suzeraineté romaine fut signalée par d'horribles excès. Fimbria jouait de la terreur par système; il tuait à tort et à travers; quand il y avait plus de croix dressées que de condamnés à mort, il prenait au hasard, dans le tas, pour compléter le nombre requis (2).

Pendant ce même hiver (86-85) des pourparlers avaient commencé en Grèce entre les Royaux et Sylla. De quel côté vinrent les premières démarches? on l'ignore : les uns nomment Sylla, les autres Mithridate (3), quelques-uns pensent qu'Archélaos prit, sous sa propre responsabilité, l'initiative des négociations. A vrai dire, l'idée était dans l'air et répondait au secret désir des deux partis. Aussi lorsqu'un marchand de Délion, en Béotie, appelé, par un curieux hasard, Archélaos, comme le général de Mithridate, vint trouver Sylla et proposa de lui ménager une entrevue avec son grand adversaire, le général romain sauta sur cette offre comme un naufragé sur une épave. La conférence eut lieu au bord de la mer, à Aulis suivant les uns, au temple d'Apollon à Délion suivant les autres (4). On ignore les détails de la conversation des deux généraux, ou, ce qui revient au même, on ne les connaît que par la version suspecte de Sylla (5). D'après ce récit, Archélaos aurait offert à Sylla le concours financier et militaire de Mithridate pour écraser la démocratie à Rome, à la condition que Sylla garantît au roi de Pont la possession de l'Asie Mineure. Au lieu de répondre directement, Sylla fait une contre-proposition : qu'Archélaos lui livre la flotte du roi, il s'engage à lui procurer la couronne de Pont. Protestations indignées du Grec; alors Sylla : « Eh bien, ce que tu refuses, toi, l'esclave, le vaincu, oses-tu bien me le proposer à moi, le représentant de

---

(1) Memnon, c. 34.
(2) Dion, fr. 101, 6.
(3) L'initiative des propositions vint de Mithridate d'après Appien, *Mith.* 54, et Orose; d'Archélaos (agissant spontanément) d'après Plutarque, *Sylla*, 22; de Sylla d'après Memnon. c. 35.
(4) Plutarque nomme Délion comme lieu de l'entrevue; Licinianus, p. 33, Aulis qui en est d'ailleurs peu éloignée (*colloquium Sullae et Archelao in Aulide fuit...*)
(5) Le récit de Sylla fait évidemment la base de la narration de Plutarque, *Syll.* 22. Celle d'Appien (*Mith.* 54-55), qui paraît dérivée de Tite-Live, adoucit les angles et dissimule la tentation brutale.

Rome, le vainqueur d'Athènes, de Chéronée et d'Orchomène? » Là-dessus Archélaos reconnaît ses torts et l'on se met promptement d'accord sur les bases du traité.

Ce récit, accommodé au goût du public romain, ne tient pas contre l'évidence des faits. En admettant même, ce qui est peu probable, qu'Archélaos ait commencé par réclamer toute l'Asie Mineure, c'était là une simple manœuvre de diplomate : il demandait le plus pour obtenir le moins. Tout ce qu'on pouvait raisonnablement espérer du côté de Mithridate, c'était que Rome fît abandon des provinces éloignées, habituées au gouvernement monarchique, qui n'avaient jamais fait partie de son territoire direct, la Cappadoce, la Paphlagonie; à l'extrême rigueur on aurait pu se partager la Bithynie; quant à l'Asie pergaménienne, joyau de l'empire romain, il ne fallait pas y songer après les écrasantes défaites de l'an 86. D'autre part, les arguments qu'employa Sylla pour faire passer Archélaos, sans transition, des prétentions exagérées du début aux énormes concessions qu'on va voir, ces arguments n'eurent pas, à coup sûr, le caractère oratoire et sentimental que leur prêtent les *Commentaires* : Sylla n'intimida pas Archélaos, il l'acheta à deniers comptants. Jusqu'alors Archélaos ne s'était pas montré seulement un capitaine émérite, mais encore un serviteur dévoué; ses ennemis ou les envieux de Sylla qui ont parlé de trahison à propos de Chéronée se sont trompés de date (1). Mais ce qui était vrai au commencement de l'année 86 ne l'était plus à la fin : les défaites réitérées qu'il avait subies ne laissaient plus à Archélaos l'espoir de conserver la pleine confiance de son roi; il connaissait les cours d'Orient, la puissance de la flatterie, les illusions de l'orgueil; tôt ou tard ses malheurs lui seraient imputés à trahison, tout au moins à incapacité, et il se verrait sacrifié à de nouveaux venus. D'ailleurs l'étoile de Mithridate paraissait être sur son déclin; Archélaos, comme tant d'autres Hellènes, que l'ambition personnelle avait attachés à la cause du roi barbare, se croyait le droit de faire passer son intérêt privé avant celui du maître d'occasion qui bientôt, peut-être, ne pourrait plus lui servir : il fit simplement en 86 ce que Dorylaos, Phénix, Macharès et tant d'autres, généraux, parents, fils de Mithridate, feront quinze ans plus tard.

(1) Plutarque, *Sylla*, 20 et 23.

Enfin il semble que des rancunes d'ordre tout intime s'ajoutèrent, chez ce condottière sans scrupules, aux motifs d'avarice et d'ambition : plus tard, le fils d'Archélaos se fit passer pour fils de Mithridate, et si cet imposteur trouva beaucoup de crédules, c'est sans doute que sa prétention n'était pas complètement dénuée de fondement (1).

Voici quelles furent les conditions posées par Sylla et acceptées par Archélaos, sous réserve de la ratification royale :

1° Le *statu quo* territorial de 89 devait être rétabli. En d'autres termes, Mithridate abandonnait toutes les conquêtes qu'il avait faites depuis cette date, soit en Europe, soit en Asie, même la Paphlagonie et la Cappadoce (2).

2° En revanche, Mithridate était garanti dans la paisible possession de ses anciens États et réadmis au nombre des « amis et alliés » du peuple romain (3).

3° Mithridate payerait, — officiellement à Rome, en réalité à Sylla, — une indemnité de guerre de 2,000 talents (12 millions) (4).

4° Il livrerait à Rome, c'est-à-dire à Sylla, 70 vaisseaux de guerre pontés, à proue cuirassée, avec leurs équipages et 500 archers; il fournirait lui-même la solde et les vivres des hommes (5).

5° On se restituerait de part et d'autre les prisonniers, les otages, les déserteurs, les esclaves fugitifs. On mentionna expressément les « amis du roi » tombés au pouvoir de Sylla, le proconsul Q. Oppius, l'ambassadeur M'. Aquilius, dont Sylla ignorait l'atroce destinée, les Chiotes déportés en Colchide, les femmes et les enfants des notables macédoniens (6).

6° Amnistie générale était promise par Sylla, au nom de Rome,

---

(1) Strabon XVII, 1,11. Plutarque lui-même atteste que Mithridate empruntait ou confisquait les femmes de ses généraux, aussi bien que leurs filles (*Pomp.* 36.)

(2) Cet article se trouve chez tous les auteurs (Plutarque, Appien, Licinianus, Memnon); la rédaction seule varie.

(3) Plutarque, *Sylla*, 22; Appien, *Mith.* 55; Memnon, c. 35.

(4) Plutarque. — Memnon parle de 3,000 talents, et insiste sur le caractère *particulier* de ce payement et du suivant. Appien dit simplement que le roi doit payer les frais de la guerre entreprise par sa faute.

(5) Licinianus, Plutarque (pour les 500 archers, voir c. 24). — Memnon donne 80 navires.

(6) Licinianus, Appien.

aux villes grecques d'Asie ou d'Europe qui avaient embrassé la cause de Mithridate (1).

Telles furent les clauses officielles des préliminaires de Délion; quant aux articles secrets, plus importants peut-être, ils stipulaient qu'Archélaos évacuerait immédiatement les dernières places que Mithridate possédait en Europe (2), c'est-à-dire, en premier lieu, Chalcis, et qu'il livrerait à Sylla la partie de la flotte royale qu'il avait sous son commandement (3) : l'autre escadre, sous son frère Néoptolème, croisait encore sur la côte d'Asie. En récompense de ces deux actes de félonie, qui furent exécutés sur le champ, Sylla décernait à Archélaos, et se faisait fort de lui faire confirmer par le sénat, le titre personnel d' « ami et allié » du peuple romain — ce qui équivalait à le rendre inviolable (4); en outre, il lui fit don d'un domaine de 10,000 pléthres (870 hectares) en Eubée, détaché des terres du peuple romain; enfin pour satisfaire la rancune personnelle d'Archélaos, il fit empoisonner son ennemi intime Aristion, au lieu de le rendre conformément à l'article 5 du traité (5).

La conduite d'Archélaos se passe de flétrissure; celle de Sylla est plus délicate à juger. En se plaçant au point de vue de la tradition romaine, elle paraissait coupable au premier chef : c'était la première fois, en effet, depuis un siècle, que Rome consentait à déposer les armes sans avoir anéanti un vassal assez audacieux pour la braver en face; et ici, il ne s'agissait pas d'une rébellion ordinaire, mais d'une gigantesque levée de boucliers qui avait fait trembler les fondements même de l'empire romain, tari les sources de sa prospérité; il s'agissait d'un ennemi qui, au lendemain de sa première victoire, avait ordonné, consommé de sang froid le massacre de 80,000 citoyens romains! Renoncer à tirer vengeance des insultes prodiguées au nom de Rome, des outrages accumulés sur son ambassadeur, laisser impunie la main qui avait signé le décret d'Éphèse, conserver sur le flanc des provin-

---

(1) Cette clause remarquable n'est donnée que par Memnon; elle n'en paraît pas moins authentique.
(2) Appien.
(3) Licinianus; Tite-Live, ep. 82; De cir. ill. 76; Salluste, fr. IV, 20. Cette clause manque, comme de juste, chez Plutarque; elle est travestie chez Appien qui en fait une condition officielle, imposée à Mithridate.
(4) Plut., Sylla, 23. Ce titre fut effectivement confirmé par le sénat : Strabon XII, 3, 31.
(5) Plut., loc. cit.

ces asiatiques un ennemi redoutable, qui n'oublierait jamais qu'il avait touché au faîte — et se souvenir, c'était espérer — une pareille mansuétude ressemblait à une trahison, et l'on comprend sans peine les violents murmures que soulevèrent les conditions du traité à Rome et dans la propre armée de Sylla. Mais le vainqueur de Chéronée pouvait répondre et répondit que l'écrasement définitif de Mithridate eût exigé encore bien des années et bien des efforts. Qui sait même si, en fin de compte, n'ayant à espérer de la patrie ni renforts, ni subsides, il n'aurait pas succombé à la tâche? Qui sait si Mithridate, poussé à bout, n'aurait pas traité avec Fimbria à tout prix pour se jeter ensuite, de concert avec les légions démocratiques, sur la petite armée de Sylla? Qui pouvait garantir l'issue de cette lutte inégale? Sylla se crut le droit et le devoir de conserver à l'oligarchie romaine sa dernière armée, sa dernière espérance; à coup sûr, il sacrifia momentanément l'intérêt de la république à l'intérêt de son parti, identique à son intérêt personnel : son excuse, c'est que pour lui comme pour tout son entourage, Rome, livrée aux démagogues, n'était plus Rome; c'est que, si dangereux que fût l'ennemi du dehors, le péril intérieur paraissait encore plus urgent et plus redoutable. Les préliminaires de Délion, s'ils étaient ratifiés par Mithridate, allaient fournir à Sylla les moyens d'écraser ce péril : la paix, des vaisseaux et de l'argent. Anéantir Mithridate, c'était bien; se servir de lui pour anéantir Cinna et Carbon, c'était mieux.

Il ne s'agissait plus que d'obtenir la ratification du traité : ce fut à quoi travaillèrent désormais, avec un touchant accord, Sylla et Archélaos. Les deux adversaires de la veille, devenus amis inséparables, donnèrent au monde le spectacle d'une affection d'autant plus sincère qu'elle était moins désintéressée. Pendant que des courriers allaient porter à Mithridate le texte des préliminaires, les deux généraux, vers la fin de l'hiver, se mettaient en route pour l'Hellespont. A Larisse, en Thessalie, Archélaos tomba malade; Sylla s'arrêta pour lui prodiguer des soins fraternels; pendant ce temps, son légat Hortensius occupait la Macédoine et infligeait une première correction aux barbares de la frontière du nord, Mædes et Dardaniens, dont les déprédations n'avaient pas discontinué depuis six ans (1).

(1) Plut., *Sylla*, 23. Licinianus, p. 35 : *dum de condicionibus disceptatur, Maedos et Dardanos, qui socios vexabant, Hortensius legatus fugaverat.*

Les courriers d'Archélaos trouvèrent Mithridate dans des dispositions d'esprit favorables à une entente. En fait, la plupart des provinces dont le Romain réclamait la cession étaient déjà perdues : la Grèce et la Macédoine au pouvoir de Sylla, la Bithynie conquise par Fimbria, la Galatie et une partie des villes d'Asie en pleine insurrection. Si sombre que fût la situation, le roi fit pourtant une dernière tentative pour conserver un lambeau de ses conquêtes. Il engagea sous main des négociations avec Fimbria et envoya auprès de Sylla une ambassade chargée de répondre qu'il acceptait toutes les conditions de Délion, sauf deux : la clause relative aux 70 vaisseaux et celle qui concernait la Paphlagonie. Il insinuait que, si on le poussait à bout, il trouverait à traiter avec Fimbria à meilleur compte. La menace portait juste et le moindre succès du roi aurait pu la rendre efficace; malheureusement, pendant que les ambassadeurs de Mithridate étaient en route, les événements se précipitèrent en Asie à son détriment : son dernier gage, le royaume de Pergame, fut envahi de deux côtés à la fois, au nord par Fimbria, au sud par Lucullus.

On se souvient que Lucullus, questeur de Sylla, avait été détaché par celui-ci pendant l'hiver 87-86 à la recherche d'une flotte. Son odyssée fut longue et laborieuse. Parti par une mer démontée, à la tête de trois brigantins grecs et d'autant de birèmes rhodiennes, il trompa d'abord la surveillance de la croisière pontique, et toucha terre en Crète; là il réussit à déjouer les efforts de la diplomatie de Mithridate et sut ramener l'île à une neutralité bienveillante pour Rome. De Crète il passa à Cyrène, où régnait depuis dix ans une anarchie effroyable; les partis, bourgeois, paysans, métèques et juifs, le prirent pour arbitre et acceptèrent son règlement. Ce fut provisoirement son dernier succès. Pendant qu'il naviguait le long de la côte africaine, il tomba dans une embuscade de pirates qui lui enlevèrent la plupart de ses bâtiments; il atteignit Alexandrie sain et sauf, mais presque seul. Là Ptolémée Lathyre, récemment rétabli sur le trône, tout en lui faisant un brillant accueil, refusa net de sortir de sa neutralité; il se contenta d'offrir à l'amiral romain une escorte de navires de guerre pour l'amener à Chypre. En longeant la côte phénicienne, Lucullus s'y procura quelques bâtiments dans les rares villes maritimes qui n'étaient pas inféodées aux pirates; mais il ne se sentait pas la force de risquer la lutte contre l'escadre pontique qui croisait dans les eaux de Chypre : il dut tirer ses navires à terre et hiverner dans la grande île égyptienne, dont Mithridate respecta la neutralité. Dès les premiers jours du printemps 85, renforcé par quelques vaisseaux pamphyliens, Lucullus remit en mer, naviguant à plein pendant la nuit, carguant sa toile pendant le jour; il réussit ainsi à se glisser entre les mailles de la croisière qui bloquait Rhodes, et pénétra dans cette île où il opéra sa jonction avec l'escadre rhodienne. A partir de ce moment, Lucullus, secondé par l'habile navarque Damagoras, fut en état d'inquiéter sérieusement les Pontiques par une guerre de course, de ravager les côtes d'Asie Mineure et d'y propager la contre-révolution. A son appel, les gens de Cos et de Cnide chassèrent leurs garnisons royales et firent, de concert avec lui, une expédition contre Samos. Chios fut occupée, Colophon débarrassé de son tyran Épigone. L'escadre romaine, franchissant la passe de Clazomène, déboucha victorieusement dans les eaux de Pitané, au moment même où Mithridate, fuyant devant Fimbria, s'enfermait dans cette place, qui servait alors de port à Pergame (1).

Fimbria avait pris à peine quelques semaines de repos dans ses quartiers d'hiver de Bithynie. Au printemps 85, il se remettait en mouvement pour conquérir la province d'Asie. Mithridate, qui avait commis l'année précédente la faute irréparable de laisser la Bithynie dégarnie de troupes, tenta du moins de barrer aux Romains la route de Pergame. Le prince royal, Mithridate, rappelé du Pont, fut placé à la tête d'une armée, chargée de défendre la Phrygie hellespontienne; on lui adjoignit quelques mentors expérimentés, Taxile, Ménandre et Diophante lui-même, le glorieux vétéran des guerres de Crimée (2). Les premières escarmouches, qui paraissent avoir eu lieu aux environs de Prusa, se terminèrent à l'avantage des Royaux; Fimbria dut se retirer dans une position fortifiée, couvrant ses flancs par deux levées de terre et son front par un fossé. La cavalerie royale, croyant l'ennemi tout à fait démoralisé, se risqua imprudemment dans

---

(1) Pour l'odyssée de Lucullus, voir surtout Plut., *Lucullus*, 2-3 (emprunté sans doute aux *Commentaires* de Sylla). L'épithète de πιγένειος appliquée à Ptolémée Lathyre, qui régnait depuis 30 ans, est un lapsus de Plutarque. Voir encore Appien, *Mith.* 33; 56; et, pour l'épisode de Cyrène, Strabon, fr. 6. Müll.

(2) Memnon, c. 31. S'il s'agissait du second Diophante, fils de Mithares, Memnon l'eût indiqué comme au ch. 37.

cette impasse; quand Fimbria la vit engagée à fond, il l'attaqua brusquement de tous les côtés à la fois, l'enveloppa et lui tua 6,000 hommes (1).

Après ce désastre, qui le privait de sa force principale, le jeune Mithridate, désormais réduit à une stricte défensive, se posta sur la rive gauche du Rhyndacos, près de Milétopolis, pour disputer à Fimbria le passage du fleuve. Cette fois encore, le Romain usa d'un stratagème. Il leva son camp avant l'aube, profitant d'une pluie et d'un brouillard épais, franchit le fleuve à l'improviste et tomba dans les lignes des Royaux où tout dormait encore. Ce ne fut pas une bataille, mais une tuerie. L'infanterie pontique fut anéantie; le prince royal s'échappa avec ses mentors et quelques escadrons de cavalerie, et vint lui-même apporter à son père la funeste nouvelle (printemps 85) (2).

Fimbria poursuivit sa victoire avec une activité foudroyante. La plupart des villes qu'il rencontra sur son chemin lui ouvrirent leurs portes, considérant la cause du roi comme désespérée; cette soumission ne les préserva pas toujours d'un mauvais traitement. C'est ainsi qu'à Cyzique Fimbria jeta en prison les bourgeois les plus opulents de la ville, en choisit deux qu'il condamna sous des prétextes futiles, les fit battre de verges, puis décapiter; les autres, intimidés par cet exemple, rachetèrent leur vie en faisant abandon de tous leurs biens (3). Quand ce furibond, coupant droit à travers la Mysie, parut devant les portes de Pergame, à la tête de ses légions triomphantes, il trouva la capitale déjà évacuée par Mithridate; le roi, renonçant à la lutte, s'était réfugié dans le port fortifié de Pitané, d'où il manda à lui toutes ses escadres disséminées dans l'Archipel. Fimbria ouvrit la tranchée devant Pitané en même temps que l'escadre de Lucullus se montrait au large, débouchant du canal de Chios. Si les deux généraux romains avaient pu s'entendre pour bloquer étroitement Pitané par terre et par mer, Mithridate était pris et la guerre terminée d'un seul coup. Fimbria adressa à l'amiral

(1) Frontin, *Stratag.* III, 17, 5.
(2) Memnon, *loc. cit.* Le lieu de la bataille, Milétopolis, est indiqué par Orose, VI, 2, 10. La Chronique capitoline (C. I. G. 6855 *d*) nomme Cyzique, qui n'en est guère éloignée. Le Rhyndacos est mentionné par Frontin, *loc. cit.* Quant à la date, elle n'est indiquée expressément que par la Chronique, dont les indications, d'ailleurs sans grande autorité, ont été mal comprises par BOECKH.
(3) Diodore, fr. XXXVIII, 8, 3.

de Sylla un message pressant, presque suppliant; mais l'aristocrate, chez Lucullus, fut plus fort que le patriote : il refusa de se commettre avec l'assassin du consul Flaccus, avec un « bandit », et mit le cap sur le Nord. Quelques jours après, Mithridate donnait la main à sa flotte et s'échappait à Mitylène, où il rallia les débris de ses forces terrestres et navales, environ 30,000 hommes et 200 navires (1).

Tandis que les destins de Mithridate s'accomplissaient en Asie, en Europe les négociations suivaient lentement leur cours. La réponse de Mithridate aux préliminaires de Délion trouva Sylla en Macédoine. Plus que le refus de la Paphlagonie et des vaisseaux, la mention du nom de Fimbria exaspéra l'irascible proconsul. Il entra ou affecta d'entrer dans une violente colère, jura qu'il ne rabattrait pas une ligne de ses conditions et menaça de passer en Asie pour apprendre à parler au roi et au rebelle : vaine bravade de la part d'un général qui n'avait pas alors un seul vaisseau. Pour achever cette scène de comédie, Archélaos se jeta tout en larmes aux genoux de Sylla, et se fit fort d'obtenir lui-même de Mithridate la ratification intégrale du traité; sinon, il s'engageait à se tuer de sa propre main! Sylla consentit à se calmer, et laissa Archélaos partir pour l'Asie; en attendant, pour occuper ses loisirs et tenir son armée en haleine, le proconsul dirigea une fructueuse razzia contre les tribus de la frontière thrace, Mædes, Dardaniens et autres (2). Des nations plus lointaines, les Scordisques et les Dalmates, s'empressèrent de lui envoyer leur soumission.

Le succès de la mission d'Archélaos fut singulièrement facilité par les victoires de Fimbria. Il trouva le roi battu, chassé de Pergame, réduit à sa flotte et complètement découragé. Pourtant

---

(1) Plut., *Lucullus*, 3; Appien, *Mith.* 52; Orose VI, 2, 10. Comme tous ces auteurs sont plutôt favorables à Lucullus, il n'y a pas de doute sur son acte de félonie.

(2) J'ai suivi l'ordre du récit de Plutarque, *Sylla*, 23; d'après Appien, *Mith.*, 55-56, la razzia de Sylla aurait précédé le retour des envoyés de Mithridate; mais Appien a sans doute confondu l'expédition de Sylla avec celle d'Hortensius, mentionnée par Licinianus. — La liste des peuplades razziées offre de grandes différences suivant les auteurs : Plutarque nomme simplement la *Maedique*, Appien les Dardaniens, Sintes, Énètes; Licinianus les Dardaniens, Denselètes et peut-être les Scordisques (ed. Bonn); le *De viris*, les Dardaniens et les Énètes; Eutrope, V, 7, 1, les Mædes, Dardaniens, Scordisques, Dalmates : *interim eo tempore Sulla etiam Dardanos, Scordiscos, Dalmatas et Mædos partim vicit, alios in fidem accepit*. La mention des Denselètes chez Licinianus est certainement errocée : cf. Cicéron, *in Pison.* XXXIV, 21.

Mithridate ne désespérait pas encore d'obtenir quelque concession de Sylla par ses puissants moyens de séduction personnelle; il lui en coûtait trop de ne pas garder même un lambeau de ses conquêtes! Il chargea Archélaos de répondre qu'il acceptait en principe les conditions de Sylla, mais qu'il désirait avoir avec lui une entrevue personnelle sur le sol de l'Asie. Archélaos vint porter cette réponse à Sylla qu'il rencontra à Philippes, revenant de la Mædique. Aussitôt l'armée romaine se remit en marche à travers la Thrace, en suivant la *Via Egnatia;* elle franchit l'Hèbre à Cypsèles et descendit dans la Chersonèse de Thrace où l'escadre de Lucullus vint au devant d'elle (1).

Mithridate avait concentré toutes ses forces sur ses escadres et dans les quelques îles restées fidèles à sa cause, abandonnant les villes d'Asie à leur sort, à Fimbria et aux déprédations des pirates déchaînés. L'expiation commençait pour la malheureuse province. Fimbria, furieux de sa déconvenue devant Pitané, assouvissait sa colère sur les partisans du roi dans les villes qui se rendaient à merci; quant à celles qui fermaient leurs portes, il ravageait leur territoire. A la nouvelle de l'approche de Sylla, il se transporta en Troade et somma Ilion de se rendre. Les habitants avaient déjà député vers Sylla pour invoquer son aide; sur son conseil, ils déclarèrent à Fimbria que leur soumission à Rome était chose faite. « Raison de plus pour me recevoir, répliqua-t-il; ne suis-je pas aussi un Romain, et vous, les ancêtres de Rome, n'êtes-vous pas mes compatriotes? » Les Iliens, avertis par le sort récent de Cyzique, ne se laissèrent pas convaincre par ces belles raisons, mais Fimbria ouvrit la tranchée et, au bout de dix jours, se rendit maître de la place. Ce nouvel Agamemnon, qui, suivant le mot d'un des captifs, n'avait pas rencontré d'Hector, ne laissa pas une pierre debout à Ilion; même le vénérable temple de Pallas Athéné fut brûlé avec les malheureux qui s'y étaient réfugiés : plus tard on raconta que le *Palladium* fut trouvé par miracle intact sous les ruines (été 85) (2).

(1) Plut., *Sylla*, 23; Appien, *Mith.* 56. D'après Appien, Sylla avait envoyé en avance Lucullus à Abydos; mais Plutarque, *Luc.* 4, dit expressément que Lucullus ne rejoignit Sylla que dans la Chersonèse.

(2) Appien, *Mith.* 53. Cp. Strabon XIII, 1, 27; Orose VI, 2, 11; Liv. ep. 83. Le récit d'Appien ferait croire que Fimbria fut reçu de gré dans la place, mais les expressions de Tite-Live (*expugnavit*), de la Chronique capitoline (ἐξαναστήσαντι) et de Strabon ne lais-

Pendant que Fimbria dévastait la Troade, Lucullus livrait en vue des côtes quelques escarmouches navales. De Pitané il remonta vers le nord, détruisit au cap Lecton plusieurs bâtiments pontiques, et se heurta, dans les eaux de Ténédos, à l'escadre principale de Néoptolème. L'amiral du roi dirigea son vaisseau contre la quinquérème de Damagoras, battant pavillon de Lucullus; mais le Rhodien vira prestement de bord pour éviter le choc de l'éperon, et les vaisseaux alliés, survenant en force, obligèrent les Pontiques à la retraite. Ce fut le dernier engagement de la guerre (1); immédiatement après, la nouvelle de l'acceptation des préliminaires amena la suspension générale des hostilités.

En apprenant l'accord intervenu entre Sylla et Mithridate, Lucullus entra dans l'Hellespont et prit le contact avec son général en chef; Fimbria, au contraire, jugea prudent de s'éloigner de la côte; il mit la Phrygie hellespontienne au pillage, puis se retira derrière la ligne du Caïque. Pendant ce temps l'avant-garde de Sylla effectuait le passage du détroit entre Sestos et Abydos, et Mithridate, de son côté, venait mouiller à proximité avec toute sa flotte. L'entrevue projetée eut lieu près de Dardanos, vieille ville ruinée, à mi-chemin d'Abydos et d'Ilion (2). Sylla s'y rendit avec une simple escorte — quatre cohortes et 200 chevaux, — Mithridate avec tout ce qui lui restait de forces en Asie : 200 vaisseaux, 20,000 hommes de pied, 6,000 cavaliers, et quelques chars armés de faux. Ce déploiement de force prétendait sans doute peser sur Sylla et arracher quelque concession au dernier moment; mais Sylla ne voulait et ne pouvait rien rabattre : il avait déjà atteint l'extrême limite que lui imposaient l'honneur de Rome et son propre intérêt.

sent aucune doute du contraire. Sur l'épisode du Palladium, qu'Appien rapporte en souriant, cf. Liv. fr. 17 Weissenborn (= Augustin, *Civ. Dei*, III, 7); Obsequens, c. 56. Le *De viris*, c. 70, fait préserver le temple tout entier. Appien donne comme date la fin de la 173ᵉ Olympiade (λήγουσι ἄρτι τῆς τρίτης ἑβδομηκοστῆς καὶ ἑκατοστῆς Ὀλυμπιάδος) c'est-à-dire, d'après sa manière de compter, janvier 81 : cette indication ne s'accorde ni avec la Chronique ni avec le propre témoignage d'Appien, *Civ.* I, 76, sur la durée de la guerre. Appien ajoute que, d'après quelques-uns, cet événement eut lieu 1050 ans après la prise de Troie par Agamemnon. Ici l'on a soupçonné une altération de texte : 1050 pour 1100; en effet, la prise d'Ilion par les Grecs était placée ordinairement en 1184 (Apollodore chez Diodore I, 5) ou en 1183 (Eratosthène chez Clément d'Alexandrie, *Stromat.* I, 21, p. 402).

(1) Plut., *Luc.* 3.
(2) Strabon XIII, 1, 28.

Sur les détails de la conversation qui eut lieu entre les deux grands adversaires, nous sommes aussi mal renseignés que sur les conférences de Délion : on ne les connaît que par Sylla, c'est tout dire. Le public vit seulement le roi et le proconsul descendre dans la plaine avec leurs escortes, puis éloigner celles-ci et s'avancer l'un vers l'autre. D'après le récit officiel, Mithridate tendit le premier la main ; Sylla retint la sienne et demanda au préalable si le roi acceptait sans réticence les conditions de Délion. Silence de Mithridate. Alors Sylla : « C'est aux vaincus de parler et aux vainqueurs de se taire. » Là-dessus, Mithridate entame une longue apologie de sa conduite, mais Sylla lui coupant la parole : « Roi, on m'avait vanté ton éloquence ; je vois qu'elle mérite sa réputation. Mais les plus beaux discours ne valent rien contre les faits. » Puis il énumère les griefs de Rome, les crimes de Mithridate, et conclut en demandant un oui ou un non. Mithridate ayant enfin répondu qu'il acceptait les préliminaires dans leur entier, Sylla lui donne l'accolade et fait avancer les deux rois en exil, Ariobarzane et Nicomède, qui étaient restés jusque-là confondus dans son cortège. Le fier « descendant des Achéménides » échangea un salut courtois avec Nicomède, mais il tourna le dos à Ariobarzane, qui, n'étant pas né dans la pourpre, restait, à ses yeux, un esclave (1). Rien ne fut mis par écrit, mais immédiatement après l'entrevue, Mithridate livra les 70 vaisseaux stipulés par Archélaos et cingla pour le Pont avec les débris de son *armada*. Il emmenait aussi bon nombre de Grecs, compromis pour sa cause, qui préféraient l'hospitalité du vaincu à la clémence douteuse du vainqueur (août 85) (2).

---

(1) Licinianus, p. 35 : *gratia P. R. reconciliata, Ariobarzianes et servus respuit.*

(2) Pour l'entrevue de Dardanos : Plut., *Sylla*, 24 (sans aucun doute d'après les *Mémoires* de Sylla). Appien, *Mith.* 56-58, s'accorde avec Sylla dans les grandes lignes. La date résulte des tétradrachmes de Mithridate frappés à son retour dans le Pont avec l'emblème nouveau du cerf, qu'il avait adopté à Pergame : la plus ancienne pièce connue de cette série (*Trois royaumes de l'Asie Mineure*, p. 191) est de l'an ΒΙΣ (212) du Pont = 86/5 av. J.-C. et du mois ΙΔ, c'est-à-dire août 85 ; le traité doit donc être au plus tard de ce mois. Les monnaies de Bithynie et de Cappadoce mènent à la même conclusion, car la série des Nicomède recommence avec l'an ΒΙΣ (oct. 86-85), et je possède une drachme d'Ariobarzane de l'an 11 (date inédite), c'est-à-dire 85 av. J.-C. — Les données des auteurs sont plus contradictoires : Appien dit expressément (*Cir. I, 76*) qu'il ne s'était pas écoulé tout à fait trois ans entre le départ de Sylla et la fin de la guerre, ce qui concorde bien avec la date 85, mais il est certain que l'ep. 83 de Tite Live *semble* placer le traité après la mort de Cinna, c'est-à-dire en 84. Plutarque se contente de dire (*Syll.* 24) que Mithridate avait

Ainsi se terminait, par une partie remise, cette guerre terrible qui, pendant près de quatre années, avait ensanglanté et dévasté les contrées les plus florissantes de l'ancien monde. Du seul côté de Mithridate, le nombre des morts sur le champ de bataille était évalué à 160,000 hommes (1); si l'on tient compte des massacres d'Éphèse et de Délos, des boucheries de Sylla et de Fimbria, le total des vies humaines sacrifiées ainsi en pure perte ne dut guère s'éloigner d'un demi million. Quant au dommage matériel — villes saccagées, anéanties ou ruinées pour toujours, campagnes ravagées, arsenaux et temples incendiés, œuvres d'art détruites ou noyées — il faut renoncer à l'évaluer même approximativement. L'ébranlement moral fut aussi profond que le désastre matériel. Mithridate laissait derrière lui tous les liens sociaux rompus, les haines de classe et de race exaspérées jusqu'à la frénésie, et pendant longtemps encore, sous les noms de *romanisants* et de *cappadocisants*, le parti des riches et le parti des prolétaires aux prises dans mainte cité d'Asie. Au point de vue politique, la conclusion de cette lutte acharnée se résumait en un double avortement : Rome n'avait pas réussi à écraser ni même à humilier Mithridate; Mithridate avait échoué dans sa tentative d'unifier sous son sceptre l'Asie Mineure, et, à plus forte raison, l'hellénisme tout entier. Mais ce dénouement, dû en apparence à des circonstances accidentelles, laissait subsister de part et d'autre toutes les rancunes, tous les souvenirs, toutes les espérances; Mithridate ne tardera pas à imputer son échec à la seule trahison et brûlera de le réparer; de son côté, Rome ne considérera pas son empire asiatique comme assuré tant que respire Mithridate. L'instinct populaire sentit que cette paix boiteuse était grosse de guerres futures, et ce fut en pleurant de rage que les soldats de Sylla virent Mithridate voguer vers le Pont-Euxin, fier, impuni et gorgé des dépouilles de Pergame. Avant de suivre ce vaincu triomphant dans son royaume, où nous aurons à étudier son activité sous un aspect nouveau, nous devons raconter brièvement les dernières convulsions de la crise qu'il avait déchaînée sur l'Asie.

pillé l'Asie « pendant 4 ans », ce qui est équivoque. Quant à la Chronique capitoline, elle place tous ces événements dans la même année, 2 ans après l'entrée de Marius à Rome (87), donc en 85.

(1) Appien, *Mith.* 64; *B. Civ.* I, 76.

La tâche de Sylla n'était pas terminée par le traité de Dardanos; il lui fallait encore procéder à la réorganisation de la province romaine, et, tout d'bord, se débarrasser de son rival Fimbria qui s'en disait, comme lui, gouverneur. Celui-ci s'était enfermé dans un camp fortifié aux environs de Thyatire, entre le Caïque et l'Hermos. Sylla vint l'y relancer, et comme Fimbria ne voulait ni capituler ni combattre, il renouvela contre lui la manœuvre qui avait si bien réussi à Chéronée et à Orchomène : il s'établit à deux stades du camp ennemi et commença à creuser un fossé tout autour. On vit alors se reproduire ce qui s'était passé l'année précédente à Mélitée : les soldats démocrates, déjà dégoûtés d'un chef qui ne leur procurait plus de butin, sortirent de leur camp par bandes, en tenue de corvée, fraternisèrent avec les soldats de Sylla, prirent même la pioche avec eux. Vainement Fimbria convoque ses légions à une assemblée générale, tâche de rallumer leur zèle par ces discours enflammés dont il a le secret : le charme est rompu, les soldats répondent à voix haute qu'ils ne veulent pas se battre contre leurs compatriotes, et les désertions se multiplient. Les démarches particulières de Fimbria auprès des officiers les plus influents ne furent pas plus heureuses : prières, menaces, argent, tout fut inutile. A bout d'expédients, Fimbria demanda aux troupes restées fidèles de lui renouveler le serment et procéda à l'appel nominal; le premier appelé, Nonius, un officier qui avait trempé dans tous les crimes du rebelle et reçu le salaire de sa complicité, refusa net. Fimbria, hors de lui, leva l'épée sur le traître, mais une clameur menaçante la fit retomber à son côté. Alors le malheureux descendit encore plus bas. Il trouva un esclave, qui se glissa dans le camp de Sylla et tenta de l'assassiner; mais le meurtrier se laissa prendre et fit des aveux complets. Les soldats de Sylla, indignés, s'avancèrent au bord du fossé et accablèrent d'insultes et de défis l'« Athénion », le « roi d'esclaves ». Pourtant il eut encore l'audace de solliciter une entrevue de Sylla. Celui-ci le renvoya dédaigneusement à un intermédiaire officieux, le proscrit Rutilius, qui lui offrit la vie et un sauf-conduit vers la mer, à la condition qu'il s'éloignerait immédiatement de l'Asie. Alors seulement l'homme de cœur, qui sommeillait dans le bandit, se réveilla. Il répondit vaguement à Rutilius qu'il savait une meilleure retraite, courut à Pergame et se jeta sur son épée dans le temple d'Esculape. La blessure n'était pas mortelle, mais son esclave l'acheva, puis se transperça lui-même; Sylla permit aux affranchis de Fimbria de l'ensevelir. La mort du chef fut le signal de la dissolution de l'armée. Quelques officiers fimbriens, trop compromis, comme « les deux Lucius », — L. Magius et L. Fannius, — s'enfuirent chez Mithridate; tout le reste des deux légions passa sous les drapeaux de Sylla (automne 85) (1).

Délivré du cauchemar de Fimbria, Sylla détacha Curion avec un corps d'armée pour rétablir Nicomède en Bithynie et Ariobarzane en Cappadoce. Lui-même s'occupa de réduire les quelques villes de la terre ferme qui persévéraient dans leur révolte. Leur résistance fut d'autant plus acharnée qu'un décret de Sylla avait annulé en bloc les affranchissements et les abolitions de dettes récemment édictés par Mithridate; plusieurs places durent être assiégées en règle et prises d'assaut. Partout le vainqueur sévit avec une férocité implacable, démantelant et pillant les villes, vendant les habitants à l'encan. La province ainsi « pacifiée », Sylla ramena vers le littoral ses troupes harassées. Quand on atteignit Smyrne, l'hiver, et un hiver rigoureux était venu; les troupes, en guenilles, manquaient de tout : les Smyrniotes, touchés de leur détresse, se dépouillèrent de leurs manteaux en pleine assemblée et les envoyèrent aux légionnaires grelottants (2). Arrivé à Éphèse, Sylla y tint, comme naguère dans Athènes, des assises sanglantes : les chefs de la rébellion, les principaux massacreurs de 88, les délateurs de 86 — tous ceux du moins qui ne s'étaient pas enfuis à temps dans le Pont — eurent la tête tranchée (3); dans toutes les autres villes, le parti « cappadocien » fut décimé : c'est ainsi que les Romains exécutaient l'article 6 du traité de paix, par lequel ils avaient promis amnistie pleine et entière aux partisans du roi! Seule Mitylène, protégée par sa situation insulaire, et qui sentait peser sur elle le sang d'Aquilius, persévéra dans sa résistance et tint les Romains en

---

(1) Appien, *Mith.* 59-60, récit détaillé et qui paraît exact. Plut., *Syll.* 25, est très-sommaire et paraît se tromper en plaçant le suicide de Fimbria dans son camp. Orose VI, 2, 11, et Liv. ep. 83, s'accordent entièrement avec Appien. — Le Rutilius, nommé par Appien sans autre indication, ne peut être que le célèbre exilé, car nous ne connaissons aucun légat de ce nom dans l'armée de Sylla et l'on sait d'ailleurs que Sylla offrit à Rutilius de le ramener en Italie (Quintilien XI, 1, 12).

(2) Tacite, *Ann.* IV, 56.

(3) Licinianus, p. 35 : *Ephesi, causis cognitis, principes belli securibus necat...*

échec pendant plus de cinq ans; même une victoire navale de Lucullus n'abattit pas le courage des habitants : ils ne succombèrent qu'en 79, sous les coups du préteur Thermus, assisté par la flotte bithynienne; leur ville fut livrée alors à une subversion totale (1). Ajoutons, pour compléter le tableau, que Sylla abandonna sans défense les côtes et les îles aux ravages des pirates, dont le nombre et l'audace avaient redoublé depuis le licenciement des flottes de Mithridate : sous les yeux mêmes du vainqueur, Iasos, Samos, Clazomène furent mises au pillage; du temple de Samothrace les flibustiers emportèrent pour 1,000 talents d'objets d'art et d'ornements (2).

L'armée romaine prit ses quartiers d'hiver dans les florissantes villes de l'Asie grecque et mena grasse vie à leurs dépens. Le soldat, logé chez l'habitant, recevait de lui une solde de 16 drachmes par jour (40 fois la solde ordinaire), plus un repas pour lui et pour tous ses invités, quel que fût leur nombre; le centurion touchait 50 drachmes et deux vêtements, l'un d'intérieur, l'autre de sortie (3). C'était déjà là une charge journalière de plus de 600,000 francs pour l'Asie, soit, au bout de six mois, 120 millions. Mais ce n'est pas tout. Sylla convoqua à Éphèse, en grande solennité, les notables des cités asiatiques et leur fit connaître les conditions auxquelles Rome, dans sa clémence infinie, consentait à leur faire grâce : il s'agissait de payer, en une fois, les cinq années de tribut arriérées (88-84), plus une amende collective de 20,000 talents (120 millions), censée représenter les frais de la guerre et de la réorganisation de la province (4). Pour faciliter le recouvrement de cette imposition colossale, la province fut divisée en 44 circonscriptions (5), entre lesquelles la taxe fut répartie au prorata de leurs ressources : cette divi-

---

(1) Liv., ep. 89 ; Suétone, *César*, 2.
(2) Appien, *Mith.* 61, 63; Plut., *Pomp.* 24.
(3) Plut., *Sylla* 25.
(4) Appien, *Mith.* 62; Plut., *Sylla*, 25. Appien parle simplement du tribut arriéré et des frais de guerre; le chiffre de 20,000 talents se trouve chez Plutarque : il est difficile de croire qu'il comprenne à la fois l'arriéré et l'amende. Au triomphe de Sylla figurèrent 15,000 livres d'or et 115,000 d'argent, soit environ 22 millions de notre monnaie (Pline XXXIII, 1 (5), 16).
(5) Cassiodore, *Chronique*, ad an. 670 (= 84) : *His coss. Asiam in XLIV regiones Sylla distribuit*. Maintien de cette organisation : Cicéron, *Pro Flacco*, XIV, 32. Les publicains ne furent rétablis que plus tard : *ad Quintum*, I, 1, 11, 33.

sion, conservée par les successeurs de Sylla, resta la base de l'organisation financière de l'Asie.

La taxation directe et la perception de l'impôt par les fonctionnaires locaux constituaient un progrès sur le régime des publicains, mais l'énormité de l'amende vouait l'Asie à la ruine. Les cités, à bout de ressources, furent obligées, pour acquitter les premiers termes de la contribution, de contracter des emprunts usuraires, de mettre en gage leurs théâtres, leurs gymnases, les droits d'octroi et de port (1). Si l'on réfléchit que beaucoup de villes avaient déjà été rançonnées par Mithridate, Fimbria ou les pirates, que les propriétés foncières avaient subi une dépréciation énorme, au point de nécessiter des arrangements spéciaux pour la liquidation des dettes hypothécaires (2), qu'enfin les garnisaires de Sylla traitaient leurs hôtes avec la dernière brutalité, on se fera quelque idée des sentiments qui accueillirent en Asie la restauration de la domination romaine. Les seules communes exemptées de ces calamités furent celles qui, par leur conduite loyale pendant la guerre, méritèrent de Sylla soit le don de la liberté pure et simple, soit leur inscription ou leur maintien parmi les « amis et alliés du peuple romain »; de ce nombre furent Ilion, Chios, Magnésie du Sipyle, Laodicée du Lycos, Stratonicée et Tabae de Carie, et, bien entendu, Rhodes et la confédération lycienne; Ilion fut relevé de ses cendres, Rhodes obtint une extension de territoire ou plutôt de tributaires (Caunes et quelques îlots), qui fut d'ailleurs aussi éphémère que la précédente (3).

Tel fut, pour l'Asie romaine, le résultat de sa grande insurrection : une aggravation sensible de maux et de charges. Quant à Sylla, il trouva dans ce pillage systématique les moyens de refaire son trésor de guerre, de se bâtir une flotte, d'équiper son

---

(1) Appien, *Mith.* 63.
(2) Voir la grande loi éphésienne découverte par WOOD (DITTENBERGER, *Sylloge*, n° 311).
(3) Appien, *Mith.* 61, nomme parmi les cités gratifiées de la liberté Ilion, Chios, la Lycie. Rhodes, Magnésie καὶ τινα; ἄλλας (pour Ilion, cp. Strabon XIII, 1, 27; pour Magnésie, *ib.* 3, 6; pour Rhodes, XIV, 2, 3. et Cicéron, *ad Quintum*, I, 1, 11, 36; pour la Lycie, C. I. L. I, 589 = VI, 372; pour Chios, C. I. G. 2222). Il faut ajouter certainement Stratonicée (sénatus-consulte de Lagina, à l'*Appendice*). Tabae (fragment de S. C. dans le *Bull. corr. hell.* XIII, 503, et dédicace capitoline, BABELON, *Revue des études grecques*, I, 91). Laodicée (C. I. L. I, 581 ; VI, 374), peut-être Éphèse (*ib.* I, 583 ; VI, 373) et Apollonis (Cic., *Pro Flacco*, XXIX, 70-71). L'ère de Sylla, très employée en Asie, commence le 23 septembre 85 (et non 84); voir KUBICEK, *Archaeologische Epigraphische Mittheilungen aus Oesterreich Ungarn*, XIII (1890), 88.

armée à nouveau et d'en combler les vides par l'enrôlement de troupes mercenaires. Dès qu'il jugea son œuvre achevée, vers la fin de l'été 84, il dit adieu à l'Asie, en lui laissant, pour garnison et pour fléau, les deux légions valériennes, sur lesquelles il ne pouvait compter pour l'œuvre de sang qui lui restait à accomplir. Le légat Muréna demeura comme gouverneur, Lucullus comme questeur. L'armée s'embarqua à Éphèse, traversa l'Archipel en trois jours, et descendit au Pirée. Sylla fit un séjour prolongé dans l'Attique et aux bains d'Édepse, en Eubée, où il alla soigner sa goutte. Il occupa la fin de l'année à lever des troupes en Macédoine et dans le Péloponnèse, et à remettre Athènes au pillage : ce fut alors qu'il s'empara de la célèbre bibliothèque d'Apellicon et de diverses œuvres d'art destinées aux temples de Rome. Au commencement de l'année 83 il reprit lentement, par la voie de Patras et de Dyrrachion, le chemin de l'Italie, à la tête de 40,000 hommes et de 1,600 navires, laissant tout le monde hellénique plein de ses statues, de ses trophées et de ses dévastations (1).

(1) Sur le séjour de Sylla en Grèce et ses rapines. v. Plutarque, *Sylla*, 26 ; Nepos, *Atticus*, c. 4; Strabon, X, 1, 9; Lucien, *Zeuxis*, 3, etc.; — sur le chiffre de ses troupes, Appien, *B. Civ.* I, 79. La fête des *Sulleia* (C. I. A. II. 1, n° 481, L 58) paraît avoir été instituée à cette époque.

LIVRE IV.

L'EMPIRE DE MITHRIDATE.

CHAPITRE PREMIER.

LES GOUVERNÉS (1).

L'empire de Mithridate n'était pas, à la façon des États modernes, un morceau de continent plus ou moins entouré de mers, mais au contraire, comme plusieurs autres empires anciens, un morceau de mer plus ou moins entouré de territoires. Le Pont-Euxin, qui lui donna son nom, lui donnait aussi son unité, unité bien imparfaite, il est vrai, et bien précaire. Autour de ce grand bassin, où les flottes de Mithridate dominèrent pendant quarante ans sans contestation, se groupaient les provinces d'une monarchie composite, diverses par la nature du sol, non moins diverses par le caractère des habitants : au nord, le royaume bosporan; à l'est, la satrapie colque; au sud, le royaume de Pont proprement dit, c'est-à-dire les provinces héréditaires (Cappadoce et Paphlagonie pontiques) augmentées de leur complément naturel, la Petite Arménie avec le pays des Chaldéens et des Tibarènes.

Ces trois tronçons d'empire, qui communiquaient par le Pont-Euxin, ne furent jamais, par terre, soudés d'une manière complète (2). Entre la Crimée et la Colchide, entre la Colchide et le Pont, se déroulaient deux longs rubans côtiers, bordés d'âpres

---

(1) Source principale : Strabon XII, 3 (Pont, Petite Arménie, Paphlagonie); VII, 4 (Crimée); XI, 2 (Bosphore, Colchide), et accessoirement XII, 1-2 (Cappadoce).

(2) Les auteurs qui, comme Appien, *Mith.* 15, comptent 20,000 stades pour « la longueur du royaume héréditaire », ou comme Posidonius, fr. 41 Müller, 30,000 stades pour le périmètre total des côtes, paraissent avoir pris pour base de leur calcul les périples des navigateurs, en admettant que toutes les côtes, sans interruption, appartenaient à Mithridate. Le Pont-Euxin avait 23,000 stades de tour suivant Ératosthène, 25,000 suivant Strabon. On

chaînes de montagnes, ici le Caucase, là le Paryadrès. Ces côtes, peuplées de tribus sauvages et belliqueuses, qui résistèrent pendant de longs siècles à toutes les invitations du commerce et de la civilisation, n'ont jamais été subjuguées par Mithridate. Tout au plus occupait-il le long du rivage les quelques points anciennement colonisés et fortifiés par les Grecs : Pityus et Dioscurias au pied du Caucase, Trébizonde et ses voisines au pied du Paryadrès (1); mais ces points n'étaient pas reliés par une route militaire continue, — à peine en existe-t-il une aujourd'hui, — et dès qu'on s'écartait du bord immédiat de la mer, l'autorité du roi cessait d'être reconnue. Au sud, dans le segment de cercle, d'une curieuse régularité, que délimitent l'Acampsis (*Tchorouk*) et la rivière de Tripolis (*Karchout*), les tribus pillardes persévéraient dans leur vieille barbarie; sujettes de nom peut-être, elles ne l'étaient pas en fait. Elles ne figurent jamais parmi les auxiliaires de Mithridate : après sa dernière défaite, en 66, il devra se frayer un chemin par la force depuis les sources de l'Euphrate jusqu'à l'embouchure du Phase. De même, au nord, les farouches pirates Achéens, Zyges, Hénioques, Cercètes, logés dans les petites vallées maritimes et dans les défilés boisés du Caucase, ne permettront jamais à Mithridate d'établir, à travers leur territoire, une communication permanente entre ses possessions du Phase et celles du Bosphore cimmérien : en 80, ils lui détruisent une armée; en 65, ils disputent ou marchandent le passage à la poignée de fidèles qui escorte le roi vaincu et fugitif (2).

Même abstraction faite de ces territoires absolument indépendants, les différentes parties qui composaient la monarchie pontique étaient très inégalement soumises. Seules les provinces situées au sud de l'Euxin témoignèrent au roi un attachement inébranlable, dans la bonne comme dans la mauvaise fortune. A cet égard il n'y avait pas de différence entre les bourgeois grecs ou grécisés des villes, les Cappadociens de la plaine, les Paphla-

---

y ajoutait la Palus-Méotide (9,000 stades de tour suivant Strabon, Arrien, etc., 8,000 suivant Polybe IV, 40).

(1) Il est remarquable que Trébizonde ne soit jamais mentionnée pendant les guerres de Mithridate.

(2) En 73, au commencement de la dernière guerre contre les Romains, Appien (*Mith.* 69) cite bien les Achéens et les Hénioques parmi les auxiliaires de Mithridate, mais toute cette énumération est suspecte, et ce détail est en contradiction avec l'attitude des Achéens en 80 et en 65. Voir *supra*, p. 76-77.

goniens de la montagne; il n'y en avait pas même entre les sujets héréditaires et les populations pacifiquement annexées au début du règne, Chalybes, Tibarènes, Micro-Arméniens. A défaut d'unité de race et de sentiment national, on rencontrait ici dans toutes les classes et chez toutes les parties de la population un « loyalisme » dynastique profond (1); ce loyalisme ne puisait pas seulement sa source, comme l'ont dit les historiens romains, dans « un respect inné pour la royauté » et dans le prestige personnel du souverain : il y entrait encore la conscience très nette de la solidarité qui unissait les peuples groupés autour de la porte nord-est de l'Asie Mineure.

On aurait cherché vainement de pareils sentiments dans les provinces de l'est et du nord, la Colchide et le royaume bosporan. Les nombreuses tribus barbares qui faisaient ici le fond de la population, soumises pour la plupart de force, frémissaient sous le joug; naturellement légères et versatiles, elles auraient eu besoin, pour s'attacher à leur nouveau maître, de le voir fréquemment parmi elles. Il en était de même de la démocratie remuante, ionienne de race, qui peuplait les villes bosporanes. Mithridate, occupé chez lui ou guerroyant au dehors, fut obligé de se faire représenter, auprès de ces sujets éloignés, soit par un satrape, soit par un vice-roi, ordinairement un prince du sang. De là, nouveau danger : si le représentant du roi était impopulaire, les naturels se révoltaient contre lui; s'il savait se faire aimer, ils se révoltaient pour lui. Aussi Mithridate passa-t-il une grande partie de son règne à comprimer les rébellions incessantes de ces deux belles provinces si nécessaires à ses finances et à ses armées : ce furent plutôt des possessions coloniales, des terres d'exploitation d'un bon rapport et d'une sécurité douteuse, que des parties intégrantes de la monarchie. Voilà pourquoi le nom de « royaume de Pont », inventé pour désigner l'ensemble des États de Mithridate, finit par se restreindre, dans l'usage, aux provinces situées au sud de l'Euxin, qui formaient la partie la plus ancienne, la plus compacte et la plus solide de la monarchie. Voilà pourquoi aussi, dans ce tableau de l'état économique et moral de l'empire

---

(1) Dion Cassius XXXVI, 11 : ὅτι γὰρ ἐνόμιζον ἐκείνου εἶναι τε (ἅπερ ἐκ τῶν πατρίδων καὶ ἐκ τῆς πατρίου βασιλείας). Cp. Salluste, fr. V, 1, Kritz : adeo illis ingenita est sanctitas regii nominis.

mithridatique, au lieu de procéder, comme pour un pays homogène, suivant l'ordre des matières, nous devons étudier séparément les « trois tronçons », qui, sauf, pour la guerre et les relations commerciales, vivaient d'une existence absolument distincte.

Au nord du Pont-Euxin, Mithridate possédait, outre le royaume bosporan proprement dit, c'est-à-dire les deux rives du Bosphore cimmérien, toute la péninsule de Crimée et la rive asiatique de la Palus-Méotide; au delà de l'isthme de Pérékop, il avait des amis, des alliés, des mercenaires, mais point de sujets ni même de vassaux. Ces territoires, dont la population actuelle n'atteint pas 300,000 habitants, étaient alors beaucoup plus peuplés : en 64, Mithridate put y lever une armée de 36,000 hommes, sans compter les contingents irréguliers; cela suppose une population de 2 à 3 millions d'âmes.

La Crimée ancienne n'était pas seulement plus densément peuplée que la Crimée moderne, elle était aussi plus florissante et mieux cultivée; la raison principale de sa décadence, c'est le déboisement des monts Tauriens et de l'Hylée, qui a tari les sources, desséché le sol et l'atmosphère, gâté, en un mot, le climat (1). Dans l'antiquité, tout l'intérieur de la Crimée, excepté le steppe marécageux vers le golfe Putride, était un vaste champ de blé, où il suffisait de gratter la terre pour qu'elle rendît trente fois la semence (2). Les deux presqu'îles grecques, surtout la Chersonèse Trachée, abondaient en produits agricoles de tout genre. Le blé bosporan, qui avait jadis approvisionné Athènes, était un peu léger de grain (3), mais il se conservait bien et résistait parfaitement au transport. A côté des céréales, on cultivait aussi diverses espèces d'arbres fruitiers. Si la vigne avait des grappes exiguës et si, pendant l'hiver, il fallait terrer les ceps (4), en revanche, le grenadier, le figuier poussaient vigoureusement, le poirier et le pommier donnaient des fruits savoureux; chose

---

(1) Sur l'humidité de la Scythie pontique dans l'antiquité, voir Hippocrate, *De aere*, etc., c. 96-97; Hérodote IV, 28. Sur les forêts : Théophraste IV, 6 (Chersonèse Trachée); Hérodote IV, 18 (Hylée), et les textes du moyen âge réunis par NEUMANN, *Die Hellenen im Skythenlande*, p. 82 suiv.
(2) Strabon VII, 4, 6.
(3) Théophraste, *Hist. plant.* VIII, 4, 5.
(4) Strabon VII, 3, 18; II, 1, 15. Sur les vins de Chersonèse cf. C. I. G. 2097.

singulière, on chercha à plusieurs reprises, et naturellement sans succès, à acclimater, pour les besoins du culte, le myrte et le laurier; les conifères ne réussissaient pas davantage (1).

L'élève du bétail n'avait qu'une importance secondaire : le bœuf venait sans cornes, ou il fallait les lui limer de peur que le froid ne les endommageât; l'âne ne résistait pas aux hivers rigoureux. Le mouton était de grande taille (2), le cheval petit, mais vif et si plein de feu qu'on ne pouvait l'employer entier (3). La chasse et la pêche complétaient les ressources alimentaires du pays. Le gibier, aujourd'hui très rare, abondait : dans la plaine, l'onagre et le chevreuil; dans les marais, le cerf et le sanglier. Un animal singulier, actuellement disparu, était le *colos*. « Pour la taille, dit Strabon, il tient le milieu entre le bélier et le cerf; son pelage est blanc et il est très rapide à la course. Quand il s'abreuve, il renifle avec ses naseaux des provisions de liquide qu'il tient en réserve dans sa boîte crânienne, ce qui lui permet de subsister pendant longtemps dans le steppe dépourvu d'eau (4). » La Palus-Méotide et les fleuves qui s'y jettent sur la côte d'Asie, notamment les deux Rhombités, étaient le théâtre de pêcheries, qui formaient, avec l'exploitation des marais salants, l'objet d'une industrie lucrative : les « salaisons méotiennes » avaient fait autrefois les délices d'Athènes. A l'approche de l'hiver, le poisson émigrait vers le sud, mais quelquefois il se laissait surprendre par les frimas; alors les pêcheurs de Panticapée crevaient la glace et en retiraient des esturgeons, gros comme des dauphins (5).

Le territoire bosporan nourrissait une population extrêmement bigarrée (6). La population indigène comprenait trois groupes : Tauriens et Scythes en Crimée, Méotiens en Asie, qui différaient

---

(1) Pline XVI, 32, 137. Mais la mention du nom de Mithridate dans ce passage est suspecte, car il est entièrement extrait de Théophraste, *Hist. plant.* IV, 6, 3.
(2) Strabon VII, 3, 18.
(3) Strabon VII, 4, 8.
(4) Strabon VII, 4, 8. Quelques-uns pensent que le *colos* représente l'antilope saïga. (NEUMANN, *op. cit.* p. 276.)
(5) Strabon VII, 4, 6; XI, 2, 4 (salaisons); 3, 18 (poissons glacés). Sur les pêcheries du Bosphore, voir, KOEHLER, Τάριχος, dans les *Mémoires de l'Acad. de Saint-Pétersbourg*, 1832; série VI, 1, 347-40.
(6) Voir les noms paphlagoniens et cappadociens dans les inscriptions bosporanes de cette époque et du commencement de l'empire; par exemple Θύς, Ἀτώτης, etc. (*Revue des études grecques*, II, 91.)

tous par la race comme par les mœurs. Au moment de la conquête mithridatique, on se souvient que les Tauriens s'adonnaient surtout au brigandage et à la piraterie; les Grecs décrivaient avec effroi leurs coutumes inhospitalières : peut-être n'avaient-ils pas encore renoncé au culte sanguinaire de leur déesse, appelée par les Grecs Tauro ou Artémis Orsiloché, et devenue, sous une forme humanisée, la Vierge de Chersonèse (1). Les victoires de Diophante mirent fin, une fois pour toutes, aux rapines de ces barbares; avec le temps leurs mœurs s'adoucirent et ils se confondirent peu à peu avec leurs voisins scythes (2).

Les Scythes de la Chersonèse avaient échangé depuis longtemps la vie nomade de leurs frères d'au delà l'isthme pour les occupations agricoles, qui leur valurent le nom de Scythes laboureurs (3). Les vases du Bosphore nous font connaître leur aspect physique, — des corps trapus, des barbes épaisses et de longs cheveux blonds (4). Leur accoutrement se composait d'une blouse serrée à la taille et d'un pantalon qui entrait dans les bottes; leur armement, de flèches et d'un arc scythique à double courbure. Nous sommes moins bien renseignés sur leurs croyances : il est probable qu'ils avaient conservé le polythéisme décrit par Hérodote (5). Quant à la simplicité primitive de leurs mœurs, elle avait dû s'altérer de plus en plus au contact des Grecs du Bosphore. Les monnaies et les inscriptions grecques de leur avant-dernier roi, Scilur, témoignent des progrès qu'avaient faits parmi eux la langue hellénique et l'instinct du commerce; le

---

(1) Le nom *Orsiloché* est donné par Ammien Marcellin XXII, 8, 34. Strabon VII, 4, 2, indique l'identité de la déesse des Tauriens et de celle de Chersonèse.

(2) De là une nation hybride de *Scytho-Taures*, mentionnée par Pline IV, 85.

(3) Strabon VII, 4, 6.

(4) Voir surtout, dans les *Antiquités du Bosphore Cimmérien*, les planches XXII, 10 et XXXIII (vase et bijou du tumulus de Koul Oba), et dans les *Comptes rendus de la commission archéologique russe* (année 1863) le vase de Nicopol. Ces figures ne sont guère d'accord avec le célèbre portrait d'Hippocrate (*De aere, aqua et locis*, c. 91-113), particulièrement en ce qui touche l'absence de poil et de barbe, la coloration jaune de la peau et l'« aspect d'eunuques » signalés par le médecin grec. Aristote, *De anim. general.* V, 3, appelle les Scythes μαλακόσαρκις.

(5) Hérodote IV, 59. Les noms de divinités transmises par lui sont Tabiti (Vesta), Papaios (Zeus), Apia (Gé), Oitosuros (Apollon; cf. C. I. G. 6013. Rome : Ἡξ Σθένη Οἰτοσύρῳ καὶ Ἀπόλλωνι Οἰτοσύρῳ Μέγα...), Artimpasa (Aphrodite Uranie), Tamimasadas (Poséidon). Dans l'inscription bosporane de Comosaryé (*Antiquités du Bosphore Cimmérien*, n° 5) la reine invoque le couple *Sanergès* et *Astara*, qui paraissent bien être des divinités scythiques ou méotiennes.

goût urbain naissait; ils s'étaient bâti des fortins dont quelques-uns furent décorés du nom de villes. Ajoutons que l'ivrognerie débilitait et menait à la ruine une race déjà peu prolifique par elle-même.

Vis-à-vis de la Crimée, échelonnées le long de la rive asiatique de la mer d'Azov, entre le Don et le Kouban, vivaient les nombreuses tribus réunies sous l'appellation commune de Méotiens. Celles du nord, encore tout à fait barbares, ne subsistaient guère que du produit de la pêche; vers le sud, l'influence civilisatrice des Grecs du Bosphore s'était fait sentir et le pays passait pour bien cultivé; mais toutes les peuplades conservaient des habitudes belliqueuses. Les Agariens étaient réputés pour leurs talents médicaux : ils guérissaient, paraît-il, les blessures avec du fiel de serpent (1). Des autres tribus, nous ne connaissons que les noms; ce sont, en commençant par le sud, les Aspurgiens, entre Gorgippia et Phanagorie, les Sindes, sur la rive gauche de l'Hypanis, les Dandariens, puis les Torètes, les Agres (peut-être identiques aux Agariens), les Arrèques, Tarpètes, Obidiacènes, Sittacènes et Dosques. Aux noms donnés par Strabon (2), il faut ajouter les Thates et les Psèses, qui figurent sur les inscriptions bosporanes et demeuraient peut-être sur la rive nord de la mer d'Azov (3). Chaque tribu avait son dynaste particulier, mais tous les dynastes reconnaissaient, en principe, la suzeraineté de Mithridate, héritier des rois du Bosphore et des archontes de Tanaïs (4); c'étaient d'ailleurs des vassaux assez indociles. En temps de guerre, ces brillants cavaliers, soldats braves mais d'une fidélité équivoque, formaient autour du « roi des rois » un état-major turbulent, sans cesse agité par des rivalités puériles et des querelles de préséance (5).

De véritable civilisation, il n'y en avait que dans les villes grec-

(1) Appien, *Mith.* 88.
(2) Strabon XI, 2, 11.
(3) Θατέων : *Antiquités du Bosphore*, n° 5 (l'éditeur propose Θατέρων = τῶν ἐτέρων?): C. I. G. 2118, 2119. Ψησῶν : *Comptes rendus*, 1866, p. 128, n° 1. Cette inscription du roi Aspurgos (commencement de l'ère chrétienne) donne une liste assez complète : βασιλεύοντα παντὸς Βοσπόρου, Θεοδοσίης, καὶ Σινδῶν καὶ Μαιτῶν (Strabon : Μαιωτῶν) καὶ Ταρπείτων (Strabon : Ταρπήτες) καὶ Τορετῶν (Strabon : Τορέαται), Ψησῶν τε καὶ Τανατῶν, ὑποτάξαντα Σκύθας καὶ Ταύρους.
(4) Appien, *Mith.* 15; Strabon, XI, 2, 11.
(5) Voir notamment l'histoire d'Olthac, prince des Dandariens, et de son rival Sobadoc, Plutarque, *Luc.* 16.

ques. Sous le protectorat de Mithridate, Chersonèse héracléotique et les ports à blé de la Chersonèse Trachée, Panticapée, Théodosie, Nymphéon avaient repris leur ancienne prospérité. Le port de Théodosie pouvait contenir cent navires; Panticapée, la capitale, couvrait de ses maisons une colline de 20 stades de circuit, — le mont Mithridate d'aujourd'hui; elle avait une citadelle, un arsenal pour trente vaisseaux; son port concentrait tout le commerce d'importation venant du Pont (1). Vis-à-vis, Phanagorie, avec son célèbre temple d'Aphrodite Apatouria, servait de marché aux tribus Méotiennes et à leurs voisins orientaux (2). Tout au nord, à l'embouchure du Don, sur un emplacement actuellement situé à 10 kilomètres du rivage, s'élevait la ville de Tanaïs, où les nomades d'Asie et d'Europe échangeaient leurs esclaves et leurs pelleteries contre le vin de Rhodes, les vêtements et les autres produits de la civilisation que leur débitaient les marchands bosporans (3). Tanaïs était aussi le point d'aboutissement d'une importante voie de transit entre la Caspienne et la mer Noire, par où les caravanes des Aorses et des Siraques transportaient, à dos de chameaux, les marchandises de l'Inde.

Dans le royaume bosporan, la culture des esprits ne paraît pas avoir marché de pair avec le développement matériel. Il n'est pour ainsi dire jamais question d'artistes ni de littérateurs bosporans; on ne cite ni monuments ni écoles célèbres. Cependant l'orfèvrerie locale, au Ve et au IVe siècle, sous l'influence des Athéniens, avait produit de magnifiques ouvrages, que nous a révélés surtout le tumulus de Koul-Oba; mais au Ier siècle il subsistait peu de chose de ces glorieuses traditions, et les monnaies de cette époque sont d'un travail hâtif et médiocre, qui annonce la décadence complète de l'art au siècle suivant. La cause principale de ce déclin intellectuel ne serait-elle pas l'altération progressive de la race hellénique, où les mariages mixtes introduisaient des éléments étrangers, Scythes, Sarmates et autres, en nombre toujours croissant? La religion hellénique, dans ces contrées éloignées, paraît avoir subi également dans une trop large mesure

---

(1) Strabon VII, 4, 4.
(2) Strabon XII, 2, 10.
(3) Strabon XI, 2, 3. L'importation du vin de Rhodes est attestée par les anses d'amphores de Tanaïs, *Antiquités du Bosphore Cimmérien*, n°s 79 suiv.

l'influence des cultes barbares. La conquête mithridatique, tout en sauvant l'hellénisme bosporan d'une destruction immédiate, ne le préserva nullement de ces infiltrations qui en corrompaient lentement la substance; au contraire, aux éléments étrangers déjà existants dans le pays, elle en ajouta d'autres, en amenant des immigrants cappadociens, paphlagoniens, juifs peut-être; on a même voulu dater de cette époque le commencement d'une réaction orientale, qui se trahit dans les monuments de l'art figuré (1).

Le Bosphore avait dans l'empire de Mithridate le rang de vice-royauté; la Colchide ne formait qu'une satrapie. Les limites de cette province coïncidaient à peu près avec celles du gouvernement actuel de Koutaïs; son cœur était la vallée du Phase (*Rion*) : belle plaine parcourue par un fleuve court, mais puissant, navigable presque au sortir de la montagne, et qui le restait jusqu'à son embouchure travailleuse et gênée (2). Quelques-uns des affluents du Phase et des moindres torrents de la côte roulaient des paillettes d'or, qui valurent à la Colchide, dans les temps héroïques de la navigation milésienne, une réputation d'Eldorado, d'ailleurs peu fondée (3). Mais comme beaucoup d'Eldorados anciens et modernes, la Colchide offrit aux colons, à défaut des trésors qu'ils cherchaient, des bénéfices agricoles et commerciaux qui les dédommagèrent de leurs efforts et les consolèrent de leurs déceptions.

Le climat de la Colchide est humide et fiévreux vers la côte, toute bordée de marais salants, et dans l'ancien golfe comblé par les alluvions du Phase (4); l'intérieur est tempéré et salubre. Toute la vallée du Phase était bien cultivée, et les contreforts des monts Moschiques, qui la bordent au sud, se revêtaient de champs de blé et de vignobles (5). La flore éclatante et variée

---

(1) Cp. Wladimir Stassoff, dans les *Comptes rendus de la commission archéologique russe* pour 1872, p. 326 suiv.

(2) Actuellement le Phase cesse d'être navigable 50 kilomètres avant son embouchure. (Strcles VI, 161.)

(3) Strabon XI, 2, 19. Les barbares recueillaient les précieuses paillettes dans des cribles en osier (? φάτναις καταπεραίνειν) et des toisons laineuses; d'où, d'après Appien (*Mith.* 103), le mythe de la toison d'or.

(4) Strabon XI, 5, 6.

(5) Strabon XI, 2, 17. La vigne paraît être autochtone en Colchide.

nourrissait d'innombrables essaims d'abeilles; mais si la cire de la Colchide était estimée, son miel passait pour amer. On cultivait le lin et le chanvre dans les marécages, vers l'embouchure du Phase; d'opulentes forêts montaient sur les épaules du Caucase. C'est de là que Mithridate tirait la résine, la poix et les meilleurs matériaux de construction pour sa flotte : les radeaux chargés de bois descendaient le Phase; sur les autres rivières, les troncs coupés flottaient à bûches perdues.

Le nom de Colques ne paraît avoir désigné proprement que les industrieux castors de la plaine du Phase, antique race, dont les premiers auteurs grecs signalent le teint terreux, les cheveux crépus, les membres enflés, la voix rauque. Beaucoup d'entre eux vivaient sur des pilotis, au milieu des marécages de la côte; ils pratiquaient la circoncision, et adoraient une déesse qu'on représentait assise, un tambourin à la main, sur un trône supporté par des lions. Leur principale industrie consistait dans la culture et la filature du lin; ils exportaient même leurs tissus. Il n'en fallait pas davantage aux archéologues à la façon d'Hérodote pour en faire des colons égyptiens, les survivants d'une armée de Sésostris (1).

Outre ces Colques proprement dits, on trouvait en Colchide trois autres groupes d'habitants.

Dans les collines du sud vivaient les Mosques, débris de l'ancien peuple de Mesheq, désormais morcelé entre l'Arménie, la Colchide et l'Ibérie. Ils avaient conservé quelques vestiges de civilisation, notamment un temple célèbre par ses richesses et son oracle, où il était défendu d'immoler des béliers : les Grecs y reconnaissaient un sanctuaire de Leucothoé, bâti par Phrixos (2).

Sur l'autre rive du Phase, au pied du Caucase et dans les hautes vallées tracées par ses contreforts, vivaient, séparées les unes des autres, une infinité de tribus, d'origine sarmatique pour la plupart. Beaucoup de ces montagnards étaient célèbres pour leur beauté; ils avaient fourni jadis de nombreuses recrues aux harems des Achéménides. L'isolement différencie les dialectes :

---

(1) Pindare, *Pythiques*, IV, 378; Hérodote II, 104 5, *De aere*, etc. c. 22; Diodore I, 28 : Denys le Périégète, v. 689. Pour la statue de la Rhéa colque qu'on voyait à gauche en entrant dans l'estuaire du Phase, Arrien, *Périp.* 11. — Pour le lin, cp. Usgen, *Wiener Sitzungsberichte*, XXXVIII, 130, qui considère cette plante comme originaire de la Colchide. — Les pilotis signalés par Hippocrate sont encore en usage à Poti. (Reclus VI, 184.)

(2) Strabon X, 12, 17-18.

on n'entendait parler pas moins de soixante-dix langues au marché de Dioscurias, où les gens de la montagne venaient s'approvisionner de sel. Parmi ces peuplades, Strabon ne mentionne nommément que les « Phtirophages » ou mangeurs de vermine, — ainsi appelés à cause de leurs habitudes sordides, — et les Suanes, la plus puissante de toutes les tribus, qui exerçait sur les autres une sorte de suprématie. Les Suanes avaient un roi, un sénat de 300 membres, et pouvaient mettre sur pied 200,000 hommes; encore aujourd'hui leurs descendants, qui ont conservé le nom antique, peuplent la vallée du haut Ingour et les gorges sublimes du Caucase. Quant aux Lazes et aux Sanèges, les deux tribus les plus puissantes au siècle suivant, elles n'étaient pas encore descendues de la Ciscaucasie au temps de Strabon, à plus forte raison au temps de Mithridate. Leur migration, qui entraîna de profonds changements ethniques sur toute cette côte et effaça de la carte le nom des Colques, dut avoir lieu entre le règne d'Auguste et celui de Néron (1).

Enfin le troisième groupe de la population de la Colchide était constitué par les Grecs de race ionienne, qui avaient fondé sur la côte les colonies de Dioscurias et de Phasis : la première, grand marché des peuplades caucasiques; la seconde, bâtie à l'embouchure du Phase, entre le fleuve, un lac et la mer, à la fois le port expéditeur des produits de la Colchide et le *terminus* d'une des voies du commerce indien (2). La Colchide, en effet, située au fond de la mer Noire, était l'issue par où les produits de l'extrême Orient pouvaient arriver le plus vite et à meilleur marché dans le bassin de la Méditerranée. Transportées par l'Oxus jus-

---

(1) Strabon XI, 2, 16-19. D'après certains auteurs, que Strabon qualifie de hâbleurs, on aurait parlé même trois cents langues à Dioscurias : on voit par Pline VI, 5, 15, que ce chiffre était donné par Timosthène. Les Phtirophages s'appelaient *Sales* d'après Pline VI, 4, 14. Les Lazes sont mentionnés pour la première fois (du moins chez un auteur de date certaine) par Pline VI, 4, 12; les Sanèges par Arrien, *Périp.* 15. A cette époque les Sanèges habitent autour de Dioscurias où Strabon place les Suanes; les Lazes, autour du Phase. Depuis Trébizonde jusqu'à Dioscurias, les tribus, d'après Arrien, se succèdent dans l'ordre suivant : Tzanes, Machelons, Hénioques (ils sont donc descendus du pied du Caucase où les place Strabon), Zydrites, Lazes, Apsiles, Abasges, Sanèges. On voit quels changements profonds ont dû se produire, et il n'y a dès lors aucune raison d'identifier les Lazes aux Colques comme le fait Suidas, s. v. Λαζική. Si Memnon, c. 54, nomme les Lazes et les Sanèges au temps de Mithridate, c'est un anachronisme qui sert à fixer la date de l'auteur, mais qui ne prouve rien contre l'exactitude de Strabon.

(2) Strabon XI, 2, 14; 16; 17.

qu'à la mer Caspienne, les denrées de l'Inde et de la Chine traversaient cette mer, puis s'engageaient dans la vallée du Cyrus à travers l'Albanie et l'Ibérie. De la dernière forteresse ibérienne, Idéessa, une route carrossable menait en quatre jours, à travers d'âpres défilés, à la première forteresse colque, Sarapané (*Charopan*) : dans ce court espace on n'avait pas jeté moins de 120 ponts sur les méandres des torrents et du Phase supérieur. A partir de Sarapané, le fleuve navigable portait les marchandises jusqu'au port de Phasis, où les navires de Sinope et d'Amisos venaient les charger pour les distribuer plus loin. La puissance maîtresse de l'embouchure du Phase tirait profit de ce transit et avait tout intérêt à le favoriser. Ainsi s'explique le traité que Mithridate conclut dès le début de son règne avec les Ibères : ce devait être avant tout un traité de commerce, destiné à assurer le passage des caravanes à travers cet isthme caucasien que Séleucus Nicator avait rêvé de percer (1).

Nous avons dû nous contenter de ces indications sommaires sur les provinces en quelque sorte extérieures de la monarchie pontique ; il faut nous étendre un peu davantage sur le royaume de Pont proprement dit. Ce royaume n'avait de frontières naturelles bien définies qu'au nord et à l'est. Au nord, la mer Noire le bordait sur toute sa longueur depuis le Parthénios (*Bartan-tchaï*) jusqu'à l'Acampsis (*Tchorouk*) ; à l'est, l'Euphrate séparait la Petite Arménie, désormais pontique, de la province arménienne d'Acilisène. Vers le nord-est, les massifs du Paryadrès et du Scydisès, les peuplades insoumises du bassin de l'Acampsis formaient une barrière effective entre le royaume de Mithridate et celui de Tigrane ; la frontière théorique n'est pas exactement connue. A l'ouest, la vallée fleurie du Parthénios traçait la limite entre le Pont et la Bithynie ; puis la frontière, devenue purement conventionnelle, accompagnait quelque temps la chaîne côtière de Paphlagonie, descendait vers le sud en contournant la vallée de l'Amnias, rejoignait le Halys qu'elle remontait jusque vers son confluent avec le Cappadox (*Délidjé-Irmak*) et coupait transversalement la

---

(1) Strabon XI, 3, 4. Pour Idéessa, XI, 3, 18. Pour la route commerciale, XI, 7, 3 (d'après Aristobule et Ératosthène, qui eux-mêmes ont suivi Patrocle). Projet de Séleucus, Pline VI, 11, 31. Cp. Ritter, *Asien*, VI, 1, 689 ; Droysen, *Histoire de l'hellénisme*, III. 72, de la trad. fr.

grande boucle de ce fleuve : telle était la ligne irrégulière qui séparait le Pont de la Paphlagonie indépendante et de la Galatie (pays des Trocmes). Enfin, la frontière méridionale ou cappadocienne, qui commençait à la forteresse de Dasmenda (dans la préfecture de Chammanène) pour finir à l'extrémité de la préfecture de Laviansène, suivait, d'après Strabon, la crête d'une chaîne de montagnes parallèle au Taurus et située à 800 stades au nord de Mazaca : il faut entendre par là cette ligne de partage assez confuse qui sépare les affluents de l'Iris de ceux du Halys supérieur. D'ailleurs, en réalité, la frontière flottait, suivant les vicissitudes de la politique, au nord ou au sud de ce dernier fleuve; les districts du haut Halys (Camisène et Colupène) formaient un objet de litige continuel entre le Pont et la Cappadoce (1).

On pouvait distinguer dans le royaume de Pont trois zones climatériques et agricoles : la plaine, ou, plus exactement, la région fluviale, au centre; la zone littorale au nord; la montagne aux extrémités. Ces trois régions, chacune, dans son genre, productive et bien exploitée, se complétaient de la manière la plus heureuse : ici les céréales et les pâturages, là les vignobles, les oliviers et les arbres à fruits, plus haut la forêt, régulatrice du régime des eaux.

Les descriptions de Strabon ne permettent pas de douter que le pays, dans son ensemble, ne fût mieux cultivé, plus verdoyant et plus prospère que de nos jours. Dans maint endroit, les habitudes paresseuses du paysan turc, les déboisements inintelligents des bergers, ont tari les sources et transformé en marécages ou en *yaïlas*, où broutent de maigres moutons, les plantureux herbages, les emblavures dorées d'autrefois. La banlieue des grandes villes, Sinope, Amisos, Amasie, Comana, offrait, en particulier, l'aspect le plus florissant; même loin de ces grands centres, les mots de « plaine féconde », « plaine à tout produire », « campagne bien plantée » reviennent à chaque instant sous la plume de Strabon. Phanarée, longue et large vallée où l'Iris et le Lycos mêlent leurs eaux, était la perle du Pont : « elle est toute plantée

---

(1) Le tracé de la frontière pontique résulte de la description de Strabon, qui déclare expressément étudier le Pont dans les limites qu'il avait sous Mithridate (XII, 3, 1; cp. XII, 3, 40-41). Frontière arménienne : ib. 28. Frontière cappadocienne : XII, 2, 9-10. En ce qui concerne la Camisène et la Colupène, Strabon les compte tantôt dans le Pont (XII, 3, 37), tantôt dans la Cappadoce (ib. 12).

d'oliviers, produit un vin excellent, et possède toutes les autres vertus de la terre » (1). Quant à Thémiscyre, le fabuleux pays des Amazones, c'est un vrai pays de cocagne, où l'homme n'a qu'à tendre la main, j'allais dire la bouche, à la nature. « Qu'on se représente, dit le géographe, une plaine bordée d'un côté par la mer, de l'autre par des montagnes richement boisées, d'où jaillissent des sources nombreuses. Tous ces ruisseaux viennent se déverser dans le Thermodon, qui parcourt la plaine; parallèlement à lui coule l'Iris, qui apporte à la mer toutes les eaux de l'intérieur. La campagne, ainsi arrosée, est toujours verte, toujours humide. Ici bondissent des troupeaux de bœufs et de chevaux; là le millet et le panic donnent des récoltes abondantes ou, pour mieux dire, perpétuelles : le mot de disette est inconnu. Les bas coteaux sont couverts d'arbres à fruits, qui viennent sans culture : vigne vierge, poiriers, pommiers, noyers. Quelle que soit la saison, il suffit d'aller au bois pour remplir ses paniers : au printemps, les fruits déjà mûrs pendent encore aux branches; à l'automne, ils jonchent l'épaisse feuillée qui tapisse le sol. Et de toutes parts le gibier foisonne, attiré par l'appât d'une nourriture facile (2). » Le plus positif des prosateurs grecs devient presque lyrique devant ce chef-d'œuvre de l'eau courante. Ajoutons que les descriptions de Strabon, quoique postérieures de près d'un siècle à l'époque qui nous occupe, peuvent y être appliquées sans scrupule : si elles avaient besoin d'une correction, ce serait plutôt en faveur du passé, car Strabon lui-même atteste que de son temps le pays était encore parsemé de ruines et de champs dévastés, vestiges de la grande invasion et des guerres prolongées qu'il nous reste à raconter. Au reste, les historiens ont conservé le souvenir de l'émerveillement des armées romaines quand, au sortir de l'aride steppe galate, en 72 av. J.-C., elles pénétrèrent dans ces campagnes verdoyantes du Pont où les villages se pressaient contre les villages, où le bétail, les esclaves, les vêtements affluaient à tel point que les heureux légionnaires ne savaient comment se défaire de leur butin (3).

(1) Strabon XII, 3, 30. HAMILTON I, 311, n'a pas retrouvé d'oliviers à Phanarée.
(2) Strabon XII, 3, 15.
(3) Appien, *Mith.* 78; Plut., *Luc.* 14. Le bœuf valait une drachme, l'esclave 4, le reste à l'avenant. Il va sans dire que ce ne sont pas là les prix courants du pays, mais de bas prix exceptionnels résultant de la pléthore du butin dans le camp des envahisseurs. Si

Passons rapidement en revue les principaux produits agricoles du Pont. L'élève du bétail paraît avoir été alors, comme de tout temps, l'occupation nationale par excellence : déjà Apollonius de Rhodes avait vanté les troupeaux de moutons des Tibarènes (1), et à l'époque perse les deux Cappadoces réunies payaient au grand Roi un tribut annuel de 1,500 chevaux, 2,000 mulets et 50,000 moutons (2). Le mouton, qui se contente même de pâtis médiocres, était l'animal le plus répandu ; le long des côtes, Arrien vit des bergers abreuver leurs troupeaux dans la mer, — l'idéal du pré salé, — et Strabon vante les brebis de la Gazélonitide (entre Amisos et le Halys) pour leurs laines épaisses et soyeuses (3). A côté du mouton, le bœuf, aujourd'hui si rare, était alors fréquent ; il peuplait notamment les pâturages de Thémiscyre et les grasses prairies du lac Stiphané (4). On élevait le cheval un peu partout, mais surtout sur les plateaux de la Petite Arménie ; les races pontiques étaient d'ailleurs moins estimées que les races cappadociennes (5). Le mulet paphlagonien est déjà connu d'Homère ; quant aux chameaux qui figurèrent dans les armées de Mithridate, ils venaient de Bactriane (6).

Le labourage n'était guère moins prospère que le pâturage. Le paysan cappadocien avait appris à enfermer son grain dans des *silos*, longs conduits garnis de paille et hermétiquement bouchés, où le froment pouvait se conserver cinquante ans, le millet un siècle ; outre le moulin primitif à bras, on employait aussi des moulins à eau. Toutefois la production en céréales ne suffisait pas à la consommation des villes surpeuplées de la côte ; elles étaient, à cet égard, tributaires des ports à blé de la Crimée (7).

---

l'esclave cappadocien valait 4 mines (360 francs) à Delphes (WESCHER et FOUCART, *Inscriptions de Delphes*, n° 131, etc.) il ne pouvait pas se vendre couramment 4 drachmes (3 fr. 60) dans le Pont, quelque peu abondant qu'on y suppose le numéraire.

(1) Apollonius II, 377 : καὶ ἄρρενας Τιβαρῆνοι.
(2) Strabon XI, 13, 8.
(3) Strabon XII, 3, 13 ; Arrien, *Périp.* 8.
(4) Strabon XII, 3, 15.
(5) Chevaux de Thémiscyre : Strabon XII, 3, 15 ; d'Amasie : *ib.* 39 ; de la Petite Arménie : *Totius orbis descriptio*, c. 13 (*Geog. min.* II, 522). En 88, Ariarathe lève 10,000 chevaux dans la Petite Arménie : Appien, *Mith.* 17.
(6) Mulets paphlagoniens : *Iliade* II, 851. Mulets de bât dans l'armée de Mithridate : Plutarque, *Luc.* 17. Chameaux : *ib.* 11 (= Salluste, fr. III, 39 Kritz). Leur provenance est indiquée par Ammien Marcellin XXIII, 6, 56, qui copie sans doute Salluste.
(7) Silos cappadociens : Varron, *De re rustica*, I, 57, 2 ; Pline XVIII, 30, 306. Cf. Théo-

La vigne venait à l'état sauvage dans beaucoup de vallées bien abritées; les crus de Phanarée, de Comana étaient célèbres, et sur les monnaies de Trébizonde figure une table chargée de raisins (1). L'olivier, l'arbre du midi par excellence, réussissait aussi dans la cuvette de Phanarée et tout le long de la côte à l'est du promontoire de Sinope; Strabon en signale d'importantes plantations autour de cette ville et d'Amisos (2). Le Lazistan, « la patrie des fruits », méritait cette désignation dans l'antiquité comme de nos jours : nous avons déjà mentionné les forêts de pommiers, de poiriers, de noyers aux environs de Thémiscyre. Le cerisier avait donné son nom à la ville de Cérasonte, et c'est de là que ce fruit, déjà connu, du reste, en Grèce, fut rapporté en Italie par les soldats de Lucullus (3). Autour de Sinope il y avait des vergers opulents, des forêts de noyers et de châtaigniers; mais on ne sait pas au juste quelle variété de fruits à coque les anciens désignaient sous le nom spécial de « noix de Sinope » ou noix pontique (4).

L'admirable flore du Lazistan, avec ses multiples variétés d'azalées et de rhododendrons, charmait les yeux et contribuait à l'alimentation : car l'abeille changeait la fleur en miel. Toutefois il fallait se méfier des produits de certaines ruches : les Tzanes recueillaient un miel qui donnait une ivresse ou plutôt une démence dangereuse; ils en profitèrent pour griser et massacrer les cohortes de Pompée, comme leurs ancêtres avaient fait des soldats de Xénophon (5). Au reste le Pont était la terre classique des

phraste, *Hist. plant.* VIII, 11, 5, d'après lequel à Pétra (Ptéria?), en Cappadoce, le grain de froment se conserve si bien qu'on peut le semer après 40 ans, le consommer après 60 ou 70. — Moulin à eau de Cabira : Strabon XII, 3, 30.

(1) Strabon XII, 3, 30 (Phanarée); 36 (Comana). Drachme et diobole de Trébizonde : *Num. Chronicle*, 1871, pl. VI, 3, 4.

(2) Phanarée : Strabon XII, 3, 30; Sinope et Amisos : II, 1, 15.

(3) Pline XV, 25, 102; Diphilos chez Athénée II, 51 a. Il est inexact que le nom de la cerise vienne de Cérasonte; c'est le contraire qui est vrai. Sur l'histoire et le nom du cerisier cp. HEHN, *Kulturpflanzen*, 5ᵉ éd., p. 325 suiv.

(4) Pline XV, 22, 88; Athénée II, p. 53-54, qui cite Nicandre, Hermonax, Timachidas, Dioclès, Diphilos, Phylotimos, Agélochos, mais n'en est pas plus clair. On voit seulement que la noix pontique (ποντικὸν κάρυον) portait des noms très variés : λόπιμον, Διὸς βάλανος (= *Juglans*), peut-être ἄμυσον; le fruit était gras, assez indigeste et donnait mal à la tête. Cp. HEHN, *op. cit.* p. 318 suiv.

(5) Les opinions des anciens et des modernes diffèrent beaucoup sur la provenance de ce miel : Xénophon, *Anab.* IV, 8, 20, ne se prononce pas; Strabon XII, 3, 18, en fait une sorte de gomme, découlant du sommet des arbres; Élien, *Hist. anim.* V, 42, l'extrait du buis;

poisons et des remèdes, des aconits et des absinthes : l'on n'en finirait pas si l'on voulait énumérer la liste des simples, des herbes officinales plus ou moins efficaces, qu'on y récoltait pour la pharmacie de Mithridate (1).

Aux richesses proprement agricoles venaient s'ajouter les richesses forestières. Toute la ceinture montagneuse du Pont était garnie de forêts magnifiques, notamment la Petite Arménie, les environs de Cabira, réservés aux chasses royales, et tous les contreforts du Paryadrès. Le chêne était l'essence principale; les pauvres montagnards n'en dédaignaient pas les glands. Le long de la côte paphlagonienne régnait une forêt continue de conifères, qui fournissait aux constructions navales des bois renommés; la tabletterie recherchait le buis de Cytoros (près d'Amastris), l'érable et le noyer de Sinope (2).

La forêt ne sert pas seulement par ses arbres et ses sources, mais encore par ses hôtes. Dans toute la région du Paryadrès, le gibier formait la principale nourriture des montagnards, et des chasseurs grecs venaient parfois en prendre leur part. Dans la Gazélonitide on chassait le chevreuil, dans les marécages de l'Iris le castor, à cause de l'huile narcotique qu'il secrète, le *castoreum*, fort employé dans la médecine antique (3).

La pêche fluviale et lacustre était aussi productive que la chasse : le lac Stiphané, l'Iris, le Lycos regorgeaient de poissons, et il y avait des viviers célèbres à Cabira (4); mais la pêche maritime avait une bien autre importance et constituait vraiment une

---

Pline XXI, 13, 77, des rhododendrons; HAMILTON I, 160; II, 383, de l'azalée pontique. Cf. aussi Dioscoride II, 103; Étienne de Byzance, s. v. Τραπεζοῦς; TOURNEFORT, II, 168. Le miel μαινόμενον ne doit pas être confondu avec le miel *cerarium* d'Héraclée (Pline XXI, 74; XXIX, 97; XXXII, 43.)

(1) Virgile, *Buc*. VIII, 95 : *nascuntur plurima Ponto* (venena). Le *plu ponticum* (Dioscoride, Galien, Servilius Democratès) paraît être une sorte de valériane.

(2) Forêts de Cabira : Strabon XII, 3, 31; de la Petite Arménie : *ib.* 28. Chênes et glands du Paryadrès : *ib.* 18. Sapins de Paphlagonie, bois de Sinope : *ib.* 12. Buis d'Amastris : *ib.* 10. Théophraste, *Hist. plant*. IV, 5, 5, cite Sinope et Amisos parmi les rares contrées d'où viennent les bois de construction pour navires. Cf. Horace, *Carm*. I, 14, 11 : *Pontica pinus*.

(3) Gibier du Paryadrès : Strabon XII, 3, 18. Chasseurs grecs : Plutarque, *Luc.* 15; Appien, *Mith.* 80. Chevreuil (ζόρξ) de Gazélon : Strabon XII, 3, 13. Castor : Virgile, *Georg.* I, 58 (*virosaque Pontus Castorea*); Pline VIII, 30, 109; Élien VI, 34, etc. Les anciens prenaient à tort les vésicules oléigènes du castor pour ses testicules et racontaient une fable ridicule suivant laquelle l'animal, poursuivi par le chasseur, jetterait la bourse pour garder la vie. Cp. pour l'emplacement de ces chasses, HAMILTON, I, 187.

(4) Strabon XII, 3, 30 (Cabira); 33 (Stiphané). Sur les pêcheries actuelles de l'Iris, où l'on attrape l'esturgeon, HAMILTON, I, 284.

des grandes industries nationales. Grâce à la faible teneur saline de ses eaux (17 millièmes) ainsi qu'à l'absence presque complète d'espèces voraces, — quelques petits dauphins seulement, dont la graisse tenait lieu d'huile, le long de la côte du Paryadrès — le Pont-Euxin attire les bandes de poissons voyageurs de la Méditerranée qui viennent au printemps y déposer leur frai; les uns s'arrêtent dans la Propontide, les autres poussent jusqu'au fond de l'Euxin et même de la Palus Méotide. A l'aller et au retour des parents, ou quand les jeunes, devenus adultes, redescendaient vers la Méditerranée, les pêcheurs grecs les guettaient au passage. De véritables armées de thons, d'*amias* (bonitons) et de pélamydes, fuyant devant les dauphins, venaient s'engouffrer d'abord dans les filets de Trébizonde et de Pharnacie, puis dans ceux de Sinope et d'Amastris; les derniers bataillons s'échouaient dans la Corne d'Or de Byzance et à Cyzique. Une partie de la capture se consommait sur place, principalement sur la côte du Paryadrès où les habitants n'avaient guère d'autre nourriture; le reste était salé et expédié vers les marchés de l'occident : à Rome, un baril de salaison pontique se vendait 300 drachmes. Sinope était le principal centre de cette industrie; l'on y conservait les pélamydes dans d'énormes viviers où elles venaient à maturité (1).

Les travaux agricoles, la chasse et la pêche n'absorbaient pas toute l'activité nationale; beaucoup d'habitants s'adonnaient à l'industrie extractive, qui trouvait dans les montagnes du pays une matière inépuisable. Les marbres, les calcaires variés du Paryadrès servaient à la construction des palais de Mithridate et des splendides cités du littoral. Les vases d'onyx, qui remplissaient les garde-meubles de la couronne, avaient peut-être la même provenance (2). Sur les bords du Halys, notamment dans le district de Ximène, on récoltait le sel gemme; sur ceux du Lycos, l'alun (3). Près de la côte paphlagonienne, il y avait

---

(1) Sur ces pêcheries et les migrations des thons : Aristote, *Hist. anim.* VIII, 11, 13; Strabon VII, 6, 2; XII, 3, 11 et 19; Pline IX, 15, 47-52 (copie Aristote); Élien IV, 9; IX, 59; XV, 3, 5 et 10. Prix des salaisons à Rome : Diodore, fr. XXXVII, 2, 5; Polybe XXXI, 26. Diodore donne le chiffre de 400, Polybe 500; peut-être s'agit-il des salaisons bosporanes. Sur les prétendus poissons fossiles en Paphlagonie : Eudoxe chez Strabon XII, 3, 42.

(2) Sur les 2,000 coupes d'onyx de Talaura, voir Appien, *Mith.* 115. HAMILTON signale dans le Paryadrès l'agate, la cornaline, le jaspe ondulé; il ne parle pas de l'onyx et Pline ne connaît pas l'onyx du Pont.

(3) Sel gemme : Strabon XII, 3, 39.

toute une montagne de sandaraque, — sulfure rouge d'arsenic employé dans la thérapeutique ancienne, — qui, au temps de Strabon, était déjà percée de part en part (1). La Phazémonitide avait des eaux thermales renommées, situées entre le Halys et le lac Stiphané (2).

Les principales richesses minérales étaient les métaux du Paryadrès, argent, cuivre et fer. Les mines d'argent ou plutôt de plomb argentifère n'ont jamais donné qu'un rendement médiocre : exploitées, ce semble, dans la haute antiquité (3), elles gisaient abandonnées au temps de Strabon. En revanche les mines de cuivre de Cabira, les mines de fer des environs de Pharnacie étaient en plein exercice (4). L'extraction et la chimie des métaux avaient été créées dans ces pays par la peuplade des Chalybes, rendue industrieuse par un sol ingrat. Peut-être même furent-ils les inventeurs, sinon de la métallurgie du fer, du moins de celle de l'acier; il est certain que le premier acier grec vint de chez eux et garda leur nom. Longtemps après que les Grecs d'Amisos et de Sinope eurent dérobé leur secret, le « fer Chalybe » resta préféré pour les mors de cheval et les lames d'épée. Xénophon rencontra ces hommes noirs aux environs d'Œnoé, Strabon les retrouva près de Pharnacie; deux mille ans plus tard, Hamilton vit leurs descendants aux mêmes lieux, occupés au même labeur. Il n'y a pas là de mines proprement dites, mais dans plusieurs endroits le minerai, assez pauvre d'ailleurs, affleure en grosses pépites jaunâtres à la surface de la roche calcaire. Le paysan le recueille et le soumet pendant vingt-quatre heures à l'action du feu : il est à la fois mineur, charbonnier et forgeron. A mesure que sa provision de combustible s'épuise, il

---

(1) Strabon XII, 3, 40. Pour l'emplacement voir Arrien, *Périp.* 19. L'exploitation était dangereuse à cause des vapeurs délétères ; au temps de Strabon les publicains y employaient 200 forçats.

(2) Strabon XII, 3, 38.

(3) L'*Alybè* argentifère d'Homère (*Il.* II, 857) est sans doute le pays des Chalybes (Strabon XII, 3, 19 suiv.). Arrien signale près de Tripolis un lieu dit Argyria (*Périp.* 24), précisément où Hamilton a constaté des traces de plomb argentifère. Remarquer aussi l'emploi, dans les mines d'argent du Laurion, d'un fondeur paphlagonien, Atotas (*Bull. corr. hell.* XII, 246). Quant aux mines de Gumuch-Khané, elles ne paraissent pas avoir été connues des anciens.

(4) Strabon XII, 3, 19 (Pharnacie); 30 (Cabira). Ps. Aristote, *De mirab. ausc.* c. 66, attribue aux Mossynèces la fabrication d'un bronze très brillant, où l'étain était remplacé par « une certaine terre » (silice?).

s'en va, transportant de bruyère en bruyère sa hutte grossière, ses outils primitifs et sa forge errante (1).

Sur l'industrie manufacturière nous ne possédons guère de renseignements. Comme tous les pays producteurs et exportateurs de matières premières, le Pont trouvait plus commode d'acheter les objets fabriqués que d'apprendre à les faire. Même dans les villes grecques de la côte, il n'est pas question de ces spécialités d'art industriel où excellaient les Grecs. Il n'est pas impossible que certaines branches de l'industrie « orientale » fussent cultivées chez les Cappadociens de l'intérieur; mais, parmi le somptueux mobilier royal que les Romains inventorièrent dans les gazophylacies de Mithridate, — harnachements, sièges, objets de vaisselle tout étincelants d'or, d'argent et de pierreries, — comment faire la part du travail national, de l'importation et de la conquête (2)?

L'activité commerciale du Pont résultait de sa situation géographique. Tout d'abord, en raison même de la diversité des climats et des produits, il y avait entre les différentes provinces de la monarchie un mouvement d'échanges très actif, un va-et-vient continuel de marchands et de navires. Les ports du Pont, Amastris, Sinope, Amisos voisinaient avec ceux de Chersonèse, de Théodosie et de Panticapée (3). En second lieu, les villes du littoral pontique servaient de débouchés naturels, non seulement au bassin de l'Iris, mais encore à la Haute Cappadoce et à l'Arménie tout entières. Le Pont approvisionnait ces pays des objets fabriqués de l'occident et transmettait à l'occident leurs

---

(1) Xénophon, *Anab.* V, 5, 1; Eudoxe chez Étienne de Byzance, s. v. Χάλυβες; Ps. Aristote, *De mirab. ausc.* 48 = IV, 52 Didot (le fer Chalybe et le fer d'Amisos sont inoxydables et ressemblent à de l'argent; cela tient au mélange de sable); Apollonius de Rhodes II, 374 et 1002; Denys le Périégète, 768; Virgile, *Georg.* I, 58; Strabon XII, 3, 19; Pline VII, 56, 197; Ammien Marcellin XXII, 8, 21. Cf. HAMILTON I, 274 suiv.

(2) On a voulu faire passer pour un échantillon de « l'art asiatique » dans le Pont au temps de Mithridate deux plaques votives en argent doré, de la collection Feserly, décorées de groupes d'animaux fantastiques et réels; l'une d'elles porte l'inscription ΝΑΟΣΑΡΤΕΜΙΔ ΕΚ ΤΩΝ ΤΟΥ ΒΑ ΜΙΘΡΑΤ... La provenance indiquée est Comana pontique, mais l'inscription me paraît fausse, et l'objet tout au plus sassanide (voir A. ODOBESCO, *Le trésor de Pétrossa*, Paris, 1889; tome I, p. 513 et fig. 217).

(3) Plus tard ces échanges se centralisent à Amastris. Cf. Nicétas de Paphlagonie, *Orat. in S. Hyacinth.* XVII (cité dans les *Geog. minores* de Müller, I, 405, note): Ἄμαστρα, ὁ τῆς Παφλαγονίας, μᾶλλον δὲ τῆς οἰκουμένης ὀλίγου δεῖν ὀφθαλμός, εἰς ἣν οἵ τε τὸ Εὔξεινον τὸν Εὔξεινον μέρος κεκομικότες Σκύθαι καὶ οἱ πρὸς νότον κείμενοι, ὥσπερ εἰς τι κοινὸν συντρέχοντες ἐμπόριον, τὰ καθ' ἑαυτοὺς τε εἰσφέρουσι, καὶ τὰ παρ' αὐτοῖς ἀντιλαμβάνουσι.

produits naturels. Il pouvait même faire une sérieuse concurrence aux ports de l'Ionie, de la Syrie et de l'Égypte pour le transit des denrées de Asie intérieure : les caravanes parties de la Médie, par exemple, avaient aussitôt fait de remonter la vallée de l'Araxe et de franchir les défilés du Paryadrès, que de traverser les déserts de la Mésopotamie pour gagner Antioche ou Éphèse (1).

Le Pont manquait, il est vrai, de voies de communication naturelles. Les Alpes pontiques opposent une véritable barrière entre la côte et l'intérieur; le meilleur port, Sinope, est comme isolé du continent par un épais rideau de montagnes; le col de Trébizonde disparait pendant six mois de l'année sous les pluies, les neiges ou les éboulis de rochers. De plus, aucune des rivières qui percent la chaîne côtière, Halys, Iris, Lycos, n'est navigable; même la petite batellerie y fut toujours insignifiante. Mais de bonne heure on avait suppléé à ce défaut de voies naturelles par la construction de routes d'art, dont les vallées et les cols traçaient d'avance au moins la direction. Dès l'époque perse, une section de la fameuse route royale de Sardes à Suse coupait la plaine de l'Iris et projetait certainement un embranchement vers Amisos et Sinope (2). Le réseau routier dut être développé par les Mithridate, si attentifs aux intérêts commerciaux de leur royaume et à la rapide concentration de leurs armées : tout porte à croire que la plupart des grandes voies que nous trouvons dans le pays à l'époque romaine sont un legs de la monarchie nationale. Amasie et Comana étaient les principaux nœuds du système. A la première ville aboutissaient les routes de Paphlagonie, de Galatie et de Cappadoce; à la seconde, les deux routes d'Arménie : celle du nord qui, partant d'Artaxata, suivait les vallées de l'Araxe, du haut Euphrate et du Lycos; et celle du sud, l'ancienne route royale des Perses, qui franchissait le Tigre, l'Euphrate et le Halys, en passant par Tigranocerte et Tomisa. Ni Trébizonde ni les autres ports du littoral du Paryadrès n'avaient encore su attirer directement le commerce oriental : c'est dans les bazars de Comana que les caravanes d'Arménie venaient décharger leurs ballots de marchandises (3). De ce grand marché

(1) La route d'Éphèse vers l'orient est décrite par Strabon XIV, 2, 29, d'après Artémidore.
(2) Hérodote V, 52.
(3) Comana entrepôt du commerce arménien : Strabon XII, 3, 36. Pour le tracé des routes, voir les itinéraires romains.

intérieur, les denrées, tant indigènes qu'exotiques, s'acheminaient vers les ports de la côte, notamment vers Amisos et Sinope; puis les flottes de commerce de ces villes, ou les navires étrangers en quête d'un fret de retour, les emportaient vers les pays de la Méditerranée.

Les principaux articles d'exportation, en dehors des marchandises exotiques, étaient les métaux du Paryadrès, le poisson salé, les bois de construction et de tabletterie, les produits pharmaceutiques, les esclaves et les chevaux de la Cappadoce, le cinabre ou terre sinopique, produit cappadocien, mais qui avait pris le nom du port d'embarquement, Sinope (1). On importait les produits fabriqués de la Grèce, les vins, l'huile, la poterie artistique, et souvent du blé. A défaut de chiffres précis, l'importance capitale de ce trafic est suffisamment démontrée par les richesses que les villes pontiques avaient accumulées dans leurs murailles et par la perturbation profonde qu'amenait dans les relations économiques du monde ancien la fermeture même momentanée du Bosphore de Thrace, autrement dit le blocus des ports de la mer Noire. En 183, les Rhodiens, quoique brouillés avec Pharnace, protestèrent contre cette mesure prise par ses ennemis (2); en 88, elle devint une des causes déterminantes de la rupture entre Rome et Mithridate (3). Tout un côté de la politique des rois de Pont s'éclaire par leur sollicitude pour un commerce qui enrichissait leurs sujets en même temps qu'eux-mêmes. C'est la politique commerciale qui explique les coquetteries des Mithridate avec Rhodes, Délos, Athènes; même les premières conquêtes d'Eupator, entreprises à l'instigation d'un Grec de Sinope, eurent pour objectif véritable d'ouvrir de nouveaux débouchés au commerce des villes pontiques.

Après avoir passé en revue les diverses branches du travail national, il nous reste à esquisser un tableau de la civilisation sur le sol du Pont. Ici chacune des nombreuses races qui se parta-

---

(1) Plus tard ce commerce, ainsi que celui de la Cappadoce en général, fut détourné vers Éphèse : Strabon XII, 2, 10. Sur la substance appelée terre sinopique, qui constituait l'une des quatre couleurs fondamentales de la peinture antique, cf. Pline XXXV, 6 ; Théophraste, De lapidibus, 8, 52. — Sur le commerce de l'Euxin en général, et sur celui des esclaves en particulier, Polybe IV, 38.

(2) Polybe, fr. XXVII, 6, 5.

(3) Appien, Mith. 12, 11.

geaient le territoire pontique doit être envisagée à part; si leur groupement sous un gouvernement commun avait multiplié les points de contact et amené déjà un commencement de fusion, elles conservaient encore, en général, à l'époque de Mithridate, leur individualité distincte, leurs langues, leurs mœurs, leurs croyances particulières : le Pont formait un État, il ne formait pas encore une nation.

Tous les degrés de la culture humaine, depuis la barbarie la plus complète jusqu'à la civilisation la plus raffinée, étaient représentés dans ce royaume. Au bas de l'échelle se plaçaient les tribus du Scydisès et du Paryadrès oriental, que l'on peut à peine compter parmi les sujets de Mithridate. Au lieu de la longue liste donnée par les auteurs du ve et du ive siècle, Strabon ne connaît plus dans cette région que les Sannes ou Tzanes (les anciens Macrons), les Heptacomètes (ci-devant Mossynèces), les Appaïtes (ci-devant Cercites) et peut-être les Byzères (1). Tous ces peuples étaient de véritables sauvages; mais les Mossynèces ou Heptacomètes, les « gens des sept bourgades », étaient des sauvages entre les sauvages. D'après la description digne de foi d'un témoin oculaire, Xénophon, on voyait les hommes parler, rire, danser tout seuls, sur les grandes routes, comme des fous; les enfants des familles riches étaient tatoués et s'engraissaient de châtaignes jusqu'à devenir aussi larges que hauts. Aucun vestige de pudeur; rien qui ne se fît en public. Les habitations étaient des tours de bois (*mossynes*, d'où l'ancien nom du peuple), parfois même la cime des arbres, d'où ces brigands s'élançaient comme des oiseaux de proie sur les voyageurs. Le roi servait d'otage à son peuple : il demeurait dans une tour isolée, nourri aux frais communs et gardé à vue; quand ses sujets étaient mécontents de lui, ils le laissaient mourir de faim (2). Quatre siècles après, au temps de Strabon, les mœurs de ces barbares n'avaient guère changé.

Chez les Tzanes, qui finirent par absorber toutes les autres tribus de cette région, on constate, avec un peu moins de naïveté, la même sauvagerie, la même immobilité : encore au siècle de

---

(1) Strabon XII, 3, 18.

(2) Xénophon, *Anab.* V. 4. Pour le roi, Éphore, fr. 81, Müller (= Schol. Apoll. Rhod. II, 1030). Apollonius de Rhodes, Ps. Scymnus, Nicolas de Damas, etc., n'ont fait que compiler ces deux auteurs. C'est à tort qu'on a contesté (HANSEN, *De gentibus in Ponto orientali*, p. 30) l'identité des Mossynèces et des Heptacomètes.

Procope, le brigandage constituait leur principal gagne-pain, le fétichisme leur seule religion. Xénophon parle cependant de leurs dieux et les montre jurant par une lance; d'après Hérodote, ils avaient même emprunté à leurs voisins, les Colques, la pratique de la circoncision (1).

Comme le territoire, les mœurs s'humanisaient un peu chez les deux peuplades qui habitaient à l'ouest de Pharnacie, dans le Paryadrès occidental : Chaldéens ou Chalybes et Tibarènes. Les Chalybes, dont certaines tribus, à l'époque de Xénophon, avaient encore des habitudes belliqueuses et se louaient volontiers comme mercenaires, ne sont plus au temps de Mithridate que de laborieux forgerons et des pêcheurs inoffensifs qui se laissent facilement enrégimenter dans les armées du roi (2). Quant aux Tibarènes, débris de l'ancien peuple de Tubal, c'était une race de pasteurs, restée dans l'enfance. D'après les auteurs du IV° siècle, les seuls qui aient parlé d'eux avec détail, ils étaient justes, hospitaliers; leur vie s'écoulait dans les jeux et dans les rires. On rencontre chez eux la pratique de la couvade, commune à plusieurs peuples primitifs : l'homme s'alite quand la femme vient d'accoucher. C'est l'indice, ou du moins le vestige, d'un état social où les unions ont si peu de fixité qu'une déclaration publique du père est nécessaire, dans tous les cas, pour légitimer le nouveau-né (3).

Au sud des Chalybes et des Tibarènes, les Arméniens peuplaient la vallée du Lycos, les sources du Halys et les deux rives de l'Euphrate. Phrygiens d'origine, les Arméniens avaient été à moitié persisés par une longue sujétion et le contact de la Médie. Ils étaient dominés par une noblesse campagnarde et brutale, qui poussait jusqu'à la frénésie le goût de la chasse et des festins. Leur principale divinité était la grande déesse Anaïtis, divinité de l'Iran plus ou moins modifiée sous l'influence babylonienne; ses sanctuaires, où les Arméniens prostituaient leurs filles, étaient

---

(1) Procope, *De aedif.* III, 6; Hérodote II, 104.

(2) Sur les mœurs des Chaldéens du Lycos, voir Xénophon, *Anab.* IV, 3, 1; 7, 15. Chalybes dans l'armée de Mithridate : Appien, *Mith.* 69.

(3) Sur les Tibarènes, les seuls textes ayant une valeur originale sont : Xénophon, *Anab.* V, 5, 1; Éphore, fr. 82 (= Ps. Scymnus v. 911) et Nymphodore, fr. 15 (= Schol. Apoll. Rhod. II, 1010). La couvade se retrouve chez les Ibères, Basques, Corses, et diverses tribus africaines et américaines. Cf. Diodore V, 14; Strabon III, 1, 17; Cordier, *Le droit de famille aux Pyrénées*, I, p. 55; Viollet, *Histoire du droit français*, p. 527.

si nombreux dans la province d'Acilisène, limitrophe du Pont, qu'elle en avait pris le nom d'Anaïtide (1). L'Arménie pontique n'avait pas de villes, et la principale occupation des habitants était l'élève du cheval et du mouton.

Les Paphlagoniens restaient toujours la rude nation de chasseurs et de pasteurs décrite par Xénophon, très attachée à ses vieilles coutumes et à son indépendance nationale; mais leur valeur militaire avait bien décliné depuis les temps lointains où leur domination s'étendait jusqu'au delà du Thermodon et où leur cavalerie passait pour la meilleure de l'armée perse. Le Paphlagonien était superstitieux, paresseux, borné, prêt aux besognes sanguinaires; les esclaves paphlagoniens avaient mauvaise réputation en Grèce. La religion consistait en un culte naturaliste qui rappelle celui du Sabazios phrygien : l'hiver enchaîne le dieu, le printemps le délivre. Les sanctuaires étaient de simples pierres sacrées qui couronnaient les crêtes de l'Olgassys. Peut-être le célèbre Hadès de Sinope, dont Ptolémée Soter fit chercher l'idole pour la placer dans le temple de Sérapis, n'était-il autre que le dieu national des Paphlagoniens, naturalisé grec (2).

Les Cappadociens, qui formaient le groupe ethnique le plus nombreux parmi les sujets de Mithridate, n'avaient pas meilleure réputation en Grèce que leurs voisins, les Paphlagoniens. L'esclave cappadocien se rencontrait fréquemment sur les marchés de la Grèce, mais il s'y vendait à vil prix : c'était un lourdaud, un brutal, bon tout au plus à porter une litière (3). Aux touristes, les Cappadociens faisaient l'impression d'une race de serfs et de paysans, de gens « épais et sans culture (4) ». A la vérité, leur compatriote Strabon les distingue avec soin des « barbares », les gens du Paryadrès, parce qu'ils avaient des habitudes laborieuses

---

(1) Origine phrygienne des Arméniens : Hérodote VII, 73. Goûts nationaux : Tacite, *Annales*, II, 56. Cultes perses : Strabon XI, 14, 16. Cf. Procope, *Pers.* I, 17.

(2) Sur les mœurs des Paphlagoniens, voir Lucien, *Alexandre*, c. 9 ; Constantin Porphyrogénète, *De them.* I, p. 29. Cléon dans les *Chevaliers* d'Aristophane est un esclave paphlagonien. Sur leurs anciennes qualités militaires : Xénophon, *Anab.* V, 6, 8 ; leurs dispositions sanguinaires : l'assassin Alexandre (Appien, *Mith.* 76), le boucher Théophile (ib. 23). Dieu paphlagonien : Plutarque, *De Isid. et Osir.* 69. Bétyles : Strabon XII, 3, 40. La liste la plus complète de noms propres paphlagoniens est dans Strabon XII, 3, 25. Je ne connais qu'un seul nom commun : γάγγρα, chèvre (Nicostrate et Alexandre Polyhistor chez Étienne de Byzance, s. v. Γάγγρα et Ἄγκυρα).

(3) Constantin Porphyrogénète. *De them.* I, p. 21, Bonn.

(4) Sur les serfs cappadociens, voir Isidore de Péluse, ep. I, 487 : ὁ θεὸς οὐκ ἀλλοίως ἢ

et qu'ils comprenaient le grec (1); mais les auteurs qui n'avaient pas les mêmes raisons de les ménager raillaient leurs superstitions grossières et leurs festins bruyants, où les têtes, couronnées de vigne sauvage, s'échauffaient vite, au feu des chansons et des rasades (2). Le brigandage était endémique dans le pays, les attentats contre les personnes fréquents (3).

Le Cappadocien passait pour un cultivateur diligent, sobre et patient. Il n'avait point de villes; la population vivait groupée dans des villages extrêmement nombreux : ainsi un district voisin d'Amasie s'appelait le « pays des mille villages » (*Chiliocomon*) (4), et dans une seule razzia au delà du Halys, Muréna en détruisit 500 (5). Quelques-unes de ces agglomérations, formées autour d'un rocher servant d'acropole (Cabira, Amasie), ou d'un sanctuaire vénéré dont la religion protégeait les foires et les colons (Zéla, Comana), avaient pris, à la longue, une certaine importance; mais les bourgades cappadociennes, même les plus riches et les plus peuplées, comme la « Corinthe du Pont », Comana, n'étaient toujours pas des villes dans le sens grec du mot, puisqu'il leur manquait une enceinte fortifiée et des franchises politiques (6). Toutefois, à mesure que l'influence et l'élément helléniques pénétrèrent dans l'intérieur du pays, la bourgade cappadocienne se rapprocha de plus en plus du type de la cité grecque. Cabira, Amasie étaient fortifiées dès l'époque de Mithridate, puisqu'elles soutinrent l'une et l'autre un long siège lors de l'invasion romaine.

Pauvre en villes et en grosses bourgades, la Cappadoce pontique, comme sa voisine du sud, était parsemée de châteaux forts isolés, d'ordinaire haut perchés et bien pourvus d'eau (7). Les

---

ἐκ ξυνωρίας καὶ γεωργίας συνίστανται. Lucien, *Alex.* 17, appelle κακζὶς καὶ ἀπαίδευτοι les Paphlagoniens et les Pontiques *in genere*.

(1) Strabon XII, 3, 31. Cf. Marcien d'Héraclée, c. 9. Au contraire Alciphron, *Ep.* II, 2, 5, et Julien, *Ep.* III, 2, considèrent le Cappadocien comme le type du barbare.

(2) Pline XXVII, 1, 28. Au lieu de vigne, il s'agit peut-être de l'herbe *Ambrosia* (alias *botrys, artemisia*) dont les graines avaient une odeur vineuse. — Sur les superstitions rurales, voir Pline XXVIII, 23 = Métrodore de Scepsis, fr. 5 Müller.

(3) Justinien, *Novelle* 30; Talmud de Jérusalem, tr. *Jebamoth*, c. 4 et 6; Talmud de Babylone, même traité, f° 25 A.

(4) Strabon XII, 3, 39.

(5) Appien, *Mith.* 65.

(6) Appien, *Mith.* 51, appelle Comana une bourgade (κώμη).

(7) Strabon XIII, 1, 66.

plus importants avaient été convertis en citadelles royales; les autres nous représentent, sans doute, des manoirs féodaux où résidaient les seigneurs du pays, les grands propriétaires fonciers, d'origine perse pour la plupart, entre lesquels le sol paraît avoir été divisé lors de la conquête iranienne (1). Les paysans étaient réduits à la condition de serfs attachés à la glèbe, et quand le seigneur s'était ruiné par son luxe, ses chasses ou ses débauches, il vendait ses manants au marchand d'esclaves grec ou romain, comme jadis au marchand tyrien (2). Seuls les serfs d'église étaient inaliénables (3).

Dans de pareilles conditions sociales, comment l'ancienne civilisation cappadocienne, jadis importée d'Égypte ou de Babylonie, n'aurait-elle pas achevé de disparaître? En art, en littérature, le Cappadocien avait oublié ses traditions nationales sans s'être encore assimilé celles de la Grèce. Les seuls monuments cappadociens qu'on puisse rapporter à l'époque mithridatique sont des tombeaux creusés dans le roc, avec une ornementation d'ailleurs tout hellénique (4). La langue nationale était tombée au rang d'un patois méprisé, mais à peu près seul en usage depuis l'Euxin jusqu'au Taurus. Quant au grec, les Cappadociens mirent des siècles à le prononcer correctement : ils commettaient des hiatus d'une dureté intolérable pour des oreilles atticisantes (5). Longtemps encore un rhéteur grec natif de Cappadoce passera pour un oiseau rare, ou plutôt chimérique (6).

Le seul trait original que les Cappadociens eussent conservé de leur ancienne civilisation, c'est leur religion, toutefois fort altérée par l'introduction d'éléments divers. La pratique de la circon-

(1) Noblesse cappadocienne (ἡγεμόνες) : Polybe, fr. XXXI, 15, 1; Diodore, fr. XXXI, 21 Dind.; Strabon XII, 2, 7. Concessions gracieuses du roi de Perse : Polybe, fr. inc. 10 Didot.
(2) Esclaves de Cappadoce à Tyr : Ezéchiel XXVII, 13. Cp. Horace, *Ep.* I, 6, 39 : *Mancipiis locuples eget aeris Cappadocum rex*. Sur le commerce des esclaves : Polybe IV, 38 et les inscriptions de Delphes.
(3) Strabon XII, 3, 34 (Comana).
(4) Tombes royales d'Amasie; tombes de Tchoroum, Fatsah (Polémonion), Comana. Cf. Ainsworth, *Travels*, I, 100; Hamilton I, 251; 325. Quant à la tombe d'Aladja, avec son portique de trois colonnes doriques, l'époque en est tout à fait incertaine. (Perrot et Chipiez, *Histoire de l'art*, IV, 686.)
(5) Philostrate, *Sophistes*, II, 13.
(6) Θάττον ἂν λευκοὺς κόρακας πτηνάς τε χελώνας εὕροις ἢ δόκιμον ῥήτορα Καππαδόκην. Lucien, *Epig.* 32 (= Anth. Pal. XI, 136). Cependant Sénèque le Rhéteur cite déjà (*Controv.* IX, 29 Kiessling) un rhéteur cappadocien, Glaucippos.

cision, attestée par Hérodote, la prostitution sacrée, la prohibition de la viande de porc, semblent indiquer d'anciennes influences égyptiennes et babyloniennes ; le Panthéon offre un caractère singulièrement éclectique, qui atteste le mélange de plusieurs races et de plusieurs croyances (1).

Ce Panthéon comprenait des divinités mâles et femelles ; chacune avait un sanctuaire de prédilection où elle était adorée exclusivement. Ainsi, le dieu céleste, appelé Zeus par les Grecs, avait dans le royaume de Cappadoce propre des temples célèbres et opulents : à Vénasa (province de Morimène), à la fontaine d'Asbama près de Tyana, au mont Ariadné ; dans le pays des Trocmes, jadis cappadocien, on cite le temple de Tavion. Dans le royaume de Pont, le dieu céleste paraît avoir été adoré surtout à Gaziura, l'ancienne résidence royale ; les monnaies du satrape Ariarathe, frappées dans cette ville, portent en effet une figure de Jupiter trônant avec la légende « *Baal de Gaziura* ». On voudrait pouvoir en conclure que le dieu céleste cappadocien s'appelait Baal, ce qui achèverait de prouver le sémitisme primitif de la nation leucosyrienne : malheureusement le type et la légende sont si manifestement imités des monnaies des satrapes de Cilicie (avec le Zeus trônant et la légende *Baal de Tarse*), qu'il est bien possible que le Jupiter cappadocien s'appelât tout aussi peu *Baal* que *Zeus* (2).

A côté du dieu céleste nous trouvons un dieu solaire, l'Apollon des analogistes grecs. C'était proprement un dieu cataonien, étranger à la race leucosyrienne. La maison mère, située à Dastracon, en Cataonie, avait des succursales dans toute la Cappadoce du sud, qui possédaient des copies de l'idole originale (3). Aucune trace certaine de ce culte ne s'est encore rencontrée dans le Pont ; en revanche, on y trouve un dieu lunaire mâle, appelé par les Grecs *Mên* (*Lunus*), comme tous ses congénères,

---

(1) Circoncision : Hérodote II, 104 ; Pétrone c. 68. Prostitution sacrée : Strabon XII, 3, 36 (elle se trouve aussi en Lydie : Hérodote I, 91 ; en Arménie : Strabon XI, 14, 16, etc.). Viande de porc : XII, 8, 9.

(2) Zeus de Vénasa : Strabon XII, 2, 6. Zeus d'Astuma : Ps. Aristote, *De mirab. ausc.* c. 152 ; Philostrate, *Vit. Apollon.* I, 6 (ὕδωρ Ὁρκίου Διός... Ἀσβαμαίου) ; Ammien Marcellin, XXIII, 6, 19. La description prouve qu'il s'agit bien du même sanctuaire chez Strabon XII, 2, 5 ; il faut sans doute corriger la leçon corrompue Διὸς Δακίεως en Ὁρκίου. Zeus d'Ariadné : Diodore, fr. XXXI, 34. Zeus de Tavion : Strabon XII, 2, 5. Monnaies d'Ariarathe avec *Baal Gazour* : WADDINGTON, *Mél. num.* I, 83. (Cp. les monnaies de Tarse, HEAD, *Historia numorum*, p. 614).

(3) Strabon XII, 2, 5.

et distingué par l'épithète inexpliquée « *Pharnace* » ou « *de Pharnace* »; peut-être faut-il y reconnaître une divinité perse et non cappadocienne. Son sanctuaire était situé au bourg d'Améria, près de Cabira, et la famille royale l'entourait d'une vénération particulière : les rois de Pont juraient « par la fortune du Roi et le Mên Pharnace (1) ».

La plus célèbre de toutes les divinités cappadociennes est la déesse dont le nom indigène, *Ma*, c'est-à-dire sans doute la Mère (2), nous a été conservé par Strabon. Son sanctuaire le plus ancien et le plus vénéré se trouvait à Comana (aujourd'hui *Gümenek*), en Cataonie, sur le Saros; mais le royaume du nord avait aussi sa Comana, devenue à la longue aussi fameuse que sa rivale cataonienne. Le temple, très spacieux, s'élevait sur une montagne abrupte dont l'Iris baigne le pied; autour s'était bâtie une ville populeuse, que nous connaissons déjà comme le principal entrepôt du commerce avec l'Arménie. Les environs étaient tout plantés de vignes, les habitants réputés pour leur luxe et leur goût de la bonne chère. Tout le pays dépendait du grand prêtre qui, de même que son collègue en Cappadoce (3), était considéré comme le second personnage du royaume. Deux fois par an, dans les processions solennelles, il ceignait la couronne, sans doute en sa qualité d'héritier ou de descendant d'une ancienne dynastie de prêtres-rois. Les serfs du domaine sacré, au nombre de plus de six mille, vivaient sous ses lois; il ne pouvait cependant ni les tuer ni les vendre. Le personnel du temple comprenait une grande prêtresse, — dont le palais, comme celui du grand prêtre, s'élevait dans l'enceinte sacrée, — une multitude de prêtresses, de prêtres, de derviches inspirés, enfin de prostituées sacrées, qui valurent à Comana, au moins autant que ses riches bazars, le surnom de *Corinthe pontique*. Les principales cérémo-

---

(1) Strabon XII, 3, 31, où sont mentionnés d'autres *Lunus* asiatiques (cf. aussi WADDINGTON-LE BAS, III, n° 668, qui rappelle le Μὴν Κάρου et le Μὴν Τιάμου également indéclinables; FOUCART, *Associations religieuses*, p. 119). Pour expliquer le surnom du Mên d'Améria, il faut peut-être se souvenir du Pharnace qui figure en tête de la généalogie fabuleuse des rois de Cappadoce (Diodore, fr. XXXI, 19, 1); mais une explication beaucoup plus séduisante m'est proposée par M. JAMES DARMESTETER : Φαρνάκου serait le perse *farnakhrant* (de *farna* = τύχη), épithète qui sous sa forme rend *âvarmaskrant* se trouve précisément appliquée à la lune dans un texte religieux (*Yasht*, VII, 5).

(2) *Ma* était aussi le nom lydien de Rhéa-Cybèle (Étienne de Byzance, s. v. Μάστανρα), dont *Amma* (*Etym. Magnum* s. v.) paraît être une variante.

(3) Inscription de Comana du Saros dans *Bull. corr. hell.* VII, 127.

nies du culte étaient les deux grandes processions annuelles où l'on portait en pompe l'idole de la déesse. Ces fêtes attiraient à Comana des milliers d'étrangers; tout le long de l'année, d'ailleurs, les pèlerins affluaient pour offrir des sacrifices ou accomplir des vœux. L'entrée de la ville était interdite aux porcs, animaux impurs qui auraient pu souiller l'enceinte sacrée.

Le culte de Mâ avait un caractère farouche et extatique; les transports furibonds, les mutilations sanglantes que l'on raconte des Bellonaires de Rome furent évidemment importés de Cappadoce, vers l'époque de Sylla, avec la divinité elle-même; ces rites rappellent de près les cérémonies fanatiques des ministres de la Grande Mère de Pessinonte. Toutefois les analogistes anciens n'étaient pas d'accord sur la véritable nature de la déesse : ils hésitaient entre Séléné, Pallas et Bellone (Énye) (1). S'il faut reconnaitre le pontife de Comana dans le « grand prêtre de la Terre » mentionné par une inscription funéraire d'Amasie, on aurait là une quatrième traduction : Mâ serait un nouvel exemplaire de Rhéa Cybèle, la Terre féconde et nourricière, la nature mourante et renaissante, adorée par les Lydiens et les Phrygiens. Enfin une cinquième identification, appuyée sur toute une légende, se rencontre dès le temps de Strabon : la déesse de Comana ne serait autre que l'Artémis Taurienne, l'idole enlevée par Oreste et déposée par lui dans le temple de Comana avec sa chevelure de deuil et le glaive d'Iphigénie. Plus tard, pour mettre d'accord les prétentions rivales des deux Comana, on raconta qu'Oreste, tombé malade en quittant la Crimée, avait consulté l'oracle : celui-ci lui répondit qu'il ne recouvrerait la santé qu'après avoir élevé à Artémis un temple dans un endroit exactement semblable à celui qu'elle hantait en Tauride. Oreste crut trouver le site fatidique à Comana du Pont et y bâtit le temple sur l'Iris; mais, comme la maladie ne le quittait point, il poursuivit sa route et s'arrêta à Comana du Taurus, en Cataonie : là enfin s'accomplit l'oracle, Artémis retrouva son temple et Oreste

---

(1) Plutarque, *Sylla*, 9 : εἴτε Σελήνην οὖσαν, εἴτε Ἀθηνᾶν, εἴτε Ἐνυώ. L'apparition racontée dans ce chapitre est de l'an 88 et prouve que Sylla avait rapporté le culte de *Mâ* de la Cappadoce en 92, et non, comme on l'a prétendu, du Pont en 84. Le caractère lunaire attribué par ce texte à la déesse me paraît provenir soit d'une confusion avec son voisin Mên, soit d'une identification locale avec le dieu lunaire iranien *Mao* dont le nom figure sur des monnaies indoscythiques (*Catalogue du Musée Britannique*, pl. XXVII, 23).

la santé (1). Cette légende qui, sous cette forme développée, se lit pour la première fois dans Procope, est en contradiction manifeste avec le témoignage de Strabon suivant lequel le sanctuaire cataonien serait le plus ancien des deux. Le plus singulier c'est que les deux Comana n'étaient pas seules en Cappadoce à invoquer le souvenir d'Oreste : à Castabala, au pied du Taurus, existait un temple d'Artémis *Pérasia,* c'est-à-dire, d'après l'explication courante, Artémis *d'au delà les mers.* Le culte y était encore plus frénétique qu'à Comana : les prêtresses, dans leur extase, marchaient, pieds nus, sur des charbons ardents; la légende locale attribuait la fondation du sanctuaire à Oreste et à Pylade. Non loin de là, on racontait que le roi des Tauriens, Thoas, ayant poursuivi les fugitifs jusqu'au pied du Taurus, était mort dans la ville de Tyane qui prit d'abord son nom (*Thoana*). Si récentes qu'on puisse supposer toutes ces légendes, quelque place qu'y tiennent des jeux de mots puérils (*Taurus* et la *Tauride, Thoas* et *Tyana, Comè,* chevelure, et *Comana*), il n'est pas impossible qu'elles cachent un fond de vérité historique. La grande déesse de Comana, primitivement cataonienne, n'aurait-elle pas été apportée d'Europe par les Cimmériens, dont les Tauriens de la Crimée sont, en toute probabilité, un débris? Le caractère hybride de cette déesse, qui en rendait l'identification si difficile, ne trahirait-il pas la fusion d'une ancienne divinité asiatique, naturaliste et sensuelle, avec la Vierge sanglante et belliqueuse des conquérants venus du nord (2)?

Nous avons décrit les sauvages, les barbares, les demi-civilisés; arrivons enfin aux deux races supérieures, immigrées l'une

(1) D'autres ne faisaient cesser la folie d'Oreste qu'au pied du mont Amanos (de α privatif, μανία). Étienne de Byzance s. v.

(2) Sur les cultes des deux Comana, les textes les plus importants sont ceux de Strabon XII, 2, 3; 3, 32-36; 8, 9. Inscription d'Amasie (Τῆς ἀρχιερείας Κ...) : PERROT, *Exploration de la Bithynie,* p. 372 et pl. 72. Une inscription de Comana pontique (C. I. G. 1769) y mentionne une famille (?) d'*Orestindes.* Sur le site de Comana, cf. RAMSAY, *Journal of philology,* XI, 152. Les monnaies de Comana du Saros représentent la déesse sous les traits d'Artémis (*Trois Royaumes,* pl. III, 27); celles de Comana pontique (MILLINGEN, *Ancient coins,* pl. V, 4) l'assimilent à Bellone. Sur la légende sacrée de Castabala : Strabon XII, 2, 7; celle de Tyane : Arrien, *Perip.* 7; celle de Comana : Strabon, Pausanias III, 16, 8; Dion Cassius XXXVI, 13; Etym. Mag. s. v.; Damascius dans F. H. G. II, 361; Procope, *Pers.* I, 17. Les nombreux textes latins et chrétiens relatifs au culte de la Bellone romano-cappadocienne ont été réunis par TIESLER, *De Bellonae cultu et sacris,* Berlin 1842; PRELLER, *Römische Mythologie,* XII, 3, a; PROCKSCH dans le *Lexicon* de Roscher, s. v. *Bellona.*

et l'autre à une époque récente, et qui représentaient seules dans le Pont la civilisation véritable sous deux aspects différents : les Perses, aristocratie de tiare et d'épée; les Hellènes, bourgeoisie intelligente, qui avait le monopole de l'art, de la littérature, du commerce, bref de toutes les manifestations de la vie urbaine.

On sait déjà qu'une notable partie de l'aristocratie cappadocienne, qui constituait en même temps la classe des grands propriétaires fonciers, s'était recrutée parmi les nobles perses, immigrés à la suite de la conquête. Sous les Mithridate, Perses eux-mêmes, cette noblesse de sang iranien, fière, militaire, née pour le commandement, conserva sa situation; à en juger par les noms (1), elle continuait à fournir à l'État bon nombre de ses principaux serviteurs. Cependant les nobles perses n'avaient pas, ou n'avaient plus, l'accès exclusif des hauts emplois; à côté d'eux on trouve non seulement des Grecs, mais des Paphlagoniens, des Arméniens, des Phrygiens, peut-être même des Cappadociens indigènes.

Le gouvernement de Mithridate avait un caractère autoritaire et passablement niveleur, comme tous les despotismes; il s'appuyait de préférence sur les classes laborieuses, diminua le rôle de la noblesse iranienne qui s'en vengea par la trahison. Quant aux privilèges du clergé iranien, ils furent scrupuleusement respectés, mais il ne paraît pas que les Mithridate aient favorisé l'expansion de la religion perse au détriment de la religion indigène : les deux cultes vivaient côte à côte, en bonne intelligence, sans se pénétrer et sans se combattre. Les dieux Perses n'avaient pas de temples proprement dits, mais des enceintes sacrées, dispersées à travers le pays, et annexées à des collèges ou couvents de mages, qui, suivant Strabon, étaient aussi nombreux en Cappadoce qu'en Médie. Les Grecs appelaient ces enceintes *pyréthées* et les mages *pyréthes*, c'est-à-dire allumeurs de feu (2), à cause de la principale cérémonie de leur culte. Au centre de l'enceinte, ordinairement située sur une hauteur, s'élevait un

---

(1) Outre les familles des Mithridate, des Ariarathe, des Ariobarzane, on trouve encore dans les Cappadoces, antérieurement à la domination romaine, les noms perses Mitharès, Moapherne, Μιθραύχμης; (*Bull. corr. hell.* VII, 134, n° 13), Μιθραβύζης; (*Iscrizioni*, 1889, p. 57), etc.

(2) Ce dernier mot traduit d'ailleurs littéralement le zend *âtareva* (prêtres du feu), qu'on trouve dans l'Avesta (par exemple *Yaçna*, XLI, 31-33).

autel, couvert de cendre, où brûlait un feu éternel. Tous les jours, les mages, vêtus de longues robes blanches, coiffés de la tiare de laine aux longs couvre-oreilles retombant jusqu'aux lèvres, un faisceau de bruyères à la main, pénétraient dans le cercle et récitaient pendant une heure des litanies au pied de l'autel. Parfois ils offraient des libations ou immolaient des victimes; le sacrificateur se servait d'un billot de bois, l'usage du fer était sévèrement interdit (1).

La plupart de ces enceintes étaient consacrées au dieu suprême, Ormuzd; il n'est jamais question dans le Pont du culte de Mithra, mais le nom même des Mithridate atteste que le génie du soleil n'y manquait pas d'adorateurs. Une enceinte d'un caractère tout particulier était celle de Zéla, vouée à la triade populaire Anaïtis, Omanos et Anadatès (2). Zéla était une bourgade très ancienne, située à peu de distance de Gaziura, sur une colline d'une parfaite régularité que la tradition locale considérait comme un *tell* assyrien (une « colline de Sémiramis »). Il est probable qu'il y avait eu là un ancien sanctuaire indigène dont les titulaires furent expropriés par les conquérants iraniens; le culte de Zéla resta, en effet, organisé sur le modèle des cultes cappadociens et sémitiques. Le grand prêtre de Zéla rivalisait avec celui de Comana par le prestige, la richesse, l'étendue du territoire et le nombre des hiérodules. On célébrait pompeusement, sans doute au mois de Lôos, comme à Babylone, la fête des *Sacaia*, les saturnales babyloniennes, adoptées généralement par les Perses; ce jour-là, de même qu'on promenait à Comana l'idole de Mâ, l'image en bois d'Omanos était portée solennellement à travers les rues de Zéla. Encore aujourd'hui, vers le solstice d'été, qui correspond à l'époque des *Sacaia*, Zilleh est le siège d'une foire

---

(1) Strabon XV, 3, 15. Cp. Pausanias V, 27, 5-6 qui décrit presque dans les mêmes termes les cérémonies des temples perses d'Hiérocésarée (cf. Tacite, *Ann.* III, 62 : *Persica Diana, delubrum rege Cyro dicatum*, et les monnaies) et d'Hypæpa en Lydie. Cf. C. I. G. 3121.

(2) Anaïtis (*Anâhita*), l'Artémis perse, est une ancienne divinité avestique dont le culte, plus ou moins confondu avec celui de l'Istar babylonienne, fut officiellement constitué à l'état d'idolâtrie par Artaxerxès Mnémon (Bérose, fr. 16). Omanos est peut-être *Vohumano*, « la bonne pensée », un des sept Amshaspands (immortels) de l'Avesta, ou, suivant d'autres, *Haoma*. Quant à l' Ἀναδάτης de Strabon, il est complètement inconnu; Windischmann a supposé que son nom cachait celui d'*Ameretât*, un autre des sept immortels. Il est possible que le nom doive être purement et simplement retranché du texte de Strabon, puisqu'il ne reparaît plus XV, 3,15.

importante, souvenir lointain de l'antique procession d'Omanos (1).

L'élément grec n'avait pas, dans le Pont, la situation sociale de l'élément perse; en revanche, il déployait une bien autre activité et une singulière puissance d'expansion. Le nombre des établissements helléniques de la côte, loin d'augmenter sous les Mithridate, semble plutôt avoir diminué par suite de la réunion, plusieurs fois survenue, de diverses petites « échelles » en une grande cité : ainsi, sur la côte paphlagonienne, Sésamos, Cromna et Cytoros avaient formé Amastris vers le temps d'Alexandre; sur la côte du Paryadrès, Cotyora et Cérasonte furent dépeuplées au profit de Pharnacie, création de Pharnace. Cette concentration répondait aux conditions nouvelles d'existence des villes helléniques dans le Pont. Le temps des petits ports de cabotage, des petites colonies agricoles, des petites factoreries fortifiées était passé. Un autre rôle s'offrait aux villes grecques, depuis qu'elles avaient été conquises par les Mithridate et réconciliées avec la conquête : elles devaient servir de débouchés commerciaux au haut pays et de grands foyers à la civilisation renaissante. Elles ne faillirent pas à leur double tâche; tout prouve qu'à la veille de la conquête romaine, en atteignant elles-mêmes un haut degré de prospérité et de culture, elles avaient aussi favorisé le développement économique des deux Cappadoces et commencé d'y faire rayonner l'influence vivifiante de l'hellénisme.

La plus occidentale des villes pontiques, Amastris, était une belle cité tirée au cordeau; son double port, destiné à un grand avenir, avait encore peine à soutenir la concurrence de sa voisine Héraclée, la seule république restée indépendante sur cette côte (2).

(1) Sur le culte de Zéla : Strabon XI, 8, 4-5; XII, 3, 37 (Omanos et Anaïtis sont encore mentionnés XV, 3, 15). Sur la localité : Hirtius, *Bell. alex.* 72 (*tumulus naturalis, relati manu factus*. Il y avait des collines semblables, dites de Sémiramis, à Tyana, Strabon XII, 2, 7, et à Mélitène, Pline VI, 3, 8); HAMILTON I, 335; PERROT, *Exploration*, etc. p. 377 ; *Bull. corr. hell.* VIII, 376. La fête des *Sacaia* était généralement célébrée dans les pays perses (Strabon, *loc. cit.*; Ctésias, fr. 16 Didot; Dion Chrysostome, or. 4), mais elle n'était pas d'origine perse; l'explication de Strabon qui, égaré par l'étymologie, en fait une fête commémorative de la défaite des Scythes (Saces) par les Perses, est simplement absurde. (Elle se trouve aussi chez Hésychius : Σακαία ἡ Σκυθικὴ ἑορτή.) La fête est d'origine babylonienne (Bérose, fr. 3 Müller = Athénée XIV, p. 639 C) et paraît avoir existé en germe dès le temps de Gouléa (AMIAUD, *Revue archéologique*, XII, 1888, p. 85). Je n'ai pas à examiner la question de son identité avec la fête sémitique des tabernacles (*Sueceth*); voir MOVERS, *Religion der Phœnizier*, p. 480; RENAN, *Histoire d'Israël*, I, 57.

(2) Pour Amastris, Pline le jeune, *Ad Traj.*, ep. 99 : *Amastrinorum civitas et elegans et ornata*; Lucien, *Toxaris*, c. 57.

A l'autre extrémité de la Paphlagonie, Sinope, où Mithridate avait sa principale résidence, était la reine de l'Euxin. Bâtie sur l'isthme d'une petite presqu'île qui se détache du grand promontoire Syrias, elle avait deux ports spacieux et profonds, des arsenaux splendides et une banlieue admirablement cultivée. Échelle principale de la Paphlagonie, de la Galatie et de la Cappadoce, le commerce, les pêcheries, l'industrie métallurgique l'avaient puissamment enrichie; Mithridate acheva de lui faire oublier son indépendance en la comblant de ses bienfaits. Sinope menait de front l'activité commerciale et le goût des lettres et des arts : la patrie de Diogène et de Diphile montrait avec orgueil son marché, ses portiques, son gymnase, la statue d'Autolycos par Sthénis et la sphère fameuse de Billaros (sans doute un globe céleste) (1).

La rivale de Sinope était la Phocéenne Amisos, qui avait détrôné les petits ports ensablés du delta de l'Iris (Thémiscyre, Chadisia, etc.) comme grand marché de la région fluviale. Cette fille adoptive d'Athènes, qui conservait avec sa mère les relations les plus cordiales, était la ville des beaux édifices et du beau langage; au temps de Mithridate on y lisait les petits vers du poète Myrinos, et le grammairien Hestiéos, maître de Tyrannion, y donnait des leçons. Mithridate avait à Amisos un palais qu'il habitait souvent; il bâtit des temples dans la ville et l'augmenta d'un quartier neuf, Eupatoria, qui possédait une enceinte particulière (2). — Au delà du Thermodon, les petits ports d'OEnoé, de Chabaca et de Sidé ne jouissaient alors que d'une prospérité médiocre; seule la forteresse de Pharnacie était importante par sa situation militaire, ses pêcheries et ses mines de fer : c'est au palais de Pharnacie que Mithridate mit en sûreté son harem lors de l'invasion romaine. La dernière cité grecque du littoral était Trapézus (Trébizonde), la ville des fruits, l'*emporium* des tribus du Paryadrès oriental (3).

Nous manquons de renseignements sur la nature et l'étendue des libertés municipales que les Mithridate avaient laissées aux

(1) Sur Sinope : Polybe IV, 56; Strabon XII, 3, 11.
(2) Sur Amisos : Strabon XII, 3, 11. Temples construits par Mithridate : Appien. *Mith.* 112. Le poète Myrinos : HOMOLLE, *Bull. corr. hell.* IV, 363. Hestiéos : Suidas, s. v. Τυραννίων. Le faubourg Eupatoria : Appien, *Mith.* 78; Pline VI, 2, 7 (= Solin 191. 16; Martianus Capella, p. 689); Memnon, c. 15.
(3) Sur ces villes du littoral oriental : Strabon XII, 3, 16; 17; 19.

villes grecques du Pont incorporées à leur royaume. Quelque sensible que dût être à ces petites et glorieuses cités la perte de l'autonomie politique, elles trouvèrent des compensations dans la faveur intelligente que leur témoignèrent les rois. Ici encore, le vaincu ne tarda pas à conquérir le vainqueur : quand des Grecs d'Amisos, Gaios, Dorylaos, étaient élevés sur un pied de camaraderie avec l'héritier du trône du Pont, quand un aventurier de Sinope, Diophante, offrait ses services au roi plutôt qu'il ne recevait ses ordres, quand la cassette royale contribuait si largement à l'embellissement des villes et à l'amélioration des ports, les Hellènes du Pont auraient été mal venus à regretter trop vivement leur vieille indépendance, qui, depuis longtemps, ne leur apportait plus que l'éternelle oscillation entre une démocratie sans frein et une tyrannie sans contrôle. Aussi l'attitude des villes pontiques lors de l'invasion romaine fut-elle, en général, d'un loyalisme irréprochable; les récits des historiens favorables à Rome, qui ont représenté leur résistance comme contrainte et forcée, laissent entrevoir une vérité toute différente. Sans doute les Grecs de Sinope et d'Amisos ne professaient pas tous un enthousiasme sans mélange pour la cause d'un roi qu'ils devaient considérer un peu comme un barbare frotté de civilisation; mais n'avaient-ils pas raison de préférer sa domination brillante et bienfaisante à la tyrannie, à l'exploitation financière que Rome avait à leur offrir?

Ajoutons que le philhellénisme de Mithridate ne se traduisit pas seulement par ses libéralités envers les cités grecques d'ancienne fondation. On verra tout à l'heure comment il attirait à son service des centaines de Grecs de toutes les provenances et de toutes les professions; comment sa cour, à l'apogée de son règne, fut le rendez-vous de tous les beaux esprits du temps qui ne pouvaient s'accommoder de l'insolent patronage de Rome. Mithridate comprenait, en outre, l'influence féconde que pouvait exercer le génie municipal hellénique sur un pays encore dans l'enfance; il fonda, à l'intérieur du Pont, de nouvelles cités grecques ou favorisa, à l'exemple des rois de Cappadoce, l'*hellénisation* des anciennes bourgades. Déjà sa mère avait bâti une Laodicée dans la grasse campagne du lac Stiphané; Mithridate éleva dans un emplacement encore plus favorable, vers le confluent du Lycos et de l'Iris, au cœur de la magnifique plaine de Phanarée, la ville qui reçut d'après lui le nom d'Eupatoria (1). Sous son règne, l'ancienne capitale du royaume, Amasie, acheva de devenir une ville hellénique : je n'en veux pas d'autre preuve que l'histoire du stratège d'Adramyttion, Diodore, qui, souillé du sang de ses concitoyens, s'était retiré à Amasie, ne put y supporter le mépris public et se laissa mourir de faim (2). La généalogie du géographe Strabon, natif de cette même ville, nous apprend que les mariages mixtes entre Grecs et indigènes furent un des plus puissants facteurs de la transformation morale du pays : parmi les ancêtres du grand écrivain on trouve des Grecs originaires d'Amisos, — les fils de Dorylaos l'ancien, Lagétas et Stratarque, — on trouve aussi un Perse, Moapherne, un Paphlagonien, Tibios. De même, un des généraux de Mithridate s'appelle Diophante, fils de Mitharès : le père a un nom perse, le fils un nom hellénique. Sur le terrain religieux la fusion prochaine des nationalités s'annonce par les tentatives de traduire en grec les noms des divinités indigènes, de les assimiler à des divinités de l'Olympe : Mâ s'appelle Artémis ou Ényo, Ormuzd se déguise en Zeus Stratios; déjà un Grec, Dorylaos le jeune, devient grand prêtre de Comana, sans exciter de scandale. Enfin un dernier indice des progrès notables que l'esprit grec, la langue grecque, avaient accomplis dans le pays, c'est que, sous le règne de Mithridate, plusieurs bourgades cappadociennes de l'intérieur, Comana, Cabira, Gaziura, Pimolisa, Talaura, sans compter Amasie et Laodicée, frappèrent des monnaies de bronze avec des légendes et des types helléniques, empruntés d'ordinaire au mythe de Persée. Dans le choix de ces types, il n'y avait pas seulement une flatterie ingénieuse à l'adresse de la dynastie, mais le symbole expressif d'un grand fait historique : l'union féconde de deux grandes civilisations, le persisme et l'hellénisme, dans une œuvre commune d'éducation morale, union rêvée par Alexandre le Grand, tardivement réalisée, sur un théâtre malheureusement trop restreint, par le mieux doué de ses successeurs.

(1) Strabon XII, 3, 30; Appien, *Mith.* 115.
(2) Strabon XIII, 1, 66.

CHAPITRE II.

LE GOUVERNEMENT (1).

Moins un État repose sur la base solide d'une longue communauté historique ou d'une véritable unité nationale, plus le gouvernement doit y être fortement constitué. Le Pont était une mosaïque de nations, — on y parlait 22 langues suivant les uns, 25 suivant les autres (2), — et la plupart de ces nations n'étaient jamais sorties d'une barbarie plus ou moins complète. La seule forme de gouvernement qui convint à un pareil assemblage, c'était la monarchie absolue; les peuples asiatiques n'en ont d'ailleurs jamais connu d'autre. Aussi peut-on définir le gouvernement de Mithridate : un despotisme militaire, tempéré par quelques traditions.

La couronne était héréditaire de mâle en mâle, par ordre de primogéniture. Cette règle ne souffrit qu'une seule exception : c'est celle qui se produisit à la mort de Mithridate Évergète, lorsqu'en vertu d'un testament, plus ou moins authentique, le pouvoir royal fut partagé entre la veuve du roi et ses deux fils encore mineurs (3). Quand la polygamie royale eut été introduite officiellement par Mithridate Eupator, le roi se trouva à la tête d'un si grand nombre de fils, dont les mères étaient sorties de conditions sociales diverses, qu'il crut pouvoir désigner l'héritier présomptif en s'inspirant des raisons d'affection ou de mérite, sans égard pour les droits de l'âge. C'est ainsi qu'en dernier lieu il

---

(1) Nos informations sur ce chapitre doivent être péniblement glanées à travers Strabon et les historiens. Elles ont été heureusement complétées par la découverte des dédicaces gravées au temple des Cabires à Délos, en l'honneur de Mithridate et de plusieurs de ses ministres, par le grand prêtre Hélianax, fils d'Asclépiodore. Ces inscriptions, trouvées par mon frère, ont été publiées d'abord dans le *Bulletin de correspondance hellénique*, VII, 353 suiv. Elles appartiennent incontestablement, comme l'a cru le premier éditeur, aux premières années du règne, vers 100 av. J.-C.

(2) Le premier chiffre est donné par Valère Maxime VIII, 7, ext. 16; Quintilien XI, 2, 50; Pline XXV, 2 (= Solin XXIX, 25); le second par Aulu-Gelle XVII, 17. Le *De viris*, c. 76, donne 50.

(3) Strabon X, 4, 10.

arrêta son choix sur Pharnace, né vers l'an 97, alors qu'il avait un autre fils, Artapherne, plus âgé d'au moins sept ans (1). A l'époque la plus brillante de son règne, en 88, Mithridate avait songé à une division définitive de son vaste empire entre ses deux fils préférés : l'Europe à Ariarathe, l'Asie et le Bosphore à Mithridate. Il les installa d'avance dans leurs royaumes respectifs, de même que le fondateur de la monarchie, Mithridate Ctistès, s'était jadis associé, de son vivant, son fils Ariobarzane. Mais ce sont là des faits exceptionnels et qui ne permettent pas de poser en principe que les Mithridate, comme les Capétiens et les empereurs byzantins, aient été obligés de recourir à l'expédient d'une association entre vifs pour assurer la transmission héréditaire de leur couronne.

Les rois de Pont s'étaient, comme on sait, bâti un arbre généalogique fabuleux qui remontait à Cyrus et à Darius; ils passaient ainsi, aux yeux de leurs sujets, pour les héritiers légitimes des grands rois Achéménides. Néanmoins, à la différence des rois Parthes et du roi d'Arménie, Tigrane, Mithridate ne prit jamais officiellement le titre de « roi des rois » ou de « grand roi »; sur ses monnaies, sur ses inscriptions, même au faîte de sa puissance, il s'intitule simplement « le roi Mithridate Eupator ». A l'étranger, les Grecs le désignaient ordinairement sous le nom de « roi des Cappadociens (2) », en sous-entendant : de l'Euxin; les Romains, sous celui de « roi de Pont ». Ce ne fut que longtemps après sa mort qu'on s'avisa de lui conférer rétrospectivement le titre de « roi des rois »; son fils Pharnace, qui ne régnait cependant que sur le Bosphore, prit également ce titre pompeux, pour

---

(1) Pharnace désigné pour héritier : Appien, *Mith.* 110. Son âge : *ib.* 120. Celui d'Artapherne : *ib.* 108.

(2) Voir l'inscription éphésienne à l'Appendice et l'inscription délienne rapportée par Posidonius, fr. 11. Le royaume de Pont est appelé Καππαδοκία ἡ περὶ Εὔξεινον par Polybe V, 43, 1; de même Strabon XIV, 1, 34 appelle Καππαδόκων βασιλεῖς les rois de Pont et de Cappadoce qui secoururent les Romains contre Aristonic. On entendait alors ordinairement par Pont le Bosphore cimmérien : aussi lorsque Mithridate Eupator eut conquis ce royaume et presque tout le périmètre de l'Euxin, l'appela-t-on naturellement « roi de Pont »; puis, par une curieuse métonymie, le nom de Pont désigna définitivement le morceau principal du royaume, l'ancienne Cappadoce pontique (voir B. NIESE, *Die Erwerbung der Küsten des Pontos durch Mithridates VI*, dans le *Rheinisches Museum*, XLII, 1887, p. 559 suiv.). Le nom de roi de Pont appliqué aux prédécesseurs d'Eupator (par exemple le Ctistès chez Memnon, c. 11) est donc un anachronisme qui trahit un historien d'époque romaine.

frapper l'imagination de ses peuples ou flatter la vanité de ses vassaux (1).

En principe, les pouvoirs d'un roi oriental sont illimités, sa compétence est universelle. Il est le maître, le père, le dieu vivant et présent; il dispose souverainement de la vie et de la fortune de ses sujets; il est grand prêtre, général en chef, justicier suprême. En fait, nous voyons Mithridate exercer, au moins d'une manière intermittente, tous ces attributs de la toute-puissance royale. Nous l'avons vu commander en personne les armées et les flottes; nous le verrons présider lui-même aux grandes solennités du culte perse; à Pergame, il rend la justice; dans son royaume héréditaire, il condamne, sans autre forme de procès, à la mort ou à la prison les nobles des premières familles, voire même son frère, ses femmes ou ses fils, et les Romains trouveront dans les archives royales des ordres de mort tout préparés à l'adresse des plus grands personnages. Toutefois, en pratique, le roi, si prodigieuse que fût son activité, ne pouvait pas suffire à tout; il fallait diviser le travail du gouvernement. De là, une organisation administrative savante, une hiérarchie de fonctionnaires dont les traits généraux, communs à toutes les monarchies hellénistiques, remontent à la monarchie perse, et par celle-ci au royaume des Pharaons, le prototype de tous les despotismes savants que le monde ancien a connus.

Les détails et le fonctionnement de la machine gouvernementale nous échappent, mais nous pouvons en nommer les rouages principaux. Tout d'abord, autour du roi, plutôt qu'au-dessous de lui, le *Conseil d'État* ou, comme on l'appelait d'un nom également employé chez les anciens Achéménides, en Égypte, en Syrie et chez les Parthes, le Conseil des « Amis du roi ». On reconnaît ici les « amis » ou « parents » de Darius et d'Alexandre, l'on pressent les « amis » d'Auguste. Ce Conseil possédait des attributions très importantes et très variées, les unes politiques, les autres judiciaires; mais il n'avait jamais que voix consultative. C'est ainsi qu'en 86, le Conseil des amis ayant conclu à l'exécution capitale de tous les habitants de Chios, accusés d'intelligence

---

(1) Voir les monnaies de Pharnace avec la légende ΒΑΣΙΛΕΩΣ ΒΑΣΙΛΕΩΝ ΜΕΓΑΛΟΥ ΦΑΡΝΑΚΟΥ et l'inscription de Dynamis (*Comptes rendus de Saint-Pétersbourg*, 1860, p. 101) à l'Appendice.

avec les Romains, Mithridate commua la peine en une amende, suivie de déportation.

Les conseillers d'État, comme l'indique leur nom d' « amis », jouissaient de la confiance du monarque et composaient sa société la plus ordinaire. Mithridate Évergète banquetait avec les siens lorsqu'ils l'assassinèrent ; sans doute les camarades d'enfance du roi, les *syntrophoi*, faisaient de droit partie de ce cercle privilégié. Un rang encore plus élevé dans la hiérarchie aulique était celui de « premier ami », réservé aux plus grands dignitaires de la monarchie. Les titres d'ami et de premier ami étaient aussi quelquefois accordés, d'une façon purement honorifique, à des étrangers qui, certainement, ne comptaient point parmi les véritables conseillers du prince : de ce nombre fut, par exemple, le sophiste Aristion (1).

Les « amis » étaient à la fois un corps délibératif et une classe privilégiée ; l'administration proprement dite appartenait aux ministres, qui, d'ailleurs, étaient en général choisis parmi les premiers amis du roi. Leur nom technique était celui de « préposés » (*tetagmenoi*). Nous en connaissons deux : le ministre de la guerre (« préposé aux armées ») et le ministre de la justice (« préposé aux appels »). On peut y ajouter le secrétaire particulier du roi, également désigné sous le nom de *préposé*, et sans doute aussi un trésorier général ou ministre des finances (2).

---

(1) Les συγγενεῖς d'Alexandre (Arrien, *Anab.* VII, 11) sont sans doute identiques aux φίλοι (Diodore XVII, 31 ; XVIII, 2) qui ne doivent pas être confondus avec les ἑταῖροι. Mais à la cour des Ptolémées les deux catégories sont distinguées (C. I. G. 1677-1698 ; Waddington-Le Bas, n° 2781. Cf. Lebègue, *Recherches sur Délos*, insc. XI, p. 137 ; *Bull. corr. hell.* III, 368 ; Latronne, *Recherches sur l'Égypte*, p. 315) et il en était de même chez les Parthes, où le roi avait deux conseils : les συγγενεῖς et les φίλοι καὶ φίλοι (Posidonius chez Strabon XI, 9, 3), dont l'un ou l'autre se confond avec les πρῶτοι φίλοι mentionnés dans une inscription déliennne, *Bull. corr. hell.* VII, 349. Πρῶτοι φίλοι en Syrie : *Bull. corr. hell.* IV, 218. Les « premiers amis » de Mithridate connus par les dédicaces de Délos sont Papias et X..., fils d'Antipater ; pour Gaios la qualification ne résulte que d'une conjecture. Pour Aristion, cf. Posidonius fr. 11 ; pour Moapherne, Strabon XI, 2, 18.

(2) Ministre de la guerre : Dorylaos, τεταγμένος... ἐπὶ τῶν δυνάμεων (insc. de Délos, n° 9 *bis*). Cf. le γραμματεὺς τῶν δυνάμεων, C. I. G. III, 4836. A notre époque δυνάμεις a invariablement le sens d'armées : cf. l'insc. d'Éphèse, à l'Appendice, I. 5. Ministre de la justice : Papias, fils de Ménophile, d'Amisos, τεταγμένος... ἐπὶ τῶν ἀναρρήσεων (insc. déliennes, n° 10). Le même emploi fut exercé plus tard par Métrodore de Scepsis, ταχθεὶς (= τεταγμένος) ἐπὶ τῆς δικαιοδοσίας (Strabon XIII, 1, 55). Ministre du secret : ... ὁ Ἀντιπάτρου [τεταγμένος]... ἐπὶ τοῦ ἀπορρήτου (insc. déliennes, n° 9). Cf. ὁ ἀπορρήτων γραμματεύς, Pompée, *Bell. Pers.* I, 2, 7, p. 182 Dind. Lors de la catastrophe de Cabira, en 71, le secrétaire du roi, ὁ ἐπὶ τῶν ἀπορρήτων, s'appelait Callistrate (Plutarque, *Lucullus*, 17).

Parcourons maintenant les différents services administratifs, en commençant par le culte, premier objet de la sollicitude royale. Toutes les croyances étaient tolérées, mais trois cultes seulement jouissaient d'une protection officielle : le culte cappadocien, le culte perse et le culte hellénique. Le roi désignait les titulaires des principaux sacerdoces : c'est ainsi qu'il appela son favori Dorylaos au siège de Comana. Il intervenait encore dans certains détails du culte qui touchaient à l'ordre public : par exemple, il réglementa le droit d'asile des temples d'Asie après l'avoir violé ; de même, il bâtit à ses frais des temples dans Amisos. Mais il ne semble pas qu'il y ait eu un *budget des cultes* proprement dit : les biens des temples suffisaient à leur entretien. On a déjà vu que le grand prêtre de Comana commandait à 6,000 hiérodules, et la fortune du grand prêtre de Zéla n'était pas moins considérable.

En ce qui concerne l'administration provinciale, il faut distinguer entre le royaume de Pont proprement dit et les possessions d'outre-mer (Bosphore et Colchide). Celles-ci étaient soumises, en raison de leur éloignement et des difficultés de communication, à un régime exceptionnel, comme l'étaient, dans le royaume des Ptolémées, Cypre et la Cyrénaïque : elles formaient deux gouvernements généraux, à la façon des anciennes satrapies perses, dont les titulaires, véritables rois au petit pied, concentraient tous les pouvoirs civils et militaires. Nous voyons fonctionner comme gouverneurs du Bosphore d'abord Hygiénon, qui usurpa le titre d'archonte, puis Macharès, fils de Mithridate, avec le titre de roi (1). Le gouverneur ou vice-roi du Bosphore résidait à Panticapée ; il exerçait les droits de protectorat sur les Grecs du royaume et ceux de suzeraineté sur les dynastes méotiens. Le gouverneur de la Colchide avait une situation analogue ; il portait le titre d'*hyparque* ou *diœcète* et était choisi parmi les « premiers amis » du roi : un de ces gouverneurs fut Moapherne, grand-oncle de Strabon (2). Ce système de satrapies fut appliqué en grand, lorsque Mithridate, en 88, eut conquis presque toute l'Asie Mineure. A cette époque, les anciens États indépendants de la péninsule, Paphlagonie, Bithynie, Galatie, etc., reçurent tous des

---

(1) Drachme d'Hygiénon (Muret, *Bull. corr. hell.* VI, 211) : ΑΡΧΟΝΤΟΣ ΥΓΙΑΙΝΟΝ-ΤΟΣ. Macharès, roi du Bosphore : Appien, *Mith.* 67, etc.

(2) Strabon XI, 2, 18. Il l'appelle ὕπαρχος καὶ διοικητὴς τῆς χώρας.

satrapes; c'est aussi le nom que portèrent les lieutenants établis par le prince Ariarathe en Thrace et en Macédoine (1).

De pareils intermédiaires n'étaient pas nécessaires, ni même admissibles, dans la contrée où le roi avait fixé sa résidence, où son autorité immédiate pouvait se faire sentir : aussi le Pont ne forma-t-il pas de satrapie sous Mithridate, pas plus que la Perse sous Darius. Toutefois il dut y avoir, même dans ces pays où battait le cœur de la monarchie, une subdivision administrative, exigée par l'étendue du territoire et l'importance de la population. Le principe de cette subdivision ne fut pas le même que dans les provinces grecques de l'empire romain, par exemple, où le territoire était réparti entre un certain nombre de *cités* ou communes autonomes. Les centres urbains étaient encore peu nombreux dans le Pont; la plupart n'avaient aucune tradition de *self government*. Il en était autrement, il est vrai, dans les anciennes républiques grecques de la côte; mais les plus importantes parmi ces anciennes républiques, Sinope, Amisos, Cérasonte (Pharnacie), étaient devenues des résidences royales et la présence continuelle de la cour y eût été difficilement compatible avec le genre d'autonomie politique que les anciens attachaient au nom de cité.

Le régime citadin ne pouvait donc convenir à la monarchie pontique; il n'en faudrait pas conclure que cette monarchie eût supprimé toute espèce de libertés locales. Sans parler des privilèges tout particuliers dont jouissaient dans leurs circonscriptions les grands prêtres de Comana et de Zéla, les monnaies de bronze frappées à cette époque par toutes les anciennes républiques grecques et par nombre de bourgades cappadociennes, en voie de s'helléniser (2), prouvent que les Mithridate ne s'étaient pas, sur ce point, montrés moins libéraux que leurs voisins, les Ariarathe. Comme ceux-ci, on peut croire qu'ils avaient attribué à tous les centres urbains de quelque importance un certain *minimum* de franchises, peut-être garanties par des chartes formelles; mais ces franchises étaient strictement limitées à la sphère des intérêts communaux. Dans chaque cité importante, il devait y avoir, à côté

(1) Appien, *Mith.* 21 : σατράπας τοῖς ἔθνεσιν ἐπιστήσας. Eumaque, satrape de Galatie : *ib.* 61.
(2) Les villes du Pont qui ont frappé monnaie sous les Mithridate sont, par ordre alphabétique : Amastris, Amasie, Amisos, Cabira, Chabaca, Comana, Gaziura, Laodicée, Pharnacie, Pimolisa, Sinope, Talaura (sur les monnaies *Taulara*). Ces monnaies ont été étudiées par M. Imhoof Blumer dans ses *Griechische Münzen* (actuellement sous presse), p. 550 suiv.

des magistrats locaux élus, un gouverneur militaire nommé par le roi, chargé à la fois de la défense et de la police de la place : de pareils gouverneurs militaires ou *surveillants*, encore appelés *phrourarques*, comme en Égypte, sont expressément mentionnés à Éphèse en 86, à Héraclée et à Sinope en 71 (1). En outre, aucun texte ne nous autorise à croire que les villes pontiques eussent, comme les cités d'Asie et de Grèce, conservé un territoire quelque peu considérable; tout au plus avaient-elles une simple banlieue de quelques kilomètres de rayon : la création ou la résurrection de grandes cités, comparables en étendue à celles des Gaules, ne date, dans le Pont, que de la conquête romaine.

A défaut de la cellule municipale, quel était donc dans le royaume de Mithridate le principe de l'organisation administrative? Ce ne pouvait être que le département; tout porte à croire en effet que, semblable à la plupart des États modernes, le Pont était divisé en circonscriptions ayant chacune à sa tête un préfet nommé par le roi. Un pareil système est attesté pour les deux royaumes voisins de Cappadoce et d'Arménie, qui étaient divisés, l'un en 10, l'autre en 120 *stratégies* (2). Dans le Pont, où la population était plus dense qu'en Cappadoce et les communications plus faciles qu'en Arménie, les départements, qui paraissent avoir porté le nom d'*éparchies* (3), devaient avoir une étendue intermédiaire entre la satrapie cappadocienne et la satrapie arménienne; c'est ce que confirment les documents. Strabon, dans la description de sa contrée natale, suit un ordre par districts; ces districts, moins étendus que les circonscriptions des cités à l'époque du géographe, sont très probablement identiques aux anciennes éparchies du temps de Mithridate, et ces éparchies elles-mêmes avaient pris pour base des unités physiques ou historiques, des « pays » traditionnels. Voici la liste de ces districts de Strabon, qui nous donne en même temps le tableau de la division administrative du Pont sous Mithridate.

---

(1) Philopœmen, ἐπίσκοπος d'Éphèse : Appien, *Mith.* 48. Bacchides, φρούραρχος de Sinope : Strabon XII, 3, 11. Connacorix, φρούραρχος d'Héraclée : Memnon. c. 42. Métrodore, φρούραρχος d'Amasie : *Appendice*, inscr. n° 1.

(2) Stratégies cappadociennes : Strabon XII, 1, 4. Stratégies arméniennes : Pline VI, 9, 27.

(3) Strabon XII, 3, 37 : Ποταμίου ... πολλὰς ἐπαρχίας ἐχούσης τῷ τόπῳ (à Zéla). Il semble que ces *éparchies* soient la Colupène, la Camisène, la Caranitide, sans compter la Zélitide proprement dite. Peut-être faut-il lire *décarchies* et dans ce cas y voir une subdivision du département.

PREMIÈRE RÉGION. — **Paphlagonie pontique.**

Trois districts : *Domanitide, Blèné, Pimolisène.*

DEUXIÈME RÉGION. — **Cappadoce pontique.**

Dix districts : *Phanarée, Dazimonitide* (Comana), *Cumisène, Colopène, Camanitide, Zélitide, Gazacène, Phazémonitide, Diacopène, Ximène.*

TROISIÈME RÉGION. — **Petite Arménie (1).**

Quatre districts : *Orbalisène, Aetalané, Orsène, Orbisène.*

QUATRIÈME RÉGION. — **Littoral.**

Huit districts : *Paphlagonie maritime occidentale* (Amastris), *Paphlagonie maritime orientale* (Sinope), *Gazélonitide, Saramène, Thémiscyre, Sidène, Tibarénie* (Pharnacie), *Sannique* (Trébizonde).

Le préfet du département portait probablement le titre de stratège, comme en Égypte et en Cappadoce (2), et ce titre indique qu'il possédait, à côté de ses attributions civiles, des pouvoirs militaires, sans qu'on puisse en définir exactement l'étendue. Il avait la double mission de maintenir la paix et l'ordre dans les bourgades et villages ouverts où habitait la population indigène, — on se souvient qu'un seul district pouvait renfermer jusqu'à mille villages, — et de garder les châteaux forts du roi avec leurs trésors. C'est ainsi qu'un de ces gouverneurs put livrer à Lucullus quinze châteaux confiés à sa garde (3).

L'administration de la justice rentrait-elle dans les attributions du préfet? ou la magistrature avait-elle, comme en Égypte, une organisation indépendante? C'est ce que nous ignorons, car les pouvoirs extraordinaires de vie et de mort, signalés chez les gouverneurs militaires des places assiégées (4), ne peuvent pas servir de règle pour le temps de paix. On sait seulement que les appels allaient à un fonctionnaire supérieur placé auprès du roi, le « préposé aux appels », véritable préfet du prétoire, que nous avons déjà mentionné. Le nombre des recours ne devait pas être très considérable, puisqu'on voit un personnage cumuler, dans un

---

(1) Les subdivisions de la Petite Arménie ne sont pas données par Strabon, mais on les trouve chez Ptolémée V, 7, 1.
(2) Plutarque, *Pomp.* 36, nomme les *stratèges* de Mithridate à côté de ses vassaux. Il est vrai que sous ce terme on désigne également les généraux du roi.
(3) Strabon XII, 3, 33.
(4) Strabon XII, 3, 11. Βαρξάρης... πολλὰ; αἰσίᾳ; καὶ σφαγὰς ποιῶν.

cas, les fonctions de préposé aux appels avec celles de médecin en chef (1). En principe, après la décision du juge d'appel, un recours en grâce restait ouvert auprès du roi ; celui-ci, on l'a vu, rendait souvent la justice en personne, devant le public, à l'exemple des anciens rois de Perse (2). Mais lorsque le célèbre réfugié Métrodore de Scepsis eut été appelé au ministère de la justice, Mithridate s'interdit de reviser ses jugements (3).

Les documents se taisent sur le caractère de la justice civile ; quant à la justice criminelle, elle s'inspirait des traditions de la monarchie perse. Les supplices étaient variés et rigoureux ; par exemple, on mettait les déserteurs en croix, on les brûlait vifs, on leur crevait les yeux (4). La justice politique n'était pas moins active et sévère : une police nombreuse et habile livrait à la vengeance royale des milliers de conspirateurs qui expiaient leurs crimes vrais ou supposés par la mort ou la réclusion. La principale prison d'État était à Cabira ; les Romains la trouvèrent bondée (5).

L'administration financière fut un des côtés les plus brillants du gouvernement de Mithridate : son trésor bien rempli, l'abondance menaçante de ses ressources sont des expressions qui reviennent à chaque instant sous la plume des contemporains (6), et dans un temps où l'on pouvait, en y mettant le prix, embaucher des nations entières, acheter des royaumes et corrompre des gouvernements, l'argent était vraiment la première puissance du monde (7).

Trois sources alimentaient le trésor royal : le butin rapporté des guerres heureuses, le revenu des domaines, le produit de l'impôt. La première était peut-être la plus abondante ; en particulier, la conquête du royaume de Pergame et les confiscations qui l'accompagnèrent remplirent pour longtemps les coffres de

---

(1) Insc. délienne n° 10 : Παεικν... ἐργατρίν τεταγμένον ἐπὶ τῶν ἀνακρίσεων. Le sens du mot ἀνάκρισις (qu'on traduit ordinairement par *enquête*) me paraît indiqué par l'étymologie.
(2) Plutarque, *De virt. mul.* 23.
(3) Strabon XIII, 1, 55.
(4) Appien, *Mith.* 97.
(5) Plut., *Luc.* 18.
(6) Salluste, fr. II, 50 Kritz (discours de Cotta) : *exercitus in Asia Ciliciaque ob nimias opes Mithridatis aluntur.*
(7) *Externa regna hereditatibus propter munificentiam adquisita*, Justin XXXVIII, 7, 10. Sommes payées au sénat romain : Dion, fr. 92.

Mithridate, sans compter les objets d'art, le mobilier artistique, pris à Cos et ailleurs, qui s'acheminèrent alors vers ses garde-meubles et ses palais (1). Quant aux domaines de la couronne, les convoitises qu'ils excitèrent à Rome, au lendemain de la conquête, en attestent suffisamment l'étendue; il est probable qu'ils comprenaient, outre des terres d'agrément et de rapport, la plupart des mines, qui formèrent plus tard partie de la ferme des publicains (2). L'impôt, enfin, comprenait des droits de douane et des tributs (impôts directs) ordinaires ou extraordinaires. Nous n'avons aucun renseignement sur les premiers; mais sans doute Mithridate avait dû s'inspirer de l'exemple des anciens rois bosporans qui prélevaient un droit d'un trentième à la sortie du blé (3). Les tributs se payaient partie en argent, partie en nature : ainsi le royaume bosporan acquittait un tribut annuel de 180,000 médimnes (100,000 hectolitres) de blé et de 200 talents d'argent (1,200,000 francs) (4). En temps ordinaire, les charges de la population paraissent avoir été très supportables, mais aux jours de crise et d'invasion, la taille (*eisphora*) et les réquisitions devenaient écrasantes, les moindres fortunes étaient rançonnées, et les agents du fisc, dans l'excès de leur zèle, montraient une rigueur impitoyable (5).

Le budget des dépenses devait être fort élevé; outre l'entretien de l'armée et de la flotte, il fallait subvenir au train d'une cour fastueuse, aux bâtiments, aux routes, aux collections artistiques, aux dépenses secrètes de la diplomatie, sans compter les libéralités envers les villes et les temples grecs. Malgré tout, il y avait un excédent de recettes considérable, et ces excédents accumulés, joints aux dépouilles des peuples vaincus, servirent à constituer de fortes réserves métalliques. En 66, après vingt ans d'une guerre incessante et coûteuse, ce trésor de guerre s'élevait encore

---

(1) Justin XXXVIII, 8; Appien, *Mith.* 23.
(2) Cicéron, *De lege agraria*, I, 3, 6 : *jubent eos agros vendere, quos rex Mithridates in Paphlagonia, Ponto Cappadociaque possederit*. De même, *ib.* II, 19, 51 : *regios agros Mithridatis qui in Paphlagonia, qui in Ponto, qui in Cappadocia fuerunt*. Ce sont sans doute les termes mêmes du projet de loi. Les publicains exploitent les mines de sandaraque : Strabon XII, 3, 40.
(3) Démosthène, *Contre Leptine*, 26.
(4) Strabon VII, 1, 6.
(5) Appien, *Mith.* 107 : ...

à 170 millions de notre monnaie (1). Il était réparti dans une quantité de *gazophylacies*, dont les plus importantes, au nombre de 75, avaient été construites par Mithridate lui-même dans la Petite Arménie : c'étaient des châteaux forts perchés sur des rochers isolés, entourés de ravins, abondamment pourvus d'eau et de bois, de manière à pouvoir soutenir un long siège (2). Le commandant ou *phrourarque* de la forteresse était souvent un eunuque, suivant un usage traditionnel en Orient (3). La *gazophylacie* servait à la fois de garde-meuble et de garde-monnaie : le numéraire, monnayé ou en barres, était enfermé dans des coffres forts ou barils de bronze cerclés de fer; on les déposait dans des souterrains dont l'entrée était parfois soigneusement dissimulée (4).

Parmi les attributions du département des finances l'une des plus importantes était la fabrication des monnaies. Trois métaux monétaires étaient en usage dans le Pont, comme dans toute l'Asie Mineure : l'or, l'argent, le bronze. Le bronze n'était sans doute qu'une monnaie d'appoint, et la frappe en fut abandonnée aux municipalités : douze villes du Pont ont usé de ce droit pen-

---

(1) D'après Pline XXXVII, 2, 16, Pompée versa au trésor de la république 200 millions de sesterces et distribua 100 millions à ses questeurs et légats; ces deux sommes figurèrent ensemble au triomphe de Pompée : car elles équivalent aux 75,100,000 drachmes qu'y mentionne Appien, *Mith.* 116. Il faut y ajouter 16,000 talents ou 384,000,000 sesterces distribués à la troupe (Appien, *loc. cit.*; 6,000 sesterces par tête d'après Pline *loc. cit.*). On obtient ainsi un total de 684 millions de sesterces ou 171 millions de drachmes. Sur ce total 6,000 talents ou 36 millions de drachmes représentent la rançon de Tigrane (Appien, *Mith.* 104), et peut-être recueillit-on quelque argent dans les châteaux forts des pirates et dans les États syriens, mais ces sommes furent sans doute insignifiantes. Il reste donc, comme provenant des trésors de Mithridate dans le triomphe de Pompée, 135 millions, auxquels il faut ajouter 6,000 talents ou 36 millions que Mithridate emporta, dans sa fuite, du château de Sinoria (Appien, *Mith.* 101), et les sommes de provenance pontique précédemment recueillies par Lucullus. Celles-ci ne peuvent être exactement évaluées : on sait, il est vrai (Plut., *Luc.* 37) qu'au triomphe de Lucullus 107 mulets portaient de l'argent monnayé, s'élevant au chiffre de 2,700,000 drachmes, et 56 mulets de l'argent en lingots, qui représentait par conséquent environ 1,500,000 drachmes. A ces 4 millions, il faut ajouter les sommes distribuées aux troupes, 950 drachmes par tête, soit environ 30 millions, et les sommes antérieurement versées à Pompée et au trésor, dont Plutarque n'indique pas le chiffre. Mais une grande partie du butin de Lucullus provenait de l'Arménie (Tigranocerte seule fournit 8,000 talents d'argent monnayé, Plut., *Luc.* 29), de la Gordyène, de Nisibis (ib. 32) et nous n'avons pas les éléments nécessaires pour faire la ventilation.

(2) Strabon XII, 3, 28.

(3) L'eunuque Ménophile : Ammien Marcellin, XVI, 7, 9. Cf. l'observation de Plutarque, *Demetrius*, 25.

(4) Appien, *Mith.* 107.

dant le règne de Mithridate. La frappe des monnaies d'or et d'argent, au contraire, était un droit régalien; toutefois dans le royaume du Bosphore, où régnait l'étalon d'or, Panticapée, Chersonèse et Phanagorie conservèrent, ce semble, le droit d'émettre des pièces divisionnaires en argent.

Les prédécesseurs de Mithridate Eupator, à l'exception du fondateur de la dynastie, Mithridate Ctistès, n'avaient pas frappé de monnaie d'or dans le Pont : on s'était habitué, en effet, depuis l'époque perse à considérer cette monnaie comme le privilège exclusif des « grands rois ». Les Séleucides, qui se présentaient en Asie comme les successeurs des Achéménides et d'Alexandre, n'auraient sans doute pas permis aux petits rois, leurs clients, de s'arroger ce droit « impérial ». Après leur retraite derrière le Taurus, Nicomède Épiphane de Bithynie, vers le milieu du II⁰ siècle, émit quelques statères, mais cet exemple, que les Romains durent regarder d'un mauvais œil, ne trouva pas d'imitateur. Mithridate, lorsqu'il eut secoué le joug de l'allégeance romaine, en 88 avant J.-C., affirma son indépendance et ses prétentions à l'empire de l'Asie par une émission assez abondante de statères d'or frappés les uns dans le Pont, les autres à Pergame. Mais ces émissions cessèrent bientôt après le traité de Dardanos : les dernières pièces connues sont de l'an 84. Les statères d'or de Mithridate sont taillés comme ses monnaies d'argent, d'après l'étalon attique; le statère pèse deux drachmes et en vaut vingt; c'est le rapport universellement adopté en Asie depuis Alexandre le Grand. La pièce d'argent la plus courante dans le Pont, comme dans la Bithynie voisine, était le tétradrachme. La drachme, en usage dans la Cappadoce, ne fut frappée dans le Pont que tout à fait exceptionnellement : on en connaît déjà de rares exemplaires du règne de Pharnace Ier; Mithridate Eupator en émit aussi, mais en petit nombre. Le poids moyen des pièces conservées est de 16 grammes ½ ; c'est exactement celui des tétradrachmes attiques contemporains.

L'abondance des émissions était en rapport avec l'état financier et la puissance générale du royaume; elles furent particulièrement fréquentes dans la période florissante qui s'étend de 95 à 72 avant J.-C. : on battait alors monnaie, non seulement presque tous les ans, mais souvent même tous les mois. Le contrôleur ou le fermier de la monnaie, qui inscrivait son monogramme sur les pièces, restait en fonctions pendant une durée variable : tantôt quelques mois seulement, tantôt plusieurs années. Outre les ateliers fixes, dont le principal paraît avoir été installé à Sinope, il y avait un outillage mobile, qu'emportaient les armées en campagne : en 88 Archélaos frappa monnaie en Grèce, en 87 Ariarathe en Macédoine, en 72 Mithridate à Parion.

Le type du droit représente le portrait du roi, traité d'une manière réaliste pendant les premières années, comme sous les premiers rois de Pont, fortement rajeuni et idéalisé à dater de la conquête de Pergame. Quelque artiste hellénique, qui se souvenait des leçons de l'école de sculpture pergaménienne, créa pour Mithridate à cette époque un type un peu conventionnel et théâtral, mais néanmoins remarquable : la tête, rayonnante de beauté et d'intelligence, s'encadre dans de longs cheveux épars, balayés par le vent. C'est peut-être un souvenir d'une statue équestre ; c'est en tous les cas le dernier chef-d'œuvre de la numismatique grecque.

Sur les tétradrachmes de la première partie du règne, le type du revers est Pégase, c'est-à-dire le cheval né du sang de la Gorgone tuée par Persée, l'ancêtre légendaire des Perses. Ce type se rattachait directement à celui de Mithridate Évergète : Persée tenant la tête de la Gorgone. A cette figure principale s'ajoutait un symbole adjoint, composé de l'astre et du croissant ; c'est proprement l'écusson des Mithridate, qui figure sur toutes les monnaies de la dynastie à partir de Mithridate II (1). La légende, rédigée naturellement en grec, consistait dans ces simples mots : « du roi Mithridate Eupator ». A partir de l'année 96 on entoure le Pégase d'une couronne de lierre fleuri, emblème bacchique qui pouvait rappeler le second surnom du roi (Dionysos) mais qui, plus certainement, était emprunté à une classe de monnaies alors très répandues dans l'Asie antérieure, les *cistophores*, émises par l'union monétaire des principales cités de l'ancien royaume pergaménien. Après la conquête de l'Asie antérieure, le cerf, l'animal sacré d'Artémis, qui figurait déjà sur les drachmes et les statères d'or, remplaça le Pégase sur les tétradrachmes frap-

---

(1) Le culte du soleil et de la lune chez les Perses est attesté par Hérodote I, 131 ; VII, 37 ; Nicolas de Damas, fr. 66, c. 31, etc. A l'origine le symbole de l'astre et du croissant, qui vient d'Égypte, paraît avoir représenté la lune vue dans son plein et dans son dernier quartier. Ce symbole accompagne quelquefois des représentations de Mithra et d'Ormuzd : CHABOUILLET, *Pierres gravées du cabinet de France*, n° 1031 (agate), etc.

pés à Pergame. A son retour dans le Pont, Mithridate introduisit définitivement sur toutes ses pièces ce nouveau type, qui convenait à un roi passionné pour la chasse.

Les monnaies des premiers rois de Pont n'avaient porté aucune indication de date, pas même une année régnale comme en Cappadoce. Mithridate Eupator suivit l'exemple donné par les Séleucides et déjà imité par les rois des Parthes et de Bithynie : à partir de l'année 96, il marqua sur ses pièces l'année de leur émission, calculée d'après une ère fixe dont le point de départ, comme nous l'ont appris les pièces bosporanes de l'époque impériale, était l'équinoxe d'automne de l'an 297 avant J.-C. Cette ère est précisément celle qui figure sur les tétradrachmes bithyniens à dater de Nicomède Épiphane : la prétendue ère pontique n'est donc que l'ère bithynienne, empruntée par Mithridate. L'adoption de l'ère bithynienne dans le Pont s'explique par le voisinage des deux pays et peut-être par des raisons politiques et commerciales; d'ailleurs l'événement inconnu qui en avait fourni l'origine coïncidait à peu près avec les premières conquêtes de Mithridate Ctistès; aussi ne dut-il pas être difficile de faire passer cette ère d'emprunt pour une ère nationale.

Les monnaies de Mithridate nous fournissent encore quelques renseignements sur le calendrier officiel du royaume. Les Cappadociens, jusqu'au temps de Grégoire de Nazianze, ont fait usage d'un calendrier d'origine perse, qui se compose, dans son dernier état, de douze mois de 30 jours, avec 5 ou 6 jours supplémentaires. Mithridate trouva sans doute ce calendrier établi à l'intérieur du pays, tandis que les cités grecques avaient conservé leurs calendriers originaires ou adopté le calendrier macédonien. Ce dernier était de beaucoup le plus répandu en Asie, où il avait été propagé notamment par les Séleucides et les Arsacides : ce fut celui qu'adopta Mithridate, du moins sur ses monnaies. L'année syro-macédonienne était, comme l'on sait, une année luni-solaire commençant à la nouvelle lune la plus voisine de l'équinoxe d'automne et composée de 12 mois alternativement de 29 et de 30 jours; l'accord avec la marche des saisons était obtenu par l'insertion périodique d'un 13e mois, soit d'après l'ancien système de l'octaétéride, soit d'après le cycle de Méton. Par un raffinement d'exactitude dont les monnaies athéniennes et arsacides avaient donné l'exemple, Mithridate inscrivit sur ses tétradrachmes, outre l'année, le mois de l'émission : c'est précisément l'existence d'une pièce, jusqu'à présent unique, marquée du 13e mois, qui nous permet d'affirmer la nature luni-solaire du nouveau calendrier pontique ; d'ailleurs, le calendrier, comme l'ère, restera en usage pendant quatre siècles dans le royaume bosporan (1).

Terminons par l'organisation militaire, sur laquelle reposait tout l'édifice. Les premiers rois de Pont avaient composé leur armée presque exclusivement de mercenaires étrangers : Galates d'abord (2), Grecs ensuite. L'entrée des Galates dans la clientèle romaine, le traité imposé à Pharnace en 179 fermèrent la Galatie aux recruteurs pontiques (3). Sous Mithridate Évergète, Dorylaos le Tacticien leva des hommes en Thrace, en Grèce, surtout dans l'île de Crète, complètement indépendante alors, et qui, grâce aux guerres incessantes de ses villes, était à la fois la pépinière et l'école des soldats de fortune (4). La Grèce fut aussi la première source des armées de Mithridate Eupator, et c'est avec 6,000 hoplites grecs que Diophante conquit la Crimée. Mais si l'on avait ainsi la qualité, on n'avait pas le nombre : le soldat de profession se faisait chaque jour plus rare en Grèce, et là, comme en Galatie, il fallait compter avec l'influence et la jalousie prévoyante de Rome. Heureusement les victoires mêmes de la première partie du règne ouvrirent à Mithridate un nouvel et inépuisable marché de soldats : tout le bassin septentrional et occidental de l'Euxin, depuis le Caucase jusqu'au Balkan. Les peuples de cette vaste région, Scythes, Sarmates (Iazyges et Royaux), Bastarnes, Celtes, Thraces, fournirent désormais à Mithridate la grande masse de ses combattants. Plusieurs de ces contingents

---

(1) Pour le monnayage de Mithridate voir mes *Trois royaumes de l'Asie Mineure* et à la fin de ce volume l'appendice n° 3. Pour la question du calendrier, mon article *La monnaie et le calendrier* dans la *Revue archéologique* de 1887. Pour le calendrier cappadocien : FRÉRET, *Sur l'année vague cappadocienne* (*Mémoires de l'Académie des inscriptions*, XIX, 35) ; IDELER, *Lehrbuch der Chronologie*, I, 411 ; BENFEY et STERN, *Monatsnamen*, p. 77 ; GUTSCHMID, *Das iranische Jahr* (*Berichte der Saechsischen Gesellschaft der Wissenschaften*, 1862). Les noms des mois, par exemple dans l'*Hémérologe* de Florence, étant identiques non à ceux des mois Achéménides, mais aux noms du calendrier *parsi*, on a voulu en conclure, sans raison suffisante à mon avis, que le calendrier perse n'avait été introduit en Cappadoce que par la première conquête sassanide, au milieu du IIIe siècle.

(2) Mercenaires galates : Apollonius, F. H. G. IV, 312 ; Eusèbe I, 251, 23, éd. Schoene ; etc.

(3) Polybe, fr. XXVI, 6.

(4) Strabon X, 4, 10.

barbares montrèrent une sérieuse capacité militaire : les Sarmates, précurseurs des Cosaques modernes, étaient d'excellents cavaliers, les Bastarnes de solides et vigoureux fantassins (1). Mais, comme toutes les troupes à gages, leur fidélité durait juste autant que les finances de leur patron; nous verrons en 71 les mercenaires thraces, après la fuite de Mithridate, passer d'emblée au service de Rome, pour revenir en 67 sous les drapeaux de leur ancien chef (2).

Un des mérites de Mithridate fut de former le premier, à côté de cette armée mercenaire, une véritable armée nationale, recrutée parmi ses propres sujets : Cappadociens, Paphlagoniens, Arméniens, Chalybes, Tibarènes, Colques, Bosporans, sans compter les tribus méotiennes, plutôt vassales que sujettes, les Scythes et Tauriens de la Crimée, et les Asiatiques de toute nationalité, levés en masse, pendant la première guerre contre Rome, dans les pays récemment conquis. La création de cette armée nationale fut l'œuvre d'une dizaine d'années; dès l'an 99, Mithridate, sans faire appel aux contingents d'outre-Euxin, pouvait envahir la Cappadoce avec 80,000 hommes (3). Quant au mode de recrutement, le procédé employé par Mithridate en 68 pour le compte de son allié Tigrane peut servir d'exemple : en principe, tout le monde était astreint au service militaire et devait répondre à l'appel, mais on ne choisissait que les conscrits physiquement aptes (4); avec les années et l'expérience acquise, le choix des recruteurs devint de plus en plus sévère.

A ces deux éléments des armées de Mithridate, indigènes et mercenaires, il en faut ajouter un troisième, qui devint, vers la fin, le plus important, sinon par le nombre, du moins par la

(1) L'énumération la plus complète des auxiliaires de Mithridate est donnée par Appien, *Mith.* 69 (voir aussi c. 15), mais beaucoup de noms sont sujets à caution. Voici cette liste : Chalybes, Arméniens (il s'agit de ceux de la Petite Arménie), Scythes, Tauriens, Achéens (?), Hénioques (?), Leuco-syriens, Riverains du Thermodon (!), Sarmates royaux et Iazyges, Coralliens, Thraces « du Danube, du Rhodope et de l'Hémus », enfin Bastarnes, τὸ ἀλκιμώτατον αὐτῶν γένος. Ce qu'il y a de plus étrange dans cette énumération, c'est que tous ces peuples sont donnés comme « s'ajoutant aux forces précédentes de Mithridate » (ταυτί ... ἐπὶ τοῖς προτέροις αὐτῷ ... προσεγίγνετο). On se demande alors en quoi consistaient les « forces précédentes » ? Il ne reste absolument en dehors de la liste que les Celtes, les Paphlagoniens, les Colques et les Tibarènes !

(2) Dion XXXVI, 11.
(3) Justin XXXVIII, 1.
(4) Appien, *Mith.* 87.

valeur militaire : ce sont les transfuges italiens et les émigrés romains. Déjà nombreux dans l'armée qui combattit à Chéronée, ces réfugiés s'accrurent après la paix de Dardanos de tous les démocrates fuyant devant les proscriptions de Sylla et finirent par former tout un corps d'armée; ce corps d'élite inspirait aux autres troupes tant d'admiration et de confiance qu'en 66, lorsque le bruit courut que Mithridate allait faire sa paix avec les Romains en livrant les transfuges, l'armée tout entière menaça de se débander (1).

L'armée mercenaire se recrutait, pour la plus grande partie, au dernier moment, à la veille de la déclaration de guerre; probablement des traités conclus avec les nations amies précisaient d'avance les conditions de l'embauchage. Au contraire, le noyau de l'armée nationale était permanent. Pendant les années de paix, bien rares d'ailleurs, les troupes séjournaient dans des camps où elles s'exerçaient sous la surveillance personnelle du roi et de ses instructeurs de confiance, Grecs ou Romains (2); il fallait aussi des garnisons pour occuper les villes fortifiées de la côte et de l'intérieur, ainsi que les forts d'arrêt qui formaient comme une ceinture continue autour du royaume. Tels étaient Pimolisa, sur l'Halys inférieur, au seuil de la Paphlagonie indépendante; Mithridation, sur la frontière des Trocmes; Camisa, près des sources du Halys et de la frontière cappadocienne; le Château-Neuf (*Cainon*), imprenable nid d'aigle situé à 35 kilomètres de Cabira, sur la frontière de la Petite Arménie. Après l'acquisition de cette dernière province, elle fut, comme on sait, hérissée de gazophylacies; quelques-unes, Hydara, Basgodariza, Sinoria, Dastira, avaient une importance stratégique capitale. Enfin d'autres forts isolés étaient disséminés à l'intérieur du pays : on cite Kizari sur le lac Stiphané, Sagylion dans la Phazémonitide, Dadasa près de Zéla, etc. (3).

L'armée en campagne comprenait trois armes : l'infanterie, la cavalerie, et les chars à faux qui tenaient la place du canon dans les armées modernes. Les chiffres suivants, naturellement sujets à caution, donnent cependant une idée approximative des effectifs

(1) Appien, *Mith.* 98.
(2) Justin XXXVIII, 1.
(3) Pour toutes ces forteresses cp. Strabon XII, 3, 31; 37; 38-40. Pour Dadasa, Dion XXXVI, 14.

combattants et de la force relative des trois armes. L'armée qui envahit la Cappadoce en 90 av. J.-C. comptait 80,000 hommes de pied, 10,000 chevaux et des chars à faux dont Justin, avec une exagération ridicule, évalue le nombre à 600 (1). En 88, Mithridate entre en campagne avec 260,000 fantassins, 50,000 cavaliers et 130 chars (2). En 87, l'armée d'Ariarathe et de Taxile se composait de 100,000 fantassins, 10,000 chevaux, 90 chars (3). L'année suivante Dorylaos mena en Béotie 80,000 hommes, dont 10,000 cavaliers, et 70 chars (4). En 73, Mithridate commencera la guerre à la tête de 120,000 fantassins, 16,000 chevaux, 100 chars, d'après Plutarque; ou, d'après Memnon, avec 150,000 fantassins, 12,000 chevaux et 120 chars à faux (5). L'année suivante, il ne réunit plus que 10,000 hommes de pied et 1,000 chevaux, ou, suivant une autre version, 8,000 (6). Enfin, dans sa dernière campagne, celle de 66, il avait encore 30,000 fantassins et 2 ou 3,000 chevaux (7). D'après l'ensemble de ces chiffres on voit que le rapport entre la cavalerie et l'infanterie oscillait entre un cinquième et un dixième, et qu'il y avait un char à faux pour 1,000 ou 2,000 hommes de pied. La proportion en cavalerie était ainsi notablement plus forte que dans les armées romaines, où, même en comptant les cavaliers auxiliaires, elle atteignait rarement 10 pour 100 de l'effectif des fantassins et restait souvent fort au-dessous de ce chiffre.

L'infanterie se distinguait, au point de vue de l'armement, en infanterie de ligne pour le combat rapproché et gens de trait pour le combat à distance. L'infanterie de ligne elle-même comprenait l'infanterie pesamment armée (hoplites) et les troupes plus ou moins légères. La première, qui formait le noyau de l'armée, fut d'abord peu nombreuse, composée exclusivement de mercenaires grecs et organisée d'après le modèle de la phalange

---

(1) Justin XXXVIII, 1.
(2) Appien, *Mith.* 17. Outre les 250,000 fantassins indiqués il faut compter une dizaine de mille hommes pour la phalange. Dans le chiffre de 50,000 cavaliers sont compris les 10,000 cavaliers d'Ariarathe.
(3) Plutarque, *Sylla*, 15.
(4) Appien, *Mith.* 49 (le chiffre de 80,000 est confirmé par Plutarque, *Sylla*, 20). Les chars d'après Licinianus.
(5) Memnon, 34; Plutarque, *Luc.* 7.
(6) Appien, *Mith.* 78; Memnon, 43.
(7) Appien, *Mith.* 97 (3,000 chevaux); Plut., *Pomp.* 32 (2,000).

macédonienne, dont elle portait le nom. On doit en conclure qu'elle était armée, comme celle-ci, du court glaive hellénique et de la longue pique ou sarisse de 16 pieds de long; les armes défensives étaient le casque, la cuirasse, les cnémides et le bouclier rond en métal. Le reste de l'infanterie, soit indigène, soit étrangère, avait probablement gardé l'armement traditionnel de chacune des nations où se recrutaient les différents corps. C'est ainsi qu'il faut se figurer les Cappadociens et les Paphlagoniens dans l'armée de Mithridate équipés à peu près comme dans l'armée de Xerxès, avec un petit bouclier d'osier, une lance courte, un poignard et des javelines; pour chaussure, une guêtre montant jusqu'à mi-jambe seulement; pour coiffure, un casque en cuir affectant la forme d'une tiare et surmonté d'un panache de crin (1). De même les Colques avaient sans doute conservé leurs casques d'osier, leurs petits boucliers en cuir de bœuf, leurs lances et leurs coutelas; les Thraces, leurs javelots, leurs peltes et leurs petits poignards, etc. (2). Même diversité dans les uniformes, ou dans ce qui en tenait lieu. Plutarque raconte, sans doute d'après Sylla, l'impression étrange et terrifiante que produisit sur les Romains le spectacle de cette armée toute chamarrée d'or et d'argent, dont les cottes d'armes scythiques et médiques, bariolées de couleurs éclatantes, chargées de bijoux barbares, étincelaient au soleil (3). Mais, en réalité, un peu moins d'orfèvrerie et un peu plus de ferrure aurait mieux fait l'affaire. En particulier, les armes défensives étaient d'une faiblesse dérisoire; en dehors de la phalange, il semble qu'il n'y eût qu'un corps d'élite armé de boucliers métalliques : on les appelait les *Chalcaspides* comme dans l'armée macédonienne. Après l'expérience de la première guerre contre Rome, une réforme s'imposait. Toute l'infanterie de ligne fut alors armée à la romaine; elle reçut l'épée espagnole, le bouclier carré et solide du légionnaire. On employa à l'amélioration de l'armement l'argent inutilement gaspillé jusqu'alors en costumes dispendieux, qui n'étaient qu'une proie de plus offerte à l'ennemi (4). Il est

---

(1) Hérodote VII, 72. Pour le casque en cuir (Hérolote parle d'un « casque tressé »). Xénophon, *Anab.* V, 4, 13. Cf. l'armement analogue des Driles, *Anab.* V, 2, 22.
(2) Hérodote VII, 79 et 75.
(3) Plutarque, *Sylla*, 16.
(4) Plutarque, *Luc.* 7.

probable qu'on renonça alors définitivement à la sarisse macédonienne et à l'ordonnance massive de la phalange, qui, excellente contre des barbares sans discipline, s'était montrée décidément inférieure à la tactique souple et mobile des légions : Mithridate adopta, du moins pour l'infanterie régulière, l'armement, l'instruction et l'organisation de ses vainqueurs (1).

A côté de cette infanterie de ligne il faut mentionner les gens de trait : tireurs de javelines, frondeurs, archers. Parfois, comme dans la campagne contre Pompée, où Mithridate n'avait pas d'auxiliaires européens, ces troupes légères constituaient même la majeure partie de son infanterie. Les devins avaient prédit à Mithridate, dans sa jeunesse, qu'il serait puissant un jour par les armes légères (2) : l'événement justifia la prophétie. Les archers à pied, qu'on recrutait surtout dans la Petite Arménie (3), se signalèrent, sur terre comme sur mer, par leur habileté et leur bravoure. Les arcs étaient bien fabriqués et leur portée dépassait 180 mètres (4). A Orchomène, à Nicopolis, ces archers furent héroïques : Sylla appréciait si bien leur mérite que, dans le traité de Dardanos, il stipula que les vaisseaux de guerre, livrés par Mithridate, seraient pourvus de leurs archers. Quant au reste de l'infanterie, si elle eut des journées brillantes, quand elle se sentait protégée par des murailles ou entraînée par un chef aimé, elle était incapable d'un effort prolongé et hors d'état de se mesurer en plaine avec des légions romaines bien commandées ; on la voit aussi fort sujette aux brusques paniques et aux découragements superstitieux des races orientales.

C'est dans la cavalerie que résidait la force principale des armées de Mithridate. Nous avons déjà vu l'importance relative de ses effectifs ; ici la qualité valait la quantité, surtout lorsque la remonte eut été améliorée dans l'intervalle des deux guerres contre Rome. La cavalerie se tirait de toutes les parties de la monarchie, mais surtout de la Petite Arménie et des nations barbares entre Danube et Tanaïs qui passaient leur vie à cheval. Ses armes étaient la lance et l'épée ; les Scythes et les Sarmates se servaient, en outre, de l'arc, et portaient une armure défensive

(1) Appien, *Mith.* 108.
(2) Plut., *Quæst. conviv.* I, 6, 2.
(3) Archers de la Petite Arménie : *Totius orbis descriptio*, 13 (*Geog. min.* II, 522).
(4) Strabon XIV, 1, 23.

composée d'un casque, d'un plastron en cuir de bœuf et de ce bouclier carré en osier appelé *gerrhe*, en usage chez presque tous les barbares (1). Quant à cette lourde cavalerie entièrement bardée d'écailles de fer, homme et cheval, qu'on signale à cette époque chez les Arméniens, les Parthes et les Albanais sous le nom de *cataphractes*, Mithridate ne paraît pas l'avoir introduite dans son armée.

Dans la première guerre contre les Romains, la cavalerie pontique avait surtout procédé par des charges d'ensemble, qui produisaient un effet puissant, mais exigeaient un terrain favorable. Dans les guerres suivantes, les Romains évitèrent à dessein de se commettre en plaine avec la cavalerie pontique, dont ils reconnaissaient la supériorité; celle-ci dut alors borner son rôle à éclairer l'armée, à harceler l'ennemi et à intercepter ses convois de vivres. Nous verrons aussi, pendant la campagne d'Arménie, Mithridate adopter la tactique des brusques attaques par petits pelotons, des fuites simulées et des impétueux retours, dont on fait généralement honneur aux Parthes, mais qui fut peut-être l'invention du roi de Pont.

Les chariots armés de faux étaient dans l'armée de Mithridate un legs de famille. Cet engin, très différent de l'ancien char de guerre qui a précédé l'usage de la cavalerie, est essentiellement perse d'origine. D'après Xénophon, Cyrus en aurait été l'inventeur; toujours est-il que les chariots à faux restèrent en usage chez les Achéménides jusqu'à la fin de la dynastie et furent, un siècle plus tard, remis en honneur par Antiochus le Grand. Le chariot perse, le seul dont nous ayons une description détaillée, mais qui servit sans doute de modèle à ceux d'Antiochus et de Mithridate, était une voiture à deux roues, très courte, mais pourvue de longs et larges essieux, qui devaient être, ainsi que les roues, d'une solidité à toute épreuve. Le siège formait une sorte de guérite en bois épais, qui couvrait le conducteur jusqu'au coude; lui-même était cuirassé de pied en cap, les yeux seuls restant découverts. Les chevaux, au nombre de quatre, et attelés de front, étaient également bardés de fer. Aux deux bouts de l'essieu, en dehors des moyeux, étaient fixées deux faux en fer, horizontales, longues de deux coudées; d'autres s'emboîtaient

---

(1) Strabon VII, 3, 17.

sous l'essieu, la pointe dirigée contre terre. D'après Quinte-Curce, les extrémités du timon, celles du joug, les rais mêmes des roues étaient hérissées de pointes de fer; les antennes du timon auraient eu, dans les chariots d'Antiochus, une longueur de dix coudées (1).

Lorsque ces véhicules, réunis en masse, étaient lancés à toute vitesse sur un terrain horizontal, ils fauchaient littéralement tout sur leur passage et la peur était encore plus grande que le mal; en voyant voler en l'air les jambes et les bras mutilés de leurs camarades, les soldats novices, comme les Bithyniens à la bataille de l'Amnias, étaient saisis de panique. Mais les Romains avaient appris, depuis la bataille de Magnésie, à se garantir contre ces engins qui, comme les éléphants, étaient plus formidables en apparence qu'en réalité : à défaut d'obstacles naturels du terrain, on se couvrait par des palissades ou des tranchées; quand on passait à l'offensive, les légionnaires se munissaient de *tribuli*, c'est-à-dire d'un assemblage de quatre pieux en X; à l'approche de la charge, ces pieux étaient fixés en terre par trois de leurs tiges, et la quatrième pointait contre l'ennemi. Réfugiés derrière cette barrière improvisée, les soldats lançaient leurs javelots et leurs pierres, poussaient des clameurs assourdissantes qui effarouchaient les attelages et les faisaient refluer vers le corps de bataille, où ils semaient le désordre et la confusion. Ni à Chéronée, ni à Orchomène, les chars à faux ne répondirent à leur vieille réputation. Dans les dernières campagnes de Mithridate, ils ne sont pas mentionnés; mais ils reparaissent dans l'armée de son fils Pharnace : à la bataille de Zéla, ce prince eut l'incroyable audace de leur faire franchir un ravin sous les yeux de l'ennemi et gravir au grand galop la pente raide des hauteurs occupées par César! Au temps d'Alexandre Sévère, quand les Sassanides ressuscitèrent la monarchie et les traditions achéménides, le chariot armé de faux ne fut pas oublié; ce fut la dernière apparition de cet engin depuis longtemps condamné (2).

(1) Description du chariot armé de faux : Xénophon, *Cyrop.* VI, 1, 29; 2, 17 ; Tite-Live XXXVIII, 41, 5; Quinte-Curce IV, 35, 5. Sur les chars perses voir en outre Xén., *Anab.* I, 7, 10 11 ; Ps. Xén., *Cyrop.* VIII, 8, 24, qui atteste leur décadence au IVe siècle, notamment par suite de l'inexpérience et de la lâcheté des conducteurs. Sur les chars d'Antiochus, outre Tite-Live, cf. Appien, *Syr.* 32-33; Aulu-Gelle V, 5.

(2) Emploi des *tribuli* : Végèce III, 24. Chars de Mithridate : Salluste, fr. III, 12,

En dehors des trois armes combattantes, les armées de Mithridate comportaient encore un nombreux personnel auxiliaire qui, d'après certaines indications, doublait presque le chiffre des effectifs. Ces auxiliaires étaient notamment les pionniers chargés de construire les ponts et d'améliorer les routes, les conducteurs et les porteurs du train des équipages, les médecins et les infirmiers, les employés de la monnaie, les esclaves des officiers, les marchands chargés d'approvisionner l'armée (1). Si nombreux que fût ce personnel, l'organisation des services auxquels il était censé pourvoir laissait infiniment à désirer. Le train, particulièrement le train des équipages de l'état-major, encombrait les routes de longues files de mulets et de chameaux, chargés de l'attirail du faste oriental, si inutile ou plutôt si nuisible en campagne. L'intendance n'était jamais à la hauteur de sa tâche : on accumulait parfois les vivres en quantités énormes, — en 73, par exemple, on réunit 2 millions de médimnes de blé, — mais on ne savait ni mobiliser, ni administrer ces approvisionnements; l'armée était enchaînée à ses magasins, et dès qu'elle s'éloignait de la côte ou que l'hiver entravait les arrivages maritimes, elle souffrait de la disette. Quant au service d'ambulances, il suffit de rappeler qu'à diverses reprises Mithridate fut obligé d'abandonner ses malades et de massacrer ses blessés.

L'armée en campagne n'emportait pas de machines de guerre : fallait-il équiper un parc de siège, on en rassemblait ordinairement les éléments au cours des opérations; souvent même on ne construisait les machines qu'à la veille de l'investissement. Le Thessalien Niconidas et Callimaque d'Amisos furent les plus célèbres ingénieurs de Mithridate. Le matériel de siège était très considérable et l'on trouve énumérées dans le récit des sièges entrepris par Mithridate toutes les inventions anciennes et récentes de la poliorcétique grecque : levées de terre, mines, tours mobiles, hélépoles, sambyques, engins de percussion destinés à faire brèche dans les murailles (béliers, tortues), machines de jet (catapultes), projectiles incendiaires. L'art de la défense n'était pas

---

et les textes déjà cités d'Appien, de Plutarque, etc. Chars de Pharnace : *Bell. alex.* 75. Chars des Sassanides : Lampride, *Alex. Severe*, 55-6 (le chiffre de 1800 chars, comme tout le document, est fortement empreint de fantaisie).

(1) Appien, *Mith.* 69 (ὅπλιται, στρατιῶται, ἱππεῖς). L'armée de 73 comptait 150,000 combattants, d'après ce passage; or un peu plus loin (*Mith.* 72) elle est évaluée à 300,000 hommes.

moins perfectionné que celui de l'attaque ; le récit du siège du Pirée nous a fait déjà connaître la merveilleuse fécondité de ressources d'Archélaos, ses contre-mines, ses tours de bois enduites d'alun, qui défiaient les flammes, etc. Quant à Callimaque, les Romains furent si exaspérés par son admirable défense d'Amisos et de Nisibis, qu'ils le traitèrent, quand il tomba entre leurs mains, non comme un prisonnier de guerre, mais comme un malfaiteur. Ajoutons que les ingénieurs grecs étaient bien secondés par les soldats et les ouvriers cappadociens ; c'étaient d'excellents terrassiers, qui creusaient des mines et élevaient des murailles comme par enchantement.

De même que l'armée nationale, la marine de guerre pontique fut une création de Mithridate ; car celle de son père paraît avoir été encore très insignifiante. Mithridate Eupator fit de la sienne, en quelques années, la plus formidable du monde, au moins par le nombre. Tous les éléments nécessaires à l'établissement d'une grande puissance maritime se trouvaient d'ailleurs réunis dans son empire : d'excellents bois de construction en Paphlagonie et en Colchide, des métaux dans le Paryadrès, le chanvre, le lin, le goudron sur les bords du Phase ; ajoutez toute une population de marins de race, les ports spacieux et les vastes chantiers de construction d'Amastris, de Sinope, d'Amisos, sans parler de Panticapée et de Théodosie. Dès l'année 88, Mithridate pouvait mettre à flot 300 vaisseaux pontés (*cataphractes*) et 100 galères découvertes à deux rangs de rames (*dicrotes*) (1). En 73, sa flotte était encore plus nombreuse : elle comptait 400 trirèmes ou quinquérèmes, presque toutes à proue cuirassée, et un nombre infini de bâtiments de transport et de bateaux légers, *pentécontores*, *cercoures* (bateaux en forme de queue recourbée), etc. (2).

Les premières escadres avaient été construites un peu vite, et, dans l'aménagement intérieur des navires, on avait trop sacrifié au luxe oriental, au goût de la mise en scène : beaucoup de galères avaient des bains, des harems somptueux, des pavillons reluisants de pourpre et d'or. Ces inutilités coûteuses furent supprimées après la première guerre contre Rome ; en revanche, on surveilla davantage le choix des matériaux, l'armement et l'ap-

---

(1) Appien, *Mith.* 17.
(2) Memnon, 27. Cp. Appien, *Mith.* 119.

provisionnement (1). L'équipage de chaque navire comprenait des rameurs pour la manœuvre et des archers pour le combat; les uns et les autres firent preuve de bonne volonté et de courage, mais on manqua longtemps de bons timoniers et de capitaines expérimentés : il fallut les chercher d'abord en Phénicie et en Égypte, puis chez les pirates ciliciens (2).

Reste à dire quelques mots du commandement des armées de terre et de mer. Les Mithridate furent de tout temps une race de soldats, n'ayant d'autre généralissime qu'eux-mêmes. Mithridate Eupator ne faillit pas à cette tradition dynastique; seulement, comme si la tâche n'était pas déjà assez compliquée, il se fit amiral en même temps que général en chef. Il avait toutes les qualités du soldat, la bravoure, l'endurance, le sang-froid, et la plupart de celles de l'organisateur; en revanche ses qualités de stratégiste étaient médiocres : il battit les généraux de second ordre, Aquilius, Muréna, Cotta, Triarius, mais ni lui ni ses lieutenants ne purent se mesurer en champ ouvert avec le génie de Sylla, l'audace de Lucullus ou la méthode de Pompée.

Les premiers lieutenants du roi furent pour la plupart des Hellènes, officiers de fortune, soit sujets de Mithridate, soit nés à l'étranger; déjà Pharnace et Mithridate Evergète avaient eu à leur service des condottières grecs de ce genre (Léocrite, Dorylaos), hommes nourris dans l'étude des grands modèles du passé et dont la savante tactique jette un dernier reflet de gloire sur l'histoire militaire de l'hellénisme. Parmi les généraux grecs de Mithridate, dont plusieurs se distinguèrent aussi comme amiraux, il y eut des talents remarquables : tels furent Archélaos, Néoptolème, Diophante, et les spécialistes Ménandre de Laodicée, général de cavalerie, Callimaque, artilleur, Niconidas, ingénieur. A côté des Hellènes on rencontre quelques noms perses et arméniens; un Cappadocien, Gordios; un Paphlagonien, Alexandre; des pirates ciliciens, Séleucos, Isidore; des eunuques, Denys, Bacchidès, etc. La nationalité de Taxile, l'un des meilleurs généraux de Mithridate, demeure incertaine (3). Dans les dernières campagnes, Mithridate mit à la tête de ses armées et de ses flottes des émigrés

---

(1) Plut., *Luc.* 7.
(2) Appien, *Mith.* 13.
(3) Plus tard un Taxile commande le contingent micro-arménien dans l'armée de Pompée (Appien, *B. Civ.* II, 71); le Taxile de Mithridate est donc peut-être un Arménien.

romains, dont plusieurs avaient dirigé l'instruction de ses troupes pendant la paix; ils répondirent d'ailleurs assez mal à sa confiance.

En général, au moment de l'entrée en campagne, les forces terrestres étaient divisées en plusieurs armées, chargées d'opérer sur les divers théâtres de la guerre; le roi restait en personne auprès de l'armée la plus importante, dont il se réservait la direction supérieure. Dans cette armée, les chars à faux et quelquefois la cavalerie étaient groupés sous les commandants spéciaux; la phalange, du moins en 88, avait pour chef le ministre de la guerre; tout le reste de l'infanterie était sous les ordres de deux lieutenants généraux : Archélaos et Néoptolème en 88, Taxile et Hermocrate en 73, Marius et Hermaios en 72, Taxile et Diophante en 71 (1). Les armées détachées, opérant isolément, étaient commandées soit par un ou deux généraux expérimentés, soit par un prince du sang, auquel on adjoignait un ou plusieurs officiers de profession en guise de mentors. Sur l'exercice et la répartition des commandements inférieurs, nous sommes mal renseignés. Dans l'armée qui fut vaincue à Chéronée, chaque contingent national formait un corps d'armée distinct, sous un chef probablement indigène; il y avait aussi des corps constitués d'après l'armement, comme les *chalcaspides*. Plus tard nous voyons adopter dans l'infanterie la division romaine en cohortes, fortes chacune de 600 hommes; celles-ci, à leur tour, étaient groupées en brigades, ayant chacune un camp séparé. Toutefois le principe de la division par nationalités ne fut pas complètement abandonné: ainsi les émigrés romains continuèrent à former un corps à part, et, bien certainement, les contingents des vassaux scythes, méotiens et autres ne se laissèrent pas encadrer dans des formations régulières. L'armée resta ainsi, jusqu'au bout, l'image fidèle de la monarchie : un tout composite, formé des éléments les plus disparates, où la cohésion, l'unité morale n'étaient maintenues — au prix de quels efforts! — que par l'omnipotence, l'omniprésence et l'omniscience du roi.

(1) Appien, *Mith.* 41.

CHAPITRE III.

LES GOUVERNANTS (1).

Nous avons étudié le corps du royaume; reste à en faire connaître l'âme, c'est-à-dire le roi. Il est le centre du tableau, et, si pauvre que soit la tradition à ce sujet, nous pouvons encore ressaisir dans ses traits généraux cette grande figure de sultan hellène.

Au physique, un colosse. Sur les champs de bataille, sa haute stature, dominant la houle des combattants, le désignait de loin aux flèches et aux javelines. Souvent blessé, rarement malade, sa robuste constitution le remettait bientôt sur pied. La force et l'agilité étaient en proportion de la taille. Pompée fut émerveillé de ses gigantesques armures (2), et celles que Mithridate avait consacrées lui-même dans les temples de Némée et de Delphes faisaient l'étonnement de la postérité. Enfant, du haut d'un étalon sauvage, lancé au galop, il s'exerce à tirer le javelot; adolescent, il atteint à la course le gibier le plus rapide, étouffe les bêtes fauves dans ses bras nerveux (3). Plus tard, il est le premier soldat de son armée, un cavalier infatigable, qui parcourt mille stades en un jour grâce à des relais échelonnés sur la route: cocher émérite, il sait conduire un char attelé de seize chevaux et descend dans l'arène pour disputer le prix à des écuyers de profession (4). Les rudes épreuves de sa jeunesse, la chasse, la vie continuelle au grand air, la coutume de partager les labeurs

---

(1) Le seul portrait de Mithridate est celui qu'on lit chez Appien, *Mith.* 112. On doit compléter ce portrait en glanant un peu partout.

(2) Τῶν ὅπλων τὸ μέγεθος... ἐθαύμασε, dit Plutarque, *Pomp.* 42. *Mithridates corpore ingenti perinde armatus*: Salluste, fr. II, 56 Kritz (= Quintilien VIII, 3, 82).

(3) Justin XXXVII, 2.

(4) Suétone, *Néron*, 24 : *Aurigavit* (Nero) *quoque plurifariam, Olympiis vero etiam decemjugem, quamvis id ipsum in rege Mithridate carmine quodam suo reprehendisset, sed excusans cursu*, etc. D'après Appien, Mithridate conduisait à 16 chevaux (d'après Aurélius Victor, *De vir. ill.* 76, à 12 seulement); probablement Néron voulut le surpasser en attelant à 20. Sur la défaite de Mithridate par Alcée de Sardes, qui paya son succès de sa vie, voir Plutarque, *Pomp.* 37.

et les privations de ses troupes, en campagne comme pendant les manœuvres de la paix (1), ont trempé cette nature de fer : l'âge s'émousse contre sa rude écorce; presque septuagénaire, il saute encore à cheval tout armé, lance le javelot d'une main sûre et combat au premier rang avec une fougue juvénile (2). Telle vigueur, tel appétit : Mithridate laissa la réputation d'un des plus grands mangeurs de son siècle et d'un buveur intrépide. Dans un concours de voracité qu'il institua un jour, il triompha de tous ses rivaux; même l'athlète Calamodrys de Cyzique n'obtint que le second prix (3). Quelques-uns dérivaient son surnom de Dionysos de ses habitudes d'intempérance, mais les auteurs mieux informés rejetaient cette légende (4). C'est qu'en effet les exploits de Gargantua n'étaient pas l'ordinaire de Mithridate : en général, il se montrait aussi sobre qu'endurant, et, à table comme dans l'amour, le voluptueux ne nuisit jamais au monarque.

Il avait la stature et la force qui imposent aux Orientaux; il avait aussi la beauté, don du ciel, qui séduisait les Hellènes. Ce corps de géant se terminait par une tête ovale et osseuse, dont ses premières médailles nous font connaître les traits nettement dessinés et l'expression pleine de vie, encore qu'un peu farouche. Ce n'est pas la parfaite régularité des profils grecs, mais quel contraste avec les faces mal dégrossies, avec la physionomie énergique, mais presque bestiale, des ancêtres paternels de Mithridate! On reconnaît que le sang affiné des Séleucides a passé là. Le visage s'encadre entre de légers favoris et de longs cheveux bouclés, adroitement ramenés sur le front pour cacher une cicatrice, — un coup de foudre reçu dans l'enfance. La bouche entr'ouverte va parler; la narine s'avance, frémissante; la lèvre épaisse, le menton charnu, annoncent les instincts sensuels, mais l'arcade sourcilière proéminente, le front bombé, les plis déjà marqués du rictus et de la paupière, l'œil profond où l'on devine un feu

---

(1) Justin XXXVII, 1 : *in campo... in exercitationibus... inter coaequales aut equo aut cursu aut viribus contendebat.*

(2) Salluste, fr. V, 4 Kritz; Dion XXXV, 9. Il avait alors 65 ans, non 70 comme le disent ces deux textes.

(3) Nicolas de Damas, fr. 78 Müller. Cf. aussi Appien, *Mith.* 67 ; Élien, *Hist. var.* I, 27.

(4) Plutarque, *Quaest. sympos.* I, 6, 2. Est-ce à un des ancêtres de Mithridate ou à un roi du Bosphore cimmérien que se rapporte l'anecdote contée par Plutarque (*Lycurgue*, 12 fin.) sur le roi de Pont (τινὰ τῶν Ποντικῶν βασιλέων) qui fit venir un cuisinier de Sparte pour goûter du fameux brouet lacédémonien?

sombre, tout cela compose un ensemble, rayonnant d'intelligence et d'activité, où le sultan disparaît derrière le guerrier et le politique. Une pareille figure n'avait pas le droit de vieillir. A la différence de ses ancêtres, qui avaient laissé marquer sur leurs médailles les changements apportés à leurs traits par les années, Mithridate, dès que l'âge et les soucis commencèrent à creuser les rides et à contracter les muscles de son visage, appela l'idéal au secours du réel : il suffit de quelques atténuations discrètes, d'un souffle passé dans la chevelure pour transformer le portrait toujours ressemblant en une tête de Dionysos, radieuse, éternellement jeune, et qui resta pour la postérité l'image définitive du roi-dieu (1).

Intelligence, activité, tel sont les traits qui dominent dans la physionomie de Mithridate, telles furent en effet ses qualités maîtresses. Son intelligence réunit l'astuce, la finesse instinctive du barbare, avec la curiosité universelle, la faculté d'assimilation du civilisé. Il a le coup d'œil juste et rapide. Dès l'abord, il sait toiser ses adversaires, distinguer entre les vrais et les faux grands hommes. Il honore le mérite, même chez un ennemi : c'est ainsi qu'on le voit courtiser Marius, s'incliner devant Sertorius, respecter Lucullus, deviner Pompée (2). Il se trompe rarement dans le choix de ses ministres et de ses généraux ; quand cela lui arrive, c'est que l'esprit est la dupe du cœur. En politique, il sait échelonner ses projets, les préparer mûrement, dissimuler, céder, résister, agir à propos ; son plus grand tort est d'embrasser des conceptions trop vastes pour les forces dont il dispose et pour les courages qui sont à son service. C'est aussi un artisan de séduction, habile à prendre les individus par leur faible,

---

(1) Pour les changements dans la physionomie de Mithridate sur les monnaies, voir la planche que j'ai donnée dans mes *Trois royaumes* (pl. XI.). On peut distinguer trois types successifs : 1° Portrait réaliste, mais jeune et beau, sur le tétradrachme non daté, antérieur à l'an 96, c'est-à-dire à la 36e année (reproduit au frontispice du présent ouvrage). 2° Portrait réaliste, aux traits de plus en plus tirés et fatigués : tétradrachmes au Pégase de l'an 96 à l'an 85 (36 à 47 ans). Sur les pièces non datées frappées par Archélaos en Grèce (88) le portrait, sensiblement rajeuni, se rapproche davantage du premier type. 3° Portrait idéalisé, complètement imberbe, cheveux très mouvementés : pièces frappées à Pergame de 88 à 85, et dans le Pont de 85 à 66 (47 à 66 ans).

(2) Marius : Plutarque, *Marius*, 31. Sertorius : Plutarque, *Sertorius*, 24. Lucullus : Cicéron, *Acad. pr.* II, 1, 3 : *tantus imperator fuit* (Lucullus) *ut ille rex post Alexandrum maximus hunc a se majorem decem cognitum quam quemquam eorum quos legisset fateretur*. Pompée : Cicéron, *Pro lege Manilia*, XVI, 16.

avarice, ambition ou vanité, à conquérir les cités et les peuples par son éloquence persuasive, ses largesses calculées, ses procédés chevaleresques, surtout en sachant respecter leurs croyances, imiter leurs mœurs et épouser leurs passions. Nul ne le surpasse dans l'art de nouer les alliances, de fomenter les révolutions, de déjouer les complots. Sans être né grand capitaine, il tient tête aux plus éminents généraux de Rome. Organisateur, il fait sortir de terre des armées, et, chose plus rare, sait mettre à profit les leçons de l'expérience pour améliorer sans cesse ses institutions militaires.

Si ses facultés intellectuelles le distinguent déjà du commun des despotes orientaux, que dire de son activité qui tient du prodige? Nul ne prit plus au sérieux le métier de roi : même au comble de la puissance, les fêtes, les délices du harem ne sont jamais pour lui qu'une distraction. Il n'est pas seulement la cheville ouvrière de l'immense machine qu'il a créée; il en dirige, il en surveille lui-même jusqu'aux moindres ressorts. Il fait penser à Cyrus par sa connaissance de toutes les langues qui se parlent dans son empire, à César et à Napoléon par la rapidité foudroyante de ses voyages. Il ne se fie pas au rapport de ses agents; il veut tout voir, tout connaître par lui-même. Tantôt il parcourt incognito les contrées dont il médite la conquête, tantôt il se cache sous un lit pour surprendre le secret d'une conspiration ou descend dans une mine pour recevoir les confidences d'un traître. Général et soldat, amiral et matelot, juge, prêtre, planteur, bâtisseur, — point de rôle où il ne soit à son aise, et il trouve encore le temps, dans l'intervalle de ses corvées royales, de former des collections artistiques, de chasser et de banqueter joyeusement avec ses amis, de philosopher avec les beaux esprits de la Grèce, de lire des livres d'histoire, d'étudier et de pratiquer la médecine, d'écrire à ses maîtresses de longues et brûlantes lettres d'amour!

Grand dans la prospérité par son activité, il est plus grand encore par son énergie dans le malheur. C'est peu que la bravoure du champ de bataille, cette griserie animale qu'on trouve chez tant d'âmes vulgaires servies par un corps vigoureux; Mithridate a la vertu plus rare de ne pas fléchir sous les coups redoublés de la destinée, de puiser dans les épreuves et les revers comme un renouveau de vigueur morale. Tel, dans sa jeunesse, nous l'avons vu arracher sa vie et sa couronne aux meurtriers de son père, tel nous le verrons vieux, vaincu, proscrit, renaître du fond de l'abîme, relever le courage de ses alliés et de ses soldats, reforger des armées, reconquérir des royaumes. Trois fois Rome croit le tenir, et trois fois il lui échappe, semblable, suivant la pittoresque expression de l'historien romain, au serpent qui, la tête écrasée, dresse encore une queue menaçante (1). Optimisme de tempérament ou foi superstitieuse dans son étoile, peu importe : une pareille opiniâtreté n'est pas vulgaire. Rome redoute si justement la force morale, la confiance communicative, l'héroïsme contagieux qui se dégagent de ce vieillard, qu'elle le fait réclamer par ses limiers jusqu'au fond de l'Asie et relancer par ses légions jusqu'au pied du Caucase; comme jadis en face d'Annibal, elle ne se croit pas définitivement victorieuse, ou plutôt elle estime que rien n'est fait, tant que Mithridate respire. C'est qu'en effet, quand on le croit anéanti, tombé au plus bas, tremblant pour sa vie, c'est alors qu'il médite les plus vastes projets de conquête; et qui peut prédire, après tant de retours imprévus, qu'il ne saura pas les exécuter? Jusqu'au bout, après quarante ans d'une lutte sans issue et sans trêve, il garde cette hauteur d'ambition et cette âpreté de haine qui atteignent presque au génie, et quand le cœur manque définitivement à son armée, il se redresse seul et formidable dans sa haute taille de géant invaincu, fait reculer la honte et sait mourir en roi.

Ainsi Mithridate est plus et mieux qu'un simple sultan, mais c'est pourtant le sultan qui fait le fond de son caractère. Il en a les terribles colères, la sensualité ardente, effrénée, subite et qui réclame sa pâture immédiate. Son orgueil est immense et, ayant brisé tous les obstacles autour de lui, ne se croit plus rien d'impossible. Il regarde comme des esclaves les rois même, s'ils ne sont pas nés dans la pourpre (2). En une nuit, pour satisfaire un caprice, il fera d'une joueuse de flûte une reine et d'un mendiant un grand seigneur; en un jour, il massacrera toutes ses sœurs et toutes ses femmes plutôt que de les laisser tomber aux mains de l'étranger. Les épreuves de sa jeunesse, les complots

---

(1) Florus I, 40, 24 : *omnia expertus more anguium, qui obtrito capite postremum cauda minantur.* MONTESQUIEU a modifié cette image (*Considérations*, etc., ch. 5) : « roi magnanime qui dans les adversités, tel qu'un lion qui regarde ses blessures, n'en était que plus indigné. »

(2) *Aridsarlianen et servum respuit*, Licinianus, p. 35, Bonn.

répétés qui menacèrent sa vie, l'ont rendu méfiant, vindicatif et cruel. Comme presque tous les despotes orientaux, il joue avec la vie et le sang de ses sujets : le poignard et le poison sont les armes favorites de sa politique, le mensonge et la fourberie ne lui coûtent pas davantage. Il est le bourreau de sa famille et de sa noblesse : il tue de sa propre main son neveu Ariarathe, il fait tuer Socrate le Bithynien après s'être servi de lui, il aposte des assassins contre Nicomède Philopator, peut-être contre Lucullus (1). Les vêpres éphésiennes, la déportation des Chiotes, le guet-apens dirigé contre les tétrarques galates sont autant de taches ineffaçables sur sa mémoire; l'empoisonnement d'un bourgeois de Sardes, coupable de l'avoir vaincu dans une course de chars, atteste, si le fait est authentique, la ténacité et, disons le mot, la petitesse de ses rancunes (2); l'exécution de son fils Xipharès, pour châtier la trahison de sa mère, est un curieux exemple de sa justice distributive. Pourtant, s'il est vindicatif, il est également reconnaissant : il rendit un jour aux Rhodiens tous leurs prisonniers en échange du seul Léonicos, qui lui avait jadis sauvé la vie (3). De même, il a des élans de générosité, de grandeur d'âme et d'équité délicate : quand le général de cavalerie Pomponius tomba entre ses mains et refusa d'entrer à son service, il ne lui fit pas moins grâce de la vie et ordonna de soigner ses blessures (4); quand il découvrit le complot du sénateur Attidius (5), quand il étouffa la révolte de son fils Macharès, il frappa sans pitié les principaux coupables, mais il relâcha les complices subalternes, les affranchis et les clients, qui n'avaient été entraînés que par leur dévouement envers leur patron.

L'éducation proprement dite de Mithridate avait été courte, mais féconde. Une fois sur le trône, il élargit dans tous les sens le cercle de ses connaissances, chercha à satisfaire ses goûts infiniment variés. La langue et la littérature de la Grèce n'avaient pas de secrets pour lui (6); il passait même pour un orateur disert (7). Mais la connaissance du grec et du perse ne lui suf-

(1) Affaire d'Olzbac (Plut., *Luc.* 16 ; Appien. *Mith.* 79 ; Frontin II. 5, 30).
(2) Plut., *Pomp.* 37.
(3) Valère Maxime V, 2, *ext.* 2.
(4) Appien, *Mith.* 79.
(5) Appien, *Mith.* 90.
(6) Καὶ παιδείας ἐπεμέλητο Ἑλληνικῆς, Appien, *Mith.* 112.
(7) Plut., *Sylla,* 24 : τὸν Μιθριδάτην εἰπεῖν ὧν ἐπιτροπεύων.

fisait pas; il voulut apprendre tous les idiomes plus ou moins barbares qui se parlaient dans son royaume et il les posséda bientôt assez pour pouvoir haranguer, sans interprète, tous les soldats de son armée (1). Malgré cette polyglottie, qui à elle seule nous avertirait que nous n'avons pas affaire à un roi hellène, la Grèce garda les prédilections de Mithridate. Sa cour, au temps de sa grandeur, fut le rendez-vous de tous les lettrés hellènes, — et ils étaient nombreux, — qui ne pouvaient se réconcilier avec l'insolent protectorat de Rome. Toute une légion de poètes, de philosophes, d'historiographes étaient pensionnés par Mithridate, lui vendaient leur plume et leurs louanges (2).

Les plus célèbres de ces réfugiés furent Diodore d'Adramyttion et Métrodore de Scepsis. Le premier était à la fois philosophe académique, avocat et professeur de rhétorique. En 88, étant stratège de sa ville natale, il massacra les sénateurs qui refusaient d'embrasser le parti du roi; aussi, à la paix de Dardanos, suivit-il Mithridate dans le Pont et se fixa-t-il à Amasie. Après la chute du roi, il se laissa mourir de faim pour se soustraire aux graves accusations qui pesaient sur lui (3).

Métrodore de Scepsis (en Troade), élève du célèbre grammairien Démétrios, son compatriote, avait, comme Diodore, des talents multiples. Philosophe, rhéteur, historien, géographe, doué d'une mémoire prodigieuse, il passait pour l'inventeur de la mnémonique scientifique. Le style brillant et nouveau de ses écrits leur assura un vif succès; il leur dut aussi de faire un riche mariage avec une héritière de Chalcédoine, qui s'était éprise de lui en le lisant. Malgré sa situation de fortune indépendante, il s'attacha à Mithridate, entraîné par une haine fanatique des Romains qui lui avait valu le surnom de *Misorome*. Le roi, qui l'aimait beaucoup, lui conféra le titre le plus élevé de la hiérarchie aulique, celui de « père du roi » (1). Nous savons déjà qu'il fut nommé juge suprême et sans appel; dans cette situation,

(1) Valère Maxime VIII, 7, *ext.* 16 = Pline VII, 21, 88; XXV, 3, 6 (d'après Lénée): Quintilien XI, 2, 50. Ces textes donnent 22 langues; Aulu-Gelle XVII, 17, en donne 25; Aurélius Victor 50!
(2) Orose VI, 4, 6 (rex) *relictus ab omnibus amicis, philosophis, scriptoribus rerum vel carminum...* Sur les philosophes grecs envoyés en ambassade à Muréna, voir Memnon, 36.
(3) Strabon XIII, 1, 66.
(1) Ce titre honorifique se retrouve en Syrie (Josèphe, *Ant. jud.* XII, 3, 1; XIII, 4, 9).

il se fit beaucoup d'ennemis, et leurs accusations, vraies ou fausses, ébranlèrent si bien la confiance du maître qu'il prépara pour Métrodore une condamnation à mort, retrouvée plus tard par les Romains dans les archives du Château-Neuf. Au reste, Métrodore justifia ces soupçons quelques années plus tard par la conduite plus qu'équivoque qu'il tint dans une ambassade auprès de Tigrane; il n'échappa alors au châtiment que par une mort soudaine et suspecte (1).

Les sciences se partageaient, avec les lettres, l'intérêt de Mithridate; mais, dans la science, il poursuivait surtout les résultats pratiques : l'étude de la nature n'était, pour lui, que la préface de la médecine, et la médecine, c'était surtout la toxicologie. Attale III de Pergame, Nicomède de Bithynie, Antiochus Grypos avaient donné sur le trône l'exemple de ces goûts de laboratoire; Mithridate y chercha plus qu'une distraction. Pour lui, la nature était une vaste officine à laquelle, dès son enfance, il avait demandé des armes et des remèdes, remèdes contre les embûches dont il était entouré (2), armes secrètes et terribles pour servir d'instrument à ses vengeances. Le poison le débarrassa de Laodice, d'Alcée de Sardes, de son fils Ariarathe (3). Dans les gazophylacies, à Sinoria par exemple, on gardait, parmi les autres trésors, des provisions de poison; le roi en portait toujours sur lui une dose mortelle, enfermée dans la poignée de son cimeterre. Aux archives du Château-Neuf, les Romains trouvèrent toute une bibliothèque de notes et de recettes toxicologiques, que Pompée fit traduire et mettre en ordre par son affranchi Lénée (4). C'était un curieux mélange d'observations intéressantes et de superstitions ridicules. Toutes les contrées de l'empire avaient été interrogées, tous les règnes de la nature mis à contribution : le règne minéral fournissait certaines pierres précieuses, le règne animal

---

(1) Diogène Laërce V, 84; Strabon XIII, 1, 55; Plutarque, *Luc.* 22. Sur Métrodore voir encore Cicéron, *De Oratore*, II, 88, 90; III, 20; *Tusculanes*, I, 24; Pline VII, 24, 89; XXXIV. 16; Sénèque, *Controv.* V, 34. La plupart de ces textes et les fragments de ses ouvrages (περὶ Τρυφῆν, περὶ Ἱστορίας (?), περὶ συνηθείας, περὶ ἀλειπτικῆς, Périégèse?) sont réunis par MULLER, *Frag. hist. graec.* III. 203. Une base trouvée à Ilion porte l'inscription ΜΗΤΡΟΔΩΡΟΣ ΘΕΜΙΣΤΑΓΟΡΟΥ (SCHLIEMANN, *Trojanische Alterthümer*, 1874, p. 264.) S'agit-il de Métrodore de Scepsis?
(2) Justin XXXVII, 2.
(3) Plutarque, *Pomp.* 37.
(4) Pline XXV, 2, 7 (passage principal sur les poisons de Mithridate).

le sang des canards pontiques, que l'on croyait vaccinés par les herbes vénéneuses dont ils faisaient leur nourriture habituelle; quant aux végétaux, on sait combien la riche flore pontique était célèbre pour son abondance en poisons et en remèdes de tout genre.

Au cours de ces recherches, Mithridate était entré en correspondance avec les plus illustres médecins de son temps. Zachalias de Babylone lui adressa un traité sur la médecine, où il signalait notamment les vertus miraculeuses de l'hématite, pierre souveraine contre les maladies des yeux et du foie, contre les blessures causées par les armes blanches, et dont la possession assurait aux plaideurs le gain de leurs procès, aux pétitionnaires le succès de leurs requêtes (1). Un savant plus célèbre, mais tout aussi charlatan, était Asclépiade de Prusias en Bithynie, établi à Rome et créateur d'un nouveau système médical, fondé sur les propriétés curatives du vin. Celui-ci refusa les offres séduisantes de Mithridate qui voulait l'attirer à sa cour: au lieu de sa personne, le nouvel Hippocrate n'envoya au nouvel Artaxerxès qu'un traité sur la médecine rédigé dans une langue élégante dont il avait le secret (2). Au reste, il ne manquait pas de médecins à la cour de Mithridate. Comme à la cour des Ptolémées et des Séleucides, ils formaient une sorte de hiérarchie dont le chef portait le titre d'*archiâtre* ou médecin en chef. Nous connaissons déjà un de ces archiâtres, Papias d'Amisos, fils de Ménophile, qui comptait parmi les « premiers amis du roi » et cumulait ses fonctions médicales avec celles de « préposé aux appels » : trait de ressemblance de plus avec les médecins des Ptolémées, qu'on employait souvent à des missions politiques et confidentielles (3). Un autre médecin de Mithridate fut l'habile chirurgien Timothée, qui le guérit un jour d'une blessure à la cuisse avec une rapidité

---

(1) Pline XXXVII, 10, 169.

(2) Pline XXV, 2, 6 ; VII, 37, 124. Asclépiade avait ressuscité un individu cru mort. Il posait en principe que le médecin ne devait jamais être malade ; en effet, il mourut dans un âge avancé, d'une chute dans un escalier. Sur ce personnage, célèbre aussi par son éloquence (Cicéron, *De Orat.* I, 14), voir G. M. Raynaud, *De Asclepiade Bithyno medico ac philosopho*, Paris, 1862.

(3) Inscription délienne n° 10 : Παπίαν Μηνοφίλου Ἀμισηνόν.... καὶ ἀρχιατρόν. L'ἀρχιατρός en Syrie : *Bull. corr. hell.* IV, 218. En Égypte : ib. III, 470 où il est appelé ἐπὶ τῶν ἰατρῶν. Cf. aussi la *Lettre d'Aristée*, p. 58, et le papyrus Peyron où le βασιλικὸς ἰατρός est chargé de notifier un ordre royal.

merveilleuse (1). Dans les derniers temps, le roi se confiait à de vulgaires empiriques, comme ces Scythes Agariens qui traitaient les blessures par le venin de serpent (2).

Enfin Mithridate fut aussi son propre médecin et celui de ses courtisans, qui se prêtaient avec empressement à ses expériences, même chirurgicales (3). En thérapeutique, il découvrit plusieurs simples utiles : la *Scordotis*, la *Mithridatia*, l'*Eupatoria*, dont la graine, prise dans du vin, guérissait la dysenterie (4). Il inventa aussi un antidote universel qui prit son nom et dont on trouva la formule écrite de sa propre main dans ses archives : « Prenez deux noix sèches, deux figues, vingt feuilles de rue; broyez selon l'art et ajoutez une pincée de sel. Cette potion, prise à jeun, le matin, préserve pendant toute la journée contre les effets du poison (5) ». C'est cet antidote, d'une simplicité un peu naïve, que Mithridate, dit-on, prenait, par précaution, tous les jours en se levant; d'après d'autres récits, il y mêlait du sang de canard, puis il absorbait du poison pour vérifier l'efficacité du remède. Ce traitement cuirassa si bien sa constitution contre l'effet des substances toxiques, que le jour où il voulut s'empoisonner sérieusement, il ne put y réussir (6).

Lettré et savant, Mithridate avait aussi l'âme d'un artiste, ou tout au moins d'un ami éclairé des beaux-arts. Il aimait passionnément la musique (7); il construisit des temples à Amisos (8), des palais dans ses nombreuses résidences; mais c'est surtout comme protecteur des arts plastiques, comme collectionneur de curiosités et de bibelots qu'il s'est fait un nom dans l'histoire de l'art : la belle exécution de ses médailles suffirait à justifier sa

---

(1) Appien, *Mith.* 88.
(2) Appien, *Mith.* 89.
(3) Plutarque, *De adulatione*, 14.
(4) Sur la *Mithridatia* : Pline XXV, 6, 62, d'après Cratevas ; sur la *Scordotis*, ib. 63, d'après Linée ; sur l'*Eupatoria*, ib. 65.
(5) Pline XXIII, 8, 149.
(6) Pline XXV, 2, 5-6 ; Justin XXXVII, 2, 6 ; Aulu-Gelle XVII, 16, d'après Linée ; Martial, V, 76 : *Profecit poto Mithridates saepe veneno Toxica ne possent saeva nocere sibi*; Appien, *Mith.* 111 ; Juvénal, XIV, 252. Plus tard le nom de *Mithridatium* désigna en général les antidotes compliqués, qui certainement ne provenaient pas tous de Mithridate. Pline cite un *Mithridatium* composé de 54 ingrédients dont plusieurs à dose infinitésimale (*Hist. nat.* XXIX, 1, 24) ; Celse V, 23, 2 en donne un de 36 ingrédients ; Galien, *Antidotes*, II, 1, 2, en indique plusieurs.
(7) Appien, *Mith.* 112 fin. : καὶ μουσικὴν ἀγαπᾷ.
(8) Strabon XII, 3, 14.

réputation d'amateur. Déjà plusieurs de ses ancêtres avaient montré du goût pour la sculpture grecque : Mithridate, fils d'Orontobate, commanda une statue de Platon à Silanion (1); le satrape Ariobarzane fit élever la sienne à Ilion (2), et une statue en argent du roi Pharnace figura au triomphe de Lucullus (3). On connaît de nom quatre statues de Mithridate Eupator : deux d'entre elles, — un colosse en or, haut de 8 coudées, et une statue en argent (4), — ornèrent le triomphe de Pompée; une troisième, en or et de grandeur naturelle, est mentionnée parmi les trophées de Lucullus (5); une quatrième s'élevait sur une des places publiques de Rhodes où elle fut respectée pendant le siège (6). L'exemple d'un roi trouve toujours des imitateurs : toute une série de bustes ou de médaillons en marbre représentant Mithridate et les principaux conseillers de la première partie de son règne, — Dorylaos, Gaios, Papias, etc., — avaient été dédiés en son nom par le grand prêtre Hélianax, dans le sanctuaire des Cabires à Délos (7). Le portrait du roi fut aussi exécuté en miniature sur des pierres gravées, par exemple sur le chaton de la bague dont il fit cadeau au sophiste Aristion (8). Les gemmes étaient d'ailleurs la passion de Mithridate: il en forma une collection, le premier « cabinet » mentionné dans l'histoire. Cette *dactyliothèque*, transférée à Rome par Pompée, y fut consacrée dans le temple de Jupiter Capitolin (9).

Cet amour, purement hellénique, des arts plastiques s'alliait chez Mithridate à un goût oriental pour la magnificence du mobilier, du vêtement, du harnachement, bref de tout le cadre et l'appareil de la majesté royale (10). Son costume était tout asia-

(1) Favorinus chez Diogène Laërce III, 20, 25.
(2) Diodore XVII, 17, 6.
(3) Pline XXXIII, 12, 151, où Pharnace est appelé à tort « qui primus regnavit in Ponto. » Fréret en a conclu qu'il s'agissait du fabuleux Pharnace que Diodore place en tête de la généalogie des rois de Cappadoce.
(4) La statue en argent : Pline, loc. cit. La statue en or : Appien, Mith. 116.
(5) Plutarque, Luc. 37.
(6) Cicéron, Verr. acc. II, 65, 159.
(7) Salomon Reinach, Bull. corr. hell. VII, 350 suiv.
(8) Posidonius, fr. 41. Cp. pour cet usage chez les rois orientaux Pline le jeune, Ad Traj. 74, Keil. Il existe encore des pierres gravées avec le portrait de Mithridate, par exemple la pierre verte au Musée Britannique (A. H. Smith, Catalogue of engraved gems. n° 1530).
(9) Pline XXXVII, 1, 11, d'après Varron ; Manilius V, 10.
(10) Appien, Mith. 115 : μάλιστα (Μιθριδάτου) καὶ περὶ κατασκευὴν γενομένου.

tique : il portait un large pantalon perse (1), des robes de prix, une tiare d'un travail merveilleux. Ses armes colossales étaient richement ornées : son bouclier était incrusté de pierres précieuses (2), on estimait son baudrier 400 talents (plus de deux millions) (3). Son trône, son sceptre, ses lits de festin étaient en or (4); ses voitures de parade lamées d'or et d'argent (5). Les « amis du roi » prenaient modèle sur le souverain : ils se promenaient sur des chevaux richement caparaçonnés; même en campagne, Dorylaos portait une tunique de pourpre (6).

C'est dans les gazophylacies que s'accumulèrent les trésors capturés à Cos et bien d'autres meubles précieux acquis par le roi ou exécutés sur sa commande. L'inventaire du seul garde-meuble de Talaura prit aux Romains trente jours. On y trouva : « 2,000 tasses d'onyx enchâssées dans l'or, une profusion de coupes, de vases à rafraîchir, de *rhytons*; puis, des lits, des sièges, des brides, poitrails et caparaçons de chevaux, étincelants d'or et de pierreries » (7). Au triomphe de Lucullus figurèrent « 20 brancards chargés de vaisselle d'argent, 32 brancards chargés de tasses d'or, d'armes et d'argent monnayé » (8). Au triomphe de Pompée, les procès-verbaux officiels mentionnaient « un échiquier de trois pieds sur quatre, avec ses pièces, le tout en pierres précieuses, une lune d'or pesant 30 livres, trois lits de festin, neuf buffets chargés de vases d'or et de pierreries, trois statues en or représentant Minerve, Mars et Apollon, trente-trois couronnes de perles, une montagne carrée en or massif, sur laquelle étaient ciselés des cerfs, des lions, des fruits, le tout entouré d'une vigne d'or, enfin une chapelle des Muses (9), en

---

(1) Justin XXXVIII, 1 : *ferrum inter fascias...*
(2) Plut., *Luc.* 37 : θυρεὸς διάλιθος.
(3) Plut., *Pomp.* 42.
(4) Appien, *Mith.* 116; Plut., *Luc.* 37. Au triomphe de Lucullus : ἡμίονοι ὀκτὼ κλίνας χρυσᾶς ἔφερον.
(5) Au triomphe de Pompée : *currus aureos argenteosque*, Pline XXXIII, 11, 152.
(6) Robes de pourpre : Plut., *Luc.* 17. Chevaux richement ornés : Plut., *Pomp.* 36.
(7) Appien, *Mith.* 115. On remarquera que Talaura n'est pas mentionné par Strabon, mais comme celui-ci affirme (XII, 3, 31) que les objets les plus précieux de Mithridate se trouvaient au Château-Neuf, il faut peut-être en conclure que ce château était bâti au-dessus de Talaura. Cp. Dion Cassius XXXVI, 16 : τὰ μετέωρα πρὸς Ταλαύροις ὄντα.
(8) Plut., *Luc.* 37.
(9) Pline XXXVII, 1, 13-14. Les prétendues statues de Minerve, Mars et Apollon sont sans doute les θεῶν ὑπερμεγέθων εἰκόνες d'Appien, *Mith.* 117. Ajoutons qu'une partie

perles, surmontée d'une horloge ». Ajoutez à ces nomenclatures les pots et vases de myrrhe (1), les objets de toilette de la reine d'Égypte, Cléopâtre, confisqués à Cos (2), le lit de Darius (3), la chlamyde d'Alexandre (4), mille autres curiosités ou reliques intéressantes. Les objets de musée servaient de modèles aux orfèvres et aux fondeurs du roi : le vase de bronze offert par Mithridate au gymnase des *Eupatoristes* d'Athènes est venu jusqu'à nous et peut donner une idée du goût noble, de l'admirable exécution de sa vaisselle (5).

Les lettres, les sciences, les arts ne remplissaient pas seuls les loisirs de Mithridate; la religion réclamait sa part dans cette vie si occupée. Croyant ou sceptique (6), — c'est un point que les documents ne permettent pas de décider, — Mithridate remplissait consciencieusement ses fonctions de chef et de protecteur des églises nationales. La religion cappadocienne fut scrupuleusement respectée : comme ses ancêtres, le roi s'abstint de toucher aux trésors et aux privilèges du temple de Comana : seulement il écarta l'ancienne dynastie des prêtres héréditaires, descendue des premiers rois de Cappadoce, et conféra ce sacerdoce lucratif à son favori Dorylaos (7). Les cultes grecs, auxquels Mithridate avait été initié dès son enfance (8), trouvèrent aussi en lui un protecteur libéral. Les temples d'Amisos, de Délos, de Némée, de Delphes, étaient pleins de ses offrandes. A Éphèse, il élargit, après l'avoir violé, le droit d'asile du temple

des trophées de Pompée provenait d'autres sources que des gazophylacies de Mithridate.

(1) Pline, *loc. cit.*, 18.
(2) Appien, *Mith.* 23 : κόσμος γυναικεῖος.
(3) Appien, *Mith.* 116.
(4) Appien, *Mith.* 117.
(5) Nous avons reproduit ce vase en héliogravure, pl. III.
(6) Orose VI, 5, après avoir prêté à Mithridate mourant un discours qui commence par ces mots : *Vos, si estis, di patrii, precor*, et ajouté qu'il était *homo omnium superstitiosissimus*, commente longuement cette contradiction ; il conclut que Mithridate avait reconnu l'inanité des faux dieux sans s'élever à la connaissance du Dieu véritable. C'est un chrétien à qui la grâce a manqué!
(7) Au temps de César on voit un certain Lycomède réclamer la prêtrise de Comana comme descendant des « anciens rois de Cappadoce » (*Bell. alex.* 66.). Il s'agit, peut-être non, comme je l'ai supposé ailleurs, d'un descendant des Ariarathe, mais d'un personnage issu des vieux rois-prêtres du temps de l'État leucosyrien.
(8) Διὰ καὶ τῶν ἱερῶν ἥψατο τῶν Ἑλληνικῶν. Appien, *Mith.* 112.

VASE DE MITHRIDATE
dit « Cratère des Eupatoristes »
(Rome Musée Capitolin)

d'Artémis (1); au Bosphore, il célébra les fêtes de Déméter (2).

Toutefois, si Mithridate affichait des sympathies politiques pour le polythéisme hellénique, son véritable culte, son culte officiel était celui qu'avaient pratiqué ses ancêtres iraniens. Sur ses monnaies, comme sur celles de ses prédécesseurs, figurent le soleil et la lune, emblèmes des divinités populaires de l'Iran. Le dieu suprême du mazdéisme, le dieu de Cyrus et de Darius, *Ahura Mazda*, est aussi le dieu suprême de Mithridate. En 81, après avoir chassé les Romains de la Cappadoce, Mithridate offre à ce dieu un sacrifice solennel, à la mode des anciens Achéménides. « Sur le sommet d'une haute montagne, on dresse une immense pile de bois; le roi lui-même pose la première bûche. Au-dessous et tout autour de ce bûcher, on en élève un second, plus bas. Sur le premier, on apporte du lait, du miel, du vin, de l'huile, des aromates de tout genre; sur le second, des mets et des boissons pour toute l'assistance. Le banquet terminé, on allume le bûcher; la flamme monte, immense, visible à mille stades (quarante lieues) à la ronde, et pendant plusieurs jours l'embrasement de l'air ne permet pas d'approcher de la montagne » (3). Ce sacrifice grandiose fut renouvelé quelques années après, en 73, quand Mithridate envahit la Bithynie; à la même occasion, il offrit à Poséidon un char attelé de quatre chevaux blancs qu'il précipita dans la mer (1).

A côté de ces imposants appels à la protection divine, Mithridate ne dédaignait pas les petits moyens propres à soulever le voile du destin. Il paraît avoir partagé la foi de ses contemporains dans les présages et les rêves : des devins et des interprètes de songes faisaient partie de sa suite, même en campagne, et les Romains trouvèrent parmi ses papiers secrets des « clefs de songes », qui expliquaient les visions du roi et celles de ses femmes. Toutefois, il est permis de douter que les visions prophétiques aient eu sur les plans militaires de Mithridate l'influence

---

(1) L'étendue de l'enceinte sacrée avait été limitée par Alexandre à un stade; Mithridate la fixa à une portée de flèche à partir du sommet, ce qui, d'après Strabon, dépassait un peu le rayon d'un stade (Strabon XIV, 1, 23).

(2) Orose VI, 5, 1.

(3) Appien, *Mith.* 65; il appelle le dieu Ζεὺς Στράτιος (cp. l'inscription d'Amasie, *Acad. de Berlin*, 1888, p. 892, n° 72). L'autel-bûcher paraît représenté sur certains bronzes impériaux d'Amasie. Cf. le sacrifice de Xerxès à Ilion, Hérodote VII, 41.

(1) Appien, *Mith.* 70.

que lui attribuent des traditions suspectes (1), avidement recueillies par les auteurs grecs et romains.

Pour achever le portrait de l'homme, il faut maintenant le replacer dans son milieu : sa cour, son harem, sa famille.

Mithridate avait de nombreuses résidences, dont il changeait suivant les saisons. Le palais de Sinope était le plus considérable, l'endroit où il faisait les plus longs séjours; venait ensuite celui d'Amisos. Pharnacie, Eupatoria possédaient également des châteaux royaux. Un palais d'été s'élevait au bord du lac Stiphané, un autre à Cabira dans la fraîche vallée du Lycos, au milieu d'un magnifique parc de chasse dessiné sur le modèle des anciens « paradis » des Achéménides. Le Château-Neuf, à 200 stades de Cabira, sur un rocher inaccessible, renfermait les archives du roi, sa correspondance secrète (2).

L'ancien palais de Gaziura, résidence du premier Ariarathe, paraît avoir été abandonné à cette époque; mais sa voisine, Amasie, la capitale des premiers Mithridate, comptait toujours parmi les résidences royales. Rien de plus pittoresque que la situation de cette antique métropole, la patrie du géographe Strabon, qui la décrit en ces termes : « Ma ville natale est bâtie dans une grande et profonde gorge où coule le fleuve Iris : la nature et l'art ont marqué cet emplacement pour une ville et une forteresse. Un rocher élevé, abrupt, descend à pic vers le fleuve, entouré d'un mur qui longe la rive de l'Iris, où est bâtie la ville; ce mur grimpe ensuite sur la paroi du rocher jusqu'aux deux cimes jumelles que couronnent des tours d'un travail admirable : dans cette enceinte fortifiée s'élèvent le palais et les tombeaux des rois. Les cimes sont accessibles par une sorte d'isthme extrêmement étroit; pour y arriver, en partant soit du fleuve, soit des faubourgs, il faut d'abord monter pendant cinq ou six stades; de là jusqu'au sommet il y a encore une montée d'un stade, fort raide, et qu'une armée ne saurait forcer. Les défenseurs de l'acropole disposent d'une prise d'eau, impossible à intercepter, qu'alimentent deux

---

(1) Les *philosophi* d'Orose, VI, 4, 6 et 5,7, sont probablement des devins. Clefs de songes au Château-Neuf : Plutarque, *Pomp.* 37. Mithridate lève le siège de Patara à la suite d'une vision : Appien, *Mith.* 27. Son rêve avant la bataille de Nicopolis : Plut., *Pomp.* 32.

(2) Palais de Sinope : Diodore XIV, 31; Strabon XII, 3, 11. Amisos : Cicéron, *Pro lege Manilia*, VIII, 21. Pharnacie : Plutarque, *Luc.* 18. Cabira : Strabon XII, 3, 30. Gaziura : ib. 15. Stiphané-Laodicée? : ib. 38. Château-Neuf (Καινὸν χωρίον) : ib. 31.

VUE D'AMASIE.

galeries creusées dans le roc, l'une partant du fleuve, l'autre de l'isthme. Deux ponts traversent le fleuve; l'un unit la ville au faubourg, l'autre le faubourg à la rase campagne : c'est en face de ce dernier que se termine la montagne qui surmonte la citadelle ». Encore aujourd'hui on voit à Amasie les vestiges d'un palais, la terrasse d'un jardin élevé par Pharnace Ier, avec une inscription commémorative, et les cinq tombes royales. Ce sont de grandes chambres taillées dans le rocher auquel elles n'adhèrent que par leur base; elles forment deux groupes reliés entre eux par un étroit sentier. L'extérieur a conservé des traces de décoration architecturale. Quelques larges gradins servent de piédestal à chaque tombe; d'autres, plus petits, conduisaient sans doute à l'ancienne entrée de la chambre funéraire. La cinquième tombe est inachevée : c'est probablement celle de Mithridate Philopator Philadelphe. A l'époque de Mithridate Eupator, la nécropole royale avait été transférée à Sinope (1).

La cour, qui suivait le roi dans ses déplacements, comportait un nombreux personnel. Il y avait d'abord la domesticité proprement dite, esclaves et affranchis. Quelques-uns de ces derniers devinrent des manières de personnages, par exemple ce Lutatius Paccius, un Italien, parfumeur en chef de Mithridate, qui se fixa plus tard à Rome et laissa lui-même quatre affranchis (2). D'autres serviteurs de confiance étaient le bouffon royal, Sosipater (3), et le lecteur royal, Ésope, auteur d'un *Éloge de Mithridate* et d'un *Éloge d'Hélène* (4). Sur la limite indécise qui sépare les domestiques des fonctionnaires, on trouve le chapelain du roi, ou « grand sacrificateur », Hermaios (5), le secrétaire Callistrate, le chirurgien Timothée, l'*archiatre* Papias; puis la tourbe des devins, des interprètes de songes, des médecins, et surtout les eunuques, Denys, Ptolémée, Bacchidès, Gauros, Tryphon, dont plusieurs jouèrent un rôle politique important. C'est la fa-

---

(1) Sur Amasie, outre Strabon, XII, 3, 39, voir Hamilton I, 365-372; Ritter, XVIII, 151; G. Perrot, *Exploration de la Bithynie*, p. 367 suiv. et *Mémoires d'archéologie*, p. 143. Une vue d'Amasie avec son acropole, ses tours, ses temples et une tombe royale se trouve figurée sur certaines monnaies de bronze frappées dans cette ville sous Alexandre Sévère, etc. (*Cat. Mus. Brit.*, pl. II, 8). Tombes royales de Sinope : Appien, *Mithr.* 113.

(2) Inscription funéraire de Lutatius Paccius, C. I. L. I, 1065 = Wilmanns, *Exempla*, II, 2595. (Voir à l'Appendice n° 15.)

(3) Nicolas de Damas, fr. 78 Müller (= Athénée VI, 252 F).

(4) Suidas et Hésychius s. v. Αἴσωπος (= F. H. G. IV, 159, § 11).

(5) Plutarque, *Lucullus*, 17 : Ἑρμαῖος ὁ ἱερεύς.

talité des cours orientales que les ministres des plaisirs du roi, les gardiens de ce qu'il appelle son honneur, deviennent peu à peu ses confidents et ses conseillers, parfois même ses tyrans. Avides de pouvoir, à défaut de puissance, on rencontre parmi eux de fins politiques et même des généraux habiles; mais ils apportent toujours dans l'exercice de leurs fonctions une insolence servile et une cruauté vindicative. Avec les années, les eunuques gagnèrent de plus en plus d'empire sur Mithridate vieillissant : les fureurs d'un Gauros assombrirent et déshonorèrent la fin de son règne.

La sécurité personnelle du roi était assurée par les gardes du corps, ou *hypaspistes* (1), troupe de mercenaires où l'on rencontrait, par exemple, le Gaulois Bituit. Sa société habituelle se composait de ces courtisans privilégiés appelés les « amis » et « premiers amis », dont les uns remplissaient les plus hautes fonctions de l'État, tandis que d'autres, comme Léonicos et Gaios, paraissent s'être contentés du rôle de familiers et de confidents. Pendant plusieurs années, le favori en titre, sous le nom de « préposé au poignard », fut Dorylaos, l'un des camarades d'enfance du roi. Les émigrés Hellènes formaient à la cour un groupe nombreux, où l'on rencontrait des artistes, des poètes, des historiographes, et surtout des philosophes, c'est-à-dire des gens qui étaient ou se croyaient aptes à tous les métiers. Une autre coterie, presque aussi importante à la longue, était celle des réfugiés italiens et romains, lieutenants de Fimbria, partisans de Marius, soldats ou démagogues, qui avaient préféré l'hospitalité intéressée de Mithridate à la clémence douteuse de Sylla. Dans le nombre, il y avait des personnages considérables : tels le sénateur Attidius et deux officiers d'un rare mérite, Magius et Fannius. N'oublions pas enfin le coin des rois en exil, en otage ou en disponibilité, où l'on a vu successivement ou ensemble, échangeant leurs regrets et leurs espérances, l'ex-roi de la Petite Arménie Antipater, l'ex-roi du Bosphore cimmérien Saumac, Socrate de Bithynie, Gordios de Cappadoce, et le jeune et malheureux Ptolémée Alexandre II d'Égypte.

Il ne faut pas se représenter cette cour nombreuse comme figée dans les cadres d'une étiquette servile. On menait large et joyeuse

---

(1) Les gardes du corps sont appelés ὑπασπισταί par Appien, *Mith.* 101; ailleurs σωματοφύλακες. *Mith.* 111.

vie chez Mithridate, et le roi savait l'art délicat d'abréger les distances sans compromettre son prestige. Les affaires d'État, les audiences des ambassadeurs, les exercices militaires, la distribution de la justice lui laissaient du temps pour les chasses aventureuses dans les giboyeux halliers du Paryadrès, pour les causeries intimes avec les savants, les artistes, les hommes de lettres. Les fêtes pompeuses du théâtre, les courses de chars à la mode grecque alternaient avec les grandioses cérémonies du culte iranien. A table, les soucis politiques étaient bannis. Le roi aimait, comme ses sujets, les festins prolongés ; il y déployait la magnificence de son argenterie et de son mobilier. La musique ne manquait jamais à la fête, et parfois des prix étaient décernés au meilleur buveur, à la meilleure fourchette, à la chanson la plus entraînante, à la plaisanterie la plus spirituelle (1). Cependant l'exemple de son père avait appris à Mithridate la méfiance, même à l'égard de ses meilleurs amis : avant de se mettre à table, il prenait son antidote ; son cimeterre ne le quittait guère, et quand il allait se coucher, il suspendait au-dessus de son lit arc et carquois pour être prêt à la première alerte (2). D'après une autre tradition, quelque peu suspecte, il faisait coucher dans son antichambre trois animaux familiers : un cheval, un cerf et un taureau, gardiens fidèles, au sommeil léger et à la voix retentissante (3).

La famille royale avait été fort diminuée par les exécutions de la première partie du règne. Mithridate n'avait plus ni mère ni frère ; de ses sœurs survivantes, l'une, Nysa, languissait dans la prison d'État de Cabira ; les deux autres, Roxane et Statira, se flétrissaient vierges dans l'ennui du harem. Les autres parents du roi étaient pour la plupart en prison ; un seul, Phénix, — un parent maternel, sans doute, — figure, en 71, parmi les généraux de Mithridate. Mais si le roi avait décimé sa famille, il travaillait activement à la reconstituer. Au début, il s'était contenté d'une seule femme légitime : il épousa sa sœur Laodice, union incestueuse qu'autorisaient les livres sacrés des Mages (4) et la tradition achéménide, renouée par les Séleucides et les Ptolé-

---

(1) Appien, *Mith.* 66.
(2) Plutarque, *Quæst. symp.* I, 6, 2.
(3) Élien, *Hist. anim.* VII, 46.
(4) C'est le principe du *Xvaitvadatha* qui, d'après Hérodote (III, 31), fut appliqué pour la première fois par Cambyse. Cf. Xanthos (?), fr. 28 Müller.

mées (1). On connaît la catastrophe qui termina ce mariage mal assorti (2). L'influence politique qu'avait prise Laodice dégoûta, ce semble, Mithridate de la monogamie; désormais il se créa un harem, recruté parmi les filles, les sœurs, et même les femmes de ses généraux et de ses vassaux (3). L'histoire n'a conservé que les noms des épouses grecques : Monime, Bérénice, Stratonice, Hypsicratée.

Monime, fille de Philopémen de Stratonicée, est la plus célèbre. Le roi la rencontra en 88, probablement après le sac de sa ville natale. Il offrit à la belle Grecque 15,000 pièces d'or; mais la femme résista mieux que la forteresse et le roi dut passer par ses conditions : le diadème pour elle, le gouvernement d'Éphèse pour son père. La lune de miel s'écoula à Pergame, au milieu de fêtes splendides. La passion de Mithridate persista longtemps : au Château-Neuf, Pompée découvrit toute une correspondance amoureuse échangée entre Mithridate et Monime, dont le ton était même assez licencieux. Cela n'empêcha pas la belle Monime d'être traitée à l'égal des autres femmes de Mithridate et de vivre enfermée dans le gynécée (4). Une autre Ionienne, Bérénice de Chios, partagea la captivité dorée de sa compatriote et sa fin tragique.

Stratonice était native du Pont. Elle avait pour père un vieux musicien, qui jouait de la cithare à la table des grands seigneurs, parfois même à celle du roi; la jeune fille l'accompagnait en chantant. Un soir Mithridate l'entendit après boire; le coup de foudre fut si vif qu'il garda la fille et renvoya le père. Le bonhomme, tout penaud, regagne son triste logis; mais le lendemain il s'éveille sous des lambris dorés, au son délicieux des flûtes. Des pages, des eunuques environnent son lit, lui tendent des vêtements de pourpre; l'or et l'argent brillent sur les buffets, des troupeaux d'esclaves remplissent la maison, un cheval richement harnaché hennit devant la porte. Le vieillard se crut mys-

(1) Antiochus Théos épouse sa sœur consanguine Laodice, Ptolémée Soter sa sœur Bérénice, Ptolémée Philadelphe sa sœur Arsinoé, etc.
(2) Justin XXXVII, 3.
(3) Plutarque, *Pomp.* 36 : ἦσαν γὰρ αἱ πολλαὶ (παλλακίδες) θυγατέρες καὶ γυναῖκες στρατηγῶν καὶ δυναστῶν.
(4) Plutarque, *Lucullus*, 18; *Pompée*, 37; Appien, *Mith.* 21. 27. 48; Élien, fr. 11. Plutarque et Élien font de Monime une Milésienne. Peut-être son père était-il originaire de Milet et établi à Stratonicée.

tifié et voulut s'enfuir; on eut toute la peine du monde à lui faire comprendre qu'il était chez lui, que le roi lui avait fait cadeau des biens d'un grand seigneur récemment décédé, que tout ce luxe qui l'éblouissait n'était que la préface de sa fortune. Alors la joie tourna cette pauvre cervelle et pendant toute la journée les passants étonnés virent un vieillard cousu d'or, vêtu de pourpre, chevauchant à travers les rues de la ville et criant à tue tête : « Tout cela, tout cela est à moi (1)! » Stratonice éclipsa ou remplaça Monime, et devint vers la fin du règne la sultane préférée, la confidente politique du roi; on verra comment elle le récompensa de sa confiance. La seule femme de Mithridate qui paraît avoir éprouvé pour lui une passion sincère, c'est Hypsicratée, amazone intrépide dont il changeait plaisamment le nom en celui d'Hypsicratès, à cause de ses façons viriles (2).

Outre ses épouses et ses concubines — les textes semblent indiquer une distinction de ce genre, analogue à celle des cadines et des sultanes (3), — le galant roi eut des maîtresses. On a déjà parlé de ce fils d'Archélaos, qui passait pour être un enfant naturel de Mithridate (4). Un bâtard plus célèbre fut Mithridate de Pergame. Il avait pour mère la Galate Adobogianis, fille de Déjotaros, tétrarque des Trocmes, et pour père putatif un riche bourgeois de Pergame, Ménodote. Le jeune Mithridate fut élevé dans les palais et les camps du roi de Pont, et devint, sous sa direction, un des premiers hommes de guerre de son temps, destiné à sauver la vie et l'empire de César; mais ses exploits, qui lui valurent une couronne éphémère, n'appartiennent pas à cette histoire (5).

La postérité légitime de Mithridate était nombreuse. Les fils reçurent tous des noms perses. Nous connaissons déjà les deux

(1) Plutarque, *Pomp.* 36.
(2) Plutarque, *Pomp.* 32.
(3) Cp. Hérodote I, 135.
(4) Strabon XVII, 1, 11.
(5) Strabon XIII, 4, 3. La généalogie maternelle de Mithridate de Pergame nous est connue par l'inscription d'Ægae, publiée dans le *Bullettino del l'Instituto*, 1873, p. 227. Déjotaros, tétrarque des Trocmes, ne doit pas être confondu avec son homonyme le tétrarque des Tolistoboïens, le célèbre ennemi de Mithridate et client de Cicéron; mais les deux Déjotaros étaient sans doute cousins et ils unirent leurs enfants par mariage : la fille du Tolistoboïen épousa Brogitaros, frère d'Adobogianis (Cicéron, *Harusp. resp.* XIII, 29; dans Strabon XII, 5, 2 il faut lire *Brogitaros* au lieu de *Bopdiotaros*.) Cf. HIRSCHFELD, dans *l'Hermes*, XIV, 474 et VAN GELDER, *De Gallis in Graecia et Asia*, p. 284.

aînés, Mithridate et Ariarathe, quelquefois appelé Arcathias (1). Après eux venaient l'insignifiant Artapherne, né vers 101 (2); Macharès, qui fut roi du Bosphore après l'an 80; Pharnace, né vers 97 (3); Xipharès, fils de Stratonice, qui était un adolescent en 63, enfin Darius, Xerxès, Oxathrès et Cyrus, qui n'étaient encore, à la même époque, que de « beaux enfants » (4).

Parmi les filles de Mithridate, les deux aînées paraissent avoir été Cléopâtre, mariée vers 95 à Tigrane, et qui, trente ans après, lors de la brouille définitive des deux rois, se retira auprès de son père (5), — et Drypétina, comme elle fille de Laodice, comme elle tendrement dévouée à son père, mais défigurée par une monstrueuse difformité, une double rangée de dents à l'une de ses mâchoires (6). On connaît encore de nom : Athénaïs, née vers 85, probablement fille de Monime, fiancée à l'âge de quatre ans au prince héritier de Cappadoce, Ariobarzane II (7); Mithridatis et Nysa, fiancées respectivement à Ptolémée Aulète, roi d'Égypte, et à son frère Ptolémée de Chypre, mais qui ne se rendirent jamais auprès de leurs époux et périrent en 63 avec leur père (8); enfin Eupatra et Orsabaris, qui, moins heureuses, ornèrent le triomphe de Pompée (9). Cette dernière paraît cependant avoir terminé sa vie comme apanagée des Romains, à Prusias-sur-Mer, en Bithynie, l'ancienne Cios, d'où sa famille était originaire (10).

---

(1) *Regnum Cappadociae octo annorum filio, imposito Ariarathis nomine*, — tradit Justin XXXVIII, 1. On voit que son véritable nom n'était pas Ariarathe; c'était peut-être *Arcathias* (= Carcathias?), nom sous lequel Appien désigne ce prince à partir du ch. 17. Les autres historiens et les médailles ne connaissent que le nom *Ariarathe*.

(2) En effet, en 64 Artapherne était ἔτη τεσσαράκοντα ἔχων (Appien, *Mith.* 105). C'est sans doute le fils de Laodice, né pendant l'absence du roi (Justin XXXVII, 3).

(3) A sa mort, en 47 av. J.-C., Pharnace est âgé de 50 ans (Appien, *Mith.* 120 *fin.*)

(4) Παῖδες εὐπρεπεῖς, Appien, *Mith.* 108. Leurs noms : *ib.* 117.

(5) Sur Cléopâtre, Justin XXXVIII, 3; Plutarque, *Luc.* 22; Memnon, 43; Appien, *Mith.* 108.

(6) Valère Maxime I, 8, *ext.* 13; Ammien Marcellin XVI, 7, 9-10.

(7) Appien, *Mith.* 66 (où Ariobarzane le père est nommé par erreur à la place du fils); Cicéron, *Ad fam.* XV, 4, 6, indique le nom, qui se trouve aussi dans une inscription (C. I. A. III, 1, n° 543). L'erreur d'Appien vient sans doute de ce qu'Ariobarzane Iᵉʳ avait également épousé une *Athénaïs* (C. I. A. III, 1, 541 et 542). Les monnaies d'Ariobarzane III, petit-fils de Mithridate par sa mère, portent en conséquence l'emblème pontique, l'astre et le croissant. Voir mes *Trois royaumes*, p. 63.

(8) Appien, *Mith.* 111.

(9) Appien, *Mith.* 117. Sur Eupatra, *ib.* 108.

(10) Du moins il existe des bronzes de Prusias-sur-Mer avec un portrait de reine et la lé-

Voilà tout ce que peuvent nous apprendre les documents sur le caractère et l'esprit de Mithridate, sur son entourage et sur sa famille. Partout, on le voit, se retrouve ce mélange bizarre d'hellénisme et d'orientalisme, cette combinaison du sultan et du roi grec qui caractérise l'homme et le pays, placés au confluent de deux civilisations. L'ensemble est étrange, curieux, fascinant. Pourtant, malgré ses talents multiples, malgré son activité infatigable, malgré sa fin héroïque, il a manqué quelque chose à Mithridate pour être rangé parmi les vrais grands hommes de l'histoire : je veux dire un idéal supérieur, conçu avec sincérité, poursuivi avec constance. Que représente celui qu'on a appelé le Pierre le Grand de l'antiquité? la cause de la liberté, de la civilisation hellénique, ou au contraire la réaction de l'Orient despotique et fanatique contre l'Occident libéral et éclairé? on ne le sait, lui-même l'ignore. Nous l'avons vu, dans la première partie de son règne, se poser en champion de l'hellénisme, copier Alexandre, conserver la tunique, coucher dans le gîte du conquérant macédonien. Un moment même il a semblé qu'il eût réalisé son rêve ou du moins ramené les beaux jours du royaume de Pergame : l'Asie affranchie, la vieille Grèce elle-même soulevaient sur leurs épaules, dans un élan de fièvre joyeuse, le sauveur providentiel descendu des bords lointains de l'Euxin. Mais la fin du règne va nous offrir un tableau bien différent. Sous le masque hellénique, qui bientôt crève de toutes parts, nous trouverons un héros encore, mais un héros barbare, répudiant une civilisation d'emprunt, détruisant de ses propres mains les villes qu'il a fondées, adressant un appel désespéré au fanatisme religieux et national des vieux peuples de l'Asie et des hordes nomades du nord, dont il semble incarner désormais la haine irréconciliable non seulement contre le conquérant romain, mais encore contre la civilisation méditerranéenne. Quel est le véritable Mithridate? Celui de Chersonèse et de Pergame, ou celui d'Artaxata et de Panticapée? Je crains que ce ne soit ni l'un ni l'autre, et que dans ces deux rôles, où il paraît successivement passé maître, Mithridate n'ait été, en effet, qu'un prodige d'ambition et d'égoïsme, un royal tragédien, jouant de l'Olympe et de l'Avesta, des souvenirs d'Alexandre et des reliques de Darius, du

grade ΒΑΣΙΛΙΣΣΗΣ ΜΟΥΣΗΣ ΟΡΣΟΒΑΡΙΟΣ (*Trois royaumes*, p. 135 suiv.). Chez Appien, le nom a la forme Ὀρσάβαρις.

despotisme et de la démagogie, de la barbarie et de la civilisation, comme d'autant d'instruments de règne, autant de moyens de séduire et d'entraîner les hommes, sans jamais partager, au fond, les passions qu'il exploite et restant calme au milieu des tempêtes qu'il déchaîne.

LIVRE V.

DERNIÈRES LUTTES.

CHAPITRE PREMIER [1].

LA TRÊVE DE DOUZE ANS.

Au lendemain de l'entrevue de Dardanos, Mithridate avait repris fièrement, mais précipitamment, le chemin de ses États héréditaires, avec les restes de son armée, de sa flotte et de son butin. Il trouvait son empire de l'Euxin profondément ébranlé. La Colchide réclamait pour roi le prince royal Mithridate, dont l'administration récente avait laissé d'excellents souvenirs. Le royaume du Bosphore, plus impatient, s'était déjà insurgé, et un certain Hygiénon, peut-être le gouverneur nommé par le roi, frappait monnaie avec le titre d'archonte à Panticapée (2). Mithridate courut au plus pressé. Il fit droit au vœu des porte-sceptre colques, envoya son fils en Colchide, puis, le soupçonnant d'avoir fomenté l'insurrection qui lui valait une couronne, il le manda à Sinope et, dès son arrivée, le chargea de chaînes d'or. Le malheureux prince fut trouvé mort peu après, mais l'autorité royale avait eu le temps de s'affermir en Colchide. Ce pays forma désormais une satrapie, gouvernée par un des « premiers amis du roi (3) ». Quant au royaume Bosporan, il fallut une expédition en règle pour le ramener dans le devoir; mais pendant que Mithridate la préparait, une invasion inattendue l'appela à la défense de son

---

(1) Sources principales : Appien, *Mith.* 64-68 ; Memnon, c. 36 ; les fragments de Salluste. Pour l'alliance avec Sertorius, Plutarque, *Sertorius*, 23-24.

(2) Voir cette monnaie décrite *suprà* p. 190, note 4. Sur les briques d'Hygiénon, cp. *Rapport de la Commission archéologique russe* pour 1861, p. 176 ; pour 1868, p. 125 ; MAC-PHERSON, *Antiquities of Kertch*, p. 72.

(3) Strabon XI, 2, 18. Moapherne, grand-oncle de Strabon, fut un de ces satrapes.

propre territoire (1). C'était Muréna, qui, profitant de l'éloignement de Sylla et de l'anarchie qui régnait à Rome, recommençait de son chef, sans l'autorisation du peuple ni du Sénat, la guerre offensive contre le Pont.

Pendant la première année de son administration, ce général avait employé son temps à combattre les pirates et à confisquer la principauté de Cibyra, où régnait le dernier héritier d'une dynastie pillarde, Moagétès; le reste de la tâche qui s'imposait à lui — réduire Mitylène et panser les blessures de l'Asie — lui parut un rôle indigne de ses talents. Ce cerveau brûlé ne rêvait que triomphes, et comme le traité de Dardanos n'avait été encore ni mis par écrit, ni ratifié par les pouvoirs compétents, il se croyait le droit légal de reprendre les hostilités, ardemment désirées d'ailleurs par les bandes fimbriennes. Quant aux prétextes, Mithridate se chargea de lui en fournir. Le roi de Pont, spéculant sur la nullité d'Ariobarzane et sur l'apathie bien connue du gouvernement romain en matière d'affaires lointaines, détenait encore indûment plusieurs districts de la Cappadoce; on ajoutait sous le manteau que les armements formidables qu'il accumulait dans ses ports et dans ses arsenaux avaient pour objet, non la reconquête du Bosphore insurgé, mais une nouvelle irruption en Asie. Un illustre transfuge vint confirmer ces bruits, probablement calomnieux. Archélaos était tombé en disgrâce pour avoir mal soutenu les intérêts de son maître pendant les négociations de l'année précédente. Les paroles prononcées par le tentateur Sylla, à Délion, sonnaient encore dans l'oreille de cet aventurier; un beau jour, il s'enfuit de Sinope avec sa femme et ses enfants (2) et se rendit auprès de Muréna. Il lui dénonça les prétendus projets de Mithridate, l'exhorta à prendre les devants et n'eut pas de peine à le convaincre. Muréna, ramassant ses légions, traversa la Cappadoce à marches forcées et franchit inopinément la frontière pontique (83 av. J.-C.) (3).

Ce fut le début non d'une guerre, mais d'une série de razzias qui durèrent trois ans. Muréna, après avoir taillé en pièces un corps

---

(1) Appien, *Mith.* 64.

(2) D'après Orose (VI, 2, 12) Archélaos aurait déjà fait défection pendant le séjour de Sylla en Asie : *qui se ad Sullam cum uxore liberisque contulerat.*

(3) Appien, *Mith.* 64. Cp. Cicéron, *Pro lege Manilia*, IV, 9 : *se Bosporanis, finitimis suis, bellum inferre simularet...*

de cavaliers pontiques, poussa droit jusqu'à Comana de l'Iris, pilla ce temple célèbre et retourna prendre ses quartiers d'hiver en Cappadoce; il y fonda, sur la frontière même du Pont, une ville qu'il appela, de son nom gentilice, Licinia (1). Mithridate lui avait envoyé une ambassade pour l'arrêter au nom des traités; mais les ambassadeurs, — des gens de lettres grecs, — soutinrent mollement les intérêts du roi; quant à Muréna, il répondit qu'il ne savait pas de quels traités on voulait parler. Mithridate, qui avait besoin de la paix pour restaurer ses forces, était sincère dans ses protestations pacifiques. Comme Muréna ne voulait pas entendre raison, il envoya deux ambassades en Italie, l'une pour Sylla, l'autre pour le Sénat démocratique de Rome, qui étaient alors aux prises; en attendant leur retour, il pressa ses armements et demanda même des secours à la république d'Héraclée. Les prudents bourgeois, sollicités à la fois par Mithridate et par Muréna, répondirent que les temps étaient durs et qu'on ne pouvait guère songer à secourir autrui quand on avait tant de peine à se défendre soi-même.

Le printemps venu, Muréna, sans attendre la baisse des eaux du Halys grossi par les pluies, franchit ce fleuve, pilla 400 villages pontiques, et ramena son butin dans les places de Phrygie et de Galatie : cette fois encore, il ne rencontra aucune résistance. Au retour de cette expédition, il fut rejoint par l'envoyé du Sénat, Calidius, qui lui apportait l'ordre verbal de cesser les hostilités; mais soit que Muréna ne reconnût pas l'autorité du Sénat mutilé qui siégeait à Rome, soit que Calidius, comme on le prétendit, fût muni d'instructions secrètes qui contredisaient son message officiel, le propréteur ne tint pas plus compte des ordres du Sénat que des doléances de Mithridate. Au contraire, il se remit immédiatement en campagne et marcha sur Sinope pour terminer la guerre d'un seul coup. Mais cette fois la patience de Mithridate était à bout et son armée prête. Avec le gros de ses forces, le roi couvrit sa capitale, pendant que Gordios faisait une diversion sur les derrières des Romains. Muréna accourut au secours de ses alliés mis au pillage. Pendant quelques jours Muréna et Gordios restèrent campés vis-à-vis l'un de l'autre, séparés par un cours d'eau, — probablement le Halys, — qu'aucun d'eux

---

(1) Corriger ainsi l'Ἐπίνεια de Memnon, c. 36. Cf. Th. REINACH, *Villes méconnues*, dans la *Revue des études grecques*, I, p. 333.

n'osait franchir; enfin l'arrivée de Mithridate donna aux Pontiques une supériorité écrasante. L'armée royale força le passage du fleuve après un combat acharné, délogea les Romains des hauteurs sur lesquelles ils s'étaient retirés et les ramena battant, à travers les sentiers des montagnes, jusqu'en Phrygie. Toute la Cappadoce fut nettoyée de ses garnisons romaines et un sacrifice solennel à Ormuzd annonça aux populations, à cinquante lieues à la ronde, le triomphe des armes pontiques (82 av. J.-C.) (1).

La nouvelle de la victoire de Mithridate se répandit dans la province d'Asie comme une traînée de feu. Ses partisans relevèrent partout la tête; une nouvelle invasion paraissait imminente, lorsqu'un message de Sylla vint à propos séparer les combattants. La guerre civile s'était enfin terminée en Italie par la victoire de l'oligarchie, une crue de sang avait porté Sylla au pouvoir suprême. Le vainqueur de tant de batailles, le signataire des tables de proscription, était saoûl de carnage et blasé de gloire militaire; le renouvellement de la lutte en Asie ne pouvait que le déranger dans l'œuvre laborieuse de réorganisation intérieure à laquelle il devait le reste de ses forces. Son envoyé, Gabinius, vint intimer à Muréna l'ordre formel de cesser les hostilités; il était aussi chargé d'opérer la réconciliation définitive entre Mithridate et Ariobarzane. Muréna se soumit; battu mais content, il prit le titre *d'imperator* (2) et obtint le triomphe (3). De son côté, Mithridate consentit à fiancer une de ses filles, âgée de quatre ans, au fils d'Ariobarzane (4). Au milieu du bruit des fêtes et des banquets qui célébrèrent cette union, personne ne remarqua que Mithridate, loin de restituer à son voisin les districts litigieux du haut Halys, s'était encore emparé de quelques lambeaux du royaume de Cappadoce (81 av. J.-C.) (5).

Libre enfin du côté des Romains, Mithridate put reprendre ses opérations contre les Bosporans. Une campagne suffit à reconquérir le royaume rebelle; pour accorder un semblant de satisfaction aux populations, Mithridate leur donna pour roi son fils Ma-

---

(1) Appien, *Mith.* 65; Memnon, 36.
(2) Inscription de Messène chez FOUCART-LE BAS, *Péloponèse*, n° 318 a.
(3) Cicéron, *Pro lege Manilia*, c. 3; *Pro Murena*, c. 5, 11, 15.
(4) Et non à Ariobarzane lui-même, comme le dit Appien, *Mith.* 66. Cf. mes *Trois royaumes*, p. 63.
(5) Appien, *Mith.* 66.

charès. Au retour, il entreprit de relier le royaume Bosporan à la Colchide en soumettant les tribus barbares, maîtresses de la route du Caucase maritime; mais l'expédition échoua totalement. Les deux tiers de l'armée périrent dans les neiges ou dans les embuscades des Achéens (80 av. J.-C.) (1).

Depuis qu'une des lois Cornéliennes avait expressément défendu aux gouverneurs de provinces, sous peine de lèse-majesté, de franchir les limites de leur gouvernement (2), Mithridate n'avait plus à redouter de la part des proconsuls d'Asie ou de Cilicie une brusque aggression, dans le genre de celle de Muréna; il n'en restait pas moins vrai que ses rapports avec le gouvernement romain, reposant exclusivement sur la base fragile de paroles échangées, n'avaient d'autre garantie que les sentiments pacifiques de Sylla, qui pouvait mourir d'un jour à l'autre. Mithridate, ce semble, voulait alors la paix aussi sincèrement que Sylla; son empire était assez vaste pour suffire à son ambition assagie par les années; l'expérience lui avait appris la supériorité des armes romaines dans une guerre prolongée. Plein de ces idées, il envoya, en 79, une ambassade à Rome pour demander la ratification et la mise par écrit du traité de Dardanos. Par malheur, en même temps que les envoyés de Mithridate, débarquaient à Rome des ambassadeurs d'Ariobarzane, qui venaient dénoncer au Sénat les conquêtes en pleine paix qu'avait faites à ses dépens le roi de Pont. Sylla, quoiqu'il eût à ce moment officiellement abdiqué la dictature, dirigeait toujours la politique étrangère de la république; il fit ordonner à Mithridate d'évacuer, avant toute autre négociation, la Cappadoce. La vraie force trouvait toujours Mithridate très respectueux; il s'exécuta, et fit partir aussitôt une nouvelle ambassade chargée d'annoncer sa soumission et de rapporter le traité. Mais le roi jouait de malheur. Quand ses ambassadeurs se présentèrent à Rome (au printemps 78), Sylla venait de mourir, le consul démocrate Lépide essayait de rallumer la guerre civile, le Sénat était accablé d'affaires et de préoccupations. L'audience des ambassadeurs pontiques fut si longtemps ajournée qu'ils

---

(1) Appien, *Mith.* 67. C'est donc à tort que les Achéens figurent plus tard parmi les auxiliaires de Mithridate : Appien, *Mith.* 69.

(2) *Exire de provincia, educere exercitum, bellum sua sponte gerere, in regnum injussu populi ac senatus accedere, cum plurimae leges veterae, tum lex Cornelia majestatis, Julia de pecuniis repetundis, planissime vetant.* Cicéron, *In Pison.* XXI, 50.

perdirent patience et rentrèrent chez eux sans avoir rien conclu.

Dès ce moment Mithridate jugea que Rome voulait la guerre et se réservait seulement le choix de l'occasion. Il se prépara de son côté en conséquence (1). Les armements du roi inquiétèrent les Romains; ils en conclurent qu'il méditait une nouvelle invasion de l'Asie, renforcèrent leurs garnisons et songèrent à prendre de nouvelles sûretés. Ainsi personne ne voulait sérieusement la rupture, mais chacun soupçonnait son adversaire de la vouloir (2); de part et d'autre on craignait d'être pris au dépourvu, aussi les armements augmentaient chaque jour. De ces soupçons réciproques, de ces préparatifs accumulés, de cette tension toujours croissante devait sortir fatalement la guerre; elle fut le résultat, comme il arrive souvent, d'une double méprise, et l'on se battit enfin par économie.

Si l'explosion se fit attendre encore cinq ans, il faut chercher la cause de ce retard dans les difficultés de toute nature où se débattait le gouvernement romain depuis la mort de Sylla. Les débris des partis vaincus, tenus jusque-là en respect par le prestige et l'énergie féroce du dictateur, relevèrent la tête dès qu'il eut disparu de la scène. Ils n'étaient pas encore de force à ressaisir le pouvoir — le piteux avortement de l'insurrection de Lépide en fit foi — mais ils suffisaient à paralyser l'action de la majorité sénatoriale, ils lui arrachaient des concessions qui minaient peu à peu le système sévèrement oligarchique restauré par Sylla. Bien plus, le drapeau de la démocratie abattu en Italie avait été relevé en Espagne par Sertorius. Pendant huit ans cet homme de génie tint en échec les meilleurs généraux et les meilleures armées de la république; c'était une guerre meurtrière, ruineuse, toujours renaissante de ses cendres et qui menaçait sans cesse de s'étendre hors du foyer où on l'avait à grand'peine localisée. Une autre guerre difficile, léguée par Sylla à ses successeurs, était celle contre les barbares de la Thrace; celle-ci se rattache directement à notre sujet, car il ne s'agissait pas seulement de mettre la province de Macédoine à l'abri des incursions des pillards, mais de tarir une des sources du recrutement des armées de Mithridate. Les premiers généraux chargés de cette guerre, Appius

---

(1) Appien, *Mith.* 67 ; Salluste, fr. IV, 20, 13 : *cum mihi ob ipsorum interna mala dilata proelia magis quam pacem datam intelligerem.*

(2) Cela résulte de Cicéron, *Pro lege Manilia*, c. 8.

Claudius, C. Scribonius Curio, n'obtinrent que des résultats partiels; il était réservé à M. Lucullus d'achever la conquête de la Thrace d'Europe, jusqu'au Danube (1), au moment même où son frère allait disputer à Mithridate la Thrace d'Asie.

A ces guerres locales, qui absorbaient toutes les ressources disponibles de la république, saignée et appauvrie par les guerres civiles, venait enfin s'ajouter la lutte universelle contre la piraterie. En quittant les eaux grecques, la flotte de Mithridate leur avait légué ce fléau pour adieu; disons mieux, le mal, de tout temps endémique dans les eaux de la Méditerranée orientale, avait, depuis 85, pris la forme d'une épidémie aiguë. Les bandes de corsaires s'étaient grossies de la foule des aventuriers, des déclassés, des proscrits et des désespérés de toute espèce et de tout pays, que le licenciement des armées du roi et les guerres intestines de Rome avaient jetés sur les grandes routes de la mer. Les pirates possédaient maintenant, au lieu des légers esquifs d'autrefois, des escadres compactes, des bâtiments solidement construits et magnifiquement décorés, des arsenaux peuplés de forçats, des ports de refuge, des tours de signal et des forteresses le long de toutes les côtes dentelées et rocheuses; c'était, en un mot, une république flottante, en guerre légitime avec toute l'humanité civilisée. L'audace des écumeurs de mer croissait avec leur nombre et leur organisation. Sous les yeux mêmes de Sylla, ils pillèrent Clazomène, Samos, Iassos, enlevèrent mille talents du temple de Samothrace; bientôt des îles, des villes florissantes furent dépeuplées, le commerce paralysé, l'Italie et la Sicile insultées et Rome réduite à trembler pour son approvisionnement.

Seule une police maritime énergique et vigilante aurait pu avoir raison de ce fléau, mais les marines syrienne et égyptienne avaient disparu et celle de Rome était en pleine décadence; pour emporter Mitylène, il fallut mendier le secours de l'escadre bithynienne! Les gouverneurs d'Asie et de Cilicie, chargés de l'entretien d'une escadre de police, dilapidaient les fonds prélevés à cet effet, quand ils ne vendaient pas, comme le questeur de Dolabella, Verrès, à des agents de Mithridate quelque fin voilier fourni par une ville alliée. Le Sénat mit vingt ans à comprendre que pour en

---

(1) Eutrope VI, 10. Florus, I, 39, le fait pénétrer jusqu'au Tanaïs et à la Palus Méotide!

finir avec la piraterie, il fallait se mettre en mesure de la combattre sur son propre élément, la mer. Il se contenta d'entreprendre la destruction de ses repaires et la ruine des brigands de terre ferme, complices et receleurs des brigands de haute mer. Déjà Muréna avait mis fin à la dynastie des rois des montagnes de Cibyra (1); de 78 à 75 le proconsul de Cilicie, P. Servilius Vatia, enleva l'une après l'autre, dans une série de rudes campagnes, les places d'armes du roi de mer Zénicétos et des autres pirates installés en Lycie et en Pamphylie; puis, franchissant le Taurus, il pourchassa les brigands Isauriens parmi leurs rochers de granit et leurs forêts de chênes, prit d'assaut leurs principales forteresses. A la suite de ces guerres de l'« Isaurien », menées avec une cruauté inexorable, la province de Cilicie, jusqu'alors simple station militaire et navale, fut agrandie et réorganisée. Elle comprit désormais toute la région du Taurus occidental, c'est-à-dire la Pamphylie et la Cilicie Trachée le long de la côte, et à l'intérieur des terres la Pisidie, l'Isaurie, la Lycaonie (2); quelquefois même on y rattacha les trois diocèses méridionaux de la Phrygie (3). La Cilicie fut désormais le véritable boulevard de la puissance romaine en Asie; le gouverneur de cette province devint le gardien de la Cappadoce et le chef désigné de toute nouvelle guerre contre Mithridate ou Tigrane.

Les campagnes de Servilius Isauricus furent le seul acte de vigueur par lequel Rome, à cette époque de stagnation, attesta son existence aux populations asiatiques. Partout ailleurs elle assistait en spectatrice indifférente aux révolutions qui modifiaient si profondément en quelques années l'équilibre politique de l'Orient.

A la veille de la première guerre Mithridatique, il y avait, on s'en souvient, trois grandes puissances dans cette partie du monde : la Syrie et l'Égypte, en pleine décadence, il est vrai, mais vivantes encore, et la monarchie parthe qui paraissait sur le point de recueillir définitivement l'héritage des Séleucides. Depuis cent ans la capitale des Parthes s'était déplacée, par des étapes successives, d'Hécatompyle à Ecbatane, d'Ecbatane à Ctésiphon.

(1) Strabon XIII, 1, 17.
(2) Cicéron, Ad Att. V, 21, 9.
(3) Déjà en 80 ou 79 un supplice ordonné par Dolabella, gouverneur de Cilicie, a lieu à Laodicée : Cicéron, Verr. Acc. I, 76.

De l'Indus à l'Euphrate toutes les anciennes provinces des Séleucus et des Antiochus s'étaient vu convertir l'une après l'autre en satrapies gouvernées par les « premiers amis » des Arsaces, ou en « royaumes sub-parthiens » où ils installèrent des dynasties vassales, parfois même des branches cadettes de la leur. Sous le huitième Arsace, Mithridate le Grand, la monarchie atteignit son apogée et commença à faire sentir son influence dans le bassin de la Méditerranée. Délos reçoit les offrandes du roi parthe, Sylla parlemente avec son ambassadeur, les rois de Syrie sont ses captifs ou ses vassaux, la Mésopotamie est définitivement conquise, l'Arménie entamée.

Quinze ans à peine se sont écoulés et que de changements dans le tableau! Il n'y a plus de Séleucides en Syrie; on se demande s'il y a encore des Ptolémées en Égypte; le Parthe affaibli, diminué, est relégué au second plan; à sa place une jeune puissance, l'Arménie, a grandi démesurément et affecte des prétentions à l'hégémonie de l'Asie. Comment se sont accomplies ces révolutions?

L'extinction des Lagides a été le résultat de la décadence physique et morale de cette race, énervée par la vie de harem et les unions incestueuses renouvelées à chaque génération. En 81, à la mort de Ptolémée Lathyre, Sylla plaçait sur le trône d'Égypte le jeune Alexandre II, fils d'Alexandre Ier et neveu de Lathyre. Ce prince avait eu une jeunesse aventureuse; sa grand'mère Cléopâtre l'avait fait élever à Cos, les gens de Cos le livrèrent à Mithridate en 88, plus tard il s'enfuit du Pont à Rome. Il ne parut en Égypte que pour y mourir; au bout de dix-neuf jours il fut massacré par la populace d'Alexandrie (1). Avec lui s'éteignit la descendance légitime de Ptolémée, fils de Lagos. Un testament, vrai ou supposé, d'Alexandre instituait le peuple romain pour héritier; mais le Sénat, tout en réclamant la fortune du jeune roi, déposée à Tyr, ne fit pas valoir ses droits sur les États égyptiens. C'est ainsi que depuis quinze ans, il laissait en déshérence le legs d'un autre Ptolémée, la Cyrénaïque. Deux bâtards de Lathyre, Ptolémée Aulète et Ptolémée de Chypre, se partagèrent les États égyptiens; ils n'obtinrent pas la reconnaissance formelle de Rome, mais ils achetèrent une tolérance précaire par les subsides qu'ils allouaient aux chefs de la majorité sénatoriale.

(1) Appien, *B. Civ.* I, 102; Porphyre, F. H. G. III, 722.

Les Séleucides ne sont pas morts d'anémie comme les Lagides; ils se sont entretués. Pendant douze ans, six cousins prétendants — cinq fils d'Antiochus Grypos et le fils d'Antiochus Cyzicène, Antiochus Eusèbe — ont bataillé pour les ais d'un trône vermoulu. Deux des fils de Grypos sont tombés sur le champ de bataille, un autre a été brûlé vif par la populace d'une ville de Cilicie, Eusèbe a été tué par les Parthes; il ne reste plus que Philippe et Démétrius Eucairos qui se disputent les lambeaux de ce malheureux royaume; encore Démétrius tombe-t-il bientôt aux mains des Parthes et meurt dans la captivité. Les populations syriennes, écœurées de ces luttes fratricides, prises entre les pillards du désert et les pirates de la côte comme entre le marteau et l'enclume, désespèrent enfin de leur famille royale et, de guerre lasse, se jettent dans les bras d'un sauveur étranger. Déjà Damas et la Cœlé-Syrie ont reçu le roi des Arabes Nabatéens, Arétas. A Antioche, un parti incline vers Mithridate, un autre vers Ptolémée Lathyre; mais Mithridate est trop loin et trop occupé, le Ptolémée est l'ennemi héréditaire : en désespoir de cause, vers 83 av. J. C., la Syrie se donne à Tigrane (1).

Ce sont aussi, semble-t-il, des rivalités de famille, des tragédies de sérail, fléau coutumier des dynasties orientales, qui après avoir brusquement arrêté l'essor de la monarchie parthe, l'ont livrée sans défense à une bourrasque venue du nord (2). Déjà une fois, à la fin du règne de Phraate II, des mercenaires scythes, prototype de la garde turque des califes de Bagdad, avaient réduit les Arsacides à un demi-vasselage. Maintenant, une poussée générale des nations scythiques ou tatares, les *Sse* et les *Yuetchi* des écrivains chinois, submerge le bassin de l'Oxus, détruit le royaume grec de Bactriane, occupe la vallée de l'Indus et entame l'Iran. Le huitième Arsace, Mithridate le Grand, meurt à temps (vers 86) pour ne pas assister à la débâcle de son empire. C'est sur son successeur, Artaban II (3), que crève l'orage; en peu d'années l'ennemi du dehors et l'ennemi du dedans ont consommé leur œuvre. De 76 à 69 règne un vieillard octogénaire,

(1) Justin XL, 1.
(2) Plutarque, *Lucullus*, 36.
(3) Cf. Gutschmid sur Trogue Pompée, prol. 41 et 42. Cependant la correction indiquée (*mortuorum deinde ejus Artabanus et Tigranes cognomine Deus*) n'est pas certaine. Justin XLII, 1 a tout brouillé.

Sinatrocès, placé sur le trône des Arsacides par les Scythes Sacarauques (1); la monarchie parthe, diminuée, disloquée, craquant de toutes parts, est comme effacée provisoirement de la carte de l'Asie antérieure.

C'est à ce moment que l'Arménie entre brillamment en scène. On se souvient des hautes visées et des premiers succès de son roi Tigrane : la Sophène annexée, la Cappadoce deux fois conquise pour le compte de Mithridate. Pendant que le roi de Pont était aux prises avec Rome, Tigrane, oublieux de ses engagements envers son beau-père (2), ne songea qu'à profiter de l'affaissement des Parthes pour venger ses anciennes humiliations. Une armée arménienne envahit le territoire parthe et pénétra jusqu'à Arbèles et à Ninive, ravageant tout sur son passage; les Parthes durent signer un traité désastreux, rendre à l'Arménie les soixante-dix vallées conquises en 95, et lui céder, en outre, deux florissantes provinces de la Mésopotamie septentrionale, la Mygdonie et l'Osroène (3). En même temps, il leur fallut conclure un traité d'alliance avec le vainqueur (4) et abandonner à sa discrétion tous leurs anciens feudataires du nord-ouest. Le plus important, le satrape-roi de la Grande Médie (5), vit les Arméniens pénétrer jusqu'aux portes d'Ecbatane et brûler son palais (6); tous les voisins de Tigrane furent ainsi obligés d'accepter sa suzeraineté à des conditions plus ou moins onéreuses. Les rois d'Albanie et d'Ibérie sur le Cyrus, les rois de la Médie Atropatène (7) et de la Grande Médie, ceux de Gordyène et d'Adiabène sur le haut Tigre, devinrent les vassaux du nouveau Roi des Rois, lui apportèrent leurs hommages et leurs tributs en temps de paix, leurs contingents de soldats et d'ouvriers en temps de guerre.

(1) Lucien, *Macrob.* 15.
(2) LONGPÉRIER (*Œuvres*, III, 362) avait supposé, sur la foi de la légende mal lue d'une balle de fronde trouvée à Rhodes, qu'il y avait des auxiliaires arméniens dans l'armée de Mithridate en 88 av. J.-C. J'ai démontré ailleurs (*Revue des études grecques*, II, 381) que cette hypothèse est mal fondée.
(3) Strabon XI, 14, 15.
(4) Justin XL, 1 : *Tigranes inductus Parthica societate.*
(5) Probablement Darius (Appien, *Mith.* 106; Diodore fr. XL, 4 Didot). Il descendait de Bacasis, placé sur le trône vassal de Médie par le 1ᵉʳ Arsace, Mithridate 1ᵉʳ (Justin XLI, 6).
(6) Isidore de Charax, c. 6 (*Geog. min.* Didot, I, 250). Il appelle ce palais *Adrapana*, mais le texte est douteux; peut-être faut-il rétablir le mot *Apadana* (palais) qui se lit précisément sur une inscription achéménide d'Ecbatane.
(7) Mithridate, roi d'Atropatène, épousa une fille de Tigrane (Dion Cassius XXXVI, 16).

Ainsi couvert sur toute sa frontière par une ceinture d'alliés et de feudataires, Tigrane reprit ses anciens projets sur les pays situés à l'ouest de l'Euphrate. Déjà, par l'Osroène et la Comagène, il était maître des passages du fleuve et de la grande voie des caravanes : des tribus arabes, qu'il transplanta du désert et rendit sédentaires, prélevaient à son profit un droit de transit sur les marchandises (1). De là Tigrane n'avait qu'à étendre la main pour cueillir la Syrie comme un fruit mûr. Les populations l'appelaient; les derniers Séleucides furent, il est vrai, trop fiers, pour accepter comme suzerain le descendant des lieutenants de leurs ancêtres; mais que pouvaient leurs faibles armées contre les hordes de Tigrane, évaluées à un demi-million d'hommes (2)? Dès l'année 83, Tigrane se rendit maître de toute la Syrie supérieure, excepté Séleucie Piérienne, le port d'Antioche. Le dernier roi Séleucide, Philippe, périt sans doute dans la lutte; son fils Philippe II se réfugia en Cilicie, pendant que le fils d'Eusèbe, Antiochus, se cachait dans l'Asie romaine (3); les femmes et les filles des rois grossissaient le harem du vainqueur (4). Antioche, devenue une de ses résidences, frappait monnaie à son effigie et l'un de ses généraux, Magadatès, fut chargé d'administrer le royaume en qualité de satrape (5). La Syrie respira; pendant quatorze ans (6) elle connut, avec l'humiliation d'une domination étrangère, la paix, la sécurité et la prospérité, interrompues pourtant par un effroyable tremblement de terre qui fit 170,000 victimes (7).

Là ne s'arrêtèrent pas les progrès de Tigrane. A l'ouest, il mit la main sur le dernier fleuron de la couronne des Séleucides : la Cilicie plane. Plusieurs villes, entre autres la florissante Soli, furent détruites et leur population déportée en Arménie (8). Puis, à l'instigation, assurait-on, de Mithridate, les Arméniens

---

(1) Plut., *Luc.* 21. Cf. Strabon XVI, 2, 27 : Pline, VI, 28, 142. C'est à propos de ces transports de tribus que Trogue Pompée parlait de l'Arabie, *prol.* 42. Tigrane s'inspirait d'ailleurs ici du système des rois parthes (Isidore, *loc. cit.*, c. 7).
(2) Josèphe, *Ant. jud.* XIII, 6, 1.
(3) Eutrope VI, 14.
(4) Plut., *Luc.* 11.
(5) Appien, *Syr.* 18.
(6) Sic Appien : 17 (ou 18) suivant Justin XL, 1, qui compte probablement jusqu'en 66, époque de la défaite finale de Tigrane.
(7) Justin XL, 2.
(8) Dion Cassius XXXVI. 37; Plutarque, *Pomp.* 28.

envahirent la Cappadoce pour la troisième fois, prirent Ariobarzane comme dans un filet, et s'emparèrent de sa capitale; la population de Mazaca, ainsi que celle de onze autres villes grecques, en tout 300,000 hommes, fut emmenée pour peupler la nouvelle capitale du Roi des Rois, l'énorme Tigranocerte (77 av. J.-C.) (1).

Rome, indifférente, laissait ainsi s'écrouler ou s'éteindre les anciennes dynasties, ses clientes, et voyait tranquillement surgir à leur place deux puissances nouvelles, forcément hostiles à son influence : l'une continentale, l'Arménie, l'autre maritime, les pirates. Mithridate, plus habile, s'il n'eut pas dans toutes ces révolutions la part décisive qu'on lui attribuait à Rome, sut du moins en profiter pour fortifier sa situation en Asie Mineure. Tigrane était son gendre et n'avait jamais cessé d'être, en théorie, son allié ; il chercha à se l'attacher plus étroitement et favorisa ou suggéra l'invasion de la Cappadoce en 77, qui le vengeait des dénonciations d'Ariobarzane. De même, il s'empressa de reconnaître les nouveaux rois d'Égypte et de Chypre, les deux bâtards de Ptolémée Lathyre, et leur fiança deux de ses filles, Mithridatis et Nysa : on voyait approcher le moment où quatre princesses pontiques seraient assises sur les trônes d'Arménie, de Cappadoce, d'Égypte et de Chypre. Quant aux pirates ciliciens, un grand nombre d'entre eux avaient servi dans les armées de Mithridate et professaient sa religion (2); il sut entretenir avec leurs principaux chefs, Ciliciens ou Crétois, des relations aussi utiles et aussi inavouables que le seront celles du roi Très Chrétien avec les corsaires barbaresques. Cette diplomatie porta bientôt ses fruits. Dès que la guerre éclatera, les équipages et les vaisseaux des pirates viendront, d'eux-mêmes, grossir les flottes royales; les capitaines ou *listarques* les plus renommés commanderont les escadres de Mithridate, sauveront la vie du roi et défendront ses forteresses.

Même dans les provinces romaines, le roi de Pont conservait des intelligences et des partisans. Rome semblait avoir pris à tâche, par une recrudescence de tyrannie et d'injustice, d'entretenir chez la démocratie asiatique les souvenirs de l'an 88 et les espérances factieuses qui s'y rattachaient. Non seulement le gouvernement ne protégeait pas ses sujets contre les pillards,

(1) Appien, *Mith.* 67 ; Strabon XI, 11, 15 ; XII, 2, 9.
(2) Culte de Mithra introduit au mont Olympe par les pirates : Plutarque, *Pomp.* 24.

mais encore il était lui-même le plus effronté des pillards. Depuis le départ de Lucullus à la fin de l'année 80 (1), aucun ménagement n'était gardé dans la perception des impôts et dans le recouvrement de l'énorme amende infligée par Sylla. Les intermédiaires étaient si nombreux, les usuriers si rapaces, les intérêts composés s'accumulaient si vite, qu'au lieu de 20,000 talents, l'Asie, au bout de douze ans, en paya 40,000 (2). Les communes vendaient ou hypothéquaient leurs théâtres, leurs gymnases, leurs droits d'octroi et de port. Quant aux particuliers, après que la torture leur avait arraché leur dernier sou, ils trafiquaient de leurs enfants, ou, pour éviter l'esclavage, s'enfuyaient chez les pirates (3). Le système de la ferme, aboli par Sylla, n'avait pas tardé à être rétabli (4) et les compagnies de publicains ne reculaient devant aucun moyen licite ou illicite d'augmenter leurs bénéfices. Elles inondaient la Bithynie, royaume libre et allié; elles faisaient enlever aux Rhodiens, soi-disant pour répondre aux vœux des populations, les tributaires qui leur avaient été accordés en 81, en récompense de leur héroïque dévouement (5). La ruine de Mitylène trouvait une excuse dans sa résistance prolongée (6); mais les sujets dociles n'étaient guère mieux traités que les rebelles. A chaque instant, des villes, déclarées par Sylla libres et exemptes d'impôt et de garnison, étaient obligées de porter plainte à Rome pour quelque violation de leurs privilèges (7). Quoi d'étonnant si, à dix ans d'intervalle, les mêmes causes d'irritation produisirent les mêmes effets? Le rhéteur Xénoclès, d'Adramyttion, un des plus éloquents orateurs de ce temps, fit le voyage de Rome pour défendre ses concitoyens du reproche de *mithridatisme* (8); mais les esprits

(1) Pline VIII, 7,19. Il exerça ses fonctions de questeur pendant 8 ans : Cicéron, *Acad.* II, 1. Inscriptions en son honneur à Synnada (*Bull. corr. hell.* VII, 298), Délos (ib. III, 147), Athènes (C. I. A. III, 562, 563) etc., Celle d'Hypata (DITTENBERGER, *Sylloge*, n. 256) est de 87.
(2) Dans Plut., *Luc.* 20, il faut lire sans doute δ' (τέτταρας) μυριάδας et non ἑξάκις.
(3) Appien, *Mith.* 61, 63 ; Plutarque, *Sylla*, 25; *Lucullus*, 20.
(4) Lucullus trouva le système rétabli en 73 : Plut., *Luc.* 7, 20.
(5) Cicéron, *Ad Quintum fratrem*, I, 1, 33.
(6) Plutarque, *Luc.* 4; *Pomp.* 42; Suétone, *Cæsar*, 2; Liv. ep. 89. Cf. CICHORIUS, *Rom und Mitylene*, 1888.
(7) Appien, *B. Civ.* I, 102.
(8) Strabon XIII, 1, 66. Xénoclès fut un des amis et maîtres de Cicéron (*Brutus*, XCI, 316 = Strabon, XIV, 2, 25; Plut., *Cic.* 4).

éclairés à Rome savaient fort bien à quoi s'en tenir : l'Asie ne pouvait être fidèle que le jour où elle serait heureuse. Dans la province sœur de Cilicie, les exactions étaient les mêmes et l'impopularité de Rome aussi grande : il suffit de rappeler que de 80 à 78 la Cilicie eut pour proconsul Dolabella et pour questeur Verrès (1).

Mithridate avait su intéresser à sa cause l'Arménie, les pirates, les mécontents de l'Asie romaine; mais le coup de maitre de sa diplomatie fut son alliance avec Sertorius. Ce furent les transfuges romains du parti démocratique, devenus très nombreux depuis les proscriptions de Sylla, qui négocièrent ce singulier rapprochement, « l'alliance de Pyrrhus et d'Annibal, » comme disaient les beaux esprits de Sinope. En 79, deux anciens lieutenants de Fimbria, L. Magius et L. Fannius, ennemis acharnés de Sylla et peut-être dès lors entrés au service de Mithridate, se trouvaient à Myndos en Carie; ils réussirent à corrompre C. Verrès, légat et proquesteur du gouverneur de Cilicie, Dolabella, et lui achetèrent un bâtiment léger, d'une vitesse remarquable, réquisitionné naguère à Milet pour le service de l'État. Sur ce bâtiment, qui défiait la surveillance et la poursuite des croisières romaines, ils exécutèrent secrètement, pour le compte de Mithridate, plusieurs voyages diplomatiques, couronnés d'un plein succès. Aussi, quelques années plus tard, quand l'attitude du Sénat romain dans l'affaire de la ratification du traité de Dardanos eut convaincu Mithridate que la guerre était inévitable, n'eurent-ils pas de peine à persuader au roi de leur confier son ministre Métrophane pour aller négocier avec Sertorius une alliance formelle. Les ambassadeurs débarquèrent à Dianium, entre Carthagène et Valence, où Sertorius avait établi son grand arsenal naval (2); ils dépistèrent, non sans peine, les garde-côtes romains et se rendirent auprès du général démocrate, pendant qu'un agent subalterne — ambassadeur ou espion — allait tâter les dispositions de son adversaire Pompée. Le roi de Pont offrait à Sertorius la reconnaissance officielle de son gouvernement, des vaisseaux et de l'argent; en échange, il demandait que Sertorius, agissant au nom du peuple romain, dont il se prétendait le représentant légitime, lui abandonnât formellement toute l'Asie Mineure. L'anti-sénat de

(1) Cf. Cicéron, *Verr. .Ict.* I, 76.
(2) Strabon III, 4, 6.

Sertorius était d'avis d'accepter ces propositions; Sertorius refusa. Précisément parce qu'il avait la prétention d'être un gouvernement « légitime », il ne pouvait, sans se démentir, abandonner un pouce du territoire romain; en revanche, il se déclarait prêt à céder la Bithynie, la Cappadoce, même la Galatie et la Paphlagonie, bref tout ce qui ne faisait pas directement partie des deux provinces romaines. Après trois mois d'absence, Métrophane et les deux Fimbriens rapportèrent cette réponse à Sinope. Mithridate ne marchanda pas son admiration à Sertorius; si ce proscrit parlait ainsi des bords de l'Océan, que serait-ce sur les marches du Capitole? L'affaire de la succession de Bithynie décida Mithridate, au dernier moment, à traiter sur les bases indiquées par Sertorius : le roi envoya en Espagne 3,000 talents et 40 navires, le grand rebelle lui prêta, en échange, un de ses meilleurs officiers, le borgne M. Marius, qui devait lui servir de général et gouverner l'Asie en qualité de proconsul (1).

Pendant que les agents de Mithridate parcouraient ainsi toutes les mers et travaillaient à réunir en un faisceau tous les ennemis déclarés et secrets de Rome, le roi lui-même s'occupait, avec le concours des émigrés romains, de réorganiser son armée. Le luxe coûteux et inutile qu'on avait déployé naguère dans l'habillement des troupes, le harnachement des chevaux, l'aménagement des navires, fut supprimé. L'infanterie, dont les Bastarnes formaient désormais l'élite, fut armée à la romaine d'épées courtes et tranchantes, de casques, de cuirasses et de boucliers pesants. On améliora la remonte de la cavalerie, la construction et l'armement des vaisseaux de guerre, l'instruction des troupes (2). Les effectifs que Mithridate mettra désormais en ligne ne seront pas aussi colossaux que pendant la première guerre, mais ils opposeront aux Romains une résistance autrement efficace.

A Rome, on connaissait vaguement ces préparatifs et l'on y répondait par des mesures parallèles. On avait toujours deux légions dans la province d'Asie, on en entretint deux autres en

(1) Plutarque, *Sertorius*, 23-24; Appien, *Mith.* 68 (nomme à tort l'Asie parmi les provinces cédées); Salluste, fr. II, 58; III, 8 Kritz; Cicéron, *Verr.* I, 87 (et Ps. Asconius ed loc. == ed. Orelli V, 2, 183); *Pro lege Manilia*, c. 4 et 16; Orose VI, 2. Appien nomme le lieutenant de Sertorius M. Varius, Plutarque et Orose M. Marius; le témoignage de ces derniers auteurs est certainement préférable, d'autant plus que le prénom Marcus, fréquent chez les *Marii*, paraît étranger à la *gens* Varia.

(2) Plut., *loc.* 7; Appien, *Mith.* 69. Voir pour les détails *supra*, p. 268 et 273.

Cilicie. Les militaires désiraient la guerre par profession, les financiers par intérêt; les patriotes gémissaient sur la honte ineffacée des vêpres éphésiennes, les politiques rappelaient le principe traditionnel de la République : ne jamais cesser une guerre avant que l'ennemi fût non seulement vaincu, mais exterminé. Ils représentaient que la puissance financière et militaire de Mithridate, son esprit remuant, le souvenir de sa domination, l'attachement que lui avait conservé le prolétariat hellénique, tout cela constituait une menace perpétuelle suspendue sur l'empire asiatique de Rome. Ne valait-il pas mieux prendre l'offensive que de se laisser attaquer au moment où l'on aurait les mains prises ailleurs? Dès l'an 77, le vieux consulaire Philippe dénonçait au Sénat l'attitude menaçante de Mithridate sur les flancs de la province dont les revenus alimentaient l'empire (1). En 75, le consul C. Cotta signalait les périls que faisait courir à l'État, comme treize ans auparavant, la coïncidence entre les armements de Mithridate, la guerre civile d'Espagne, les brigandages des pirates et les incursions des Thraces (2). L'année suivante, un autre Cotta, consul à son tour, déclarait que la guerre avec Mithridate était assoupie et non pas éteinte (3). La majorité du Sénat, avide de paix et redoutant les aventures, résistait encore à l'évidence, mais la matière inflammable s'était tellement accumulée depuis douze ans que, voulût-on ou non la guerre, il ne fallait plus qu'une étincelle pour rallumer l'incendie; comme en 88, ce fut de la Bithynie qu'elle partit.

(1) Salluste, fr. I, 56 Kritz : *Mithridates in latere vectigalium vestrorum, quibus adhuc sustentamur, diem bello circumspicit.*
(2) Salluste, fr. II, 50 Kritz.
(3) Plutarque, *Lucullus*, 5.

CHAPITRE II.

GUERRE DE LA SUCCESSION DE BITHYNIE (1).

Vers la fin de l'année 74 av. J.-C. mourut le dernier roi de Bithynie, Nicomède Philopator (2). Ce triste personnage, digne pendant du dernier Attale, avait fait oublier les cruautés de la première partie de son règne par les débauches et la servilité de la fin. C'était peu de prêter sa flotte aux gouverneurs d'Asie ou de Cilicie pour combattre les pirates ou réduire Mitylène (3); il fallait que ce roi dégénéré se proclamât en public l'affranchi des Romains, qu'il se montrât, dans ses orgies, la tête rasée et coiffée du *pileus*, — le bonnet de la liberté (4), — entouré d'une troupe de mignons où l'on fut étonné de voir mêlé un jour l'héritier d'un des plus grands noms de Rome, le jeune Jules César (5). Le testament de Nicomède fut le couronnement logique de sa vie (6) : il léguait son royaume au peuple romain, comme un affranchi léguait ses biens à son patron. C'était le quatrième héritage de ce genre que Rome était appelée à recueillir depuis soixante ans; mais, d'après une pratique en quelque sorte consacrée, le legs d'un royaume n'était valable que si le testateur ne laissait pas d'héritiers légitimes du sexe masculin; or Nicomède avait eu de sa femme, une princesse cappadocienne, deux enfants qui étaient

---

(1) Sources : Appien, *Mith.* 69-82; Plutarque, *Lucullus*, 6-18; Memnon, c. 37-41; fragments de Salluste et abréviateurs de Tite-Live. Ces événements étaient racontés par Tite-Live dans les livres 93-95 et 97.

(2) Pour l'année : Eutrope VI, 6; Appien, *B. Civ.* I, 111. Il existe aux Musées de Berlin et de Londres un tétradrachme de Nicomède portant la date bithynienne 224 (voir *Trois royaumes*, pl. VIII, 3, et le *Catalogue du Musée Britannique*, p. 215, n° 8); cette année commence en octobre 74 av. J.-C. Nicomède est donc mort entre octobre et décembre 74.

(3) Bithyniens à Mitylène : Plutarque, *César*, 1. L'ambassade de Verrès (Cicéron, *Verr.* I, 21, 63) se rapportait sans doute à une expédition contre les pirates.

(4) Plutarque, *De fort. Alex.* II, 3.

(5) Suétone, *Jul.* 2; 49; Plut., *César*, 1; Ampélius, 34.

(6) Appien, *Mith.* 7, 71; *B. Civ.* I, 111; Velléius Paterculus II, 41; Arrien, fr. 24 Did. (F. H. G. III, 591); Liv. ep. 93 et les abréviateurs (Eutrope VI, 6; S. Rufus c. 11; Ampélius c. 34). Un texte d'Appien (*Mith.* 7) ferait croire que l'auteur du testament ne fut pas Philopator, mais son petit-fils qui lui aurait succédé; cependant Philopator ne pouvait guère, en 74, avoir un petit-fils en âge de régner et surtout de faire un testament, et Ampélius affirme positivement l'identité de Philopator, l'ami de César, et du dernier roi de Bithynie. Cf. mes *Trois royaumes*, p. 121 suiv.

encore en vie : une fille, Nysa, et un fils, Nicomède. Celui-ci fut proclamé roi par ses partisans (1). Mais les droits de cet adolescent n'embarrassèrent pas plus les légataires qu'ils n'avaient arrêté le testateur : on se souvint fort à propos que la reine de Bithynie, sa mère, avait été, dix-huit ans auparavant, condamnée pour adultère ou complot sur la dénonciation de son beau-frère, le bâtard Socrate (2). Malgré l'indignité reconnue du dénonciateur, il n'en fallait pas davantage pour conclure que le jeune Nicomède était un bâtard ou un fils supposé (3). Au surplus, la Bithynie, convoitée, infestée, violée depuis longtemps par les publicains, était avec ses champs, ses villes, ses ports, ses lacs poissonneux (4), un magnifique morceau, bon à prendre et bon à garder; cet argument dispensait de toute autre raison : l'annexion fut décidée à Rome. Le gouverneur d'Asie, M. Juncus, fut chargé de la consommer, et son questeur, Pompéius « le Bithynien », en prévision d'une guerre prochaine, se hâta d'expédier à Rome une partie des trésors et des objets d'art du feu roi (5). Presque aussitôt, les différentes compagnies de publicains formaient un syndicat pour l'exploitation financière de la nouvelle province (6).

L'annexion de la Bithynie équivalait à une déclaration de

---

(1) La femme de Nicomède Philopator était fille d'Ariarathe (Épiphane), roi de Cappadoce (Licinianus, p. 37), et s'appelait Nysa (Salluste, fr. IV, 20, 9 Kritz : *cum filia Nysete, quam reginam appellaverat, genitus haud dubie esset*). Ces mots de Salluste, qui feraient croire à une mésalliance, prouvent que l'historien romain a confondu Nysa, femme de Nicomède Philopator, avec Nysa, femme de Nicomède Épiphane (Memnon, c. 30), laquelle était en effet une danseuse (Justin XXXVIII, 5). — Sur la fille de Philopator, Nysa : Suétone, *César*, 49. Sur le fils, Nicomède : C. I. G. II, 2879, Délos (où il prend simplement la qualité de petit-fils, ἔκγονος, de Nicomède Épiphane; cp. C. I. A. III, 555, où le petit-fils d'Antoine et de Cléopâtre, Ptolémée, roi de Mauritanie, s'appelle ἔκγονος Πτολεμαίου). Ce Nicomède IV paraît avoir été compté dans les listes officielles des rois de Bithynie, et c'est pourquoi Syncelle, p. 525, 9 et 593, 7, compte 8 rois de Bithynie. La date qu'il assigne à la fin de la dynastie — 24 av. J.-C. — est peut-être celle de la mort de ce prince.

(2) Voir *supra*, p. 114.

(3) Salluste, p. III, 157 Kritz : *Quos adeorsum multi ex Bithynia relentes occurrere, falsum filium arguitari*.

(4) Cicéron, *De lege agraria*, II, 15, 40.

(5) Festus s. v. *Retrum* (p. 262 Müller) : *Quod signum Pompeius Bithynicus ex Bithynia appellatibus reginae Romam deportavit*. C'est le Pompeius Bithynicus souvent nommé par Cicéron, qui était son cadet de deux ans (*Brutus*, LXVIII, 240; XC, 309; *Ad fam.* VI, 17, 2). Juncus cumula les gouvernements d'Asie et de Bithynie (Vell. Pat. II, 42; Plut. *César*, 2; A. Gell. V, 13, 6). A son départ il ne fut pas remplacé : Lucullus annexa le gouvernement d'Asie à celui de Cilicie (Cicéron, *Pro Flacco*, XXXIV, 85 : *Asiam provinciam consulari imperio obtinuit*) et se fit représenter en Asie par un légat propréteur.

(6) Cicéron, *Ad fam.* XIII, 9; *De lege agraria*, II, 19, 50.

guerre contre Mithridate ; c'était, en effet, la rupture de l'équilibre asiatique, si péniblement rétabli par le traité de Dardanos. Rome devenait la voisine immédiate du Pont, l'Euxin s'ouvrait à ses flottes, et désormais elle n'aurait qu'à fermer le Bosphore pour ruiner, quand elle le voudrait, le commerce pontique. Accepter une pareille situation eût été, pour Mithridate, signer sa déchéance ; on le comprenait si bien à Rome qu'avant même la mort de Nicomède on s'était préoccupé du choix d'un général pour présider à la lutte imminente. Les contestations sanglantes de l'année 88 faillirent se reproduire à cette occasion. L'un des consuls alors en charge, L. Lucullus, l'ancien questeur et le disciple favori de Sylla, était le candidat des optimates ; mais la démocratie avait peu de sympathie pour cet aristocrate invétéré, et d'ailleurs le sort lui avait déjà assigné sa province, la Gaule Cisalpine ; enfin Pompée, qui ambitionnait le brillant commandement de la guerre orientale, menaçait de venir le réclamer à la tête des légions d'Espagne. Lucullus fut assez adroit et assez heureux pour triompher de tous ces obstacles. Afin d'enlever tout prétexte à Pompée, il fit voter au Sénat, sans marchander, les subsides réclamés par l'ambitieux général ; afin de calmer les démocrates, il oublia sa fierté de grand seigneur jusqu'à faire la cour à la maîtresse du tribun Céthégus, le roi du forum. Le hasard voulut que précisément alors le proconsul de Cilicie, L. Octavius (1), vint à mourir ; Céthégus, désormais tout acquis à Lucullus, lui fit décerner par le Sénat la succession d'Octavius, qui semblait entraîner, par voie de conséquence, le commandement en chef contre Mithridate (2). Toutefois l'autre consul, M. Aurélius Cotta, insista si vivement pour avoir sa part de la victoire, qu'on le chargea du gouvernement de la Bithynie et de la défense de la Propontide. En même temps, le préteur M. Antonius, investi du commandement général des flottes de la République, avec des pouvoirs sans précédent sur toutes les mers, devait entreprendre la conquête de l'île de Crète, principale forteresse de la piraterie et alliée notoire de Mithridate (3).

(1) Il s'agit bien de L. Octavius, le consul sortant de 75, et non de M. Octavius, consul en 76 ; cf. Salluste, fragment d'Orléans, p. 133 Jordan.
(2) Plutarque, *Luc.* 5-6 ; *Pomp.* 20 (cp. Salluste, fr. III, 1, Kritz ; fr. d'Orléans) ; Cic., *Parad.* V, 3, 40.
(3) Salluste, fr. III, 59 ; Cicéron, *Verr.* II, 3, 8 (et Asconius, p. 206 Or.) ; Vell. Paterculus II, 31 ; Appien, *Sic.* 6 ; etc.

Les deux consuls s'empressèrent de se rendre dans leurs gouvernements respectifs, afin de rassembler leurs forces en prévision de l'attaque de Mithridate. Cotta leva une flotte chez les alliés d'Asie; Lucullus emmena d'Italie une légion de conscrits, à laquelle devaient se joindre les deux légions Fimbriennes, toujours cantonnées en Asie, et les deux légions de Cilicie, qui avaient fait les rudes campagnes de Servilius l'Isaurien. Il n'eut pas trop des derniers mois de l'hiver pour mobiliser ces troupes, pour rétablir la discipline fortement ébranlée parmi les Fimbriens, et surtout pour calmer, par quelques mesures d'urgence, l'effervescence redoutable des Asiatiques, poussés à bout par les exactions des publicains et des usuriers (1).

De son côté, Mithridate avait mis à profit les derniers mois qui le séparaient de l'entrée en campagne pour achever ses préparatifs militaires et son faisceau d'alliances : ce fut sans doute pendant cet hiver que furent signés les traités définitifs avec Sertorius et les Crétois. Dès le début du printemps 73, sans déclaration de guerre préalable, les armées pontiques ouvrirent les hostilités sur deux points à la fois. Un corps, commandé par Diophante, fils de Mitharès, eut mission d'occuper la Cappadoce, de mettre garnison dans les places de ce royaume et de fermer ainsi à Lucullus le chemin du Pont; avec le gros de l'armée et de la flotte, le roi lui-même se dirigea vers la Bithynie, après avoir fait à Poséidon le sacrifice solennel d'un char attelé de quatre chevaux blancs (2). Son armée de terre, commandée en sous-ordre par

---

(1) Ordinairement on admet que les hostilités commencèrent au printemps 74 et que les deux consuls furent envoyés à la guerre pendant leur année de charge, ce qui, à cette époque, serait tout à fait insolite. On s'appuie sur l'ep. 93 de Tite-Live et sur Eutrope VI, 6 qui qualifient, en effet, Lucullus et Cotta de consuls au moment des premiers engagements; de même Cicéron, *Pro Murena*, XV, 33 : *duobus consulibus ita missis ut alter Mithridatem persequeretur, alter Bithyniam tueretur*. Mais je pense qu'il n'y a là qu'une façon de parler incorrecte, d'ailleurs fréquente (Liv. XXVI, 33; Cic., *Verr.* II, 16, 39, etc.) : les monnaies nous ont appris que Nicomède mourut *à la fin de 74*, donc l'invasion pontique n'eut lieu qu'au début de 73; en outre, le récit de Plutarque montre bien que la Cilicie fut substituée au gouvernement que Lucullus aurait dû occuper régulièrement à *l'expiration* de son consulat. Cf. en outre Cicéron, *Acad. prior.* II, 1, 1 : *Consulatum ita gessit* (Lucullus) *ut... admirarentur omnes; post ad Mithridaticum bellum missus a senatu*, etc.; Velleius Paterculus, II, 33 : *L. Lucullus... et consulatu sortitus Asiam* (lire *Ciliciam*). Si Lucullus s'arrêta en Asie, c'est que tous les proconsuls de Cilicie descendaient à Éphèse, — Ramsay, *Bull. corr. hell.* VII, 298, — et qu'il avait un *imperium majus* sur le propréteur de cette province. Il paraît avoir fait route par la Grèce et notamment par Chéronée (Plut., *Cimon*, 1-2).

(2) Appien, *Mith.* 70. Ce sacrifice est également mentionné par Sidoine Apollinaire XIX, 158; il était représenté sur l'un des tableaux de la villa de Ponce Léon.

Taxile et Hermocrate, comptait, d'après l'évaluation la plus modérée, 120,000 fantassins, 16,000 chevaux, 100 chars armés de faux et un matériel immense; la flotte, sous l'amiral Aristonic, se composait de 400 bâtiments de combat, sans compter les moindres esquifs. Des magasins avaient été échelonnés sur divers points de la côte; on y avait accumulé 2 millions de médimnes de blé, soit 96 millions de rations (1).

La rapidité des premières opérations répondit à l'importance de ces préparatifs. En neuf jours la grande armée traversa sur deux colonnes la Galatie et la Paphlagonie, en prenant par les vallées intérieures de l'Amnias et du Billéos (2); Mithridate parut inopinément en Bithynie, proclamant sans doute qu'il venait installer le roi légitime, le jeune Nicomède. Les populations firent bon accueil à l'invasion : en quelques mois l'avidité des traitants romains avait déjà réussi à mettre toute la province en feu. Leurs agents osèrent même se présenter à Héraclée, ville libre qui n'avait jamais fait partie du royaume bithynien. Ils furent mis en pièces par la populace indignée, et si la prudente république persévéra dans ses déclarations de neutralité, elle ouvrit cependant son marché à la flotte pontique; l'amiral de Mithridate profita de la circonstance pour s'emparer de deux citoyens notables et ne les relâcha qu'en échange de cinq navires de guerre (3).

Tous les résidants romains, marchands et fonctionnaires, disséminés à travers la Bithynie, fuirent devant le torrent et s'enfermèrent dans la forte place de Chalcédoine, située à l'extrémité du royaume, vis-à-vis de Byzance. C'est là, à l'entrée du Bosphore, que le proconsul Cotta avait concentré son armée et son escadre. Lucullus, à la nouvelle de la marche de Mithridate, s'était mis en mouvement de son côté avec l'armée de Cilicie pour secourir son collègue et s'avançait à marches forcées à travers la

---

(1) En comptant la ration journalière à un chénice (un peu plus d'un litre), suivant l'usage des Grecs (Boeckh, Staatshaltung der Athener, c. 15). A Rome on comptait à cette époque 1 1/2 litre (Sallaste, fr. III, 81, 19 Kritz). — Orose donne, sans doute par erreur, Eumaque et Marius comme généraux en chef de l'armée de terre; de même, Memnon appelle deux fois (c. 38 et 40) Archélaus l'amiral de Mithridate. Pour les effectifs, j'ai suivi Plutarque. Appien, Mith. 69, compte 110,000 fantassins; Memnon, 150,000, puis 12,000 chevaux, 120 chars. Strabon XII, 8, 11, compte également 150,000 hommes.

(2) Memnon dit la Timonitide (cf. Strabon XII, 3, 41) et la Galatie.

(3) Memnon se trompe en faisant arriver les agents des publicains à Héraclée après l'invasion pontique.

Phrygie. Il était dans l'intérêt de Mithridate de brusquer l'action décisive ; il était, au contraire, du devoir de Cotta de la retarder jusqu'à l'arrivée de Lucullus ; mais l'espoir d'être seul à l'honneur, comme il aurait été seul au danger, l'emporta sur les considérations stratégiques : l'incapable proconsul accepta la bataille sous les murs de Chalcédoine. Il fut complètement écrasé. L'infanterie bastarne enleva brillamment les positions des Romains et les ramena battant jusqu'à l'enceinte de la ville, à travers un terrain difficile, hérissé de haies et de palissades. Les fuyards s'engouffrèrent dans les portes, qu'on s'empressa de fermer, mais plus de 5,000 retardataires furent taillés en pièces hors des murs. Le préfet de la flotte, P. Rutilius Nudus (1), qui commandait à la place de Cotta, empêché ou malade, dut, comme Archélaos au Pirée, se faire hisser sur le rempart à l'aide d'une corde. En même temps que ce combat se livrait sur terre, la flotte royale forçait les chaînes qui fermaient l'entrée du port de Chalcédoine, brûlait quatre vaisseaux et emmenait à la remorque tout le reste de la flotte romaine, 60 bâtiments avec leurs équipages ; 8,000 Romains, entre autres le sénateur L. Manlius, périrent dans ce second engagement, 4,500 furent faits prisonniers. Cette double victoire ne coûtait à Mithridate que 730 hommes (2).

Les résultats immédiats de la bataille de Chalcédoine furent considérables. Toute la Bithynie se donna au vainqueur, l'agitation « mithridatique » se propagea dans la province d'Asie, enfin la flotte royale, franchissant le Bosphore, put parcourir librement la Propontide où les Romains n'avaient plus un seul navire ; conformément aux traités, des escadres de secours furent aussitôt détachées vers l'Espagne et la Crète.

C'était une brillante entrée en campagne ; mais la suite allait-elle répondre à ce début ? Des deux armées romaines, une seule, la plus faible, avait été vaincue ; Lucullus était sur le Sangarios en Phrygie, avec 30,000 hommes de pied et 2,500 chevaux (3) : tout dépendait de la décision qu'il allait prendre. Un instant on

(1) Appien nomme le général Nudus, Orose P. Rutilius et le fait périr ; néanmoins il est bien probable que les deux personnages n'en font qu'un, d'autant que le cognomen Nudus est attesté pour la gens Rutilia (Fenestella, fr. 22 Peter).
(2) Chiffres de Memnon. Plutarque compte 4,000 Romains tués dans le combat terrestre (au lieu de 5,300), Appien 3,000 dans le combat naval (au lieu de 8,000) ; dans ce dernier combat Mithridate n'aurait perdu que 20 Bastarnes ; d'après Memnon il en périt 30 en tout.
(3) Chiffres de Plutarque, Luc. 8. Appien, Mith. 72, ne lui attribue que 1,600 chevaux.

put croire qu'il marcherait sur le Pont, dégarni de troupes, abandonnant son collègue et la province d'Asie à leur sort : c'était l'avis des soldats, indignés contre Cotta, et du transfuge Archélaos qui s'était joint à l'état-major de Lucullus, comme naguère à celui de Muréna. Mais le général romain refusa « de courir au gîte délaissé, tant que la bête tenait la campagne » et prit la route de Bithynie. L'armée royale s'était, ce semble, divisée en deux moitiés : l'une, sous le roi, assiégeait Cotta dans Chalcédoine (1), l'autre, sous le Romain M. Marius, l'envoyé de Sertorius, s'avança à la rencontre de Lucullus pour lui barrer le chemin. Les deux armées se trouvèrent en présence à Otryes, sur les hauteurs qui dominent au sud le lac Ascania (2); mais Lucullus, dès qu'il eut constaté la grande supériorité numérique des Royaux, profita de la chute d'un bolide, réputée de mauvais augure, pour refuser la bataille, malgré les murmures des légionnaires, qui brûlaient d'effacer la honte de Chalcédoine. Marius n'avait que trois jours de vivres; il dut rétrograder vers la côte, pour retrouver ses magasins. Là, il fut rejoint par Mithridate qui laissa un corps d'observation devant Chalcédoine et passa dans la province d'Asie. Mithridate se présentait ici non en conquérant, mais en libérateur, en allié du gouvernement démocratique de Rome, dont Sertorius était le chef. On promettait partout, au nom de Sertorius, la liberté, l'exemption d'impôts; dans les villes qui ouvraient leurs portes le « proconsul Marius » entrait le premier, avec ses haches et ses faisceaux (3). Cependant Lucullus escortait l'armée royale pas à pas, sans accepter de bataille, mais lui coupant les vivres, fermant obstinément la route de Pergame et livrant de temps à autre quelques escarmouches de cavalerie ordinairement heureuses (4). Le roi, de guerre lasse, conçut alors le projet audacieux d'assiéger Cyzique, la seule ville de la côte hellespontienne qui fût restée fidèle aux Romains. Il décampa par une nuit obscure et pluvieuse, fila inaperçu de Lucul-

(1) Cf. l'inscription n° 20 à l'appendice : *Collegam* (Lucullus) *obsidione liberavit*.
(2) Περὶ τὰς Ὀτρύας, dit Plutarque, *Luc.* 8. C'est sans doute l'endroit appelé Ὀτρῶα par Strabon XII, 5, 7. Cf. Ramsay, *Bull. corr. hell.* VI, 508.
(3) Plutarque, *Sertorius*. 24.
(4) Liv. ep. 94 : *L. Licinius Lucullus consul adversus Mithridaten equestribus proeliis feliciter pugnavit et expeditiones aliquot prosperas fecit, pacatosque pugnam milites a seditione inhibuit.*

lus et déboucha le matin (1) sur les crêtes du mont Adrastée, vis-à-vis du détroit de Cyzique.

Cyzique, la porte de l'Asie, l'une des plus belles villes et des forteresses les plus redoutables de l'antiquité, était bâtie au sud d'une île montagneuse de la Propontide, très rapprochée de la côte, et que deux digues, aujourd'hui remplacées par un mince pédoncule sablonneux, rattachaient alors au continent. La ville était couverte d'un côté par la mer qui y creusait deux ports spacieux, Panormos et Chytos; de l'autre, elle s'adossait au mont Dindymos, qui formait l'ossature de l'île et dont un contrefort, le mont aux Ours, était compris dans l'enceinte. Les fortifications dataient du temps de Timothée, au IVe siècle; la muraille était haute, soigneusement réparée, flanquée, de loin en loin, de grosses tours en marbre blanc de Proconnèse. Cyzique était depuis plusieurs siècles une ville commerçante d'une grande prospérité; elle avait une marine puissante : dans ses arsenaux on comptait 200 cales à vaisseaux. Son excellente constitution, ne faisant pas de mécontents, ne faisait point de traîtres. Une commission permanente de trois ingénieurs veillait à l'entretien des édifices publics et de l'artillerie de place; enfin, en prévision d'un siège, la ville avait organisé trois énormes magasins, l'un d'armes, le second de machines, le troisième d'approvisionnements, où l'on conservait de grandes quantités de blé, mêlées à de la terre chalcidique qui l'empêchait de moisir (2).

Attaquer une pareille forteresse eût été en tout temps une entreprise chanceuse; l'attaquer en présence d'une armée ennemie, qui tenait la campagne, était une témérité. Mithridate comptait, il est vrai, surprendre la ville, très éprouvée par la bataille de Chalcédoine, où le contingent cyzicénien n'avait pas

---

(1) Salluste, fr. III, 11 Kritz : *Nam tertia face erat et sublima nebula caelum obscurabat*.

(2) Sur Cyzique : Strabon XII, 8, 11. Pline V, 32, 112 se trompe certainement en attribuant à Alexandre la jonction de l'île au continent : Scylax, c. 94 (au temps de Philippe) fait déjà de Cyzique une presqu'île. Noms des ports : Schol. Apoll. Rhod. I, 954 et 987; Etienne de Byzance, v. Πάνορμος. Au temps de Strabon, il y avait deux ponts ou plutôt deux digues dont les débris subsistent encore; Frontin III, 13, 6 (*introitus unus et angustus ponte medio*) et Salluste, fr. III, 21 Kr. (*urbs pons in oppidum pertinens explicatur*) n'en mentionnent, au temps de Mithridate, qu'un seul. Peut-être faut-il rapporter ici Salluste, fr. II, 81 : *dubium an insula sit, quod euri atque austri superjactis fluctibus circumluitur*. Cf. en général MARQUARDT, *Cyzicus und sein Gebiet*, Berlin, 1836, et le plan de Cyzique dans PERROT et GUILLAUME, *Exploration de la Galatie*, etc., pl. IV (cf. *Rev. arch.* 1875, p. 93).

perdu moins de 10 navires et de 3,000 hommes. L'armée royale, survenant à l'improviste, eut effectivement le temps de s'emparer des ponts et du faubourg même de Cyzique (1) ; puis elle fit promener sous les murailles du port des bateaux chargés de prisonniers, qui tendaient vers leurs concitoyens des mains suppliantes. Mais ces moyens d'intimidation échouèrent : Cyzique, depuis longtemps l'alliée fidèle de Rome, avait confiance dans le triomphe final des armes romaines, et le chef du gouvernement, le premier stratège Pisistrate, se contenta de souhaiter du haut des murs bon courage à ses compatriotes qui avaient eu le malheur de se laisser prendre (2). Mithridate fit alors passer dans l'île toute son armée et son magnifique parc de siège, œuvre du Thessalien Niconidas. Dix camps furent établis autour de la place; on la bloqua hermétiquement, du côté de la terre par une ligne de circonvallation, du côté de la mer par une double estacade, qui laissait à peine un étroit goulet pour le passage des navires d'attaque. La flotte surveillait les deux golfes séparés par l'isthme artificiel dont nous avons parlé. Ces dispositions prises, l'armée royale donna l'assaut le même jour par terre et par mer. Par mer, deux quinquérèmes conjuguées, portant une tour, réussirent à forcer l'entrée du port et jetèrent le grappin sur le mur ; déjà même quatre soldats avaient pris pied sur le parapet, mais les défenseurs les délogèrent et un déluge de brandons et de poix enflammée mit bientôt la tour hors de service. Par terre, la lutte fut plus acharnée : tortues porte-béliers, tours mobiles, hélépole de cent coudées de hauteur, sur laquelle s'élevait une autre tour, l'attaque mit tout en œuvre; mais les Cyzicéniens avaient garni leurs murailles de fascinages de laine contre les engins de percussion, de matelas imbibés d'eau vinaigrée contre les projectiles incendiaires; des mains de fer s'abattaient sur les béliers, des cabestans tordaient les poutres de fer; on roulait des quartiers de roc sur les colonnes d'assaut. Un engin nouveau, destiné au même usage, fit même son apparition; il se composait de couples de roues de fer, jointes deux à deux par leurs moyeux, et projetant des pointes longues de deux pieds comme d'énormes hérissons. Du haut des murs, les vieillards et les enfants encourageaient les assiégés par leur présence et leurs exhortations.

(1) Strabon XII, 8, 11.
(2) Frontin IV, 5, 21.

La bataille fit rage toute la journée ; vers le soir un pan de mur prit feu et s'écroula, mais Mithridate n'osa pas lancer ses troupes dans cette fournaise et pendant la nuit la brèche fut réparée. L'assaut ne devait pas être renouvelé : quelques jours après, le vent du sud souleva une effroyable tempête qui fit refluer les égouts dans la ville et ébranla les murs ; les effets de l'ouragan furent bien plus désastreux chez l'assiégeant : en moins d'une heure, la plupart de ses machines furent mises hors de service et quantité de navires, alourdis et empêtrés par le poids des tours qu'ils portaient, furent engloutis ou endommagés ; des milliers de soldats périrent dans les flots, noyés ou écrasés par le choc des épaves (1).

On avait échoué comme à Rhodes ; comme à Rhodes, on aurait dû s'éloigner au plus vite pour éviter un plus grand désastre. Le mauvais génie de Mithridate ne le voulut pas ; il l'enferma, comme à plaisir, dans l'impasse où l'avait poussé la stratégie de Lucullus. Ce général, dès qu'il eut constaté la direction prise par l'armée royale, s'était lancé sur sa piste. Mais le roi, sur le conseil de Taxile, avait fait occuper fortement le défilé unique qui conduisait au mont Adrastée, vis-à-vis de l'île de Cyzique. Par malheur, le transfuge Magius, qui avait noué des pourparlers secrets avec quelques Fimbriens mécontents, s'avisa qu'on avait tout intérêt à laisser Lucullus se rapprocher le plus possible, afin de faciliter la désertion de ses troupes. Mithridate se laissa persuader et Lucullus eut l'inexprimable joie de voir les Royaux évacuer spontanément les positions imprenables qui couvraient leurs lignes de siège. Il s'y logea aussitôt et fixa son quartier général au bourg de Thracia. Son camp, assis sur les hauteurs, défiait toute attaque ; lui-même restait en communication avec Pergame et commandait toutes les lignes de ravitaillement de l'ennemi. Les Pontiques ainsi emprisonnés dans la presqu'île d'Arctonnèse, Lucullus acheva leur investissement par un fossé tiré en avant de ses positions (2). Dès ce moment le général romain déclara, avec confiance, à ses troupes, qu'il détruirait la grande armée ennemie, sans tirer l'épée.

Mithridate n'en persista pas moins dans son entreprise. Il espérait pouvoir dissimuler aux assiégés l'arrivée de l'armée

(1) Sur tous ces épisodes, voir surtout les fragments de Salluste : III, 22-26.
(2) Orose VI, 2, 14 : *Lucullus Mithridatem... fossa cinxit.*

de secours et pendant quelque temps, en effet, les avant-postes pontiques réussirent à leur faire croire que le camp romain qu'ils avaient sous les yeux était une armée de Mèdes et d'Arméniens, envoyés par Tigrane pour prêter main-forte à Mithridate; mais un jour, un soldat romain, monté sur une périssoire improvisée, parvint à dépister la croisière pontique, pénétra dans le port de Cyzique et révéla la vérité (1). Un peu plus tard, Lucullus s'emparait d'une grosse chaloupe sur le lac Dascylitis, la faisait descendre sur un chariot vers la mer et jetait ainsi quelques troupes romaines dans Cyzique. Les bourgeois reprirent courage et repoussèrent plus que jamais toute idée de capitulation. En vain Mithridate, retranché sur le mont Dindymos, dirigea contre la place des travaux d'approche réguliers, une levée de terre hérissée de batteries, des galeries, des mines. Les assiégés ne restèrent pas oisifs : aux mines ils opposèrent des contre-mines, ils ébranlèrent les fondations de la levée, firent de brusques et heureuses sorties, brûlèrent les machines du roi; chaque jour on se battait sur terre et sous terre. Le roi, qui se prodiguait comme à l'ordinaire, faillit une fois être pris. Un centurion romain, chargé de diriger les travaux souterrains des assiégés, fit semblant d'écouter les propositions des officiers pontiques et offrit de livrer la ville si Mithridate descendait lui-même dans la galerie pour s'aboucher avec lui. Le roi se rendit à l'invitation, mais il prit la précaution de se tenir dans une cage qu'un mécanisme habilement disposé permettait de fermer instantanément; quand le centurion et ses complices se jetèrent sur lui en tirant l'épée, la trappe s'abattit brusquement : le roi fut sauvé, mais l'armée était perdue (2).

Pendant que Mithridate s'épuisait en vains efforts devant une forteresse imprenable, la lutte se poursuivait, dans les provinces intérieures, avec des chances diverses. Eumaque, détaché au lendemain de la victoire de Chalcédoine avec un gros corps d'armée, avait fait d'abord une brillante campagne; il conquit à la

(1) Ce stratagème est raconté par Salluste, fr. III, 20, et d'après lui par beaucoup d'auteurs (Frontin III, 13, 6; Florus I, 40; Orose VI, 2; Sidoine Apollinaire XIX, 167, éd. Baret). Il est remarquable que ni Appien ni Plutarque n'en disent mot. D'après ce dernier, la nouvelle de l'arrivée de Lucullus fut apportée à Cyzique d'abord par Démonax, envoyé d'Archélaos, ensuite par un esclave captif qui s'était évadé du camp royal.

(2) Diodore, fr. E-cor. 33 (F. H. G. II, p. xxiv.) Il est fait allusion à cet épisode par Strabon XII, 8, 11.

course la Grande Phrygie et la Cilicie romaine, massacrant partout les résidants romains et leurs familles, soulevant les peuplades du Taurus récemment soumises, Isauriens et Pisidiens (1); mais là se bornèrent ses succès. Le jeune César, qui achevait ses études à Rhodes, leva un corps de partisans en Carie, raffermit la fidélité chancelante des villes grecques et chassa les Pontiques du littoral (2). Arrêtés au sud, les Royaux ne furent pas plus heureux au nord : le légat propréteur C. Salvius Naso, qui paraît avoir fait fonctions de gouverneur d'Asie, défendit victorieusement contre eux la Phrygie Épictète et les cantons montagneux des Mysiens Abbaïtes (3). Fannius et Métrophane, battus par le légat Mamercus, se sauvèrent en Mysie avec 2,000 chevaux et rejoignirent le camp du roi par un immense détour à travers la Méonie et la région volcanique d'Inarima (4). Quant à l'amiral Aristonic, qui devait faire une démonstration dans la mer Égée, avant même de lever l'ancre il tomba dans un piège que lui tendirent quelques officiers Fimbriens, et se laissa prendre avec 10,000 statères qu'il avait emportés pour provoquer des défections. Enfin, pendant l'hiver, le tétrarque des Tolistoboïens Déjotaros, fils de Dumnorix, souleva la Phrygie, battit les garnisons d'Eumaque, disséminées dans le pays, et tua plusieurs de ses lieutenants (5).

Devant Cyzique, Mithridate, d'assiégeant, était devenu assiégé. La mauvaise saison survint avant qu'on se fût décidé à la retraite. Depuis longtemps les détachements de cavalerie romaine interceptaient les convois terrestres; maintenant les tempêtes rendaient de plus en plus difficiles les arrivages par la voie de mer. Dès lors la disette et la maladie sévirent cruellement dans le camp pontique. Cent mille hommes mal nourris, mal abrités, s'entassaient dans un étroit espace, où les précautions sanitaires les plus élémentaires étaient négligées. Les cadavres des chevaux, des bêtes

---

(1) Salluste, fr. III, 31 : *inter recens domitos Isauros Pisidasque.*
(2) Suétone, *Jul.* 4.
(3) Inscription à l'Appendice, n° 17.
(4) Orose VI, 2, 16-18; Liv., fr. 20, Weissenborn. La chronologie de tous ces événements est aussi incertaine que leur connexion.
(5) Liv., ep. 94. Le nom du père de Déjotaros a été récemment fourni par l'inscription C. I. A. III, 541. On ne doit pas confondre ce Déjotaros, le célèbre client de Cicéron, avec son homonyme, tétrarque des Trocmes, auquel se rapporte inscription d'Egæ (HIRSCHFELD, *Bull. dell' Inst.*, 1873, p. 227) et celle de Lesbos (HIRSCHFELD, *Hermes*, XIV, 474).

de somme, s'amoncelaient sans recevoir de sépulture; les hommes, démoralisés, affamés étaient réduits à se nourrir d'herbes malsaines et d'autres aliments inusités; on vit même des malheureux se jeter sur la chair humaine. Bientôt l'air, puis l'eau, puis les fourrages s'empestèrent; la mort sévit sous toutes ses formes (1), le camp présenta l'aspect sinistre d'un vaste charnier. Mithridate s'obstinait toujours. Les généraux lui cachèrent jusqu'au dernier moment le véritable état des choses; quand il le connut, il se résigna, trop tard, à préparer la retraite. Mais si cette détermination était plus que jamais nécessaire, l'exécution en était devenue singulièrement difficile. On n'avait pas assez de vaisseaux pour embarquer tout le monde; d'autre part, comment passer sur le ventre de l'ennemi intact avec une armée affaiblie, découragée, alourdie par les milliers de bouches inutiles et d'éclopés qu'elle traînait après elle? Cependant il fallait se hâter, car le manque absolu de fourrages ne permettait plus d'entretenir la cavalerie. On réunit alors tous les chevaux, chameaux et autres bêtes de somme, on y joignit les hommes du train et tous les non combattants, et l'on évacua cet énorme convoi, sous bonne escorte, vers la Bithynie. Lucullus s'était absenté de son camp pour assiéger une bicoque située dans une direction opposée, et l'on espérait le gagner de vitesse; mais le général romain, averti pendant la nuit, rebroussa chemin en toute hâte, ramassa dix cohortes, toute sa cavalerie, et se lança à la poursuite de la colonne. Ce fut une rude marche, à travers la neige, où les Romains semaient leurs traînards; mais ils atteignirent les fuyards au passage du Rhyndacos. Là, il n'y eut plus qu'à tuer. 15,000 prisonniers, 6,000 chevaux, un butin énorme tombèrent aux mains du vainqueur; le soir, les femmes d'Apollonie vinrent dépouiller les cadavres (hiver 73-72) (2).

Après ce dernier revers, il ne s'agissait plus, pour Mithridate, de retraite, mais de fuite. On embarqua tout ce qui put tenir sur les navires, pendant la nuit, au milieu d'une confusion inexpri-

(1) Salluste, fr. III, 27 Kritz : *Primo aerem, inde aquam, post pabula esse corrupta*; fr. 28 : *morbi gracis ob inediam inusitis recentibus*; fr. 29 : *ne simplici quidem morte moriebantur*.

(2) Cp. Sidoine Apollinaire, XXII, 511 et XIX, *loc. cit.* : *invidet eheu on miles Mithridaticus hosti*; Élien, fr. 12 Hercher, 108 Didot (Suidas, s. v. σάγη). J'ai donné les chiffres d'Appien; Memnon ne compte que 13,000 prisonniers et place, évidemment par erreur, ce combat au début du siège.

mable; le reste des troupes valides, réduit à 30,000 hommes, se dirigea vers Lampsaque sous les ordres de Marius et d'Hermaios (1). Les tentes furent abandonnées au pillage, les malades et les blessés au massacre. Même à ce prix, la retraite ne put s'effectuer sans de graves désastres. L'Esèpe et le Granique, qu'il fallait traverser, étaient enflés par la fonte des neiges, et pendant que les troupes s'attardaient au passage, Lucullus survint et leur tua encore 11,000 hommes. Les misérables débris de la grande armée trouvèrent un asile momentané derrière les murs de Lampsaque où Lucullus les assiégea; il fallut que la flotte, qui avait jeté l'ancre à Parion, détachât des navires pour les recueillir et, avec eux, toute la population de Lampsaque (printemps 72) (2).

Rarement une campagne, commencée sous de plus brillants auspices, s'était terminée par un plus complet et plus misérable avortement : des 150,000 hommes qui avaient franchi au printemps précédent la frontière de Bithynie, il en restait, au bout d'un an de guerre, à peine 20,000 sous les drapeaux. La flotte avait également éprouvé des pertes considérables : devant Cyzique, puis à la hauteur de Parion, où elle paraît avoir fait un séjour prolongé (3), la tempête fracassa des centaines de vaisseaux. Pour comble de malheur, on apprenait la mort de Sertorius, assassiné en Espagne au commencement de l'année 72 : avec lui disparaissait et l'espoir chimérique d'une double invasion combinée contre l'Italie, et, chose plus grave, le semblant de légalité que Mithridate avait pu donner jusqu'alors à ses conquêtes en Asie. Les agents de Sertorius, Magius, Fannius, ne tardèrent pas à se considérer comme dégagés envers Mithridate et cherchèrent à faire secrètement leur paix avec le vainqueur (4).

(1) Hermaios (nommé par Memnon) est sans doute le père ou le fils de Gaios, camarade d'enfance de Mithridate (insc. n° 94 à l'Appendice).

(2) Les pertes totales de Mithridate pendant le siège de Cyzique sont évaluées par Cicéron à 100,000 hommes, par Orose et Plutarque à 300,000 (?). Je renvoie à Plutarque et à Obsequens pour les prodiges (songe du greffier Aristagoras, apparition de Minerve à Ilion, etc.). Le plus célèbre, celui de la vache de Proserpine, est aussi rapporté par Appien et Porphyre, *De abstinentia*, I, 25. Les Cyzicéniens créèrent des *Jeux Lucullien* en commémoration de la victoire de Lucullus (Appien, *Mith.* 76) et reçurent des Romains un important accroissement de territoire sur le continent asiatique.

(3) Salluste, fr. IV, 20, 11 : *Naufragiis apud Parion*. De nombreux tétradrachmes de Mithridate des années pontiques 224 (74-73 av. J.-C.) et 225 (73-2 av. J.-C.), sans indication de mois, paraissent avoir été frappés à Parion. Le roi y avait sans doute installé les services auxiliaires de l'armée.

(4) Appien, *Mith.* 72; mais Appien se trompe certainement en plaçant les négociations

Dans ces conditions, on ne peut assez s'étonner de l'acharnement avec lequel le roi de Pont, transportant désormais le théâtre de la guerre sur la mer, prolongea la lutte pour la Bithynie pendant plus de six mois encore. Avec le gros de sa flotte, il parcourut la Propontide, pillant le temple d'Artémis à Priape, assiégeant Périnthe, menaçant Byzance qui était restée fidèle à l'alliance romaine (1). Une seconde escadre, montée par 10,000 hommes d'élite et commandée par Marius, fut dirigée vers la mer Égée pour rallier les détachements qui revenaient d'Espagne et de Crète. La nouvelle de la réapparition du pavillon pontique dans les eaux grecques causa une véritable panique à Rome. On n'avait pas d'escadre à opposer à Mithridate : celle de Cotta avait été détruite à Chalcédoine, celle d'Antonius battue en Crète; déjà l'on voyait l'Italie menacée (2), et le Sénat vota d'urgence 3,000 talents à Lucullus pour bâtir une flotte. Ces alarmes étaient exagérées. Lucullus refusa l'argent et se fit fort de nettoyer la mer Égée avec le seul concours des alliés d'Asie (3). En quelques semaines, il eut réuni, en effet, une escadre capable de tenir la mer et partit d'Ilion à la recherche des Pontiques. Treize quinquérèmes s'étaient attardées au mouillage des Achéens, en face de Ténédos; l'amiral romain les surprit, captura tous les bâtiments et tua leur commandant, le célèbre pirate Isidore (4). Le reste de l'escadre pontique avait relâché, devant le mauvais temps, à l'îlot désert de Néai (5), près de Lemnos. Lucullus vint l'y attaquer. Les Pontiques tirèrent leurs vaisseaux à terre et se défendirent vaillamment en tirant du haut des tillacs; mais le Romain fit le tour de l'îlot, et jeta à terre quelques compagnies d'élite qui assaillirent les Royaux par derrière. Les capitaines coupèrent alors précipitamment les amarres et gagnèrent la haute mer:

secrètes de Magius avec Lucullus au début du siège de Cyzique, époque où Sertorius était encore en vie.

(1) Byzance fournit des secours à Lucullus : Tacite, *Ann.* XII, 62. Cicéron, *De prov. cons.* IV, 6, fait un magnifique éloge de la conduite des Byzantins, qui leur valut le rang de *civitas libera*.

(2) Cicéron, *Pro Murena* XV, 33 : *cum contento cursu, acerrimis ducibus, hostium classis Italiam spe atque animis inflata peteret*. Ces paroles n'indiquent pas le plan de Mithridate, mais sont un écho des terreurs de Rome.

(3) Par exemple Milet fournit la galère dicrote *Parthénos* (inscr. n° 11).

(4) Probablement le même qui avait battu Servilius Isauricus (Florus I, 41, Halm). Ce combat est appelé *incredibile* par Cicéron, *Pro Archia*, IX, 21.

(5) Salluste III, 31 : *Tota autem insula modica et caloribus ignota est.* Cf. Pline II, 87, 202.

cependant 32 navires furent pris ou coulés, et la fleur des émigrés romains, abandonnée dans l'île, périt en combattant. L'amiral pontique et ses deux lieutenants, l'eunuque Denys et le Paphlagonien Alexandre, s'étaient réfugiés dans une caverne; les Romains les y découvrirent le lendemain. L'eunuque s'empoisonna, Marius fut passé par les armes après avoir subi les derniers outrages; seul, Alexandre fut réservé pour la pompe triomphale (1)

Pendant que la mer Égée était le théâtre de ces luttes épiques, l'armée romaine avait commencé la reconquête de la Bithynie. Aucune troupe pontique n'y tenait la campagne, mais les garnisons que Mithridate avait installées dans les villes opposèrent une vigoureuse résistance aux légats de Lucullus, Triarius et Barba (2). Cependant, lorsque la population d'Apamée (Myrléa) eut été égorgée dans ses temples par le vainqueur exaspéré (3), lorsque Prusa de l'Olympe eut été prise d'assaut, les autres villes s'épouvantèrent : Prusias-sur-mer, l'ancienne Cios, berceau de la dynastie des Mithridate, chassa sa garnison et ouvrit ses portes; à Nicée, les bourgeois prirent une attitude si menaçante que les Royaux décampèrent pendant la nuit et se retirèrent à Nicomédie. Là se concentrèrent tous les détachements épars de l'armée pontique; Mithridate lui-même, après le médiocre succès de ses tentatives sur la côte de Thrace, déjouées sans doute par la proximité de l'armée de M. Lucullus, vint y jeter l'ancre avec sa flotte. Aussitôt Triarius se disposa à mettre le siège devant la ville; et Cotta, dont on n'avait pas ouï parler depuis un an, devenu enfin libre de ses mouvements, sortit de Chalcédoine ou de Byzance et s'avança de son côté jusqu'à 150 stades de Nicomédie. Lucullus,

(1) Pour ce combat, Orose VI, 2, 21-2, ajoute quelques détails aux récits de Plutarque et d'Appien.

(2) Orose attribue faussement à Lucullus la prise des villes bithyniennes. Parmi les légats de Lucullus, Voconius et Barba sont inconnus (DRUMANN les confond sans raison; le cognomen Barba se rencontre dans les familles Cassia, Scribonia, etc.), Triarius est C. Valerius Triarius, qui s'était déjà distingué en Sardaigne dans la guerre contre Lépide (78-7 av. J.-C.). Cf. Asconius, in Scaurianam, p. 19 Orelli : *P. Valerio Triario...filio ejus qui in Sardinia contra M. Lepidum arma tulerat et post in Asia Pontyque legatus L. Luculli fuerat cum is bellum contra Mithridaten gereret*. Pour le prénom cp. inscr. n° 14, Liv. ep. 94, Phlégon, fr. 12. On l'a identifié à tort avec L. Valerius Triarius, questeur urbain en 81 av. J.-C. (Cic., *Verr. act.* I. 11, 37).

(3) Ce fut à la prise de cette ville que fut fait captif le poète Parthénios, le maître de Virgile (Suidas, s. v.). Je ne sais qui est le Cinna qui s'empara de lui; ce n'est certainement pas le fils du célèbre démagogue, L. Cinna, alors proscrit.

averti de ces mouvements, avait détaché Voconius avec une partie de la flotte pour fermer l'entrée du golfe de Nicomédie. Un peu plus, Mithridate, pris dans une souricière, se voyait obligé de mettre bas les armes. Mais, comme à Pitané treize ans auparavant, l'égoïsme de ses adversaires le sauva; par un piquant retour de la destinée, Voconius manqua à Lucullus, comme Lucullus avait manqué à Fimbria : l'amiral romain s'attarda à Samothrace, — pour s'initier, dit-on, aux mystères des Cabires, — et quand il parut dans la Propontide, Mithridate avait déjà embarqué ses troupes, forcé le passage et dit adieu pour jamais à la Bithynie.

Le dernier chapitre de la retraite ne fut pas d'ailleurs le moins désastreux. A peine la flotte était-elle sortie du Bosphore, qu'une tempête violente s'éleva, balayant sur la mer les navires désemparés et jonchant la côte de débris et de cadavres : en quelques heures soixante vaisseaux (1), 10,000 hommes périrent. Le vaisseau amiral, qui avait des avaries profondes, ne pouvait atterrir à cause de son fort tonnage. Mithridate, malgré les instances de ses courtisans, sauta dans la « souris de mer » du pirate Séleucos, qui le déposa loyalement à l'embouchure du fleuve Hypios, sur la côte des Mariandynes. Là, tandis que Mithridate ralliait les débris de sa flotte, la fortune lui apporta, après tant de déboires, une consolation inespérée. Le stratège d'Héraclée, Lamachos, lié avec lui d'ancienne date, lui ouvrit les portes de sa ville, profitant d'une belle journée d'été pendant laquelle les habitants banquetaient au dehors. Le lendemain, Mithridate harangua la population d'Héraclée, acheta les principaux magistrats et décida la prudente république, qui avait dédaigné son alliance pendant que ses affaires étaient florissantes, à s'envelopper dans sa ruine. Une garnison de 4,000 mercenaires, sous le Gaulois Connacorix, fut laissée dans la place; Mithridate lui-même regagna Sinope, puis Amisos, en naviguant à la cordelle, déposant des troupes dans les principales places de la côte en prévision d'un siège imminent.

Il n'y avait pas, en effet, d'illusion à se faire : avec un adversaire comme Lucullus, on devait s'attendre à voir les légions romaines sur la rive droite du Halys avant la fin de la saison.

---

(1) 80 suivant Orose.

Sans flotte, sans armée, comment faire face à cette invasion? Mithridate, si médiocre pendant la dernière campagne, fut ici admirable d'énergie et de sang-froid. Laissant à ses capitales le soin de se défendre elles-mêmes, il s'occupa d'organiser la résistance nationale dans le cœur de son royaume, de réunir une nouvelle armée à l'abri du triangle stratégique que formaient les forteresses d'Amasie sur l'Iris, de Cabira sur le Lycos et d'Eupatoria au confluent des deux rivières. En même temps, il envoyait demander du secours à son fils Macharès, vice-roi du Bosphore, aux Parthes, à Tigrane, roi d'Arménie. Mais la défaite, comme toujours, fit le vide autour du vaincu. Les propres ambassadeurs de Mithridate le trahirent. Dioclès, envoyé auprès des princes Scythes porteur de sommes considérables, s'enfuit avec son argent chez Lucullus; Métrodore de Scepsis, dépêché auprès de Tigrane, trouva l'imprévoyant despote plein d'hésitation et répondit à son interrogation confidentielle : « Comme ambassadeur, je dois solliciter votre aide; comme ami, je vous déconseille de l'accorder (1). » Malgré les supplications de sa femme, Cléopâtre, fille de Mithridate, Tigrane se borna à une vague promesse de secours et continua à prendre des bicoques en Syrie, pendant que les destins de l'Asie se jouaient sur l'Iris. Macharès ne montra pas plus d'empressement; prêtant l'oreille à des conseils perfides, il n'attendait qu'une occasion pour jeter le masque et faire sa paix séparée avec Rome. Dans le Pont même, si les populations restèrent fidèles, les défections furent nombreuses parmi la noblesse : Dorylaos, comblé des bienfaits de Mithridate, fut surpris en correspondance secrète avec les Romains et mis à mort (2); le grand-père de Strabon livra 15 forteresses à Lucullus; le prince Dandarien Olthac, le prince scythe Sobador, Phénix, parent du roi, trahiront l'un après l'autre.

(1) Plut., *Luc.* 22; Strabon XIII, 1, 55. Il paraît que Mithridate soupçonnait depuis longtemps la perfidie de Métrodore, puisque, d'après Plutarque, on trouva un arrêt de mort à son nom au Château-Neuf. On a supposé non sans vraisemblance qu'il avait déjà figuré parmi les ambassadeurs de Mithridate auprès de Muréna, qui diffamèrent leur maître (Memnon, c. 56). A la seconde ambassade de Métrodore doit se rattacher le texte de Salluste, fr. III, 57 : *nos tu scis, si quis odes iguis cepit neriter, haud facile sunt defensu quin et comburantur proxima*. C'est de là qu'Horace a tiré son vers : *tua res agitur paries cum proximus ardet*.

(2) Strabon XII, 3, 33. Ce fut probablement à la suite de la trahison de Dorylaos que Mithridate fit mourir son cousin Tibios et Théophile, fils de Tibios; ces exécutions servirent de prétexte à la trahison de l'aïeul de Strabon. D'après Plutarque (*Luc.* 17) Dorylaos périt seulement dans la catastrophe de Cabira.

Retournons maintenant en Bithynie, où, sitôt après le départ de la flotte pontique, Nicomédie avait ouvert ses portes. Les généraux romains y tinrent un conseil de guerre. Quelques-uns, alléguant la grande fatigue des troupes qui avaient passé l'hiver précédent dans la boue et la neige, étaient d'avis d'ajourner l'offensive à l'année prochaine; Lucullus se décida pour l'action immédiate. On se partagea les rôles. Cotta entreprit de réduire Héraclée; Triarius, avec la flotte, forte de 70 voiles, devait croiser dans l'Hellespont pour intercepter les escadres pontiques à leur retour d'Espagne et de Crète; Lucullus lui-même, à la tête de ses légions victorieuses, prit le chemin du Pont.

La traversée de la Bithynie et de Galatie dura trois mois et fut extrêmement pénible; le pays était dévasté et l'on serait mort de faim sans 30,000 Galates fournis par Déjotaros, qui accompagnaient l'armée en portant chacun un médimne de farine. Mais une fois le Halys franchi, les Romains entrèrent dans un pays fertile, admirablement cultivé et épargné par la guerre depuis un siècle, sauf les courtes razzias de Muréna. Une abondance fabuleuse de bétail et d'esclaves régna dans le camp romain; c'était le gaspillage succédant à la misère. Le plat pays n'opposa du reste aucune résistance; les bourgades, les châteaux forts ouvraient leurs portes. A la grande indignation du troupier, Lucullus recevait tout le monde à composition (1) et interdisait sévèrement le pillage. Contre l'avis de ses lieutenants, il ne marcha pas directement sur le triangle stratégique où Mithridate rassemblait ses forces; laissant Sinope à gauche et Amasie à droite, il se dirigea vers les magnifiques districts agricoles traversés par le delta de l'Iris et fit de son armée deux divisions qui assiégèrent Amisos et Thémiscyre. Les deux forteresses opposèrent une résistance imprévue; de son quartier général de Cabira, Mithridate y fit passer plusieurs fois des renforts et des vivres. L'automne, puis l'hiver se passèrent sans aucun résultat décisif; pour la seconde fois, les légionnaires romains hivernèrent dans la tranchée (2).

(1) Salluste III, 12 : *cetella, custodias thesaurorum in deditionem acceperunt*.

(2) D'après Phlégon de Tralles, fr. 12 (F. H. G. III, 606), Lucullus aurait passé l'hiver de la 1re année de l'OL 177 (juillet 72-71) devant Cabira, laissant Muréna devant Amisos; mais les récits d'Appien et de Plutarque montrent qu'il ne s'enfonça dans l'intérieur du Pont qu'au début du printemps 71. Au reste il faut peut-être corriger le texte ainsi : Πρῶτον ἐπὶ Καβείροις, ὕπνον ἐπιγίνεσθαι [Μιθριδάτης]. Les renseignements d'Appien sur les nombreux combats singuliers livrés devant Amisos sont peu d'accord avec le frag-

Triarius fut plus heureux que Lucullus : les escadres pontiques qui revenaient de Crète et d'Espagne, fortes encore de 80 voiles, rencontrèrent sa flotte dans les parages de Ténédos. Après un combat acharné, les Royaux furent mis en pleine déroute, presque tous leurs bâtiments pris ou coulés. Ainsi s'acheva la destruction de la magnifique Armada qui dix-huit mois auparavant était entrée, voiles déployées, dans la Propontide (1) (fin 72).

La stratégie de Lucullus avait donné à Mithridate, peut-être avec intention, le temps de rassembler de nouvelles forces. A la fin de l'hiver, le roi se vit de nouveau à la tête d'une belle armée, — 40,000 fantassins et 4,000 chevaux (2), — concentrée dans la vallée du Lycos, autour de Cabira. Taxile et Diophante commandaient en sous-ordre; Phénix, parent du roi, fut placé en avant-garde près d'Eupatoria, à 27 kilomètres environ de Cabira, pour surveiller les défilés de l'Iris. Au début du printemps de 71, Lucullus se mit en marche vers l'intérieur du Pont. Il n'emmenait que trois légions; les deux autres restèrent devant Amisos, sous les ordres du légat L. Muréna, fils de l'ancien adversaire de Mithridate. Eupatoria, qui commandait l'entrée des défilés, capitula sans combat (3); quant à Phénix, chargé d'annoncer par des signaux de feu l'arrivée de l'ennemi, il exécuta fidèlement sa consigne, puis il passa avec armes et bagages dans le camp romain.

Ce début était de mauvais présage; néanmoins Mithridate transporta ses troupes sur la rive gauche du Lycos, et quand l'ennemi, plein de confiance, se déploya dans la plaine de Phanarée, la cavalerie pontique, sous son brillant général Ménandre de Laodicée, vint charger la cavalerie romaine, inférieure en nombre; celle-ci fut complètement défaite et son chef Pomponius, blessé dans le combat, tomba aux mains du vainqueur. Privé de sa cavalerie, « l'œil de l'armée », Lucullus rétrograda dans la direction du mont Parya-

---

ment de Salluste IV, 1 : *Ingens aviditri sine praliis audiebat* (Mithridates). Ceux du même auteur sur les moyens de défense employés par la garnison de Thémiscyre (des bêtes féroces, des ours, des essaims d'abeilles lancés contre les assiégeants ou dans les mines) sentent un peu trop le voisinage du fabuleux pays des Amazones.

(1) Memnon, c. 44. Quoique cette bataille soit racontée par Memnon au livre XVI, après la fuite de Mithridate en Arménie, le contexte indique qu'elle fut livrée avant le premier hiver du siège d'Héraclée (72-1 av. J.-C.).

(2) Chiffres d'Appien. Memnon compte 8,000 chevaux.

(3) La ville fut plus tard rasée par Mithridate en punition de sa trahison (Appien, *Mith.* 115). Cette trahison, dont la date n'est pas indiquée, ne peut se placer qu'ici.

drés; l'armée royale le suivit à la piste et occupa toutes les issues de la plaine. Mais des chasseurs grecs indiquèrent à Lucullus un chemin de traverse qui tournait les positions de Mithridate; il s'y engagea à la nuit tombante, en laissant ses feux allumés, et le lendemain les Royaux l'aperçurent campé sur un éperon qui dominait la plaine du Lycos. Les deux adversaires restèrent pendant plusieurs semaines en présence, sur un terrain difficile, raviné, qui ne se prêtait pas à une bataille rangée. Entre les deux camps s'ouvrait un vallon, traversé par un torrent; les éclaireurs des deux armées y escarmouchaient fréquemment. Un jour, des soldats royaux en poursuivant un cerf tombèrent sur un poste de Romains; des renforts survinrent de part et d'autre, et cet engagement fortuit dégénéra en un combat sanglant. Les Romains eurent d'abord le dessus et rejetèrent les Pontiques vers leur camp; mais Mithridate ramena ses troupes à la charge, refoula vivement l'ennemi et pénétra à son tour jusqu'aux portes du camp romain où Lucullus arrêta à grand'peine les fuyards. L'effet moral de ce succès fut considérable : les Romains se tinrent désormais enfermés dans leurs retranchements et, ne s'y croyant pas assez en sûreté, s'entourèrent d'un fossé large de douze pieds; les messagers de Mithridate parcoururent le royaume en annonçant sa victoire; ses batteurs d'estrade gênaient le ravitaillement de l'ennemi. Symptôme caractéristique, les rats commencèrent à rentrer dans le navire : un transfuge de distinction, Olthac, naguère accueilli avec faveur par Lucullus, repassa dans le camp du roi (1).

La position de Lucullus ressemblait à celle de Mithridate devant Cyzique, avec cette différence, toutefois, que la disette était presque aussi grande dans le camp pontique que dans le camp romain. Autour de Cabira, le pays, tout en forêts et en montagnes, offrait peu de ressources; les plus belles plaines du Pont

(1) L'histoire d'Olthac est racontée par Plutarque, *Luc.* 16; Appien, *Mith.* 79; Frontin II, 5, 30. Plutarque le nomme *Olthacos*, Appien *Olcabas* (ailleurs, *Mith.* 117, il nomme cependant un sceptouque Colque, Olthachès, parmi les prisonniers de Pompée), Frontin *Adathas*. Il passe à Lucullus au début de l'invasion, se signale dans un combat de cavalerie et acquiert la confiance du général romain. Un jour il se présente devant sa tente pour lui parler à l'heure de la sieste; repoussé par le valet de chambre, Ménélème, il saute à cheval, rentre dans le camp de Mithridate et fait sa paix avec lui en lui dénonçant son collègue Sobadoc. Cette histoire parut si suspecte que la plupart des auteurs considèrent Olthac comme un « faux transfuge » qui avait entrepris d'assassiner Lucullus.

avaient été dévastées par l'invasion (1). Restait la Cappadoce ; c'est de là que les Romains étaient désormais forcés de faire venir leurs approvisionnements sous la protection de fortes colonnes d'infanterie. Lorsque Ménandre, général de la cavalerie pontique, s'attaqua au premier convoi de ce genre, le légat Sornatius, qui accompagnait les fourgons avec dix cohortes, repoussa les Royaux en leur infligeant de grosses pertes. Taxile et Diophante résolurent dès lors d'agir avec plus de précaution. Ayant appris que le légat M. Fabius Hadrianus (2) amenait de Cappadoce un second convoi de blé, encore plus considérable que le précédent, ils placèrent en embuscade 2,000 chevaux d'élite et 1,000 hommes d'infanterie près d'un défilé que le convoi devait nécessairement traverser. Malheureusement les généraux chargés de l'opération, Myron et Ménémaque, n'eurent pas la patience d'attendre que le convoi eût débouché dans la plaine : ils le chargèrent dans le défilé même. Les 5,000 fantassins (3) qui l'accompagnaient firent bonne contenance ; l'infanterie pontique, accourue au bruit du combat, se laissa envelopper et tailler en pièces (4).

Quelques rares fugitifs, — deux seulement, dit-on, — se sauvèrent du massacre et vinrent l'annoncer à Mithridate. Le roi fut atterré : ce n'était qu'un échec partiel, mais sa cavalerie, qui faisait la force principale de son armée, était à moitié anéantie ; de plus, il fut impossible de dissimuler aux troupes le désastre, car le lendemain matin le légat Hadrianus défila triomphalement en vue du camp pontique avec ses fourgons chargés de blé et de butin. Le roi décida alors de battre en retraite vers la Petite Arménie avant que Lucullus pût se rendre compte de l'importance de son succès. Le départ fut fixé au lendemain ; l'ordre, tenu secret, communiqué confidentiellement aux officiers supérieurs et aux courtisans intimes, les « amis du roi ». C'était une faute, dont les

---

(1) Salluste III, 34 : *It Lucullum regis cura machinata fames brevi fatigabat.* IV, 20, 15 : *inopia ambos incessit.*

(2) Les auteurs le nomment ici simplement Hadrianus, mais il est clairement identique au légat Fabius nommé un peu plus tard (Appien, *Mith.* 88, 112). Il était probablement le fils de C. Fabius Hadrianus brûlé vif à Utique en 82 av. J.-C. (Ps. Asconius *ad Verr.* I, 27 ; p. 179 Or.).

(3) Chiffre donné par Eutrope VI, 8. Quant à ses 30,000 Pontiques, c'est probablement le chiffre total de l'armée de Mithridate.

(4) Salluste fr. IV, 3 : *simul eos et exactos jam inclinatos lassitate loci plures cohortes atque emnes, ut in secunda re, pariter acre incadunt.*

conséquences furent irréparables. Les gros personnages de l'état-major avaient l'habitude d'emporter en campagne tout un attirail de luxe, services de table, étoffes, vaisselles précieuses, qui leur tenait au cœur au moins autant que le salut de l'armée; ils voulurent profiter de la dernière nuit pour charger et évacuer ces coûteux bagages. Voitures et valets se pressèrent vers les portes, chacun cherchant à passer le premier. Cette cohue, ce tapage éveillent les soldats; ils sortent de leurs tentes, accourent au bruit. « Les grands chefs nous quittent, nous sommes trahis », telle est la nouvelle qui circule bientôt. En un clin d'œil le camp est debout, le mot de catastrophe sur toutes les lèvres. Vainement les officiers cherchent à rassurer les esprits; la soldatesque affolée se rue sur les équipages d'état-major, massacre les conducteurs, renverse et pille les fourgons; le sacrificateur Hermaios périt foulé aux pieds dans la bagarre. Le roi, tardivement averti, s'élance de sa tente et tâche d'arrêter la panique; mais il est lui-même entraîné par le torrent; il aurait péri si l'eunuque Ptolémée, l'apercevant dans la foule, ne lui avait donné son cheval. Alors, il gagne la route du sud et s'enfuit vers Comana avec 2,000 chevaux et son trésor de guerre, laissant l'armée à son destin (1).

Au point du jour, Lucullus, informé du mouvement extraordinaire qui se voyait dans le camp asiatique, mena ses troupes à l'assaut; aucune résistance ne fut opposée : le camp fut pris sans coup férir (2). On avait donné l'ordre de ne commencer le pillage qu'après l'extermination de l'ennemi; mais devant les fourgons éventrés qui obstruaient les avenues, devant les trésors qui jonchaient le sol, les vieux Fimbriens retrouvèrent leurs appétits d'autrefois; ils laissèrent se disperser les débris de l'armée vaincue et se ruèrent sur le butin. La cavalerie, sous M. Pompéius, chargée

---

(1) J'ai suivi dans le texte les récits concordants d'Appien et de Plutarque; d'après Memnon, ce n'est pas Mithridate, mais Taxile et Diophante, qui auraient été les auteurs du désastre : eux seuls commandaient au camp. Mithridate étant demeuré au quartier général de Cabira, et c'est leur départ précipité qui amena la panique et la dissolution de l'armée. Mithridate, averti par ses lieutenants, s'enfuit alors secrètement de Cabira. Cette dernière version, précisément parce qu'elle est moins dramatique, pourrait être plus proche de la vérité; des détails notoirement faux (comme la mort de Dorylaos) rendent très suspect le récit de Plutarque, où l'on sent peut-être la main du poète Archias. Voir mon livre *De Archia poeta*, p. 53.

(2) Salluste IV, 4 : *in castra sine caedere introitum*. L'ép. 97 de Tite-Live parle, au contraire, de 60,000 ennemis tués !

de poursuivre Mithridate, ne fit pas mieux son devoir : quand les chevau-légers Galates aperçurent en travers de la route un des mulets du roi, abattu avec sa charge d'or, ils lâchèrent la proie pour l'ombre, mirent pied à terre et se disputèrent cette trouvaille à coups d'épée; pendant ce temps le fugitif leur échappait et gagnait Comana, puis la frontière arménienne (1). Le légat M. Pompéius continua la poursuite jusqu'à Talaura; là, apprenant que le roi avait quatre jours d'avance, il rebroussa chemin. Au lieu de Mithridate, on ne prit que son secrétaire Callistrate, qui fut d'ailleurs massacré, pour 500 statères qu'il portait dans sa ceinture.

Avant de quitter Comana et de se confier à la générosité douteuse de son gendre, Mithridate songea à son harem. Il l'avait expédié au début de la campagne dans la forteresse de Pharnacie, sur la côte du Paryadrès; maintenant le précieux dépôt n'était plus en sûreté. L'orgueil du sultan frémit à l'idée de voir tomber vivantes entre les mains du conquérant étranger ses femmes et ses sœurs, tout son sang et tout son amour. L'eunuque Bacchidès fut chargé d'empêcher ce déshonneur suprême. Le sinistre messager arriva à Pharnacie, porteur de l'ordre de mort qui ne laissait aux victimes que le choix du supplice. Des trois sœurs survivantes de Mithridate, l'une, Nysa, était en prison à Cabira; les deux autres, Roxane et Statira, se trouvaient à Pharnacie; elles reçurent l'arrêt fatal, Roxane en maudissant son frère, Statira en le remerciant. Bérénice de Chios, une de ses concubines, partagea une coupe empoisonnée avec sa mère; la vieille femme expira sur-le-champ, mais la fille se tordait encore dans les spasmes de l'agonie quand Bacchidès, pour en finir, l'étouffa. La plus touchante victime de cette catastrophe fut une autre Grecque, Monime de Stratonicée, si célèbre par sa beauté et la résistance qui lui avait valu une couronne. Cette fleur d'Ionie s'étiolait dans la prison dorée du sérail; elle accepta la mort comme une délivrance; mais quand elle voulut se pendre à son bandeau, la frêle

---

(1) De là la célèbre comparaison de Mithridate avec Médée, semant sur sa route les membres de son frère, Cicéron. Pro lege Manil. IX, 22. Nul doute qu'il ne faille également rapporter ici Polyen VII, 29, 2, quoiqu'il y soit question d'une « ville de Paphlagonie ». On remarquera que les deux épisodes caractéristiques de ce récit (le cheval prêté par l'eunuque et l'or semé sur la route) se retrouvent chez les chroniqueurs du X⁰ siècle au sujet du célèbre émir Hamdanide Seïf Eddauléh (cp. SCHLUMBERGER, Nicéphore Phocas, p. 143).

gaze de Tarente se rompit, dit-on, sous l'effort. « Haillon maudit, s'écria-t-elle, ne me rendras-tu même pas ce service? » Et elle tendit la gorge au couteau de l'eunuque impassible (été 71 av. J.-C.) (1).

(1) Élien, fr. 11, n'a fait que copier Plutarque. La saison de la bataille de Cabira résulte de ce que Phlégon place encore tous ces événements dans la 1ʳᵉ année de l'Olympiade (juillet 72-71).

CHAPITRE III.

MITHRIDATE CHEZ TIGRANE (1)

Le prince à qui Mithridate, vaincu et fugitif, venait demander asile et appui, était alors le roi le plus puissant de l'Asie antérieure. Son empire s'étendait des rives du Cyrus à celles du Jourdain, des monts de la Médie au pied du Taurus cilicien. Rien de moins homogène, d'ailleurs, que cet édifice construit en vingt-cinq ans, assemblage informe de pièces arrachées à tous les États voisins et mal cimentées ensemble : au centre, l'Arménie propre, subdivisée en nombreuses *stratégies* (2); au sud, les dépouilles des Séleucides, Syrie et Cilicie, formant une satrapie ou vice-royauté avec Antioche pour chef-lieu; le long de la frontière parthe, un cordon de petits royaumes qui conservaient leurs rois ou émirs nationaux, mais réduits à un étroit vasselage, Osroène, Gordyène, Adiabène; à l'est et au nord, d'autres vassaux, sous le nom d'alliés, astreints seulement à fournir leurs contingents militaires au suzerain qui, dans son orgueil, s'intitulait désormais « roi des rois ».

Cet empire s'appuyait sur une armée aussi disparate que lui-même. Le ban et l'arrière-ban des barons ou *mégistans* (3) arméniens en formaient le noyau; parmi eux se recrutaient ces lourds cavaliers, les *cataphractes*, tout bardés d'écailles de fer, eux et leurs montures (4). Les Albans du Caucase fournissaient également des cuirassiers de ce genre; les Ibères, leurs voisins, des

---

(1) Sources principales : Plutarque, *Lucullus*, c. 19-35; Appien, *Mith.* 83-91; Memnon, c. 45-60 (seulement jusqu'à l'ambassade de Lucullus auprès de Phraate, 68 av. J.-C.); Dion Cassius, XXXVI, 3-19 (à partir de la même ambassade).
(2) Il y en avait 120 au temps de Pline (*Hist. nat.* VI, 27).
(3) *Megistanes* en Arménie : Tacite, *Ann.* XV, 27; Frontin II, 9, 5 etc.
(4) *Equites cataphracti ferrea omni specie... equis paria operimenta erant, quæ linteis ferreis laminis, in modum plumae, annectebant.* Salluste fr. IV, 17-18, Kritz.

lanciers à cheval. Le roi de la Médie Atropatène, gendre de Tigrane, pouvait lever 10,000 fantassins et 10,000 cavaliers (1). Puis venaient les Mardes, archers à cheval, les Bédouins, fougueux cavaliers du désert, les Gordyéniens (Kurdes), ingénieurs et pionniers, les mercenaires hellènes, bien d'autres troupes encore, dont le total, dit-on, s'élevait à 500,000 hommes! Pour entretenir cette nombreuse armée, il fallait au despote un trésor bien rempli : comme Mithridate, Tigrane avait des *gazophylacies* richement pourvues, Olané et Babyrsa aux environs d'Artaxata, Artagères près de l'Euphrate (2).

L'empire de Tigrane, comme celui de son voisin, était un mélange confus de provinces purement orientales et de provinces en train de s'helléniser. L'hellénisme n'avait la prépondérance que dans les parties nouvellement annexées, Cilicie, Syrie, Mygdonie (Mésopotamie du nord), plus qu'à moitié grécisées pendant la longue domination des Séleucides. Partout ailleurs, l'Orient ne s'était pas laissé entamer, les traditions perses n'avaient rien perdu de leur vivacité. En Arménie, la noblesse, qui comptait seule dans l'État, ne vivait que pour la chasse, la guerre et les longs festins. La cour déployait tout le faste éclatant et vide qui impose aux peuples enfants. Le roi, entouré d'une vénération superstitieuse, — il avait pris le surnom de « Dieu », — ne se montrait jamais en public que dans le plus somptueux appareil, vêtu d'une tunique rayée blanc et rouge (3), drapé dans les longs plis d'une robe de pourpre, la tête coiffée d'un haut caftan étoilé. Quand il donnait audience, quatre rois vassaux se tenaient debout, les mains jointes, sur les marches de son trône; quand il montait à cheval, ils couraient à pied, en simple tunique, devant lui (1). Comme ses barons, le prince partageait sa journée entre la chasse, l'administration de la justice et les plaisirs d'un harem trop nombreux qui préparait à sa vieillesse d'étranges surprises.

Déjà, pourtant, l'influence des idées de l'Occident commençait à pénétrer cette cour barbare : la reine Cléopâtre, fille de Mithridate, éprise, comme son père, de la civilisation hellénique, attirait en Arménie des artistes, des hommes de lettres grecs. Le

(1) Apollonides chez Strabon XI, 13, 2.
(2) Strabon XI, 14, 6.
(3) Dion Cassius XXXVI, 52.
(4) Plutarque, *Luc.* 21.

rhéteur Amphicrate, banni d'Athènes, qui avait refusé avec dédain l'invitation de Séleucie du Tigre (1), accepta celle de Tigrane. Métrodore de Scepsis, naguère ministre de Mithridate, vivait maintenant à la cour du roi d'Arménie dont il écrivit même l'histoire (2). Comme la cour de Ctésiphon, celle de Tigrane prenait goût au théâtre grec : quand Lucullus prit Tigranocerte, il y trouva une compagnie d'acteurs venue pour inaugurer une scène magnifique (3). Les jeunes princes arméniens furent élevés à la grecque; l'un d'eux, le futur roi Artavasde, devint même un écrivain distingué (4). Si l'empire arménien avait duré, il n'est guère douteux qu'il ne se fût hellénisé rapidement, comme le Pont, comme la Cappadoce; l'élément grec, si puissant en Syrie et en Mésopotamie, aurait opéré comme un ferment énergique, converti à son image le reste de la substance : les Grecs le sentaient; ils acceptaient avec résignation le despotisme brutal et hautain de Tigrane comme une transition nécessaire, qui préparait une nouvelle conquête de leur civilisation.

La fondation de Tigranocerte (5) n'était pas faite pour démentir leurs espérances. Sans doute l'orgueil du despote oriental ne fut pas étranger à cette création *ex nihilo* : au nouveau Salmanasar, il fallait une nouvelle Ninive; mais le choix de l'emplacement révéla des vues politiques et civilisatrices. L'ancienne capitale, Artaxata, était désormais dans une situation trop excentrique; à Antioche, Tigrane, aurait chaussé les souliers des Séleucides

---

(1) Plutarque, *Luc.* 22. Il devint suspect de trahison et se laissa mourir de faim, mais Cléopâtre lui bâtit un tombeau magnifique près de Safa. C'est peut-être l'Amphicrate dont le nom figure sur certains tétradrachmes d'Athènes.
(2) Strabon XIII, 1, 55; Scol. Apoll. Rhod. IV, 133 (F. H. G. III, 204 *b*, n° 1).
(3) Plutarque, *Luc.* 29.
(4) Plutarque, *Crass.* 33.
(5) Sur l'emplacement de Tigranocerte (que les anciens géographes marquaient au N. du Tigre, à Diarbekr, Meyafarkin ou Saird), voir Kiepert, *Monats. der Berl. Akad.* 1873, p. 164 suiv.; Mommsen et Kiepert, *Hermes*, IX, 1874, p. 164 suiv., et surtout E. Sachau, *Abh. der Berl. Akad., Phil. hist. Klasse*, 1880, n° II avec 2 cartes. Sachau a cru retrouver Tigranocerte au lieu appelé aujourd'hui *Tell Ermen* (la colline de l'Arménien) immédiatement au S. O. de Mardin, mais cet emplacement ne concorde guère avec la distance de Nisibis indiquée par Tacite (*Ann.* XV, 4), avec Pline VI, 26 : *in excelso Tigranocerta*, enfin avec Eutrope VI, 9, qui place Tigranocerte dans la province d'Arzanène. Je préférerais donc un emplacement tel que Mitiyad, au N. N. E. de Nisibis. Le passage principal de Strabon XI, 14, 15 est corrompu, mais il nous apprend ailleurs XVI, 1, 23 que la ville était située en Mygdonie, par conséquent au S. du Tigre. Tous les arguments tirés du récit de la bataille de Tigranocerte me paraissent dénués de valeur puisqu'il n'est pas prouvé que cette bataille se soit réellement livrée devant la ville.

et risqué de perdre le contact matériel et moral avec ses provinces héréditaires, d'où il tirait toute sa force. Il choisit un juste milieu; il fixa sa résidence presque au centre de son empire agrandi, à trente sept milles de Nisibis, à l'endroit même où, vingt ans auparavant, il avait ceint le diadème de ses ancêtres. Le site était avantageux à tous égards : au nord, le mont Masios, prolongement du Taurus, vaste plateau calcaire dont les mamelons semblent les vagues houleuses d'une mer pétrifiée; au sud, les plaines immenses et monotones de la Mésopotamie; entre les deux, à la lisière de la montagne et du désert, une région fertile, arrosée par des affluents du Tigre et des sous-affluents de l'Euphrate, traversée par la grande route des caravanes qui, par Zeugma, Édesse, Nisibis, Arbèles, reliait la Syrie et la Médie. La nouvelle capitale, la « cité de Tigrane » sortit de terre comme par magie. Les premières familles du royaume furent obligées, sous peine de confiscation, d'y transporter leur domicile; trois cent mille habitants, — Assyriens, Adiabéniens, Gordyéniens, et autres, — y furent transplantés de force. Ce fut, pour peupler sa ville, que Tigrane, vers l'an 77, envahit la Cilicie et la Cappadoce, dépeupla douze villes grecques florissantes, entre autres Soli et Mazaca (1). Tigranocerte fut vraiment une résurrection des énormes cités assyriennes et babyloniennes d'autrefois, avec ses murailles en brique de 50 coudées de haut, assez épaisses pour loger des écuries, avec sa citadelle inexpugnable, son magnifique palais bâti hors des murs, et, tout autour, des parcs, des chasses, des viviers : création étonnante, mais éphémère, du génie oriental, symbole vivant de cette monarchie arménienne, née d'un jeu du hasard et qui devait s'écrouler au premier souffle du malheur.

Car, malgré ses succès éblouissants, dus à un concours fortuit de circonstances, Tigrane était, au fond, un pauvre homme. On pouvait admirer l'ambition et l'activité de ce vieillard qui, à soixante-dix ans, n'avait rien perdu de sa verdeur; mais si le corps était vigoureux, l'esprit était médiocre, étroit et imprévoyant. Le caractère ne valait pas mieux que l'esprit. Cruel et voluptueux, égoïste avec cynisme, inconstant dans ses affections comme dans ses haines, Tigrane, par un juste retour, ne savait s'attacher personne, ni ses alliés, ni ses sujets, ni ses

---

(1) Strabon XI, 11, 15; Plut., *Luc.* 21.

propres enfants. Son amour du faste, l'immensité de son orgueil choquaient même chez un Oriental; mais la superbe n'est pas toujours la fierté, et une piqûre d'amour-propre trouvait ce despote plus sensible que les injonctions pressantes de l'intérêt ou du devoir. Dans la prospérité, il ne souffrait autour de lui ni franchise dans les paroles, ni liberté dans les actes; aux jours d'épreuve et de revers, il s'affaissait en un clin d'œil, tombait si vite et si bas que ses ennemis mêmes rougissaient de son avilissement. Vingt-cinq ans de règne et de succès sans mélange l'avaient grisé et faisaient illusion au monde : ses voisins croyaient à sa puissance, ses courtisans à son génie, lui-même à son étoile; mais la fortune n'avait élevé si haut cette âme vulgaire que pour la précipiter d'une chute plus profonde et pour étonner le monde du spectacle de sa petitesse.

Mithridate, en frappant à la porte de Tigrane, invoquait les liens de famille, les lois de l'hospitalité et du malheur, les anciens traités qui unissaient les deux princes, l'intérêt même de l'Arménie, dont l'indépendance ne tarderait pas à être menacée le jour où les aigles romaines seraient définitivement installées sur l'Euphrate. En fait, depuis vingt-cinq ans, Tigrane n'avait pas cessé d'être dans un état d'hostilité plus ou moins déguisé avec les Romains. Ses invasions répétées en Cappadoce, l'annexion récente de la Syrie et de la Cilicie plane, étaient autant d'affronts directs à la suzeraineté romaine; tôt ou tard, il devait être appelé à rendre ses comptes; ne valait-il pas mieux prendre les devants, profiter, pour imposer ses conditions à Rome, de ce que le Pont n'était pas encore complétement abattu? Ce raisonnement était vrai en 73 et en 72; même en 71, il conservait quelque valeur, car si Mithridate n'avait plus d'armée ni de royaume, aucune de ses grandes forteresses n'avait encore capitulé et elles immobilisaient encore une partie des forces romaines. Mais l'égoïsme borné et imprévoyant de Tigrane, encouragé par des conseils perfides, fut aussi sourd aux instances de Mithridate qu'il l'avait été, l'année précédente, à celles de Cléopâtre. C'est le propre des âmes basses de chercher querelle aux malheureux pour n'avoir pas à les secourir; Tigrane feignit d'avoir des griefs contre son beau-père, refusa de l'admettre en sa présence; toutefois, comme il ne pouvait pas décemment lui refuser l'hospitalité, il lui assigna une garde d'honneur et, pour résidence, un château fort, situé au fond de l'Arménie dans un canton marécageux. Prisonnier de son hôte, confiné dans une inaction forcée, Mithridate resta vingt mois dans ce séjour malsain (1) (de l'automne 71 au printemps 69 av. J.-C.), rongeant son frein, apprenant avec désespoir la chute successive de toutes ses vaillantes capitales, que soutenait jusqu'au bout l'espérance de son retour.

La résistance obstinée des villes du Pont est un fait historique aussi mémorable que stérile. Les Romains l'ont attribuée exclusivement aux garnisons royales : les populations grecques auraient été terrorisées par les mercenaires ciliciens, les condottières et les eunuques de Mithridate. C'est la même explication que les écrivains philhellènes de l'époque impériale donnaient de la résistance d'Athènes contre Sylla; elle a sans doute la même valeur. La vérité est que les Hellènes du Pont, sans être autrement attachés à Mithridate, éprouvaient une répugnance invincible pour la conquête romaine, qui leur promettait le sort peu enviable de leurs frères d'Asie et de Bithynie; ce sentiment suffit à expliquer leur attitude, comme l'intérêt personnel et les promesses libérales de Lucullus expliquent les défections multipliées dans les rangs de la noblesse pontique. Quelques gazophylacies seulement furent emportées de vive force (2); un plus grand nombre furent livrées, à deniers comptants, par leurs gouverneurs : l'aïeul maternel de Strabon en livra quinze pour sa part (3)! Avant la fin de la campagne, les généraux qui commandaient la garnison de Cabira, assiégée par Lucullus avec toutes ses forces, avaient capitulé; les Chalybes, les Tibarènes, les gens de la Petite Arménie fait leur soumission; Pharnacie, Trébizonde furent, ce semble, occupées sans combat. Partout Lucullus s'empara de trésors considérables (4); à Cabira et ailleurs, les prisonniers d'État, serviteurs ou parents de Mithridate, Grecs en disgrâce, virent s'ouvrir les portes de leurs cachots.

Lucullus ne s'attarda pas au siège des petites citadelles, en

---

(1) Memnon, c. 55.
(2) Voir l'anecdote fameuse du soldat de Lucullus, Horace, *Ep.* II, 2, 26 suiv : *Praesidium regale loco dejicit, ut aiunt, Summae munito et multarum divite rerum*. La preuve que Lucullus ne s'attarda pas au siège des gazophylacies, c'est que les plus importantes ne se rendirent qu'à Pompée.
(3) Strabon XII, 3, 33.
(4) Salluste fr. IV, 6 : *Ibi it Lucullus thesauros, custodias regis*.

particulier des 75 gazophylacies micro-arméniennes; il porta tout son effort contre les grandes villes helléniques du Pont. Amisos, Amasie, Sinope (1). Amisos succomba dès l'an 71. Pendant la campagne de Cabira, la ville, admirablement défendue par l'ingénieur Callimaque, avait défié toutes les attaques du légat Muréna. Quand Lucullus parut à son tour devant la place, la garnison refusa d'entendre ses propositions. Le général romain concentra alors ses troupes autour du faubourg d'Eupatoria, qui avait une enceinte séparée, et fit semblant de pousser mollement les travaux de siège. Alors la garnison se relâcha de sa vigilance, et un brusque assaut rendit Lucullus maître de la ville neuve, qui fut aussitôt rasée de fond en comble. La chute du faubourg, en facilitant l'investissement complet de la vieille ville, décida sa perte. Un soir, à l'heure où sonnait la retraite, les assiégeants dressèrent les échelles et s'emparèrent d'un secteur de l'enceinte. La garnison eut le temps de s'embarquer, après avoir mis le feu derrière elle; les Romains pénétrèrent par la brèche et tuèrent tout sur leur passage. Lucullus réussit à arrêter le massacre, mais dans la confusion d'une bataille nocturne, il lui fut impossible d'empêcher le pillage et l'incendie; les soldats exaspérés faillirent même lui faire un mauvais parti. Les maraudeurs, après avoir saccagé les maisons, y laissaient les torches qui avaient éclairé leur sinistre besogne, sans prendre la peine de les éteindre. Bientôt des tourbillons de flamme jaillirent de toutes parts, et quand l'aube parut, l'Athènes du Pont, sauf quelques rues préservées par une averse, n'était plus qu'un monceau de ruines fumantes. Tout ce que put faire le philhellénisme de Lucullus fut de rendre aux survivants la liberté : encore Muréna prétendit-il traiter comme son affranchi le célèbre grammairien Tyrannion, qui était tombé entre ses mains. Lucullus présida lui-même aux premiers travaux de reconstruction de la ville,

(1) Memnon raconte la prise des forteresses pontiques dans l'ordre suivant : Amisos (c. 45, fin du livre XV); Héraclée (c. 52); Sinope et Amasie (54). Plutarque suit le même ordre : Amisos (*Luc.* 19); quartiers d'hiver en Asie (20-23); Sinope (23). (Il ne mentionne pas Héraclée, qui ne fut pas prise par Lucullus.) Appien suit un ordre tout différent : Amastris et Héraclée (*Mith.* 82), Sinope, puis Amisos (83). Eutrope est encore plus absurde : il place la prise de Sinope et d'Amisos avant la bataille de Cabira (VI, 8, 2). Cette erreur doit provenir de Tite-Live. Les dernières grandes villes, tout au moins Amasie, ne doivent avoir succombé qu'après septembre 70, car nous avons des monnaies de Mithridate datées de cette année (*Trois royaumes*, p. 200).

lui attribua un territoire de 120 stades, s'efforça d'y attirer des colons; les réfugiés athéniens qui étaient restés à Amisos depuis la tyrannie d'Aristion furent rapatriés avec un viatique (automne 71 av. J.-C.) (1).

Le siège d'Héraclée dura près de deux ans. Dès l'été de 72, Cotta, à qui, l'on s'en souvient, la tâche de conquérir cette ville avait été attribuée par le conseil de guerre de Nicomédie, s'était emparé de Prusias-sur-Hypios; de là, il descendit vers la côte et dirigea une première attaque contre Héraclée. Mais les milices bithyniennes, que le proconsul exposait à dessein en ménageant ses troupes, furent battues par les 4,000 Ciliciens de la garnison, sous leur brave commandant, le Gaulois Connacorix. Les machines de siège ne réussirent pas mieux que les assauts; béliers et tortues vinrent se briser contre les formidables tours de l'enceinte d'Héraclée. Furieux, Cotta brûla ses engins, coupa la tête à ses constructeurs et transforma le siège en blocus. Quelques détachements seulement campèrent au pied des murs; le gros de l'armée prit ses cantonnements dans la fertile plaine du Lycos et ravagea les environs. Les assiégés, bientôt à court de vivres, envoyèrent des ambassades pressantes à leurs colons de Chersonèse, aux Scythes de la Crimée, aux Méotiens, aux gens de Théodosie; ils en reçurent quelques vivres; mais si le Dorien frugal se contentait du strict nécessaire, les mercenaires trouvaient la pitance maigre et tombaient à coups de bâton sur les bourgeois pour leur extorquer les provisions qu'ils avaient mises en réserve.

L'année suivante, la flotte de Triarius, devenue disponible par la victoire de Ténédos, vint coopérer avec l'armée de siège. Elle était forte de 43 galères, dont 20 rhodiennes. Les Héracléotes marchèrent bravement à sa rencontre avec 30 vaisseaux; mais leurs bâtiments étaient insuffisamment montés, mal équipés; les Grecs furent battus sur mer, le jour même où, sur terre, ils repoussaient un nouvel assaut de Cotta. Affaiblis par la perte de 14 navires, ils ramenèrent les débris de leur escadre dans le petit port; le grand fut occupé par les vainqueurs, et la ville se vit désormais bloquée de tous côtés. Le second hiver fut terrible : le blé

---

(1) Memnon, c. 45; Plut., *Luc.* 19; Appien, *Mith.* 83. Cp. Sallu-te, fr. IV, 2 : *quia praedatores, facibus sibi praelucentes, nudatos in tutis sine cura reliquerunt.* L'incendie allumé par Callimaque n'est mentionné que par Plutarque.

valut jusqu'à 80 drachmes le chénice, la peste naquit de la disette et exerça d'affreux ravages parmi la garnison, qui perdit mille hommes, le tiers de son effectif. Le stratège Lamachos, qui avait naguère livré la ville à Mithridate, mourut dans des souffrances atroces. Son successeur, Damophélès, s'entendit avec Connacorix pour ouvrir des négociations en vue de la capitulation. Ils ne s'adressèrent pas à Cotta, qui s'était rendu odieux et suspect à tout le monde, mais à Triarius, dont la réputation était intacte. On fut vite d'accord; les généraux convinrent de livrer la ville aux Romains, et ceux-ci consentirent à les laisser partir sains et saufs avec leur flotte et tout ce qu'ils pourraient y charger. Malgré le mystère dont on s'était entouré, le secret transpira. Les bourgeois, craignant avec raison d'être sacrifiés, coururent à l'agora; l'un d'eux, Brithagoras, après avoir tracé un tableau émouvant des souffrances de la ville, invita Connacorix à engager des négociations officielles avec Triarius. Le Gaulois s'y refusa énergiquement et exhiba des lettres annonçant que Tigrane avait reçu Mithridate à bras ouverts, qu'une armée de secours était en marche etc. Il fit si bien que les bourgeois crurent à la pureté de ses intentions et se dispersèrent; mais la nuit venue, la garnison s'embarqua avec armes et bagages, et alla s'emparer de Tios et d'Amastris pour donner à sa désertion l'apparence d'une retraite. Pendant ce temps, Damophélès ouvre les portes aux troupes de Triarius qui se répandent dans la ville et tuent tout ce qu'elles rencontrent. Les habitants se réfugient dans les temples; on les égorge au pied des autels. Quelques-uns sautent le mur et gagnent les champs, d'autres se traînent jusqu'au camp de Cotta. Le proconsul, en apprenant ce qui se passait, entra dans une violente fureur; il ramassa ses troupes et courut à Héraclée pour réclamer sa part des dépouilles. Les deux armées romaines faillirent en venir aux mains; cependant l'attitude conciliante de Triarius empêcha un conflit et il fut convenu qu'on partagerait le butin. Triarius alla reprendre Tios et Amastris; Cotta livra Héraclée à une dévastation sauvage. Les temples furent dépeuplés de leurs images, le célèbre *Hercule à la pyramide*, avec sa massue et son carquois d'or massif, fut enlevé de l'agora. Quand les galères furent bourrées à éclater, Cotta mit le feu aux quatre coins de la ville et s'embarqua pour l'Italie avec ses prisonniers et son butin, dont une partie fut engloutie par la tempête. Quant à son armée, il la licencia, renvoyant les alliés chez eux et les soldats romains à Lucullus (printemps 70) (1).

Amasie et Sinope, l'ancienne et la nouvelle capitale du Pont, ne furent prises également qu'en 70. L'armée de Lucullus, qui avait passé les deux hivers de 72 et de 71 dans la tranchée, avait besoin de repos. Lucullus, après la prise d'Amisos, la distribua dans ses quartiers d'hiver et retourna lui-même passer la mauvaise saison (71-70) dans la province d'Asie, qu'il avait annexée à son gouvernement. Pendant son séjour, il réussit à calmer, par quelques sages règlements financiers, l'effervescence dangereuse qu'entretenait toujours dans cette malheureuse province le fardeau écrasant de ses charges financières. Le paiement intégral de l'indemnité de guerre imposée par Sylla fut assuré par l'établissement d'une taxe sur les maisons et sur les esclaves et d'un impôt général de 25 pour 100 sur le revenu (2). Quant aux dettes privées, l'intérêt légal en fut fixé à 12 pour 100; il fut défendu de réclamer les intérêts arriérés au delà d'un chiffre égal au principal, enfin les créanciers hypothécaires non payés furent autorisés à percevoir le quart des revenus de leurs débiteurs à charge de les imputer sur la dette (3). Ces mesures, dont plusieurs restèrent définitivement en vigueur (4), attirèrent à Lucullus l'inimitié irréconciliable des manieurs d'argent d'Éphèse et de Rome, et préparèrent de loin sa disgrâce; en revanche, elles lui valurent les bénédictions des provinciaux. L'hiver 71-70 se passa pour lui à Éphèse au milieu des combats de gladiateurs, des fêtes instituées en son honneur (les *Lucullia*) et du bruit caressant des acclamations populaires.

Pendant ce même hiver, les nuages commençaient à s'amonceler autour de Tigrane, sans que l'infatuation de son orgueil comprît les signes précurseurs de la tempête. Dès le lendemain de la prise de Cabira, Lucullus avait chargé son beau-frère, Appius Claudius, qui l'avait accompagné en Asie (5), d'aller

---

(1) Siège d'Héraclée : Memnon, c. 47-52 (seul récit). Sur la querelle de Cotta avec son questeur Oppius : Dion XXXVI, 40; Salluste, fr. III, 39-40 (cp. les fragments du plaidoyer de Cicéron pour Oppius, conservés par Quintilien, Cicéron d'Orelli, IV, 931). Sur le procès de Cotta, accusé de péculat par Carbon : Dion, *loc. cit.*
(2) Appien, *Mith.* 83.
(3) Plutarque, *Luc.* 20. On voit aussi que l'anatocisme entraînait la perte de la créance.
(4) Cicéron, *Acad. prior.* I, 1, 3.
(5) Sur ce personnage et ses frères et sœurs, voir LACOUR GAYET, *D. P. Clodio Pulchro.*

réclamer de Tigrane l'extradition de Mithridate. Quelque importance que Rome pût attacher à la capture de son grand ennemi, il fallait surtout voir dans cette démarche le commencement du règlement de comptes entre Rome et Tigrane. La république ne pouvait pas, sans déchoir, permettre aux Arméniens de prendre pied définitivement aux bords de la Méditerranée. La Cilicie plane et la Commagène aux mains de Tigrane rendaient illusoire l'indépendance de la Cappadoce, menaçaient l'empire de Rome dans l'Asie Mineure; la conquête, presque achevée, de la Syrie et de la Phénicie inquiétait à juste titre les Juifs, clients de Rome (1), et l'Égypte, son alliée. Déjà même les derniers Séleucides, chassés de Syrie, étaient venus en Italie, chargés de trésors, pour mendier le secours du Sénat. Leurs prétentions faisaient un singulier contraste avec leur impuissance : ils réclamaient non seulement le trône de Syrie, mais encore celui d'Égypte, du chef de leur mère Séléné (2)! Après l'insuccès de cette démarche, Antiochus l'*Asiatique* retourna en Asie; ses instances et ses promesses ne furent sans doute point étrangères à l'attitude ferme, presque provocante, que Lucullus adopta vis-à-vis de Tigrane. Le général romain, présent sur les lieux, se rendait mieux compte de la situation que les politiques timorés qui la voyaient de Rome; résolu de brusquer le dénouement, il n'offrit à Tigrane le choix qu'entre une soumission humiliante, qui équivaudrait à l'annihilation politique de l'Arménie, et la révolte ouverte, qui justifierait une intervention militaire. L'amour de la gloire et d'autres convoitises ne furent peut-être pas étrangères à cette conduite, mais il fallait toute l'injustice des adversaires politiques de Lucullus pour l'attribuer tout entière à de pareils mobiles.

L'ambassadeur romain, égaré par ses guides, courut à la recherche de Tigrane à travers toute l'Arménie; lorsqu'après un énorme circuit il eut atteint l'Euphrate, puis Antioche, il apprit que Tigrane était au fond de la Phénicie, occupé à conquérir les dernières places qui tenaient encore pour les Séleucides. Ptolémaïs, défendue

Paris, 1888, p. 4 suiv. Appius était le fils aîné du consul de l'an 79 av. J.-C. Lucullus avait épousé sa sœur cadette (Plut., *Cic.* 29) et la répudia à son retour d'Asie (Plut., *Luc.* 38).

(1) Sur leur ambassade auprès de Tigrane, cf. Josèphe, *Ant. jud.* XIII, 16,1 (*Bell. jud.* I, 5, 3).

(2) Cicéron, *Verr. act.*, IV, 27, 61.

par la reine Séléné, le dernier homme de la dynastie, arrêta Tigrane pendant tout l'hiver; Claudius mit à profit ce délai pour travailler sourdement les villes syriennes et les vassaux barbares de Tigrane. L'émir de Gordyène, Zarbiénos, et quelques autres tétrarques se laissèrent gagner, promirent leur défection. Au milieu de ces intrigues, où le droit des gens, on le voit, n'était guère respecté, Tigrane retourna à Antioche. Ptolémaïs avait capitulé, Séléné était tombée aux mains du vainqueur; l'Arménien exaltait. On devine l'impression que dut produire sur ce despote, grisé par le succès, le message de Lucullus, réclamant Mithridate « dû à son triomphe ». Pour comble d'audace, le général romain avait jugé à propos d'adresser sa lettre « au roi Tigrane », au lieu du titre « Roi des Rois », que l'Arménien prenait officiellement sur ses médailles. Méconnaître les lois de l'hospitalité, c'était beaucoup; violer celles de l'étiquette, c'était trop. Tigrane affecta de recevoir en souriant l'insolente épitre, soulignée par l'attitude rogue du messager; mais dans sa réponse, il déclara que, sans vouloir d'ailleurs prendre fait et cause pour son beau-père, il se croyait obligé d'honneur à ne pas le livrer. Afin de payer Lucullus de sa monnaie, il omit, dans l'adresse, de lui donner le titre d'*Imperator* (hiver 71/70 av. J.-C.) (1).

Ces coups de plume annonçaient les coups d'épée, mais telle était la sottise de Tigrane qu'il mit encore toute une année à comprendre que sa réponse à Lucullus équivalait à une déclaration de guerre. Il employa ou perdit ce temps à préparer l'inauguration de sa nouvelle capitale et à châtier les vassaux dont il avait découvert les intelligences criminelles avec Appius Claudius. L'émir de Gordyène fut mis à mort avec toute sa famille; ses redoutables forteresses du Tigre, Saréïsa, Satala, Pinaca, reçurent des garnisons arméniennes (2); quant au roi de Pont et à sa demande pressante de secours, il n'en fut toujours pas question. Pendant ce temps, Lucullus achevait la conquête des villes pontiques.

(1) Sur l'ambassade de Claudius : Plutarque, *Lucullus*, 19, 21, 23; Memnon, c. 46. Cf. Sallu-te, fr. IV, 7 : *insolens cera occipiendi* (à moins que ce fragment ne se rapporte à la nouvelle du passage de l'Euphrate par Lucullus) et 8 : *tetrarchas regesque territos animi fraveit* (Claudius).

(2) Sur le supplice de Zarbiénos : Plut., *Luc.* 29. Forteresses de la Gordyène : Strabon XVI, 1, 24.

Sinope, jusque-là, avait été bloquée sans grand succès par une division romaine. La situation de cette ville la rendait presque inexpugnable. Elle occupait l'isthme étroit (à peine deux stades) d'une presqu'île qui se détache du promontoire Lepté; sur chaque golfe, il y avait un port et un arsenal; des remparts formidables, appuyés sur des hauteurs, arrêtaient un ennemi venant du continent. Au nord, la presqu'île est plate et s'épanouit en cercle, mais la côte est partout abrupte, bordée d'écueils, semée d'aspérités qui lui donnent l'aspect d'un hérisson pétrifié; dans la falaise s'ouvrent de vastes cavités, les *chénicides*, que la mer emplit dans les fortes marées : de ce côté, tout débarquement est impossible (1). Il n'était pas plus facile de réduire la ville par la famine : toute la presqu'île était richement cultivée, couverte d'opulents vergers; en outre, la mer restait ouverte et le vice-roi du Bosphore, Macharès, envoyait de temps en temps des convois de vivres. L'escadre sinopienne protégeait les arrivages; elle fut même assez forte pour battre, un jour, dans un combat rangé, la flotte romaine de Censorinus et capturer 15 navires qui apportaient du blé au corps de siège (2). La garnison se composait d'une dizaine de mille Ciliciens, commandés par le condottière Léonippe, Cléocharès l'eunuque et Séleucos, le fameux pirate à qui Mithridate s'était confié à son retour de Bithynie.

Au printemps de 70, quand Lucullus parut enfin en personne devant Sinope, Léonippe entama des négociations avec lui en vue d'une capitulation; mais ses collègues, partisans de la résistance, après avoir vainement essayé de l'incriminer devant la bourgeoisie, l'assassinèrent; Cléocharès, devenu dictateur, imprima désormais à la défense une énergie féroce; un véritable régime de terreur fut établi dans la ville assiégée. Malheureusement Macharès, désespérant de la fortune de son père, finit par céder à des conseils perfides et fit ouvertement défection : de la Colchide, qu'il avait incorporée à son royaume bosporan, il envoya à Lucullus des offres de soumission, avec une couronne d'or de la valeur de mille talents (6 millions). Lucullus s'empressa de recevoir le traître au nombre des amis et alliés du peuple romain, à la condition qu'il livrerait les trésors naguère déposés entre ses mains

(1) Strabon XII, 2, 11; Polybe IV, 56.
(2) D'après Memnon, ces navires venaient ἀπὸ Βοσπόρου, ce qui doit signifier le Bosphore de Thrace, et non le Bosphore Cimmérien, encore aux mains de Mithridate.

par les généraux Sinopiens et qu'il enverrait désormais à l'armée de siège les grains destinés à la capitale assiégée. Menacés de la famine, les généraux qui commandaient dans Sinope renoncèrent à prolonger une résistance sans espoir. Ils pillèrent méthodiquement la ville, entassèrent sur leurs bâtiments les plus légers leur butin, leurs troupes et une partie des habitants, puis incendièrent le reste de leur flotte ainsi que la ville, et mirent à la voile vers la côte du Caucase. A la vue des flammes qui s'élevaient du port, Lucullus devina ce qui se passait et ordonna l'assaut ; la place fut emportée sans lutte et environ 8,000 soldats ou habitants passés au fil de l'épée. Comme à Amisos, Lucullus arrêta le massacre et rendit à la ville ses franchises, mais il s'empara de deux chefs-d'œuvre que les Ciliciens n'avaient pu charger sur leurs vaisseaux : l'*Autolycos* de Sthénis et la *Sphère* de Billaros (1).

Peu de temps après, Amasie se rendit par capitulation (automne 70). Avec elle tombait le dernier boulevard de l'indépendance du Pont.

Si Lucullus n'avait pas répondu par une attaque immédiate à la fin de non-recevoir opposée par Tigrane à son ambassadeur, c'est qu'il jugeait nécessaire, avant de s'embarquer dans une nouvelle aventure, d'assurer ses derrières par la réduction des dernières forteresses pontiques. La chute de Sinope et d'Amasie lui laissait désormais les mains libres ; pendant l'hiver 70/69 av. J.-C., il cantonna ses troupes dans le Pont et la Cappadoce, et prépara dans le plus grand secret, de concert avec Ariobarzane, le passage de l'Euphrate pour le printemps suivant. L'entreprise, justifiée au point de vue politique, offrait, au point de vue militaire, de sérieuses difficultés. L'Arménie était une terre inconnue pour les Romains ; on la savait seulement hérissée de montagnes, sillonnée de larges fleuves, un pays au climat rude, aux courts étés suivis d'hivers longs et rigoureux ; de plus, il fallait s'attendre à une résistance opiniâtre des populations, qui, à défaut de qualités militaires, opposeraient à l'envahisseur étranger toutes

(1) Siège de Sinope : Appien, *Mith.* 83 ; Plutarque, *Lucullus*, 23-24 et surtout Memnon, c. 53-54. C'est Memnon qui nomme les trois généraux mentionnés au texte ; tandis que Strabon XII, 3, 11 dit que la ville avait pour phrourarque Bacchidès (l'eunuque qui dirigea le massacre de l'harmacie). Orose VI, 3, 2 nomme *Seleucus archipirata* et *Cleocharus spado*. Il est singulier que Memnon ne qualifie pas Cléocharès d'eunuque. — La date de la conquête de Sinope est confirmée par l'ère de certains bronzes frappés dans cette ville à partir d'Alexandre Sévère (*Cat. Brit. Mus.*, p. 102).

les ressources du fanatisme religieux et national. Lucullus n'était pas même sûr de ses propres troupes. Braves et aguerries, elles n'avaient jamais, surtout les légions Valériennes, brillé par un respect scrupuleux de la discipline. Les talents et les succès du général imposaient le respect, mais il n'avait pas ces qualités séduisantes, cette communion morale avec le soldat, qui seules gagnent les cœurs. Et puis, ce chef humain et philhellène, qui s'opposait de toutes ses forces au pillage des cités grecques, n'en était pas moins un jouisseur raffiné qui expédiait vers l'Occident plus d'un chameau chargé de précieuses dépouilles, futurs ornements de ses somptueuses villas. Un général si indulgent envers lui-même n'a pas le droit de se montrer si sévère envers les autres. Aussi le prestige de Lucullus n'était-il fait que de bonheur; il était condamné à vaincre sans cesse s'il ne voulait pas perdre en un seul jour le bénéfice de toutes ses victoires. Impopulaire à l'armée, il l'était encore davantage à Rome; sa morgue d'aristocrate lui avait aliéné depuis longtemps la plèbe dont il était réduit à payer les chefs influents, ses réformes financières d'Asie le brouillèrent avec les chevaliers. De toutes parts, on guettait son premier échec pour le traîner aux gémonies. Il fallait vraiment le tempérament d'un beau joueur pour engager une nouvelle partie avec autant d'atouts contre soi; mais Lucullus n'était pas pour rien le disciple favori de Sylla (1).

Pendant que Lucullus se préparait à envahir l'Arménie, Tigrane avait fini par comprendre que la guerre était inévitable et par prendre quelques mesures en conséquence. Au printemps de 69, vingt mois après l'arrivée de Mithridate dans son royaume, il consentit enfin à se rencontrer avec celui-ci. L'entrevue des deux rois fut magnifique et suivie d'entretiens confidentiels, prolongés pendant plusieurs jours, qui dissipèrent tous les malentendus. Les traîtres qui avaient cherché à brouiller le beau-père et le gendre furent les premières victimes de leur réconciliation : Métrodore de Scepsis n'échappa à la hache que par une mort subite, qui fut attribuée au poison (2). Les deux rois convinrent, un peu tard, de ne pas attendre l'invasion romaine et de prendre l'offensive dans l'Asie Mineure : Mithridate reçut un corps de

(1) On sait qu'il éleva le premier dans Rome un temple à la déesse *Felicitas* (Augustin, *Civ. Dei*, IV, 23).
(2) Plut., *Luc.* 22; Strabon XIII, 1, 55.

10,000 cavaliers pour reconquérir son royaume, Tigrane donna ordre à des généraux d'envahir la Cilicie romaine et la Lycaonie. Mais au moment où allaient commencer ces mouvements de troupes, les Romains foulaient déjà le sol de l'Arménie.

Lucullus avait fait deux parts de ses forces : 6,000 hommes, sous le légat Sornatius, restèrent pour garder le Pont; le reste, composé des deux légions Valériennes et d'un certain nombre d'auxiliaires asiatiques, Galates et Thraces, une vingtaine de mille hommes en tout, forma l'armée d'invasion (1). Parti de ses cantonnements du Pont, Lucullus traversa la Camisène et la Laviansène, puis suivit, à marches forcées, la grande route des caravanes qui coupait à travers la Mélitène jusqu'à l'Euphrate (2). Les pontons qu'on avait fabriqués pendant l'hiver pour la traversée du fleuve se trouvèrent trop courts, l'Euphrate étant encore grossi par les pluies; mais une baisse subite des eaux survint pendant la nuit et permit à l'armée de passer presque à pied sec (3). La première forteresse arménienne sur la rive gauche était Tomisa, importante tête de pont, jadis cappadocienne, ensuite vendue à la Sophène; elle fut prise et restituée à la Cappadoce (4), puis l'armée traversa la Sophène, sans rencontrer de résistance de la part des populations récemment annexées à l'Arménie, et sans s'attarder au siège des petites citadelles.

Lucullus avait déjà franchi le Tigre occidental non loin de sa source, et marchait droit sur les défilés du Taurus et sur Tigranocerte, lorsque Tigrane fut informé de son approche. Jusque-là, le camp arménien avait vécu en plein rêve; la grande question qu'on y agitait était de savoir si Lucullus attendrait de pied

(1) Plut., *Luc.* 24, attribue à Lucullus 12,000 fantassins et un peu moins de 3,000 cavaliers, mais ces chiffres sont en contradiction avec ceux qu'il donne pour la bataille de Tigranocerte (c. 27) où Lucullus aurait eu 10,000 fantassins, toute sa cavalerie (soit 3,000 chevaux) et 1,000 archers ou frondeurs, sans le corps de Muréna, fort de 6,000 hommes : total 20,000, ce qui concorde à peu près avec les indications d'Eutrope et de Frontin. Il est donc probable qu'au ch. 24 Plutarque a pris par anticipation les chiffres du ch. 27, en oubliant les 6,000 hommes de Muréna. — Appien, *Mith.* 84, donne à Lucullus deux légions choisies et 500 chevaux; mais ces chiffres ne comprennent pas les auxiliaires.
(2) Tacite, *Ann.* XV, 26-7, indique que Corbulon suivit plus tard le même itinéraire.
(3) Salluste, fr. IV, 11 : *Quam maximis itineribus per regnum Ariobarzanis contendit ad flumen Euphratem, qua in parte Cappadocia ab Armenia disjungitur. Et quamquam naves cidicariae occulto per hiemem fabricatae aderant...* Cp. Memnon, 56.
(4) Strabon XII, 2, 1.

PREMIERS SUCCÈS DES ROMAINS.

ferme, à Éphèse, le choc des hordes asiatiques, où s'il s'enfuirait sans combat au delà des mers. Le premier messager qui annonça l'invasion des Romains fut pendu pour avoir menti; bientôt pourtant il fallut se rendre à l'évidence, fuir ou combattre. Un instant Tigrane se flatta d'arrêter l'invasion avec les seules troupes qu'il avait sous la main. L'un de ses généraux, Mithrobarzanès, reçut un corps d'infanterie, 3,000 chevaux, et l'ordre de ramener Lucullus mort ou vif. L'Arménien rencontra les Romains en colonne de route, l'avant-garde déjà occupée à asseoir le camp. Lucullus chargea son légat Sextilius de contenir simplement l'ennemi avec 1,600 chevaux et autant de fantassins, mais le légat fut obligé de livrer bataille; il remporta d'ailleurs une victoire complète : Mithrobarzanès fut tué, son corps d'armée détruit. A cette nouvelle, Tigrane résolut de battre en retraite au nord du Tigre, pour organiser la résistance dans l'Arménie propre. Le satrape Magadatès fut rappelé de Syrie avec ses garnisons; en guise d'adieu au royaume des Séleucides, Tigrane fit décapiter la reine Séléné dans le château de Séleucie de Commagène, en face de Zeugma, où on la gardait prisonnière (1). Les deux grandes forteresses au sud du Tigre furent confiées, l'une, Tigranocerte, au général Mancéos, l'autre, Nisibis, à Gouras, frère du roi. Tigrane lui-même ramena le gros de ses troupes au delà des montagnes, suivi de près par le légat Muréna, qui lui enleva dans les défilés son train et son arrière-garde. Un autre corps, composé d'Arabes, qui cherchait à rejoindre, fut intercepté et détruit par le légat Sextilius (été 69).

Ce début de campagne foudroyant contrastait singulièrement avec la stratégie prudente qu'on avait connue jusqu'alors à Lucullus. La fuite de Tigrane avait été si précipitée qu'il ne prit même pas le temps d'enlever son trésor et son harem déposés à Tigranocerte. Cette capitale se vit aussitôt assiégée par Sextilius; le légat s'empara sans combat du faubourg et du palais *extra muros*; mais la ville même et la citadelle firent mine de se défendre à outrance. Le garnison, composée en partie de mercenaires grecs et ciliciens, fit pleuvoir sur les assaillants une grêle incessante de flèches et des flots de naphte enflammé qui consumaient les machines de siège (2). Pendant que les Romains s'acharnaient avec

(1) Strabon XVI, 2, 3.
(2) Xiphilin (= Dion Cassius), p. 3; Pline, II, 104, 235, semble attribuer ce moyen de

la mine et la sape au siège de cette forteresse, Tigrane concentrait son armée, sans doute sur les plateaux du lac Van. La plupart de ses vassaux répondirent à son appel : les rois d'Adiabène et d'Atropatène amenèrent eux-mêmes leurs contingents, ceux d'Albanie et d'Ibérie, les Arabes de Babylonie envoyèrent les leurs; Mithridate fut rappelé avec son corps de cavalerie, mais il se hâta lentement, et se fit précéder de son général Taxile, qui adjura Tigrane de ne pas risquer sa couronne sur un coup de dé : mieux valait traîner les opérations en longueur et profiter de sa supériorité en cavalerie pour couper les vivres aux Romains. Ces sages avis, appuyés par des messages répétés de Mithridate, ne purent prévaloir sur l'infatuation des courtisans et sur l'ardent désir qu'éprouvait Tigrane de sauver ses femmes et ses richesses, enfermées dans sa capitale.

Au début, tout réussit à souhait. Une colonne volante de 6,000 hommes parvint à percer, de nuit, la ligne d'investissement, en écartant les Romains par une nuée de flèches; elle enleva les concubines du roi, ses trésors les plus précieux, et se fraya un chemin le lendemain à travers les bataillons romains et thraces, non sans joncher la route de morts et de prisonniers (1). Ce succès, chèrement acheté, loin de faire patienter Tigrane, acheva de le griser. Son armée comptait maintenant 80,000 combattants, la fleur de l'Orient (2); il se crut assez fort pour débloquer sa capitale, sans même attendre le corps de Mithridate. Quand il descendit dans la vallée du Tigre et aperçut la petite armée de Lucullus, campée sur l'autre rive dans la plaine, sa confiance se changea en dédain : « C'est trop pour une ambassade, et trop peu pour une armée! » s'écria-t-il. Taxile faillit payer de sa vie son obstination à déconseiller la bataille.

Lucullus, en apprenant l'approche de l'armée de secours, avait pris un parti d'une hardiesse vraiment incroyable : offrir la bataille sans lever le siège. Muréna fut laissé devant Tigranocerte avec 6,000 hommes. Avec le reste de l'infanterie de ligne, 10 ou 12,000 hommes (24 cohortes), 1,000 archers et frondeurs, et toute

défense aux habitants de Samosate, mais la suite des événements prouve que la Commagène ne fit aucune résistance aux armes romaines.

(1) Cet épisode, raconté par Memnon, c. 56, et Appien, c. 85, est passé sous silence dans le récit plus détaillé de Plutarque, sans doute parce qu'il faisait peu d'honneur à la tactique de Lucullus.

(2) Chiffre de Memnon, c. 57. Voir *infra* les chiffres très exagérés des autres historiens.

sa cavalerie, soit 3,000 chevaux, Lucullus s'avança à la rencontre des Arméniens (1). La disproportion des forces était énorme, mais l'armée asiatique n'était qu'un troupeau, sans bravoure, sans discipline, sans commandement. Les deux armées étaient séparées par le Tigre, qui, à peu de distance de là, faisait un coude vers l'occident et présentait un gué. Les Romains tenaient la plaine; la rive occupée par les Asiatiques était assez accidentée; une colline au sommet plat et d'un accès aisé formait le centre de leur position. Le 6 octobre 69, jour anniversaire de la bataille de Toulouse où avait péri le consul Cépion, Tigrane aperçut, dès l'aube, les légions romaines quitter leur camp en bon ordre et faire un à-gauche en tournant le dos à l'ennemi. Le sultan se persuade qu'elles prennent la route de Cappadoce; il interpelle Taxile et lui montre du doigt ce mouvement de retraite; mais à peine a-t-il parlé qu'on voit les Romains faire halte à hauteur d'un gué et commencer le passage du fleuve, manipule par manipule.

Tigrane eut à peine le temps de ranger grossièrement ses hordes en bataille : son gendre, le roi d'Atropatène, prit la droite, le roi d'Adiabène la gauche, lui-même le centre. L'infanterie était disposée en bataillons profonds. La majeure partie de la cavalerie bardée de fer se massa en avant de l'aile droite, au pied de la colline; en arrière, sur la hauteur même, on dissimula le train. La force des Asiatiques était dans leur cavalerie et dans leurs gens de trait : ils ne purent faire usage ni de l'une ni des autres. Du premier coup d'œil, Lucullus avait embrassé toute la position et dessiné son plan d'attaque. Dès que l'armée fut passée sur la rive gauche du fleuve, il fit charger sa cavalerie thraco et galate contre les cuirassiers arméniens, avec ordre de céder peu à peu le terrain et de les attirer dans la plaine; lui-même saute de cheval, met l'épée au clair et gravit la colline au pas de charge, suivi de deux cohortes. Le sentier avait sept cents mètres de long. Arrivé sur la crête, Lucullus pousse un formidable cri de « Victoire! » et tombe comme la foudre au milieu du train ennemi; valets et bêtes de somme se dispersent, jettent la panique dans les rangs de l'aile droite ennemie. Au même moment, la cavalerie romaine, par une brusque volte-face, ramène vive-

---

(1) Chiffres de Plutarque, *Luc.* 27, qui dérivent probablement du rapport officiel de Lucullus. Frontin, II, 1, 14, compte 15,000 soldats (*armati*) au lieu des 14,000 de Plutarque; Eutrope, VI, 9, 1, en compte 18,000.

ment les cuirassiers arméniens qui s'étaient écartés à sa poursuite; Lucullus les prend en queue, recommandant à ses fantassins de frapper à la cuisse, seule partie découverte chez ces hommes de fer. Les cuirassiers n'attendirent même pas le choc; ils se débandèrent dans toutes les directions et allèrent se jeter dans le gros de l'infanterie. La déroute se communique de proche en proche; bientôt la plaine et les collines disparaissent sous une immense houle de fuyards. Empêtrés dans leurs lourdes armures, gênés par leur ordonnance compacte, les bataillons asiatiques sont hachés sans défense; la poursuite, qui s'étendit jusqu'à 20 kilomètres, ne s'arrêta qu'à la nuit tombante; alors seulement Lucullus permit le pillage. L'armée asiatique fut à peu près anéantie; rien qu'en morts, elle perdit 30,000 hommes (1). Lucullus, en digne élève de Sylla, n'accusa, dans son rapport officiel au Sénat, que 5 morts et 100 blessés. Il prétendit avoir eu affaire à plus de 250,000 ennemis (150,000 fantassins, 20,000 archers et frondeurs, 17,000 cuirassiers, 38,000 chevau-légers, 35,000 pionniers, pontonniers, etc.), qui auraient laissé sur le champ de bataille 100,000 hommes de pied et presque toute leur cavalerie (2) : hâblerie inutile, qui, si elle avait été prise au sérieux, n'aurait pu, en ravalant le vaincu, que diminuer la gloire du vainqueur (3).

Tigrane s'était enfui du champ de bataille avec une escorte de 150 cavaliers, jetant sa tiare et son bandeau pour n'être pas reconnu. Il s'arrêta dans la première citadelle qu'il trouva sur sa route. Là, Mithridate vint le rejoindre. Le roi de Pont, s'achemi-

---

(1) Orose VI, 3, 6 : *nam triginta milia hominum in eo bello* (= proelio) *caesa referuntur*.
(2) Plutarque, *Lucullus*, c. 28 : ὡς Λεύκολλος ἔγραψε πρὸς τὴν σύγκλητον. Appien, *Mith.* 85, compte, en chiffres ronds, 250,000 fantassins et 50,000 cavaliers; Eutrope, VI, 9, 1, 100,000 fantassins et 7,500 (?) cuirassiers. Comme Tite-Live comptait (chez Plutarque) un Romain par 20 ennemis, ses chiffres paraissent avoir été 15,000 Romains et 300,000 Arméniens.
(3) Les quatre récits de cette bataille (Plutarque, *Luc.* 26-28, Appien, *Mith.* 85, Memnon, c. 57, Frontin II, 2, 4; cp. II, 1, 11) sont d'accord sur les grandes lignes; celui de Plutarque est le plus détaillé. Il cite au commencement le bulletin de Lucullus, à la fin Strabon, Tite-Live, et le philosophe Antiochus; mais sa source principale paraît être Salluste; cf. les fr. IV, 17-18, de Salluste sur les *cataphracti* rapprochés des expressions de Plutarque, c. 28. L'emplacement de la bataille est loin d'être certain. Plutarque parle d'un fleuve qui séparait les deux camps, sans dire lequel; on a supposé qu'il s'agissait du Nicéphorios et que la bataille se livra en vue de Tigranocerte, dont les défenseurs, en effet, auraient salué l'approche de Tigrane (Plut. 27), contemplé sa défaite (App. 86). Mais il faut se méfier de renseignements dramatiques de ce genre et je crois, avec Mommsen, que la bataille fut livrée aux bords du Tigre, un peu en amont de son confluent avec le Centritès ou Bohtan-tchaï.

nant à petites journées vers le Tigre, avait rencontré des bandes de fuyards, qui lui apprirent le désastre (1). Les deux princes se revoyaient dans des circonstances bien différentes de celles où s'était produite leur première entrevue; la scène fut pathétique. Mithridate descendit de cheval dès qu'il aperçut Tigrane, l'embrassa les larmes aux yeux, lui donna un habit royal, ses gardes, ses officiers. En un seul jour, le despote pusillanime, naguère baigné dans sa pompe, était tombé d'une confiance présomptueuse dans un abîme de découragement. Mithridate s'ingénia à réconforter cette âme écrasée, à lui communiquer un peu de cette virilité dont il débordait lui-même. Tigrane se laissa faire comme un vieil enfant; il rendit un tardif hommage à la clairvoyance de son beau-père et se livra, cette fois sans réserve, à la direction politique et militaire de Mithridate.

La saison était trop avancée pour rien entreprendre avant la fin de l'année; aussi les conséquences de la bataille de Tigranocerte se déroulèrent fatalement : c'était la perte, pour l'Arménie, de toutes les provinces situées au sud du Tigre. Dans la capitale assiégée, les soldats grecs et ciliciens, commandés par des officiers de Mithridate, prirent, dès le lendemain de la bataille, une attitude inquiétante; le gouverneur, Mancéos, leur enleva leurs armes et tenta de les massacrer; mais les mercenaires repoussèrent les barbares à coups de gourdins et livrèrent aux Romains le secteur dont ils avaient la garde. Lucullus respecta les termes de la capitulation : les femmes, les propriétés des Hellènes furent épargnées; les habitants des villes grecques et des cantons barbares, dépeuplés par Tigrane au profit de sa nouvelle capitale, furent renvoyés dans leurs foyers, le reste de la ville livré au pillage. Le butin fut immense : dans les caisses du trésor royal on trouva 8,000 talents (48 millions) d'argent monnayé, et la vente aux enchères des objets mobiliers produisit environ 16 millions; chaque soldat reçut pour sa part 800 drachmes. Le théâtre construit, mais non encore inauguré par Tigrane, fut utilisé pour les fêtes qui célébrèrent la victoire de Lucullus; puis Tigranocerte retomba pour jamais au rang d'une modeste bourgade.

Les autres villes situées au sud du Tigre et la plupart des vas-

---

(1) C'est par une erreur évidente, qui doit avoir sa source dans Tite-Live, qu'Orose et Frontin font assister Mithridate à la bataille.

saux de Tigrane, qui n'attendaient qu'une occasion pour secouer le joug, firent leur soumission au vainqueur. Du nombre furent le roitelet de Commagène, Antiochus I*er*, — descendant, comme Mithridate, des Achéménides en ligne paternelle et des Séleucides en ligne maternelle (1), — et le puissant émir des Arabes Rhambéens, Alchaudon (2). Antiochus l'Asiatique, ramené dans les fourgons des Romains, obtint de Lucullus la permission de remonter sur le trône de Syrie, sans parvenir toutefois à s'y consolider (3). L'armée romaine, maîtresse de toutes les provinces de Tigrane au sud du Tigre, excepté Nisibis, prit ses quartiers d'hiver dans la Gordyène, dont les châteaux forts n'opposèrent aucune résistance. Elle y trouva des approvisionnements considérables en blé (3 millions de médimnes) et fit à Zarbiénos de brillantes funérailles (hiver 69-68).

Pendant ce même hiver, Mithridate et Tigrane réorganisaient leurs forces en vue de la prochaine campagne. La sagacité et l'énergie du roi de Pont éclatèrent dans toutes les mesures qui furent prises d'un commun accord. Les deux rois parcoururent ensemble toutes les provinces de l'Arménie, appelant la jeunesse aux armes pour la cause nationale, enrôlant tout le monde, sauf à ne garder définitivement sous les drapeaux que les conscrits les plus vigoureux. On réunit ainsi environ 40,000 fantassins et 30,000 cavaliers (4), qui furent répartis en cohortes et en escadrons, et

---

(1) Sur la dynastie de Commagène : MOMMSEN, *Rk. Mith.* I, 27, et surtout les inscriptions du grand tumulus de Nimroud Dagh, publiées par PUCHSTEIN et HUMANN, *Reisen in Klein Asien und Syrien*, p. 262 suiv. Sur Antiochus en particulier (fils de Mithridate Callinicos et d'une fille d'Antiochus Grypos), cf., en outre, C. I. A. III, 554; LE BAS-WADDINGTON, *Asie Mineure*, 1364 (Éphèse).

(2) Ἀλχαύδιος chez Dion Cassius XLVII, 27 ; Ἀλχαύδονος chez Strabon XVI, 2, 10 (ὁ τῶν Ῥαμβαίων βασιλεὺς τῶν ἐντὸς τοῦ Εὐφράτου νομάδων).

(3) Justin XL, 2 ; Appien, *Syr.* 16. Antiochus l'Asiatique était le fils d'Antiochus Eusèbe et de Séléné (Appien, *Syr.* 49, 69) ; Justin et Eusèbe le confondent avec son père. Il eut pour concurrent son petit-cousin Philippe II, fils de Philippe I*er*, second fils d'Antiochus Grypos (également confondu par Eusèbe avec son père). Antiochus s'appuyait sur le dynaste arabe Sampsigéram d'Émèse, Philippe sur un autre Arabe, Aziz. (Cf. Josèphe, *Ant. jd.* XIII, 11, 3 ; XX, 7, 8.) Sampsigéram finit par tuer son protégé (Diodore, fr. Escor. 31 = Müller, F. H. G. II, XXIV). La réponse méprisante de Pompée (Justin et Appien, *loc. cit.*) s'adressant à lui, sa mort dut avoir lieu après 64, probablement en 58 (Eusèbe). Philippe vivait encore en 57, où il éleva des prétentions au trône d'Égypte (Eusèbe, *loc. cit.*).

(4) Phlégon de Tralles, fr. 12, Müller (= F. H. G. III, 606) : Τῷ ἐπιόντι ἔτει (Ol. 177, an 4 = 69-68 av. J.-C.) Τιγράνης καὶ Μιθριδάτης ἀθροίσαντες πεζῶν μὲν τέσσαρας μυριάδας, ἱππέων δὲ τρεῖς, καὶ τὴν Ἰταλικὴν αὐτοῖς τάξαντες τρόπον, ἐπῆλθον τὴν Ἀρμενίαν. Appien compte 70,000 fantassins, 35,000 chevaux.

autant que possible instruits à la romaine par les officiers grecs ou les réfugiés italiens de la suite de Mithridate. Cette armée ne comprenait pas seulement des Arméniens, mais des Ibères, des Mardes, et surtout des Mèdes, amenés par le gendre de Tigrane, Mithridate, roi d'Atropatène. Durant tout l'hiver et le printemps on fabriqua des armes, on distribua des approvisionnements de blé dans des forteresses convenablement choisies. Par-dessus tout, on s'efforça d'imprimer à la guerre le caractère d'une lutte religieuse et nationale; pour y intéresser le fanatisme oriental on répandit le bruit que le but final de l'expédition de Lucullus était le pillage d'un des temples les plus riches et les plus vénérés de l'Asie (1). On représenta la cause de Tigrane et de Mithridate comme celle de tous les rois de l'Orient, on tâcha d'entraîner les Parthes dans leur querelle. Le vieux Sinatrocès venait de mourir (2), et son fils et successeur sur le trône des Arsacides, Phraate III « le Dieu », paraissait disposé à tirer son royaume de l'affaissement où nous l'avons vu plongé depuis vingt ans.

L'intervention des Parthes pouvait peser d'un poids décisif dans la balance; des deux côtés on y attachait le plus grand prix. Presque en même temps, la cour de Ctésiphon fut sollicitée par Tigrane et Mithridate d'une part (3), de l'autre par les nouveaux alliés de Lucullus, les roitelets du Tigre et de l'Euphrate. Tigrane offrait à Phraate, pour prix de son assistance, tous les territoires qu'il avait arrachés à ses prédécesseurs, la haute Mésopotamie, l'Adiabène, les « grandes Vallées »; Lucullus se tenait dans le vague, joignant les promesses aux menaces, et rappelait l'alliance conclue vingt-trois ans auparavant avec Sylla. Phraate, avant de prendre parti, voulut tâter le terrain. Tout en prêtant l'oreille aux envoyés de Tigrane, il fit partir une ambassade pour le quartier général romain. Lucullus lui rendit politesse pour politesse et chargea son légat Sextilius de lui présenter ses compliments à Ctésiphon; mais le choix de cet ambassadeur donna de

---

(1) Cicéron, Pr. lege Manilia, IX, 23. Quel temple? Probablement le temple de Baris mentionné par Strabon (XI, 14,14) sur la route d'Artaxata à Ecbatane.

(2) Phlégon, loc. cit. τῷ τρίτῳ ἔτει... (Ol. 177, an 3 = 70-69 av. J.-C.) Συνεγχώρει τὴν Πάρθων βασιλείαν τῷ πατρὶ αὐτοῦ διαδεξάμενος Φραάτης ὁ ἐπικληθεὶς Θεός. Xiphilin, p. 2, Dind. appelle, par erreur, le nous au roi l'ancros. Sinatrocès chez Appien, Mith. 104, s'appelle Sintricus.

(3) Salluste, fr. IV, 20 (c'est la fameuse lettre de Mithridate à Ar-ace).

l'ombrage à l'Arsacide : Sextilius était un homme de guerre qui regardait d'un peu trop près l'organisation militaire des Parthes. Phraate conclut que ce prétendu ambassadeur n'était qu'un espion et résolut de garder une neutralité armée, en laissant espérer son alliance aux deux adversaires. Les craintes des Parthes n'étaient que trop fondées : au moment même où Lucullus feignait de rechercher leur amitié, il méditait en réalité une expédition contre Ctésiphon et mandait, à cet effet, à Sornatius de le rejoindre avec les troupes laissées dans le Pont. Mais les troupes du légat, informées du but de l'expédition, refusèrent net de quitter leurs cantonnements, et l'armée de Gordyène manifesta également une vive répugnance pour cette nouvelle aventure. C'était un premier avertissement dont Lucullus aurait dû faire son profit; il renonça à combattre les Parthes, mais non à terminer la conquête de l'Arménie.

Le printemps était déjà écoulé lorsque l'armée romaine quitta ses bivouacs de la Gordyène et franchit la barrière de montagnes qui sépare la vallée du Tigre des hauts plateaux de l'Arménie : c'était la route suivie jadis par les Dix Mille dans leur immortelle retraite. La belle saison, en Arménie, ne dure que quatre mois, de juin à septembre; et la végétation y est si tardive que lorsque Lucullus, parti de Mygdonie en plein été, déboucha sur les plateaux de Van, il trouva les blés encore verts. Les deux rois alliés, malgré leur supériorité numérique, refusèrent obstinément la bataille. Le gros de leurs forces, commandé par Mithridate, se tint enfermé dans un camp retranché au sommet d'une colline, sur les flancs de l'armée d'invasion, pendant que Tigrane, avec la cavalerie légère, voltigeait autour des Romains et tâchait d'enlever leurs fourrageurs. Lucullus repoussa ces attaques et prit même quelques-uns des magasins de Tigrane; mais il eut beau dévaster le pays sous ses yeux et tirer un fossé autour du camp arménien, les alliés persévérèrent dans la tactique prudente que Mithridate avait conseillée. Lucullus fut le premier à perdre patience. Ramassant ses légions, il remonta la vallée de l'Euphrate oriental (Arsanias), dans la direction d'Artaxata, la vieille capitale de l'Arménie, où Tigrane avait mis ses femmes et les débris de son trésor. Comme l'année précédente, le vieux sultan ne put supporter l'idée de voir tomber son harem aux mains de l'étranger. Il évacua son camp retranché et suivit Lucullus à la piste en longeant la rive opposée (septentrionale) du fleuve, résolu à en disputer le passage aux envahisseurs. Au bout de quatre jours de marche, Lucullus, arrivé à un endroit guéable, forme son infanterie en bataille sur deux lignes, chacune de 12 cohortes, et fait d'abord passer sa cavalerie pour briser le courant du fleuve. Les archers à cheval Mardes et les lanciers Ibères reçurent vigoureusement les escadrons romains, mais quand la première ligne de l'infanterie eut atterri à son tour sur la rive droite, les barbares n'attendirent même pas le choc et prirent la fuite; la cavalerie romaine se lança à leur poursuite et fit connaissance à cette occasion avec une tactique toute nouvelle : à diverses reprises les fuyards firent volte-face et déchargèrent sur les Romains des nuées de flèches barbelées et empoisonnées qui se brisaient dans la plaie et causaient de dangereuses blessures. Pendant ce temps, Tigrane avec ses gardes à cheval et son gendre avec les escadrons Mèdes attaquaient de front les douze cohortes romaines, et le roi de Pont tâchait de les prendre à revers. Un instant les Romains coururent un sérieux péril, mais Lucullus rappela sa cavalerie qui contint Tigrane, lui-même réussit à enfoncer les Mèdes, et les cohortes de seconde ligne, arrivant à la rescousse, mirent en fuite Mithridate. Les alliés finirent par évacuer le champ de bataille, en laissant sur le terrain 5,000 morts et un plus grand nombre de prisonniers, parmi lesquels plusieurs seigneurs de grande marque (septembre 68) (1).

Cette fois encore, Lucullus sortait vainqueur, d'une lutte inégale, mais c'était une victoire à la Pyrrhus. Le camp regorgeait de morts et d'éclopés, Artaxata était encore loin, et l'été arménien touchait à sa fin. On avait à peine franchi quelques étapes, quand, aux environs de l'équinoxe, commencèrent les gelées et les tempêtes de neige. L'espérance d'atteindre la « Carthage d'Arménie » et avec elle le terme de la guerre soutint quelque temps le moral des troupes; mais plus on avançait, plus

(1) Sur cette bataille, voir Plutarque, *Luc.* 31, qui cite Tite-Live, et Phlégon, *fr. cit.* : νικᾷ Λεύκολλος, καὶ πανταχῇπερ μὲν τῶν μετὰ Τιγράνους ἔπεσον, πλείους δὲ τούτων ἐζωγρήθησαν χωρὶς τοῦ ἄλλου συγκλύδος ὄχλου. Le récit de Dion XXXVI, 7 est très vague; il n'indique même pas approximativement le lieu du combat. Quant à Appien, *Mith.* 87, il ne parle que d'un combat de cavalerie et toute la campagne est présentée en quelques lignes peu intelligibles ; le nom d'Artaxata n'est même pas prononcé. L'assertion de Plutarque (d'après Tite-Live?) que Mithridate se serait enfui au premier cri de guerre, paraît bien peu croyable.

la marche devenait pénible. Ce n'était que bois, marais, défilés rocailleux, rivières à moitié prises, dont la glace s'ouvrait sous le pas des chevaux et coupait leurs jarrets. L'eau glaciale des abreuvoirs rebutait les bêtes, les bivouacs dans la boue exténuaient les hommes; les vivres étaient rares et de mauvaise qualité. Bientôt le légionnaire perdit patience; les tribuns supplièrent Lucullus de battre en retraite, s'il ne voulait pas voir l'armée lui échapper. Il résista d'abord, mais des attroupements menaçants commencèrent à se former; la nuit, le camp retentissait de hurlements sinistres. Comme jadis Fimbria, il pria, promit, supplia; c'était sa gloire tout entière qui lui coulait des mains. Tout fut inutile; le charme, — si jamais il y avait eu charme entre ce général et ces soldats, — était rompu pour toujours. La mort dans l'âme, Lucullus se résigna à la retraite; il ramena ses troupes, par un autre chemin qu'au voyage d'aller, en Mésopotamie (1).

Ici l'été durait encore, et les Romains en profitèrent pour assiéger Nisibis, la seule place au sud du Tigre qui tint encore pour Tigrane. La ville était très forte : elle avait deux épaisses murailles en brique, séparées par un large fossé, et surtout un défenseur qui valait un armée, Callimaque, l'habile ingénieur qui avait prolongé durant dix-huit mois la résistance d'Amisos. Pendant tout le reste de l'été, Nisibis repoussa les attaques de Lucullus, mais quand la mauvaise saison commença, la garnison se relâcha de sa vigilance; un brusque assaut, donné par une nuit d'orage, rendit les Romains maîtres de l'enceinte extérieure : les sentinelles, surprises dans le sommeil, furent massacrées, le fossé comblé avec des fascines, et la seconde enceinte, moins solidement construite, fut emportée à son tour. Gouras, frère de Tigrane, qui s'était retiré dans la citadelle, la livra par capitulation et fut traité humainement; mais Callimaque, objet de la rancune implacable de Lucullus, fut considéré comme un malfaiteur et mis aux fers. Le butin fut presque aussi considérable qu'à Tigranocerte (automne 68) (2).

La prise de Nisibis fut le dernier succès de Lucullus. Déjà la chance avait tourné et les revers allaient maintenant se succéder aussi vite que naguère les victoires. Dès le lendemain de la re-

---

(1) Sextus Rufus dit que Lucullus revint par Mélitène, ce qui est impossible; il a dû confondre avec l'itinéraire de l'année précédente. Probablement Lucullus revint par la rive orientale du lac Van, ce qui fixerait le lieu de la bataille aux environs de Melazguerd.

(2) Cet événement est expressément mentionné par Eusèbe, II, 135 A, Schoene.

traite des Romains, après la bataille de l'Arsanias, les alliés avaient décidé de prendre l'offensive. Mithridate, à la tête d'un corps d'armée de 8,000 hommes, dont 4,000 Arméniens, entreprit de reconquérir le Pont; Tigrane occupa de nouveau plusieurs districts au nord du Tigre et enveloppa une division romaine, détachée sous les ordres de L. Fannius, le Fimbrien revenu au bercail. Lucullus venait de s'emparer de Nisibis quand il fut informé du péril de son lieutenant, assiégé dans une place forte; il vola à son secours et arriva à temps pour le délivrer, mais pendant son absence de graves désordres se produisirent parmi les troupes restées à Nisibis. Les légions Valériennes, qui attendaient bientôt leur libération (leur engagement expirait en 67 av. J.-C.) (1), éprouvaient cette nostalgie du pays, cette paresse au travail et surtout au péril, qui se remarque chez tous les vieux soldats à l'approche de leur congé. Un ambitieux destiné à une triste célébrité, P. Clodius, le plus jeune beau-frère de Lucullus, qui croyait avoir à se plaindre de la lenteur de son avancement, profita des dispositions qu'il remarqua chez ces vétérans pour les exciter contre le général. Il opposait leurs rudes et incessants labeurs aux opulents loisirs des soldats de Pompée, répandait le bruit que le remplacement de Lucullus était chose décidée à Rome. Devait-on l'obéissance à un général qui peut-être, à l'heure actuelle, n'était plus en fonctions? Quand Lucullus reparut à Nisibis, il trouva ses légions en pleine effervescence. Clodius s'empressa de s'enfuir en Cilicie, où l'on attendait pour gouverneur son autre beau-frère, Q. Marcius Rex (2); mais l'effet de ses intrigues survécut à son départ. Les Fimbriens déclarèrent net qu'ils ne bougeraient de tout l'hiver, et Lucullus dut s'immobiliser dans ses cantonnements de Mygdonie et de Gordyène pendant que ses légats défendaient péniblement le Pont contre Mithridate.

Les lieutenants préposés à la garde de cette province, Sornatius

---

(1) Au IIe siècle, le soldat d'infanterie n'était libéré qu'après 20 campagnes effectives (Tite-Live XXIII, 25; Polybe VI, 19, 3); mais au Ier siècle on avait substitué à ce délai celui de 20 années de service. L'enrôlement des légions Valériennes datait du printemps 86 av. J.-C.; leur service expirait donc à la fin de l'an 67.

(2) Cicéron, De harusp. resp. XX, 42, semble dire que Clodius vint directement à Rome, mais l'ordre chronologique de ce paragraphe n'est pas rigoureux; ainsi l'aventure de Clodius avec les pirates ciliciens est placée *avant* ses intrigues contre Lucullus, tandis qu'elle eut lieu après (Dion Cassius XXXVI, 19.).

et M. Fabius Hadrianus (1), n'avaient su ni assurer la sécurité militaire des territoires confiés à leur vigilance, ni se concilier les populations, qu'ils exaspéraient au contraire par leurs exactions. Aussi, dès que le bruit se répandit que Mithridate, à la tête de 8,000 hommes, avait franchi l'Euphrate et paru dans la vallée du Lycos, les populations rurales se soulevèrent en masse, à l'appel de leur vieux roi, dans toute la Petite-Arménie et le Pont oriental. Les Romains disséminés dans la contrée furent massacrés avant d'avoir pu se reconnaître; les gazophylacies ouvrirent leurs portes; la défection gagna jusqu'aux troupes. Une proclamation de Mithridate promettait la liberté aux nombreux esclaves que l'armée romaine traînait à sa suite pour le service des équipages; ceux-ci menacèrent de se révolter. Quand le légat Hadrianus marcha à la rencontre de Mithridate, les cavaliers thraces qui lui servaient d'éclaireurs se souvinrent d'avoir été jadis à la solde du roi de Pont et donnèrent au général romain de faux renseignements. Hadrianus, attaqué à l'improviste, vit les Thraces passer en masse dans le camp du roi, fut battu et perdit 500 morts. Pendant la nuit, il décréta la liberté de ses esclaves et leur donna des armes. Le combat recommença le lendemain. On vit Mithridate, malgré ses 65 ans bien comptés (2), sauter à cheval tout armé et conduire lui-même ses escadrons à la charge. Cette fois encore les Romains plièrent, mais une double blessure que le roi reçut à l'œil et au genou l'empêcha de pousser vigoureusement la poursuite, et les débris de l'armée vaincue trouvèrent un asile derrière les murs de Cabira (automne 68).

En ce moment, le vainqueur de Ténédos et d'Héraclée, Triarius, arrivait dans le Pont avec des renforts demandés par le général en chef. Il avait passé l'année précédente dans la mer Égée, faisant, sans grand succès, la chasse aux pirates : presque sous ses yeux, le lestarque Athénodore saccagea, pour la seconde fois, Délos et jeta à la mer les fameux *xoana* ; Triarius, arrivé trop tard, ne put que relever les maisons en ruines et entourer la ville sainte d'une enceinte fortifiée, destinée à empêcher le retour d'un pareil dé-

---

(1) Sornatius n'est mentionné ici que par Plutarque, *Luc.* 85. Hadrianus est appelé simplement M. Fabius par les auteurs, mais il paraît bien identique au Fabius Hadrianus que nous avons déjà rencontré dans la campagne de Cabira. Cf. BORGHESI, *Œuvres*, I, 282.

(2) Dion Cassius XXXVI, 11 (copiant Salluste, fr. V, 4 Kritz) se trompe en attribuant à Mithridate 70 ans passés.

sastre (1). En débarquant dans le Pont, Triarius apprit la défaite d'Hadrianus. Aussitôt il appela à lui toutes les garnisons disséminées dans la province et marcha au secours de Cabira. A son approche, Mithridate leva le siège de cette place et se retira derrière l'Iris. Triarius, relevant Hadrianus de son commandement, réunit toutes les troupes disponibles et se lança à la poursuite du roi. Mithridate avait mis le fleuve entre lui et les Romains; à leur approche, il le franchit brusquement par l'un des deux ponts de Comana, et se jeta sur l'armée de Triarius, fatiguée par une longue route. Les Romains furent enfoncés, mais un ouragan violent qui s'éleva subitement rompit le second pont par où le roi attendait ses renforts, et cet accident l'obligea à la retraite (2). Il se retrancha derrière l'Iris et employa l'hiver à tirer des renforts de la Petite Arménie, entièrement arrachée à la domination romaine.

Triarius n'osa pas relancer le vieux roi dans ses fortes positions; il hiverna en face de lui, à Gaziura, et envoya de pressants messages à Lucullus pour l'informer de la gravité de la situation. Lucullus était déjà tout résigné à évacuer les pays au delà de l'Euphrate pour sauver le Pont; mais les Fimbriens, qui se plaisaient dans la « Capoue de Mésopotamie (3) », refusèrent absolument de se mettre en mouvement avant le printemps, dût leur retard être fatal à leurs camarades. Mithridate mit à profit ce délai pour frapper un coup décisif. Dès que la saison le permit, il offrit la bataille à Triarius. Celui-ci disposait d'environ 10,000 hommes; il déclina néanmoins le combat et, malgré les provocations réitérées de son adversaire, se tint enfermé dans ses retranchements. Mais lorsque Mithridate fit mine d'assiéger le fort de Dadasa, où les Romains avaient déposé leurs bagages et leur butin sous la protection d'une faible garnison, les légionnaires demandèrent à grands cris d'être menés au secours de leurs camarades. Soit faiblesse, soit espoir du triomphe, Triarius céda à leurs instances, franchit l'Iris et s'engagea de

---

(1) Phlégon de Tralles, *loc. cit.* (dernière année de l'Ol. 177).

(2) Dion attribue la rupture du pont à l'encombrement; Appien dit que les deux armées, sur le point d'en venir aux mains, furent séparées par une tempête effroyable. Je suppose qu'il s'agit du même événement.

(3) Salluste, fr. V, 8 : *Ceteri negotia sequebatur familiaria legatorum aut tribunorum, et pars sua, commeatibus, mercatis.*

nuit dans la route difficile qui menait de Gaziura à Zéla, à travers un pays hérissé de collines, entrecoupé de ravins profonds (1). Avant le jour, il prit le contact avec les avant-postes de Mithridate, qui campait sur le mont Scotios, à 3 milles de Zéla, au lieu même où, vingt ans plus tard, César vainquit Pharnace. La bataille fut longtemps indécise; enfin, la supériorité numérique des Pontiques et l'impétueuse vigueur de Mithridate décidèrent la victoire en sa faveur. L'infanterie romaine, rejetée dans la plaine, se laissa acculer à un canal boueux, dérivé de l'Iris, et fut presque entièrement exterminée; la cavalerie prit la fuite dans une autre direction, poursuivie par Mithridate. Mais cette fois encore, comme à la bataille du Lycos, l'ardeur juvénile du roi se .a ,énaire lui porta malheur. Au fort de la poursuite, un centurion romain, qu'on prit pour un transfuge, se glissa dans les rangs des vainqueurs, galopa quelque temps à côté du roi, puis lui enfonça son épée dans la cuisse (2). Le traître fut mis en pièces, mais Mithridate tomba sans connaissance et dut être emporté dans sa tente; ses lieutenants, consternés, donnèrent aussitôt l'ordre d'interrompre la chasse. L'armée crut le roi mort; elle s'amassa autour de sa tente en poussant des hurlements funèbres. Heureusement l'habile chirurgien de Mithridate, Timothée, arrêta l'hémorragie et, quelques heures après, le roi, bien vivant, s'offrit aux acclamations de ses troupes. La poursuite fut alors reprise, mais les débris de la cavalerie romaine avaient déjà repassé l'Iris, Triarius en tête; du moins, le camp fortifié de Gaziura, évacué par ses défenseurs, tomba entre les mains du vainqueur. Quand on dépouilla les morts, on reconnut l'immensité du désastre : 24 tribuns militaires, 150 centurions, 7.000 soldats romains jonchaient la plaine, où ils restèrent sans sépulture pendant trois ans (3). Un trophée, qui subsistait encore vingt ans plus tard, couronna la cime du mont Scotios (4). Mithridate passa en revue l'armée victorieuse sur le champ de bataille; il profita de l'occasion pour la purger de quelques centaines d'es-

---

(1) *Bellum alexandrinum*, c. 78 : *magni multique intercisi vallibus colles.*
(2) Cf. Sénèque le Rhéteur, *Controversiae*, VII, 1, 15.
(3) Les deux premiers chiffres sont donnés par Plutarque et Appien, le 3e par Plutarque seul. Sur l'ensevelissement des morts par Pompée en 64 av. J.-C., cf. Plut., *Pomp.* 39.
(4) Sur ce trophée, respecté par César : Dion XLII, 48. Le mont Scotios est mentionné par Appien, *Mith.* 120. Pour la situation, *Bell. alex., loc. cit.*

pions qui, sous le nom de transfuges, s'étaient introduits dans son camp (printemps 67 av. J.-C.) (1).

Lucullus était déjà à mi-route lorsqu'il apprit, par la rumeur publique, la fatale nouvelle. L'indignation des Fimbriens contre Triarius fut aussi grande qu'elle l'avait été naguère contre Cotta, après la défaite de Chalcédoine : ils faillirent écharper le malheureux légat. Lucullus lui sauva la vie, mais il ne put rétablir la situation. Mithridate, satisfait de sa victoire, refusa d'en compromettre l'effet moral par un nouvel engagement : il fit le vide devant l'ennemi, et rétrograda jusqu'à Talaura, au cœur des montagnes, où il se retrancha (2). Le pays était dévasté, le roi inexpugnable. La trahison ne réussit pas mieux que la force. Le sénateur Attidius, réfugié auprès de Mithridate, complota de l'assassiner : il fut découvert et mis à mort avec ses complices ; le roi, par un beau mouvement de générosité, épargna la torture au principal coupable et renvoya indemnes ses affranchis (3). Pendant que Mithridate tenait ainsi Lucullus en échec, le roi de la Médie Atropatène, gendre de Tigrane, se jetait sur la Cappadoce avec ses bandes de cavaliers, mettait le pays à feu et à sang, et détruisait les petits détachements romains disséminés dans la province. Tigrane lui-même, après avoir achevé la reconquête de l'Arménie, se disposait à franchir l'Euphrate (1).

On devine l'effet que ces nouvelles désastreuses produisirent à Rome. Depuis des années, démagogues, publicains, amis et affidés de Pompée ne cessaient de déblatérer contre le téméraire proconsul qui entassait ainsi guerre sur guerre et gouvernement sur gouvernement, sans autre souci que la satisfaction de son ambition et de son avarice personnelles. Les triomphes répétés de Lucullus avaient pendant quelque temps fermé la bouche aux envieux ; de son côté, il n'hésita pas, pour obtenir la proroga-

---

(1) Sur la bataille de Gaziura, cf., outre Dion et Appien, Cicéron, *Pro lege Manilia*, IX, 25 : *Sinite hoc loco, Quirites, sicut poetae solent, qui res romanas scribunt, praeterire me nostram calamitatem, quae tanta fuit, ut eam ad aures imperatoris non ex proelio nuntius, sed ex sermone rumor afferret.* Le scoliaste de Gronovius (p. 441, Orelli) présente ainsi le récit de la bataille : *Mithridates... jussit milites sedere in loco obscuro et, quando veniat legatus Luculli ad oppida illa (?) radenda, contra ipsum impetus fiat. Illi sederunt. Venit legatus ad rapinam faciendam. Fit contra eum impetus : ita omnes deleti, ut nec nuntius pas sit existere; ita omnes exstincti sunt.*
(2) Appien, *Mith.* 90; Dion XXXVI, 16, 2
(3) Appien, *loc. cit.*
(1) Dion, *loc. cit.*

tion de son immense commandement, à pensionner le puissant démagogue, L. Quintius, avec lequel il avait eu pendant son consulat de violents démêlés (1). Mais maintenant que, au lieu de victoires, chaque nouveau courrier annonçait un nouveau désastre, le déchaînement fut irrésistible. Dès l'année 69 av. J.-C., ce semble, un préteur avait été envoyé par le Sénat dans la province d'Asie (2); l'année suivante, le consul Q. Marcius Rex fut désigné pour gouverner la Cilicie à sa sortie de charge (3). Au commencement de 67, le dernier coup fut porté : sur la motion du tribun Gabinius, appuyée par ce même Quintius qui, devenu préteur, trafiquait aussi cyniquement de son influence que pendant son tribunat, le consul M'. Acilius Glabrio fut, en vertu d'un plébiscite, investi, à la place de Lucullus, du commandement en chef contre Mithridate, avec la province de Bithynie et de Pont; ordre fut donné à Lucullus de mettre ses troupes à la disposition de son successeur, excepté les légions Valériennes qui devaient être renvoyées, sans délai, dans leurs foyers. La peine de la confiscation était prononcée contre tous récalcitrants.

Ces décrets furent aussitôt publiés à travers toute la péninsule par les soins du préteur d'Asie (4). Lucullus, que la légalité n'avait jamais arrêté, ne tint d'abord aucun compte de ces chiffons de papier; il espérait encore une victoire décisive pour relever son prestige. A cet effet, il s'adressa avec confiance au nouveau gouverneur de Cilicie, qui s'acheminait alors à travers la Lycaonie à la tête de trois légions, et lui demanda son concours pour écraser Mithridate. Marcius Rex semblait avoir tous les motifs

---

(1) Salluste, fr. V, 11 : *Lucullus pecuniam Quintio dedit ne illi succederetur*. On a voulu voir une allusion obscure et méchante à ce fait chez Cicéron, *Pro lege Manilia*, XIII, 37 ; mais cela paraît peu d'accord avec le ton général du discours, qui est élogieux pour Lucullus. Quintius avait été tribun de la plèbe en 74 (Salluste, fr. III, 81, 11 : *Lucullus superiore anno quaestio animis ierit in L. Quintium citistis*). — Il est souvent mentionné par Cicéron qui l'appelle *optissimus turbulentis concionibus... homo maxime popularis, qui omnes rumorum et contionum ventos colligere consuesset* (*Brutus* LXII, 223 ; XXVIII, 77). D'après Plutarque, *Luc.* 33, il aurait été préteur au moment du vote de la loi Gabinia.

(2) Dion, XXXVI, 1. Un gouverneur d'Asie (ὁ τῆς Ἀσίας στρατηγός) est mentionné par Appien, *Mith.* 90, au commencement de 67 ; il s'agit probablement de T. Aufidius ou de son successeur P. Varinius (WADDINGTON, *Fastes de la province d'Asie*, p. 672).

(3) Dion XXXVI, 17, 1.

(4) Appien, *Mith.* 90. Cf. Salluste, fr. V, 11 : *legiones Valerinnae comperto, lege Gabinia, Bithyniam et Pontum consuli datum, ese missas esse*. Il n'est pas certain que ces dispositions fissent partie de la même loi Gabinia qui décerna à Pompée le commandement contre les pirates.

possibles de déférer à cette prière : il était le coreligionnaire politique de Lucullus, et, comme lui, il avait épousé une fille du consul Appius Claudius. Il n'en repoussa pas moins sèchement la requête de son beau-frère, alléguant pour tout prétexte la mauvaise volonté de ses troupes (1). Arrivé en Cilicie, ce proconsul, si respectueux de la légalité, prit à son service Ménémaque, brillant général de cavalerie qui venait de déserter le parti de Tigrane, et confia son escadre à son beau-frère P. Clodius, le conspirateur de Nisibis, chassé de l'armée de Lucullus. Clodius se fit d'ailleurs aussitôt prendre par les pirates, et jusqu'à l'année suivante on n'entendit plus parler des légions de Cilicie et de leur prudent général (2).

Lucullus, réduit ainsi à ses seules forces, ne désespéra pas encore et tenta du moins d'empêcher la jonction de Mithridate et de Tigrane. Il marcha contre ce dernier, comptant surprendre son armée, harassée par une longue route. Ses légions affectèrent d'abord d'obéir, mais arrivées à la croisée des routes qui menaient vers l'Euphrate et vers la Galatie, à l'endroit, sans doute, où s'éleva plus tard la ville de Sébaste, elles prirent, sans mot dire, le chemin de l'ouest, tournant le dos à l'ennemi. Lucullus, au désespoir, parcourt les rangs des troupes, baise les mains des factieux, supplie, verse des larmes : on ne l'écoute pas plus que naguère sur l'Arsanias ; pour toute réponse, le troupier, d'un air de défi, jette en l'air sa bourse vide. Tout ce que le malheureux général put obtenir de ses soldats fut qu'ils restassent sous ses drapeaux jusqu'à la fin de l'été; si, à ce moment, aucun ennemi n'avait paru, ils seraient libres de s'en aller, les Valériens chez eux, les jeunes soldats auprès de Glabrion, qui avait débarqué en Bithynie et ne rêvait, disait-on, que batailles (3). Cette convention humiliante fut fidèlement exécutée. Durant tout l'été 67, l'armée de Lucullus resta cantonnée sur le moyen Halys et dans le pays des Trocmes, dans l'inaction la plus absolue; pendant ce temps, Mithridate reconquit tout son royaume héréditaire et y affermit assez bien son autorité pour recommencer à frapper mon-

---

(1) Sallu-te, fr. V, 12 : *ut Lucullus audito Q. Marcium Regem proconsulem per Lycaoniam cum tribus legionibus in Ciliciam tendere..; ib. 13 : sed ubi ille militum reluctatam cognitae.* Dion XXXVI, 17,1 ; 19,2.

(2) Dion, *loc. cit.*

(3) Dion XXXVI, 17, 2-3 ; Plut., *Luc.* 35, 3-6.

naie. De son côté, Tigrane envahit la Cappadoce et ravagea impunément le plat pays (1). L'infortuné Ariobarzane, chassé de son royaume pour la sixième fois de sa vie, s'adréssait avec désespoir, mais sans succés, à tous les échos; Marcius Rex le renvoyait à Lucullus, Lucullus à Glabrion, à Glabrion qui s'attardait en Bithynie, et dont l'ardeur belliqueuse s'était subitement refroidie depuis qu'il s'était rendu compte du véritable état des affaires (2).

Vers ce temps-là, débarquèrent les dix commissaires du Sénat, dont Lucullus avait depuis longtemps réclamé l'envoi pour organiser, suivant l'usage, la nouvelle province conquise par ses armes. On avait composé la commission à son gré, d'hommes dévoués à ses intérêts : on y voyait, par exemple, son frère Marcus Lucullus, le conquérant de la Thrace, et son ancien légat L. Muréna (3). Mais si favorablement que ces commissaires fussent disposés envers lui, ils durent se rendre à l'évidence : Lucullus n'occupait plus un pouce de terre dans l'ancien royaume de Pont; la prétendue « province » était encore à conquérir tout entière (4). A cette constatation mortifiante s'ajouta bientôt l'humiliation suprême, la débandade générale de l'armée. Dès que l'été fut à son terme, les soldats Valériens, arrivés à l'expiration de leurs vingt ans de service, frappèrent l'air de leurs épées, comme pour défier un ennemi insaisissable, et quittèrent en masse le camp de Lucullus; beaucoup de jeunes soldats suivirent leur exemple et allèrent se ranger sous les drapeaux du consul Glabrion. Il ne resta auprés du vainqueur de Tigranocerte que les soldats trop pauvres pour payer leurs frais de voyage et pour avoir rien à redouter de la confiscation chimérique dont les menaçait la loi Gabinienne (automne 67 av. J.-C.) (5).

(1) Plut., *Luc.* 35, 7; Dion XXXVI, 19, 1; Appien, *Mith.* 91. D'aprés ces deux derniers auteurs, la Cappadoce aurait été également ravagée par Mithridate. — Monnaie de Mithridate avec la date 231 (sept. 67-66) : *Trois royaumes*, p. 200 et pl. XI, 7.

(2) Dion XXXVI, 19.

(3) Cicéron, *Ad Att.* XIII, 6 fin.

(4) Plut., *Luc.* 35, 8.

(5) Plut., *loc. cit.* Cf. Dion XXXVI, 17 fin.; Appien, *Mith.* 90.; Cicéron, *Pro lege Manilia*, XI, 26 : *partem militum, qui jam stipendiis confecti erant, dimisit, partem M'. Glabrioni tradidit.* — Les fragments de Salluste s'arrêtent ici; son Histoire paraît s'être terminée à la veille de la loi Manilia, qui équivalait, à son avis, au renversement de l'ordre de choses inauguré par Sylla. Je ne sais si la guerre contre les pirates y était racontée.

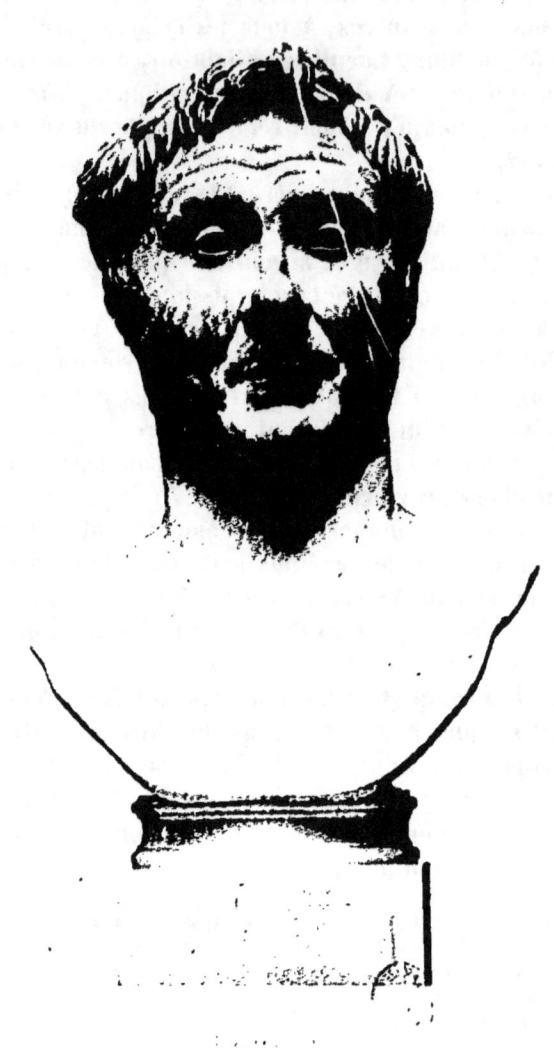

CHAPITRE IV.

FIN DE MITHRIDATE (1).

Vers la fin de l'année 67 av. J.-C., un observateur, se réveillant par hasard d'un sommeil de sept ans, aurait pu croire que pendant cet intervalle rien n'avait changé dans l'Asie Mineure.
Mithridate avait reconquis son royaume; il régnait sur des campagnes dévastées et des villes en ruines, mais il régnait. Il employait ses loisirs à reconstituer son armée et à châtier, avec une sévérité inexorable, les communes ou les particuliers qui avaient trop tôt désespéré de sa cause : c'est ainsi qu'une de ses plus belles créations, la ville d'Eupatoria, magnifiquement située au cœur du royaume, au confluent de l'Iris et du Lycos, fut démolie pour la punir d'avoir ouvert sans combat ses portes à Lucullus (2). Cependant le proconsul de Cilicie, Q. Marcius Rex, restait immobile derrière le Taurus avec ses trois légions. Le consul Glabrion, successeur officiel de Lucullus, mais successeur sans argent et sans prestige, s'attardait prudemment en Bithynie et faisait la guerre à coups de proclamations. Enfin Lucullus, cantonné sur le moyen Halys, dans le pays des Trocmes, voyait fondre entre ses mains les restes de ses légions débandées. Ce fantôme de général continuait à distribuer des ombres de territoires, tandis que sous ses yeux les cavaliers arméniens ravageaient impunément la Cappadoce, que les coureurs pontiques poussaient des pointes jusqu'en Bithynie et y brûlaient des villages. Les publicains consternés faisaient retentir de leurs plaintes le marché de Rome, mais les gouverneurs menacés de révocation achetaient les gens influents pour être maintenus dans leurs

---

(1) Sources principales : Dion Cassius XXXVI, 42-54; XXXVII, 1-11; Appien, *Mith.* 91-121; Plutarque, *Luc.* 36; *Pomp.* 30-42; les abréviateurs de Tite-Live et les discours contemporains de Cicéron, particulièrement le *Pro lege Manilia.*

(2) Appien, *Mith.* 115. Cf. Strabon XII, 3, 30.

provinces et Rome continuait à n'avoir en Asie que deux armées sans généraux et un général sans armée (1).

Ainsi, après sept années d'une guerre acharnée, on était tout simplement revenu au point de départ. Les prodigieuses conquêtes de Lucullus s'étaient évanouies comme un rêve; les aigles romaines avaient rétrogradé, aussi vite qu'elles s'étaient avancées, de l'Euphrate sur le Taurus, du Taurus sur le Halys; déjà la Cappadoce était perdue, la Bithynie entamée, la province d'Asie menacée. L'obstination du vieux roi avait-elle donc enfin trouvé sa récompense? Malheureusement pour Mithridate, ce retour de fortune inespéré n'avait que les apparences d'un dénouement. En réalité, le roi était à bout de forces. Rome ne devait ses derniers échecs qu'à la témérité de Lucullus, à l'incapacité de ses lieutenants, à l'insubordination de ses troupes, par-dessus tout au vice originel d'une oligarchie dégénérée qui ne savait plus ni garder la paix, ni mener la guerre. Avec la cause, l'effet devait disparaître. Les humiliations des armes romaines en Asie précipitèrent la chute du régime qui les avait rendues possibles, et, par un concours fatal de circonstances, Mithridate perdit en même temps, presque à la même heure, les trois derniers atouts qu'il avait dans son jeu : Tigrane, les pirates et l'oligarchie romaine.

Comme toutes les cours d'Orient où la polygamie étouffe les sentiments naturels, la cour d'Arménie était vouée aux tragédies domestiques. Tigrane avait eu trois fils de son épouse préférée, Cléopâtre, fille de Mithridate. Aucun d'eux ne voulut attendre la mort du vieux roi et aucun d'eux ne lui survécut. L'aîné, Zariadrès, se conjura le premier avec quelques *mégistans* arméniens mécontents : les conjurés, suivant un vieil usage oriental, se tirèrent tous du sang de la main droite et se le firent boire mutuellement (2); serment terrible, digne des complices de Catilina. Zariadrès périt sur le champ de bataille, mais son exemple ne découragea pas son second frère. Un jour le roi tomba de cheval pendant une chasse; le prince le laissa pour mort et ceignit la tiare royale. Le troisième fils, Tigrane le jeune, resta auprès du vieillard blessé et lui témoigna un affectueux dévouement. Revenu à lui et informé de la conduite de ses fils, le vieux

---

(1) Cicéron, *Pro lege Manilia*, II, 4-5; V, 12.
(2) Valère Maxime IX, 11, ext. 3. (Le nom *Sariaster* est corrompu.) Comparez pour cet usage Tertullien, *Apol.* 1 et Posidonius, F. H. G. III, 275.

roi fit trancher la tête à l'un et récompensa l'autre par la promesse du trône. Mais les passions fougueuses, l'ambition effrénée de l'aïeul maternel revivaient dans ce jeune homme comme chez ses frères. Quand il vit son père au fond de la Cappadoce, il jeta le masque et s'insurgea à son tour. A cette nouvelle, Tigrane s'empressa de rentrer chez lui à la tête de son armée. Le rebelle fut défait et réduit à se réfugier avec ses principaux complices chez le roi des Parthes, dont il avait épousé la fille, mais, à tort ou à raison, Tigrane soupçonna le roi de Pont d'avoir été l'instigateur de cette levée de boucliers; il en résulta un nouveau refroidissement entre les deux monarques et Tigrane, préoccupé désormais d'une attaque imminente des Parthes, laissa Mithridate à sa destinée (1).

Après Tigrane, les pirates. On se souvient de l'alliance étroite que Mithridate avait conclue avec les rois de la mer, à la veille de sa rupture avec Rome. Cette alliance ne fut pas sans profit pour les deux contractants : l'escadre de secours que Mithridate envoya aux Crétois les aida à triompher du préteur Antonius; en retour, plusieurs de ces bandits pleins d'honneur combattirent vaillamment sur les flottes du roi à Chalcédoine, à Lemnos, à Ténédos, et, après ses défaites, fidèles au malheur, ils luttèrent à outrance pour la défense de ses forteresses. Quand tout fut perdu, les pirates continuèrent leurs opérations pour leur propre compte sur la mer Égée, sur la « mer d'Or » et dans les eaux occidentales. Jamais leur audace ne fut plus grande, jamais leurs succès plus retentissants que pendant ces années où Lucullus, le seul général romain capable de les mettre à la raison, pourchassait au fond de l'Asie un ennemi insaisissable. Ce fut alors que, presque sous les yeux de l'escadre de Triarius, le pirate Athénodore consomma la ruine de la malheureuse Délos, alors que d'audacieux corsaires débarquèrent en plein jour dans le port de Syracuse, détruisirent une escadre dans la rade d'Ostie, insultèrent la côte de l'Italie sur cent points.

Tant que les pirates s'étaient contentés de détruire des flottes de guerre, de piller des villes et des temples grecs ou de capturer des magistrats romains pour les rançonner, la plèbe du forum riait de leurs bons tours et tolérait un scandale dont les provinces

(1) Appien, *Mith.* 104; Dion, XXXVI, 51.

et l'honneur de Rome avaient seuls à souffrir. Mais le jour vint où le laboureur italien se vit enlevé au milieu de son champ, les voyageurs détroussés en pleine voie Appienne, où les communications avec la Sicile et l'Afrique, les deux greniers de Rome, furent à peu près interrompues, où le prix du blé monta sur le marché dans des proportions exorbitantes. Alors le peuple cria famine, rejeta, non sans raison, la faute de ses maux et de ses hontes sur le gouvernement. Dès l'année 69, cependant, le gouvernement s'était décidé à faire quelque chose : la guerre fut déclarée aux Crétois, qui depuis leur victoire sur Antonius se moquaient ouvertement de la république; en deux années d'une lutte impitoyable (68-67), le proconsul Q. Métellus acheva à peu près la conquête et la ruine de la vieille île dorienne. Mais le bon sens populaire avait enfin compris que les victoires de terre ferme, si brillantes qu'elles fussent, ne pouvaient venir à bout d'un ennemi dont la patrie, le champ d'opérations était la Méditerranée tout entière. La piraterie, écrasée sur un point, renaîtrait infailliblement sur un autre : Métellus recommençait en Crète l'œuvre ingrate de Servilius en Cilicie, la lutte de la louve contre le requin. Seule, une purge générale des mers pouvait donner des résultats décisifs.

Au commencement de l'année 67, le tribun A. Gabinius, celui-là même qui avait fait voter le remplacement de Lucullus et le licenciement des légions Valériennes, proposa de nommer un nouvel amiral, ayant une compétence aussi étendue que celle qu'on avait attribuée au préteur Antonius en 74, mais armé d'une autorité encore plus absolue et pourvu de ressources bien autrement efficaces. En réalité, sous le nom d'amiral, il s'agissait de créer un véritable dictateur des mers et des côtes de l'empire. Le choix de ce chef suprême était laissé au Sénat, mais le nom du candidat imposé se pressait sur toutes les lèvres : c'était Pompée, le général le plus heureux et le plus populaire de la république, devenu, depuis son retour d'Espagne et les réformes radicales de son consulat (70 av. J.-C.), l'allié, le protecteur, l'idole du parti populaire. L'opposition désespérée des chefs de la noblesse ne rendit que plus éclatant le triomphe des démocrates et de leur champion. Le plébiscite fut voté et Pompée investi du commandement désiré. Il justifia d'ailleurs brillamment la confiance du peuple-roi. On lui avait accordé ses pouvoirs pour trois ans; en trois mois, il eut nettoyé la Méditerranée, capturé ou détruit

1,300 bâtiments grands ou petits, tué ou pris 30,000 pirates et couronné par la clémence l'œuvre de la répression.

L'anéantissement de la puissance des pirates était un coup sensible pour Mithridate. Non seulement il perdait en eux ses derniers, ses plus fidèles alliés, mais encore le succès foudroyant de Pompée, contrastant avec l'inaction piteuse de Glabrion, désignait le vainqueur des pirates pour la succession, toujours ouverte, de Lucullus. Ce commandement contre Mithridate, Pompée le convoitait depuis longtemps : dès l'an 74, il avait failli venir l'arracher à Lucullus à la tête des légions d'Espagne. Maintenant qu'il touchait au but, il affecta l'indifférence, mais laissa ses amis de Rome agir pour lui. Pendant que ceux-ci allaient répétant sur le forum que sa seule présence au pied du Taurus avait arrêté la marche en avant des rois barbares, Pompée passait l'hiver 67-66 en Cilicie, où l'avait conduit le hallali des pirates. Ostensiblement, il préparait une expédition en Crète, où avait éclaté entre Métellus et lui un misérable conflit d'attributions; il occupait ses loisirs à relever les villes ciliciennes dévastées par Tigrane et les repeuplait de pirates captifs. En réalité, il attendait impatiemment l'ordre de franchir le Taurus. Quand le terrain fut suffisamment préparé, un sous-Gabinius, l'obscur tribun C. Manilius, proposa, au mois de janvier 66, un plébiscite tendant à rappeler immédiatement Glabrion et Rex, à joindre au commandement maritime de Pompée les gouvernements de Bithynie et de Cilicie, enfin, à lui confier la conduite de la guerre contre Mithridate et Tigrane, avec le droit illimité de faire la paix et de contracter alliance au nom du peuple romain. Cette loi achevait la ruine du gouvernement aristocratique et donnait à la démocratie un maître; elle n'en fut pas moins appuyée par des hommes de tous les partis, Servilius, Cicéron, César, et votée par les tribus à la quasi-unanimité des suffrages. L'heureux général, arrivé au comble de ses vœux, se plaignit hautement qu'on ne le laissât pas un instant tranquille.

Pendant les derniers mois de l'hiver, Mithridate vit de toutes parts se resserrer autour de lui le cercle d'airain. Les offres de paix que Pompée lui fit adresser par l'intermédiaire du transfuge Métrophane n'étaient sans doute destinées qu'à l'amuser (1). Ti-

---

(1) Dion XXXVI, 45.

grane, occupé chez lui, persévérait dans son abstention méfiante, Macharès dans sa trahison. Mithridate fit un dernier effort pour entraîner les Parthes; mais ses ambassadeurs furent prévenus par ceux de Pompée, et les promesses des Romains, les instances du jeune Tigrane emportèrent la balance. L'imprévoyant Arsacide crut à la bonne foi de Pompée, qui lui promettait formellement l'alliance de Rome et la frontière de l'Euphrate; il prit fait et cause pour son gendre et se jeta sur l'Arménie (1). Pendant ce temps, les dynastes et les villes d'Asie amenaient leurs contingents; les gens de guerre en congé, ces mêmes Fimbriens qui refusaient avec dédain tout service à Lucullus, séduits par les proclamations de Pompée, accouraient en foule sous les drapeaux d'un général qu'on savait libéral, indulgent et heureux. En peu de temps, Pompée eut concentré en Cilicie plus de 60,000 hommes; Mithridate, bien qu'il eût drainé les dernières ressources de son royaume, ne put mettre sur pied que 30,000 fantassins et 3,000 chevaux (2). La flotte romaine, forte de 270 voiles et répartie depuis la Phénicie jusqu'au Bosphore, surveillait toutes les côtes de l'Asie Mineure; Mithridate n'avait pas un vaisseau à lui opposer.

Au printemps de 66, Pompée, laissant en arrière les trois légions de Marcius Rex pour couvrir la Cilicie et la Cappadoce, passa en Galatie avec le reste de ses forces afin de recevoir ou de prendre le commandement des mains de Lucullus. L'entrevue des deux généraux eut lieu à Danala, dans le pays des Trocmes (3);

---

(1) Dion se trompe en plaçant en ce moment (hiver 67-6) la mort d'« Arsace » et l'avènement de Phraate. Nous savons par Phlégon de Tralles (fr. 12 Müller, F. H. G. III, 606) que Phraate Théos succéda à Sinatrocès la 3e année de la 177e Olympiade, c'est-à-dire entre juillet 70 et juillet 69. Appien dit également à tort (*Mith.* 104), à la fin de 66, que Phraate *venait de succéder* à son père « Sintricos ». Plus loin, XXXVII, 6, Dion commet une nouvelle erreur en faisant marcher Tigrane le fils contre son père avec Phraate en 64 av. J.-C., alors qu'il était depuis longtemps dans les fers de Pompée; il a confondu visiblement les deux expéditions de Phraate contre Tigrane, l'une en 66, pour ramener son gendre, l'autre en 64, pour conquérir la Gordyène.

(2) Forces de Mithridate : Appien, *Mith.* 97; Plutarque, *Pomp.* 32 (il ne compte que 2,000 chevaux). Forces de Pompée : il distribua à son retour 16,000 talents (= 384 millions de sesterces) à ses troupes (Appien, *Mith.* 116), or chaque soldat reçut 6,000 sesterces (Appien, Pline XXXVII, 2, 16). Je ne pense pas avec Mommsen qu'il faille déduire des 384 millions les 100 millions distribués aux légats propréteurs et proquesteurs qui avaient assisté Pompée dans la guerre des pirates (Pline, *loc. cit.*). Ne pas oublier que pour cette guerre on avait mis sur pied 120,000 hommes de pied et 4,000 chevaux (Appien, *Mith.* 91).

(3) Strabon XII, 5, 2.

elle commença par des compliments, continua par des récriminations, et finit par des injures. Lucullus, au désespoir de se voir arracher le fruit de tant de victoires, chercha d'abord à persuader à Pompée que tout était fini, qu'on n'avait pas besoin de lui; puis, comme cet artifice puéril ne réussissait pas, il prétendit s'éterniser en Galatie et continuer à faire acte de commandement à côté de son successeur. Pompée, poussé à bout, fut obligé de casser en bloc toutes ses ordonnances et de lui débaucher ses troupes; il ne lui laissa que 1,600 hommes, maigre escorte d'un triomphe qu'on fit attendre pendant trois ans (1) au vainqueur de Tigranocerte.

Pendant que ce rival gorgé de gloire, de richesses et d'humiliations prenait le chemin de Rome, Pompée se dirigeait vers la frontière occidentale du Pont. Mithridate, informé de la défection des Parthes et de l'invasion de l'Arménie, trop clairvoyant, en présence de l'énorme disproportion des forces, pour conserver aucune illusion sur l'issue de la campagne, recourut aux négociations; mais cette fois Pompée le prit de très haut, réclamant d'emblée l'extradition des transfuges et la soumission sans réserve. La seule rumeur de ces conditions jeta la panique dans l'armée pontique; les émigrés romains, qui en faisaient la force principale, se crurent trahis; les autres troupes, qui ne voulaient plus combattre sans eux, commencèrent à déserter en masse. Il fallut recourir contre les déserteurs à tout l'arsenal des supplices orientaux et mentir hardiment pour rassurer les autres. Le roi jura aux émigrés qu'il ne ferait jamais la paix avec Rome sans eux ni contre eux; il assura que, sous prétexte de négociations, il avait simplement voulu faire reconnaître par ses ambassadeurs les forces de Pompée (2).

Mithridate ne songea pas un instant, avec des troupes inférieures en nombre et en qualité, à tenter la fortune des armes : il renouvela simplement contre Pompée la tactique qui lui avait réussi l'année précédente contre Lucullus. Reculant lentement vers l'intérieur du Pont, il dérobait ses marches par un rideau de cavalerie, harcelait l'ennemi, enlevait ses convois, achevait de ruiner un pays déjà fort éprouvé par les dernières campagnes.

(1) Cicéron, *Acad. post.* II, 1, 3. Sur le triomphe de Lucullus, voir Plutarque, *Luc.* 37.
(2) Dion, XXXVI, 45, paraît se tromper en plaçant les négociations avant l'entrée en campagne. Voir Appien, *Mith.* 98.

Pompée se lassa le premier de ces marches et contre-marches interminables; il rompit le contact et se jeta sur la Petite-Arménie, à peu près dégarnie de troupes (1). Mais Mithridate réussit à l'y devancer, se retrancha sur des hauteurs inaccessibles et fit battre la plaine par ses archers et ses chevau-légers. Un instant la situation des Romains devint aussi critique que devant Cabira; leurs fourrageurs étaient régulièrement enlevés, la disette régnait dans leur camp et la désertion commençait à y sévir. Malheureusement les provisions d'eau vinrent à s'épuiser dans l'armée pontique, et Mithridate, qui n'avait pas su découvrir les sources cachées dans les flancs de la montagne, évacua sa position (2). Pompée le suivit à travers une région boisée, entrecoupée de ravins et de vallons, où les archers et les cavaliers de Mithridate perdaient tous leurs avantages. Un jour, la cavalerie pontique se laissa attirer dans une embuscade où Pompée avait caché 500 chevaux et 3,000 hommes d'infanterie légère; elle fut taillée en pièces, et les Romains auraient pénétré à sa suite dans le camp royal si Mithridate n'avait pas amené son infanterie à la rescousse (3).

Intimidés par cet échec, les cavaliers de Mithridate n'osèrent plus se risquer dans la campagne, et les convois des Romains arrivèrent désormais sans encombre de la Cappadoce. Mithridate, réduit à une stricte défensive, occupa une hauteur bien pourvue d'eau et d'un abord difficile, à six milles du Lycos, près du bourg de Dastéira (4). Dans cette situation inexpugnable, il défiait toutes les attaques des Romains. Mais Pompée fit venir les légions de Cilicie, ce qui lui donna une supériorité numérique écrasante, jeta un corps sur la rive gauche de l'Euphrate et occupa

(1) C'est évidemment par une négligence de langage que Dion dit ἐς τὴν Ἀρμενίαν (XXXVI, 47). Lui-même ajoute immédiatement après : ὅτι ἐν ὑπερόρω χώρᾳ, ce qui ne serait pas vrai de l'Arménie. C'est par une erreur semblable que Frontin, II, 5, 33, dit, en parlant du combat de cavalerie qui suivit, *in Armenia* au lieu de *in minore Armenia*.

(2) J'ai suivi ici Plutarque (*Pomp.* 32, copié par Zonaras). Dion ne parle pas de ces sources et attribue à Pompée l'initiative de la retraite.

(3) Frontin II, 5, 33. Ce combat est également raconté par Dion XXXVI, 47, et Appien, *Mith.* 98 ; mais ce dernier, contrairement à la vraisemblance, le place immédiatement au début de la campagne, sur la frontière galate. Tite-Live racontait ce combat vers la fin du livre 100 et la bataille nocturne au livre 101.

(4) Strabon XII, 3, 28 (supprimer les mots καὶ τῆς Ἀκιλισηνῆς). Orose VI, 4, 3 : *Pompeius .. in minore Armenia juxta montem Dastracum* (sic) *castra regis insidiose condusit. Dastira* ou *Dastracus* nous ne doit pas être confondu avec le fort de Dastarcon sur le Carmalas, en Cataonie (Strabon, XII, 2, 6).

l'Acilisène, province fertile d'où il tira des approvisionnements à volonté (1). Puis les Romains établirent une série de redoutes et de camps fortifiés qui traçaient autour de la position ennemie une vaste circonvallation de 120 stades (22 kilomètres) de tour. Mithridate ne tenta même pas de s'opposer à ce travail. Une fois investi, il tint bon pendant six semaines; quand il n'eut plus ni vivres ni fourrages et que déjà l'on commençait à abattre les attelages, il égorgea ses malades et ses blessés, amusa l'ennemi par de feintes négociations et des sorties simulées; puis, la quarante-cinquième nuit du siège, entre neuf heures et minuit, l'armée, laissant ses feux allumés, décampa dans un profond silence et défila, sans être aperçue, à travers les lignes romaines, le long du camp endormi (2).

Une fois de plus l'étoile de Mithridate l'avait sauvé, mais c'était un succès sans lendemain. De quel côté diriger la retraite? où trouver un port pour cette armée harassée, affamée, vaincue sans avoir combattu? L'ennemi était partout, dans la Petite-Arménie, dans l'Acilisène, dans le Pont, dans la Cappadoce; la Colchide était trop loin; restait le royaume de Tigrane, mais pour y arriver, il fallait franchir l'Euphrate, et comment exécuter cette opération compliquée avant d'être rejoint par Pompée? C'était cependant la dernière chance de salut et l'on se mit en marche. La route malaisée traversait d'âpres défilés et des forêts profondes. On ne marchait que de nuit, écartant pendant le jour la cavalerie des Romains, qui, dès le lendemain, avaient commencé la poursuite. Le troisième jour, à l'heure de la méridienne, profitant du repos journalier des Asiatiques, Pompée fait filer toute son armée par les crêtes et occupe, en avant de l'armée en retraite, les posi-

---

(1) La distance de Dasteira-Nicopolis au Lycos est donnée par un texte des *Actes des Martyrs*, 3 juillet, p. 46. Le site de cette ville (à Pioürk, près Endérès) est d'ailleurs assuré par les inscriptions C. I. G. 4189 et WADDINGTON-LE BAS, 1811 d. Je crois avec Strabon que Pompée bâtit Nicopolis sur le site très favorable de Dasteira, et non pas, comme le veulent Plutarque, Appien et Dion, au lieu même de la bataille, à deux journées de là. Le *Bell. Alex.* 36 nous apprend que la ville était située dans une cuvette, entre deux hautes montagnes. Orose, VI, 2, 7, place sottement Nicopolis à la source commune de l'Euphrate et de l'Araxe! Il n'y a pas à tenir compte du renseignement de Florus (I, 40, 22) suivant lequel Pompée aurait à ce moment franchi l'Euphrate sur un pont de bateaux, *omnibus ante primus*. L'abréviateur a simplement confondu Pompée avec Lucullus (cf. Salluste, fr. IV, 11 Kritz).

(2) Frontin, *Strat.* I, 1, 7. La 45e nuit suivant Plutarque, la 56e suivant Appien. La fuite nocturne de Mithridate était représentée sur un des tableaux qui figurèrent au triomphe de Pompée : Appien, *Mith.* 117.

tions qui dominaient un dernier défilé par où elle devait nécessairement passer pour atteindre le fleuve. Les Pontiques, partis le soir de leur campement, s'engagent dans les gorges, sans soupçonner le voisinage de l'ennemi. Tout à coup, dans le grand silence d'une nuit sans étoiles, on entend les trompettes sonner la charge; le cri de guerre des légions retentit sur les hauteurs, et l'écho des parois rocheuses redit à l'infini le cliquetis des lances choquées contre les boucliers d'airain. En même temps une grêle de pierres, de javelots et de flèches s'abat sur l'avant-garde pontique. Mithridate, réveillé par ses généraux, tâche de ranger ses troupes en bataille; mais une terreur superstitieuse s'empare de ces hommes qui se croient assaillis par quelque fléau surnaturel, quelque sabbat de démons hantant la solitude de ces lieux inconnus. Bientôt le bruit se répand qu'on est pris en tête et en queue, cerné, enveloppé; les soldats jettent leurs armes, les bataillons se serrent les uns contre les autres comme un troupeau affolé. L'action est à peine commencée et déjà l'armée n'est plus qu'une cohue, où hommes, femmes, chevaux, chameaux, fourgons, brancards, s'entassent pêle-mêle dans un désordre épouvantable, offrant aux projectiles ennemis une cible compacte, où tous les coups portent, malgré l'épaisseur des ténèbres. Jusqu'au dernier moment Pompée, fidèle à ses habitudes de prudence, avait hésité à engager un combat nocturne, toujours chanceux; les exhortations de quelques vieux tribuns avaient vaincu ses scrupules de stratégiste; la confusion produite par les premières attaques acheva de l'enhardir. Quand les Romains eurent épuisé leurs munitions, il donna le signal de l'assaut. Les légionnaires s'élancent des hauteurs et tombent sur la masse inerte des barbares qui se laissent égorger sans défense, roulent dans les ravins ou périssent écrasés sous les sabots des chevaux et les roues des fourgons. Cependant la lune s'était levée derrière les Romains et projetait en avant leurs ombres allongées. Quelques compagnies d'archers asiatiques firent front et tâchèrent de vider leurs carquois, mais ils appréciaient mal les distances et l'épée romaine s'abattait sur eux avant qu'ils eussent pu régler leur tir. Quand l'aube parut, l'armée asiatique était anéantie : plus de 10,000 cadavres jonchaient le champ de carnage; le reste était pris ou fuyait par les hauteurs. Les tentes et le matériel tombèrent aux mains du vainqueur, qui n'accusa, pour sa part, que 40 morts et 1,000 blessés (1).

Tel fut le dernier combat que Mithridate livra aux Romains. Jusqu'au bout, il avait fait son devoir de roi et de soldat; quand tout fut perdu, il s'évada du champ de bataille et gagna les crêtes avec ses gardes à cheval, au nombre de 800. État-major, généraux, courtisans, tout avait fondu dans la débâcle; l'escorte militaire elle-même ne tarda pas à s'égrener sur la route, et le roi resta seul avec deux compagnons dévoués et une femme, sa vaillante concubine Hypsicratée; vêtue en homme, les cheveux coupés ras, montant un infatigable cheval perse qu'elle pansait elle-même, ainsi que celui du roi, l'héroïque amazone devait accompagner son amant jusqu'au terme de sa longue odyssée, l'enveloppant de sa tendresse, vivante image de la patrie absente (2). Les fugitifs rallièrent en route environ 3,000 fantassins et quelques cavaliers mercenaires. Ils arrivèrent sans encombre au château de Sinoria (3) situé aux confins du territoire pontique et de la Grande-Arménie. C'était la plus forte *gazophylacie* de Mithridate et l'un des plus riches garde-meubles de la couronne. Mithridate s'y arrêta quelques jours et envoya de là des ambassadeurs demander l'hospitalité à Tigrane; mais une cruelle surprise les attendait à la frontière.

(1) Pour cette bataille il y a une divergence absolue entre le récit de Dion XXXVI, 48-9, que j'ai suivi, et celui d'Appien, *Mith.* 99-100. D'après ce dernier, le roi se retranche sur une colline dont il fait garder l'accès par 4 cohortes. Au point du jour (ἅμα δ'ἡμέρᾳ) les avant-postes engagent le combat; des cavaliers pontiques accourent à la rescousse sans ordre et *sans chevaux*; enfoncés par la cavalerie romaine, ils retournent précipitamment au camp pour chercher leurs montures : à la vue de leur fuite, le reste des troupes croit le camp forcé et se disperse; sauve-qui-peut général et massacre. Le récit de Plutarque, *Pomp.* 32, s'accorde, en somme, avec celui de Dion, sauf un détail important : d'après Plutarque les barbares étaient campés, d'après Dion ils étaient encore en colonne de route. Plutarque aura suivi Théophane, Dion Tite-Live, ce que prouve son parfait accord avec les abréviateurs (cp. 101; Frontin II, 1, 12; II, 2, 2; Florus I, 40, 23; Eutrope VI, 12, 2; Orose VI, 4, 4-5; S. Rufus, 16; Aur. Victor, 76). Malgré ce nombre imposant de témoignages, qui, en définitive, se ramènent tous à la version pompéienne, je n'oserai affirmer qu'Appien se soit trompé. — Pertes des Pontiques : Appien et Plutarque 10,000 morts, Orose et Eutrope 40,000 « tués ou pris », Rufus 42,000. Pertes des Romains : Orose, comme au texte; Eutrope, 20 soldats et 2 centurions.

(2) Plutarque, *Pomp.* 32; Valère Maxime IV, 6, *ext.* 2. Cp. Eutrope : *rex fugit... cum uxore et duobus comitibus*, et les phrases ampoulées d'Orose VI, 4, 6.

(3) Σινορία chez Strabon XII, 3, 28; Σινόρα chez Plutarque; Σινόρηγα chez Appien; *Sinorium* chez Ammien Marcellin XVI, 7, 9. Théophane (chez Strabon *loc. cit.*) l'appelait, à cause de sa situation, Σινορία. C'est probablement le même endroit qui est appelé par les géographes postérieurs Σινίβρα (Ptolémée), *Sinara* (Tab. Peut.), *Sincrca* (Itin. Anton.).

On se souvient qu'au moment même où Pompée se mettait en campagne contre Mithridate, le roi des Parthes, à la suite d'un accord verbal conclu avec les Romains, avait envahi l'Arménie sous prétexte d'y ramener son gendre, le jeune Tigrane. Les Arméniens furent partout battus, le vieux Tigrane chassé dans la montagne et les Parthes pénétrèrent jusque sous les murs de sa capitale, Artaxata. Là ils trouvèrent le terme de leurs succès. La « Carthage d'Arménie », bâtie sur un éperon de l'Ararat, couverte de trois côtés par l'Araxe et du quatrième par des fortifications massives (1), défia les efforts de ces archers, novices dans l'art des sièges. De guerre lasse, Phraate, à l'approche de la mauvaise saison, ramena la plus grande partie de ses forces derrière le Tigre, laissant au jeune Tigrane le soin d'achever la réduction de la ville. A peine les Parthes éloignés, le vieux roi reparut, fit appel au loyalisme de ses sujets et écrasa pour la seconde fois son fils rebelle. Le jeune Tigrane pensa d'abord à se jeter dans les bras de Mithridate et prit le chemin du Pont; à mi-route il apprit la situation désespérée de son aïeul, et, changeant soudain de plan, il gagna le camp romain et s'offrit à Pompée pour guide à travers Arménie. A ces nouvelles, le vieux Tigrane, plus convaincu que jamais de la connivence de Mithridate avec son fils, espérant d'ailleurs détourner par une dernière bassesse la catastrophe imminente, jeta aux fers les courriers de son beau-père et les fit amener à Pompée; en même temps il mit à prix la tête du roi vaincu et fugitif. C'est ainsi qu'au lieu d'une garde d'honneur, comme en 71, Mithridate, en touchant la frontière d'Arménie, trouva une proclamation qui promettait une récompense de cent talents (600,000 fr.) à son assassin.

Le coup de pied de Tigrane achevait l'isolement du royal proscrit. Tout autre eût desespéré, non Mithridate. Puisque le Midi, l'Occident et l'Orient lui étaient également fermés, restait le Nord; il résolut de gagner, à travers les montagnes, la Colchide, d'où il pourrait, suivant les circonstances, redescendre en Arménie, soulever le Caucase ou reconquérir à la pointe de l'épée son royaume bosporan. Avant de quitter Sinoria, il paya d'avance à ses troupes la solde d'une année, emporta six mille talents (36 millions) en or, prit lui-même et distribua à ses officiers les vête-

(1) Strabon XI, 11, 6.

ments les plus précieux de la garde-robe royale et des provisions de poison. Cela fait, il confia à l'eunuque Ménophile la garde de l'imprenable forteresse et de sa fille chérie Drypétina, que sa mauvaise santé empêchait de le suivre; puis il se mit en route avec sa petite armée le long de la rive droite de l'Euphrate. En quatre jours d'une course effrénée, Mithridate atteignit les sources de l'Euphrate, le col d'Erzeroum (1). Il s'y arrêta trois jours pour remettre un peu d'ordre dans ses troupes et équiper les barbares que son nom et son or attiraient sous ses drapeaux. Puis il poussa droit au nord, à travers les défilés du mont Capotès et le territoire de la Chôtène (2), une des provinces de population mixte récemment arrachées par les Arméniens aux Ibères. Quelques bandes de Chôtènes et d'Ibères, archers et frondeurs, tentèrent de lui barrer le passage, mais il les chassa devant lui et déboucha dans la vallée de l'Acampsis (*Tchorokh*) qu'il descendit ensuite jusqu'à son embouchure. De là, en quelques étapes le long de la côte, il atteignit le Phase. Pompée, qui l'avait fait poursuivre jusque-là, arrêta provisoirement la chasse à cette borne historique de l'Asie Mineure.

On sait que la Colchide, après avoir formé pendant quelque temps une vice-royauté dans l'empire de Mithridate, avait été ramenée à la condition d'une satrapie ordinaire, gouvernée par un haut personnage du rang de « premier ami du roi ». A la fin de l'année 71, le vice-roi du Bosphore, Macharès, occupa cette province (3), mais lorsque, l'année suivante, il fit sa paix avec les Romains, les naturels ne paraissent pas l'avoir tous suivi dans sa défection; c'est ainsi qu'on vit les gens de Dioscurias offrir un asile aux vaillants Ciliciens qui avaient défendu Sinope jusqu'à la dernière extrémité. Les tribus de la Colchide jouirent ensuite pendant quatre ou cinq ans d'une indépendance de fait, sous leurs « porte-sceptre » nationaux. Le roi fugitif, accueilli de gré ou de force, ne fit d'ailleurs que traverser la plaine du Phase : il prit ses quartiers d'hiver à Dioscurias, la dernière grande ville grecque de la côte, située au pied du Caucase. De là il entra en négo-

---

(1) C'est à tort qu'Appien, *Mith.* 101, fait *traverser* l'Euphrate à Mithridate (τὸν μὲν Εὐφράτην ὑπερβαλών); il dut évidemment cheminer le long de la rive nord du fleuve, et non sur la rive sud, en territoire arménien.

(2) Identique sans doute à la *Chorzène* de Strabon, XI, 14, 5.

(3) Memnon, c. 53.

ciations avec les deux plus puissantes nations de l'isthme caucasique, les Albans et les Ibères.

Ces deux peuples habitaient le bassin du Cyrus (*Kour*) : les Ibères la partie supérieure, qui embrasse les plus fertiles plaines de la Géorgie d'aujourd'hui; les Albans les pâturages herbeux du Chirvan et du Daghestan actuels, sur les deux versants du Caucase oriental. Les Albans, que leur éloignement avait protégés contre les convoitises des grandes monarchies asiatiques, mais non contre les razzias des nomades transcaucasiens, étaient de beaux hommes, d'une stature élevée. Demeurés à un degré très inférieur de civilisation, vivant de chasse, de pêche et d'élève du bétail, ils n'avaient su tirer qu'un faible parti d'un sol admirablement arrosé, où la vigne de deux ans est déjà chargée de raisins, où le blé donne deux ou trois récoltes par an. Leur agriculture rudimentaire ne connaissait que la charrue de bois; leur commerce était nul : ils ignoraient l'usage de la monnaie et même des poids et mesures, ne pratiquant que le troc, ne sachant compter que jusqu'à cent. Leur langue s'était morcelée en une infinité de dialectes, leur nationalité en vingt-six tribus, réunies depuis peu seulement sous l'autorité d'un roi unique. Quant à la religion, c'était un amas de superstitions bizarres où dominaient le culte orgiastique de la lune et le sacrifice humain, accompagné de pratiques divinatoires. On vénérait les derviches inspirés, les fous, les vieillards; en revanche, le culte des morts était proscrit. L'armée était nombreuse : avec l'aide des tribus caucasiques amies, les Albans pouvaient mettre en ligne jusqu'à 60,000 fantassins et 12,000 cavaliers; mais le courage était médiocre, l'armement défectueux; les cavaliers bardés de fer, avec leurs chevaux vêtus d'un plumage d'écailles, étaient, comme leurs émules arméniens et mèdes, un corps de parade plutôt que de combat.

Aussi nombreux que les Albans, les Ibères étaient plus forts, plus riches (1) et plus civilisés. Agriculteurs paisibles dans la plaine (qui finit par en prendre le nom de *Géorgie*, « Agriculture »), nomades belliqueux dans la montagne, ils avaient des villages, des fortins et même des villes véritables où l'on voyait des marchés, des édifices publics et des maisons soigneusement cons-

---

(1) La richesse des Ibères est attestée par le présent que leur roi envoya à Pompée (Plut., *Pomp.* 36) : un lit, une table et un trône en or massif.

truites, aux toits recouverts de tuiles. Ce peuple n'avait de commun que le nom avec les Ibères de l'Espagne. Il se composait d'une race primitive, conquise et asservie par une tribu iranienne : c'est du moins ce qu'on peut conclure des noms médiques des rois, du culte d'Ormuzd et surtout de la division de la nation en quatre classes ou castes; les trois premières — nobles, prêtres et francs tenanciers — représentant la race conquérante, la dernière, les *laoï* ou serfs royaux, la race assujettie, l'équivalent des hilotes laconiens. La couronne, élective de nom, héréditaire de fait, se transmettait non du père au fils, mais, comme chez les peuples musulmans de nos jours, au plus âgé parmi les proches parents du roi défunt. Le second en âge exerçait les fonctions de grand juge et de général en chef. A l'image de la nation tout entière, chaque famille constituait une petite communauté agraire, dirigée par l'*ancien* de la *gens*; la propriété individuelle, du moins la propriété foncière, était inconnue. Les prêtres présidaient aux relations internationales et avaient la garde des traités. Les cultivateurs libres formaient l'armée, composée principalement de lanciers à cheval et d'archers : les premiers combattant à la façon parthe, par fuites simulées et impétueux retours; les seconds, comme les Indiens de l'Amérique du Nord, se cachant derrière le tronc des arbres ou grimpant sur leur faîte pour décocher, de là, des flèches empoisonnées à la pointe barbelée.

Malgré la saine constitution du royaume et les qualités énergiques de la race, les Ibères furent trop faibles pour maintenir leur indépendance et l'intégrité de leur territoire contre les appétits de leurs puissants voisins. Les Arméniens leur avaient arraché les provinces méridionales de Gogarène et de Chorzène; ils étouffaient dans les étroites barrières d'un territoire, emprisonné désormais entre la chaîne principale du Caucase, ses contreforts méridionaux et les monts Moschiques, sans autre issue dans toutes les directions que d'âpres défilés. Au nord, la vallée de l'Aragos et les Portes caucasiques conduisaient en Sarmatie; à l'ouest, le col sinueux de Sarapané descendait en Colchide; à l'est, un long couloir taillé dans le roc aboutissait aux steppes de la Cambysène et aux marécages de l'Alazon, vestibule de l'Albanie; au sud enfin, vers l'Arménie, on avait le choix entre deux routes également difficiles qui empruntaient les vallées du Cyrus et d'un de ses affluents, dominées respectivement par les forteresses sœurs de Seusamora et d'Harmozica (1).

Tels étaient les nouveaux amis que Mithridate cherchait à s'attacher pour arrêter au pied du Caucase le flot de l'invasion romaine. Il eut peu de peine à gagner à sa cause des peuples naturellement jaloux de leur indépendance et qu'inquiétait la présence de l'étranger à leur frontière. Mithridate avait d'ailleurs, dès le commencement de son règne, conclu avec les Ibères un traité de commerce et d'amitié (2). Depuis lors, Ibères et Albans étaient entrés dans l'allégeance de Tigrane, mais à l'heure actuelle l'empire arménien n'existait plus, et du même coup ses anciens vassaux avaient recouvré la liberté de leurs alliances. En effet, pendant que le roi de Pont fuyait au delà du Phase, Pompée avait occupé l'Arménie sans coup férir. Des sources de l'Euphrate, il descendit dans la vallée de l'Araxe et marcha droit sur Artaxata sous la conduite du jeune Tigrane. Aucune résistance ne fut opposée. A quinze milles de sa capitale, le vieux Tigrane se présenta aux portes du camp romain et vint se jeter en suppliant aux pieds de Pompée. Il fut reçu en roi et traité avec une clémence inattendue : à la vérité, on lui enleva toutes ses conquêtes, le fruit de trente années de guerres, et on lui imposa une indemnité de 60,000 talents (36 millions), mais il garda l'Arménie et fut admis au nombre des « amis et alliés du peuple romain ». C'était peut-être de la générosité, mais c'était surtout de la politique : Rome ne pouvait souhaiter de client plus docile, de gardien plus fidèle de sa nouvelle frontière orientale que ce vieux despote démoralisé, humilié, affaissé, qui témoigna d'emblée sa reconnaissance par d'abondantes largesses au général et aux soldats.

Restait à régler le sort du jeune Tigrane. Si celui-ci avait compté recevoir la couronne des mains de Pompée, il fut cruellement déçu : pour prix de sa trahison, on lui offrit le maigre

---

(1) Pour tout ce tableau, voir Strabon, XI, 3 et 4, qui a dû tirer la plupart de ses renseignements de Théophane et accessoirement du rapport (de Dellius?) sur l'expédition de Canidius, lieutenant d'Antoine. Lanciers ibères : Plut., *Luc.* 31. Provinces ibères conquises par les Arméniens : Strabon, XI, 14, 5. Dans Strabon XI, 3, 5 les mots ἐπὶ τῷ Ἀράγῳ sont évidemment corrompus et n'auraient pas dû induire en erreur Ch. MULLER et KIEPERT. L'affluent anonyme doit être la rivière d'Akhalkalaki ; cf. REISEIG, *Description du Caucase*, II, 89 ; KLAPROTH, *Voyage au Caucase*, I, 518.

(2) Memnon, c. 30.

apanage de la Sophène (1); encore exigea-t-on qu'il vidât au préalable les gazophylacies de sa principauté afin de payer la rançon de son père. Le petit-fils de Mithridate se révolta contre un traitement qui lui semblait le comble de l'ingratitude; il prit même vis-à-vis de Pompée une attitude si insolente que le général romain finit par le jeter aux fers. C'était une violation du droit des gens et une injure gratuite adressée au roi des Parthes, qui réclama son gendre; mais de ce côté encore, Pompée fut aussi hautain après la victoire qu'il avait été auparavant souple, insinuant et prodigue de promesses. Malgré les protestations de Phraate, le jeune Tigrane, sa femme et ses enfants furent expédiés à Rome pour figurer dans le cortège triomphal; la Sophène fut rattachée à la Cappadoce, dont le roi reçut ainsi la garde des deux rives de l'Euphrate. Quant à Phraate, il ne devait pas tarder à être complètement édifié sur les bienfaits de l'alliance romaine. Pendant les deux années suivantes, Pompée ne négligea pas une occasion de l'humilier; il lui refusa le titre de roi des rois, fit occuper, au nom de Tigrane, la Gordyène, que les Parthes réclamaient, laissa ses lieutenants promener leurs troupes à travers la Mésopotamie, au mépris du traité qui assurait à Phraate la frontière de l'Euphrate; enfin il reçut des envoyés et des présents des rois d'Élymaïde et de Médie, vassaux du Parthe, qui méditaient probablement de secouer le joug. Phraate, ainsi joué, dut se souvenir avec amertume des paroles prophétiques de Mithridate l'exhortant, dans son propre intérêt, à ne pas trahir la cause commune des rois de l'Orient, tous également menacés par l'ambition de Rome (2).

Les légions de Pompée prirent leurs quartiers d'hiver à l'extrême frontière de l'Arménie, sur les bords du Cyrus. Le roi des Albans, Oroizès, pressenti par Pompée, lui promit le passage pour la prochaine campagne; le roi des Ibères, Artocès, en fit autant.

---

(1) Appien ajoute la Gordyène et la fait passer ensuite à Ariobarzane, contre toute vraisemblance.

(2) Je ne fais que résumer ces événements, qui ne regardent pas directement Mithridate. Pour l'entrevue entre Pompée et Tigrane, voir Appien, *Mith.* 104; Plutarque, *Pomp.* 33; Dion XXXVI, 52; Cicéron, *Pro Sestio*, XXVII, 58 (paraphrasé par Valère Maxime V, 1, 9); Eutrope VI, 13. Pour les chiffres des gratifications allouées aux troupes romaines, Plutarque est d'accord avec Strabon XI, 14, 10 (50 drachmes aux simples soldats, 1,000 aux centurions, 6,000 aux tribuns); Appien s'est donc trompé en attribuant aux tribuns 10,000 dr. Une erreur bien plus grave de cet auteur est de placer la campagne de Pompée en Arménie *après* sa campagne au Caucase.

L'escadre romaine, sous l'amiral Servil is, croisait dans les eaux de la Colchide; il ne semblait pas que Mithridate pût échapper. Tout à coup, le 17 décembre 66, quarante mille Albans, à l'instigation, dit-on, du jeune Tigrane, alors dans les fers de Pompée, franchirent brusquement le Cyrus sous les ordres de leur roi Oroizès, et se jetèrent sur les quartiers de la rive droite où les troupes se préparaient à fêter les Saturnales. Les Romains étaient répartis en trois camps assez éloignés les uns des autres, sous le commandement respectif de Pompée et des deux légats L. Valérius Flaccus et Q. Métellus Céler, auprès duquel se trouvait Tigrane. Contre toute autre armée une surprise aussi bien combinée aurait réussi; mais la fougue indisciplinée des barbares se brisa contre la ferme bravoure des légions romaines, et les bandes d'Oroizès furent rejetées en désordre derrière le Cyrus. Une trêve fut accordée au roi vaincu. Rendu méfiant par cette alerte, le général romain ne se laissa pas tromper par les protestations d'amitié du roi des Ibères qui, secrètement d'accord avec Mithridate, méditait de son côté un guet-apens. Dès les premiers jours du printemps 65, avant que les Ibères eussent achevé leurs préparatifs, l'armée romaine se mit en marche par la vallée du haut Cyrus et occupa sans coup férir les défilés faciles à défendre qui conduisaient d'Arménie en Ibérie. Artocès, surpris par cette brusque agression, s'enfuit sur la rive gauche du Cyrus, brûlant derrière lui le pont, pendant que Pompée s'emparait de la forteresse d'Harmozica et de tout le pays situé sur la rive droite du fleuve. Le barbare négocia, envoya des vivres, rebâtit à ses frais le pont du Cyrus; puis, quand il vit les Romains de l'autre côté du fleuve, il recula jusqu'au Pélore, dernier fossé du royaume, fit front et livra bataille. Mais ses archers ne tinrent pas un instant devant le choc des légions, et les Ibères, après avoir subi des pertes considérables, se sauvèrent derrière le Pélore dont ils brûlèrent le pont. On était maintenant en plein été et la rivière, devenue guéable, n'arrêta pas les Romains; alors seulement Artocès perdit courage, livra ses enfants pour otages, et subit les conditions du vainqueur (1).

(1) Dion Cassius XXXVI, 45; XXXVII, 1-3; Plutarque, *Pomp.* 34. Le roi des Ibères est appelé *Ἀρτώκης* par les auteurs grecs, *Artoces* par Florus, *Artocès* par Orose et Eutrope; celui des Albans Ὀρoίσης par Dion, Ὀροίζης par Appien, *Orodes* par Eutrope, *Horodes* par Orose. Florus, par une erreur évidente, distingue *Orkoses*, roi de Colchide et *Horodes*, roi d'Albanie. — Les légats Métellus et Flaccus sont les deux futurs préteurs de l'an 63,

L'armée victorieuse, reprenant enfin la poursuite de Mithridate, quitta le bassin du Cyrus pour celui du Phase. La route, fréquentée par les caravanes qui transitaient entre la Caspienne et l'Euxin, courait entre des murailles de granit rongées par les torrents et franchissait sur 120 ponts les méandres du Phase supérieur. Après une marche de quatre jours, l'armée romaine atteignit la plaine de la Colchide, au-dessous de la forteresse de Sarapané, et descendit le long du fleuve jusqu'au port de Phasis où l'escadre de Servilius avait jeté l'ancre. Là on apprit que la bête qu'on relançait était depuis longtemps hors d'atteinte.

Mithridate et son armée avaient passé l'hiver de 66/5 à Dioscurias. C'était, on s'en souvient, un emporium assez considérable, où les pauvres tribus du haut pays venaient échanger leurs produits entre elles ou avec les marchands grecs de la côte; on y entendait parler plus de 70 dialectes, on y employait 300 interprètes (1). Nul doute que le roi n'ait profité de l'heureuse situation de la vieille colonie milésienne pour nouer des relations avec les chefs des nombreuses peuplades dont il lui fallait emprunter le territoire pour gagner le Bosphore. Après l'échec de la diversion d'Oroizès et d'Artocès, il ne restait, en effet, à Mithridate d'autre parti à prendre que de reconquérir coûte que coûte le royaume de Macharès. Le difficile était d'y arriver. La voie de mer était fermée par l'escadre romaine; la voie de terre passait, non sans raison, pour impraticable. Cette route, ou pour mieux dire ce marchepied, longeait pendant près de 700 kilomètres (1.000 stades) le rivage de la mer Noire, surplombé d'un bout à l'autre par la muraille du Caucase. Ici la montagne tombe à pic dans la mer, ailleurs elle projette entre les courtes vallées, où rugissent les torrents côtiers, des promontoires massifs, comme autant de cloisons infranchissables; où cesse la falaise commence le marais. La sauvagerie des naturels s'harmonisait avec l'âpreté des lieux. Les tribus échelonnées le long de cette côte, ou blotties dans les anfractuosités de la montagne voisine, étaient les plus barbares de l'Asie. On leur attribuait à tort ou à raison le cannibalisme (2), les sacrifices hu-

---

qui aidèrent Cicéron à étouffer la conjuration de Catilina (Salluste, *Cat.* 30, 42 et 45.) Cicéron, dans le *Pro Flacco*, ne rappelle pas cet épisode de la vie de son client, mais il ne faut pas oublier que le début de ce discours est mutilé.

(1) Strabon XI, 2, 16.
(2) Aristote, *Polit.* VIII, 1, 4.

mains (1). L'organisation politique était primitive : une poussière de clans, peu à peu agglomérée en petits royaumes. Peu ou point d'agriculture; nul commerce. L'étranger était un ennemi, et malheur au voyageur que la tempête jetait sur ces côtes inhospitalières! La chasse et la pêche nourrissaient seules ces pauvres montagnards et les nourrissaient mal; aussi plusieurs tribus cherchaient-elles dans la piraterie un supplément de ressources. Jaillissant de leurs criques rocheuses — les seuls ports de la contrée — les corsaires Achéens, montés sur leurs fines et rapides *camares*, qui renfermaient chacune 25 hommes, fondaient sur les rares navires de commerce qui se risquaient en vue de leurs observatoires, pillaient les villes ouvertes, emmenaient des otages et ne les relâchaient que moyennant de lourdes rançons : trafic lucratif, dont on soupçonnait certains marchands bosporans de prendre leur part. L'hiver venu, les pirates tiraient leurs pirogues à terre et les portaient au fond des bois (2). Aucune exploration n'avait encore visité, aucune armée n'avait franchi ces « barrières de la Scythie »; toutes les grandes migrations préhistoriques ou historiques qui ont traversé le Caucase semblent avoir passé par l'ouverture centrale de la chaîne, le col de Dariel (Portes caucasiques), ou l'avoir contournée à son extrémité orientale. Seul Mithridate avait osé un jour conduire une armée dans ces parages, mais on sait que les Achéens la détruisirent. Ce que le roi n'avait pu accomplir au faîte de sa puissance, avec toutes les ressources de deux riches royaumes, allait-il y réussir maintenant, où vaincu, proscrit, fugitif, il lui restait pour toute finance les trésors qu'il portait avec lui, pour toute armée la poignée de transfuges et de mercenaires que la nécessité enchaînait à sa fortune?

La foi soulève les montagnes; elle permet aussi de les franchir. La petite armée, conduite par son roi presque septuagénaire, partit de Dioscurias, et traversa de gré ou de force le territoire des Suanes et des Cercètes, voisins immédiats de cette ville. La nation suivante, celle des Hénioques, qui avait alors quatre chefs décorés du nom de rois, fit bon accueil aux fugitifs. Quant au territoire des Zyges, il fallut renoncer à s'y frayer un passage; la montagne et les hommes étaient trop farouches. Alors on ramassa

---

(1) Appien, *Mith.* 102.
(2) Strabon XI, 2, 12. Cf. Ammien XXII, 8, 25. Des *camares* vient le prétendu peuple des *Camarites* chez Denys le Périégète et Méla.

quelques camares le long de la côte, on y embarqua les troupes, et, en rasant le littoral, pour n'être pas aperçu de la croisière romaine, on atteignit la contrée des Achéens. Là il fallut culbuter quelques bandes de barbares avant de franchir les dernières ramifications du Corax. L'armée, arrivée au terme de cette prodigieuse retraite, déboucha victorieuse, mais harassée, dans les plaines basses de la Sindique, au seuil du royaume du Bosphore (1).

Il n'y avait pas un instant à perdre si l'on voulait surprendre Macharès et l'écraser avant qu'il pût organiser la résistance. Mithridate parcourut lui-même la côte orientale de la Palus-Méotide, appelant aux armes ses anciens vassaux, les princes des tribus méotiennes, distribuant à tous de l'or, promettant aux plus puissants ses filles en mariage. Telle était l'auréole qui, après tant d'années d'absence et de défaites, entourait encore ce vieux soldat, que les barbares accoururent en foule sous ses drapeaux. De leur côté les populations bosporanes commencèrent à s'agiter. Macharès était alors à Phanagorie, sur la côte asiatique du Bosphore. Il envoya à son père une ambassade suppliante; il demandait grâce, rejetait la faute sur les événements. Mithridate ne voulut rien entendre et lança une proclamation mettant à prix la tête de son fils. Le malheureux prince s'enfuit alors à Panticapée, en brûlant sa flotte pour retarder la poursuite. Mais Mithridate eut bientôt fait de réunir une escadre dans les ports de la rive orientale, franchit le détroit et parut sous les murs de la capitale. Macharès, abandonné de tous, comprit que son rôle était fini et se jeta sur son épée. Panticapée ouvrit ses portes (2). La répression fut, en somme, assez clémente : seuls les vrais coupables, les conseillers placés auprès du jeune prince par Mithridate et qui avaient trahi sa confiance, furent mis à mort; le reste, qui n'avait fait que suivre l'impulsion, fut épargné. En quelques semaines, l'autorité du roi fut rétablie sur tout le territoire bosporan aussi solidement que dix ans auparavant. Pour la seconde fois, la fortune avait, comme par miracle, rendu un royaume à Mithridate (65 av. J.-C.).

(1) Strabon XI, 2, 13; Appien, *Mith.* 101. Suivant Strabon, les Achéens se montrèrent de bonne composition; suivant Appien, il fallut les battre.

(2) Suivant Dion XXXVI, 50, Macharès fut tué par ses « amis », sur la foi des promesses de Mithridate.

Pompée apprit, en arrivant à Phasis, la direction qu'avait prise le fugitif. Quelques jours lui suffirent pour reconnaître qu'il y aurait folie à continuer une chasse hasardeuse à travers un labyrinthe de populations hostiles, de montagnes sauvages et de pays inconnus : l'espoir douteux de s'emparer d'un gibier royal ne valait pas le risque de perdre la plus belle armée de Rome dans les neiges du Caucase. Sourd aux conseils perfides comme aux murmures de l'amour-propre militaire, Pompée chargea son escadre de surveiller et de bloquer les côtes de la mer Noire, puis, prétextant un soulèvement, probablement imaginaire, des Albans, il se décida à ramener son armée sur le Cyrus (1). Au lieu de la voie courte, mais pénible, de Sarapané, il fit, cette fois, un grand circuit par le littoral et les monts d'Arménie; ce fut, sans doute, pendant cette marche aventureuse que la tribu des Heptacomètes, dans le Paryadrès oriental, détruisit trois cohortes romaines après les avoir grisées avec du miel d'azalées (2). L'armée romaine parut à l'improviste sur le Cyrus et en força le passage, malgré les pieux que les barbares avaient semés dans le lit du fleuve; elle franchit ensuite, non sans peine, en se faisant accompagner de dix mille outres d'eau, le steppe aride que traverse l'inutile Cambyse. L'armée albane attendait de pied ferme derrière l'Alazon ou Abas. A la vue des Romains, les barbares, croyant n'avoir à faire qu'à une avant-garde de cavalerie, chargèrent impétueusement et poursuivirent sans ordre; mais ils se virent tout à coup enveloppés par l'infanterie qui s'était dissimulée, genou à terre, dans un pli du terrain (3). Le frère du roi Oroizès, Cosis, tomba de la main même de Pompée; l'armée barbare, complétement débandée, s'enfuit dans les forêts où Pompée fit mettre le feu, et des milliers d'archers ennemis périrent dans les flammes. Les Albans, ainsi que quelques tribus voisines, firent alors leur soumission, et reconnurent, du moins pour la forme, la suzeraineté de Rome.

Pompée, satisfait d'avoir vengé le guet-apens des Saturnales et reconnu l'importante voie commerciale de l'isthme cauca-

(1) Plutarque (*Pomp.* 35), qui suit aveuglément Théophane, mentionne ce soulèvement, mais Dion, XXXVII, 3, n'en parle pas et laisse entendre clairement que Pompée prit les Albans en traître, après les avoir rassurés par un traité simulé.
(2) Strabon XII, 3, 18.
(3) Frontin, *Strat.* II, 3, 11.

sien (1), ne poussa pas plus avant; les chaleurs d'un été torride, la dysenterie causée par l'usage de l'eau glacée des torents, les vipères et les scorpions qui infestaient les marécages du bas Cyrus arrêtèrent les Romains à trois journées de la Caspienne (2). Pompée revint prendre ses quartiers d'hiver dans la Petite-Arménie (3). Là, il s'occupa à réduire, ou fit réduire par ses lieutenants, les principales gazophylacies de Mithridate. La plupart firent une résistance obstinée et ne succombèrent qu'à la famine. Ainsi tombèrent Talaura avec son magnifique garde-meuble (4), le Château-Neuf (*Cainon*) avec ses précieuses archives (5), bien d'autres forteresses encore, épargnées ou oubliées par Lucullus. Ces capitulations livrèrent au vainqueur des sommes considérables, qui furent versées au trésor de l'État. Plusieurs concubines de Mithridate tombèrent également entre les mains de Pompée et furent renvoyées dans leurs foyers. Sinoria, où Mithridate, on s'en souvient, avait laissé sa fille Drypétina, fut assiégée par le légat Manlius Priscus; quand la garnison se vit à bout de ressources, le commandant, l'eunuque Ménophile, poignarda la princesse et se tua sur son cadavre (6). La reine Stratonice défendit moins bien Symphorion. Furieuse d'avoir été abandonnée par Mithridate, elle éloigna une partie de la garnison sous prétexte de fourrage, ouvrit les portes aux Romains et leur livra les cachettes aux trésors, après avoir stipulé l'impunité pour elle et son fils Xipharès. Les Romains tinrent parole envers la reine et récompensèrent richement sa trahison; mais la malheureuse ignorait que Xipharès, alors au Bosphore, était tombé aux mains de Mithridate, et le roi vengea le crime de la mère en immolant le fils (7). La plupart des forteresses conquises furent aussitôt démantelées par les Romains; pour rendre à jamais inhabitables

(1) Varron chez Pline VI, 17, 52.
(2) C'est donc à tort qu'Ammien Marcellin XXIII, 5, 16, fait atteindre à Pompée cette mer.
(3) Ἐν τῇ Ἀνᾱίᾳ (Dion XXXVII, 7). Cette région est inconnue d'ailleurs (peut-être la Syspiritide?), mais la suite prouve que, si le texte n'est pas corrompu, il faut la chercher du côté de le Petite-Arménie.
(4) Appien, *Mith.* 115.
(5) Plut., *Pomp.* 37; Strabon XII, 3, 31.
(6) Ammien Marcellin XVI, 7, 9-10. Manlius Priscus est peut-être nommé dans l'inscription d'Amasie publiée par Ramsay, *Bull. corr. hell.* VII, 28.
(7) Dion XXXVII, 7 (inachevé); Plut., *Pomp.* 36. Appien (*Mith.* 107), dramatise niaisement l'épisode en faisant égorger Xipharès sur le Bosphore en présence de sa mère accourue sur l'autre rive!

ces nids d'aigles, repaires favoris des brigands, ils bouchèrent les puits en y roulant de gros blocs de rocher (1).

La conquête ainsi accomplie, ou peu s'en faut, Pompée tint à Amisos, au printemps de l'an 64, une véritable cour de rois. Il y distribua à ses alliés des récompenses et régla provisoirement, sans tenir aucun compte des promesses de Lucullus, mais sous réserve de la ratification du Sénat, la condition politique de l'ancien royaume de Pont et de ses annexes. Un certain Attale, descendant présumé des anciens Pyléménides, obtint la Paphlagonie intérieure, avec Gangra (2); un certain Aristarque eut la Colchide (3). Le tétrarque des Tolistoboïens, Déjotaros, fut récompensé de ses éminents services par la moitié de la Gazélonitide et le royaume de Petite-Arménie, avec les cantons des Chalybes et des Tibarènes, les villes de Pharnacie et de Trébizonde (4). Son gendre Brogitaros, tétrarque des Trocmes, obtint la forteresse de Mithradation (5). Enfin Archélaos, fils du vaincu de Chéronée, devint grand prêtre de Comana avec le rang de souverain et un territoire de 60 stades (6). Le reste du territoire pontique fut divisé entre onze « cités » anciennes ou de création nouvelle, placées sous la surveillance administrative du futur gouverneur romain de Pont et Bithynie. Ces cités furent : 1° à l'ouest du Halys, Pompeiopolis, ville nouvelle fondée sur l'Amnias; 2° entre le Halys et l'Iris, Néapolis (ci-devant Phazémon), Amasie, Zéla et Mégalopolis (Colupène et Camisène); 3° dans le bassin du Lycos, Nicopolis, fondée sur l'emplacement de la victoire décisive de l'an 66, Diospolis (ci-devant Cabira) et Magnopolis (ci-devant Eupatoria); 4° enfin, le long de la côte, Amisos, Sinope et Amastris (7).

(1) Strabon XII, 3, 38.
(2) Appien, Mith. 114. Eutrope nomme deux princes : Attale et Pylémène.
(3) Appien, ibid., Les monnaies de ce prince (KŒHNE, Num. Chronicle, 1877, 1) portent la légende Ἀριστάρχου τοῦ ἐπὶ Κολχίδος. Il ne reçut donc pas le titre de roi que lui donnent Eutrope et S. Rufus.
(4) Strabon XII, 3, 13.
(5) Strabon XII, 5, 2 (les mss. ont Βογοδιατάρῳ). La Galatie fut alors divisée en trois tétrarchies correspondant aux anciens peuples. Le tétrarque des Tectosages fut Castor Tarcondarios, qui épousa également une fille de Déjotaros.
(6) Strabon XII, 3, 34; Appien, Mith. 114.
(7) Pour la nomenclature et les limites territoriales des cités pontiques, voir Strabon XII, 3 passim. Le Halys limite des territoires de Sinope et d'Amisos : Arrien, Perip. 22. Héraclée ne redevint une cité qu'au temps de César; Memnon, 59-60. — Appien, Mith. 117, confirme que Pompée fonda (ou se vantait d'avoir fondé) 8 cités « en Cappadoce », à savoir une dans la Cappadoce propre (Mazaca, ib. 115) et sept dans le Pont (Pompeiopolis, Néapolis, Magno-

Pour la seconde fois depuis dix ans, Rome partageait la peau de l'ours avant de l'avoir abattu, mais cette fois elle pouvait le faire en toute sécurité; Mithridate n'était-il pas séparé de ses anciens États par toute l'étendue de la mer Noire, que la flotte de Servilius parcourait en maîtresse? Du fond de sa citadelle du Bosphore, le vieux roi, inexpugnable, mais paralysé, apprenait, avec une rage impuissante, la chute de ses dernières forteresses, la confiscation de ses trésors, la trahison de sa femme, la mort de sa fille préférée, le morcellement de ses provinces héréditaires. Il lui en coûtait de renoncer à l'espoir de revoir les villes où dormaient ses aïeux, la patrie où le ramenaient tous les souvenirs de sa jeunesse, la terre où fumait encore, dans le cœur de ses sujets, un brasier d'amour pour leur roi légitime. Dans le courant de l'année 64, il abaissa sa fierté jusqu'à faire à Pompée de nouvelles et modestes propositions de paix : il offrait de recevoir l'investiture de ses anciens États à titre de client et tributaire de Rome. Pompée savait trop comment Mithridate entendait les obligations de la clientèle pour lui rendre, de gaieté de cœur, le fruit d'une aussi laborieuse conquête. Qui pouvait garantir que le jour, prochain peut-être, où l'incurie du Sénat ou les dissensions intestines des Romains entraveraient de nouveau les forces de la République, le vieux lutteur ne se jetterait pas pour la quatrième fois sur l'Asie dégarnie ou complice? Pompée se contenta de répondre qu'avant toute discussion au fond, il fallait que Mithridate vînt en personne faire sa soumission, en d'autres termes se rendre à merci. Mithridate n'était pas un Tigrane et il n'avait pas appris tant d'histoire pour recommencer l'aventure de Persée; il offrit d'envoyer à sa place quelqu'un de ses fils ou de ses amis. Pompée refusa la substitution, et les négociations en restèrent là.

Le général romain, s'il était résolu à ne pas ramener lui-même Mithridate à Sinope, ne se souciait pas davantage de courir après lui jusqu'à Panticapée. En dépit des stratégistes du forum, dont

---

polis, Diospolis, Zéla, Mégalopolis, Nicopolis). — NIESE, *Rh. Museum*, XXXVIII, 577, donne une liste des onze cités qui diffère sur deux points de la mienne : 1° sur le littoral, il ajoute Tiéon et Héraclée; 2° à l'intérieur, il omet Atous* (qui serait restée une simple bourgade) et Nicopolis, qu'il compte dans l'apanage de Déjotarus. Mais Héraclée était en ruines, Tiéon comptait à la Bithynie. Au lieu de Nicopolis on pourrait à la rigueur songer à Camisa (Strabon, XII, 3, 37 fin).

les clameurs parvenaient jusqu'à lui, en dépit des scrupules de ses propres lieutenants, pour qui la guerre n'était pas finie tant que Mithridate restait debout, il quitta le Pont au début de l'été 64 pour aller régler les affaires très embrouillées de Syrie et cueillir, au sud de l'Amanus et jusqu'au fond du Liban, de faciles lauriers. Il chargeait sa flotte de surveiller étroitement la Chersonèse Taurique, avec défense aux navires marchands de forcer le blocus, sous peine de mort. « Je laisse à Mithridate, dit-il en partant, un ennemi plus redoutable que moi-même : la famine (1). » Plaisante façon d'affamer un ennemi que de l'enfermer dans un grenier à blé! Mais le blocus des côtes de la mer Noire, s'il n'affamait pas Mithridate, n'en causait pas moins au commerce Bosporan de graves préjudices; un tremblement de t... désastreux, qui survint dans le courant de cette même année *., accrut encore les souffrances et le mécontentement de ces malheureuses populations (2).

Mithridate était tout entier à ses armements. Grâce à une activité prodigieuse, en réquisitionnant jusqu'au dernier sou et jusqu'au dernier homme, en enrôlant jusqu'aux esclaves, il réussit à mettre sur pied, vers la fin de l'année 64, une nouvelle armée et une nouvelle flotte de guerre. L'armée était forte de 36,000 hommes d'élite, répartis en 60 cohortes; ils étaient armés, équipés, instruits à la romaine; on n'attendait plus que les contingents irréguliers. Le but de ces armements colossaux commençait à n'être plus un mystère pour personne. Il ne s'agissait de rien moins, dans la pensée de Mithridate, que de reprendre un rêve peut-être déjà caressé dans sa jeunesse, de profiter de l'absence des légions de Pompée, perdues au fond de la Syrie, pour prendre l'offensive contre l'Italie. A la tête de son armée bosporane, qu'allaient bientôt rejoindre les contingents de ses alliés scythes et méotiens, le vieux roi se proposait de longer le rivage septentrional de l'Euxin, entraînant sur sa route les Sarmates et les

---

(1) Plutarque, *Pomp.* 39; Appien, *Mith.* 107. Appien se trompe, selon moi, en plaçant l'ambassade de Mithridate pendant le séjour de Pompée en Syrie « à une époque où Pompée ignorait que le roi fût encore en vie » (ὡς ἀπεθνῃσκὼν αὐτοῦ πέραντος).

(2) Dion XXXVII, 11; Orose VI, 5 : *In Bosporo Mithridate Cerealia sacra celebrante, terrae motus*, etc. Si les Cerealia bosporanes coïncidaient avec les Cerealia romaines, il s'agit du mois d'avril; si elles coïncidaient, au contraire, avec les grandes Éleusiniennes attiques, il s'agit du mois d'octobre. Sur le culte de Déméter au Bosphore, voir *Antiquités du Bosphore cimmérien*, inscription n° 8.

Bastarnes ; puis, de remonter la vallée du Danube, où les tribus gauloises, dont il avait soigneusement cultivé l'amitié, accourraient en foule sous ses étendards. Ainsi devenu le généralissime de la barbarie du Nord, il traversait la Pannonie et descendait comme une avalanche du sommet des Alpes sur l'Italie, dégarnie de troupes, affaiblie par ses querelles politiques et sociales : on sortait à peine de l'insurrection de Spartacus et le complot de Catilina couvait dans les ténèbres. C'était, en un mot, la marche d'Annibal, mais en partant de l'Orient et à la tête des Gaulois du Danube au lieu des Gaulois du Rhône. L'entreprise était hasardeuse ; mais de deux choses l'une : ou bien Mithridate réussirait et écraserait enfin dans le nid l'ennemi héréditaire, ou il succomberait, et quelle fin plus glorieuse pour une âme aussi éprise de grandeur que de périr sous le fardeau d'une pareille tentative ?

Les anciens n'ont pas marchandé leur admiration à ce dernier enfantement d'un cerveau surexcité où la haine atteignait au génie ; les modernes n'y ont vu qu'une folie, héroïque suivant les uns, risible suivant les autres. La folie est-elle aussi certaine qu'elle le semble à distance ? Les Cimbres avaient démontré, quarante ans auparavant, que la muraille des Alpes n'était rien moins qu'infranchissable. Et Marius aurait-il eu alors aussi bon marché des hordes germaniques si elles avaient eu à leur tête un chef de la valeur de Mithridate ? Il n'y avait rien d'absurde d'ailleurs à compter sur le concours des Sarmates, des Bastarnes, des Gaulois ; c'étaient des peuples avec qui Mithridate entretenait depuis longtemps des rapports diplomatiques, qui fournissaient à ses armées des milliers de vaillants mercenaires. Pour eux, le prestige du vieux roi était encore intact, et l'or qu'il avait emporté de Sinoria suffisait à leur donner patience en attendant les dépouilles de l'Italie. Enfin, n'oublions pas que si les choses avaient suivi le programme conçu par Mithridate, son invasion aurait fondu sur l'Italie vers la fin de l'année 63, c'est-à-dire au moment même où une conjuration puissamment ramifiée menaçait Rome de la révolution, de l'incendie et du pillage, au moment où les vieilles bandes marianistes levaient en Étrurie l'étendard de la guerre civile. Qui peut dire quelles complications eût amenées, dans une pareille crise, l'apparition soudaine, au pied des Alpes, de 100,000 barbares conduits par un roi civilisé ? qui peut dire si Rome n'aurait pas éprouvé alors le sort que, cinq siècles plus tard, lui firent subir Alaric, Genséric et Totila (1)?

Seulement, pour que le plan de Mithridate eût la moindre chance de réussite, il fallait pouvoir compter sur le dévouement absolu, sur la solidité inébranlable de la petite armée destinée à former le noyau de la grande invasion. Quel espoir de succès si la boule de neige qui devait déchaîner l'avalanche commençait à fondre avant même de rouler? C'est malheureusment ce qui arriva. Sans que Mithridate s'en doutât, le feu depuis longtemps couvait sous la cendre. Les populations bosporanes, cruellement éprouvées par le blocus de leurs ports, par le tremblement de terre qui avait dévasté leurs champs et leurs villes, furent poussées à bout par les procédés impitoyables de l'administration royale. Les sergents recruteurs, les ingénieurs du roi abattaient les chaumières, tuaient les bœufs de labour pour se procurer du bois, du fer, des tendons nécessaires à la construction des machines de guerre; des impôts écrasants décimaient les moindres fortunes; la violence, les injustices des agents rendaient encore plus odieuse la rigueur de ces mesures exceptionnelles. De la population civile le mécontentement finit par gagner l'armée. Tant de défaites avaient ébranlé la confiance des troupes dans leur chef; on respectait sa gloire et ses malheurs, mais on hésitait à le suivre dans une entreprise lointaine et désespérée, qui ressemblait à un suicide de Titan. En particulier les émigrés romains, la troupe la plus solide de l'armée, n'envisageaient qu'avec répugnance une campagne où il ne s'agissait plus seulement de combattre des compatriotes, mais de porter la main sur le sanctuaire même de la patrie.

Déjà la fermentation était partout et Mithridate ne soupçonnait rien encore : un érésipèle à la face l'avait empêché pendant plusieurs semaines de sortir de son palais où il vivait abandonné aux soins de trois eunuques. Soudain une étincelle partit et montra d'un seul coup la profondeur de l'abîme ouvert sous ses pieds. Le roi, pour tenir solidement l'entrée du Bosphore Cimmérien, avait donné ordre de mettre garnison à Phanagorie, sur la rive asiatique du détroit. L'eunuque Tryphon se chargea de l'opération; mais le gouverneur de Phanagorie, le Rhodien Castor, plus tard célèbre comme historien, que cet eunuque avait autre-

---

(1) Appien, *Mith.* 109; Plutarque, *Pomp.* 41; Dion XXXVII, 11; Strabon, VII, 4, 3.

fois offensé cruellement, répandit, pour se venger, l'alarme parmi les bourgeois, les appela à la liberté et réussit à les soulever. Castor tua l'eunuque de sa main; les troupes royales furent massacrées, la citadelle cernée. Une fille de Mithridate, la fameuse Cléopâtre, s'y trouvait alors, avec trois de ses plus jeunes frères, Darius, Xerxès et Oxathrès, et un quatrième, Artapherne, celui-ci âgé de quarante ans (1). Quand les insurgés eurent empilé du bois autour de la citadelle et fait mine d'y mettre le feu. Artapherne capitula et se rendit avec tous les autres princes; Castor s'empressa de livrer les captifs au commandant de l'escadre romaine. Seule, Cléopâtre tint bon et parvint à s'échapper avec son escorte sur des birèmes que lui envoya Mithridate par le lac de Corocondamé, aux bords duquel s'élevait Phanagorie.

La nouvelle de l'insurrection de Phanagorie eut un contre-coup immédiat en Crimée. Théodosie, Nymphéon, Cherson, que les généraux du roi venaient à peine de ramener sous obéissance, suivirent l'exemple de l'emporium asiatique et se levèrent contre Mithridate. Il ne resta bientôt au roi que Panticapée et l'armée; là même, les symptômes inquiétants augmentaient chaque jour. Le roi sévissait contre les mutins avec une rigueur impitoyable, les croix et les gibets ne désemplissaient pas; plus le sang coulait, plus il fallait en répandre. La domination insolente et cruelle des eunuques exaspérait les troupes; en particulier le nom de Gauros, le grand inquisiteur du roi et l'exécuteur de ses hautes œuvres, était chargé de malédictions (2). Quand le roi, à la fin de l'hiver, envoya vers ses vassaux scythes les princesses qu'il leur avait fiancées, les 500 soldats de l'escorte massacrèrent les eunuques chargés de la garde des princesses et, s'inspirant de l'exemple de Castor, livrèrent celles-ci à la flotte romaine.

Tout croulait autour du vieux roi. Bientôt la contagion de la révolte gagna jusqu'aux marches du trône. Mithridate, on le sait, avait été le bourreau de sa famille. Quatre de ses fils, Ariara-

---

(1) Appien nomme, outre Cléopâtre, Eupatra. Mais au triomphe de Pompée (App. *Mith.* 117), il ne figure que deux filles de Mithridate, Eupatra et Orsobaris; or les princesses fiancées aux chefs scythes et livrées par leur escorte (*ib.* 108 fin) sont au moins au nombre de deux; il faut en conclure que ce sont précisément Orsobaris et Eupatra, et que cette dernière n'était pas à Phanagorie.

(2) Valère Maxime IX, 2, ext. 3.

Mithridate, Macharès, Xipharès avaient souffert la mort par son ordre ; il venait d'en perdre quatre autres, vendus par les traîtres aux Romains. Toute son affection, toutes ses espérances s'étaient reportées sur Pharnace, qui rappelait son père par ses talents militaires et son indomptable énergie. Pharnace, alors âgé d'environ trente-cinq ans, et depuis longtemps proclamé héritier du trône, n'eut pas la patience d'attendre la mort de son père. Un complot fut découvert, et les aveux arrachés par la torture aux complices du prince ne permirent aucun doute sur sa culpabilité. Cependant la tendresse paternelle et les instances d'un ministre indulgent, Ménophane, l'emportèrent, dans cette unique occasion, sur la raison d'État : Mithridate fit grâce à son fils, et, persuadé qu'une fois en route l'armée retrouverait sa cohésion et son élan d'autrefois, ne s'occupa plus que de hâter les préparatifs de l'expédition.

Mais si Mithridate avait pardonné, Pharnace, lui, n'avait renoncé ni à ses craintes ni à ses espérances. On était alors au printemps de l'année 63 av. J-C. (1); il restait quelques jours à peine avant la date fixée pour le départ : Pharnace résolut de risquer tout pour avoir tout. Une nuit, il se rend dans le camp des émigrés romains, leur fait un tableau effrayant des souffrances et des misères qui les attendent, s'offre à se mettre à leur tête et les décide sans peine à l'acclamer pour chef. Des émissaires parcourent, en même temps, les autres camps et la flotte. A l'aurore, les conjurés poussent une clameur; la masse, encore indécise et flottante, se laisse entraîner, et le cri de la sédition rebondit de proche en proche, grossit d'écho en écho, et roule enfin comme un arrêt de mort indistinct et formidable jusqu'aux portes du palais où Mithridate dormait encore. Il s'éveille en sursaut et envoie des courriers demander la cause du tumulte; on leur répond crûment que le règne de Mithridate est fini, qu'il faut faire place à un roi plus jeune. Ce n'était pas la première fois que le roi avait à combattre une émeute. Confiant, jusqu'au bout, dans son prestige et dans son étoile, il monte à cheval pour

---

(1) Orose VI, 5 et Dion XXXVII, 10 indiquent le consulat de Cicéron comme date de la mort de Mithridate et cette époque est confirmée par Cicéron lui-même : au mois de janvier 63, Mithridate vivait encore (*De lege agraria*, I, 2, 6 ; II, 19, 51) ; au mois de décembre il était mort (*Pro Murena*, XVI, 34). Les supplications furent décrétées sur la motion de Cicéron (*De prov. consul.* XI, 27).

VUE DE KERTCH (PANTICAPÉE).

aller lui-même haranguer les rebelles et dépêche des troupes pour saisir Pharnace. Mais celles-ci s'empressent de passer dans le camp le plus rapproché de la ville, celui des émigrés. Les rebelles refusent de les accueillir si elles ne donnent un gage de leur sincérité, et leur montrent du doigt le vieux roi qui s'avance dans la plaine suivi de son escorte. Aussitôt on se rue sur lui; environné, accablé par le nombre, il s'échappe à grand'peine; son cheval même est mis en pièces, et bientôt les insurgés pénètrent en vainqueurs dans la capitale, qui ouvre ses portes sans combat.

L'ancienne Panticapée couvrait les flancs d'une colline de vingt stades (4 kilomètres) de circonférence, le mont Mithridate d'aujourd'hui, qui se dresse, abrupte et isolée, sur un enfoncement du détroit cimmérien. Une citadelle, dans l'enceinte de laquelle se trouvait sans doute le palais royal, couronnait le sommet de la colline; tout autour régnait une haute terrasse, d'où le regard plongeait librement sur la ville entière et sur la campagne environnante. De là on voyait se dérouler à ses pieds un merveilleux panorama : au premier plan le Bosphore, serpentant comme un large fleuve sinueux entre les deux mers qui scintillaient dans le lointain; puis, la rive asiatique semée de blanches villes, de temples et de tumulus découpés sur l'azur, de coquets villages enfouis dans la verdure; enfin, tout au fond de l'horizon, derrière le labyrinthe d'îles et de lacs où l'Hypanis traînait languissamment ses rubans argentés, on découvrait, grimpant dans la brume, les premiers échelons du Caucase encore pâles des neiges de l'hiver.

C'est du haut de cet observatoire que Mithridate assista, en témoin impuissant, aux dernières péripéties de la révolution triomphante : il entendit proclamer roi Pharnace, il le vit couronner, en guise de diadème, d'une bande de papyrus arrachée d'un temple voisin. Ployant sous le vent du malheur, le vieux roi envoya courrier sur courrier à son fils pour lui demander au moins la vie et un sauf-conduit; mais les messages restèrent sans réponse et les courriers ne revinrent pas. Alors il reconnut Némésis et sentit que tout était fini.

Restait à éviter une dernière honte, celle d'être livré vivant aux Romains : Mithridate se retrouva tout entier pour mourir. Il réunit autour de lui ses gardes du corps, les rares amis qui lui étaient restés fidèles, les remercia et leur donna congé. Puis il ouvrit la poignée, richement ornée, de son cimeterre et en tira un poison violent qui ne le quittait jamais. Auprès de lui se trouvaient deux de ses filles, Mithridatis et Nysa, fiancées, depuis dix ans, aux rois d'Égypte et de Chypre. Quand elles virent leur père préparant la coupe empoisonnée (1), elles demandèrent à la partager avec lui. Il fit droit à leur prière, et la première gorgée les étendit mortes; mais, lorsque le vieillard vida la coupe à son tour, soit que la dose fût trop faible, soit que son corps, comme on le prétendit, eût été endurci par l'usage quotidien des antidotes, la vie refusa de s'échapper. Vainement il voulut se jeter sur son épée : son bras déjà engourdi retomba à son côté. Cependant, dehors, l'émeute grondait toujours; la soldatesque déchaînée massacre les messagers du roi, massacre ses gardes même qui sortaient du palais pour faire leur soumission. Le flot humain bat le mur d'enceinte : un moment encore et les portes vont être forcées. Angoisse suprême : qui viendra le premier, de Pharnace ou de la mort? Alors Mithridate avise un de ses gardes les plus dévoués, le Gaulois Bituit (2), et le supplie de l'achever. Fidèle jusqu'au bout à la consigne, le soldat tire l'épée et frappe. Le vieillard roule dans son sang. L'instant d'après, les satellites de Pharnace font irruption dans la salle et ne trouvent plus qu'un cadavre encore palpitant qu'ils défigurent à coups de piques et de glaives (3).

Ainsi périt Mithridate Eupator, dans la soixante-neuvième année de sa vie et la cinquante-septième de son règne.

La nouvelle de sa mort fut accueillie dans le monde romain avec un profond soupir de soulagement.

(1) Tite-Live, fr. 25 : *quod cum dilaisset.*
(2) Ce nom est écrit Βίτοιτος (Appien), Bitœtus (Liv. ep. 102), Bisthocus (Galien, *De theriaca, ad Pisonem*, p. 168), Sithocus (*De vir. ill.*). La forme Bituit, attestée en Gaule (Strabon IV, 2, 3; Posidonius, fr. 25 ; Liv. ep. 61, etc.), paraît seule correcte, malgré les monnaies avec ΒΙΤΟΥΚΟϹ (?), Saulcy, *Rec. num.*, 1856, p. 3 suiv.
(3) Appien, *Mith.* 110-112, récit détaillé et qui ne tombe dans la rhétorique qu'à la fin (discours du roi à Bituit); Dion XXXVII, 12-13 (enjolivements, massacre général du ha-

Elle parvint à Pompée au fond de la Judée, devant les murs de Jéricho, suivant les uns (1), sur la route de Pétra, suivant les autres (2). Le général faisait une promenade à cheval aux environs du camp lorsqu'on vit apparaître des courriers tout poudreux, des lauriers au bout de leurs lances. A la vue de ce symbole de victoire, un frisson de curiosité parcourt les rangs de la troupe; on se presse autour de Pompée, on le supplie de descendre de cheval et de prendre connaissance des dépêches, sur-le-champ, sans observer les formalités d'usage. Il se rend au vœu des soldats. Au lieu du tertre de gazon traditionnel, on improvise une estrade avec des harnais, des selles et des bâts amoncelés. Pompée y monte, ouvre les lettres, et en donne lecture à haute voix. Elles annonçaient la mort de Mithridate, l'avènement de Pharnace, sa soumission sans réserve au peuple romain. Aussitôt la joie de l'armée éclate en longues acclamations. Le lendemain les fêtes et les sacrifices célèbrent la catastrophe de l'anticapée comme la plus glorieuse des victoires, et Pompée écrit au Sénat que la guerre est terminée (3). A Rome, le sentiment de délivrance ne fut pas moins vif qu'à l'armée : sur la proposition du consul Cicéron on décréta une supplication de dix jours (4).

L'impression populaire était juste : avec la disparition de Mithridate, non seulement s'évanouissait le cauchemar d'une invasion de l'Italie, mais encore la résistance de l'Orient hellénique était définitivement brisée, et la frontière romaine reculée pour des siècles jusqu'à l'Euphrate. Les affaires de Syrie une fois réglées, Pompée s'empressa de retourner dans le Pont, où les dernières gazophylacies de Mithridate l'attendaient pour capituler (5). A Amisos il trouva une ambassade de Pharnace (6); elle lui apportait les présents d'usage, la dépouille mortelle de Mithridate et celles de ses dernières victimes royales. Des otages grecs et barbares en grand nombre, les survivants des Mitylèniens qui,

---

rem comme à Pharnacie, etc.); Orose VI, 5 (vaine déclamation); Servilius Damocrates, *Theriaca*, v. 100-105 (*Poetae bucolici* Didot, III, p. 120). Ce dernier récit, le plus ancien que nous possédions (l'auteur était contemporain d'Auguste et de Tibère, Pline, XXIV, 7, 19), s'accorde entièrement avec Appien.

(1) Josèphe, *Ant. jud.* XIV, 3, 4 (sans doute d'après Strabon).
(2) Plutarque, *Pomp.* 41.
(3) Appien, *Mith.* 113.
(4) Cicéron, *De prov. consul.* XI, 27. Cf. *Pro Murena*, XVI, 34.
(5) Dion XXXVII, 14.
(6) D'après Appien la galère débarque à Sinope. J'ai suivi Plutarque.

vingt-cinq ans auparavant, avaient livré l'ambassadeur Aquilius, furent également, à cette occasion, remis au vainqueur. Pompée récompensa royalement les meurtriers : Pharnace reçut l'investiture du royaume de Bosphore, avec le titre d'ami et allié du peuple romain; le Rhodien Castor, qui avait donné le signal de la défection, obtint le même titre; Phanagorie fut déclarée ville libre (1). Quant aux fils et aux filles de Mithridate, à son général de cavalerie, Ménandre de Laodicée, à la foule des officiers et des courtisans captifs, ils furent dirigés vers l'Italie pour orner, le 28 septembre 61, le fastueux triomphe de Pompée (2).

Le corps de Mithridate avait été embaumé, mais la tête, dont on avait négligé de dessécher le cerveau, était déjà décomposée et méconnaissable; cependant l'identité ne faisait aucun doute : les cicatrices du corps, le témoignage du vieux Gaios d'Amisos, ancien camarade d'études de Mithridate, suffisaient à convaincre les plus incrédules. Pompée se fit montrer ses armes et ses vêtements (3), mais, par un scrupule superstitieux, il refusa de voir le cadavre. Il ordonna d'ensevelir Mithridate dans la nouvelle nécropole royale de Sinope, à côté de ses parents et de ses fils.

Ainsi se reposa pour la première fois le vieux lutteur qui pendant près d'un demi-siècle avait bataillé pour l'indépendance de l'Asie et si souvent balancé la fortune de Rome. La terre qui porta son berceau lui offrit aussi l'asile suprême de la tombe. Aujourd'hui l'antique et glorieuse cité milésienne, qu'il avait tant aimée, n'est plus qu'un bagne et un lieu d'exil. La ville subsiste encore, dans sa situation incomparable, mais amoindrie, déchue, désertée de plus en plus par les marchands et par les navires. Du palais et de la nécropole, tout a disparu : à peine quelques fragments de marbre et une mosaïque banale marquent-ils l'emplacement présumé de la résidence royale, dont un champ de blé recouvre, dit-on, les fondations (1); au milieu, un seul arbre, décharné et tordu par la tempête, allonge ses rameaux chauves et

---

(1) Appien, *Mith.* 113, 114.

(2) Sur ce triomphe : Appien, *Mith.* 116; Plutarque, *Pomp.* 45; Diodore, XL, fr. 4; Pline, VII, 26, 97; XXXIII, 12, 151; XXXVII, 2, 16; Liv. ep. 103.

(3) La tiare fut donnée secrètement par Gaios à Faustus Sylla, fils du dictateur; le précieux baudrier, volé par un certain Publius (Πόπλιος), fut vendu au jeune Ariarathe, sans doute le petit-fils d'Ariobarzane I*er*, qui était aussi le petit-fils d'Eupator (*supra*, p. 298). Plus tard Pharnace châtia les deux coupables.

(4) LYDIE PASCHKOFF, *Tour du monde*, 1889, p. 104.

ses racines noueuses. Et par les nuits laiteuses d'Orient, quand la lune monte dans le ciel, blanchissant la surface calme des deux golfes et projetant sur la plaine endormie les ombres fantastiques des tours en ruine, on entend au loin le cri des chacals et des hyènes qui rôdent sur la glèbe désolée où s'éleva le palais de Mithridate Eupator.

FIN.

APPENDICE.

APPENDICE.

Cet appendice est consacré à l'étude des sources anciennes de l'histoire de Mithridate. Elles se divisent en trois classes :

1° Auteurs (historiens, orateurs, poètes, etc.);
2° Inscriptions;
3° Médailles.

Les inscriptions et les médailles, en leur qualité de pièces justificatives difficilement accessibles à la majorité des lecteurs, seront reproduites *in extenso* ou inventoriées en détail dans les articles II et III de cet appendice; les sources littéraires vont être simplement analysées dans l'article Ier.

I.

LES AUTEURS.

Le grand naufrage de la littérature historique gréco-latine n'a épargné aucun des auteurs qui avaient raconté l'histoire de Mithridate à proximité des événements, οἱ τὰ Μιθριδατικὰ συγγράψαντες (Strabon XI, 2, 1). Les seuls récits détaillés de ces événements que nous ait légués l'antiquité appartiennent tous au siècle des Antonins et des Sévères, c'est-à-dire qu'ils sont postérieurs de cent cinquante à trois cents ans au règne de Mithridate. Leur valeur scientifique dépend de la nature des documents qu'ont pu consulter leurs auteurs et de la manière dont ils les ont utilisés; c'est donc par la revue de ces documents *primaires*, classés autant que possible dans l'ordre chronologique, que nous devons commencer.

(a *Pièces originales et officielles.*

Les documents authentiques qui constituent cette catégorie se divisent naturellement en deux groupes, suivant qu'ils sont de provenance *pontique* ou *romaine*.

1. *Documents pontiques.*

Les archives secrètes de Mithridate, conservées au Château-Neuf (Καινὸν φρούριον) (1), tombèrent entre les mains de Pompée en 65 av. J.-C. Parmi les documents qu'elles renfermaient et qui présentaient surtout un intérêt psychologique, Plutarque cite (*Vie de Pompée*, c. 37), sans doute d'après Théophane, des *Mémoires secrets* (ὑπομνήματα) de Mithridate, où l'on apprenait, par exemple, qu'il avait fait empoisonner son fils Ariarathe et Alcée de Sardes; — des clefs de songes (de Mithridate et de ses femmes); — une correspondance licencieuse échangée entre Mithridate et Monime. Théophane mentionnait encore une lettre de Rutilius, exhortant Mithridate au massacre des Romains établis en Asie; mais, dit Plutarque, la plupart des historiens, οἱ πλεῖστοι (c'est-à-dire probablement Timagène et Tite-Live), considéraient ce document comme un faux, méchamment inventé par Théophane qui poursuivait en Rutilius l'ennemi du père de Pompée.

A ces documents il faut ajouter :

1° Une liasse de sentences capitales toutes préparées, une entre autres pour Métrodore de Scepsis (Plutarque, *Pomp.* 22).

2° Un recueil de documents médicaux et de recettes pharmaceutiques, où se trouvait notamment la formule du célèbre antidote royal, écrite et commentée de la propre main de Mithridate (*peculiari commentario ipsius manu*, Pline XXIII, 8, 149). Pompée fit traduire en latin et publier ce précieux dossier par son affranchi, Pompeius Lenaeus (Pline XXV, 2, 7) (2).

2. *Documents romains.*

Les généraux en chef que Rome opposa successivement à Mithridate adressaient au Sénat, à l'issue de la campagne ou après une victoire importante, des rapports officiels, *epistolæ laureatæ*, qui étaient déposés aux archives. Les auteurs citent expressément le rapport de Sylla après le traité de Dardanos (Appien, *B. Civ.* I, 77), ceux de Lucullus après les batailles de Lemnos (Appien, *Mith.* 77) et de Tigranocerte (Plutarque, *Lucullus*, 26), celui de Pompée après la mort de Mithridate (Cicéron, *De prov. consul.* XI, 27). Ces documents, comme tous ceux du même genre, étaient fort sujets à caution : leurs auteurs, sûrs de n'être pas démentis, enflaient leurs succès, taisaient leurs échecs, transfor-

---

(1) A 200 stades de Cabira (Strabon XII, 3, 31), probablement au lieu dit *Yildiz dagh* (et non *Jyblys dagh*, comme l'écrit Müller dans l'index de Strabon), sur la route de Niksar (Cabira) à Sivas (Sébaste). Peut-être dans le voisinage immédiat de Taulara.

(2) Sur Lénée, voir les index de Pline et Suétone, *De gramm.* 15. C'est probablement dans la préface mise par Lénée en tête de sa traduction que se trouvaient les renseignements, copiés par tous les auteurs, sur les poisons de Mithridate et sur sa polyglottie. Je ne puis croire à l'authenticité de l'interminable *thériaque* de Mithridate mise en vers sous Tibère par Servilius Damocratès (*Poetae bucolici* etc. Didot, 3ᵉ partie, p. 120).

maient parfois des défaites en victoires, — Muréna obtint le triomphe pour avoir été battu, — exagéraient ridiculement les effectifs et les pertes de l'ennemi, tout en diminuant les leurs dans la même proportion. Par exemple, Lucullus, dans son rapport sur la bataille de Tigranocerte, portait à 250,000 hommes l'effectif de l'armée de Tigrane que d'autres sources n'évaluent qu'à 80,000 (Memnon, c. 57); il n'avouait qu'une perte de 5 morts et de 100 blessés dans cette journée qui avait coûté, disait-il, au moins 30,000 hommes à l'ennemi. Lucullus, d'ailleurs, ne faisait que suivre l'exemple de Sylla (1), et l'on peut être sûr que Pompée, élève du même maître, renchérit encore sur son devancier.

Il y avait quelque chose de plus suspect encore que ces rapports adressés au Sénat : c'étaient les discours débités à la populace du forum par les généraux victorieux, en quête de suffrages, et les placards illustrés qu'ils étalaient dans leurs triomphes. La perfection dans ce genre de littérature fut atteinte par Pompée. Dans un discours prononcé devant le peuple romain, à son retour d'Orient, il se vantait d'avoir combattu et vaincu 22 rois (Orose VI, 6, 1). Une tablette qu'il dédia à Minerve à cette occasion et dont Diodore nous a conservé une copie (ἀντίγραφη) (2), n'est guère moins hyperbolique : Pompée proclame qu'il a soumis « tous les peuples qui habitent entre la mer Noire et la mer Rouge, et reculé les frontières de l'empire romain jusqu'aux bornes de la terre ». Parmi les peuples vaincus figurent, par exemple, les Achéens, les Zyges et les Hénioques du Caucase, chez lesquels Pompée n'avait certainement jamais mis les pieds. La liste s'allongeait encore sur les placards triomphaux : on y voyait jusqu'aux Bastarnes et aux Scythes, à cause des quelques mercenaires de ces deux nations qui figuraient dans l'armée de Mithridate! Avec une précision charlatanesque dans les chiffres, Pompée affirmait avoir vaincu, tué ou reçu à merci 2,178,000 hommes, pris ou coulé 846 navires, emporté 1,538 forteresses (ou, d'après une autre version, 1,000 châteaux et 900 villes) (3). De vrais savants, comme Polybe, Posidonius ou Strabon, savaient ce qu'il fallait penser de hâbleries de ce genre (4); mais les historiens de second ordre prenaient tous ces chiffres et ces noms à la lettre, comme le prouve leur souci de les reproduire; ils inventaient même de toutes pièces des campagnes, ignorées des documents, pour expliquer la présence de tel roi ou de tel

---

(1) Appien, B. Civ. I, 77 : τὰ ... ἐς Μιθριδάτην ὑπ᾽ ἐκείνου τε μάλιστα, καὶ καταλογιζόμενος αὐτοῖς ἀθρόως ὅση πολλὰ, ὅσα Μιθριδάτου γενόμενα ... αὐτοῖς ἀπολέσαι.

(2) Diodore, fr. XL, 4 Didot.

(3) Pline VII, 26; Plutarque, Pomp. 45 (= Zonaras , 5); Appien, Mith. 116. Il y a des divergences assez notables entre les diverses listes.

(4) Voir Polybe XXVI, 2, 4 et la remarque de Posidonius chez Strabon III, 4, 13 sur les prétendues « mille villes » que les triomphateurs connaissent en Espagne.

peuple sur la liste des vaincus de Pompée. L'ambassade de pure politesse envoyée par le satrape-roi de Médie, Darius (Plutarque, *Pomp.* 36), devenait une expédition épique en Médie, couronnée le 50ᵉ jour par la prise d'Ecbatane (1). L'hommage du pacifique roi de Commagène, Antiochus, qui avait déjà fait sa soumission à Lucullus (Dion Cassius XXXVI, 1), se transformait en une défaite de ce prince par Pompée, suivie d'un pardon généreux (Appien, *Mith.* 106). Grâce à cette accumulation systématique de mensonges, il est devenu à peu près impossible de reconstituer le détail des campagnes orientales de Pompée; par un juste retour de la destinée, les fanfaronnades du faux grand homme ont obscurci sa gloire devant la postérité.

b) *Auteurs contemporains.*

Romains.

3. Les *Mémoires* du dictateur *Sylla* (138-78 av. J.-C.), en 22 livres, achevés par son affranchi Cornelius Epicadus et publiés par Lucullus, auquel ils étaient dédiés. C'était la source capitale pour l'histoire militaire de la première guerre des Romains contre Mithridate (2). Cette guerre formait le centre de la composition : le livre X racontait la bataille de Chéronée (Plutarque, *Sylla*, c. 10). Le récit des opérations militaires, particulièrement détaillé, paraît avoir été digne de foi, tant que l'honneur, le génie ou l'étoile de l'auteur n'étaient pas directement en cause. Mais Sylla voulait passer devant la postérité, comme devant les contemporains, pour un favori des dieux et surtout de la Fortune : il se complaisait dans le récit des prodiges qui avaient annoncé ses victoires; il insistait sur la foi due aux songes, aux présages (Plut. *Sylla*, 6; *Lucullus*, 23). En matière de chiffres, il continuait le système fantasmagorique des bulletins : à Chéronée, il prétend avoir eu à combattre 120,000 Asiatiques (le double, probablement, du chiffre véritable) et n'avoir perdu que 14 hommes de son armée : « encore deux revinrent-ils le soir. » De même il niait contre toute évidence la trahison d'Archélaos à Délion, qui aurait pu diminuer sa propre gloire (Plut., *Sylla*, c. 23). En somme, ces *Mémoires*, précieux pour les hommes du métier, présentaient le caractère d'une œuvre de parti, d'une apologie perpétuelle, qui n'aurait dû être consultée qu'avec précaution. Plutarque en a tiré sans grande critique toute la substance de sa *Vie de Sylla*,

(1) Orose VI, 6, 1; Appien, *Mith.* 106, dont l'embarras pour expliquer les causes de cette expédition imaginaire est vraiment comique; Velleius Paterculus II, 40.
(2) Fragments chez PETER, *Historicorum Romanorum fragmenta* (2ᵉ éd.), p. 127 sq. Je citerai désormais cet ouvrage sous le titre de PETER.

particulièrement pour la guerre mithridatique. Tite-Live devait aussi avoir largement puisé dans les Mémoires du dictateur, tout en les *contaminant* avec d'autres sources; en effet, chez les auteurs qui dérivent de Tite-Live (Appien, Eutrope, Orose) les chiffres donnés pour les batailles de Chéronée et d'Orchomène sont presque identiques à ceux de Plutarque, et la marche des négociations avec Archélaos est présentée à peu près de la même manière.

4. P. *Rutilius* Rufus (environ 158-77 av. J.-C.). Les Mémoires de Sylla ne racontaient en détail que les événements de la guerre mithridatique auxquels il avait été personnellement mêlé, c'est-à-dire les campagnes de Grèce. Pour les événements d'Asie Mineure, la meilleure, ou plutôt la seule narration romaine était l'autobiographie de Rutilius (*De vita sua*, en 5 livres au moins) (1). La célèbre victime des publicains avait composé ces Mémoires dans sa studieuse retraite de Smyrne, où Cicéron lui rendit encore visite en 78. Toute l'histoire de l'Asie romaine depuis quinze ans s'était passée sous ses yeux : légat du proconsul Scévola, il vit de près et tâcha d'enrayer les excès des publicains, cause principale de la révolution asiatique; proscrit et fixé d'abord à Mitylène, il fut témoin de la catastrophe de l'an 88, du meurtre d'Aquilius, des vêpres éphésiennes, auxquelles il n'échappa qu'en échangeant la toge contre le manteau grec. De Smyrne, sa patrie d'adoption, il vit le déclin de la popularité de Mithridate, les complots et les insurrections, le retour victorieux des aigles romaines. En 85 il servit d'intermédiaire officieux à Sylla dans ses négociations avec Fimbria (Appien, *Mith.* 60), mais il refusa le rappel que Sylla lui offrait pour prix de ses services (Quintilien XI, 1, 12) et put encore assister à l'agonie financière de la malheureuse province qu'il avait tant aimée.

Rutilius était donc un témoin très bien informé; c'était, en outre, un témoin impartial, véridique (φιλαλήθης, Plut. *Marius*, 28), d'une intégrité au-dessus de l'éloge (2). Bien que les fragments de ses Mémoires soient trop insignifiants pour se prêter à des rapprochements décisifs, on ne saurait douter que Tite-Live ne les eût pris pour guide dans son récit des événements d'Asie Mineure, de 88 à 85. Tite-Live, en effet, estimait fort Rutilius (ep. 70); il le cite quelque part à côté de Polybe (XXXIX, 52, 1, à propos de la date de la mort de Scipion); à plus forte raison avait-il dû s'attacher à lui dans une partie de l'histoire qui n'avait pas eu d'autre témoin oculaire de nationalité romaine. Le récit de Tite-Live est perdu, mais on verra tout à l'heure qu'Appien nous en a conservé la substance

---

(1) Peter, p. 120 sq. ou Müller, F. H. G. III, 199. Quant à l'*Histoire romaine* de Rutilius, en grec, il n'est pas probable qu'elle descendit jusqu'à la guerre mithridatique : la dernière date certaine est l'année 100 av. J.-C. (Plut. *Marius*, 28).

(2) Velleius II, 13, 2 : *virum, non seculi sui, sed omnis ævi optimum*.

et, par suite, celle des Mémoires de Rutilius, qu'il n'a sans doute pas consultés directement (1). C'est à cette source que remontent, par exemple, l'histoire de la conspiration formée contre Mithridate par deux bourgeois de Mitylène et deux Smyrniotes (*Mith.* 48) — précisément les deux résidences successives de Rutilius — et celle de la dissolution de l'armée fimbrienne, où Rutilius joua un rôle (*Mith.* 60).

5. Les abrégés d'histoire romaine ou universelle par Hortensius, Atticus (2), Népos, Varron, etc., les annales de Tanusius Geminus (3) ne méritent pas de nous arrêter, mais il faut faire une place aux deux principaux annalistes de l'époque de Sylla : *Valerius Antias* et *Q. Claudius Quadrigarius* (4). L'ouvrage du premier, si connu par ses fantaisies en matière de chiffres, ne comprenait pas moins de 75 livres, et quoique la dernière date certaine des fragments soit l'année 91 av. J.-C. (Pline XXXIV, 11), il est probable que Valérius était descendu jusqu'aux guerres sociale et mithridatique. De Quadrigarius on peut l'affirmer : Aulu-Gelle nous a conservé un fragment du livre XIX (l'ouvrage entier en avait au moins 23) relatif au siège du Pirée (5) (fr. 81 Peter = A. Gell. XV, 1, 5), et un autre fragment (fr. 84 = Orose V, 20, 6) se rapporte à la bataille de Sacriport (82 av. J.-C.). Tite-Live a largement utilisé ces deux annalistes dans les parties conservées de son Histoire; il est donc à présumer qu'il ne les avait pas négligés dans ses *Mithridatiques*; mais, auprès de Sylla et de Rutilius, ce devaient être de médiocres autorités.

6. L'ouvrage de *Sisenna* (119-67 av. J.-C.) était beaucoup plus détaillé que ceux des annalistes ci-dessus, puisqu'il racontait, en au moins 23 livres (fr. 132 Peter), l'histoire d'une douzaine d'années seulement : *bellum civile Sullanumque* (Velleius, II, 9,1); il faut entendre par là l'insurrection italienne, la première guerre mithridatique et la guerre civile qui aboutit à la dictature de Sylla. Les fragments (fr. 127, 128) prouvent que le récit des événements d'Orient était entrelacé à celui des affaires d'Italie et qu'à l'exemple de Thucydide l'auteur avait distribué sa narration par « étés » et « hivers » : je soupçonne que chaque semestre remplissait un livre. Sisenna, au dire de Cicéron, était supérieur à tous ses

(1) Cependant Appien cite quelque part Rutilius (*Hisp.* 88); mais c'est son *Histoire romaine* et non ses *Mémoires*.

(2) La chronique de ce dernier comprenant une durée de 700 ans (Cic., *Orat.* 34, 120) descendait certainement jusqu'à la mort de Mithridate.

(3) Il faut rendre à cet annaliste le prétendu fragment de Gabinius (PETER, p. 372) sur Sertorius. Cf. NIESE, *Rh. Museum*, XXXVIII, 600.

(4) PETER, p. 136 et 151 sq. Licinius Macer ne paraît pas avoir touché à cette époque.

(5) On remarquera que dans ce fragment les adversaires de Sylla sont appelés *Graeci* et non pas *Cappadoces* comme chez les historiens postérieurs. Le « candide » Quadrigarius (Aulu-Gelle) ne savait rien encore de la légende philhellénique d'après laquelle les Grecs n'auraient embrassé le parti de Mithridate que contraints et forcés.

devanciers romains, malgré une imitation exclusive et puérile de la manière de Clitarque; Salluste lui reproche son manque de franc-parler (il avait été créé préteur par la grâce de Sylla), Fronton sa prolixité. Son ouvrage était le fruit de sa vieillesse (Velleius) et l'archaïsme affecté du style choquait déjà les contemporains. Pour les affaires italiennes, le récit de Sisenna devint classique dès le temps de Salluste, et Tite-Live a dû l'utiliser; en revanche, il est douteux que, malgré son expérience militaire, Sisenna ait fait autorité pour la guerre mithridatique, à laquelle il ne paraît pas avoir assisté.

7. Ce que Sisenna avait tenté pour l'époque de Sylla, *Salluste* (1) (87-31 av. J.-C.) l'exécuta plus brièvement, mais plus brillamment, pour la période qui s'étendait depuis la mort du dictateur (78 av. J.-C.) jusqu'au vote de la loi Manilia (hiver 66). Ces douze années, qui comprenaient notamment toutes les campagnes de Lucullus contre Mithridate, étaient racontées dans les *Histoires* en 5 livres. On voit par les fragments que le livre II (fr. 53-58 Kritz) (2) exposait les causes et les préludes de la guerre, avec une digression sur les commencements de Mithridate et les origines de son royaume. Dans le livre III (fr. 1, 8-53 Kritz; nouveaux fragments d'Orléans), on lisait les intrigues qui amenèrent la désignation de Lucullus comme général en chef, l'alliance de Mithridate avec Sertorius, la guerre de la succession de Bithynie (73-72 av. J.-C.); puis, après une digression géographique sur les pays riverains de l'Euxin, l'invasion du Pont par Lucullus et les débuts du siège d'Héraclée par Cotta. Le livre IV (fr. 1-22 Kritz) racontait la débandade de Cabira, la prise d'Amisos et des autres forteresses pontiques (71-70 av. J.-C.), l'ambassade d'Appius Claudius auprès de Tigrane, l'invasion de Lucullus en Arménie et la bataille de Tigranocerte (69). A ce livre appartenait probablement la fameuse lettre de Mithridate à Arsace (fr. 20 Kritz) qui nous a été conservée dans une collection de discours extraite des *Histoires*. Enfin le livre V (fr. 1-11 Kritz) exposait la reconquête du Pont par Mithridate et la dissolution de l'armée de Lucullus jusqu'à l'arrivée de son successeur Pompée (68-67).

Salluste, très jeune encore à l'époque de la guerre de Lucullus, avait pu interroger la plupart des acteurs et des témoins de cette histoire; il avait eu aussi à sa disposition les rapports officiels du général et les procès-verbaux des séances du Sénat, dont il fit partie depuis l'an 52. Sincèrement épris de la vérité historique, il cherche à s'abstraire, dans le récit des événements, de ses préférences politiques; d'autre part, quoique Romain et patriote, il sait rendre justice aux grands adversaires de Rome. Les fragments ne portent aucune trace de ce merveil-

(1) J'ai cité en général d'après l'édition de Kritz, Leipzig, 1856.
(2) Les fr. 59-60 me paraissent mal placés.

lieux historique pour lequel Salluste professait autant de mépris que son modèle, Thucydide; l'auteur ne cherchait l'effet que dans la force et la vérité des tableaux. Au point de vue purement littéraire, les *Histoires* étaient, de l'aveu général des juges anciens, le chef-d'œuvre de Salluste et de l'historiographie romaine : que ne donnerions-nous pas pour avoir conservé le portrait de Mithridate tracé par le peintre de Jugurtha (1)! Au point de vue scientifique, une critique sévère aurait peut-être trouvé bien à redire. Salluste, qui n'était pas un érudit de profession et qui travaillait en grand seigneur sur les notes de ses secrétaires, avait néanmoins le goût des remarques et des digressions érudites, géographiques surtout, que lui reproche Licinianus (2); dans ces hors-d'œuvre les erreurs n'étaient pas rares : en voici quelques exemples. Salluste attribuait la fondation du royaume de Pont à Artabaze, fils de Darius (II, 53 Fritz); il affirmait que les Romains avaient aperçu pour la première fois des chameaux pendant le siège de Cyzique (III, 30), oubliant, comme le fait observer Plutarque, les campagnes contre Antiochus; il identifiait la Bithynie avec la Grande Phrygie (III, 43), tirait l'Euphrate et le Tigre d'une même montagne (IV, 12), faisait d'Anacréon un natif de Téion en Paphlagonie (III, 44), vieillissait Mithridate de cinq années (V, 4), etc. Malgré ces méprises de détail et bien d'autres, sans doute, Salluste était, en somme, la meilleure autorité pour l'histoire des campagnes de Lucullus. C'est avec raison que Plutarque l'a pris pour guide dans sa *Vie de Lucullus*, et Dion Cassius lui-même, ordinairement fidèle à Tite-Live, paraît avoir préféré Salluste dans cette partie de son récit.

8. *Cornélius Népos* (environ 94-24 av. J.-C.) avait fait une place à Lucullus dans sa galerie d'hommes célèbres, intitulée *De viris illustribus* (au moins 16 livres), qui a inspiré les Vies parallèles de Plutarque. Cette biographie n'est connue que par une citation de Plutarque (*Lucullus*, c. 43 = fr. 11 Peter); elle doit avoir été courte et insignifiante, comme les Vies des grands capitaines grecs qui nous sont parvenues. Pline reproche à Népos sa crédulité (*Hist. nat.* V, 1, 4); en outre, comme Tite-Live, il portait trop de patriotisme dans l'histoire.

9. Parmi les biographes latins de Pompée, dont le nombre doit avoir été légion, nous ne connaissons que l'affranchi *L. Voltacilius Plotus* (Suétone, *De gramm.* 27) qui écrivit également une vie de Pompée le père, et le célèbre *Varron* (116-27 av. J.-C.), auteur de 3 livres *De Pompeio*. Dans cet ouvrage et dans deux autres compositions historiques (*De sua vita libri III, Legationum libri III*) Varron devait raconter

---

(1) Il en subsiste un reflet dans Velleius Paterculus II, 18. Voir Woelfflin, *Hermes*, IX, 251, et *supra*, *Préface*, p. II, note 1.
(2) P. 42, Bonn : *dat in censum loci, montes, flumina*.

en détail les campagnes de Pompée contre Mithridate, auxquelles il avait peut-être pris part. Varron possédait un savoir encyclopédique, et son attention s'était portée sur les résultats géographiques et économiques de la conquête de l'Orient; c'était, en outre, un Pompéien décidé. Ces qualités ont dû le recommander à l'étude de Tite-Live.

10. Terminons cette énumération en signalant l'intérêt de premier ordre que présentent pour notre sujet les ouvrages de *Cicéron* (106-43). Cicéron n'est pas une autorité historique proprement dite, mais rien ne nous fait mieux connaître que sa chronique oratoire et épistolaire le milieu où se déroulèrent les événements et l'angle sous lequel on les voyait de Rome. Les *Verrines* (70 av. J.-C.) soulèvent un coin du voile qui cachait au public de la capitale l'exploitation des provinces. Le discours pour la loi Manilia (66) est un véritable « document parlementaire »; pour justifier les pouvoirs extraordinaires que l'orateur réclame en faveur de Pompée, il est obligé d'avouer implicitement l'échec final de Lucullus. Le discours contre la loi agraire de Rullus (63), prononcé à la veille du suicide de Mithridate, prouve combien la conquête du Pont paraissait mal assurée aux bons esprits, tant que Mithridate courait encore. A la fin de cette même année, Cicéron, plaidant pour Muréna, l'ancien légat de Lucullus, rétablit, contre les railleries de Caton, le véritable caractère, la juste importance des guerres mithridatiques et rend hommage au grand adversaire de Rome. Lucullus occupe une place d'honneur dans le *Pro Archia* (62), comme dans le 2ᵉ livre des *Académiques* (45); le discours *Pro Flacco* (59), chargé à fond contre les Asiatiques, dépeint avec vérité l'explosion d'enthousiasme dont ils saluèrent en 88 l'invasion de Mithridate. N'oublions pas enfin le *Pro Sestio* (56) où retentit un écho de l'humiliation de Tigrane, et les renseignements qu'on peut glaner sur l'état où se trouvaient les provinces asiatiques, peu d'années après la chute de Mithridate, dans la 1ʳᵉ lettre à Quintus (60) et dans la correspondance de Cilicie (51/50).

Grecs.

11. *Posidonius* (1), d'Apamée en Syrie, mais établi à Rhodes, philosophe stoïcien, professeur et polygraphe (environ 135-51 av. J.-C.). Son principal ouvrage historique était une continuation de Polybe (ἱστορία ἡ μετὰ Πολύβιον) en 52 livres, dont il ne reste que des fragments. La narration commençait avec l'année 146 av. J.-C. Le point final est ainsi indiqué par Suidas (s. v. Ποσειδώνιος) : ἕως τοῦ πολέμου τοῦ Κυρηναϊκοῦ καὶ Πτολεμαίου. Ce texte semble altéré, mais la « guerre de Cyrène » est sans

---

(1) Témoignages et fragments chez C. MULLER, *Frag. histor. graec.*, III, 245 suiv.

doute la guerre intestine, allumée par les Juifs, qui désola la Cyrénaïque en 87 av. J.-C. et fut apaisée par Lucullus au commencement de 86 (1). Les derniers fragments conservés sont en effet relatifs à des événements des années 88 (tyrannie d'Athénion, fr. 41, Müller), 87 (déportation des Chiotes, fr. 39) et 86 (mort de Marius, fr. 40). D'ailleurs, le livre 49, le dernier qui soit cité expressément (fr. 38), raconte un événement de l'année 92, l'exil de Rutilius. En continuant dans la même proportion, ce n'était pas trop de 3 livres pour exposer la guerre sociale et la première guerre Mithridatique jusqu'à la mort de Marius. Si Posidonius n'a pas poussé son récit jusqu'au traité de Dardanos, c'est probablement qu'il en a été empêché par d'autres engagements littéraires, ou peut-être pour que son Histoire embrassât un nombre rond d'années (soixante). En tout cas, on ne saurait admettre que l'histoire des campagnes de Pompée, qu'avait également écrite Posidonius (Strabon XI, 1,6), fît partie de son grand ouvrage : c'était une composition séparée, entreprise sans doute à la demande de Pompée, qui avait, comme Cicéron, prodigué les coquetteries au célèbre philosophe (2).

Posidonius était un savant universel. Il avait beaucoup voyagé, il connaissait la politique, l'art militaire ; c'était, en outre, un polémiste redoutable et un écrivain brillant que n'effrayaient ni la rhétorique ni l'hyperbole (Strabon III, 2,9). L'important fragment sur Athénion (Aristion), tyran d'Athènes, que nous a conservé Athénée, peut donner une idée de sa manière et en même temps de sa partialité manifeste pour les Romains. Vivant à Rhodes, au centre des informations, Posidonius était en mesure, mieux que personne, d'embrasser d'un coup d'œil toute l'histoire de Mithridate. Au début de la guerre, il fut envoyé en ambassade à Rome où il se trouvait au moment de la mort de Marius (fr. 40) : il ne doit donc pas avoir assisté au siège de sa ville natale, mais on peut être certain qu'il l'avait néanmoins raconté en détail. La perte de son ouvrage doit nous inspirer les plus vifs regrets ; en particulier, elle crée une lacune irrémédiable dans notre connaissance des trente premières années du règne de Mithridate. Les auteurs grecs qui traitèrent plus tard ce sujet, notamment Strabon et Nicolas de Damas, avaient pris Posidonius pour guide, mais les copies ont péri en même temps que l'original. Quant à l'*Histoire de Pompée*, qui transparaît peut-être en deuxième dilution à travers le récit d'Appien, on peut se consoler de sa perte : c'était une œuvre de vieillesse et de complaisance qui ne jouissait pas de la même autorité que la grande Histoire et qui, chose significative, n'est jamais citée.

(1) Josèphe, *Ant. jud.* XIV, 7, 2 = Strabon, fr. 6 Müller. Cf. Plutarque, *Lucullus*, 2. — Müller pense à tort qu'il s'agit du testament d'Apion (96 av. J.-C.) et corrige ainsi le texte : ἕως τοῦ Πτολεμαίου τοῦ Κυρηναίου.

(2) Cicéron, *Tusc.* II, 25 ; Pline VII, 31 ; Plut. *Pomp.* 42 ; Strabon, *loc. cit.*, etc.

12. Les campagnes de Lucullus avaient inspiré, comme celles de Pompée, plusieurs biographes grecs et latins (Cic., *Acad. prior.*, II, 2, 4), mais nous n'en connaissons, outre Népos, qu'un seul : le poète Archias d'Antioche, le célèbre client de Cicéron. Archias, qui s'était fait la main en chantant les exploits de Marius contre les Cimbres (Cicéron, *Pro Archia*, IX, 19), accompagna Lucullus dans toutes ses campagnes, et peu après son retour (66) publia, en l'honneur de son patron, un poème épique qu'on connaissait déjà en 62 av. J.-C. L'ouvrage embrassait, d'après Cicéron, *totum Mithridaticum bellum*, c'est-à-dire, comme le montre l'analyse qui suit (*Pro Archia*, IX, 21), toute la série des succès de Lucullus depuis le siège de Cyzique jusqu'à la bataille de Tigranocerte. Il est peu probable qu'Archias ait poussé son récit plus loin; son ami Cicéron eût été là pour le retenir si son instinct de panégyriste ne l'avait pas arrêté (1). La matière choisie par Archias était belle et variée. Le poète syrien avait sans doute tâché de l'embellir encore par toutes les ressources ordinaires du merveilleux épique : apparitions, songes, présages, prodiges; cet habillage, si singulier que cela puisse sembler à notre goût moderne, n'empêcha pas les historiens postérieurs, depuis Tite-Live jusqu'à Plutarque, de puiser largement dans cette *Luculliade* comme dans une source historique. Salluste et Archias, voilà aux yeux des auteurs de l'époque impériale les deux grandes autorités contemporaines pour l'histoire de Lucullus : l'un a fourni le fond, l'autre les hors-d'œuvre (2).

13. Presque en même temps que le poème d'Archias (3) paraissait l'histoire des campagnes de Pompée en Orient par son biographe ordinaire, *Théophane* de Mitylène (4). Bon courtisan et diplomate retors, qui à force de services et d'insistance sut obtenir de son patron la restauration de sa patrie, Théophane avait accompagné Pompée dans toute son expédition, et s'il suffisait d'être bien informé et bien doué pour prendre rang parmi les grands historiens, nul, plus que Théophane, n'aurait eu de droits à ce titre. Malheureusement le souci de la vérité était la moindre préoccupation de ces deux collaborateurs, le héros et l'homme de lettres, dont l'un fournissait les documents, l'autre les louanges.

---

(1) Cp. *Pro lege Manilia*, IX, 25 (en parlant de la bataille de Gaziura) : *Sinite hoc loco, Quirites, sicut poetæ solent, qui res Romanas scribunt, preterire me nostram calamitatem.*

(2) Pour plus de détails touchant le poème d'Archias et son influence sur Plutarque, voir ma thèse latine *De Archia poeta*, livre 2.

(3) Déjà dans le *Pro Archia*, c. 10, Cicéron appelle Théophane « le biographe (*scriptorem rerum*) de Pompée ».

(4) Fragments chez MULLER, II, p. 312 sq. Une inscription lesbienne récemment découverte (FABRICIUS, *Ath. Mitth.*, IX, 87) mentionne un Cn. Pompeius Théophane, fils d'Hieroitas (cp. Mionnet III, 47, n°⁵ 112-113) « sauveur et bienfaiteur. » L'éditeur croit avec raison qu'il s'agit du célèbre Théophane; cf. pour sa postérité KAIBEL, *Ephemeris epig.*, II, 19.

Sans doute, Théophane respectait trop son métier d'historien pour inventer de toutes pièces des campagnes imaginaires, comme le firent, à distance, les commentateurs des placards triomphaux : il ne parlait, ce semble, ni de la prétendue expédition en Médie, ni de la prétendue guerre de Commagène; il avouait que Pompée n'avait atteint ni la mer Caspienne, ni la mer Rouge. Mais, s'il s'abstenait en général des grossières contre-vérités de ce genre, Théophane ne reculait ni devant les embellissements poétiques, ni, à l'occasion, devant les faux : témoin sa description du séjour des Amazones (fr. 3 Müller) et la prétendue lettre, déjà citée, qu'il attribuait à Rutilius (Plutarque, *Pomp.* 37). Strabon savait gré à Théophane de son intérêt pour les choses géographiques (1), mais les indications du biographe officieux n'étaient rien moins que sûres : il se trompait de moitié sur les dimensions de l'Arménie (fr. 5), il plaçait la source du Tanaïs dans le Caucase (fr. 2) etc., Sans être tout à fait étranger au métier des armes (à Pharsale, il exerça les fonctions de *præfectus fabrorum*, Plut. *Cic.* 38), Théophane manquait de clarté et de précision topographique dans le récit des opérations militaires : aussi la campagne compliquée de l'an 66, dont son livre offrait le récit classique, est-elle restée à peu près inintelligible. Malgré tant de défauts, Théophane fit, avec raison, autorité pour l'expédition de Pompée; Strabon, Plutarque l'ont pris pour guide, et Tite-Live, qu'a suivi Dion Cassius, ne devait pas l'avoir négligé.

11. Les historiens que nous venons de mentionner avaient tous écrit dans un sens favorable aux Romains, et c'est ce qui les a recommandés à leurs successeurs de l'époque impériale. Dans le camp opposé, nous trouvons d'abord les historiographes officiels de Mithridate, poètes et prosateurs, qui formaient autour de lui toute une petite cour (2). Les noms mêmes de ces littérateurs courtisans ont péri, à l'exception de celui d'*Ésope*, lecteur ordinaire du roi, auteur d'un *Éloge de Mithridate* (3) qui ne devait guère être plus digne de foi que son *Éloge d'Hélène*. Un personnage plus considérable de ce cercle était le philosophe *Métrodore de Scepsis*, le « père du roi », dont il a souvent été question. Métrodore avait écrit une *Histoire de Tigrane* en plusieurs livres (Scol. Apoll. Rhod. IV, 133) où ses connaissances géographiques, son brillant talent d'écrivain et sa *misoromie* avaient dû se donner libre carrière. L'ouvrage ne descendait en aucun cas plus bas que l'an 70, époque de

---

(1) Cf. FABRICIUS, *Theophanes von Mitylene und Q. Dellius als Quellen der Geographie des Strabons*, diss. Strasbourg, 1888.
(2) Orose VI, 4 : *Rex... relictis ab omnibus amicis, philosophis, scriptoribus rerum vel carminum*.
(3) Suidas s. v. Αἴσωπος.

la mort de l'auteur; il ne touchait donc qu'accidentellement aux affaires de Mithridate (1).

15. Des auteurs suivants nous ne connaissons guère que les noms; l'époque même de plusieurs est incertaine et ne peut être déterminée approximativement que par la date des livres où ils se trouvent cités pour la première fois. A cette catégorie appartiennent d'abord deux histoires de Mithridate : les Μιθριδατικά d'*Héraclidès de Magnésie*, probablement en vers (Diogène Laërce, V, 6, 94), et les 3 livres Μιθριδατικῶν πράξεων du fécond polygraphe *Teucros de Cyzique* (Suidas s. v. Τεῦκρος) (2). L'ouvrage d'*Apollonidès* parait également avoir été une histoire de Mithridate à en juger par le sujet des fragments que cite Strabon : armée du roi d'Atropatène (Strabon, XI, 13, 2), animalcules qui naissent dans la neige en Arménie (XI, 14, 1), nombre des fils du roi Scilur (VII, 4, 3). Dans un cas Strabon oppose le témoignage d'Apollonidès à celui de Théophane; dans un autre, à celui de Posidonius : c'est assez dire que l'autorité de cet historien n'était pas médiocre (3). Quant à *Hypsicratès* d'Amisos, qui mourut à l'âge de 92 ans (Lucien, *Macrob.* 22), son Histoire devait embrasser un champ plus vaste, puisqu'il y était question d'Asandre, roi du Bosphore cimmérien après Pharnace (Strabon VII, 4, 6). Dans un autre passage, Strabon cite l'opinion d'Hypsicratès sur le séjour des Amazones, comme celle d'un voyageur qui avait été sur les lieux (XI, 5, 1).

16. Une *Histoire du Pont* en plusieurs livres avait été écrite par *Diophante* (4) (Scol. Apoll. Rhod. III, 242; Étienne de Byzance s. v. Λεύκοσυρα, Ἄβια), que l'on a identifié, non sans vraisemblance, avec le général de Mithridate, Diophante, fils d'Asclépiodore, de Sinope; une autre avait pour auteur *Apollodore* (5) (Scol. Apoll. Rhod. II, 159). L'ouvrage du compilateur *Alexandre Polyhistor* (6) (contemporain de Sylla), Περὶ Εὐξείνου Πόντου, sans être une histoire proprement dite, devait renfermer beaucoup de renseignements intéressants sur l'archéologie et la géographie du royaume de Mithridate. Enfin le chronographe Syncelle (p. 523, 5) renvoie pour l'histoire des rois de Pont à *Apollodore* et à *Denys* (ὁ ἱστοεὺς Ποντίων … περὶ ὧν Ἀπολλόδωρος καὶ Διονύσιος ἱστορῶσιν). On a proposé de reconnaître dans ces deux ouvrages la *Chronique* en vers iambiques d'Apollodore d'Athènes, contemporain des derniers rois de Per-

---

(1) Pour les autres ouvrages de Métrodore, cf. MULLER, III, 203 sq.
(2) Voir les fragments de cet auteur chez MULLER, IV, 396.
(3) Il est inconcevable qu'on ait rapporté ces fragments à un *Périple de l'Eur pe*, mentionné dans les scolies d'Apollonius (MULLER, IV, 309).
(4) MULLER, IV, 396.
(5) MULLER, IV, 304 et 309 b. Peut-être le même qu'Apollodore d'Artémita, historien des Parthes.
(6) MULLER, III, 206. Du même auteur on cite un Περὶ Βιθυνίας et un Περὶ Παφλαγονίας.

game (1), et la *Chronique* perdue de Denys d'Halicarnasse (Müller, IV, 396) (2). Un autre chronographe grec qui avait dû résumer l'histoire du Mithridate est le fameux Castor de Phanagorie, dont l'ouvrage s'arrêtait à l'an 61 av. J.-C. (fr. 12 et 19 chez Müller, à la suite de l'Hérodote Didot).

c) *Auteurs du siècle d'Auguste.*

Romains.

17. *Fenestella* et *Granius Licinianus* peuvent être considérés comme les derniers annalistes. Les Annales de Fénestella (environ 52 av. — 19 ap. J.-C.) (3) descendaient au moins jusqu'à l'an 52 av. J.-C. (fr. 23 Peter) et probablement beaucoup plus bas. Il en avait aussi rédigé un abrégé, au moins en 2 livres (fr. 30). C'était un historien érudit et exact : on doit regretter qu'aucun fragment relatif aux guerres de Mithridate n'ait survécu. — Licinianus est beaucoup plus obscur; il paraît avoir écrit dans les premières années du siècle d'Auguste, entre Salluste qu'il critique (p. 43 Bonn.) et Tite-Live, dont l'ouvrage eût rendu le sien impossible (4). On a retrouvé et déchiffré de nos jours quelques feuillets des Annales de Licinianus sur un palimpseste de Londres : ils appartiennent aux livres 26, 28 et 35. Les fragments du livre 35 se rapportent à la première guerre mithridatique : bataille d'Orchomène, traité de Dardanos, digression sur l'histoire de Nicomède Philopator et de son frère Socrate; ce dernier paragraphe est particulièrement intéressant. Licinianus a dû puiser exclusivement dans les anciens annalistes; s'il avait lu les *Mémoires* de Sylla il ne ferait pas de Diogène le fils d'Archélaos (au lieu de son beau-fils) et surtout il ne placerait pas l'entrevue d'Archélaos et de Sylla à Aulis au lieu de Délion. La rédaction de ces fragments est d'ailleurs tellement sèche et hachée qu'on se croit en présence d'un extrait plutôt que du texte original.

18. Le grand ouvrage de *Tite-Live* (5) (59 av. — 17 ap. J.-C.) avait fait une large place à l'histoire des guerres mithridatiques. Les som-

---

(1) La note de Syncelle est reproduite par Müller, I, 449, parmi les fragments d'Apollodore, n° 160.

(2) Ne s'agirait-il pas plutôt de Denys de Pergame, « l'Attique », contemporain de Mithridate et disciple d'Apollodore, cité comme historien par Strabon XIII, 4, 3?

(3) La date de sa mort est indiquée très diversement par saint Jérôme (19 ap. J.-C.) et Pline XXXIII, 52 (37 ap. J.-C.).

(4) Les arguments sur lesquels on s'est fondé pour faire descendre Licinianus jusqu'au temps des Antonins sont dénués de valeur. On a vu une allusion aux travaux d'Adrien dans la phrase (p. 8 Bonn.) relative à l'inachèvement du temple de Jupiter Olympien; mais cette phrase peut être le fait d'un interpolateur.

(5) Je cite les *periochae* d'après l'édition de Jahn, Leipzig 1853.

maires ou *periochæ* des livres perdus nous renseignent sur la distribution des matières :

Livres 74 et 76. Origines de la guerre; affaires d'Ariobarzane et de Nicomède (1).

Liv. 77-78. Commencement de la 1re guerre, jusqu'au massacre d'Éphèse et à l'occupation de la Grèce par Mithridate.

Liv. 81-83. Campagnes de Sylla. Fin de la guerre.

Liv. 86. Guerre de Muréna.

Liv. 89. Prise et sac de Mitylène.

Liv. 93-95. Origine et début de la 3e guerre, jusqu'à la retraite de Mithridate dans le Pont.

Liv. 97-98. Conquête du Pont et campagnes de Lucullus en Arménie jusqu'à la sédition de son armée.

Liv. 100-102. Campagnes de Pompée et fin de Mithridate.

Liv. 103. Triomphe de Pompée.

Les fragments conservés sont peu nombreux et insignifiants, mais la substance du récit nous a été transmise par trois auteurs de la décadence, qui, au moins pour cette période, ont exclusivement puisé dans Tite-Live : ce sont Florus (sous Trajan), Eutrope (sous Valens) et Orose (5e siècle) (2). Sextus Rufus, contemporain d'Eutrope, n'a guère fait que démarquer celui-ci et Florus dans son misérable *Breviarium* (ch. 15 et 16). Enfin on peut aussi considérer en général comme représentant la tradition *livienne* : 1° les anecdotes de Valère Maxime; 2° les *Stratagèmes* de Frontin; 3° les *Prodiges* de Julius Obsequens; 4° les ch. 70 et 74-77 du *De viris illustribus*, attribué à Aurélius Victor (3).

Quelques mots sur la méthode des trois abréviateurs principaux, Florus, Eutrope et Orose.

L'ouvrage de Florus se donne lui-même, au moins dans le meilleur manuscrit (le *Codex Bambergensis*), pour un simple extrait de Tite-Live (*Juli Flori epitomae de Tito Livio bellorum omnium annorum DCC*) (4); mais cet extrait est l'œuvre d'un rhéteur qui attache beaucoup plus de prix aux facettes du style et au cliquetis des antithèses qu'à un choix

---

(1) Les fins de ces deux *periochae* ont été interverties dans nos manuscrits.

(2) Cp. ULRICH KOEHLER, *Qua ratione T. Livii annalibus usi sint historici latini atque graeci*. Göttingen, 1860. J'évite à dessein d'invoquer ici, comme témoins de la tradition de Tite-Live, Appien et Dion Cassius; ce serait commettre un cercle vicieux.

(3) J'ai consulté l'éd. Tauchnitz. D'après HILDESHEIMER, *De libro qui inscribitur De viris, etc.* (Berlin 1880), l'auteur de cet opuscule aurait aussi utilisé Hygin. Quant au ch. 30 du *Liber memorialis* d'Ampelius, il est pris dans Salluste, et, quoique intitulé *Initium regni Mithridatis*, ne s'occupe en réalité que des meurtriers du faux Smerdis.

(4) Cf. aussi Malala, VIII, p. 211, 2 (Bonn) : καθὼς ὁ σοφώτατος Φλῶρος ὑπεμνημάτισεν ἐκ τῶν Ἀλλίων συγγραμμάτων. Je cite Florus d'après l'éd. HALM (Teubner 1879) qui reproduit, comme celle de JAHN, le texte du *Bambergensis*.

judicieux des faits historiques. Son chapitre consacré aux guerres mithridatiques (I, 40, *Bellum mithridaticum*) présente, à côté de détails insignifiants choisis pour leur intérêt anecdotique ou pittoresque, des lacunes singulières : toute la guerre de Muréna, les campagnes de Lucullus dans le Pont et l'Arménie, etc. Des confusions et des doublets révèlent un travail hâtif et superficiel (1); des erreurs aussi grossières que la reconquête de l'Eubée placée avant la bataille de Chéronée doivent être le fait de l'abréviateur plutôt que de son modèle.

L'*Abrégé* (*Breviarium*) d'Eutrope (2) est d'un style moins brillant que celui de Florus, mais le choix des détails dénote un auteur plus sensé; l'exécution est soigneuse, l'ordre chronologique scrupuleusement observé. Les paragraphes consacrés aux guerres mithridatiques (V, 5-7, Sylla; VI, 6-9, Lucullus; VI, 12-14, Pompée) donnent, en somme, un bon aperçu du sujet, et les erreurs d'Eutrope sont, pour la plupart, celles de Tite-Live, qu'il n'a fait que résumer (3). Cependant on peut lui reprocher d'avoir placé la prise de Sinope et d'Amisos avant la bataille de Cabira, et d'avoir présenté d'une façon par trop sommaire la fin de la campagne de Lucullus : *Lucullo paranti. capta Nisibi, contra Persas* (= Parthos) *expeditionem, successor est missus*.

Orose (4), plus détaillé que ses deux devanciers, est moins consciencieux qu'Eutrope et moins éloquent que Florus. La guerre mithridatique, ou, comme il s'exprime, « le fléau de la guerre mithridatique » occupe une douzaine de pages de son *Historia adversus paganos* (VI, 2-5). Pour la première guerre, jusqu'à la bataille d'Orchomène, Orose s'est contenté de consulter Eutrope et Florus (5). Il comprend mal ses sources, faute d'avoir une connaissance générale du sujet, et ses additions sont ordinairement des erreurs : par exemple, quand il appelle Mithridate *rex Ponti atque Armeniæ*, quand il fait régner Nicomède en Paphlagonie, ou transforme les Asiatiques en bourreaux involontaires et récalcitrants de leurs hôtes. A partir de 85 jusqu'à la fin de son récit, Orose est remonté à la source première, Tite-Live, ou peut-être à une édition abrégée de cet auteur, la même probablement qui a servi au rédacteur

---

(1) L'épisode du mulet chargé d'or, par lequel Mithridate retarde la poursuite de ses vainqueurs, est placé à Cyzique, au lieu de Cabira; le passage de l'Euphrate sur des pontons est attribué à Pompée au lieu de Lucullus; le roi d'Albanie, Oroizès, se dédouble en un Horolès d'Albanie et un Oroizès de Colchide, etc.

(2) Je cite d'après l'ed. RUEHL (Teubner, 1887).

(3) Sublas s. v. Καπίτων : μετέφρασε τῆς ἱστορίας Εὐτροπίου ῥωμαϊστὶ ἐκτεθείσης Λίβιον τὸν Ῥωμαῖον. Capiton n'est pas le seul auteur grec qui ait traduit Eutrope; une grande partie du *Breviarium* a passé littéralement dans la *Chronique* de Jean d'Antioche (cf. F. H. G. IV, 535).

(4) Édition critique par ZANGEMEISTER dans le *Corpus scriptorum ecclesiasticorum* de Vienne (1882).

(5) Florus d'ailleurs ne lui a fourni que le *septemplex murus* du Pirée.

des *periochæ* (1). Il faut lui être reconnaissant des détails nouveaux que nous lui devons sur les campagnes de Fimbria, de Lucullus, de Pompée, mais quelle inintelligence dans le choix des détails! Orose trouve place pour une longue digression sur les volcans d'*Inarimé*, mais il omet la guerre de Muréna, la bataille de l'Arsanias, la reconquête du Pont par Mithridate en 67. L'ignorance géographique n'est pas moins choquante chez un auteur qui se pique de géographie : Nicopolis, par exemple, est placée aux sources communes de l'Euphrate et de l'Araxe! Je ne parle même pas de l'homélie ennuyeuse qui sert de commentaire à la parole de Mithridate mourant (chez Tite-Live) : *Di patrii, si estis!...* De pareils hors-d'œuvre n'en sont que pour nous; pour Orose, ils faisaient partie intégrante du plan de son Histoire, on peut même dire qu'ils en étaient le principal objet.

Tels sont les documents d'après lesquels nous pouvons reconstituer dans ses grandes lignes le tableau que Tite-Live avait tracé des guerres mithridatiques. Quant aux sources dont il s'était servi, on ne peut les indiquer que par conjecture et d'après l'analogie des autres parties de son ouvrage. Tite-Live avait surtout voulu couronner, en l'absorbant, l'œuvre des anciens annalistes, particulièrement des auteurs du dernier siècle de la république, tels que Quadrigarius et Valerius Antias, qu'il cite constamment. C'est à ces annalistes qu'il aura pris la trame de son récit, au moins pour l'époque de Sylla : Orose cite Quadrigarius, évidemment à travers Tite-Live, pour un événement de l'an 82 (Orose V, 20,6 = fr. 84 Peter). Parmi les historiens proprement dits, Tite-Live aura consulté Sylla, Rutilius, qu'il cite ailleurs, Sisenna, Népos, Varron (pour les campagnes de Pompée) et Salluste, dont il ne goûtait ni le style (2), ni les opinions politiques (3), mais qui s'imposait pour le récit des campagnes de Lucullus. En fait d'auteurs grecs, Tite-Live s'est probablement contenté de Posidonius (4), en sa qualité de continuateur de Polybe, d'Archias, qui lui fournissait des embellissements et des prodiges, et de Théophane, que recommandait le nom de Pompée.

Tite-Live est un historien tout en façade; il manque souvent d'exactitude et de précision, presque toujours de critique (5); il abuse aussi

(1) G. MOERNER, *De Orosii vita*, etc., Berlin, 1844.
(2) Sénèque le rhéteur, *Controv.* IX, 1, 14 (p. 399 Kiessling) : *T. Livius tam iniquus Sallustio fuit...*
(3) Salluste avait médit de Pompée (Suétone, *De gramm.* 15), pour lequel Tite-Live professait de vives sympathies (Tacite, *Ann.* IV, 34).
(4) On verra plus loin qu'Appien a suivi Tite-Live pour la première guerre; dès lors on peut supposer qu'il avait emprunté à Tite-Live et celui-ci à Posidonius (fr. 41) sa violente sortie contre les Pythagoriciens, à propos du tyran Aristion (Appien, *Mith.* 28).
(5) Tite-Live s'est probablement trompé en plaçant en Paphlagonie un roi Pylémène à la date de 88 (Eutrope); il s'est trompé sur l'âge de Mithridate, sur la durée de son règne, et même sur les circonstances de sa mort; il s'est trompé, sans doute volontairement, en

des développements de rhétorique : *verbosum in historia neglegentemque*, comme disait si bien l'empereur Caligula (Suét., *Caius*, 34). Si mutilée que soit la tradition authentique des guerres mithridatiques, nous pouvons, dans quelques cas, prendre sur le fait les procédés de travail de Tite-Live. Que l'on compare, par exemple, le fragment de Salluste (III, 20) relatif au messager envoyé par Lucullus aux Cyzicéniens pour leur annoncer son arrivée, et les récits, de provenance livienne, du même événement chez Florus, Frontin (III, 13, 6), Sidoine Apollinaire, Orose : on sera frappé de la quantité de traits nouveaux, évidemment imaginaires, que Tite-Live avait ajoutés au sobre récit de son devancier. Son goût pour le merveilleux l'entraîne à insérer dans une histoire sérieuse des fables poétiques : apparitions effrayantes au début de la première guerre mithridatique et pendant le siège du Pirée (Obsequens, c. 56), préservation miraculeuse du Palladium d'Ilion (fr. 17, Weissenborn ; Aurélius Victor, Obsequens), prodiges survenus pendant le siège de Cyzique (Obsequens, c. 60), etc. Trop souvent son patriotisme obscurcit son jugement : il dissimule les échecs des Romains ou les trahisons qui leur livrent la victoire (Archélaos), il exalte outre mesure leurs succès — par exemple, la bataille de l'Arsanias (fr. 23 Weissenborn) qui fut, en réalité, une victoire à la Pyrrhus, — il accepte, sans contrôle, les indications de chiffres fantastiques données par Sylla, Lucullus (fr. 22 W. sur Tigranocerte), et, chose plus grave encore, les mensonges des placards triomphaux de Pompée. Qui croira qu'Orose ait tiré de son cru la légende de l'expédition de Pompée contre les Parthes et de son entrée triomphale dans Ecbatane?

On comprend, dès lors, que les bons juges de l'antiquité aient été de l'avis de Quintilien, qui plaçait Salluste, comme historien, au-dessus de Tite-Live. Aussi Plutarque, dans sa *Vie de Lucullus*, a-t-il pris pour guide Salluste et non Tite-Live, et l'on peut en dire autant de Dion Cassius, dans la partie de son sujet qui avait été traitée également par les deux historiens. En revanche, la grande majorité des abréviateurs romains à partir de Florus suivent aveuglément Tite-Live, et, sauf Salluste, les historiens antérieurs ont été en quelque sorte annulés par la majestueuse compilation du rhéteur de Padoue. Même les auteurs grecs ont souvent préféré Tite-Live aux sources helléniques, mieux informées cependant et plus impartiales : on verra qu'Appien reproduit Tite-Live pour les campagnes de Sylla, que Dion Cassius le copie pour celles de Pompée.

19. *Trogue Pompée*, contemporain de Tite-Live, avait composé sous

---

faisant assister Mithridate à la bataille de Tigranocerte, etc. La chronologie (autant que nous pourrons la restituer par les *Periochae* et les abréviateurs) fourmillait de menues erreurs, qu'il serait trop long d'énumérer ici.

le titre d'*Historiæ Philippicæ* une histoire universelle (Rome exceptée) en 44 livres, que l'on peut considérer comme le pendant et le complément des Annales liviennes. Mithridate avait sa place dans cette grande composition. Le livre 37 résumait l'histoire des premiers rois de Pont, la jeunesse et les premières conquêtes d'Eupator, avec une digression sur les origines des royaumes conquis (Bosphore, Colchide, Paphlagonie). Le livre 38 racontait les guerres de Cappadoce et le début de la première guerre contre Rome jusqu'à l'occupation de la Bithynie et de l'Asie romaine. L'histoire de Tigrane était esquissée au livre 42. Le plan de l'auteur excluait le récit proprement dit des guerres mithridatiques : on doit le regretter, car Trogue Pompée, dont l'oncle avait exercé un commandement dans la cavalerie de Pompée pendant la campagne de Pont (Justin XLIII, 5,11), devait avoir recueilli sur ce sujet des traditions de famille intéressantes. Il ne reste de l'ouvrage de Trogue Pompée que les sommaires ou *Prologues* et l'abrégé, phraseur et superficiel, de Justin (1). Le résumé des livres 37 et 38 est peut-être une des moins mauvaises parties de cet abrégé; en particulier, Justin nous a conservé en entier un grand discours en style indirect adressé par Mithridate à ses troupes au moment d'envahir l'Asie Mineure. Ce résumé renferme à côté d'erreurs de noms et de dates, dont la plupart paraissent imputables à Justin (2), bon nombre de faits que nous ne connaîtrions pas autrement. Comme Trogue Pompée avait travaillé d'après des auteurs grecs, on peut supposer — mais ce n'est qu'une simple conjecture, — que ses sources pour l'histoire de Mithridate étaient Posidonius et Timagène (3).

20. Le dernier historien à mentionner dans cette période est l'*Velleius Paterculus* (4) (sous Tibère). Le livre II de son abrégé d'Histoire romaine, publié vers 30 ap. J.-C., donne une esquisse sans prétention des guerres contre Mithridate (c. 18, 23-24, Sylla; c. 33, Lucullus; c. 37, 40, Pompée). Les caractères sont vigoureusement tracés, mais il y a des inutilités dans un récit si court (justification des Athéniens, bavardage de Tigrane, etc.), et des erreurs assez graves : les ambassadeurs parthes

(1) J'ai cité d'après l'édition RUEHL (Teubner, 1886); les prologues y sont publiés par A. de GUTSCHMID.

(2) Erreur sur le nom de la veuve d'Ariarathe Philopator (XXXVII, 1) et probablement sur la parenté de Pharnace et d'Eupator (XXXVIII, 6); chiffre invraisemblable de 600 chars à faux dans l'armée de Mithridate en 99 (XXXVIII, 1); omission de la campagne de Sylla en Cappadoce (ib. 3); date invraisemblable d'une ambassade de Mithridate aux Cimbres (ib.), etc.

(3) Trogue Pompée avait sans doute utilisé le livre *Des Rois* de Timagène (Justin XXXII, 3 = Timagène fr. 9 Müller), mais il y a loin de là à l'opinion de GUTSCHMID que tout son ouvrage était un simple extrait de Timagène (*Lit. Centralblatt*, 1872, p. 639). Les ouvrages de celui-ci étaient si connus et si estimés à Rome qu'on n'aurait pas manqué de crier au voleur.

(4) Ed. HALM (Teubner, 1876).

rendent visite à Sylla pendant son séjour en Asie (et non pendant sa campagne de Cappadoce), Lucullus est gouverneur d'Asie (au lieu de Cilicie), Pompée soumet les Mèdes, etc. Le mérite le plus sérieux de ce résumé c'est de n'être jamais pris dans Tite-Live; pour s'en assurer, il suffit de voir en quels termes Velleius parle de Pompée et de la loi Manilia (c. 33).

Grecs.

Dans ce siècle les monographies historiques sont rares; la mode en Grèce est aux grandes synthèses, simples chroniques comme celle de Denys d'Halicarnasse, ou Histoires générales comme celles que nous allons passer en revue.

21. *Timagène* (1) d'Alexandrie, contemporain de Pompée, de César et d'Auguste, était l'historien grec le plus apprécié à Rome dans les premiers temps de l'empire : Quintilien le regarde comme le restaurateur de l'histoire éloquente. De son vivant, son érudition, son talent de déclamateur et surtout son redoutable franc-parler, qui dégénérait parfois en esprit de dénigrement, l'avaient rendu célèbre dans la société romaine où il vécut. Malheureusement, il reste si peu de chose de ses œuvres qu'on ne peut même pas apprécier l'influence qu'elles ont exercée sur les historiens postérieurs. Son principal ouvrage paraît avoir été intitulé *Les Rois* (Περὶ Βασιλέων, Étienne de Byzance s. v. Μιλύαι) et embrassait, ce semble, toute l'histoire d'Alexandre et de ses successeurs jusqu'à l'extinction des dynasties macédoniennes, sous forme de biographies. Mithridate avait sans doute sa place dans cette galerie, mais aucun fragment conservé ne se réfère à lui. Peut-être le Mithridate de Timagène a-t-il servi de base au récit de Trogue Pompée (voir *supra*, n° 19).

22. La Bibliothèque historique de *Diodore de Sicile* (en 40 livres) descendait jusqu'à la conquête des Gaules par César et embrassait par conséquent toute l'histoire de Mithridate; mais la partie de l'ouvrage qui raconte cette histoire (livres 36 à 40) s'est perdue, sauf des fragments peu nombreux. Les plus importants se rapportent au conflit des ambassadeurs de Mithridate avec Saturninus (XXXVI, 15 Didot), à la bataille navale contre les Rhodiens (XXXVII, 23), aux pillages de Sylla (XXXVIII, 7), aux méfaits de Fimbria (ib. 8), au siège de Cyzique (Fragments de l'Escurial, n° 1 = F.H.G. II, p. xxiv), au triomphe de Pompée (XL, 4). Diodore a sans doute emprunté à Posidonius la plupart de ses renseignements sur les débuts de Mithridate; pour le triomphe de Pompée, il transcrit une copie d'une tablette votive. Pour le reste,

---

(1) Fragments chez MULLER, III, 317 sq.

il est impossible de déterminer ses sources, qui ne devaient être ni bien nombreuses, ni bien profondes.

23. La compilation de Diodore eut surtout du succès à l'époque byzantine ; chez les Alexandrins, depuis Strabon et Josèphe jusqu'à Athénée, on préférait l'ouvrage analogue, mais plus détaillé, du péripatéticien *Nicolas de Damas* (1), le secrétaire d'Hérode. Cette histoire universelle (ἱστορία καθολική) en 144 livres, entreprise à la demande d'Hérode, descendait jusqu'à l'époque contemporaine, où elle prenait une valeur originale ; pour les temps plus anciens, Nicolas, qui écrivait vite, avait travaillé à coups de ciseaux. L'histoire de Mithridate, dont il reste quelques maigres fragments, occupait tout ou partie des livres 100 à 110. Au début (comme le prouve le fr. 79 Müller) Nicolas s'était attaché à Posidonius. Plus tard (fr. 73, 75, 87) le nom de Nicolas est associé à celui de Strabon, sans qu'on puisse affirmer au juste lequel des deux historiens avait consulté l'autre : en effet, si la Géographie de Strabon est certainement postérieure à l'Histoire de Nicolas, qui s'y trouve citée (XV, 1, 72), il n'en résulte pas que cette Histoire, œuvre de la vieillesse de Nicolas (fr. 4), fût antérieure aux Mémoires historiques de Strabon, qui parurent avant la Géographie : les deux philosophes avaient d'ailleurs à peu près le même âge (Nicolas paraît être né en 64 av. J.-C., Strabon en 63) (2). Je croirai plutôt que Nicolas s'est servi de Strabon que Strabon de Nicolas.

24. *Strabon* d'Amasie (63 av. — 23 ap. J.-C.) mérite, à notre point de vue, une place d'honneur parmi les historiens de cette époque. Non seulement il avait dû porter dans l'histoire les mêmes qualités de savoir et de talent qui ont fait le succès durable de sa Géographie, mais encore il était particulièrement bien situé pour recueillir sur l'époque de Mithridate les informations les plus authentiques. Natif du Pont, où il passa la plus grande partie de sa vie, il appartenait du chef de sa mère à une famille originaire d'Amisos qui avait joué un rôle considérable sous les derniers Mithridate ; il comptait parmi ses ancêtres Dorylaos l'ancien, général d'Évergète, Dorylaos le jeune, favori d'Eupator, Lagétas et Stratarque, fils de Dorylaos Ier, qui vécurent à la cour du même roi, enfin Tibios et son fils Théophile, traîtres mis à mort par Mithridate à la veille de l'invasion de Lucullus, et Moapherne (fils de Lagétas ?), gouverneur de la Colchide sous le même règne. Le grand-père de Strabon avait également exercé un commandement important sous Mithridate et finit par livrer à Lucullus, contre des promesses sans lendemain, 15 *gazophylacies* confiées à sa garde. Strabon n'avait donc qu'à interroger les vieillards de son entourage — il se souvenait d'avoir, dans son

---

(1) Fragments chez MÜLLER III, 343 sq. ou DINDORF, *Hist. graeci minores*, I, 1-153.
(2) Sur la date de la naissance de Strabon, voir NIESE, *Rh. Museum*, XXXVIII, 567.

enfance, connu son arrière-grand-oncle Stratarque, un contemporain de Mithridate — pour en savoir plus long sur « la grande époque » que les érudits de Rome ou d'Alexandrie.

Les *Commentaires* de Strabon (1) (ὑπομνήματα ἱστορικά en 17 livres, dont 43 faisaient suite à Polybe, τὰ μετὰ Πολύβιον), commençaient, comme l'ouvrage de Posidonius, à entrer dans le détail avec l'année 146 et descendaient au moins jusqu'à l'an 38 av. J.-C., embrassant ainsi toute l'histoire de Mithridate, à laquelle se rapportent les fragments 5 à 8. Strabon faisait aussi, probablement à l'occasion de l'avènement d'Eupator, une digression sur les origines du royaume de Pont, où il était question du songe d'Antigone et de l'hégire de Mithridate Ctistès (fr. 4 Müller). La perte de cet ouvrage est la plus regrettable de toutes celles qu'ait subies la littérature historique relative à Mithridate; car, outre ses souvenirs de famille et les traditions locales, Strabon avait dû utiliser avec son discernement habituel les nombreux historiens qu'il réunit sous le titre de οἱ τὰ Μιθριδατικὰ συγγράψαντες (XI, 2, 1), entre autres, pour ne citer que les noms mentionnés dans la Géographie, Métrodore de Scepsis, Apollonidès, Hypsicrate, Posidonius, Théophane, peut-être aussi Timagène, Tanusius et Denys de Pergame. Le succès relativement médiocre de cette Histoire, qui n'est guère citée que par Josèphe et Plutarque, s'explique peut-être par une certaine sécheresse de style qui ne lui permettait pas de rivaliser pour les parties anciennes avec le brillant Posidonius, pour les parties modernes avec le coulant Nicolas de Damas.

La conservation de la Géographie de Strabon nous console jusqu'à un certain point du naufrage de son Histoire. On y trouve une description particulièrement détaillée et vivante des anciens États de Mithridate (Pont, Colchide, Crimée) et des contrées limitrophes de l'Europe et de l'Asie Mineure; nombre de faits historiques relatifs à cette époque sont également disséminés dans toutes les parties de l'ouvrage, à propos des localités qui en furent le théâtre. Ces brèves allusions n'étaient, dans la pensée de l'auteur, qu'un simple agrément, une sorte d'illustration, propre à interrompre la monotonie de la nomenclature géographique; il se défend expressément (XI, 9, 3) de vouloir répéter ce qu'il a déjà dit dans son Histoire. Mais pour nous, qui avons perdu les Commentaires et tous les grands ouvrages analogues, ces digressions sont une mine de renseignements utiles, qu'on chercherait vainement ailleurs, en particulier pour la période du règne de Mithridate antérieure à son conflit avec les Romains.

25. Un contemporain de Strabon, le roi *Juba* de Mauritanie (environ 50 av. — 23 ap. J.-C.) laissa, entre autres ouvrages, une *Histoire romaine*, probablement en 2 livres, qui descendait jusqu'aux guerres civiles.

---

(1) Fragments chez MULLER, III, 490 sq.

Quoique abrégé, ce travail faisait autorité, l'auteur passant pour fort érudit (Plutarque, *César*, 55 : τοῖς πολυμαθεστάτοις ἀνέφηκεν συγγραφεῦσι). Un détail conservé par Plutarque — le nom du tribun qui occupa la ville de Chéronée la veille de la bataille — est le seul fragment relatif aux guerres mithridatiques qui ait surnagé (1).

d) *Siècle des Antonins.*

Au deuxième siècle de l'empire l'historiographie romaine ne produit plus rien d'important sur la période des guerres de la République; les abrégés de Florus et de Justin ont déjà été mentionnés à propos de Tite-Live et de Trogue Pompée. Dans la littérature grecque, au contraire, on assiste à un véritable renouveau des études historiques; sans parler d'ouvrages aujourd'hui perdus comme l'*Histoire bithynienne* d'Arrien, en 8 livres (2), et les *Olympiades* de Phlégon de Tralles (3), c'est à cette période qu'appartiennent les quatre auteurs auxquels nous devons le plus clair de notre savoir sur Mithridate et son temps : Plutarque, Appien, Dion Cassius et Memnon.

26. *Plutarque* de Chéronée (environ 46-120 ap. J.-C.) n'a malheureusement pas écrit de biographie de Mithridate, mais il a raconté la plus grande partie de ses guerres contre les Romains dans les Vies de Sylla (ch. 5, ch. 11-26), de Lucullus (ch. 2-37) et de Pompée (ch. 30-42); on trouve aussi à glaner quelques renseignements dans les Vies de Marius et de Sertorius et dans divers passages des Œuvres morales.

Plutarque avait appris le latin sur le tard (ὀψέ ποτε καὶ πόρρω τῆς ἡλικίας, *Démosth.* 2), et il ne le posséda jamais à fond. A Chéronée, où il rédigea ses *Vies Parallèles*, il ne devait pas avoir beaucoup de livres latins; il ne faut donc pas s'étonner si dans ses biographies romaines il ne s'est pas livré à un travail de comparaison et de recherches aussi approfondi que pour les grecques : en général, dans chaque Vie, il s'est confié à un guide unique — ou, si cela n'était pas possible, à plusieurs guides successifs, — sauf à compléter ou à rectifier dans certains cas ses indica-

---

(1) Muller, III, 469 suiv.
(2) Muller, III, 590 sq.
(3) L'Olympiade 177, où se passèrent une partie des campagnes de Lucullus, a été conservée par Photius; voir Muller, III, 606. On voit par cet extrait que les années de Phlégon, contrairement à celles d'autres historiens contemporains, sont de véritables années olympiques, à cheval sur deux années juliennes. C'est ainsi que le début de la guerre de Métellus en Crète (68 av. J.-C.) est placé dans la 4ᵉ année de l'Olympiade (juillet 69-68). La grande bataille mentionnée par Phlégon sous cette année n'est pas celle de Tigranocerte (octobre 69), mais celle de l'Arsanias (été 68), à cause des troupes rangées τὸν Ἰταλικὸν... τρόπον.

tions à l'aide de ses cahiers de notes (1). Ce procédé, si l'on y réfléchit, était presque imposé, d'ailleurs, par la nature des livres ou *rouleaux* antiques, qui ne se prêtait guère aux recherches rapides et à la consultation simultanée de plusieurs volumes. Quoique Plutarque ne cite pas toujours ses autorités aussi consciencieusement que l'exigeraient nos habitudes modernes, il n'est pas difficile de déterminer la source principale de chacune des trois biographies *mithridatiques*.

Dans la *Vie de Sylla*, Plutarque cite, une fois chacun, Juba (c. 16), Strabon (c. 26), Fenestella (c. 28), Salluste (*Parallèle*, c. 3); une dizaine de fois les *Commentaires* de Sylla, et cela dans toutes les parties de la biographie, souvent même textuellement (2). On ne saurait donc douter que ces *Commentaires* n'aient fourni la trame de toute la biographie (3); Plutarque n'a pris des notes ailleurs que pour les événements qui l'intéressaient particulièrement, en sa qualité de Béotien, comme la bataille de Chéronée. Sur ce sujet et sur celui de la bataille d'Orchomène il a pu utiliser, outre les documents écrits, ses observations personnelles et la tradition locale (4).

Dans la *Vie de Lucullus*, Plutarque cite accessoirement et incidemment Sylla (c. 23), Strabon (c. 28) et Cornélius Népos (c. 43), sans parler du philosophe Antiochus (5) (c. 28) et du poète Horace (c. 39). Salluste (c. 11;33) et Tite-Live (c. 28;31) obtiennent chacun deux citations : c'est entre ces deux auteurs qu'il faut choisir le guide principal de Plutarque. L'hésitation serait permise si le rapprochement des fragments de Salluste avec le texte de Plutarque ne prouvait de la manière la plus évidente que l'historien grec a donné la préférence à l'auteur le

---

(1) Sur ce sujet voir HEEREN, *De fontibus et auctoritate vitarum parallelarum Plutarchi*, Gœttingen, 1820, et surtout H. PETER, *Die Quellen Plutarchs in den Biographien der Römer*, Halle, 1865.

(2) Pour les guerres mithridatiques en particulier Sylla est cité à propos de la prise d'Athènes (c. 14), de la position de Philobéotos (16), des pertes de l'armée romaine à Chéronée (19), des présages qui annoncent la bataille d'Orchomène (17), et des soupçons planant sur les rapports de Sylla avec Archélaos (23).

(3) En ce sens PETER, op. cit., et STERINGA KUYPER, *De fontibus Plutarchi et Appiani in vita Sullae enarranda*, diss. Utrecht, 1882. C'est à tort que KLEBS, *De scriptoribus aetatis Sullanae*, Berlin 1876, et LELY, *Plutarchus et Appianus de bellis mithridaticis*, Amst. 1879, ont fait de Tite-Live la source principale de Plutarque : il paraît ne l'avoir même pas consulté. De même, dans la Vie de Lucullus, c'est certainement à Sylla que Plutarque a emprunté l'histoire des opérations maritimes de Lucullus pendant la 1re guerre (c. 2-3). On ne doit pas oublier que les *Mémoires* du dictateur furent publiés par Lucullus.

(4) Ainsi l'emplacement du camp pontique devant Chéronée avait conservé le nom d'Archélaos (c. 17) ; dans les marais d'Orchomène on trouvait encore des armes barbares (c. 21), etc.

(5) Il s'agit d'Antiochus d'Ascalon, restaurateur de l'ancienne Académie, qui fit toute la campagne d'Arménie dans l'état-major de Lucullus. Cf. Cicéron, *Acad. prior.* II, 2, 4; Plutarque, *Lucull.* 42, *Cic.* 4. L'ouvrage cité est le Περὶ θεῶν.

plus ancien et le plus diligent, au point de le transcrire parfois littéralement (1). Ainsi Salluste, fr. III, 14 Kritz = Plutarque, *Luc.* 9,1; Sall. fr. III, 16 = *Luc.* 9, 3; fr. IV, 1 = *Luc.* 15; fr. IV, 2 = *Luc.* 19; fr. IV, 6 = *Luc.* 18 (2); fr. IV, 7 = *Luc.* 21; fr. IV, 9 (Dietsch, fr. V, 6) = Plut. *Luc.* 33. La contre-épreuve n'est pas moins concluante : on chercherait vainement la moindre trace de contradiction entre Plutarque et les débris du récit de Salluste ; celles qu'on a relevées ne reposent que sur des méprises (3). Quand Plutarque se sépare de son guide habituel, il prend soin de l'indiquer, comme dans la question des chameaux aperçus pour la première fois à Cyzique ; son observation n'aurait même guère de sens si elle ne sous-entendait qu'*en général* il a suivi Salluste ; c'est le cas de dire : l'exception confirme la règle. Pour compléter la démonstration, on peut faire observer que Plutarque contredit nettement Tite-Live sur quelques détails essentiels : ainsi Tite-Live avait fait assister Mithridate à la bataille de Tigranocerte (Orose VI, 6 ; Frontin II, 1, 14 ; II, 2, 4) ; Plutarque, conformément à la vérité et à Salluste (Lettre de Mithridate à Arsace, § 15) laisse à Tigrane seul la responsabilité de cette journée. La manière même dont Plutarque cite Tite-Live, comme en note et *inter ceteros*, à propos de la bataille de Tigranocerte, fournit un dernier argument et non le moins décisif en faveur d'une opinion qui ne devrait plus rencontrer de contradicteur (4).

Plutarque a donc emprunté à Salluste le fond de son récit, mais le fond seulement, car il n'est pas croyable que les nombreux prodiges dont il a émaillé sa biographie proviennent de cette source : en sa qualité d'imitateur de Thucydide, Salluste dédaignait le merveilleux ; Plutarque en raffole. On pourrait supposer que pour ces embellissements, du moins, Plutarque s'est adressé à Tite-Live, très friand d'or-

---

(1) En ce sens PETER, *Sallust und Plutarch*, Mélanges Ritschl, 1867, II, 455-466 ; A. GLEITSMANN, *De Plutarchi in Luculli vita fontibus ac fide*, diss. Munich, 1883. D'après LAUER, *De scriptoribus belli mithridatici tertii*, prog. Wetzlar, 1871, Plutarque aurait suivi Tite-Live. Je ne connais pas le programme de SCHACHT, *Die Hauptquelle Plutarchs in der Vita Luculli*, Lemgo, 1884.

(2) Ce parallélisme est peut-être le plus probant de tous ; je le reproduis :
Salluste : *Tenuit Lucullus thesauros, custodias regis*.
Plutarque : Θησαυρούς τε μεγίστους εἷλε καὶ ἐφρούρησεν.

(3) Ainsi LAUER, *op. cit.*, oppose le récit de Plutarque sur le massacre du harem de Pharnacie au fragment de Salluste (II, 55 Kritz) : *Mithridates et fratrem et sororem interfici jussit*. Il n'a pas fait attention qu'il ne s'agit pas chez Salluste du même événement, mais de supplices qui appartiennent aux premières années du règne de Mithridate, et que l'auteur rappelait dans une digression.

(4) On pourrait aussi opposer le chiffre des morts arméniens chez Plutarque (100,000) à celui d'Orose (30,000), mais les chiffres sont si sujets à altération de la part des copistes qu'il faut user prudemment d'arguments de ce genre ; précisément MOERNER a pensé qu'Orose avait confondu ici les pertes de Tigrane avec celles de Mithridate à Cabira (voir Eutrope).

nements de ce genre; en effet, d'eux prodiges de Plutarque — la vache de Cyzique et la vision du greffier Aristagoras (*Luc.* 10) — se retrouvent dans Obsequens (c. 60 Jahn), c'est-à-dire dans Tite-Live. Mais l'un de ces prodiges se lit également chez Appien (*Mith.* 75), et dans le récit de l'autre Plutarque est plus précis qu'Obsequens : il qualifie Aristagoras de greffier du peuple, Obsequens l'appelle simplement *summus magistratus*, ce qui est d'ailleurs inexact. Il est donc probable que Tite-Live, Appien et Plutarque ont puisé, directement ou indirectement, à une source commune, et cette source, à mon avis, n'est autre que le poème d'Archias où de pareilles inventions étaient mieux à leur place que dans une histoire sérieuse. C'est à ce poème que Plutarque doit non seulement les prodiges de Cyzique, mais les visions de Lucullus à Ilion (c. 12) et devant Sinope (c. 23), le passage miraculeux de l'Euphrate (c. 24), peut-être même certains épisodes qui, sans être précisément merveilleux, ont un caractère épique, étranger à la manière concentrée de Salluste : par exemple, la scène (c. 15) où Lucullus, par sa seule présence, arrête les Pontiques vainqueurs au seuil de son camp, comme Achille fait reculer les Troyens dans l'*Iliade*, puis la catastrophe de Cabira, qui en réalité paraît s'être passée en l'absence de Mithridate, ou encore les imprécations de Monime expirante et tout le drame du harem de Pharnacie (c. 18). Plutarque s'est bien gardé de citer Archias, dont le nom aurait éveillé la méfiance du lecteur; mais il a laissé, si j'ose dire, percer le bout de l'oreille en insérant dans un de ses emprunts un hexamètre tout entier (ch. 12, vision d'Ilion : τί κνώσσεις, μεγάθυμε λέον; νεβροὶ δέ τοι ἐγγύς) (1).

Dans la *Vie de Pompée*, Plutarque a dû recourir au système des autorités successives (2). Je n'ai à m'occuper que de la partie relative aux campagnes orientales de Pompée. Les premiers chapitres (c. 30-31) reproduisent presque textuellement les expressions du *Lucullus* et sont conçus dans un esprit antipompéien : ici, par conséquent, Plutarque suit encore Salluste; on croit entendre résonner, à travers la bonhomie indulgente du sophiste grec, le sévère jugement du Thucydide romain sur le faux grand homme : *oris probi, animo inverecundo* (fr. inc. 41, Kritz). Dans l'histoire même des campagnes contre Mithridate, Plutarque ne cite nommément que Théophane (c. 37) et cela pour le blâmer (à propos de la fausse lettre de Rutilius). En dépit ou à cause même de cette critique, on ne saurait douter que Théophane ait été ici le guide principal, ou, pour mieux dire, unique de Plutarque; c'est ainsi que la définition du site des Amazones (c. 35) concorde exactement avec ce que Théophane

---

(1) Pour plus de détails, voir ma thèse latine déjà citée, *De Archia poeta*, livre 2.
(2) Les auteurs cités dans cette Vie sont Cicéron (ch. 42; 63), César (63), Oppius (10), Pollion (72), Timagène (49), Théophane (37).

racontait sur ce sujet (fr. 3 Müller = Strabon, XI, 5, 1). Quant à Tite-Live, pour s'assurer que Plutarque l'a systématiquement dédaigné, il suffit de constater que notre auteur est muet sur la fameuse expédition en Médie, tant vantée par Orose.

Sylla, Salluste, Théophane, telles sont en définitive les autorités auxquelles Plutarque s'est attaché pour tracer son tableau des guerres mithridatiques. Dans chaque cas, il faut lui rendre cette justice qu'il a choisi le meilleur guide, le plus rapproché des événements et le mieux informé. On ne doit pas davantage le critiquer pour le choix des détails historiques : s'il passe rapidement sur beaucoup de faits de guerre pour insister sur les batailles décisives et les « traits de caractère », c'est parce qu'il fait œuvre de biographe et non d'historien. Les torts de Plutarque sont d'une autre nature; je les ramène à trois. 1° Il accepte, sans un contrôle suffisant, les données de ses sources : les fabuleux effectifs d'Archélaos et de Tigrane, les chiffres dérisoires des pertes de Sylla et de Lucullus; il ne s'insurge ou ne laisse percer un doute que lorsque les assertions de son guide choquent trop évidemment le bon sens (*Sylla*, c. 23), la vérité (*Luc.* 11) ou l'honnêteté (*Pomp.* 37). 2° Il entremêle son récit de prodiges et de fables, parfois empruntés à l'épopée, qui n'ont d'autre but que de divertir un lecteur superstitieux. 3° Il présente systématiquement (sauf dans une partie de la Vie de Pompée) les faits d'une manière favorable à son héros, confondant ainsi deux genres voisins, mais distincts, la biographie et le panégyrique. Ajoutons que Plutarque est fort insoucieux de la chronologie; il suit l'ordre des temps, mais il ne donne point de dates, ou lorsqu'il en donne, c'est le mois et le jour, sans l'année (prise d'Athènes, bataille de Tigranocerte).

27. *Appien* (1), contemporain d'Adrien et d'Antonin le Pieux, a consacré un livre entier de son *Histoire romaine* (le 12ᵉ ou Μιθριδάτειος) aux guerres de Mithridate contre les Romains et à quelques événements qui s'y rattachent plus ou moins étroitement : histoire de la Bithynie (c. 1-7), guerre des Pirates (c. 92-96), conquêtes orientales de Pompée (c. 106), son triomphe (c. 116-118), sort de Pharnace et des États pontiques (c. 120-121). C'est le seul récit suivi et détaillé que nous ayons de ces guerres; encore faut-il observer que le développement est très inégal : la première guerre occupe à elle seule autant d'espace (c. 11-63) que tout le reste; quant aux origines du royaume de Pont et aux trente premières années de Mithridate, elles sont à peine esquissées (c. 8-10).

Les autorités d'Appien sont plus difficiles à déterminer que celles de Plutarque, car il ne les cite pour ainsi dire jamais; lorsqu'il le fait, il

---

(1) J'ai cité d'après l'édition Mendelssohn (Teubner, 1879).

n'est même pas toujours sûr que ce soit de première main. En effet, Appien, quoiqu'il affirme avoir lu beaucoup d'auteurs grecs et latins (*Proœm.* c. 12), paraît avoir travaillé assez vite; pour éviter l'accusation de plagiat, il change de guide assez souvent dans les divers livres de son ouvrage et même dans les diverses sections d'un même livre, mais ces changements ne sont pas suffisamment motivés. On ne comprend guère, par exemple, pourquoi, dans les *Guerres civiles*, Appien, qui utilise le *Catilina* de Salluste, néglige de parti pris les *Histoires*. Il a réussi, si l'on veut, à n'être pas un plagiaire, mais il est resté un compilateur, dont tout le mérite (et il n'est pas médiocre) réside dans la disposition originale qu'il a su donner à sa compilation (1).

Les premiers chapitres du *Mithridate*, relatifs à la Bithynie, ne rentrent pas dans notre sujet; sauf quelques inepties, de provenance douteuse (2), tout ce morceau est pris d'ailleurs, presque textuellement, dans Polybe (c. 2 = Polybe, fr. xxv, 16; c. 3 = xxxiii, 11; c. 6 = xxxvii, 1 *h*).

Sur les origines du royaume de Pont (c. 8-9), Appien se trompe lourdement en assignant une tige commune aux dynasties du Pont et de la Cappadoce. Les aveux d'ignorance et les formules dubitatives ne manquent pas dans ce morceau (οὐκ ἔχω σαφῶς εἰπεῖν... ἐμοὶ ὅτι μοι δοκοῦσι..). Hiéronyme de Cardie est cité à propos de l'itinéraire d'Alexandre; Appien lui a peut-être aussi emprunté le récit du songe d'Antigone et de l'hégire du Ctistès (cf. Hiéronyme chez Lucien, *Macrob.* 13); mais Hiéronyme s'arrêtait à la fin du règne de Mithridate Ctistès, et tout l'intervalle entre cette époque et Mithridate Évergète est, pour Appien, une *terra incognita*. Cependant l'assertion qu'Eupator était le 6ᵉ successeur du Ctistès (3) ne paraît pas prise en l'air.

Le récit des premiers démêlés des Romains avec le roi de Pont (c. 10) et des antécédents immédiats de la 1ʳᵉ guerre (c. 11-16) ne dérive pas de la même source que l'histoire de la guerre proprement dite. En effet, nous verrons que celle-ci vient tout entière de Tite-Live; or, dans les préliminaires, Appien s'écarte de Tite-Live sur un point essentiel : chez Appien, toutes les négociations et la rupture elle-même se passent exclusivement entre Mithridate et les ambassadeurs de Rome; chez Tite-Live (Eutrope V, 5; Orose VI, 2; cf. Dion, fr. 99) le Sénat romain inter-

(1) Sur les sources d'Appien en général on peut consulter Hannak, *Appian und seine Quellen*, Vienne, 1869, et Wijsse, *De fide et auctoritate Appiani*, Groningue, 1855. Ce dernier ouvrage ne s'occupe que des *Guerres civiles*.

(2) Les 19 rois de Bithynie avant la conquête romaine (c. 2), le legs de la Bithynie attribué au petit-fils de Nicomède Philopator (c. 7).

(3) Les interprètes qui ne veulent pas mettre Appien en contradiction avec lui-même (au c. 112 il fait de Mithridate Eupator le 8ᵉ descendant du Ctistès) traduisent les mots τῶν ἕκτος ἀπὸ τοῦ πρώτου Μιθριδάτου par : « le sixième roi du nom de Mithridate. »

vient et déclare la guerre. En outre, le fils de Mithridate est appelé ici
(c. 10 et 15) *Ariarathe*, ce qui était son nom officiel, confirmé par les
médailles, Justin et Plutarque (*Syll.* 11, *Pomp.* 37); or dans la suite du
récit, il prend le nom d'*Arcathias* (c. 17, 18, 35), quoiqu'il s'agisse évidemment du même personnage. Enfin le ton du récit est plutôt défavo-
rable à Rome, ce qui exclut l'idée d'un emprunt à Tite-Live, l'historien
patriote par excellence. Appien suit probablement ici une source grecque, Posidonius par exemple.

Pour la première guerre mithridatique, jusques et y compris la réorganisation de l'Asie romaine par Sylla, Tite-Live est la source unique
ou principale d'Appien (c. 17-63) (1). Cela résulte du parfait accord de
notre auteur avec la tradition livienne, même sur des points de détail
comme les pertes des deux armées à la bataille de Chéronée (*Mith.* 45 =
Eutrope V, 6, 3; Orose VI, 2, 5) (2), celles des Asiatiques à la bataille
d'Orchomène (*Mith.* 49 = Eutrope *ib.*,) (3), les 1600 suspects exécutés
dans les villes d'Asie (*Mith.* 48 = Orose VI, 2, 8). On notera aussi les
parallélismes suivants : *Mith.* 22 = Orose V, 18 (vente des biens sacrés);
Mith. 27 = Obsequens, c. 56 (prodiges de Rhodes et de Patara); *Mith.*
60 = ep. 83 (mort de Fimbria; et surtout le passage où Appien (*Mith.* 53)
fait allusion à « certains auteurs qui racontent que le Palladium fut
trouvé intact sous les ruines d'Ilion ». Ces « certains auteurs » sont
Tite-Live et ses imitateurs (cf. Augustin, *Civ. Dei* III, 7; Obsequens,
c. 56, 25). Comme contre-épreuve, il est facile de s'assurer qu'Appien,
dans tout ce récit, ne doit rien aux deux auteurs qui pouvaient balan-
cer l'autorité de Tite-Live, Posidonius et Sylla (ou Plutarque). Il diffère
de Posidonius sur le nom du tyran d'Athènes (*Mith.* 28 = Posidonius,
fr. 41) et il ne reproduit pas un détail caractéristique sur le traitement
des Chiotes (*Mith.* 47 = Posidonius, fr. 39). Quant à Plutarque (Sylla),
Appien est en désaccord avec lui sur la campagne de Bruttius Sura (*Mith.*
29 = *Syl.* 11), sur la parenté de Diogène avec Archélaos, sur le nombre
des morts de Chéronée (12 chez Plutarque, 13 chez Appien), etc. Si
néanmoins, dans l'ensemble, les deux auteurs sont conformes, c'est que
Tite-Live, qu'a suivi Appien, avait utilisé, quoique librement, les Mémoires du dictateur, source de Plutarque.

La deuxième guerre ou guerre de Muréna (*Mith.* 64-67) n'est plus prise
dans Tite-Live, car le ton général du récit est peu favorable à Rome.
Appien insiste sur la défaite de Muréna qui, à Rome, passait pour avoir
remporté la victoire (voir les discours de Cicéron); il raconte qu'Ar-

---

(1) En ce sens R. JORDAN, *De fontibus Appiani in bellis Mithridaticis enarrandis*, diss.
Goettingen, 1872. Travail sagace, mais qui a le tort d'étendre à l'ensemble du *Mithridate*
ce qui n'est vrai que de la 1re guerre.

(2) Le texte de la *Periocha* 82 est ici altéré : au lieu de C il faut lire CX.

(3) Orose donne par erreur L au lieu de XV.

chélaos se réfugia auprès de Muréna (c. 64), tandis que, d'après Tite-Live (Orose VI, 2, 12), il s'était déjà retiré auprès de Sylla, avec sa femme et ses enfants. La source d'Appien est donc ici un auteur grec, assez impartial et attentif aux détails de mœurs (description du sacrifice perse, c. 66) : c'est nommer Nicolas de Damas; effectivement un fragment de Nicolas (fr. 77 Müller = Athénée X, p. 415 E) raconte en détail le festin célèbre, mentionné par Appien (c. 66), où Mithridate offrit des prix au plus grand mangeur, au plus grand buveur, à la meilleure chanson, etc.

Pour les campagnes de Lucullus (c. 68-91), si Appien a peut-être lu Tite-Live, il ne l'a certainement pas pris pour guide principal (1). Dès le début (c. 69), dans l'énumération des forces de Mithridate, il cite comme *nouveaux auxiliaires* (ἐπὶ τοῖς προτέροις) les Scythes, Tauriens, Leucosyriens, Sarmates, Bastarnes, qui ont tous déjà figuré dans le dénombrement de l'armée royale en 88 (*Mith.* 15). Cette contradiction suffit à prouver que les récits de la guerre de Lucullus et de la guerre de Sylla dérivent de sources différentes, qu'Appien n'a pas même essayé de mettre d'accord; le nom des Leucosyriens semble indiquer une source grecque. On pourrait objecter que le premier dénombrement n'étant pas pris dans Tite-Live, le second pourrait bien l'être; il faut donc montrer que sur de nombreux points de détail Appien est en désaccord avec la tradition livienne authentique. 1° *Détails de noms.* L'envoyé de Sertorius s'appelle M. Marius chez Tite-Live (Orose), M. Varius chez Appien (c. 68 et 77); l'armée de Mithridate est commandée par Taxile et Hermocrate (Appien, c. 70) et non par Marius et Eumaque (Orose); le légat de Cotta, vaincu à Chalcédoine, s'appelle P. Rutilius chez Tite-Live (Orose), Nudus chez Appien (c. 71), et, ce qui est plus grave, Rutilius périt chez l'un tandis que Nudus est sauvé chez l'autre; le traître scythe *Adathas* (Frontin II, 5, 30) devient *Olcabas* chez Appien (*Mith.* 79) et notre auteur laisse incertaine sa perfidie que Frontin (Tite-Live) affirme positivement (2). 2° *Détails de chiffres.* En retournant dans le Pont, Mithridate perd 80 vaisseaux suivant Orose (Tite-Live), 60 seulement suivant Appien (*Mith.* 78). 3° *Détails de faits.* La tradition livienne (Orose, Frontin) fait assister Mithridate à la bataille de Tigranocerte, Appien laisse ce point dans le vague (*Mith.* 85) (3); Appien ne dit pas un mot de la bataille

---

(1) D'après LAUER, *op. cit.*, Appien suivrait Tite-Live depuis le siège de Cyzique jusqu'à la bataille de Cabira ; pour le reste, ses guides seraient des auteurs inconnus.

(2) On peut aussi faire observer que pour le nom de la ville de *Tigranocerta*, Tite-Live avait adopté la forme féminine ; Appien emploie la forme neutre.

(3) Les commentateurs allemands se sont presque tous trompés à cet égard. Appien dit bien que Mithridate avait été admis en présence de Tigrane, ἐς ὄψιν ἐλθὼν (cf. Plut., *Luc.* 22) et qu'il lui déconseilla la bataille (Plut. *Luc.* 26), mais il n'en résulte pas que Mithridate y ait assisté, au contraire.

de l'Arsanias, tant glorifiée par Tite-Live (Plut. *Luc.* 31), pas un mot de la prise de Nisibis, racontée par Eutrope et Orose.

Tite-Live est donc hors de cause : reste à savoir si Appien n'a point par hasard remonté à la source, c'est-à-dire à Salluste. On serait tenté de le croire en présence de la conformité générale du récit d'Appien avec celui de Plutarque (qui dérive, on l'a vu, de Salluste) et de leur accord remarquable sur quelques détails précis (Appien, c. 75 = Plut. 11 sur le chiffre des prisonniers à l'affaire de Milétopolis; Appien 78 = Plut. 14 sur le prix des denrées dans le camp romain; App. 89 = Plut. 35 sur les pertes des Romains à Gaziura). Mais à ces coïncidences on peut opposer des divergences tout aussi notables. 1° *Noms*. Le *Marius* de Plutarque est le *Varius* d'Appien, l'Ὀλθακός de Plutarque l'Ὀλκάβας d'Appien. 2° *Chiffres*. Mithridate envahit la Bithynie avec 140,000 fantassins suivant Appien, 120,000 suivant Plutarque; Lucullus, suivant Appien, a 1,600 chevaux en Bithynie, 500 en Arménie, Plutarque lui en donne 2,500 dans le premier cas, 3,000 dans le second; même désaccord sur le nombre des cavaliers de Mithrobarzanès (App. 81 = Plut. 25). 3° *Faits*. Dans l'indication des conditions du traité conclu entre Sertorius et Mithridate, Appien (*Mith.* 68) fait céder par Sertorius toute l'Asie Mineure, y compris la province romaine, Plutarque (*Sertorius*, 23-24) insiste sur le fait que Sertorius n'accorda que la Bithynie et la Cappadoce. Dans la campagne du Pont, l'ordre des événements est tout à fait différent chez les deux auteurs : chez Appien (c. 83) Lucullus prend Sinope avant Amisos, contrairement à Plutarque (*Luc.* 19-23), etc. Inutile de multiplier les exemples. Les faits cités prouvent qu'Appien n'a pas consulté directement Salluste, mais tout au plus un auteur grec qui avait lu celui-ci fort superficiellement : la défection de Magius (c. 72) expliquée par la mort de Sertorius qui n'eut lieu que l'année suivante, la prise d'Amastris et d'Héraclée attribuée à Lucullus (c. 82), l'omission de la bataille de l'Arsanias et de la prise de Nisibis, sont des erreurs et des lacunes qui eussent été inexplicables chez un historien romain. L'auteur suivi par Appien avait feuilleté le poème d'Archias (les prodiges App. 75 et 83 = Plut. *Luc.* 10 et 23). J'incline à croire qu'ici encore la source d'Appien est Nicolas de Damas, mais je n'ai aucune preuve positive à fournir à l'appui de cette conjecture : le seul fragment de Nicolas relatif à Lucullus (fr. 83 Mül.) concerne son triomphe et ses dernières années, dont Appien ne s'est pas occupé.

Restent les campagnes de Pompée et les événements qui s'y rattachent (c. 92-119). Encore bien moins que pour la guerre de Lucullus, Appien ne s'est ici inspiré de Tite-Live. Il suffit de noter trois divergences caractéristiques. 1° D'après Tite-Live (ep. 101) et ses abréviateurs, la bataille de Nicopolis, où Pompée vainquit Mithridate, fut livrée de nuit, au clair de lune, et coûta aux Asiatiques 40,000 hommes (42,000 d'après S. Rufus); d'après Appien (*Mith.* 100) la bataille fut livrée au point du jour (ἅμα ἑῴρᾳ) et Mithridate ne perdit que 10,000 hommes; les circonstances du combat sont d'ailleurs totalement différentes. 2° D'après la version livienne, confirmée par Plutarque (Théophane) et Strabon (XI, 3, 5), Pompée reçut la soumission de Tigrane avant d'attaquer les peuples caucasiques; Appien suit la marche inverse (c. 103-104) (1). 3° D'après Tite-Live (Orose, Eutrope) Mithridate a vécu 72 ans et régné 60; d'après Appien, confirmé par Pline et Strabon, il en a vécu 68 ou 69, régné 57. — Si Appien n'a suivi ni Tite-Live, ni Strabon (2), ni à plus forte raison Théophane, il ne reste plus qu'à admettre qu'ici, comme précédemment, il s'est confié à Nicolas de Damas, ou peut-être à la monographie de Posidonius, œuvre médiocre et partiale du philosophe vieillissant : ainsi s'expliquerait la mention, chez Appien, des campagnes imaginaires de Pompée contre la Médie et la Commagène (*Mith.* 106).

En résumé, Appien, à la différence de Plutarque, a constamment préféré aux sources contemporaines les auteurs de seconde main ou de seconde qualité : Tite-Live pour la première guerre, Nicolas de Damas et Posidonius pour la seconde et la troisième. Son travail se ressent de ce vice originel. Sans doute la narration se tient assez bien, malgré des contradictions et des disparates nombreux; l'auteur est de bonne foi, impartial et ne manque pas d'un bon sens parfois assez narquois (voir ses observations sur le Palladium, c. 53, sur la parenté des Ibères d'Europe avec les Ibères du Caucase, c. 101, sur les Amazones, c. 103), mais son scepticisme ne s'élève pas jusqu'à la critique : la philosophie se venge sur Appien de ses mépris pour elle (c. 28). Appien manque aussi de mouvement et de coloris. Ses récits de sièges (Rhodes, Pirée) sont longs et traînants; les tableaux de batailles, monotones jusqu'à la nausée, ne témoignent d'aucune pratique des choses militaires; la fin des campagnes de Lucullus et toutes celles de Pompée sont présentées d'une

---

(1) On peut ajouter encore d'autres différences. Appien ne connaît qu'une bataille de Pompée contre les Ibères et les Albans, Tite-Live en connaît trois; chez Orose (Tite-Live), Macharès est mis à mort par son père, chez Appien il se tue; chez Tite-Live, Pharnace s'insurge, débauche l'armée envoyée contre lui et la mène contre son père, Appien présente les événements tout autrement; chez Orose, Mithridate, avant de mourir, immolé *uxores, pellices ac filias*, Appien ne mentionne que deux filles qui insistent pour boire le poison avec le roi, etc. La guerre des pirates sort de mon sujet, mais ici encore on peut remarquer que la liste des légats de Pompée n'est pas la même chez Appien et Florus.

(2) Les coïncidences avec Strabon (*Mith.* 103 = Strab. XI, 2, 19 sur la toison d'or; *Mith.* 111 = Strab. XI, 14, 10 sur les présents de Tigrane) s'expliquent par l'emploi de sources communes; on peut y opposer, outre la différence essentielle dans l'ordre des campagnes de Pompée, le dissentiment des deux auteurs sur l'origine des Achéens du Caucase (App. 102 = Strab. XI, 2, 11) et sur le chiffre de l'armée albane (App. 103 = Strabon XI. 4, 5).

façon sommaire, on peut dire bâclée. Quant aux portraits, ils brillent par leur absence; même le croquis final de Mithridate (c. 112) est moins un portrait qu'une accumulation de petits détails d'où la vie, le caractère sont absents. Ajoutons enfin qu'Appien défigure les noms propres d'une façon continuelle et n'attache à la chronologie, suivant son propre aveu (*Proœm.* c. 13), qu'une importance très secondaire : dans tout son *Mithridate* il ne donne que deux dates; encore l'une d'elles paraît-elle être fausse (1).

28. Appien avait divisé son histoire romaine par provinces et matières; *Dion Cassius* (2) (150-235 ap. J.-C. environ) revint à l'ordre annalistique. La partie conservée de son *Histoire romaine* (Ῥωμαϊκὴ ἱστορία, 80 livres) commence au milieu du livre 36, immédiatement après la bataille de Tigranocerte (3) (automne 69 av. J.-C.). Le reste du livre raconte les dernières campagnes de Lucullus, la reconquête du Pont par Mithridate, la guerre des Pirates et la campagne de Pompée jusqu'à la soumission de Tigrane (fin 66). Au livre 37 appartiennent les campagnes du Caucase et la mort de Mithridate. Le récit des événements militaires est sans cesse entrecoupé par celui des affaires de Rome; la succession des consuls est soigneusement indiquée. Dion est un historien de mérite; il s'est livré, pendant dix ans, à une patiente accumulation de matériaux, et on peut le croire sur parole quand à propos de l'origine du culte de Comana, par exemple, il assure avoir consulté plusieurs auteurs (4). Malheureusement il ne cite jamais ses sources et on ne peut les déterminer que par conjecture (5).

Pour la première guerre mithridatique, dont il ne subsiste que de maigres fragments (fr. 99-105 Dind.) (6), quelques coïncidences avec Eutrope (fr. 99 = Eutrope V, 5 sur l'ambassade de Mithridate au Sénat

---

(1) Le début de la 1ʳᵉ guerre a lieu (c. 17) ἀμφὶ τὰς ἑκατὸν καὶ ἑβδομήκοντα τρεῖς Ὀλυμπιάδας (Ol. 173, 1), ce qui n'est exact que si l'Olympiade commence en janvier 84. La prise d'Ilion par Fimbria est placée (c. 53) ληγούσης ἄρτι τῆς τρίτης κ. τ. λ. Ὀλυμπιάδος (Ol. 173, 4) c'est-à-dire janvier (ou juillet) 81; or cet évènement eut lieu dans l'été 85.

(2) J'ai suivi l'édition DINDORF (Teubner, 1863) et consulté parfois la traduction GROS et BOISSÉE, dont les notes sont plus prolixes qu'instructives.

(3) L'abrégé de Xiphilin (XIᵉ siècle) ne commence également qu'à cette date. Quant à Zonaras, pour la période mithridatique, il n'a raconté que les campagnes de Pompée, et cela d'après Plutarque. Il faut faire aussi remonter à Dion le fr. 68 Müller (F. H. G. IV, 562) de Jean d'Antioche (sur les proscriptions de Sylla), mais les fragments du même auteur sur les guerres de Mithridate (fr. 67, 69, 70) sont pris dans Eutrope.

(4) XXXVI, 13 : ὅπως διέροιντο, οὐ δύναμαι τὸ σαφὲς καθ᾽ἓν ἱστορῆσαι εὑρεῖν.

(5) Cp. WILMANNS, *De fontibus et auctoritate Dionis Cassii*, Berlin 1835; GRASSHOFF, même titre, Bonn, 1867; BOETTGER, *Ueber die Quellen des Dio Cassius*, Halberstadt, 1872; HAUPT dans le *Philologus*, tomes 40 et 41.

(6) Il faut écarter de la discussion certains fragments insérés sous le nom de Dion dans les *Excerpta de virtutibus et vitiis* et qui appartiennent en réalité à Plutarque. Cp. MOMMSEN, *Hermes*, VI, 87.

en 89) et avec Appien (fr. 101 = Appien, *Mith.* 23 sur le bourreau à gages Théophile) autorisent à croire que Tite-Live a été la source principale de Dion. Il n'est pas impossible qu'il ait aussi consulté Plutarque.

Pour l'époque embrassée par les *Histoires* de Salluste, Dion, comme tous les bons juges, préférait Salluste à Tite-Live (1). C'est ce que prouvent les coïncidences, parfois littérales, entre la narration de Dion et les fragments de Salluste relatifs aux dernières campagnes de Lucullus (2). Exemples :

1° Salluste fr. V, 1, Kritz : *adeo illis ingenita est sanctitas regii nominis* = Dion XXXVI, 11 : οἱ γὰρ ἄνθρωποι ἐκεῖνοι τε εὔνοιαν ἔκ τε τοῦ ὁμοφύλου καὶ ἐκ τῆς πατρίου βασιλείας... ἔχοντες.

2° Salluste fr. V, 4 : *peractis LXX annis armatus equum insilire* = Dion XXXVI, 11 : Μιθριδάτης... ὑπὲρ τὰ ἑβδομήκοντα ἔτη γεγονὼς ἱππάζετο (3).

On peut encore comparer Sall. IV, 12 avec Dion XXXVI, 8 (définition de la Mésopotamie); Sall. V, 12 avec Dion XXXVI, 17 (Lucullus et Marcius Rex); Plut. *Luc.* 33 (= Sall. V, 10) avec Dion XXXVI, 18 (motif de la sédition des soldats de Lucullus), etc.

Il semblerait, d'après cela, que Dion et Plutarque ayant puisé à la même source dussent être d'accord sur tous les points : c'est ce qui n'a pas lieu. Notons les principales divergences des deux auteurs :

1° A propos des négociations de Lucullus avec les Parthes (Plut. *Luc.* 30, Dion XXXVI, 5) Plutarque attribue aux Parthes l'initiative de l'envoi d'ambassadeurs; d'après Dion, les premières démarches vinrent de Lucullus.

2° La bataille de l'Arsanias, racontée en détail par Plutarque (*Luc.* 31), est à peu près passée sous silence par Dion. Il donne, il est vrai, sur la tactique des Arméniens des indications conformes à celles de Plutarque (XXXVI, 7), mais il ne laisse pas soupçonner qu'il y ait eu une grande bataille.

3° D'après Plutarque (*Luc.* 35), d'accord avec Appien (*Mith.* 89), Triarius livra bataille à Gaziura, comme Cotta à Chalcédoine, par ambition, pour devancer l'arrivée de Lucullus. D'après Dion (XXXVI, 14), le légat eut la main forcée par ses troupes (4).

---

(1) Le fr. 63 de Jean d'Antioche cite Salluste, sans doute à travers Dion, mais le passage paraît emprunté au *Jugurtha* (c. 95. *ad fin.*).

(2) Cp. en ce sens GRÄSSHOFF et LAUER, *opp. citt.*

(3) Ceci ne peut être pris dans Tite-Live, qui, ne donnant à Mithridate que 72 ans à sa mort (en 63 av. J.-C.) ne pourrait pas lui en donner plus de 70 au combat du Lycos (68 av. J.-C.).

(4) On a signalé une autre différence assez insignifiante : d'après Dion, la Cappadoce, en 67, fut ravagée par Mithridate; d'après Plutarque, elle le fut par Tigrane. Quant à pré-

Ces divergences, à mon sens, ne prouvent rien pour ou contre Dion ; c'est Plutarque qui a été parfois infidèle à son guide ordinaire et dans les trois cas, qu'on le remarque bien, cette infidélité s'explique par le désir de rehausser la gloire ou le mérite de Lucullus et de rejeter sur d'autres la responsabilité de ses insuccès. Le biographe appelle à son secours Tite-Live qui, en sa double qualité de chauvin et d'aristocrate, avait présenté les choses de la manière la plus flatteuse pour la renommée du général des *optimates*. Dion, qui faisait œuvre d'historien, n'avait pas les mêmes raisons que Plutarque de peindre en beau toutes les actions de Lucullus.

Pour les campagnes de Pompée, Dion, privé du secours de Salluste, s'est rabattu sur Tite-Live. On constate l'accord le plus complet entre cette partie de son récit et les débris de la tradition livienne, tant pour la marche générale des événements que pour les détails caractéristiques. Comme chez Tite-Live et ses abréviateurs, la victoire décisive de Pompée se passe au clair de la lune, Macharès est mis à mort par son père, Pompée replace de sa propre main le diadème sur le front humilié de Tigrane, Pharnace assiège Mithridate dans Panticapée, et le roi enveloppe son harem entier (τάς τε γυναίκας καὶ τοὺς παῖδας τοὺς λοιποὺς) dans sa catastrophe (1). Il est remarquable que Dion s'est abstenu de reproduire les hâbleries de Tite-Live sur les expéditions de Pompée en Médie et en Commagène ; toutefois cette dernière pourrait bien avoir été mentionnée dans la lacune qui s'ouvre après XXXVII, 7.

En somme, Dion, c'est Tite-Live, sauf pour les quelques pages subsistantes des campagnes de Lucullus qui viennent de Salluste. On peut s'étonner qu'un historien grec ait puisé aussi exclusivement aux sources romaines, mais il ne faut pas oublier l'époque où il a vécu. D'ailleurs, avocat, homme d'État, rhéteur, Dion n'était pas militaire, et ses descriptions d'opérations de guerre se ressentent de cette lacune dans son éducation d'historien.

Je crois devoir résumer dans le tableau suivant ces longues recherches relatives aux sources des trois principaux historiens auxquels nous devons la connaissance de l'histoire de Mithridate :

---

tendre que Dion fait assister Mithridate à la bataille de Tigranocerte (à cause de Xiphilin, XXXVI, 3 a Dind.), c'est ce qui me paraît tout à fait hasardé ; Xiphilin parle en général des victoires de Lucullus sur Mithridate et Tigrane, voilà tout.

(1) Noter aussi le stratagème Dion XXXVII, 1 = Frontin II, 3, 14. Si Dion ne nomme pas le Gaulois Bituit à propos du suicide de Mithridate, c'est qu'il abrège le récit de cet épisode, étranger, en somme, à l'histoire romaine.

	SOURCES.			
	GUERRE DE SYLLA.	GUERRE DE MURÉNA.	GUERRE DE LUCULLUS.	GUERRE DE POMPÉE.
PLUTARQUE	Sylla	»	Salluste (accessoirement) {Archias / Tite-Live}	Théophane
APPIEN	Tite-Live	Nicolas de Damas	Nicolas (?)	Nicolas (?) ou Posidonius
DION CASSIUS	{ Tite-Live / Plutarque (?)	?	Salluste	Tite-Live

29. Nous ne savons rien de *Memnon* (1), pas même le siècle où il a vécu; j'incline à le croire contemporain des Flaviens ou des premiers Antonins plutôt que des derniers, à cause de son style, plus exempt de latinismes que celui d'Appien (2). Son ouvrage était une *Histoire d'Héraclée* (sans doute, sa ville natale), qui se composait, à ce qu'il semble, de trois groupes de 8 livres chacun. Photius n'a pu se procurer que le groupe moyen (livres IX à XVI) qui s'arrête à la mort de César; il nous en a laissé dans sa *Bibliothèque* (cod. 224) une précieuse analyse, avec de longs extraits textuels. Les livres XV et XVI s'occupent beaucoup de Mithridate, au sort duquel fut finalement lié celui d'Héraclée; le chroniqueur a d'ailleurs élargi son cadre, et il y fait volontiers entrer, parfois sous forme de digressions, les événements contemporains, même ceux qui ne touchent en aucune façon à l'histoire de sa patrie. C'est à cet heureux défaut que nous sommes redevables de nombreux détails sur les débuts de Mithridate (c. 30), la 1re guerre contre les Romains (c. 31-35), la guerre de Muréna (c. 36) et surtout la guerre de Lucullus jusqu'aux négociations avec les Parthes (c. 37-58).

Memnon mérite une foi très grande pour les événements qui eurent pour théâtre Héraclée ou le voisinage (sauf son désir de disculper autant que possible ses compatriotes aux yeux des Romains); il mérite une

(1) J'ai suivi l'éd. de Müller, F. H. G. III, 525 sq. Il existe une édition spéciale par ORELLI.

(2) Memnon est certainement postérieur à César dont il raconte la dictature, et même à Auguste, sans quoi il figurerait parmi les autorités citées dans les scolies d'Apollonius de Rhodes. Un indice qu'il est plus jeune que Strabon est la mention (c. 54) des Sanèges et des Lazes, peuplades du fond de l'Euxin, qui ne sont pas mentionnées chez Strabon et figurent pour la première fois chez Pline (VI, 4, 12 et 14. Cf. Arrien, *Périp.* 15).

foi relative pour les faits qui se sont accomplis dans un rayon plus éloigné en Asie Mineure, une foi nulle pour les affaires de Grèce ou d'Italie. Là éclate, en effet, sa profonde ignorance géographique et historique. Quand il rencontre sur son chemin la guerre *marsique* (sociale), il avertit le lecteur que les Marses, les Péligniens et les Marrucins sont des peuples « qui demeurent au delà de la Libye, aux environs de Gadès » (c. 29). Il fait intervenir le Sénat romain pour empêcher la destruction d'Athènes par Sylla (c. 32); il prolonge les jours du vieux Marius jusqu'au retour de Sylla en Italie (c. 35), etc. Quoique les erreurs ne manquent pas non plus dans la relation des affaires asiatiques (1), le témoignage de Memnon mérite ici une sérieuse considération. Son impartialité est complète, car sa patrie eut à souffrir autant de Mithridate que des Romains ; il s'abstient des exagérations de chiffres familières aux historiens romains ou amis de Rome : à Chéronée, il ne compte que 60,000 Asiatiques (c. 32), à Tigranocerte 80,000 (c. 57). Il me paraît certain que Memnon n'a consulté directement et d'une manière suivie aucune des grandes histoires grecques qui existaient de son temps, Posidonius, Strabon, Nicolas, Diodore; sa source principale, pour ne pas dire unique, au moins dans les livres qui nous sont parvenus, ce sont les chroniqueurs d'Héraclée qui l'ont précédé et dont il synthétise les ouvrages comme Tite-Live synthétisait l'œuvre des annalistes de Rome. Ces chroniqueurs s'appellent Nymphis (III° siècle), Promathidas (début du I°" siècle) et Domitius Callistratos, ce dernier avant Auguste. On peut encore voir sur un point particulier, l'histoire du tyran Denys le Gros, combien Memnon a suivi de près Nymphis (Memnon c. 4 = Nymphis fr. 16); on doit présumer qu'il a utilisé de la même façon les chroniqueurs de l'époque de Mithridate. Son récit a donc toute la valeur d'un témoignage contemporain, mais dont l'autorité est limitée à la sphère accessible aux informations de la Chronique : c'est l'histoire faite avec les journaux du temps.

c) Sources arméniennes.

La littérature historique de l'Arménie, antérieurement à la conversion des Arméniens au christianisme (IV° siècle), ne consistait, suivant le témoignage formel de l'historien national Moïse de Khorène, qu'en quelques chants populaires conservés par la tradition, dont il a recueilli di-

---

(1) Erreur sur l'âge de Mithridate à son avènement (c. 30); le massacre d'Éphèse placé après le siège de Rhodes (31); erreur sur le nom du général qui occupa Chios (33); Archélaos donné pour amiral à Mithridate encore en 73 (34, 40); erreur sur l'époque de la victoire de Lucullus devant Cyzique (10).

vers fragments (*Histoire d'Arménie*, I, 3; 10; 21; 30, etc.). Aussi faut-il considérer comme un véritable roman historique la prétendue *Histoire ancienne de l'Arménie*, soi-disant extraite des archives de Ninive (!) par Mar Apas Katina, savant au service de Valarsace, lequel aurait été viceroi d'Arménie et frère d'Arsace V Mithridate Ier, roi des Parthes (1). L'époque de la fabrication de ce roman n'est pas exactement connue; peut-être Moïse de Khorène lui-même en est-il l'auteur; il n'en reste d'ailleurs que les extraits conservés par Moïse de Khorène (ve siècle) et Jean Catholicos (ixe siècle) dans leurs Histoires d'Arménie. M. Langlois a donné une traduction suivie de ces extraits, en français, dans le tome V des *Fragmenta historicorum græcorum* de Didot (iie partie, p. 13 suiv.).

Le récit de Mar Apas Katina s'arrête à la mort d'Arsace Ier, fils de Valarsace. La suite de l'histoire appartient en propre à Moïse de Khorène (2). Celui-ci paraît avoir eu, à travers Africanus, Eusèbe et Josèphe, une vague connaissance de l'histoire de Mithridate et de Tigrane, mais il a combiné ces renseignements de source grecque avec l'histoire de Cyrus, des légendes arméniennes (3) et ses propres inventions; l'amalgame qui en est résulté est dénué de tout caractère historique. On en jugera par le résumé suivant (Moïse, II, 11). Ardaschès, roi d'Arménie, s'empare de l'empire des Parthes, nomme son fils Dicrân (Tigrane) viceroi d'Arménie, et donne sa fille en mariage à Mihrdat (Mithridate), roi des Ibères; puis il entreprend la conquête du « pays entre deux mers » (l'Asie Mineure). Il fait prisonnier le roi de Lydie Crésus (!), conquiert toute l'Asie Mineure, enfin, franchit la mer sur une multitude de vaisseaux, et profitant de l'anarchie qui régnait à Rome, soumet l'Occident. Ardaschès est assassiné par ses propres soldats, et l'armée des Grecs, reprenant l'offensive, envahit l'Arménie; mais Tigrane les bat, confie à son beau-frère Mithridate le gouvernement de Madjak (Mazaca de Cappadoce) et retourne en Arménie. Longtemps après, dit Moïse, on montrait encore dans les citadelles arméniennes, Ani et Armavir, comme trophées de l'expédition d'Ardaschès, des statues de dieux helléniques, œuvres des sculpteurs célèbres, Scyllis et Dipène (4). Dans un autre passage (II, 15) Moïse, brodant sur un texte de Josèphe (*Ant. jud.* XIV, 3, 4), raconte les guerres de Pompée contre Mihrdat. Pompée, vainqueur après de terribles combats, fait prisonnier Mihrdat, fils de Mihrdat, et

(1) Cp. Fréret, *Œuvres*, XII, 187 et *Mém. Acad. Inscr.* XLVII, 98; Quatremère, *Journal des Savants*, 1850, p. 364; Langlois, *Études sur les sources de l'histoire d'Arménie de Moïse de Khorène*, dans *Bulletin de l'Académie de St Pétersbourg*, 1861, III, p. 531-583.
(2) Traduction française par Levaillant de Florival; latine par Whiston, Londres, 1736.
(3) Quant aux extraits de Polycrate, Evagoras, Camadrus, Phlégon, que donne Moïse (II, 13), ce sont d'impudentes falsifications.
(4) Sur ce détail, où éclate la confusion entre Cyrus, Xerxès et Arsace, cf. Otfried Müller, *Kleine Schriften*, II, 631.

laisse une garnison à Mazaca. « Mais ne poursuivant pas le vaincu, Pompée se hâte d'arriver en Judée par la Syrie. Il fait prisonnier Mihrdat, grâce au père de Ponce-Pilate. C'est ce que confirme Josèphe, lorsqu'en parlant du baume il dit : Pompée près de Jéricho, etc. » On voit que, sauf la citation de Josèphe, tout ce récit est de la pure fiction ; *ab uno disce omnes*. L'histoire doit se garder de la tentation à laquelle ont succombé Saint-Martin (art. *Mithridate* dans la *Biographie universelle*) et à sa suite quelques auteurs contemporains. Combiner, dans quelque mesure que ce soit, avec nos sources grecques et romaines les fables arméniennes, même lorsqu'elles ne sont pas invraisemblables *à priori*, c'est tomber dans le sophisme *obscurum per obscurius* (1).

(1) Voir sur ce point les sages réflexions de Mommsen, *Rem. Geschichte*, II, 350.

II.

LES INSCRIPTIONS.

1.

Amasie. Dans le roc, à 200 mètres au-dessous de la citadelle.
G. Perrot, *Mémoires d'archéologie*, p. 443 (= *Revue archéologique*, Nouvelle série, tome 26; *Comptes rendus de l'Académie des inscriptions*, 1873, p. 264) :

Ὑπὲρ βασιλέως
Φαρνάκου
Μητρόδωρος
... του ηγεμ[ον]
χ[..]ς τὸν βω-
μὸν καὶ τὴν
ἀνθεῶνα
θεᾶς.

2.

Rome (Capitole). Dédicace d'une statue (image de la déesse Rome?).
Publiée d'abord (sans suppléments) par Gatti, *Bullettino della commissione archeologica comunale di Roma*, 1886, p. 403 = *Notizie dei scavi*, 1886, p. 152; 1887, p. 110. Restituée par Th. Reinach, *Revue numismatique*, 1887, p. 98 (cf. *Trois royaumes de l'Asie mineure*, p. 172 et Th. Mommsen, *Mithradates Philopater Philadelphos*, dans *Zeitschrift für Numismatik*, XV (1887), p. 207 sq.

[Rex Metradates Pilopator et Pil]adelpus regus Metradati f.
[poplum Romanum amicitiai e]t societatis ergo quae iam
[inter ipsum et Romanos optin]et. Legatei coiraverunt
[Nemanes Nemanei f. Ma]hes Mahei f.

[Βασιλεὺς Μιθραδάτης Φιλο]πάτωρ καὶ Φιλάδελφος
[βασιλέως Μιθραδάτου τὸν δῆμον τὸν]
[Ῥωμαίων φίλον καὶ σύμμαχον αὐτοῦ]
[φιλίας καὶ εὐεργεσίας ἕνεκεν τῆς εἰς αὐτὸν]
[πρεσβευσάντων Νεμάνους τοῦ Νεμάνους]
[Μάου τοῦ Μάου]

3.

Délos, sur une base.
BŒCKH, C. I. G. 2276 d'après les copies de Spon et de Wheler.

> Βασιλέως Μιθραδάτου
> Εὐεργέτου Σινωπεῖς
> Μαραθώνιος γυμνασιαρχῶν.

4.

Aresli (Grande-Phrygie), au sud de Synnada.
Trouvée et publiée par RAMSAY, *Journal of hellenic studies*, VIII, 1887, p. 496 (les suppléments par Mommsen). Rééditée par P. VIERECK, *Sermo graecus quo S. P. Q. R... usi sunt*, diss., Göttingen, 1888, p. 51 n° 29.
Époque : 116 av. J.-C. (C. Licinius Geta, Q. Fabius Maximus coss.).

      . . . . οὕτως
      . . . . ν διωρθώ-
    σατο. . . . . ἐγένετο πρό-
    τερον. . . . . ὡς ταῦτα κύρια μεί-
    νειν. . . . . δὸγ μα συνκλήτου.
 Ἡγὶ ὦν Κόιντος Φάβιος ... υἱὸς Μάξιμος Γάιος Λικίννιος Ποπλίου
      υἱὸς Γέτας ὕπατοι λόγους ἐποιήσαν το, περὶ τούτου πράγματος οὕ-
    τως ἐδόξεν ὅσα βασιλεὺς Μιθραδάτης ἐγράψε ἢ ἐποίει ὕστερ ἢ ἀφεί-
    λετο, ἵνα ταῦτα κύρια μείνῃ, οὕτω καθὼς ἐβούλετο εἰς ἐσχάτην ἡμέραν,
    περί τε τῶν λοιπῶν ἵνα κρίνωσιν οἱ δέκα πρεσβευταὶ εἰς Ἀσίαν διαβάντες.

5.

Délos, temple de Sérapis, sur une plaque de marbre.
HAUVETTE, *Bulletin de corr. hellénique*, VI, p. 343 (n° 57) (1).
Époque : vers 111 av. J.-C.

> Διὶ Οὐρίωι ὑπὲρ βασιλέως
> Μιθραδάτου Εὐπάτορος
> καὶ τοῦ ἀδελφοῦ αὐτοῦ
> Μιθραδάτου Χρηστοῦ
> καὶ τῶν πραγμάτων
> αὐτῶν.

(1) Cette dédicace et la suivante ont dû être gravées entre l'époque de la mort de la régente Laodice, qui, sans cela, aurait été nommée, et celle de Mithridate Chrestos. Le Sérapis de Délos bénéficiait du prétendu culte de Sérapis à Sinope, capitale de Mithridate.

6.

Délos.

RIEMANN, d'après une copie de Cyriaque d'Ancône, *Bull. corr. hell.*, I, 86 (n° 28).

Cette inscription avait été précédemment mal publiée par Spon et d'après lui par BŒCKH, *C. I. G.* 2277 a (1).

Époque : vers 110 av. J.-C.

> Βασιλέως Μιθραδάτου Εὐ-
> πάτορος καὶ τοῦ ἀδελφοῦ αὐτοῦ (2)
> Μιθραδάτου Χρηστοῦ
> Διονύσιος Νίκωνος (3)
> Ἀθηναῖος γυμνασιαρχή-
> σας ἀνέθηκεν.

7.

Délos, au Sérapeum, sur une architrave dorique.
HOMOLLE, *Bull. corr. hell.*, VIII, 103.
Époque : entre 106 et 88 av. J.-C. (4).

> [Ὑπὲρ βασιλέως Μιθραδάτου] Εὐπάτορος Διονύσο[υ]
> θεραπευταί.

8.

Délos, au lieu dit ὅτα κιλία; sur une base.
HOMOLLE, *Bull. corr. hell.*, VIII, 104.
Époque : entre 110 et 88 (5).

> Βασιλέως Μιθραδάτου Εὐπάτορος.

---

(1) L'inscription suivante du *Corpus*, 2277 b, a été également mal lue. En réalité le nom de Mithridate n'y figure pas : il faut lire : ΜΝ[ασέας] Δ[ΙΟΝΥΣΙΟΥ ΕΥ[εργέτης ΘΕΟΙΣ ΠΑΤΡΙ[οις]. Cf. Salomon REINACH, *Bull. corr. hell.*, VII, 173.

(2) Boeckh : Εὐπάτορος Εὐτυχοῦς τοῦ Μ. Εὐεργέτου...

(3) *Sic* HOMOLLE, *Bull. corr.* VIII, 104. (Cyriaque : Στώνος. Spon : Νεστορίωνος.) Ce personnage a été plus tard (en 107) épimélète de l'île de Délos. Sous son administration Athènes et Nicomède II ont offert en commun un temple à Isis Némésis (*Bull. corr.* VIII, 104).

(4) Cette inscription est postérieure à la conquête de la Crimée, à cause du surnom Διονύσος qui ne figure pas encore sur l'inscription de Chersonèse, n° 11.

(5) Une inscription identique (avec la faute Μιθραδάτου) est donnée par Cyriaque (Homolle, *ib.*).

9.

Délos, temple des Cabires, sous une série de médaillons en marbre. Salomon REINACH, *Bull. corr. hell.* VII, 354-363.
Époque : vers 103 av. J.-C.

a (n° 9ᵇⁱˢ du *Bulletin*).

Διοφίλου Φιλ[εταίρου] Ἀμισηνὸν,
τὸν σύντροφον καὶ ἐπὶ τοῦ
ἐγχειριδίου, τεταγμένον δὲ
καὶ ἐπὶ τῶν δυνάμεων βασιλέως
Μιθραδάτου Εὐπάτορος, ὁ ἱερεὺς
Ἡλίου [καὶ] Ἀσκληπιοδώρου
Ἀθηναῖος θεοῖς.

b (n° 9 du *Bulletin*).

[Καλλίστρατ]ον (1) Ἀντιπάτρου
... τῶν πρώτων φίλων
[βασι]λέως Μιθραδάτου Εὐπάτορος
[τεταγμένον] δὲ καὶ ἐπὶ τοῦ ἀπορρήτου
ὁ ἱερεὺς Ἡλίου [κ]αὶ Ἀσκληπιοδώρου
Ἀθηναῖος θεοῖς.

c (n° 10 du *Bulletin*) (2).

Ὁ ἱερεὺς Ἡλίου Ἀσκληπιοδώρου Ἀθηναῖος
Παπίαν Μενοφίλου Ἀμισηνὸν
τῶν πρώτων φίλων βασιλέως
Μιθραδάτου Εὐπάτορος
καὶ ἀρχιατρὸν, τεταγμένον δὲ
καὶ ἐπὶ τῶν ἀνακρίσεων,
θεοῖς.

d (n° 11 du *Bulletin*).

Γάϊον Ἑρμαῖον Ἀμισηνὸν [τὸν σύντροφον] (3)
βασιλέως Μιθραδάτου [Εὐπάτορος]

---

(1) J'ai suppléé par conjecture le nom du secrétaire de Mithridate au moment de la catastrophe de Cabira (Plutarque, *Lucullus*, c. 17). Le nombre de lettres correspond exactement à la lacune indiquée par le premier éditeur.

(2) Cette dédicace achève de prouver que le groupe est antérieur à la première guerre mithridatique, car après cette guerre les fonctions de juge d'appel furent exercées par Métrodore de Scepsis.

(3) Le premier éditeur a suppléé : τῶν πρώτων φίλων, mais cf. Plutarque, *Pompée*, c. 42.

ὁ ἱερεὺς Ποτῖνος Ἀσκληπιοδώρου Ἀθηναῖος
θεᾷ.

e (n° 13 du *Bulletin*) (1).

ὁ ἱερεὺς Ποτῖνος Ἀσκληπιοδώρου Ἀθηναῖος
[Διοφάντου Μιθ. ἕνα τῶν ζωγράφων]
[τῶν πρώτων φίλων κ. τ. λ.]

10.

Rome, au musée Capitolin. Sur un cratère de bronze trouvé à Antium. Caractères pointillés. Boeckh, C. I. G. 2278. L'inscription a été publiée d'abord par Pococke, *Description of the East*, II, 2, p. 207, pl. 92 d'après un dessin de l'abbé Revillas. Le vase, dont nous avons donné une photogravure (pl. III), a été publié par Bottari, *Musée Capitolin*, I, p. 48 (éd. italienne, 1748), pl. 91, et par Righetti, *Il Museo del Campidoglio*, I, pl. 134. Cp. Emil Braun, *Die Ruinen und Museen Roms* (Brunswick, 1856), p. 138. M. Gsell, membre de l'école française de Rome, a bien voulu m'envoyer un fac-similé de ce graffito.

Avant 88.

Βασιλεὺς Μιθραδάτης Εὐπάτωρ τοῖς ἀπὸ τοῦ γυμνασίου Εὐπατορισταῖς (2).
Sur le col, en cursive : Σύρα, διέπωζε.

11.

Chersonèse de Crimée.

Inscription découverte en 1878; publiée (avec un commentaire en russe) par Yurgewitch, *Mémoires de l'Académie d'Odessa*, XII (1880), p. 1 suiv. — Texte, traduction française et commentaire par Foucart, *Bull. corr. hell.* V, 70 suiv. (une traduction française par Egger avait déjà paru dans le *Journal des savants*, nov. 1880, p. 707). Autres éditions par Dittenberger, *Sylloge inscriptionum graecarum*, n° 252 et Latychef, *Inscriptiones graecae orae septentrionalis Ponti Euxini* (Pétersbourg, 1885), n° 185.

Bibliographie : Blass, *Rh. Museum*, XXXVI, 611; Reger, *Neue Jahrbb.*

---

(1) Le premier éditeur n'a pas proposé de restitution. Celle-ci ne prétend qu'à la possibilité. Sur Diophante, fils de Mithares, cf. Memnon, c. 37.

(2) Au-dessous du 2ᵉ et du 3ᵉ mot on voit des traces de caractères absolument illisibles, que Boeckh a transcrits Μ Ν Δ ; il interprétait : Μίγα; Νέῳ; Δυνάτῳ.

für Philologie, CXXIII, 833; R. Weil, *Zeitschr. f. Numism.*, VIII (1882), 329; Bourvatchkov, *Mém. Acad. Odessa*, XII, 222.

Époque : environ 107 av. J.-C.

... ε Ἶπαν· ἐπειδὴ Διόφαντος Ἀσκλαπιοδώρου Σινωπεύς, φίλος μὲν καὶ εὐεργέτας ἁμῶν ἐών, πιστευόμενος δὲ καὶ τιμώμενος οὐ τινὸς ἧσσον ὑπὸ βασιλέος Μιθραδάτα Εὐπάτορος, διὰ παντὸς ἀγαθοῦ παραίτιος γίνεται ἑκάστοι ἁμῶν, ἐπὶ τὰ κάλλιστα καὶ ἐνδοξότατα τὸν βασιλέα προτρεπόμενος, παρακληθεὶς δ᾿ ὑπ᾿ αὐτοῦ καὶ τὸν ποτὶ Σκύθας πόλεμον ἀναδεξάμενος,

5 καὶ παραγενόμενος εἰς τὰν πόλιν ἁμῶν, ἐπάνδρως παντὶ τῶι στρατοπέδωι τὰν εἰς τὸ πέραν διάβασιν ἐποιήσατο· Παλάκου δὲ τοῦ Σκυθᾶν βασιλέος αἰφνιδίως ἐπιβαλόντος μετὰ ὄχλου πολλοῦ, παρατεταγμένος ἐν χρείαι, τοὺς ἀνυποστάτους δοκοῦντας εἶμεν Σκύθας τροπαγόμενος, πρῶτος ἀπ᾿ αὐτοῦ ἐπόησε βασιλέα Μιθραδάταν Εὐπάτορα τρόπαιον ἀναστῆσαι, τοὺς δὲ παροικοῦντας Ταύρους ὑφ᾿ ἑαυτὸν ποιησάμενος καὶ πόλιν ἐπὶ τοῦ τόπου συνοικίξας, εἰς τοὺς κατὰ Βόσπορον τόπους ἔχωρε ἐ-

10 σθη, καὶ πολλὰς καὶ μεγάλας ἐν ὀλίγωι χρόνωι πράξεις ἐπιτελέσας, πάλιν εἰς τοὺς καθ᾿ ἁμὲ τόπους [ἐπ]έστρεψε καὶ παραλαβὼν τοὺς ἐν ἀκμᾶι τῶν πολιτᾶν, εἰς μέσαν τὰν Σκυθίαν προῆλθε, παραδόντων δὲ αὐτῶι Σκυθᾶν τὰ βασίλεια Χάβαιους καὶ Νέαν πόλιν, συνέβη πάντας ὑπακόους συνίσταγιγνέσθαι βασιλεῖ Μιθραδάται Εὐπάτορι ἐφ᾿ οἷς ὁ δᾶμος εὐχαριστῶν ἐτίμασε ταῖς καθηκούσαις αὐτὸν τιμαῖς, ὡς ἀπολελυμένος ἤδη τᾶς τῶν βαρβάρων ἐπικρατείας. Τῶν δὲ Σκυθᾶν τὰν ἔμφυτον

15 α[ὐ]τοῖς ἀθεσίαν ἐμφανῆ καταστασάντων καὶ τοῦ μὲν βασιλέος ἀποστάντων, τὰ δὲ πράγματα εἰς μεταβολὰν ἀγαγόντων, δι᾿ ἃς αἰτίας βασιλέος Μιθραδάτα Εὐπάτορος Διόφαντον πάλιν ἐκπέμψαντος μετὰ στρατοπέδου, καίπερ τοῦ καιροῦ συγκλείοντος εἰς χειμῶνα, Διό[φα]ντος ἀναλαβὼν τοὺς ἰδίους καὶ τῶν πολιτᾶν τοὺς δυνατωτάτους, ὥρμασε μὲν ἐπ᾿ αὐτὰ [τὰ] βασίλεια τῶν Σκυθᾶν, κωλυθεὶς δὲ διὰ χειμῶνας, ἐπιστρέψας ἐπὶ τὰ παραθαλάσσια, Κερκινῖτιν

20 [μὲν] ἐλάβετο καὶ τὰ Τείχη, τοὺς δὲ τὸν Καλὸν Λιμένα κατοικοῦντας πολιορκεῖν
ἐπεβάλετο, Παλά-
κου] δὲ συνεργεῖν τὸν καιρὸν ἑαυτῶι νομίζοντος καὶ συναγαγόντος τοὺς ἰδίους
πάντας, ἔτι δὲ
καὶ τὸ τῶν Ῥευξιναλῶν ἔθνος συνεπιστησαμένου, ἃ διὰ παντὸς Χερσονασίταν
προστατοῦσα
Παρθένος, καὶ τότε συμπαροῦσα Διοφάντωι, προεσάμανε μὲν τὴν μέλλουσαν
γίνεσθαι πρᾶξιν
διὰ τῶν ἐν τῶι ἱερῶι γενομένων σαμείων, θάρσος δὲ καὶ τόλμαν ἐνεπόησε παντὶ
τῶι στρατοπέ-
25 δωι, Διοφάντου δὲ διαταξαμένου σωφρόνως, συνέβα τὸ νίκαμα γ....αι βασιλεῖ
Μιθραδά-
ται Εὐπάτορι καλὸν καὶ μνάμας ἄξιον εἰς πάντα τὸν χρόνον· τῶν μὲν γὰρ πεζῶν
ἤτοι τις [ἢ] οὐ-
θεὶς ἐσώθη, τῶν δὲ ἱππέων οὐ πολλοὶ διέφυγον· οὐδένα δὲ χρόνον ἀργὸν παρεὶς,
παραλαβὼν
τὸ στρατόπεδον ἄκρου τοῦ ἦρος ἐπὶ Χαβαίους καὶ Νέαν πόλιν ἐλθὼν παντὶ
τῶι βαρεῖ
. . . . . .
...] φυγεῖν, τοὺς δὲ λοιποὺς Σκύθας, περὶ τῶν καθ' ἑαυτοὺς ἠνάγκασε ἐν τού-
30 τωι βουλεύεσθαι. Εἴς τε τοὺς κατὰ Βόσπορον τόπους χωρισθεὶς καὶ κατεστα-
σάμενος καὶ τὰ ἐ(θ)νια καλῶς καὶ συμφερόντως βασιλεῖ Μιθραδάται Εὐπάτορι,
τῶν περὶ Σαύμακον Σκυθᾶν νεωτεριξάντων καὶ τὸν μὲν ἐκθρέψαντα αὐτὸν βασιλέα Βοσπόρου Παιρισάδαν ἀνελόντων, αὐτῶι δ' ἐπιβουλευσάντων, διαφυγὼν τὸν
κίνδυνον ἐπέβα μὲν ἐπὶ τὸ ἀποσταλὲν ἐπ' αὐτὸν ὑπὸ τῶν πολιτᾶν πλοῖον, πα-
ραγενό-
35 μενος δὲ καὶ παρακαλέσας τοὺς πολίτας, συνεργὸν πρόθυμον ἔχων τὸν ἐξ ἀπο-
στείλαντα βασιλέα Μιθραδάταν Εὐπάτορα, παρῆν ἔχων ἄκρου τοῦ ἦρος [στρα-]
τόπεδον πεζικόν τε καὶ ναυτικόν, παραλαβὼν δὲ καὶ τῶν πολιτᾶν ἐπιλέ-
κτους ἐν πληρώμασι τρισί, ὁρμαθεὶς ἐκ τᾶς πόλιος ἁμῶν, παρέλαβε
μὲν Θεοδοσίαν καὶ Παντικάπαιον, τοὺς δὲ αἰτίους τᾶς ἐπαναστάσιος
40 τιμωρησάμενος καὶ Σαύμακον τὸν αὐτόχειρα γεγονότα βασιλέος Παιρι-
σάδα λαβὼν ὑποχείριον, εἰς τὰν βασιλείαν ἐξαπέστειλε, τὰ δὲ πράγματα ἀ-
νεκτήσατο βασιλεῖ Μιθραδάται Εὐπάτορι. Ταῖς τε πρεσβείαις ταῖς ἀποστελ-
λομέναις ὑπὸ τοῦ δάμου συνεργῶν εἰς πᾶν τὸ συμφέρον Χερσονασίταις εὔ-
νουν ἑαυτὸν καὶ φιλότιμον παρέχεται. Ὅπως οὖν καὶ ὁ δᾶμος τοῖς εὐεργέταις
45 ἑαυτοῦ τὰς καθηκούσας φαίνηται χάριτας ἀποδιδούς, δεδόχθαι τᾶι βου-
λᾶι καὶ τῶι δάμωι στεφανῶσαι Διόφαντον Ἀσκλαπιοδώρου χρυσέωι στεφά-
νωι Παρθενίοις ἐν τᾶι πομπᾶι, τὸ ἀνάγγελμα ποιουμένων τῶν συμμαναμόνων·
« Ὁ δᾶμος στεφανοῖ Διόφαντον Ἀσκλαπιοδώρου Σινωπέα ἀρετᾶς ἕνεκα καὶ εὐνοίας τᾶς εἰς αὐτόν », σταθῆμεν δὲ αὐτοῦ καὶ εἰκόνα χαλκέαν ἔνοπλον ἐν τᾶι ἀκροπό-
50 λει παρὰ τὸν τᾶς Παρθένου βωμὸν καὶ τὸν τᾶς Χερσονάσου, περὶ δὲ τούτων ἐπιμε-

λ[ε]ι γενέσθαι τοῖς ἐπιγεγραμμένοις ἄρχουσι, ὅπως ὅτι τάχιστα καὶ κάλλιστα
γ[ένη]ται, ἀναγράψαι δὲ καὶ τὸ ψήφισμα εἰς τὴν βάσιν τοῦ ἀνδριάντος, τὸ δὲ εἰς
ταῦτα γενόμενον ἀνάλωμα δόμεν τοὺς ταμίας τῶν ἱερῶν. Ταῦτ' ἔδοξε βουλῆι
καὶ δήμωι, μηνὸς Διονυσίου ἐννεακαιδεκάται, βασιλεύοντος Ἀγέλα τοῦ Α...
55 νορίου, προαιτυμνῶντος Μένιος τοῦ Ἡρακλείου, γραμματεύοντος Δαμασι-
[κλ]είος τοῦ Ἀθαναίου.

12.

Délos.
Épitaphe des guerriers morts pour défendre Délos contre les géné-
raux de Mithridate. (Conservée seulement par Posidonius, fr. 11 Müller
= Athénée V, p. 215; Anthologie Didot, III, p. 120).
Époque : 88 av. J.-C.

Τούσδε θανόντας ἔχει ξείνους τάφος, οἱ περὶ Δῆλον (1)
μαρνάμενοι ψυχὰς ὤλεσαν ἐν πελάγει,
τὴν ἱερὰν ὅτε νῆσον Ἀθηναίοι κεράϊζον
κοινὸν Ἄρη βασιλεῖ Καππαδόκων θέμενοι.

13.

Éphèse.
LE BAS et WADDINGTON, *Inscriptions d'Asie Mineure*, n° 136 a. Reproduit
par DITTENBERGER, *Sylloge inscriptionum graecarum*, n° 253; DARESTE,
HAUSSOULLIER et TH. REINACH, *Recueil d'inscriptions juridiques grecques*
(sous presse), n° 1.
Époque : fin 87 av. J.-C.

. . . . [τοῦ δὲ δήμου
φυλάσσον]τος τὴν πρὸς Ῥωμαίους τοὺς κοινοὺς σωτῆρας πα-
λαιὰν εὔνοιαν καὶ ἐν πᾶσιν τοῖς ἐπιτασσομένοις προθύμως
συναγωνι]οῦντος, Μιθραδάτης Καππαδόκιας βασιλεὺς παραβ-
5 ὰς τὰς πρὸς Ῥωμαίους συνθήκας καὶ συναγαγὼν τὰς δυνάμεις ἐπ-
εχείρησεν κύριος γενέσθαι τῆς μηθὲν ἑαυτῷ προ[σηκούσης
χώρα]ς, καὶ προκαταλαβόμενος τὰς προκειμένας ἡμῶν πόλεις ἀ-
πάσ]η, ἐκράτησεν καὶ τῆς ἡμετέρας πόλεως καταπληξάμενος [τ-
ῷ] τε πλήθει τῶν δυνάμεων καὶ τῷ ἀπροσδοκήτῳ τῆς ἐπιβολῆς·
10 ὁ] δὲ δῆμος ἡμῶν ἀπὸ τῆς ἀρχῆς συνφυλάσσων τὴν πρὸς Ῥωμαίους εὔνοιαν, ἐσχηκὼς καιρὸν πρὸς τὸ βοηθεῖν τοῖς κοινοῖς πράγμα-
σιν, ἔκρινεν ἀναδεῖξαι τὸν πρὸς Μιθραδάτην πόλεμον ὑπέρ
τε τῆς Ῥωμαίων ἡγεμονίας καὶ τῆς κοινῆς ἐλευθερίας, ὁμο-
θυμαδὸν πάντων τῶν πολιτῶν ἐπιδεδωκότων ἑαυτοὺς εἰς τοὺ[ς

(1) Sic KAIBEL. Les mss. ont Δῆλον.

15 π[ερὶ τούτων ἀγῶνας διὰ δεδόχθαι τῷ δήμῳ, τοῦ πράγματος [ἀ-]
νήκοντος εἴς τε τὸν πόλεμον καὶ εἰς τὴν φυλακὴν καὶ ἀσφάλειαν κα[ὶ]
σωτηρίαν τοῦ τε ἱεροῦ τῆς Ἀρτέμιδος καὶ τῆς πόλεως καὶ τῆς χώ-
ρ[ας, τοὺς στρατηγοὺς καὶ τὸν γραμματέα τῆς βουλῆς καὶ τοὺς
προέδρους εἰσενεγκεῖν ψήφισμα παραχρῆμα καὶ περὶ φιλανθρώπων
20 καθότι συμφέρειν καὶ περὶ τούτου διαβαθεῖν ὁ δῆμος.
Ἔδοξεν τῷ δήμῳ, γνώμη προέδρων καὶ τοῦ γραμματέως τῆς
βουλῆς Ἀσκληπιάδου τοῦ Ἀσκληπιάδου τοῦ Εὐβουλίδου, εἰσαγ-
γειλαμένων τῶν στρατηγῶν ἐπὶ τῶν μεγίστων κινδύνων ἐ-
παγομένων τῷ τε ἱερῷ τῆς Ἀρτέμιδος καὶ τῇ πόλει καὶ πᾶσι τοῖς πολί-
25 ταις καὶ τοῖς κατοικοῦσιν τήν τε πόλιν καὶ τὴν χώραν, ἀναγκαῖόν ἐστι
πάντας ὁμονοήσαντας [ὑπο]στῆναι τὸν κίνδυνον, δεδόχθαι τῷ δήμῳ, τοῦ πράγματος ἀνήκοντ[ος εἰς τε] τὴν φυλακὴν καὶ ἀσφάλειαν καὶ σωτηρίαν τοῦ τε ἱεροῦ τῆς Ἀρτέμιδος καὶ τῆς πόλεως καὶ τῆς χώρας· Τοὺς
μὲν ἐγγεγραμμένους (1) ἢ παραγεγραμμένους ὑπὸ λογιστῶν ἱερῶν ἢ δη-
30 μοσίων φιλανίων τρόπῳ πάλιν εἶναι ἐντίμους καὶ ἐκκρούσθαι τὰς κατ'
αὐτῶν ἐκγραφὰς (2) καὶ ὀφειλή[ματα], τοὺς δὲ παραγεγραμμένους πρὸς ἱερὰς καταδίκας ἢ δημοσίας ἢ ἐπίτευγμα ἱερὰ ἢ δημόσια ἢ ἄλλα ὀφειλήματα
φιλανίων τρόπῳ παρεῖσθαι πάντας καὶ εἶναι ἀκύρους τὰς κατ' αὐτῶν
πράξεις· εἰ δέ τινες ἔνεισιν ἐν ταῖς ἱεραῖς μισθώσεσιν ἢ δημοσίαις ὠ-
35 ναῖς μέχρι τοῦ νῦν, τούτοις ἑστάναι τὰς πράξεις κατὰ τὰς προϋπαρχούσας
οἰκονομίας κατὰ τοὺς νόμους· ὅσα δὲ ἱερὰ δεδάνεισται, πάντας τοὺς
ὀφείλοντας καὶ χωρίζε[ιν ἀπο]λελύσθαι ἀπὸ τῶν ὀφειλημάτων, πλὴν
τῶν ὑπὸ τῶν συστη[μάτων ἢ] τῶν ἀποδεδειγμένων ὑπ' αὐτῶν ἐκδανεισ-
τ[ῶ]ν ἐπὶ ὑποθήκαις δεδανεισμένων, τούτων δὲ παρεῖσθαι τοὺς τόκους ἀπὸ
40 τοῦ εἰσιόντος ἐνιαυτοῦ ἕως ἂν ὁ δῆμος εἰς καλλίονα παραγένηται κατάς[τα]·
σιν· καὶ εἴ τινες δὲ πεπολιτογράφηνται μέχρι τὸν νῦν χρόνον, εἶναι πάντας ἐντίμους καὶ τῶν αὐτῶν μετέχειν φιλανθρώπων· λελύσθαι δὲ καὶ εἶναι ἀκύρο[υς]
τάς τε ἱερὰς καὶ δημοσίας δίκας, εἰ μή τινές εἰσιν ὑπὲρ παρορισμῶν χώρας ἢ δι' ἀμφ[ι]-
σβητήσεως κληρονομίας ἐξευγμέναι· εἶναι δὲ καὶ τοὺς ἰσοτελεῖς καὶ παροίκους
45 καὶ ἱεροὺς καὶ ἐξελευθέρους καὶ ξένους, ὅσοι ἀναλάβωσιν τὰ ὅπλα καὶ πρὸς τοὺς
ἡγεμόνας ἀπογράφωνται, πάντας πολίτας ἐφ' ἴσῃ καὶ ὁμοίᾳ, ὧν καὶ τὰ ὀνόματα δια-
σκευασάτωσαν οἱ ἡγεμόνες τοῖς προέδροις καὶ τῷ γραμματεῖ τῆς βουλῆς, οἳ
καὶ ἐπικληρωσάτωσαν αὐτοὺς εἰς φυλὰς καὶ χιλιαστύν· τοὺς δὲ δημοσίους
ἐλευθέρους τε καὶ παροίκους, τοὺς ἀναλαβόντας τὰ ὅπλα προελθόντες
50 δὲ εἰς τὸν δῆμον καὶ οἱ δεδανεικότες τὰ συμβόλαια τά τε ναυτικὰ καὶ κατὰ χειρό-
γραφα καὶ κατὰ παραθήκας καὶ ὑποθήκας καὶ ἐπιθήκας καὶ κατὰ ὠνὰς καὶ ὁμολογί-
[α]ς καὶ διαγραφὰς καὶ ἐκχρήσεις πάντες ἀσμένως καὶ ἑκουσίως συνκατατέμε-
νοι τῷ δήμῳ, ἀπέλυσαν τοὺς χρε[ω]φειλέτας τῶν ὀφειλημάτων, μενουσῶν τῶν
ἐμβάσεων] καὶ διακατοχῶν παρὰ τοῖς νῦν διακατέχουσιν, εἰ μή τινες ἢ ἐνδέξει ἢ ἐπί-

---

(1) Pour ἐγγεγραμμένους. Les deux mots suivants semblent de trop.
(2) Pour ἐγγραφάς.

55 κεινα, . . . [τοις δεδανεικασιν ἢ συναλλάγμασιν τα δὲ πρὸς τοὺς τραπεζεί-
τας, ὅτε ἐν τῷ . . . ετος ἐνιαυτῷ τεθημοσιωκασιν ἢ ἐκγράψεις εἰλήφασιν ἢ ἐνέ-
χυρα δεδώκασιν, ἐστά]ναι αὐτοῖς τὰς πράξεις τὰς προσπαργούσας κατὰ τοὺς
νόμους· ὅσα δὲ ἐστιν θέμα τα ἢ ἐκγράσεις ἐκ τῶν ὑπεράνω χρόνων, τούτων
οἱ τραπεζεῖται τοῖς θεματείταις καὶ οἱ θεματεῖται τοῖς τραπεζείταις τὰς ἀ-
60 [πολήσεις ποιείτωσαν κατὰ μέρος ἀπὸ] τοῦ εἰσιόντος ἐαυτοῦ ἐν ἔτεσιν δέ-
[κα τοὺς δὲ τόκους ἀποτινέτωσαν κατὰ τ]ὴ ἀνάλογον· ἐὰν δὲ ἐν τινι ἐνιαυτῷ . . . . ἀπὸ δόντος τὰς ἐν τοῖς νόμοις
. . . . ος ἐπ' ἐκγράφεις ε . . .

14.

Délos, près du lac sacré.
FOUGÈRES, *Bulletin de corr. hell.*, XI (1887), p. 265, n° 27.
Époque : 72 ou 71 av. J.-C. (1)

Γαίῳ Οὐαλερίῳ Γαίου
υἱῷ Τριαρίῳ πρεσβευ-
τῇ οἱ συστρατευσα-
μενοι Μύρσιον ἐν τῇ
ἐκχρόνῳ ᾗ ἐπιγραφή
Παρθένος ἐπέστην.

15.

Rome, au Musée Campana.
MOMMSEN, C. I. L. I, 1065; ORELLI, n° 6363 (2); WILMANNS, *Exempla inscr. latin.*, n° 2593; GARRUCCI, *Sylloge*, n° 1410.
Époque mithridatique.

    C. Quinctilius | C. l. Pamphilus | ungentari(us) | sibi et pa-
trono | et liberteis suis | posterisque | corum et Faustae
    l. nostrae |
  L. Lutatius | Paccius thurar(ius) | sibi et Seleuco | , Pamphilo,
5   Tryphon(i), | Philotae liberteis | posterisque corum.
  Ego sum L. Lutatius | Paccius thurarius | de familia
        reg(is) Mitredatis.

(1) Cette dédicace a dû être gravée immédiatement après la victoire navale de Triarius à Ténédos (Memnon, c. 48.)
(2) Orelli veut reconnaître dans le Mithridate de cette inscription le roi de Bosphore contemporain de Claude. Mommsen y voit Mithridate Eupator.

16.

Prusa sous l'Olympe.
Contoléon, *Mittheilungen des deutschen Institutes in Athen*, 1887, p. 260.
Époque : 72 av. J.-C. (1).

  ... ε τὸν βασιλέα τὴν ὑπερβάλλουσαν ἀνδρείαν τε...
  ιν ἡγουμένων ἀνδρῶν εὐβουλίᾳ τε καὶ ἀρετῇ ε...
  φυλαχθῆναι. Μετὰ δὲ ταῦτα τῆς πολιορκίας λυθείσης...
  το τῷ δήμῳ ἐπί τε τὰς συνεχεῖς πρεσβείας διδοὺς ἑαυτὸν...
5 ἐνδεξοτάτοις ἀποκρίμασιν τὴν πατρίδα ἱκέτευσε...
  ... [τ]ῶ αὐτοκράτορος προτερᾶτως τοὺς πρὸς βασιλέα Μιθραδάτην]
  ἐξεπέμφθη...
  τὸν καὶ μέγιστον...
  ξάμενος μετὰ τῶν στρατιωτῶν ἀμυ[ν...ν]
10 τοῦτον, ὥστε τοὺς λοιποὺς εἰς φυ[γὴν...
  ν τῶν λαθραίως τὴν εἰς τὴν πόλιν εἰς ὁδὸν
  ὡς καὶ πολλοὺς ἀπέκτεινεν καὶ τοὺς λοιπ[οὺς]...
  αις τε κατὰ τὴν τάξιν καὶ τὸν μάλκον τε...
  ....ωτων ὁλεμιᾶς α...
15 .....συνκατέλαβε ... ν ....ἱερῶν τ...
  τὴν π ... λοιπῷ βίῳ πρὸς ἅπαντας ἐπιεικ[ῆ]
  ... καὶ παρεχόμενος ἑαυτὸν εὔχρηστον ἐν προεδρίαις ...
  τὸν δῆμον οὐκ ὀλίγα διὰ τῶν ἰδίων ἀναλωμάτ[ων...
  μετὰ πάσης προθυμίας ἐπειδὴδε ἑα[υ]τὸν οὐδένα τῶ[ν]...
20 τὴν πόλιν πρὸς τοὺς ξένους εὐσχήμοντ...
  ... η, πάντα ταῦτα τῆς καλλίστης καὶ εὐσεβεστάτης...]
  ... τῶν ἐντυγχανόντων εἶχεν εὐνοίᾳ καὶ ...
  [τῶ]ν συνπρεσβευτῶν εἰς τὴν Ἰταλίαν ὁρμηθέν[των]
  ... κατὰ τ[ο]ῦτον [τὸ]ν καιρὸν συντελεσθέντων
25 πο...

17.

Nemi, près Rome ; sur une colonnette dans le temple de Diane.
C. I. L. XIV, n° 2218 ; Garrucci, n° 991.
Époque : après 72 av. J.-C.

---

(1) Cette inscription paraît être le fragment d'un décret en l'honneur d'un citoyen d'une ville assiégée sans succès par Mithridate pendant la guerre de la succession de Bithynie ; elle est trop mutilée pour qu'on puisse entreprendre une restitution avec quelque chance de succès.

C. Sallvio C. F. Nasoni leg. pr. pr.
Mysei Ab[b]a[i]tae et Epict[et]e[i]s,
quod eos bello Mithrida[ti]s
conservavit, virtutis ergo.

Γαίῳ Σαλλουίῳ Γαίου υἱῷ Νάσωνι
πρεσβευτῇ καὶ ἀντιστρατήγῳ Μυσοὶ
Ἀββαῖται καὶ Ἐπικτήτεις ὅτι αὐτοὺς
ἐν τῷ πολέμῳ τῷ Μιθραδάτους
5   διετήρησεν ἀνδρείας ἕνεκεν.

18.

Lagina, près Stratonicée de Carie.
Fragments publiés par Newton, Benndorf et Niemann, Le Bas et
Waddington. L'inscription entière par Diehl et Cousin, *Bull. corr. hell.*
IX, 173, et Viereck, *Sermo graecus S. P. Q. R.*, n° 16 (1).
Époque : mars 81 av. J.-C.

Lettre d'envoi de Sylla (colonne 1).

[Λούκιος Κορ]νήλιος Λ[ευκίου υἱὸ]ς Σύλλας Ἐπαφρόδιτος
δικτάτωρ Στρατονικέων ἄρ[χο]υσι, βουλῇ, δήμῳ χαίρειν·
οὐκ ἀγνοοῦμεν ὑμᾶς [διὰ προ]γόνων πάντα τὰ δίκαια
[πρὸς τὴν ἡμετέρα]ν ἡγεμ[ον]ίαν πεποιηκότας καὶ ἐν
5 [παντὶ καιρῷ πρὸς ἡ]μᾶς πί[σ]τιν εἰλικρινῶς τετηρηκότας
ἔν τε τῷ πρὸς Μιθραδά[την π]ο[λ]έμῳ πρώτους τῶν ἐν τῇ
Ἀσίᾳ ἀνθεσταμένους κα[ὶ] διὰ ταῦτα κινδύνους πολλοὺς
τε καὶ δεινοτάτους ὑπὲρ τῶν ἡμετέρων δημοσίων
[πραγμάτω]ν πρ[οθυμό]τατα ἀ[ν]αδεδεγμένους
10 . . . . . καὶ τ[οὺς] κοινοὺς καὶ τοὺς ἰδιωτικοὺς
[. . .] φιλίας ἕνε[κεν π]ρὸς ἡμᾶς εὐνοίας τε
καὶ χάριτος ἐν τούτῳ τοῦ πολέμου καιρῷ πρός τε
τὰς ἄλλας τῆς Ἀσίας πόλεις παρῃ[τη]μένους καὶ πρὸς
τὰς τῆς Ἑλλάδος...

. . . .

Texte du sénatus-consulte.

15 Λούκιος Κορ[νήλιος Σύ]λλας Ἐπαφρόδιτος δικτάτωρ
Στρατο[νικέων ἄρχουσι, βουλῇ, δήμῳ χαίρειν.]

(1) J'ai suivi l'ordre et le texte de Viereck, tout en conservant mes doutes sur certains passages.

Πρεσβευταῖς ὑμ[ετέροις τὸ γενόμενον ὑπὸ συγκλή]του δόγμα
τοῦτο [συνεχώρησα.]
Λεύκιος Κορνήλ[ιος Σύλλας Λευκίου υἱὸς] Ἐπαφρόδιτος δικ[άτωρ
20 συγκλήτωι συ[νεβουλεύσατο πρὸ ἡμερῶν ἓξ κα]λανδῶν
Ἀπριλίων ἐν τῶ[ι κομετίωι· γραφομένωι παρῆσαν Γ]άιος
Φάννιος Γαίου [υἱὸς trib. cogn. Γ]άιος
Φονδάνιος Γαί[ου υἱὸς trib. Περὶ ὧν Στρατονικε]ῖς ἐκ Χρυσαο[ρέων·
Παιώνιος Ἱερ[οκλέους. . . . .
25 Ἑκαταῖος Πα[. . . . .
Διονύσιος Ἑ [. . . πρεσβευταὶ λόγους ἐποιή]σαντο
συμ[φώνως καὶ ἀκολούθως τῶι Στρατονικέων ψηφίσματι]
[ἀξιοῦντες συντάξεσθαι ἐπὶ τοῖς τ]ὰ δημόσια πράγματα τ[οῦ δήμου
[τοῦ Ῥωμαίων ἐν βελτίονι κα]ταστάσει εἶναι·
30 [ὅπως χρυσοῦν στέφανον παρὰ τῆς ἰ]δίας πόλεως τῆ[ι] συγκλήτωι
[ἀναθεῖναι ἐξῆι ἀπὸ ταλάντων δ]ιακοσίων·
[θυσίαν τε ἐν τῶι Καπετωλίωι ὅπως] ποιῆσαι ἐξῆι ὑπὲρ τῆς ν[ίκ]ης
[καὶ τῆς ἡγεμονίας τοῦ δήμου τοῦ] Ῥωμαίων·
[ὅπως τε τὸ λοιπὸν Λευκίωι Κορνηλίωι Λ]ευκίου υἱῶι Σύλλαι Ἐπαφροδίτωι
35 [δικτάτορι φαίνηται Στρατονικέων] δήμωι φιλανθρώπως κεχρῆσ[θ]αι·
[ἐπεί τε ὁ δῆμος ἐν τῶι καιρῶι τῆς εἰρή]νης συνετήρησεν τὴν ἰδίαν
[εὔνοιάν τε καὶ πίστιν καὶ φιλίαν] πρὸς τὸν δῆμον τὸν Ῥωμαίων
[καὶ πρῶτος τῶν ἐν τῆι Ἀσίαι, ὅτε Μιθρ]αδάτης ἐν αὐτ[ῆι]
[δεινότατα ἐτυράννευεν, προσέθετο ἀν]τιτετάχθαι·
40 [ἐπεί τε ὁ βασιλεὺς πρὸς τὴν πόλιν ἐπῆλθεν,] υἱὸν δ' ἱκρατῆσεν
. . . .
δικτάτορι ἐπὶ . . .
[κ]αὶ ἐπεὶ ὁ δῆμος [ἐν πολέμου καιρῶι συνετήρησεν διὰ τέλους]
εὔνοιαν καὶ πίστιν] καὶ συμμαχίαν πρὸς τὸν δῆμον τὸν Ῥωμαίων
διὰ πράγματα κ[ατὰ τ]ὴν προαίρεσιν...
45 πόλεμον ἐπο[ίησε κα]ὶ τὸν ἴδιον δῆ[μον]...
τῆς βασιλικῆς β[ουλῆ]ς καὶ δυνάμει...
. . . .
[δικαίοις τε κ]αὶ νόμοις καὶ ἔθεσμοῖς τοῖς ἰδίοις, οἷς ἐχρῶν-]
[το ἐπάν]ω, ὅπως χρῶνται, ὅσα τε [ψηφίσματα ἐποίησαν τού-]
[των τοῦ π]ολέμου ἕνεκεν, ὃν πρὸς βα[σιλέα Μιθραδάτην ἀνέδειξαν]
50 [ὅπως τ]αῦτα πάντα κύρια ὦσιν·
[Πηδασὸν τε] Θεμησσὸν Κέραμον χωρία [κώμας λιμένας προσό-]
[δους τε τῶν] πόλεων, ὧν Λεύκιος Κορν[ήλιος Σύλλας αὐτοκράτωρ]
[τῆς τούτων] ἀρετῆς καταλογῆς τε ἕ[νεκεν προσώρισεν συνεχώρη-]
[σεν ὅπως τ]αῦτα αὐτοὺς ἔχειν ἐξ[ῆι].

SÉNATUS-CONSULTE DE STRATONICÉE.

55 [Τὸ ἱερὸν τῆς] Ἑκάτης ἐπιφανεστά[της καὶ μεγίστης θεᾶς ἐκ πολ-]
    [λοῦ τε τι]μώμενον καὶ πολλὰ...
    [τό τε τέμε]νος ὅπως τοῦτο ἄσυ[λον ὑπάρχῃ·]
    [περί τε τῶν ἀ]π[ο]λωλ[ότ]ων αὐτοῖς ἐν τῶι πολέμωι, ὅπως]
    ἡ σ[ύγ]κλ[ητος τῶι ἄρ]χοντι τ]ῶι εἰς Ἀσίαν πορευομένωι ἐντολὰς
60 δῶι, ἵνα φρο[ντίσ]ῃ καὶ ἐπιστροφὴν ποιήσηται, ὅπως τὰ ἐμφανῆ
    αὐτοῖς ἀποδοθῆναι φροντίσῃ τούς τε αἰχμαλώτους
    κομίσωνται περί τε τῶν [λ]οιπῶν ἵνα τύχωσι τῶν δικαίων·
    ὅπως τε πρεσβευταῖς τοῖς παρὰ Στρατονικέων εἰς Ῥώμην
    παραγενομένοις ἐκτὸς τοῦ στίχου οἱ ἄρχοντες σύγκλητον διδῶσ[ιν]·
65 περὶ τούτου τοῦ πράγματος οὕτως ἔδοξεν· πρεσβευταῖς
    Στρατονικέων κατὰ πρόσωπον ἐν τῆι συγκλήτωι φιλανθρώ-
    πως ἀποκριθῆναι χάριτα φιλίαν συμμαχίαν ἀνανεώσασθαι
    τοὺς πρεσβευτὰς ἄν[δρα]ς καλοὺς καὶ ἀγαθοὺς καὶ φίλους
    συμμάχους τε ἡμε[τέρο]υς παρὰ δήμου καλοῦ καὶ ἀγαθοῦ
70 καὶ φίλου συμμάχου [τε ἡμ]ετέρου προσαγορεύσαι ἔδοξεν.

(Deuxième partie du décret.)

    Περί τε ὧν οὗτοι οἱ [πρεσβευ]ταὶ λόγους ἐποιήσαντο καὶ περὶ ὧν]
    Λεύκιος Κορνήλιος Σύλλα[ς Ἐπαφρόδιτος δικτάτωρ λόγο[υς]
    [ἐποιήσατο] ... ...
    [.. παρ]ὰ τῶν Ἀσίαν τήν τε Ἑλλάδα [διακατεχόντων τῶν τε ἐν]
75 [ταύτα]ις ταῖς ἐπαρχείαις πρεσβευ[τῶν γεγενημένων...
    [τοὺς] Στρατονικεῖς τήν τε φιλίαν κ[αὶ πίστιν καὶ εὔνοιαν πρὸς τὸν]
    [δῆ]μον τὸν Ῥωμαίων διὰ τέλους [ἐν καιρῶι εἰρήνης πολέμου]
    [τε ἀ]εὶ? συντετηρηκέναι στρατιώ[ταις τε καὶ σίτωι καὶ μεγάλαις]
    [δαπάν]αις τὰ δημόσια πράγματα [τοῦ δήμου τοῦ Ῥωμαίων]
80 [προ]θυμότατα ὑπηρετηκέναι π[αρόντος δὲ αὐτοῦ τοῦ Μιθραδά-]
    [το]υς (?) ὑπὲρ τῆς μεγαλοχρηστότη[ς πρώτους τῶν ἐν τῆι Ἀσίαι πε-]
    [πολ]εμηκέναι τοῖς τε βασιλεῦσ[ι...
    [ὧν] ἁμιλλᾶν τε ἐπαινοῦνται πα[ρεπρεσβευκότας πρὸς τὰς πόλεις Ἀσίας]
    [καὶ] Ἑλλάδος ἀ[ν]τιτετάχθαι
    [περὶ τούτων τῶν πραγμάτων οὕτως ἔδοξεν· ἀρέσκειν τῆι συγ-]
85 [κλήτωι ἀνδρῶν ἐσθλῶν] δικαίων [τε ἀπο]μνημ[ονεύειν καὶ προ-]
    [νοεῖν, ὅπως Λεύκι]ος Κορνήλιος Σύλλας Ἐπαφρόδιτ[ος]
    [δικτάτωρ τὸν ἀν]τιταχίαν ξένια αὐτοῖς κατὰ τὸ διάτα[γμα δῶ-]
    [ναι κελεύσῃ, οἷς] τε νόμοις ἐθισμοῖς τε ἰδίοις πρότερον
    [ἐχρῶντο, τού]τοις χρέωνται·
90 [ὅπως τε νόμους αὐτοὶ] ἐψηφίσαντά τε ἐποίησαν τούτου τοῦ πολέ-]
    [μου ἕνεκεν τοῦ πρὸς Μιθραδάτην γενομένου, ἵνα τούτο[ις ταῦτα]
    [πάντα κύρια ὑπάρ]χωσιν· ἅς τέ τινες τῆς τούτων ἀρετῆ[ς καταλο-]

[γῆς τε ἕνεκεν μετ]ὰ συμβουλίου γνώμης Λεύκιος Σύλ[λας αὐ-]
[τοκράτωρ τοῖς αὐ]τοῖς πρεσβύρεσιν συνεχώρησεν [πολιτεί-]
95 [ας πρεσβείας χω]ρία κώμας λιμένας τε τούτο[ις, ἵνα ταῦτα]
[αὐτοῖς ἔχειν ἐξῆι τό]ν τε δῆμον τὸν Ῥωμαίων...
... [πρεπη]κόντως ἀξίως τε αὐτ[οῦ]...
... τά τε Στρατονικεῦσιν...
ἀποδεκ[τὰ ὑπάρχει]ν δεῖν·
100 [ὅπω]ς τε Λεύκιος Κορνή)[ιος Σύλ]λας Ἐπαρχλιτος δικτάτ[ωρ, ἐὰν αὐτῶι]
[φα]ίνηται, ἃς αὐτὸς αὐτοκράτωρ Στρατονικεῦσιν πολι[τείας]
[χ]ώρας χώρας λιμένας τε προσώρισεν, ἐπιγνῶι διατάξη[ι, ὅσας ἑκάστη]
πρεσβεία Στρατονικεῦσιν τελῆι·
[ἐὰ]ν τε διατάξηι, πρὸς ταύτας τὰς πολιτείας, ἃς Στρ[ατονικεῦσιν]
105 προσώρισεν, γράμματα ἀποστείληι, ἵνα τοσοῦτον τ[έλος]
Στρατονικεῦσιν τελῶσιν·
[τ]οῦτό τε οἵτινες ἄν ποτε ἀεὶ Ἀσίαν τήν τε Ἑλλάδα ἐ[παρχίας]
[δι]ακατέχωσιν, φροντίζωσιν διδῶσίν τε ἐργασίαν, ἵ[να ταῦτα]
οὕτως γίν[ω]νται.
110 Τὸ [ἱερ]ὸν τῆς Ἑ[κάτης] ὅπως ἦ[ι ἄ]συλον.]
Ἀνθύπατος ὅστις ἂν ἀεὶ Ἀσίαν ἐπ[αρχίαν]
διακατέχηι, ἐπιγνώτω, ἅτινα αὐτοῖς ἅ[πε]στιν,
οἵ τέ τινες ταῦτα διήρπασαν, οἵ τέ τινε[ς δ]ιακατέ-
χουσιν αὐτά, ἵνα παρ' αὐτῶν ἀποδοθῆναι ἀποκατα-
115 σταθῆναι φροντίσηι· ἵνα τε τοὺς αἰχμαλώτους
ἀνακομίσασθαι δύνωνται ὑπέρ τε τῶν λ[ο]ιπῶν
πραγμάτων τῶν δικαίων τύχωσιν, ὁ[ὕ]τ[ω κα]θὼς ἂν
αὐτοῖς ἐκ τῶν δημοσίων πραγμάτ[ων πίσ]τεώς
τε τῆς ἰδίας φ[α]ίνηται ἔδοξεν.

(Troisième partie du décret.)

120 Στέφανόν τε τὸν παρὰ τοῦ δήμου [τῇ συγκλήτωι]
ἀπεσταλμένον, ὃν ἂν Λεύκιος [Κορνήλ]ιος
Σύλλας Ἐπαρχλιτος δικτάτ[ωρ]
[ἐγ]ξῆαι [ἀγαθὸν, ὅπως ἀναθεῖναι αὐτοῖς]
[ἐξῆι θυσίαν τε ἐν τῶι Καπετωλίωι ἂν θέ-]
[λωσιν ὅπως αὐτοῖς ποιῆσαι ἐξῆι·]
[τοῖς τε πρεσβευταῖς παρὰ Στρατονικέων εἰς]
[Ῥώμην παραγενομένους ἔδοξε σ]υγκλητον
125 [ὑπὸ τῶν ἀρχόντων ἐκτὸς τοῦ στίχου δοθ]ῆναι [ἔδοξεν.]

19.

Rome. Chronique capitoline.
C. I. G. n° 6855 d.
Époque : 15 après J.-C.
(Nous ne donnons que la partie relative à l'époque mithridatique.)

I Ἀφ' οὗ Σύλλας ἐ]πὶ Νικ[ομηδατικὸν πόλε]μον
   ἐξ[ῆλθεν καὶ Σω]τὴρ ὁ Φύσκων Π[τολεμαῖος ?
   τὸ] δεύτερον (καὶ) κ[ατελ]θὼν εἰς Αἴγυπτον
   ἐβασίλευσεν — ἀφ' οὗ ἔτη ργ.

II Ἀφ' οὗ Μίθρης Πατίαν καταλαβόμενος καὶ
   ἀναγκάσας συν[θέσ]θαι οὐκ ἐμμείνας τῇ πίστει
   Ὀκταούιον ἀπέκτεινεν, Σύλλας δ'ἐπὶ τῆς Ἀττικῆς
   Ἀθήνας ἐξεπολιόρκησεν — ἔτη ρδ.

III Ἀφ' οὗ Φιμβρίας Μιθραδ[ά]του στρατόπεδον
    περὶ Κύζικον ἐνίκησεν καὶ Ἴλιον ἐξεπολιόρκησεν
    καὶ ὑπὸ Σύλλα συνεχθεὶς ἑαυτὸν ἀνεῖλεν
    κ[α]ὶ Μιθραδάτης πρὸς Σύλλαν συνθήκας
    ἐποιήσατο καὶ Φιλοπάτωρ τὸ δεύτερον
    εἰς Βιθυνίαν κατελθὼν ἐβασίλευσεν, καὶ
    Ἀριοβαρζάνης εἰς Καππαδοκίαν κατήχθη,
    — ἀφ' οὗ ἔτη ρ̄ (1).

20.

Arrezzo.
C. I. L. I, *Elogia*, n° 34 (p. 292); Orelli, n° 545; Wilmanns, n° 633.
Époque d'Auguste. Cette inscription fait partie d'une série d'*elogia* que l'empereur Auguste avait fait placer au forum, sous les images des grands hommes de la république. Des copies en existaient dans les principaux municipes.

  L. Licinius L. F. | Lucullus | cos. pr. aed. cur. q. |
  tr. militum aug. | triumphavit de rege Ponti Mithri-
  date | et de rege Armenia(e) Tigrane magnis | utriusque regis
  copiis compluribus pro]eliis terra marique superatis, con-
5 le | gnm suum pulsum a rege Mithridat(e) | cum se is
     Calchadona contulisset | opsidione liberavit.

(1) Peut-être ρ̄α? Le mot est à la fin d'une ligne et les événements rapportés dans les premières phrases sont certainement de l'an 85, c'est-à-dire antérieurs de 101 ans à la rédaction de notre chronique.

21.

Presqu'île de Taman (Bosphore cimmérien). STEPHANI, *Comptes rendus de la commission impériale archéologique* pour 1860, p. 101.
Époque d'Auguste.

Β]ασίλισσαν Δύναμιν φιλορώμ[αίαν
τὴ]ν ἐκ βασιλέω[ς μ]εγάλου Φα[ρνάκου
το]ῦ ἐκ βασιλέως βασιλέων Μιθρ[αδά-
το]υ Εὐπάτορος [Διο]νύσ[ο]υ (1)
τὴ]ν ἑαυτῶν σ[ώτειραν κ]αὶ εὐε[ργέ-
τι]ν [ὁ] δῆμ[ος Ἀγριπ]πέω[ν].

(1) Stephani : Διονυσίου.

III.

LES MÉDAILLES.

Parmi les séries monétaires qui peuvent jeter quelque lumière sur l'histoire de Mithridate Eupator et de ses ancêtres, les plus importantes sont celles des trois dynasties de Pont, de Cappadoce et de Bithynie. J'ai consacré à ce sujet un ouvrage spécial (*Trois Royaumes de l'Asie Mineure*, Paris, Rollin et Feuardent, 1888), auquel je ne puis que renvoyer le lecteur curieux du détail numismatique. J'ai pensé, cependant, qu'il serait utile d'en donner ici un résumé très succinct, rectifié et complété sur certains points, et contenant seulement tous les *types* et toutes les *dates* connues de ces trois séries. La chronologie adoptée dans le présent ouvrage étant en grande partie fondée sur le témoignage des médailles, on aura ici, en quelque sorte, la justification des dates que j'ai assignées aux divers événements. Les pièces qui ne sont pas suivies d'une indication spéciale sont frappées d'après le système monétaire dit attique (tétradrachme, $16^{gr}80$; statère d'or, $8^{gr}40$), répandu en Asie par la la conquête d'Alexandre. Les chiffres entre parenthèses renvoient aux pages des *Trois Royaumes*.

1. *Royaume de Pont* (dynastie des Mithridate).

Mithridate Ier Ctistès (302-266 av. J.-C.). Statère d'or unique aux types d'Alexandre (tête de Pallas = Victoire debout). Légende : Μιθραδάτου Βασιλέως (p. 162). Monogrammes de Comana (KO) et Gaziura (ΓΑ).

Ariobarzane Ier (266-250?). Pas de monnaies.

Mithridate II (250?-190?). Tétradrachmes d'argent. Type : au droit, le portrait du roi; au revers, Zeus aétophore assis, comme sur les tétradrachmes d'Alexandre; astre et croissant. Légende : Βασιλέως Μιθραδάτου (p. 166).

Pharnace Ier (190?-169). Tétradrachmes et drachmes d'argent. Type : au droit, portrait; au revers, Dieu panthée (1) tendant un cep de vigne à une biche; astre et croissant. (Sur les derniers exemplaires, au-dessus de ce type un foudre). Légende : Βασιλέως Φαρνάκου (p. 168).

Mithridate III Philopator Philadelphe (Évergète) (169-120). Tétra-

---

(1) Peut-être, à cause du caducée, Mithras, qui était assimilé à Hermès en Commagène (HUMANN ET PUCHSTEIN, *Bericht*, etc., p. 260).

drachmes d'argent. Type : au droit, portrait; au revers, Persée tenant la tête de la Gorgone; astre et croissant. Légende : Βασιλέως Μιθραδάτου Φιλοπάτορος καὶ Φιλαδέλφου (p. 172).

Laodice (120-111). Tétradrachme d'argent unique. Type : au droit, portrait; au revers, Pallas debout. Légende : Βασιλίσσης Λαοδίκης (p. 178).

Mithridate IV Eupator (111-63).

1ᵉʳ *monnayage*. Tétradrachme d'argent unique. Type : au droit, portrait; au revers, Pégase s'abreuvant; astre et croissant. Légende : Βασιλέως Μιθραδάτου Εὐπάτορος (p. 187).

2ᵉ *monnayage. a)*. Tétradrachmes d'argent. Mêmes types et légende que précédemment; le Pégase dans une couronne de lierre fleuri; en outre une *date* exprimée d'après l'ère bithyno-pontique (origine : octobre 297 av. J.-C.) et une *lettre numérale* (de A à IΓ) indiquant le mois de l'émission; un monogramme.

Dates connues : 202 (= 96/5 av. J.-C.), mois 8, 9, 11.
                  205, mois 1, 7, 8 (sur ces deux dernières pièces la légende est simplement : Βασιλέως Εὐπάτορος).
                  206, mois 7, 8.
                  207. Pas d'indication de mois.
                  208, mois 2, 7, 8, 9.
                  209. Pas de mois.
                  210, mois 1.
                  212, mois 1, 5.

Il existe, en outre, des tétradrachmes identiques comme types et légendes, mais sans date; ils ont été frappés en Grèce par Archélaos dont ils portent le monogramme.

b). Drachmes d'argent. Type : au droit, portrait; au revers, cerf broutant, astre et croissant, le tout dans une couronne de lierre. Légende : Βασιλέως Εὐπάτορος et une date. Tous les exemplaires connus sont de l'année 202.

c). Statères d'or. Même type que la drachme. Légende : Βασιλέως Μιθραδάτου Εὐπάτορος et une date. Tous les exemplaires connus sont de l'année 209 (p. 192).

3ᵉ *monnayage* (atelier de Pergame). *a)*. Tétradrachmes d'argent. Types : au droit, portrait idéalisé; au revers, cerf broutant, astre et croissant, le tout dans une couronne de lierre. Légende : Βασιλέως Μιθραδάτου Εὐπάτορος, et une *date* exprimée d'après l'« ère de la délivrance » (origine : octobre 89 av. J.-C.). Années connues : 1, 3, 4 (1).

(1) Sur ces pièces le mois n'est pas indiqué, mais il existe en outre (voir *Arch. Zeitung*, 1875, p. 165) quelques tétradrachmes, que j'ai omis dans les *Trois royaumes*, et qui sont

b). Statère d'or. Mêmes types et légendes que les tétradrachmes. Années : 2, 4 (p. 194).

A la même période appartiennent, outre les tétradrachmes d'Archélaos déjà cités, 1° le tétradrachme d'*Ariarathe* Eusèbe Philopator, fils de Mithridate, aux types de son père (Pégase, astre et croissant), mais avec le portrait du fils, frappé probablement en Macédoine; 2° le tétradrachme et le statère d'or d'*Athènes*, aux types ordinaires de cette ville, avec les noms de magistrats Βασιλ. Μιθραδάτης, Ἀριστίων, et l'astre entre deux croissants; prytanies ou mois Α et Β (de l'an 87/6 av. J.-C.?); 3° les bronzes de *Smyrne* et les tétradrachmes d'*Odessos* avec le portrait de Mithridate (p. 195); 4° la drachme d'Hygiénon, gouverneur rebelle du Bosphore cimmérien (p. 202).

4ᵉ *monnayage. a).* Tétradrachmes d'argent. Types et légendes comme sur le 3ᵉ monnayage, mais l'ère est de nouveau l'ère bithyno-pontique (octobre 297 av. J.-C.); ordinairement deux monogrammes. Dates connues :

212, mois 11, 12.
213, mois 1, 5(?), 6, 9.
214, mois 9.
216, mois 11.
218, mois ?
219, mois 9, 10, 12
221, mois ?
222, mois 5, 6, 8, 9.

223, mois 4, 5, 9, 11, 12, 13, et sans mois (1).
224, mois 2, 3 et sans mois.
225, mois 1, 2, 10 et sans mois.
226, mois 9.
227, mois 10, 11.
228, sans mois.
231, sans mois.

b). Statère d'or. Identique au tétradrachme. Un seul exemplaire connu : an 213, mois 10.

On attribue encore à Mithridate, mais sans raison décisive, des bronzes à types variés, de provenance bosporane, avec le monogramme ΒΑΕ (p. 202).

2. *Royaume de Cappadoce.*

Ariarathe I (de Gaziura). (332-322 av. J.-C.). *a)* Drachme frappée à Sinope aux types ordinaires de cette ville (Tête de nymphe = aigle sur dauphin); légende araméenne *Arior(a)t*. Poids : 5ᵍʳ 25 (système per-

---

identiques à ceux de Pergame sauf les deux détails suivants : 1° en outre de l'année (toujours Α) figure un mois Β, Γ, ou Δ; 2° au lieu des monogrammes caractéristiques qui indiquent l'atelier de Pergame, on y lit un monogramme nouveau qui paraît formé des caractères du mot ΕΥΜΑΧΟΥ. Aurait-on ici des pièces frappées à la fin de l'an 87 par le satrape de Galatie, Eumachos? Les exemplaires connus ont été trouvés à Athènes.

(1) Il existe de la même année ΓΚΣ un bronze de Sinope (p. 201).

sique). *b)* Drachme frappée à Gaziura. Type : Baal assis, tenant épi, aigle et grappe = griffon dévorant cerf. Légendes araméennes : *Balgzour — Arior(a)t.* Poids 5ᵍʳ 48 (p. 28).

Ariarathe II (?) (301-280?). Bronze. *Larior(at?)* en caractères araméens. Archer = Ibex (p. 29).

Ariaramne (280?-230?) Bronze. Ἀριαράμνου. Portrait casqué = Cavalier au galop (p. 30).

Ariaos, dynaste de Tyana (vers 259). Bronze. Ἀρια. Δτ. avec ou sans Τυάνα. Portrait casqué = Cavalier au galop, palmier (p. 32).

Ariarathe III (210?-220) a) Bronze. Βασιλέως Ἀριαράθου. Portrait casqué = Pallas debout. *b)* Tétradrachme d'argent. Même légende. Portrait diadémé = Pallas nicéphore assise.

Ariarathe IV Eusèbe (220-163). a) Tétradrachme d'argent. Βασιλέως Ἀριαράθου Εὐσεβοῦς. Portrait diadémé = Pallas debout. Année régnale : 30. *b)* Drachmes. Même légende et type. Années : 1, 2, 3, 4 (?), 5, 11, 12, 13, 20 (?), 30, 31, 32, 33, 53 (?).

Ariarathe V Eusèbe Philopator (163-130). a) Tétradrachmes d'argent. Βασιλέως Ἀριαράθου Εὐσεβοῦς (sur un exemplaire Ἀριαράθου) Φιλοπάτορος (manque sur un exemplaire). Mêmes types. Années : 1, 2, 3, 5 (?) *b)* Drachmes. Βασιλέως Ἀριαράθου Εὐσεβοῦς. Mêmes types. Années : 1, 3.

Oropherne Nicéphore, usurpateur (158). Tétradrachme d'argent. Βασιλέως Ὀροφέρνου Νικηφόρου. Portrait diadémé = Victoire en marche.

Nysa, régente (130-125?). Drachme unique. Βασιλίσσης Νύσης καὶ Βασιλέως Ἀριαράθου τοῦ υἱοῦ. Têtes accolées de la reine et de son fils = Pallas assise.

Ariarathe VI Épiphane (125-111). Drachmes. Βασιλέως Ἀριαράθου Ἐπιφανοῦς. Portrait diadémé = Pallas debout. Années 1, 3, 4, 5, 6, 10, 11, 13, 14, 15.

Ariarathe VII Philométor (111-99). Drachmes. Βασιλέως Ἀριαράθου Φιλομήτορος. Mêmes types. Années : 6, 7, 8, 9, 10 (?), 11, 12.

Ariarathe VIII, frère de Philométor. Pas de monnaies.

Ariarathe IX Eusèbe Philopator, fils de Mithridate (99-95 et 88-87). a) Drachmes. Βασιλέως Ἀριαράθου Εὐσεβοῦς. Mêmes types. Années : 2, 4, 5, 12, 13. *b)* Tétradrachmes. Βασιλέως Ἀριαράθου Εὐσεβοῦς Φιλοπάτορος. Portrait diadémé = Pégase s'abreuvant; astre et croissant; couronne de pampres. Monogramme composé de Ἀριαρ (πόλις).

Ariobarzane Iᵉʳ Philoroméos (95-62). Drachmes. Βασιλέως Ἀριοβαρζάνου Φιλορωμαίου. Portrait diadémé = Pallas debout. Années : 3, 11, 13, 14, 15 (?), 16, 21, 22, 24, 25, 27-34.

Ariobarzane II Philopator (62-52). Drachmes. Βασιλέως Ἀριοβαρζάνου Φιλοπάτορος. Mêmes types. Années : 7, 8.

Ariobarzane III Eusèbe Philoroméos (52-42). Drachmes. Βασιλέως Ἀριοβαρζάνου Εὐσεβοῦς καὶ Φιλορωμαίου. Mêmes types, avec astre et croissant. Années : 9, 11.

Ariarathe X Eusèbe Philadelphe (42-36). Drachmes. Βασιλέως Ἀριαράθου Εὐσεβοῦς καὶ Φιλαδέλφου. Mêmes types, avec trophée. Années : 5, 6.

Archélaos (36 av.-17 ap. J.-C.) *a)* Drachmes. Βασιλέως Ἀρχελάου Φιλοπάτριδος τοῦ Κτίστου. Portrait diadémé = Massue. Années : 20, 22, 39-42. *b)* Hémidrachmes. Βασιλέως Ἀρχελάου. Tête d'Héraclès = Mont Argée. Années 39, 40.

3. *Royaume de Bithynie.*

Zipatès (326?-278 av. J.-C., roi depuis 297). Pas de monnaies.

*Nicomède I*ᵉʳ (278-250?). *a)* Tétradrachmes d'argent. Βασιλέως Νικομήδου. Portrait diadémé = Artémis assise. *b)* Drachme. Même légende et type, avec Arès au lieu d'Artémis. *c)* Bronze. Légende et type du tétradrachme. Autres bronzes d'attribution douteuse (p. 99-100).

Ziaélas (250?-228). Bronze unique. Βασιλέως Ζιαήλα. Portrait diadémé = Trophée, fer de lance.

*Prusias I*ᵉʳ χωλός (228-185?). Tétradrachmes d'argent. Βασιλέως Προυσίου. Portrait diadémé = Zeus stéphanophore debout.

Prusias II κυνηγός (185?-149). *a)* Tétradrachmes. Même légende et type, seulement le diadème est ailé et, dans le champ du revers : aigle sur foudre. *b)* Drachmes. Pareilles aux tétradrachmes. *c)* Bronzes. Même légende. Tête de Persée = Héraclès debout. Sur les bronzes à types variés avec Βασιλέως Προυσίου, sans attribution certaine, cf. *Trois Royaumes*, p. 110-117.

Nicomède II Épiphane (Évergète) (149-91?). *a)* Tétradrachmes. Βασιλέως Ἐπιφανοῦς Νικομήδου. Mêmes types que les Prusias (le diadème n'est pas ailé). Date suivant l'ère bithynienne (oct. 297 av. J.-C.). Années connues : 150-152, 155-157, 159-163, 165-169, 171-193, 196-202. *b)* Statère d'or. Βασιλέως Νικομήδου Ἐπιφανοῦς. Portrait diadémé = Cavalier au galop. An 160. *c)* Bronzes. Même légende; types divers (p. 131-133).

Nicomède III Épiphane Philopator (91-74). Tétradrachmes. Même type, portrait et légende que Nicomède II. Années : 204-209, 212, 214, 215, 220, 223, 224.

TABLE ANALYTIQUE DES MATIÈRES.

                                                                      Pages.

PRÉFACE... 1

LIVRE I. LES ORIGINES... 1

Chapitre I. Origine des Mithridate..................................... 1

    Cios de Mysie, berceau des Mithridate, 1. — Généalogie des Mithridate, 3. — Mithridate, fils d'Orontobate, premier dynaste perse de Cios vers 370 av. J.-C., 4. — Le satrape Ariobarzane (363-337), 5. — Mithridate II de Cios (337-302), 6. — Hégire de Mithridate Ctistès et fondation du royaume de Pont (302 av. J.-C.), 7.

Chapitre II. Le Pont avant les Mithridate........................... 9

    Situation générale; caractères physiques de la Cappadoce pontique comparée à la Cappadoce intérieure, 9. — Climat et productions, 11. — Obstacles à la civilisation, 13. — Ethnographie du royaume de Pont, 14. — Paphlagoniens, 15. — Cappadociens, 15. — Tribus du Paryadrès, 17. — La Cappadoce avant l'époque assyrienne; civilisation de Boghaz-Keui (Matiènes?), 19. — Époque assyrienne et médique; migrations, 20. — Organisation de la Cappadoce à l'époque perse, 21. — Modifications successives jusqu'à la conquête d'Alexandre, 22. — Le persisme en Cappadoce, 23. — L'hellénisme en Cappadoce et en Paphlagonie, 25. — Résumé, 28.

Chapitre III. Les premiers rois de Pont............................. 29

    Les précurseurs : Datame, Ariarathe de Gaziura, 29. — La Cappadoce sous la domination macédonienne, 31. — Fondation des deux royaumes de Cappadoce et de Pont, 32. — Caractère général de la dynastie des Mithridate, 34. — Mélange de persisme et d'hellénisme, 35. — Politique extérieure des Mithridate jusqu'en 220 av. J.-C.; rapports avec les Séleucides et les Galates, 37. — Changements amenés par l'intervention romaine, 40. — Pharnace Ier (190-169), 41. — Mithridate Philopator Philadelphe ou Évergète (169-120), 42. — Projets et meurtre de Mithridate Évergète, 44.

LIVRE II. LA JEUNESSE DE MITHRIDATE........................ 49

Chapitre I. Éducation, minorité, avènement..................... 49

    Nom, surnoms, frère et sœurs de Mithridate Eupator, 49. — Sa mère Laodice, 50. — Légendes relatives à l'enfance de Mithridate, 51. — Naissance de

Pages.

Mithridate (132 av. J.-C.), sa première éducation, 52. — Son avènement nominal (120); dangers qui menacent sa minorité, 53. — Régence de Laodice; perte de la Grande-Phrygie (116), 54. — Mithridate s'empare du pouvoir (111), 55. — Ses premiers actes, 56.

Chapitre II. Guerres de l'Euxin 57

La Crimée, 57. — Grandeur et décadence des colonies grecques de la Crimée et des environs, 57. — Le royaume scythe de Scilur, 61. — Détresse de Chersonèse et du royaume bosporan, 61. — Ils appellent Mithridate, 65. — Première campagne de Diophante en Crimée (110 av. J.-C.), 67. — Deuxième campagne; victoire de Beau-Port (109), 69. — Troisième et quatrième campagnes (108-7); établissement définitif du protectorat de Mithridate, 70. — Extension de Mithridate au N.-O. de la mer Noire; rapports avec les Scythes, Gètes, Sarmates, Bastarnes, Celtes et Thraces, 72. — Extension au N. E., soumission des Méotiens, 75. — Conquête de la Colchide, 77. — Acquisition de la Petite-Arménie, 79. — Résultats généraux, 80.

Chapitre III. Guerres d'Asie Mineure 81

Voyage d'exploration de Mithridate à travers l'Asie Mineure; état politique de la péninsule à la fin du deuxième siècle, 81. — Province romaine de Cilicie, 82. — Province d'Asie; souffrances et mécontement des populations, 83. — Rhodes, Héraclée, Cyzique, 87. — Galatie, 88. — Paphlagonie, 89. — Bithynie, 92. — Direction générale de la politique de Mithridate, 93. — Alliance avec Nicomède; supplice de Laodice (105), 95. — Conquête et partage de la Paphlagonie et de la Galatie (104), 95. — Affaire de Saturninus, 96. — Brouille avec Nicomède, conquête de la Cappadoce (99), 97. — Mithridate et Marius, 99. — Intervention de Rome; abandon des conquêtes asiatiques, 100. — Ariobarzane élu roi de Cappadoce (92), 101. — Origines du royaume d'Arménie; alliance de Mithridate avec Tigrane, 102. — Tigrane installe Gordios en Cappadoce; il est chassé par Sylla; première restauration d'Ariobarzane (92 . 105).

LIVRE III. PREMIÈRE GUERRE CONTRE ROME 107

Chapitre I. La rupture 107

Situation de l'Asie Mineure en 91 av. J.-C., 107. — Macédoine, Égypte, Syrie, Parthes, Arméniens, 108. — La guerre sociale; son contre-coup en Orient (90-89), 111. — Décadence de la Bithynie; Mithridate place ses créatures sur les trônes de Bithynie et de Cappadoce (90), 113. — Ambassade de M'. Aquilius; 2e restauration d'Ariobarzane et de Nicomède (89), 116. — Agression de Nicomède, 118. — Négociations et rupture, 119.

Chapitre II. Les succès 121

Forces des deux partis, 121. — Victoire de l'Amnias (printemps 88), 123. — Victoire de Protopachion, 124. — Dissolution des armées romaines et conquête de l'Asie romaine, 125. — Supplice d'Aquilius, 127. — Prise de Stratonicée, 128. — Massacre des résidants italiens, 129. — Ambassade des Samnites, 132. — La Grèce et Athènes sous la domination romaine, 133. — Ambassade d'Aristion, 139. — Ruine de Délos, 142. — Conquête de la Grèce, 143. — Siège de

Rhodes, 143. — Mariage du roi avec Monime, 147. — Apogée de la puissance de Mithridate (fin 88 av. J.-C.). 148.

Chapitre III. Les revers... 149

Détresse et préparatifs des Romains, 149. — Portrait de Sylla, 151. — Campagne de Bruttius Sura, 153. — Siège du Pirée (87 av. J.-C.), 154. — Conquête de la Thrace et de la Macédoine par les Pontiques, 160. — Mort de Marius (13 janvier 86), Sylla proscrit, 161. — Prise d'Athènes par Sylla (1ᵉʳ mars 86), 164. — Chute et ruine du Pirée, 166. — Mort d'Ariarathe; Taxile en Béotie, 167. — Bataille de Chéronée, 168. — Prise de l'Acropole d'Athènes, 176. — Châtiment des Grecs, 177. — Gouvernement de Mithridate en Asie Mineure, 178. — Affaire des tétrarques galates, 180. — Affaire de Chios, 181. — Révolte d'Éphèse, 182. — Conspirations et supplices, 184. — Valérius Flaccus en Grèce, 186. — Bataille d'Orchomène (automne 86), 187.

Chapitre IV. Paix de Dardanos.. 190

Embarras de Mithridate, 190. — Campagne et meurtre de Flaccus; Fimbria en Bithynie, 192. — Conférences de Délion (hiver 86-85), 194. — Trahison d'Archélaos, 197. — Campagne maritime de Lucullus, 199. — Bataille de Milétopolis; Mithridate à Pitané (printemps 85), 201. — Sylla en Macédoine, 202. — Ruine d'Ilion, 203. — Entrevue de Dardanos; retour de Mithridate dans le Pont (été 85), 204. — Fin de Fimbria, 207. — Châtiment des Asiatiques, 209. — Départ de Sylla (84), 211.

LIVRE IV. L'EMPIRE DE MITHRIDATE........................... 213

Chapitre I. Les gouvernés.. 213

Limites, étendue et divisions de l'empire de Mithridate, 213. — Le royaume du Bosphore et ses annexes, 216. — La satrapie de Colchide, 221. — Le royaume de Pont (Cappadoce pontique), 223. — Agriculture, 225. — Chasse et pêche, 229. — Mines et métallurgie, 231. — Routes et commerce, 232. — Civilisation du Pont; tribus du Paryadres, 235. — Arméniens, Paphlagoniens, 236. — Cappadociens, 238. — Religion cappadocienne, 240. — Perses; cultes iraniens, 241. — Grecs; cités helléniques, 246. — Résumé, 249.

Chapitre II. Le gouvernement.. 250

Ordre de succession au trône, 250. — Titres du roi, 251. — Amis et premiers amis du roi, 252. — Ministres, 253. — Administration départementale, 254. — Justice, 257. — Finances, impôts, 258. — Gazophylacies, 260. — Monnaie, 261. — Ère et calendrier, 263. — Organisation militaire; recrutement de l'armée, 264. — Places fortes, 266. — Effectif et proportion des différentes armes, 267. — Infanterie, 268. — Cavalerie, chars à faux, 270. — Services auxiliaires, artillerie, 272. — Marine, 273. — Commandement, 274.

Chapitre III. Les gouvernants.. 276

Portrait physique de Mithridate, 276. — Portrait intellectuel et moral, 278. — Son éducation, sa polyglottie, 281. — Littérateurs grecs à la cour du roi : Diodore d'Adramyttion, Métrodore de Scepsis, 282. — Poisons et remèdes de

Mithridate, 283. — Mithridate protecteur des beaux-arts, 285. — Costume, armes, mobilier du roi, 287. — Sa religion, 288. — Palais royaux : nécropole d'Amasie, 290. — Personnel de la cour, 293. — Femmes et enfants du roi, 295. — Résumé, 299.

LIVRE V. DERNIÈRES LUTTES 301

Chapitre I. La trêve de douze ans 301

Exécution du prince royal Mithridate, 301. — Guerre de Muréna (83-81 av. J.-C.), 302. — Reconquête du Bosphore, 304. — Négociations à Rome, 305. — Embarras des Romains; guerre de Cilicie, 306. — Changements dans la carte de l'Asie antérieure : Ptolémées, Séleucides, Arsacides, Arméniens, 309. — Alliances de Mithridate, 313. — Souffrances de l'Asie romaine, 314. — Traité avec Sertorius, 315. — Causes et présages de rupture, 317.

Chapitre II. Guerre de la succession de Bithynie 318

Testament de Nicomède Philopator (74 av. J.-C.), 318. — Lucullus général en chef, 320. — Invasion de la Bithynie par Mithridate, 321. — Victoire de Chalcédoine (73), 323. — Siège de Cyzique, 325. — La guerre dans les provinces, 329. — Levée du siège, 330. — Campagne maritime; combats de Ténédos et de Lemnos (72), 332. — Perte de la Bithynie, 333. — Retraite de Mithridate; occupation d'Héraclée, 334. — Ambassades de Mithridate, 335. — Les Romains dans le Pont, 336. — Bataille de Ténédos, 337. — Désastre de Cabira (71), 338. — Massacre de Pharnacie, 341.

Chapitre III. Mithridate chez Tigrane 343

Tigrane et son royaume, 344. — Accueil de Mithridate en Arménie, 347. — Chute d'Amisos, 349. — Siège et ruine d'Héraclée (71), 350. — Lucullus dans la province d'Asie, 352. — Ambassade d'Appius Claudius, 353. — Siège et prise de Sinope (70), 355. — Réconciliation de Mithridate et de Tigrane, 357. — Lucullus envahit l'Arménie, 358. — Bataille de Tigranocerte (6 octobre 69), 360. — Défection des vassaux de Tigrane, 364. — Armements et négociations avec les Parthes, 365. — Bataille de l'Arsanias (septembre 68), 367. — Prise de Nisibis, 368. — Sédition des légions romaines, 369. — Mithridate rentre dans le Pont; combats du Lycos et de Comana, 370. — Victoire de Gaziura (67), 372. — Lucullus remplacé, 373. — Reconquête du Pont et de la Cappadoce par Mithridate, 375.

Chapitre IV. Fin de Mithridate 377

La situation en 67 av. J.-C., 377. — Tigrane et ses fils, 378. — Loi Gabinia; destruction des pirates, 379. — Loi Manilia; Pompée général en chef (66 av. J.-C.), 381. — Campagne du Pont et de la Petite-Arménie, 383. — Désastre de Dasteira (Nicopolis), 385. — Tigrane et Phraate, 388. — Fuite de Mithridate jusqu'à Dioscurias, 389. — Albans et Ibères, 390. — Humiliation de Tigrane, 392. — Attaque des Albans (17 décembre 66), 393. — Pompée en Ibérie et en Colchide, 394. — Retraite de Mithridate le long du Caucase et reconquête du Bosphore (65 av. J.-C.), 395. — Pompée en Albanie, 398. — Chute des gazophylacies, 399. — Diète d'Amisos; partage des États pontiques, 400.

— Dernières négociations, 401. — Grand dessein de Mithridate, 402. — Révolte de Phanagorie (64 av. J.-C.), 404. — Révolte de Pharnace, ... — Mort de Mithridate (63), 409. — Effets de sa mort; ses obsèques, 410.

APPENDICE.
SOURCES DE L'HISTOIRE DE MITHRIDATE.

I. Les auteurs 417

Pièces originales et officielles, 418. — Auteurs contemporains : Sylla, Rutilius, annalistes; Sisenna, Salluste, Népos, Cicéron, 420. — Posidonius, Archias, Théophane, autres écrivains grecs, 423. — Auteurs du siècle d'Auguste : Licinianus; Tite-Live et ses abréviateurs, Trogue Pompée et Justin, Velléius, 430. — Timagène, Diodore, Nicolas, Strabon, Juba, 436. — Siècle des Antonins, 439. — Plutarque, 439. — Appien, 443. — Dion Cassius, 449. — Memnon, 452. — Sources arméniennes, 453.

II. Les inscriptions 456

1. Inscription d'Amasie (Pharnace Iᵉʳ), 456. — 2. Inscription du Capitole (Mithridate Philopator Philadelphe), 456. — 3 et 4. Inscriptions de Mithridate Évergète, 457. — 5-9. Inscriptions déliennes de Mithridate Eupator, 457. — 10. Cratère des Eupatoristes, 460. — 11. Décret de Chersonèse, 460. — 12. Épitaphe de Délos, 463. — 13. Décret d'Éphèse, 463. — 14. Inscription de Triarius, 465. — 15. Épitaphe de Lutatius Paccius, 465. — 16. Inscription de Prusa, 466. — 17. Inscription de Néroi (Salvius Naso), 466. — 18. Sénatus-consulte de Stratonicée, 467. — 19. Chronique capitoline, 471. — 20. Elogium de Lucullus, 471. — 21. Inscription de Dynamis, 472.

III. Les médailles 473

Pont, 473. — Cappadoce, 475. — Bithynie, 477.

TABLE DES ILLUSTRATIONS.

CARTES ET PLANS.

                       Pages.
Athènes et le Pirée 137
Bataille de Chéronée 169
Carte générale pour servir à l'histoire de Mithridate .... à la fin du volume

HÉLIOGRAVURES.

I. Mithridate Eupator, d'après une médaille de la collection Waddington... Frontispice.
II. Tigrane, d'après une médaille du musée Britannique 104
III. Vase de Mithridate, dit Cratère des Eupatoristes (Rome, musée Capitolin) 258
IV. Pompée, buste en marbre de la collection Jacobsen (Copenhague) 376

ZINCOGRAVURES.

Vue de Sinope 45
Vue d'Amasie 291
Vue de Kertch (Panticapée) 497

INDEX ALPHABÉTIQUE.

Abbaïtes, 329.
Abdère, 169. 192.
Académie, 155.
Acampsis (rivière), 10. 389.
Achéens, 113.
Achéens du Caucase, 76. 395. 396.
Acilisène, 237. 365.
Acilius Glabrio, voir Glabrion.
Acontion (mont), 172.
Acropole d'Athènes, 176.
Administration départementale, 251 suiv.
Adobogianis, 297.
Adramyttion, 127. 189.
Adrastée (mont), 327.
Aesèpe (rivière), 331.
Agariens, Agres, 76. 219.
Alalcomènes, 177.
Albans, 313. 390. 393 suiv. 398.
Aloë de Sardes, 179.
Alchaudonios, 364.
Alexandre le Grand, 79.
Alexandre le Paphlagonien, 343.
Alexandre, spadassin, 115.
Amasie, 123. 219. 290. 356. 400.
Amastris, 10. 118. 216. 359. 400.
Ameria (temple d'), 211.
Amis, Premiers amis, 252 suiv.
Amisos, 25 suiv. 30. 31 note 1. 40. 112. 217. 331. 335. 349. 399. 400. 411.
Amnias (bataille de l'), 123.
Amphicrate, 315.
Amphipolis, 160.
Amyntas, satrape, 31.
Analatès, 215.
Anaïtis, 236. 237. 215.

Anaphas, 39.
Anaxilimas, 172.
Anthélon, 191.
Antigone, 6. 31.
Antioche, 353.
Antiochus l'Asiatique, 353. 371.
Antiochus (autres de ce nom), voir Séleucides.
Antiochus de Commagène, 361.
Antipater, fils de Sisis, 79.
Antonius (M.), gouverneur de Cilicie, 89. 97.
Antonius (M.), dit Creticus, 339.
Aorses, 76. 220.
Apamée du Méandre, 125. 178.
Apamée Myrléa, 333.
Apellicon, 141 suiv.
Apollonie du Rhyndacos, 330.
Appaïtes, 235.
Appuleius, voir Saturninus.
Aquilius (M'.), le père, 43 suiv.
Aquilius (M'.), le fils, 116 suiv. 121 suiv. 127. 192. 411.
Arabes, 341. 359. 361.
Arcathias, voir Ariarathe IX.
Archélaos, le père, 122. 123. 124. 142. 147. 153 suiv. 190. 191 suiv. 292 suiv. 302. 324.
Archélaos, le fils, 297. 400.
Archélaos de Délion, 194.
Archiatre, 281.
Ardoatès (Artavasde?), 31. 103 note.
Ariarathe I, de Gaziura, 39.
Ariarathe II, premier roi de Cappadoce, 31 suiv.
Ariarathe V Eusèbe Philopator, 90. 91.

Ariarathe VI Épiphane, 90.
Ariarathe VII Philométor, 90. 93.
Ariarathe VIII, 98. 99.
Ariarathe IX Eusèbe Philopator (Arcathias?), 99. 115. 117. 119. 122. 147. 148. 160-1. 166-7. 298.
Ariarathe, petit-fils d'Ariobarzane I, 412 note.
Ariobarzane, satrape, 5.
Ariobarzane, roi de Pont, 31.
Ariobarzane I, roi de Cappadoce, 101. 165. 115. 119. 265. 304. 305. 312. 356. 376.
Aristion, 139. 153 suiv. 163 suiv. 176. 197.
Aristonic, 322. 329.
Aristonica, 113 note.
Arménie, Arméniens, 20. 101 suiv. 256. 311 suiv.
Arménie (Petite-), 78-9. 318. 370. 400.
Arménochalybes, 18.
Arriques, 219.
Arsacides, voir Parthes.
Arsamès, 103 note.
Arsanias (bataille de l'), 367.
Artaban, 310.
Artabaze, 35.
Artagères, 344.
Artanès, 104.
Artapherne, 104 suiv.
Artavasde I (Artoadistès), 104.
Artavasde II, 345.
Artaxata, 103. 366-7. 388. 392.
Artasias, 103.

INDEX ALPHABÉTIQUE

Artémis Pérasia, 243.
Artocès, 383 suiv.
Aslama (temple d'), 210.
Asclépia de Prusias, 284.
Asclépiodote, 184.
Asie Mineure, 1 suiv.
Asie (province d'), 81 suiv. 136 suiv. 205 suiv. 314. 352.
Aspurgiens, 219.
Assia, 172.
Assos (ruisseau), 171.
Athénaïs, 298.
Athènes, 131 suiv. 151-165. 176-7. 211.
Athénion, 159.
Athénodore, 370.
Atmons, 73.
Attale, Paphlagonien, 400.
Attidius, 281. 373.
Aufidius (T.), 374.

Babyra, 311.
Bachélès, 311.
Bagadaons, 15.
Bigons, 115.
Baris, 333.
Baris (mont et temple), 305.
Basgoëdariza, *voir* Olcoïdariza.
Bastarnes, 73. 74. 102.
Beau Port, 69.
Béchires, 11.
Béotie, Béotiens, 113. 167. 191.
Bépolitar, 180.
Bérénice de Chios, 296. 311.
Billaros, 356.
Billéos (rivière), 10.
Bithynie, 92. 112 suiv. 117. 318 suiv. 333 suiv. 377.
Bituit, 74. 410.
Boghaz-Keui, 19.
Bosphore Cimmérien (royaume du), 59 suiv. 190. 216 suiv. 301. 304.
Brithagoras, 351.
Brogitaros, 400.
Bruttius Sura (Q.), 153.
Byzance, 192-3. 332.
Byzéres, 235.

Cabira, 290. 318. 370-1.
Cabira (bataille de), 339-40.
Cabmodrys, 277.

Calas, 31.
Calendrier, 263.
Calidius, 393.
Callichoros (rivière), 13.
Callinique d'Amisos, 272. 319. 368.
Calliphon, 112. 165.
Callistrate, 293. 311.
Calymna, 131.
Canares, 396.
Canisa, 366.
Camisène, 225.
Caphys, 167.
Capotès (mont), 389.
Cappadoce, Cappadociens, 9 suiv. 15 suiv. 21 suiv. 32. 89 suiv. 97 suiv. 101. 105 suiv. 115. 117. 119. 237 suiv. 301. 321. 375. 377.
Cappadox (rivière), 221.
Carcathiocerta, 103.
Carcinitis, 69.
Cariné, 6.
Carsignatos, 89 note.
Caryetos, 159.
Caspéenne (mer), 398.
Cassius (L.), 117. 121 suiv. 111.
Castabala, 243.
Castor de Phanagorie, 401. 411.
Castor Tarcondarios, 400.
Catuons, Cataonie, 15.
Cataphractes, 313.
Catilina (L. Sergius), 402 suiv.
Caucase (tribus du), 76.
Caunes, 139. 210.
Celtes, 61. 74. 102.
Censorinus, 355.
Céphise (rivière), 168 suiv.
Cérasonte, 25. 27.
Cercites, 396.
Cercites, *voir* Appaïtes.
César (C. Julius Caesar), 318. 329. 341.
Cethegus (P. Cornelius), 329.
Chabaca, 217.
Chabon, 63.
Chalcaquidés, 173. 268.
Chalcédoine, 193.
Chalcédoine (bataille de), 322.
Chalcis, 143. 160. 186. 190.
Chalybes, Chaldéens, 18. 79. 231. 235. 318. 400.

Chamanène, 225.
Château Neuf (Caïnon). 266. 290. 399.
Chéronée (bataille de), 153. 168 suiv.
Chersonèse Taurique, 57 suiv. 65 suiv.
Chersonèse (Petite-), 58.
Chersonèse (ville de), 60. 61. 67 suiv. 70. 405.
Chersonèse Trachée, 58.
Chios, 141. 196. 200. 210.
Chizère, 389.
Chypre, 199.
Chytos, 335.
Cibyra, 302.
Cicéron (M. Tullius Cicero), 341. 411.
Cilicie (province romaine de), 82 suiv. 97. 308. 329. 353. 341.
Cilicie plane, 312.
Cimbres, 95.
Cimiata, 7.
Cimmériens, 16. 243.
Cios ou Prusias-sur-mer, 1 suiv. 333.
Citès, 255.
Claudius (Appius), 352 suiv.
Claudius (P.), *voir* Clodius.
Clazomène, 209.
Cléocharès, 355.
Cléopâtre, fille de Mithridate Eupator, 105. 298. 335. 341. 404.
Clisthène, 181.
Clodius Pulcher (P.), 329. 375.
Cnide, 200.
Colchide, Colques, 18. 77. 221 suiv. 301. 309.
Colophon, 179. 181. 200.
Colos, 217.
Colopène, 225.
Comans, 233. 241 suiv. 302. 341. 400.
Comana (combat de), 371.
Connacorix, 331. 350 suiv.
Conseil d'État, *voir* Ami-.
Coralliens, 75.
Corocondamé, 405.
Cos, 131. 200.
Cosis, 398.
Cotta (C. Aurelius), 317.

INDEX ALPHABÉTIQUE.

Cotta (M. Aurelius), 317. 320 suiv. 348. 350 suiv.
Cotyora, 25.
Cratéros, 122.
Cratippe, 179.
Crète, Crétois, 130. 159. 325.
Cretinas, 128.
Crimée, voir Chersonèse Taurique.
Crinas, 61.
Culte, 254.
Curion (C. Scribonius Curio), 167. 176. 208.
Cyclades, 112.
Cypsèles, 203.
Cyrénaïque, 109. 199.
Cyrus, fils de Mithridate, 298.
Cyrus (fleuve), 394. 398.
Cytoros, 25. 229.
Cyzique, 87. 113-4. 201. 325 suiv.

Dactyliothèque, 267.
Dalasa, 266. 371.
Dalmates, 202.
Damagoras, 114. 200. 204.
Danala, 342.
Daorizeni, 76. 219.
Dardaniens, 158. 202.
Dardanos, 204.
Darius, fils de Mithridate Eupator, 298. 404.
Dascylitis (lac), 325.
Dasmenda, 225.
Dastéira, 265. 341 suiv.
Dastracon, 240.
Datame, 5. 22.
Déjotaros, 297. 336. 400.
Délion, 194 suiv.
Délos, 135. 140 suiv. 177. 370.
Delphes, 155.
Démétriade, 152.
Denys l'eunuque, 222.
Dianium, 315.
Dindymos (mont), 325. 328.
Dioclès, 335.
Diodore d'Adramyttion, 127. 219. 262.
Diodore Zonas, 127 et Errata.
Diogène, beau-fils d'Archélaos, 188.
Diogène, 19. 277.

Diophante, fils d'Asclépiodore, 66 suiv. 240.
Diophante, fils de Mithridate, 321. 337. 389.
Dioscurias, 223, 389. 395.
Diospolis (Cabira), 400.
Dodone, 113.
Dorylaos l'Ancien, 42. 47. 54.
Dorylaos le Jeune, 52. 56. 122. 187 suiv. 294. 335.
Dosques, 219.
Driles, 14.
Dromichétès, 73. 159.
Drypétina, 298. 389. 399.

Ecbatane, 311.
Edesse, 311.
Elatée, 167.
Elymaïde, 393.
Enétes, 15.
Eparchies, 236 suiv.
Éphèse, 126. 130. 175. 182-3. 208-9. 284.
Épidaure, 157.
Épigonos, 290.
Eporédorix, 180.
Éra, 263.
Ericius, Eructus, 172.
Ésope, 293.
Eulée, 153. 197.
Eumachos, 189. 195. 328 suiv.
Eumène de Cardie, 31.
Eunuques, 293.
Eupator, 49.
Eupatoria du Lycos, 219. 285. 337. 377.
Eupatoria, faubourg d'Amisos, 247. 312.
Eupatorion, 64.
Eupatoristes, 136. 288.
Eupatra, 298. 401 note.
Euphénès, 168.
Euphrate (fleuve), 358.
Eyouk, 19.

Fabius Hadrianus (M.), 339. 370.
Fannius (L.), 208. 315. 320. 369.
Faustus Sulla, 112.
Fimbria (C. Flavius), 185-6. 192 suiv. 200 suiv. 207 suiv.
Flaccus voir Valerius.

Gabinius (A.), ami de Sylla. 172. 301.
Gabinius (A.), ami de Pompée 374. 380.
Gaios, 52. 294. 412.
Gaizatorix, 87. 89.
Galates, Galatie, 38. 87. 90. 100. 180. 199. 341.
Galba (Sulpicius), 173.
Gatales, 69.
Gaulois, voir Celtes.
Gauros, 405.
Gazaloïtide, 400.
Gaziura (temple de), 240.
Gaziura (bataille de), 371-2.
Gazophylacies, 89. 250. 311. 329. 411.
Getes, 61. 72-3.
Glabrio (M. Acilius), 371 suiv. 377.
Gordios, 90. 98. 101. 105. 395.
Gordioucômé, 121.
Gordyène, Gordyéniens, 311. 351. 361. 393.
Gouras, 363.
Granique (rivière), 341.
Grecs, Grèce, 133 suiv. 216 suiv. 282.
Guerre serrile, 111.

Hadès de Sinope, 247.
Hadrianus, voir Fabius.
Halées, 191.
Halys (fleuve), 10.
Halys (combat du), 343.
Harmozica, 392. 394.
Hédylion (mont), 172.
Héiloptes, 76. 326.
Heptachalcon, 164.
Heptacomètes, 235. 395.
Héraclée pontique, 25 suiv. 87. 111. 181. 303. 322. 331. 354 suiv.
Hermaios, 293. 341.
Hermias, 128.
Hermocrate, 322.
Hermonassa, 25.
Hestiéos, 247.
Homolochos, 172.
Hortensius (L.), 161. 167 suiv. 198.
Hydara, 265.

INDEX ALPHABÉTIQUE.

Hygiénon, 190. 371.
Hypaspistes, 291.
Hypèpa, 181.
Hyppos (rivière), 331.
Hypsicratie, 297. 357.

Iasili-Kala, 19.
Iasos, 209.
Iazyges, 73.
Ibères, 78. 313. 380 suiv. 393 suiv.
Idéessa, 224.
Ilion, 203. 210. 332.
Impôts, 259.
Inarima, 329.
Iris (fleuve), 11.
Isauriens, Isaurie, 308. 329.
Isidore, 332.

Jéricho, 410.
Juifs, 353.
Juncus (M.), 319.
Justice, 257.

Kizari, 206.
(Pour les autres noms en K voir au C.)

Lacédémoniens, 113.
Lagétas, 56.
Lamachos, 334. 351.
Lampsaque, 331.
Laodice, mère de Mithridate Eupator, 50. 51. 53 suiv.
Laodice, sœur aînée de Mithridate Eupator, 44. 50. 90. 97. 100.
Laodice, sœur puînée et épouse de Mithridate Eupator, 50. 55. 95. 295.
Laodicée du Lycos, 210.
Laodicée du Pont, 54. 218.
Larisse, 198.
Larymna, 191.
Laviansène, 225.
Lazes, Lazistan, 12. 223.
Lébadée, 171.
Lecton (combat du Cap), 204.
Lemnos, voir Néai.
Léonices, 115. 291.
Léonippe, 355.
Léontocéphalé, 124.

Leucosyriens, 16.
Licinia (ville), 343.
Lithros (mont), 10.
Longs Murs, 154.
Lucaniens, 132.
Lucullus, 352.
Lucullus (L. Licinius), 153. 155. 160. 199 suiv. 204. 209. 211. 314. 320 suiv. 377 suiv.
Lucullus (M. Terentius Varro), 307. 376.
Lutatius Paccius, 293.
Lycaonie, 358.
Lycée, 155.
Lycie, Lyciens, 128. 145. 147. 210.
Lycos (rivière), 11. 337 suiv.
Lycos (bataille du), 370.
Lycos d'Héraclée (rivière), 359.
Lysandra, 113.

Ma, 211 suiv.
Macédoine, 103. 160. 191 suiv.
Machares, 305. 335. 355. 397.
Macrons, Macrocéphales, voir Tzanes.
Mèdes, 193. 202.
Magadatès, 312. 359.
Magius (L.), 203. 315. 327. 331.
Magnésie du Méandre, 126. 131.
Magnésie du Sipyle, 128. 178. 210.
Magnésie (province), 153.
Magnopolis (Eupatoria), 400.
Mamercus, 329.
Mancos, 363.
Manlius (C.), 381.
Manlius (L.), 323.
Manlius Maltinus (Mancinus?), 116. 121. 144.
Manlius Priscus, 399.
Marcius Rex (Q.), 354 suiv. 377. 382.
Mardes, 344.
Mares, 11.
Marius, 273 suiv.
Marius (C.), 98. 99. 150. 161.
Marius (M.), 316. 321. 331. 332 suiv.
Masios (mont), 346.
Matières, 15. 19.

Mazaca, 313.
Médie, 393.
Médie Atropatène, 78.
Mégalopolis, 400.
Megistees, 313.
Mélas (rivière), 188.
Mélitée, 186.
Mên Pharnace, 211.
Ménandre de Laodicée, 200. 337. 339. 411.
Ménémaque, 339. 375.
Ménodote, 297.
Ménophane, 124 note. 142 note. 406.
Méonie, 329.
Méotiens, 75-6. 219.
Metella, femme de Sylla, 163.
Metellus Celer (Q. Caecilius), 394.
Metellus Creticus (Q. Caecilius), 380.
Métrodore de Scepsis, 283. 335. 345. 357.
Métrophane, 113. 153. 315. 329. 351.
Métropolis, 184.
Midias, 142. 165.
Milétopolis (bataille de), 201.
Ministres, 253.
Minucius Rufus, 122.
Minucius Thermus, voir Thermus.
Mithraas, 113.
Mithridate (nom), 19.
Mithridate (les), 3 suiv. 33 suiv.
Mithridate, fils d'Orontobate, 4 suiv.
Mithridate de Cios, fils d'Ariobarzane, 5 suiv.
Mithridate Ier Ctistès, 7-8. 31. 35. 38.
Mithridate II, 31. 38.
Mithridate III Philopator Philadelphe (Évergète), 31. 42 suiv.
Mithridate IV Eupator Dionysos. Nom et surnoms, 49. Naissance, 52. Éducation, minorité, 52-4. Avénement effectif, 55-6. Conquiert la Crimée, 66-71. Autres espé-

ditions au nord de l'Euxin, 71-76. Conquiert la Colchide, 77 suiv.; la Petite-Arménie, 79 suiv. Voyage en Asie Mineure, 81 suiv. Fait mourir sa femme, 85. Alliance avec Nicomède II; conquête de la Paphlagonie et de la Galatie, 95 suiv. Envoie une ambassade à Rome, 96. Conquiert la Cappadoce, 97 suiv. Rencontre Marius, 99. Rend ses conquêtes asiatiques, 100. S'allie avec Tigrane, 105. Chasse Nicomède et Ariobarzane, 115. Rupture avec Rome, 117 suiv. Conquiert l'Asie Mineure, 121 suiv. Ordonne le massacre des Romains, 129 suiv. Reçoit une ambassade italienne, 132. Ses rapports avec Athènes, 138 suiv. Conquiert la Grèce, 140 suiv. Assiège Rhodes, 144 suiv. Épouse Monime, 147. Son gouvernement en Asie Mineure, 178 suiv. Massacre les tétrarques galates, 180; déporte les Chiotes, 181; devient le roi de la révolution, 184. Négocie avec Sylla, 199. Évacue Pergame, 201; s'enferme à Pitané, s'échappe à Mitylène, 202. Entrevue de Dardanos, 204 suiv. Rentre dans le Pont, fait mourir son fils Mithridate, 301. Bat Muréna, 303 suiv. Se réconcilie avec Ariobarzane, 304. Reconquiert le Bosphore, 305. Négocie à Rome, 306 suiv. S'allie avec Tigrane et les pirates, 313; avec Sertorius, 315 suiv. Déclare la guerre aux Romains, 321. Bat Cotta à Chalcédoine, 323. Assiège Cyzique, 325 suiv. Pille la Propontide, 332. S'enfuit dans le Pont, 334. Reforme une armée, 335. Est battu à Cabira, 339. Fait massacrer son harem, 341. Se réfugie en Arménie, 347. Se réconcilie avec Tigrane, 357. Relève son moral, 363; réorganise son armée, 365. Est battu sur l'Arsanias, 367. Rentre dans le Pont et soulève la Petite-Arménie, 370. Bat Hadrianus, 370; gagne la bataille de Gaziura, 372; tient Lucullus en échec, 373. Reconquiert le Pont, 377. Négocie avec Pompée, 382 suiv. Est battu à Dasteira, 386. S'enfuit à Sinoria, 387, et de là à Dioscurias, 389. Traverse le Caucase, 395; reconquiert le royaume de Bosphore, 397. Demande la paix, 401. Médite l'invasion de l'Italie, 402. Sa mort, 405 suiv. Sa sépulture, 4... Portrait physique, 279; intellectuel et moral, 280; instruction, 281; polyglotte, 282; médecine, poisons, 283; protecteur des arts, 285. Costume, 286. Mobilier, 287. Culte, 288. Cour, genre de vie, 290. Femmes et maîtresses, 296. Enfants, 298. Jugement sur Mithridate, 299.

Mithrilate Chrestos, 49. 55.

Mithrilate, fils de Mithrilate Eupator, 117. 199. 200. 298. 301.

Mithridate de Pergame, 297.

Mithridate, fils d'Antiochus le Grand, 39 note.

Mithridate le Grand, roi des Parthes, 104. 105. 309.

Mithridate, dynaste de Petite-Arménie, 41.

Mithridate, fils d'Ouliatès, satrape, 4 note.

Mithridate, ami du jeune Cyrus, 4 note.

Mithridate, satrape de Cappadoce et de Lycaonie, 4 note.

Mithridate, roi de Mélie Atropatène, 311. 344. 354. 365. 373.

Mithridatia, 285.

Mithridation, 96. 266. 400.

Mithridatis, 298. 313. 409.

Mithrobarzane, 359.

Mithrobouzanes, 39.

Mitylène, 126. 131. 202. 205. 207. 311.

Moagetes, 302.

Molos (ruisseau), 171.

Monime, 126. 147. 296. 341-2.

Monnaies, 35. 269 suiv.

Morrios, 57. 89.

Moschiques (mont-), 10.

Mosques, 14. 16. 122.

Mossynèces, voir Heptacomètes.

Mucciennes (fêtes), 178.

Mucius, voir Scévola.

Munatius, 109.

Munychie, 166.

Murailles (les), 69.

Muréna (L. Licinius), le père, 159. 172. 174. 211. 302 suiv.

Muréna (L. Licinius), le fils, 337. 349. 359. 360. 376.

Myndos, 215.

Myndos (combat de), 144.

Mynnion, 184.

Myrinos, 217.

Myron, 339.

Néai (combat de), 342.

Néapolis de Crimée, 63.

Néapolis du Pont (Phazémon), 100.

Néoptolème, 73. 75. 122-4. 159. 201.

Néoptolème (tour de), 73.

Nicanor, 31.

Nicée, 193. 333.

Nicomède II, 92. 94 suiv. 100. 112-3.

Nicomède III, 113 suiv. 121 suiv. 125. 265. 314.

Nicomède, fils de Nicomède III, 319.

Nicomélie, 193. 333 suiv. 336.

Niconidas, 272. 326.

Nicopolis, 400.

Nisibis, 364.

Nonius, 207.

Nymphéon, 60. 465.

Nysa, sœur de Mithridate Eupator, 50. 295. 341.

INDEX ALPHABÉTIQUE.

Nysa, fille de Mithridate Eupator, 298. 313. 409.
Nysa, reine de Cappadoce, 53. 90.
Nysa, reine de Bithynie, femme de Nicomède II, 112.
Nysa, reine de Bithynie, femme de Nicomède III, 98. 113.
Nysa, fille de Nicomède III, 319.

Obidiacènes, 219.
Octavius (L.), 320.
Odéon d'Athènes, 163.
Oles-os, 75.
Œnoé, 217.
Olané, 311.
Olbia, 62-3. 72.
Olotoedarixa, 206.
Olthae, 76. 335. 338.
Olympie, 155.
Omanos, 215.
Ophlimos (mont), 10.
Oppius (Q.), 121 suiv. 180.
Orbius, 111.
Orchomène, 177.
Orchomène (bataille d'), 187 suiv.
Ormuzd, 215. 219. 269.
Orolaze, 105.
Oroizes, 393 suiv.
Orontobate, 3 note.
Orope, 177.
Oropherne Ier, 30.
Oropherne II, 91.
Orsabaris, Orsobaris, 298. 404 note.
Orsiloché, 218.
Ortiagon, 88.
Ocanès, 50.
Otryes, 324.
Oxathrès, 298. 404.

Pairisadès, 61. 69.
Palac, 63 suiv.
Palacion, 63.
Panope, 171.
Panormos, 325.
Panticapée, 58 suiv. 70. 229. 397. 406 suiv.
Paphlagonie, Paphlagoniens, 15. 37. 88. 95. 100. 128. 192. 237. 400.
Papias, 281. 293.

Parapotamiens, 171.
Parion, 331.
Parthenica, 104.
Parthénios, 333.
Parthénios (rivière), 15.
Parthes, Arsacides, 101 suiv. 116. 398 suiv. 310. 375 suiv.
Paryadrès (mont), 10.
Paryadrès (tribus du), 7 s. 235 suiv.
Patara, 147.
Patronis, 168.
Peicrotes, 217.
Pelopidas, 119 suiv. 147.
Pelore, 394.
Pergame, 107. 130. 147 s. 170. 185. 201. 207.
Périnthe, 332.
Perses, 13 suiv. 214 suiv.
Pessinonte, 88.
Petra, 110.
Peucins, 73.
Phanagorie, 58. 70. 229. 397. 404 suiv. 411.
Phanarée, 225.
Pharnace Ier, 41 suiv.
Pharnace II, 405 suiv.
Pharnacie, 11. 217. 311. 104.
Phase (fleuve), 221. 223. 339. 395.
Phasis, 223.
Phénix, 295. 335. 337.
Philippus (L. Marcius), 317.
Philippes, 192. 203.
Philobœotos, 168.
Philon de Larisse, 140. 142.
Philoémen, 128. 142.
Philoxénos, 181.
Phraate, 365 suiv. 379. 382. 388. 393.
Phrixos (temple de), 223.
Phrourarques, 256.
Phrygie (Grande-), 37 suiv. 43 suiv. 51. 329.
Phrygie Épictète, 329.
Phthirophages, 223.
Pimolisa, 266.
Pinaca, 351.
Pirates, 191. 269. 307. 313. 379 suiv.
Pirée (le), 151 suiv.
Pisidiens, 329.

Pisistrate, 326.
Pitané, 201.
Pompée (Cn. Pompeius Magnus), 320. 389 suiv.
Pompeiopolis, 100.
Pompeius (M.), 340-1.
Pompeius Bithynicus, 319.
Pomponius, 281. 337.
Pont (royaume de). Origine de cette appellation, 215. 251. Aspect et productions naturelles, 9 suiv. Ethnographie et histoire ancienne, 13 suiv. Histoire jusqu'à Mithridate Eupator, 32 suiv. Agriculture, 227 suiv. Chasse, pêche, 229. Mines, métallurgie, 230 suiv. Industrie, 232. Commerce, 233 suiv. Civilisation, 235 suiv. Partage, 400.
Popilius (C.), 122.
Priapos, 332.
Protopachion (bataille de), 124.
Prusa, 333.
Prusias II, 92.
Prusias-sur-mer, voir Cios.
Psisses, 219.
Ptolémaïs, 333-4.
Ptolémées, 108. 130. 309. 315.
Ptolémée Alexandre Ier, 109.
Ptolémée Alexandre II, 131. 309.
Ptolémée Apion, 109.
Ptolémée Aulète, 309.
Ptolémée de Chypre, 309.
Ptolémée Lathyre, 109. 199.
Publicains, 81.
Publius, 412.
Pylémène, 11. 89.
Pylémènes (Pseudo-), 96. 113. 109.
Pyrèthes, Pyrèthées, 214.

Quintius (L.), 174.

Rhodes, 87. 111 suiv. 209. 210.
Rhombites (rivière), 217.
Rhyndacos (combat du), 330.
Roxane, 50. 295. 311.
Roxolans, 63. 68-9. 73.
Rutilius Nudus (P.), 323.
Rutilius Rufus (P.), 85. 104 note. 131. 207.

INDEX ALPHABÉTIQUE.

Sabictas, 50.
Sacuia, 243.
Sagylion, 206.
Salvius Naso (C.), 329.
Sambyces, 116.
Samnites, 132.
Samos, 200. 209.
Samothrace, 209. 334.
Sanèges, 223.
Sannes, voir Tzanes.
Sarapané, 221. 395.
Sardes, 184.
Sariisa, 354.
Sarmates, 61. 73. 192.
Satala, 354.
Satrapes, 254.
Saturninus (L. Appuleius), 96.
Saumac, 64. 69. 70.
Scévola (Q. Mucius), 85. 106 note.
Sciathos. 153.
Scilur, 63 suiv.
Scordisques, 202.
Scordotis, 285.
Scorolus (mont). 124.
Scotios (mont), 10. 372.
Scribonius, voir Curion.
Scydisès (mont), 10.
Scydrothémis, 39.
Scylax (rivière), 11.
Scythes, 61. 63. 72. 95. 218.
Scythinos, 18 note.
Séléné, 354. 359.
Séleucides, 38 suiv. 109. 118. 310. 353.
Séleucie de Commagène, 359.
Seleucus Nicator, 32. 224.
Seleucos, pirate, 334. 355.
Sentius (C.), 108. 113. 160.
Sérapis, voir Hadès.
Sertorius (Q.), 306. 315. 331.
Servilius Vatia Isauricus (P.), 308. 381.
Servilius, légat de Pompée, 393.
Seusamora, 392.
Sextilius, légat de Lucullus. 359. 365.
Sidé, 217.
Sidone, 73.
Sinatrocès, 311.
Siades, Sindique, 76. 219. 397.

Sinope, 25 suiv. 30. 40. 41. 45. 217. 334. 355 suiv. 400.
Rouge de Sinope, 234. Noyer de Sinope, 228-9.
Sinora, Sinoria, 266. 347. 399.
Siraques, 76. 220.
Sittacènes, 219.
Smyrne, 184. 208.
Sobadox, 72. 335.
Socrate Chrestos. 112 suiv. 117.
Soli, 312.
Sophène, 103-4. 358. 392 suiv.
Sornatius, 339. 358. 365. 369.
Sosipater, 295.
Soxhimos, 108.
Statira, 50. 295. 311.
Statues de Mithridate, 286.
Sthénis, 356.
Stratarque, 56.
Stratégies, voir Éparchies.
Stratonice, 295. 399.
Stratonicée, 126. 210.
Suanes, 223. 396.
Sulpicius Rufus (P.), 150.
Sylla (L. Cornelius Sulla Felix), 105 suiv. 130 suiv. 304 suiv.
Sylla (Faustus), voir Faustus.
Symbola, 61.
Symphorion, 399.
Syntrophoi, 52. 253.
Syrie, 312. 401. Voir aussi Séleucides.

Tabæ, 210.
Talaura, 287. 311. 372. 399.
Tanaïs, 59. 220.
Tarpètes, 219.
Tasios, 69.
Tauriens, 60-1. 64. 68. 218.
Tauro, 218.
Tavion, 210.
Taxile, 160. 167. 171 suiv. 240. 322. 327. 337. 339. 360-1.
Teius (M.), 164 et Errata.
Telmissos, 115.
Ténédos (combats de). 204. 312. 337.
Tetagmenoi, voir Ministres.
Thates, 219.
Thèbes, 113. 154-5. 176-7.
Themiscyre, 226. 336.

Théodosie, 58. 70. 220. 395.
Théophile, 130.
Thermodon (rivière), 11.
Thermus (M. Minucius), 195. 209.
Thespies, 113. 153. 177.
Thrace, Thraces, 74. 108. 113. 160. 192. 206. 305.
Thracia, 327.
Thurion, 172.
Thyatire, 207.
Tibarènes, 16 note. 18. 79. 316. 400.
Ticon, voir Tios.
Tigrane, 115. 311 suiv. 335. 343 suiv. 357 suiv. 378 suiv. 388. 392 suiv.
Tigrane le jeune, 378 suiv. 388. 392 suiv.
Tigranocerte, 315. 359 suiv.
Tigranocerte (bataille de). 361.
Tigre (fleuve), 358.
Tilphossion (combat de). 187.
Timésilaos, 27.
Timothée, 281. 293. 372.
Tios, Tion, 39 note. 351.
Tisæon (promontoire), 156.
Tithorèa, 168.
Tomisa, 103. 104. 358.
Torètes, 219.
Tralles, 126. 134. 178-9. 181.
Trapézus, Trébizonde, 25. 217. 400.
Triarius (C. Valerius). 333. 337. 350 suiv. 370 suiv.
Tribali, 178.
Tryphon, 401.
Tyana, 213.
Tyrannion, 319.
Tyras, 72.
Tzanes, Sannes, 225.

Valerius Flaccus (L.), le père. 185-6. 192-3.
Valerius Flaccus (L.), le fils. 394.
Varinius (P.), 374.
Venasa (temple de), 210.
Verrès (C.), 307. 315.
Voconius, 334.

Xénoclès, 314.

Xénophon, 27.
Xerxès, dynaste arménien, 103.
Xerxès, fils de Mithridate Eupator, 298. 401.
Xipharès, 298. 399.

Zachalias, 281.
Zacynthe, 186.
Zarbiénos, 351. 391.
Zariadrès, roi de Sophène, 103.
Zariadrès (Sariaster), fils de Tigrane, 378.

Zéla, 215. 372. 401.
Zénicétos, 308.
Zénobios, 181-2.
Zopyrion, 66.
Zyges, 396.

ERRATA

Page   6, note 3. Au lieu de Καίσαρ *lire* Καισᾶρι.
— 25, titre courant. *Lire* GRECQUES.
— 27, l. 5 suiv. Supprimer les mots : « leur contingent, de cent navires, atteste l'importance qu'avait dès lors leur marine » et la note correspondante. (Le chiffre donné par Hérodote s'applique à la fois aux Grecs du Pont-Euxin et à ceux de l'Hellespont.)
— 39, fin du second alinéa. Au lieu de « en 230 », *lire* « en 222 ».
— 49, note 3, vers la fin. La date de la mort d'Antiochus VI aurait dû être suivie d'un point d'interrogation.
— 81, ligne 3. Au lieu de « tous les quatre ans », *lire* « tous les cinq ans ».
— 85, vers le milieu. Au lieu de « son questeur Rutilius », *lire* « son légat Rutilius ».
— 115, note 4, dernière ligne. L'article annoncé n'a pas encore paru au moment de la publication du présent volume (juillet 1890).
— 121, ligne 6 du bas. Supprimer *Longinus* (le *cognomen* du propréteur L. Cassius est inconnu).
— 126, note 6. Le renvoi à Valère Maxime aurait dû être suivi de l'indication « = Cicéron, *Pro Scauro*, fr. II, 2 Orelli ». Sur le texte de Diodore, comparer maintenant Hilberg, *Wiener Studien*, XI (1889), p. 1 suiv., qui rapproche avec raison une confusion semblable dans le récit de la mort de Cépion chez Valère Maxime VI, 9, 13.
— 127, 2ᵉ alinéa. Supprimer toute la phrase : « Le célèbre rhéteur Diodore Zonas... des publicains et de leur séquelle. » Le texte, d'ailleurs corrompu, de Strabon, XIII, 4, 9, a été mal interprété. Cf. *infra*, l'*erratum* de la p. 184.
— 153, note 3. Supprimer les mots entre parenthèses : « sur un épisode... Plut. *Cimon*, 1-2 ».
— 164, ligne 7 du bas. Il faut probablement corriger *Teius* en *Aleius*.

ERRATA.

Page 181, note 1. Ajouter : « Mithridate accusa un célèbre rhéteur de Sardes, Diodore Zonas, d'avoir fomenté l'insurrection des villes asiatiques, mais celui-ci se justifia par une éloquente apologie (Strabon XIII, 4, 9). »

— 353, vers le milieu. *Lire* : « ses instances et ses promesses durent contribuer, pour leur part, à l'attitude ferme, etc. »

— 361, 2ᵉ alinéa, au début. *Lire* : « Tigrane eut tout juste le temps, etc. »

— 371, ligne 3. Au lieu de « A son approche » *lire* « A cette nouvelle ».

— 457, note 1. Supprimer la dernière ligne.

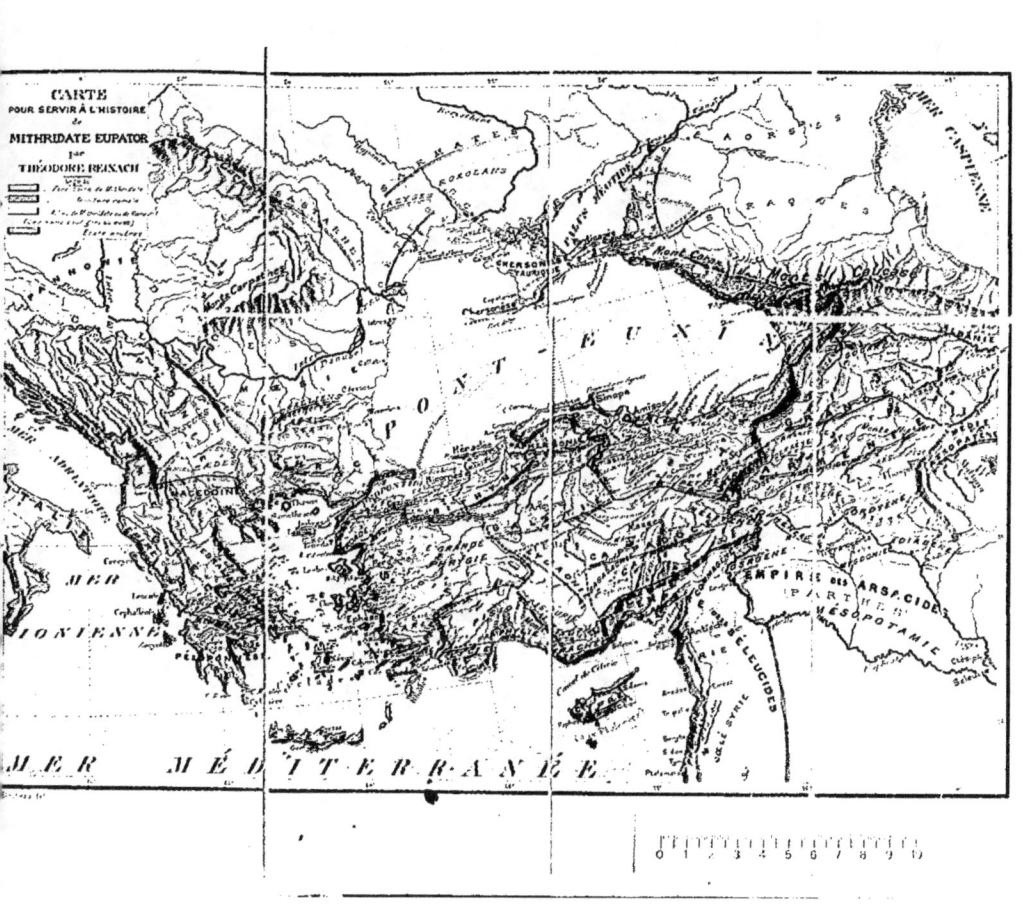

www.ingramcontent.com/pod-product-compliance
Lightning Source LLC
Chambersburg PA
CBHW071606230426
43669CB00012B/1843